# SCRIPTORVM CLASSICORVM
# BIBLIOTHECA OXONIENSIS

OXONII
E TYPOGRAPHEO CLARENDONIANO

# DEMOSTHENIS
## ORATIONES

RECOGNOVIT
BREVIQVE ADNOTATIONE CRITICA INSTRVXIT

S. H. BUTCHER

TOMVS I

OXONII
E TYPOGRAPHEO CLARENDONIANO

*Oxford University Press, Great Clarendon Street, Oxford* OX2 6DP

*Oxford University Press is a department of the University of Oxford.
It furthers the University's objective of excellence in research, scholarship,
and education by publishing worldwide in*

*Oxford New York*

*Athens Auckland Bangkok Bogotá Buenos Aires Calcutta
Cape Town Chennai Dar es Salaam Delhi Florence Hong Kong Istanbul
Karachi Kuala Lumpur Madrid Melbourne Mexico City Mumbai
Nairobi Paris São Paulo Singapore Taipei Tokyo Toronto Warsaw*

*with associated companies in Berlin Ibadan*

*Oxford is a registered trade mark of Oxford University Press
in the UK and in certain other countries*

*Published in the United States
by Oxford University Press Inc., New York*



*First published 1903*



*ISBN 0-19-814518-7*

19 20

*Printed in Great Britain on acid-free paper by
Bookcraft (Bath) Ltd., Midsomer Norton*

# PRAEFATIO

Textvs Demosthenici origines quam altissime repetentibus illud satis liquet, Alexandriae (ibique primum, ut videtur) adhibitis optimae notae exemplaribus in unum corpus redactas esse orationes titulosque in Callimachi catalogo sive *πίναξιν* inscriptos. Et ordo quidem orationum, quamvis in codicibus aliquatenus discrepet, is est hodie ut restet commune aliquid quod ad *πίνακας* illos revocetur. Eodem spectat ratio stichometrica; nam versuum numerus, qui *στίχοι* appellantur, singulis orationibus subscriptus ex Alexandrinis exemplaribus primo desumptus, deinde in alia descriptus usque ad undecimum saeculum paene incolumis permansit[1]. Sed huius recensionis, unde tota nostra, nisi fallor, pendet *παράδοσις*, deficiunt testimonia quibus fortunas persequamur.

Constat alias compluris exstitisse antiquis temporibus recensiones, sicut Ἀττικιανά (sc. *ἀπόγραφα*) illa, de quibus multa disputaverunt viri doctissimi, certatim enisi ut optimos nostros codices, Parisinum S et Laurentianum L, huius memoriae testis esse ostenderent. Tenui sane freti indicio rem magnam conficere voluerunt; nihil enim fere est cur praestantius

[1] W. Christ, *Die Attikusausgabe des Demosthenes*, München, 1882; Usener, *Unser Platontext*, Götting. Nachrichten, 1892, pp. 192 sqq.

aliquid Atticianis illis, aut in Demosthene, aut in Aeschine, aut in Platone tribuamus; et si vel maxime in perpaucis ab Harpocratione citatis locis cum S conspirarent, non continuo in eius familiam essent adsciscenda[1]. At quomodo res se habet? Earum, quas S sibi proprias habet lectiones, unam tantum eamque dubiam (ἐκπολεμῆσαι i 7 et iii 7) Atticiana confirmant; semel (xxiv 11) cum codicibus omnibus consentiunt; reliquo in loco (xxii 20) neque exemplaria illa neque codices sententiae satisfaciunt. Restat orationis undecimae subscriptio in F B servata —διώρθωται ἐκ (?) δύο Ἀττικιανῶν,—quae quantulum in hoc argumento valeat optime docuerunt Buermann[2] et Lipsius.

Alia prorsus quaestio est quaenam fuerit ἡ ἀρχαία (sc. ἔκδοσις), quam scholiasta ad Midianae locum § 147 commemorat (ʽἱερά᾽ μόνον ἡ ἀρχαία ἔχει), editioni vulgari, ut videtur, oppositam (cf. § 33 schol. ἡ δημώδης). In § 147 vulgo legitur ἱερὰν ἐσθῆτα: veram procul dubio lectionem ἱερά tuentur ἡ ἀρχαία et codex S. Hos testis quodam modo inter se adfinis fuisse per se probabile est, nullo modo demonstrari potest.

Itaque ad codices nostros veniamus, quos ab uno archetypo fluxisse multis indiciis apparet. Quid enim aliud sibi vult in codicibus (S L F) manca in fine oratio *contra Zenothemim* (xxxii) et in eisdem verbis praecisa? quid tot errores omnibus communes? quid illud denique, quod lectiones aliquot, quas ab Harpocratione servatas laudavit Dindorf (Dem. ed. 3, p. iv.

[1] Cf. J. H. Lipsius, *Zur Textgeschichte des Demosthenes*, Berichte über die Verhandlungen der Kön. Sächsischen Gesellschaft der Wiss., pp. 12–17. Leipzig, 1893.

[2] Hermes xxi. 1886, pp. 39–40.

Lipsiae 1871), omnis ad unum libri tacitas relinquunt? Archetypum vero quando exaratum sit valde incertum; quinto sextove saeculo id factum esse putat Blass: serioribus certe Romani imperii temporibus adsignandum est.

Vtcunque ea res iudicanda ceteris codicibus longe Parisinus S antecellit; quocum coniungendus est consimilis ac consanguineus Laurentianus L, sive ab eodem quo S parente ortus, sive, quod veri similius iam videtur[1], ab S vel eius apographo descriptus. In eo autem potissimum cernitur codicis S praestantia quod languida illa vel redundantia, quae in vulgaribus exemplis reperiuntur, plerumque aspernatus vim suam Demostheni nervosque reddit, pressius ac concitatius loquentem exhibet. Rara sunt quae per imprudentiam inrepserunt glossemata[2]; multo rariora quae augendi atque ornandi studio rhetores interpolaverunt. Hodierni quidem nonnulli, ut nimii fortasse sunt in glossematis indagandis, permulta huius generis vel in ipso S delitescere suspicantur; meo tamen iudicio perpauca habet S supervacanea; desunt saepius vocabula unum et alterum, in ceteris reperta, quibus aegre caremus[3]. Insignem hanc inter S et ceteras familias discrepantiam alii ita explicaverunt ut duas a Demosthenis manu profectas esse recensiones existimarent, alteram breviorem, ab S (L) servatam, longiorem alteram; et in una certe oratione, Philip-

[1] E. Drerup, *Antike Demosthenesausgaben*. Leipzig, 1899.

[2] e.g. ix 25 *πέμπτον*, xviii 33 *τοῖς Φωκεῦσι*, xix 314 *πρώην*. Contra reicit S glossemata, e.g. ix 45 *δωροδοκοῦντας*, xvi 18 *βοηθούντων*, xviii 174 *φίλων*, 262 *τραύματα*, xix 136 *ὄχλος*.

[3] e.g. xviii 102 *τὰ ὄντ'*, 168 *αὐτὰ τά*, 175 *καταπλῆξαι*, 205 *εὐτυχῶς*, 213 *δίκην*, 271 *αἰτίαν*, 279 *καὶ πᾶσαν ἔχει κακίαν*, 290 *οὐ τῷ . . . κατορθοῦν*. xix 136 *ὁ μέν*, 178 *αἴτιον*.

pica tertia, id evera evenisse evicerunt, ut opinor, Spengel et Weil. Quam tamen explicationem in ceteras cadere vix credideris; amplificandi enim rationem si quae et qualis sit perpenderis, quar con- grua interpolatorum indoli; si porro ista in singulis codicibus crescentia velis scrutari, haud dubium fore credo quin correctorum additamenta esse censeas, non oratori paulo fusius dicenti imputes.

Lectiones probas, quae vel ab S solo vel ab S L servatae sunt, longum erat enumerare[1]. Nec vero quicquam magis proprium sibi S habet quam verborum conlocationem, qua cum concinnior alioqui et numerosior fit oratio, tum vocalium concursus evitatur syllabaeque breves continuatae; quotiens autem peccavit librarius, ipse operam plerumque dedit ut rectum ordinem restitueret. Denique cum ceterorum codicum in diversis orationibus diversa sit aestimatio, solius S fides est paene in omnibus eadem. Sed non virtutibus tantum sed peccandi quoque genere S memorabilis; ipsa enim quae mendose leguntur non tam lectionis vitia esse solent quam scripturae[2], et certioribus nos saepe vestigiis ad sinceram memo-

[1] Haec ex hoc uno volumine exempla sint: iii 31 *ἀνδρειότατον*, iv 18 *καιρόν*, iv 37 *μέλλεται*, xiv 2 *λελύσεται*, 26 *οὐχικὰν* (= *οὐχὶ κὰν*), xvi 12 *οὐ γάρ*, xviii 162 *αἰσθάνει*, xviii 208 *Μαραθῶνι*, 210 *ἐπεί*, xix 137 *κατέπεμψεν*, 167 *δὴ πρόφασιν*, 284 *ἠτιμώσεται*.

[2] Huiusmodi mendis S refertus est, e. g. cum barbarismo iii 1 *πεισώμεθα*, iii 22 *χαρίσομαι*, v 14 *προαξώμεθα*, xiv 33 et xviii 160 *ἀκούσετε*, xviii 168 *συμπνεύσοντας*: cum prava syntaxi ii 2 *δόξωμεν*, iii 2 *σώσωμεν*, iii 6 *βοηθήσητε*, iv 42 *δοκῇ*, 43 *κωλύσῃ*, viii 2 *ἐπίσχωσιν*, viii 41 *δημοκρατεῖσθε*, viii 46 *συμμένοι*, 68 *οὔτε γενοίμην*, x 11 *καταλύσῃ*, xiv 4 *τούτους πολεμεῖν*, xiv 39 *οὐκ ἂν ποιήσετε*, xviii 178 *ἃ βουλώμεθα*, xix 341 *ἂν . . ποιήσοντας*: perperam divisis syllabis vii 8 *ὁμολογοῦμεν ὡς*, vii 40 *σκέψασθ' ὡς ἄν*, viii 7 *λέγουσιν ἰδίως* (= *λέγουσι νὴ Δί' ὡς*), xi 18 *καὶ τὰς φωνὰς αὐτῶν* (= *καὶ τὰ σφῶν αὐτῶν*), xviii 68 *ὑπόμνημα θεωροῦσι* (= *ὑπομνήμαθ' ὁρῶσι*), xviii 257 *οὐκ ἀλλαγῆναι* (= *οὐ καλά γ' ἦν ἅ*). Cf. Cobet, *Misc. Crit.* viii sqq.

riam revocant quam codices qui emendatricem manum perpessi sunt [1].

Omnium igitur iam consensu Parisinus S principatum obtinet; ne id tamen committamus ut huic uni vel codici vel codicum familiae dediti et quasi addicti ceteros neglegamus. Fuerunt qui huius libri lectiones pro sacrosanctis habuerunt; hunc ducem etiam reclamante Graeci sermonis usu secuti sunt; si qua autem exciderant vocabula prorsus necessaria, his omissis tam contorte tam perplexe Demosthenem loqui voluerunt ut ne in Thucydide quidem id ferri potuerit. Sane ubi dubitari potest, codicis S momento res inclinatur, nec ideo unquam S deserendus quod adversantur testes numero praepollentes; immo sescentiens huius unius auctoritas contra ceteros valet. Testi tamen quamvis locupleti non utique credendum est, nec cum de eo agitur quid in unoquoque loco legendum sit, res in universum tantum modo spectanda est, sed in singulis integro uti iudicio oportet.

Codicum qui praeter S L prope ducenti exstant ita inter se discrepant familiae ut magna tamen sit omnium similitudo si cum S contuleris. Inter quos eminet Augustanus primus (A), qui, quamvis ipse integram persaepe servet lectionem, eam familiam ducit quae veterem memoriam—'vulgatam' fortasse antiquam dixeris—tradidit a Parisino S alienam multaque interpolantium opera auctam. Marcianus F et Parisinus Y, aliarum familiarum duces, cum multa habeant cum A communia, vinculo olim artiore cum

[1] e.g. iv 40 *οὐδενὸς δ' ἀπολείπετε*, xvi 5 *τε γενήσονται*, xviii 32 *ἀπίωμεν*, xviii 91 *πάντε*.

S fuisse coniuncti videntur; cuius cognationis etiam nunc indicia supersunt non modo externa quaedam a Drerupo commemorata, quae in ordine orationum, in stichometria, in signis criticis posita sunt, sed etiam alia quae ad textum ipsum pertinent; cum codicibus tamen ex eodem unde A fonte derivatis contaminati easdem fere interpolationes exhibent. Codices tam inter se permixtos suae quemque familiae vix possis adsignare. Rem per se difficilem difficiliorem reddit illud quod alia est in aliis orationibus singulorum inter se codicum ratio. Proxime ad S accedit interdum A, ut in *de Corona*; consentiunt interdum S F in orationibus pluribus privatis; interdum, ut in contionibus, hi magis inter se dissident, consentiunt magis F A. In Philippicae tertiae parte priore F ita amplificatus est ut cum A fere conspiret; in posteriore breviorem Parisini S recensionem sequitur. Iam vero Y quam arte in nonnullis orationibus cum S cohaereat ostendunt verba vel etiam versus ab utroque omissi (ut in xix 86, lix 87–8, lx 17); contra Y P in or. xxii, xxiii, xxiv et Y O P in insigni loco xxi 133 ab S dissentiunt[1]. Nimirum interioris aliquid et reconditioris habent codicum inter se adfinitates quam ut in ordinem rite digeras, nedum stemma conficias. Quodsi in classis quasdam vel familias—si latius ea vox usurpanda—infra dispositos vides, non exactae rem partitionis esse memineris.

Magna nuperrime rei criticae subsidia accesserunt, fragmenta dico papyracea quae in Aegypto reperta sunt, quorum unum primi A.C. saeculi esse videtur, alia nonnulla secundi P.C. Quodsi nulla fere lectio-

[1] J. H. Lipsius, *op. cit.*, pp. 19–20.

num novitate haec splendent non ideo tamen nihil inde addisci potest. Illud primum non mediocre movet studium quod antiquissimae memoriae auctores iam habemus a libris nostris diversae; neque enim cum codice ullo aut codicum familia plane congruunt; modo his modo illis suffragantur, modo ab omnibus pariter dissident; neque desunt loci ubi veram lectionem unice tuentur. Itaque nostris testimoniis hic illic locupletiora nacti admonemur ne ipsius S auctoritati nimium confidamus. Non quo vetustissima quaeque et integerrima sint, quod vel illud unum refellit Phaedonis Platonici fragmentum papyraceum, saeculo, ut videtur, A.C. tertio scriptum, Bodleiano idem codice noni P.C. saeculi multo deterius; sed Demosthenica haec cum vetustate commendantur tum per se fidem plurimam faciunt. Alterum est quod vel magis admiremur. Vt singulis in lectionibus codicum quivis a papyro discrepat, ita si rem totam respexeris mirum in modum cum optimis libris consentit papyrorum testimonium. Vsque adeo post millesimum fere annum aut nihil aut admodum paululum damni cepisse textus videtur. Vitiosa sane multa invexerunt aliquando sive interpretes male seduli sive librariorum incuria inculcantium quae in margine adscripta erant, nec raro horum manifesta vestigia tenemus. Non tamen Romanis id demum temporibus sed potius Alexandrinis accidisse arbitrandum, vel etiam ipsius oratoris aetati propioribus. Neque in dies magis crevisse malum videtur, sed cum maxime rhetorum scholae vigerent Demosthenem lectitantium, interpretantium, ediscentium, atque ingens pateret corruptelae locus, cessavisse industriam perversam interpretantium ac paene constitisse putandum est; quo quid potuit insperatius evenire? Quid vero interpolator ille, Byzantinus magistellus, quem exagitaverunt critici? Hic quoque si non insons iudicandus, at non capitis damnandus. Idem docent aliorum scriptorum fragmenta papyracea vel infimae aetatis homines haud indiligenter tradita conservasse.

Habemusne alia ad textum recensendum adminicula, eos quos vel rhetores citaverunt locos vel imitati sunt sophistae? Has enim memoriae Demosthenicae reliquias undelibet petitas admirabili cura ac diligentia conlegit Blass. At vereor ne in re nimis lubrica versatus sit vir doctissimus; nam illud primum quaerendum librumne ante oculos rhetor habuerit an locum memoriter citaverit; antiqui enim paulo liberiore utebantur citandi genere, memoriae magis quam scriptis confisi[1]. Sin autem—quod perraro fit—exploratum habebis ex libro verba ipsa esse exscripta, porro de libro qualis fuerit potest ambigi; nam vel deterrima exemplaria iam tum in manibus erant. Accedit ut locus idem bis vel saepius ab eodem citatus diversam formam induat, sive citantis errore sive fluctuante codicum lectione, sicut Philippicae tertiae initium quater a Dionysio Halicarnassensi citatum ter diverse legitur. Aliud quoque est in quo iure haereas, quod ad Demosthenis textum vulgo receptum refingi solebat et adcommodari rhetoris textus qui citata exhibet. Quodsi parcior ex his fructus potest percipi, multo minus adiumenti habent orationes illae quibus Aristides, Libanius, Isidorus Pelusiota Demosthenem

[1] Cf. Aristid. ii. 516 (Dind.) qui citato loco or. xviii 222 addit *οὑτωσί πως· οὐ γὰρ ἀκριβῶς μέμνημαι τὰ ῥήματα.*

tanquam aemuli imitati sunt; nam aliena ita mutuabantur ut et sua immiscerent; quo quidque igitur referendum sit, non facilis est diiudicatio, nec nisi cum imitatio fit paene servilis, sicut Libanii in declamationibus, Isidori interdum in epistulis, quicquam ad rem criticam lucrari possis.

Restat res alia quam summatim attingam. De hiatu inter vocalis, de brevium syllabarum concursu, de re rhythmica, praeclare Blass disseruit; quaerendum autem an norma inde petenda sit ad quam Demosthenica possint exigi, detegi aut emendari depravata. Quo in genere Demosthenes quamvis rei agendae intentus non operarii in modum sed summi in dicendo artificis verborum compositioni invigilabat; hiatum tamen non anxie ille, sicut Isocrates, videtur evitasse, nec si quando hiatus apparet, certa inde neglegentia, ne corruptelam dicam, argui potest. Subest tamen suspicionis nonnihil; hiatum enim parcius exhibent libri meliores; usus autem frequentior, ut in Timocratea, indicium haud leve est oratoris manum extremam non accessisse operi. Neque illud praetermittendum saepe fieri ut tollatur hiatus si in clausula aliqua vel vocabulo vox paululum immoretur. Deteriori igitur codici hiatum respuenti libentius obtemperamus quam meliori recipienti [1]. Quodsi hiatum vix ausis ipse corrigendo removere, vel magis esset temerarium brevibus syllabis coacervatis opitulari. Plurium enim quam duarum concursum cum non adamet Demosthenes, rei tamen necessitati vel suo commodo adeo multum lar-

[1] e. g. his locis S hiatum exhibet, iii 10 *ἱκανοὶ ὑμῖν*, xviii 142 *ὑποληφθῇ οὗτος ἐλάττων*, 222 *τῇ πόλει ἐπαιρόμενος*, evitant alii codices.

gitur, ut crebris exceptionibus paene obruatur regula[1]. Denique de numeris oratoriis quid dicendum? Nova quidem multa Blass protulit ex intima rei rhythmicae cognitione hausta, sed nescio an huius doctrinae arcana nondum aperuerit, immo vero aperire nemo possit. Etsi enim periodi Demosthenicae structura est in primis artificiosa, sentiri magis numeros puto quam certis legibus definiri; nec nisi textui vi adlata vel oratorie pronuntiandi neglecta ratione effici potest ut rhythmi inter se prorsus respondeant, sive membra membris conferas, sive nexu quodam multiplici, choricorum ritu, implicatas esse periodos statuas.

Sed haec hactenus. Quantum in textu recensendo iis debeam qui huic scriptori operam dicaverunt—Reiskio Bekkero Voemelio Dindorfio—vix possim referre, vix quid Weilio potissimum quocum ipse saepissime consentio, cuius tanta est iudicii elegantia quanta in cetera Graecae antiquitatis cognitione eruditio. Dobraeum etiam et Cobetum, viros in re critica omnium sagacissimos, libet nominare. Blassio denique, viro et mihi amicissimo et horum studiorum magistro ac paene coryphaeo, praecipuae mihi grates sunt agendae. Quodsi ab eo duce saepius descivi, id vel ipse fortasse comprobabit, qui veri amantissimus non docendo magis quam dedocendo nobis profuit et cautius euntibus praemunivit viam. Non omnia quidem sicut a Demosthene scripta sunt salva ad nos pervenerint; quidlibet ad-

[1] e. g. (ut paucissimis utar exemplis) iv 7 τὰ κατερρᾳθυμημένα πάλιν ἀναλήψεσθε, 42 τοῦ πλείονος ὀρεγόμενος ἴσως, vi 29 ἀφεστηκότα τὰ τότε λεγόμενα, xviii 203 αἰῶνα διατετέλεκε, 230 ἑπτακόσια στάδι' ἀπό, 239 εἴπερ ἐνεδέχετο παρά, xix 154 διὰ τὸ προκατακεχρῆσθαι, 210 ἐπελαμβάνετο γὰρ αὐτῆς, 226 πρὸς ἑκάτερ' αἴσθησιν, 305 Φίλιππον ἀποκαλῶν, 308 αὐτὸν ἀποκαλοῦντας.

dendo peccaverint librarii; menda adhuc nonnulla criticorum aut oculos fefellerint aut arti restiterint; at perpauca tamen iam sunt quibus coniectura possis mederi. Nova supellectili opus est si emendatiora aliquanto requiruntur; nec deest quidem spes fore ut ex Aegyptia tellure, quae tot tantisque nos donis locupletavit, papyrorum messis uberior proveniat.

S. H. B.

*Scribebam mense Octobri* M DCCCC III

# ORATIONVM ORDO

## TOMVS I

I. Ὀλυνθιακὸς α. II. Ὀλυνθιακὸς β. III. Ὀλυνθιακὸς γ. IV. Κατὰ Φιλίππου α. V. Περὶ τῆς Εἰρήνης. VI. Κατὰ Φιλίππου β. VII. Περὶ Ἁλοννήσου. VIII. Περὶ τῶν ἐν Χερρονήσῳ. IX. Κατὰ Φιλίππου γ. X. Κατὰ Φιλίππου δ. XI. Πρὸς τὴν Ἐπιστολήν. XII. [Φιλίππου] Ἐπιστολή. XIII. Περὶ Συντάξεως. XIV. Περὶ τῶν Συμμοριῶν. XV. Ὑπὲρ τῆς Ῥοδίων Ἐλευθερίας. XVI. Ὑπὲρ Μεγαλοπολιτῶν. XVII. Περὶ τῶν πρὸς Ἀλέξανδρον Συνθηκῶν. XVIII. Περὶ τοῦ Στεφάνου. XIX. Περὶ τῆς Παραπρεσβείας.

## TOMVS II

*Pars Prior* XX. Πρὸς Λεπτίνην. XXI. Κατὰ Μειδίου. XXII. Κατὰ Ἀνδροτίωνος. XXIII. Κατὰ Ἀριστοκράτους. XXIV. Κατὰ Τιμοκράτους. XXV. Κατὰ Ἀριστογείτονος α. XXVI. Κατὰ Ἀριστογείτονος β.

*Pars Altera* XXVII. Κατὰ Ἀφόβου α. XXVIII. Κατὰ Ἀφόβου β. XXIX. Πρὸς Ἄφοβον. XXX. Πρὸς Ὀνήτορα α. XXXI. Πρὸς Ὀνήτορα β. XXXII. Πρὸς Ζηνόθεμιν. XXXIII. Πρὸς Ἀπατούριον. XXXIV. Πρὸς Φορμίωνα. XXXV. Πρὸς Λάκριτον. XXXVI. Ὑπὲρ Φορμίωνος. XXXVII. Πρὸς Πανταίνετον. XXXVIII. Πρὸς Ναυσίμαχον. XXXIX. Πρὸς Βοιωτὸν περὶ τοῦ Ὀνόματος. XL. Πρὸς Βοιωτὸν περὶ Προικὸς Μητρῴας.

## TOMVS III

XLI. Πρὸς Σπουδίαν. XLII. Πρὸς Φαίνιππον. XLIII. Πρὸς Μακάρτατον. XLIV. Πρὸς Λεωχάρη. XLV. Κατὰ Στεφάνου α. XLVI. Κατὰ Στεφάνου β. XLVII. Κατὰ Εὐέργου καὶ Μνησιβούλου Ψευδομαρτυριῶν. XLVIII. Κατὰ Ὀλυμπιοδώρου. XLIX. Πρὸς Τιμόθεον. L. Πρὸς Πολυκλέα. LI. Περὶ τοῦ Στεφάνου τῆς Τριηραρχίας. LII. Πρὸς Κάλλιππον. LIII. Πρὸς Νικόστρατον. LIV. Κατὰ Κόνωνος. LV. Πρὸς Καλλικλέα. LVI. Κατὰ Διονυσοδώρου. LVII. Πρὸς Εὐβουλίδην. LVIII. Κατὰ Θεοκρίνου. LIX. Κατὰ Νεαίρας. LX. Ἐπιτάφιος. LXI. Ἐρωτικός. Προοίμια. Ἐπιστολαί.

# CODICVM CATALOGVS

## QVI PRAECIPVI FERVNTVR

### FAMILIA PRIMA

S vel Σ. *Parisinus* 2934, membranaceus, saec. x ineuntis. Continet orationes sexaginta, Prooemia, Epistulas quinque primas: desunt Philippi Epistula (xii) et orationis septimae decimae pars extrema. Orationes Prooemia Epistulae hoc ordine leguntur, Or. i–iv, viii, vii, v, vi, ix, x, xi, xxii, xxiv, xxiii, xx, xxi, xviii, xix, xxv, xxvi, lix, xxxvi, xlv, xlvi, xxxvii, xxxviii, xxxii–xxxiv, Prooemia, Epistulae quinque (i, iv, ii, v, iii), Or. xxvii–xxxi, liv, lvi, xlviii, xlvii, lv, l, li, liii, xlix, lii, xxxix–xliv, lvii, lviii, lxi, lx, xiii, xiv, xvi, xv, xvii. Orationibus duabus et viginti adscripta sunt argumenta; versuum (*στίχων*) numerus plerumque subscriptus; in margine addita sunt scholia quae saec. xi esse videntur et lectionis varietates permultae. Ipsi se librario corrigenti magna fides habenda est, non item ceteris correctoribus.

Codex minusculis scriptus; codicis exemplum uncialibus scriptum fuisse liquet. Huius praestantiam primus intellexit Bekker (*Oratores Attici*, Oxon. 1822–1823). Codicem heliographice expressum edidit E. Leroux Paris, 1892.

L. *Laurentianus* plut. lvi. 9. 136, partim chartaceus, partim bombycinus: pleraeque orationes saec. xiii vel xiv. Orationes continet hoc ordine collocatas i, ii, iii (manu recenti scriptas), viii, vii, vi, ix, x (desunt quaedam inde a ix. 70 '*ἴσως*' usque ad x. 2 '*ταύτης ἐκεῖνον*,' quae supplevit manus recentissima), xi, xxii, xxiv (tribus manibus scriptam, duabus saec. xiv §§ 1–174, postrema saec. xv, ut videtur, §§ 175 sqq.), xx, xviii, xix, xxiii (non eadem quidem manu, sed omnes eadem fere aetate scriptas, saec. xiii vel xiv), xii (manu recentiore).

Huius codicis partes antiquiores, contiones praesertim, Parisino S simillimae. Schultz, qui primus eum investigavit (*de Codicibus Quibusdam ad Orationem Philippicam Tertiam nondum adhibitis*, Berolini), non ex S pendere censuit, sed ex eodem atque S archetypo derivatum esse; ceteri deinde suffragati sunt; sed vide de iis quae gravissime Drerup disputavit (*Antike Demosthenesausgaben*, Leipzig, 1899).

Vind. 1. *Vindobonensis* 70, chartacei pars prima, saec. xv. Parisini S, ut videtur, apographus. Continet orationes i, iii, ii, iv, vi, ix, x, v, viii, vii, xi, xii, xiii, xiv, xv.

## Familia Secvnda

A vel Aug. I. *Augustanus* primus, nunc Monacensis 485, membranaceus, saec. x. Continet orationes quinquaginta quattuor hoc ordine conlocatas, iv, i (ab initio mancam), ii, iii (iii cum Libanii argumento, utramque mancam), v (cum Anonymi argumento)—ix, xi, x (xi et x cum traiciendi signis), xxii, xxi, xxiii, xviii, xix, xxiv, xx, xxv, xxvi, liv, lv, xlviii, lvi, xxvii, xxviii, xxix (in fine mancam), xxx, xxxi, xxxvii, xxxv, xxxviii, xxxiv, xxxii, xxxvi, xxxiii, xiii, xiv, xvi, xv, xviii, li (post l repetitam ex alio et emendatiore codice), xliii, xliv, xxxix, xl (deest magna pars), xli, xlix, liii, xlii, l, li, lvii, lviii, xlvii (mutilam): desunt xii, xlv, xlvi, xlvii (pars maxima), lii, lix, lx, lxi, Prooemia et Epistulae.

Suae hic familiae codex est princeps; interpolatione non caret quidem, medium tamen aliquid inter SL et deteriores libros praebet. Varie de eo iudicaverunt viri docti; acquiescendum, opinor, in Andr. Spengelii sententia qui, lectionibus quas in contionibus prima manus dedit accuratius excussis, secundas ei post SL deferendas esse confirmavit. (*Über die Handschrift cod. Augustanus I Monac.*, München, 1872.) Correctorum doctiorum, ut ait Dindorf, saepius manus prodit. Hoc fundamento nititur editio Reiskiana.

Eiusdem familiae praeter alios sunt—

## CODICVM CATALOGVS

Vrb. *Vrbinas* 113, membranaceus, saec. xi. Continet orationes quindecim. 'Varia codicis manus et lectio referri potest ad familiam Y' (Voemel).

s. *Parisinus* 2940, bombycinus, saec. xiii. Continet orationes sedecim.

k. *Parisinus* 2998 (olim 264 et 2766), bombycinus, saec. xiv ineuntis. Continet orationes septemdecim.

r. *Parisinus* 2936 (olim 380 et 2188), membranaceus, saec. xiv ineuntis. Continet orationes quinquaginta septem et Prooemia a decimo incipientia. Pars certe posterior ab A derivata est.

### FAMILIA TERTIA

Y vel Υ. *Parisinus* 2935, membranaceus, saec. x vel xi. Continet Prolegomena de Vit. Dem., Libanii argumenta, orationes viginti novem hoc ordine conlocatas i–xxi, xxiii, xxii, xxiv–xxvi, lix, lxi, lx, et Prooemia.

O vel Ω. *Antverpiensis* 43, nunc Bruxellensis, chartaceus, saec. xv. Continet Libanii Vit. Dem. et argumenta complura, orationes easdem quas Y et eodem ordine. Cetera cum Y plerumque conspirant.

P vel Π. *Laurentianus* plut. lix. 9, membranaceus, saec. x vel xi manu scriptus eadem qua Aristophanes Ravennas. Inerant olim orationes sedecim, desunt octo. Orationes continet xix (cuius orationis prima 18 folia manus recentior supplevit), lx, xx, xxi, xxiii, xxii, xxiv, xxv. Insunt et argumenta nonnulla et scholia varia.

v. *Parisinus Coislinianus* 339, membranaceus, saec. xv. Orationes insunt eaedem quae in Y et Prooemia.

u. *Parisinus Coislinianus* 324, chartaceus, saec. xv. Continet Libanii Vit. Dem. et orationes tredecim. Consentit cum O.

### FAMILIA QVARTA

Huius familiae dux est—

F vel M. *Marcianus* 416, membranaceus, saec. x. Continet

Libanii argumenta, orationes sexaginta unam, Prooemia, Epistulas, Epistularumque indicem. Ordo orationum idem est qui in libris editis. Diversis manibus textus est correctus; scholia multa sunt in margine.

Huius familiae tribus codicibus, non iis tamen qui sunt optimi, F et B, nititur editio Aldina, 1504.

B. olim *Bavaricus*, nunc Monacensis 85, bombycinus, saec. xiii. Continet Libanii argumenta (non omnia), orationes sexaginta unam, et Epistulas. Plane inter se congruunt F et B. Ordo orationum idem; idem, si a minimis recesseris, textus; eaedem fere adscriptae lectiones; simillima et scholia et signa critica, et ratio stichometrica. Erravit interdum codicis B librarius male intellectis quae in exemplari invenit. B vel ex F descriptum esse vel ita ex eo derivatum ut non nisi unus codex intercesserit, mihi quidem probaverunt Buermann, Lipsius, Drerup.

Q vel Φ. *Marcianus* 418, saec. x. Continet orationes triginta duas hoc ordine conlocatas, xviii, xix, xxxii–lxi, Prooemia, et Epistulas. Orationibus praefiguntur Demetrii Phalerei *τύποι ἐπιστολικοί*. Textus Marciano F simillimus neque ita tamen ut ex eo pendeat; suas sibi habet praeclaras aliquot lectiones, e.g. xlv 8, xlvi 22; marginalia quoque nonnulla aliunde quam ex F petita; numeros denique stichometricos aliquanto quam in F copiosiores.

D. *Ambrosianus* D 112, membranaceus, saec. x vel xi. Continet orationes triginta duas, xxix–lix, lxi, et Prooemia, eodem quo F ordine. Codici Q simillimus est, neuter autem ex altero pendet.

X. *Laurentianus* plut. lix. 27, bombycinus, saec. xiv. Continet Libanii argumenta complura et orationes septemdecim: xx, xxi, xxiii, xxiv, xxv, xxvi, lix, lxi, lx, xxvii, xxviii, xxix, xxx, xxxi, xxxii, xxxiii, xxxiv.

## FRAGMENTA PAPYRACEA

*Olynth.* II §§ 10 et 15; saec. i vel ii P.C. Rossall School Library. Kenyon, *Class. Rev.* vi. 430.

*de Pace* §§ 21–23; saec. ii vel iii ineuntis P.C. *Oxyrhynchus Papyri*, iii. 116.

*Philipp.* III §§ 38–40; saec. ii P.C. Grenfell & Hunt, *Fayûm and other Papyri*, 1900, p. 95.

*de Corona* §§ 7–8; saec. iii P.C. *Oxyrhynchus Papyri*, iii. 117.

*de Corona* §§ 17–19; saec. ii P.C. *Oxyrhynchus Papyri*, iv. 156.

*de Corona* §§ 25–28; saec. iii P.C. *Oxyrhynchus Papyri*, iii. 118.

*de Corona* §§ 40–47; saec. ii P.C. *Oxyrhynchus Papyri*, ii. 128.

*de Corona* §§ 227–229; saec. i vel ii ineuntis P.C. *Oxyrhynchus Papyri*, ii. 130.

*de Corona* § 244; saec. iii P.C. *Oxyrhynchus Papyri*, i. 52.

*de Falsa Legatione* § 10; saec. i vel ii P.C. Grenfell & Hunt, *Greek Papyri*, ii. 4. Bodl. MS. Gr. class. f. 46 (P).

*contra Leptinem* §§ 84–91; saec. i vel ii P.C. Berl. Pap. 5879. Wilcken, *Tafeln* 1891.

*in Midiam*, Lexicon. Rainer Coll.

*in Midiam*, Hypothesis et commentarii pars; saec. i P.C. Mus. Brit. Pap. 131 *verso*. Kenyon Ἀθηναίων Πολιτεία, ed. 3, App. i.

*in Midiam* §§ 41–42; saec. iv vel v P.C. *Proceedings of Society of Biblical Archaeology*, xv. 86.

*in Aristocratem*, Lexicon; saec. v (?) P.C. Berl. Pap. Blass, *Hermes*, xvii. 148.

*in Aristocratem* §§ 110–119; saec. iii P.C. *Oxyrhynchus Papyri*, iii. 112.

*in Timocratem* §§ 53–54, 56–58; saec. ii vel iii ineuntis P.C.: §§ 145–146, 150; saec. iii. *Oxyrhynchus Papyri*, ii. 132.

*in Timocratem* §§ 63–65; saec. ii vel iii ineuntis P.C. *Oxyrhynchus Papyri*, iv. 158.

*contra Phormionem* §§ 5–7; saec. ii P.C. Bodl. MS. Gr. class. f. 47 (P). Grenfell & Hunt, *Greek Papyri*, ii. 10.

*contra Boeotum* §§ 52–53; saec. ii P.C. *Oxyrhynchus Papyri*, iv. 159.

*Prooemia* 26–29; saec. i vel ii P.C. Grenfell & Hunt, *Oxyrhynchus Papyri*, i. 53.

*Epist.* III; saec. i A.C. Mus. Brit. Pap. 133, Kenyon, *Class. Texts*, p. 56.

## FRAGMENTA MEMBRANACEA

*de Falsa Legatione* §§ 10–32; saec. ii P.C. (Fragmentum Grafianum). Mus. Brit. Add. MS. 34473 (1).

*in Aristogit.* I §§ 63–67; Brit. Mus. Add. MS. 34473 (2).

# CORRIGENDA ET ADDENDA

## IN ADNOTATIONE CRITICA

(*Mense Februario* MCMX)

I 8 l. 15 ADD. ἡμᾶς A : ὑμᾶς S vulg.
II 23 l. 11 ADD. τοῖς om. S O
III 27 l. 16 ANTE secl. Dobree ADD. om. r corr. (Par. 2936) :
29 l. 27 ADD. εχηι S
IV ὑπόθ. l. 11 ADD. ἐτησίως B r (Par. 2936)
17 l. 27 ADD. ὁρμήσετε S
ADD. ποιήσετ' S
22 l. 2 POST Dobraeo ADD. : τοὺς στρατευομένους ⟨ἐνίους⟩ Richards
V 21 l. 2 ADD. κέρδος εἶναι scripsi : κερ Oxyrh. Pap. : κέρ[δος ἦν ταῦτα] Grenfell et Hunt : ἐδόκει εἶναι codd. : δοκεῖ εἶναι Sauppe : ἐδόκει ⟨πλέον⟩ εἶναι Reiske : δοκεῖ ⟨πλέον⟩ εἶναι Blass : δοκεῖ περιεῖναι Slameczka
VI 4 l. 29 ADD. ἔχειν S L A F O
13 l. 10 ADD. Λακεδαιμονίους S A : Λακεδαιμονίοις vulg.
23 l. 12 DEL. NOT. ET LEG. εἰ σωφρονεῖτε S L : ἂν σωφρονῆτ' vulg. δή S L : μὴ (cum ἰδεῖν) r (Par. 2936), recte puto
VII 31 l. 25 ADD. , cf. xix 42
VIII 75 l. 1 ADD. τὰ δὲ βέλτισθ' ἂν ἐπιστηθῇ λέγειν coni. Deuerling
IX 39 l. 4 POST $S^1$ ADD. Pap. m. pr.
l. 7 PRO soli LEG. Pap. m. pr.
40 l. 9 PRO soli LEG. Pap.
45 l. 14 ADD. μὴ vulg. : εἰ μὴ S (? ἢ μὴ m. pr.) $L^1$ A
X 20 l. 12 ADD. ἂν om. S
42 l. 10 POST εὐπόροις ADD. . . . χρωμένοις (ι in rasura)
55 l. 25 ADD. οἴονται S corr. vulg. : ὀίοντε $S^1$ ut vid., sed utique cum spir. leni : οἷόν τε F
71 l. 6 ADD. δεῖν S Vind. 1
72 l. 8 ADD. αὐτῆς S
l. 10 ADD. περιεργάσῃ S
76 l. 8 POST κολακείᾳ ADD. (vel ? κολακείας)
XIII 4 l. 14 ANTE προσόντα ADD. προσιόντα vulg. S γρ. :
8 l. 9 ADD. ὑμεῖς S : om. vulg.
l. 10 PRO ἐφοδεύουσαν . . . S corr. LEG. ἐφοδεύουσαν A corr. m. pr. : ἐφεδεύουσαν $S^1$ : ἐφεδρεύουσαν S corr. (? m. pr.)
13 l. 2 DEL. NOT. ET LEG. εἴθισθε S in marg. : συνεισθε S (punctis supra positis) : συνείθισθε vulg.
XV 10 l. 24 DEL. NOT. ET LEG. ὧν (τῶν $S^1$, corr. ead. man.) ἐλαττοῦνται codd. : ὧν ἂν ἐλαττῶνται Stobaeus Flor. liv 33 : τῶν, ἂν ἐλαττῶνται, Blass
XVIII 3 l. 26 ADD. ἀκούειν om. $S^1$ $L^1$
7 l. 22 ADD. ὑμῶν ἕκαστος Oxyrh. Pap.
l. 23 POST vulg. ADD. Pap.
18 l. 27 ADD. ἴσχυον οὕτως Oxyrh. Pap.
l. 29 ADD alterum παρὰ S L A : om. vulg.

# CORRIGENDA ET ADDENDA

XVIII 19 l. 7 ADD. γένηται S$^1$ (ut vid.) A
25 l. 3 ADD. ἐπὶ τοὺς τόπους om. S$^1$
29 l. 16 ADD. Αἰσχίνης om. S L F
30 l. 26 ADD. ὑμῶν S
37 l. 20 ADD. ταῦθ' ἅπαντ' (sic) ὑμῖν ἔσται S : ἅπαντα ταῦτα ἔσται ὑμῖν A : ὑμῖν ἅπαντα ταῦτ' ἔσται F
38 l. 7 ADD. Ἄφνιδα S L F
ADD. εἴπε Καλλισθένης Φαληρεύς om. S L$^1$
l. 11 ADD. δὴ] δ' αὐτὴν A
39 l. 17 ADD. λαβόντας S
l. 20 ADD. εἰρήνην ἣν S L F
41 l. 4 ADD. οὗτός ἐστι S corr. : οὑτοσὶ S$^1$ ut vid.
49 l. 15 ADD. ἀπολώλειτε S A F$^1$
56 l. 1 ADD. οἴομαι ante διώκει add. S$^1$, cf. paulo infra οἶμαι
228 l. 8 ADD. νῦν γ' S L Pap. (fortasse νῦν Pap.) : om. A
229 l. 11 ADD. οὐ] οὐχὶ Pap.
l. 15 ADD. ἅμα om. Pap.
262 l. 14 POST seclusi ADD. sed fortasse βαρυστόνοις potius quam ἐκείνοις secludendum
XIX 87 l. 17 ADD. τὸν ante παρασκευάσαντα add. vulg. : om. S Y
173 l. 23 ADD. ἃ δ'] ἀλλ' S$^1$ ut vid.

# SIGLA

| | |
|---|---|
| S = cod. Parisinus 2934 | saec. x |
| L = cod. Laurentianus plut. LVI. 136 | saec. xiii vel xiv |
| A = cod. Augustanus primus, nunc Monacensis 485 | saec. x |
| F = cod. Marcianus 416 | saec. x |
| B = cod. Bavaricus, nunc Monacensis 85 | saec. xiii |
| Q = cod. Marcianus 418 | saec. x |
| Y = cod. Parisinus 2935 | saec. x vel xi |
| O = cod. Antverpiensis 43, nunc Bruxellensis | saec. xv |
| P = cod. Laurentianus plut. LIX. 9 | saec. x vel xi |
| X = cod. Laurentianus LIX. 27 | saec. xiv |

# ΛΙΒΑΝΙΟΥ ΥΠΟΘΕΣΕΙΣ

## ΤΩΝ ΛΟΓΩΝ ΔΗΜΟΣΘΕΝΟΥΣ.

Ἐπειδή, κράτιστ' ἀνθυπάτων Μόντιε, κατὰ τὸν Ὁμηρικὸν [1]
Ἀστεροπαῖον περιδέξιος τὰ εἰς λόγους ὢν πρωτεύεις μὲν ἐν τῇ
Ῥωμαίων φωνῇ καὶ τῆς παρ' ἐκείνοις παιδείας ὁμολογουμένως
τὸ πρεσβεῖον ἀνῄρησαι, ἀμελεῖς δ' οὐδὲ τῆς Ἑλληνικῆς, ἅτε καὶ
ἐν αὐτῇ διὰ τὸ τῆς φύσεως μέγεθος ὑπερέχειν δυνάμενος, ἀλλὰ
περί τε τοὺς ἄλλους διατρίβεις καὶ περὶ τὸν τελεώτατον τῶν
Ἑλληνικῶν ῥητόρων, τὸν Δημοσθένην, καὶ δὴ καὶ ἡμᾶς ἐβουλήθης
τὰς ὑποθέσεις τῶν τούτου λόγων ἀναγράψασθαί σοι· δεχόμεθα
μὲν ἄσμενοι τὸ πρόσταγμα (ἴσμεν γὰρ ὅτι πλείω τὴν τιμὴν ἢ
πόνον ἔχει), ἀρξόμεθα δὲ τοῦ συντάγματος ἀπὸ τοῦ βίου τοῦ
ῥήτορος, οὐχ ὅλον αὐτὸν διεξιόντες (περιττὸν γὰρ τοῦτο), ἀλλὰ [2]
τοσούτων μνημονεύοντες ὅσα δοκεῖ καὶ πρὸς κατάληψιν ἀκριβε-
στέραν τῶν λόγων συντελεῖν.

Δημοσθένει τοίνυν τῷ ῥήτορι πατὴρ ἦν Δημοσθένης, ἀνεπί- 2
ληπτος τῷ γένει δοκῶν, ὡς καὶ Αἰσχίνης ἐχθρὸς ὢν μαρτυρεῖ·
εἴρηται γοῦν οὕτως αὐτοῖς ῥήμασι 'τούτῳ πατὴρ μὲν ἦν Δημο-
σθένης ὁ Παιανιεύς, ἀνὴρ ἐλεύθερος· οὐ γὰρ δεῖ ψεύδεσθαι·'
ἐργαστήριον δ' οἰκετῶν μαχαιροποιῶν κεκτημένος ἐντεῦθεν τὴν
τοῦ μαχαιροποιοῦ κλῆσιν ἔλαβε. τὸ μέντοι μητρῷον γένος τοῦ
ῥήτορος οὐκ ἦν, ὥς φασι, καθαρῶς Ἀττικόν, Γύλωνος τοῦ πάππου
τοῦ Δημοσθένους φυγόντος μὲν ἐξ Ἀθηνῶν ἐπὶ προδοσίας ἐγκλή-
ματι, οἰκήσαντος δὲ περὶ τὸν Πόντον, κἀκεῖ γυναῖκ' ἀγαγομένου
Σκύθιν τὸ γένος, ἐξ ἧς ἦν τοῦ Δημοσθένους ἡ μήτηρ Κλεοβούλη.
εἰς τοῦτο γοῦν ἄλλοι τε λελοιδορήκασι καὶ Αἰσχίνης, εἰπὼν ὡς
ἄρ' εἴη Σκύθης, βάρβαρος ἑλληνίζων τῇ φωνῇ. περὶ μὲν οὖν 3
τοῦ γένους αὐτοῦ τοσαῦτ' εἰρήσθω· ὀρφανὸς δὲ καταλειφθεὶς ὑπὸ
τοῦ πατρὸς κομιδῇ νέος ἦν μέν, ὥς φασιν, ἀσθενὴς τῷ σώματι

καὶ νοσώδης, ὥστε μηδ' εἰς παλαίστραν φοιτῆσαι, καθάπερ πάντες οἱ τῶν Ἀθηναίων παῖδες εἰώθεσαν. ὅθεν καὶ ἀνδρωθεὶς ὑπὸ τῶν ἐχθρῶν εἰς μαλακίαν ἐσκώπτετο καὶ Βάταλος ἐπωνυμίαν ἔσχεν· ἱστόρηται γάρ τινα Βάταλον Ἐφέσιον αὐλητὴν γενέσθαι, ὃς πρῶτος ὑποδήμασι γυναικείοις ἐπὶ τῆς σκηνῆς ἐχρήσατο καὶ μέλεσι κατεαγόσι, καὶ ὅλως τὴν τέχνην ἐμάλθαξεν· ἀπὸ τούτου δὲ τοὺς ἐκλύτους καὶ ἀνάνδρους Βατάλους ἐκάλουν.

4 Λέγεται δὲ τὸν Δημοσθένην τὴν πολλὴν καὶ σφοδρὰν ἐπὶ λόγους ὁρμὴν ἐντεῦθεν σχεῖν. Καλλίστρατος ἦν Ἀθηναῖος ῥήτωρ [3] ἔνδοξος· οὗτος ἔμελλε δημοσίαν τινὰ δίκην ἀγωνίζεσθαι, φασίν, οἶμαι, τὴν περὶ Ὠρωποῦ. ὁ τοίνυν Δημοσθένης παῖς ὢν ἐδεῖτο τοῦ ἐφεστῶτος οἰκέτου συγχωρῆσαι παραβαλεῖν αὐτῷ τῇ δίκῃ· καὶ ὃς ἐπέτρεψεν. ἀκούσας δ' οὕτω διετέθη ὥστ' ἀπ' ἐκείνης τῆς ὥρας πάντα πάρεργα πρὸς τοὺς λόγους θέσθαι. διδασκάλῳ δὲ χρησάμενος Ἰσαίῳ, μάλα δεινῷ ῥήτορι, εἰς ἄνδρας ἐγγραφεὶς εὐθὺς ἀγῶνα κατὰ τῶν ἐπιτρόπων ἐνεστήσατο, κακῶς διῳκηκότων τὴν οὐσίαν αὐτοῦ. καὶ εἷλε μὲν αὐτούς, οὐ μὴν ἠδυνήθη πάντ'
5 ἀπολαβεῖν ὅσ' ἀπολωλέκει. τοὺς δὲ λόγους τοὺς ἐπιτροπικοὺς εἰσὶν οἵ φασιν Ἰσαίου καὶ οὐ Δημοσθένους εἶναι, διὰ τὴν ἡλικίαν τοῦ ῥήτορος ἀπιστοῦντες (ὀκτωκαίδεκα γὰρ ἐτῶν ἦν ὅτε πρὸς τούτους ἠγωνίζετο), καὶ ὅτι δοκοῦσιν οἱ λόγοι τὸ τοῦ Ἰσαίου πως ἐπιφαίνειν εἶδος. ἕτεροι δὲ νομίζουσι συντετάχθαι μὲν ὑπὸ Δημοσθένους, διωρθῶσθαι δ' ὑπὸ τοῦ Ἰσαίου. οὐδὲν δὲ θαυμαστόν, εἰ ὁ Δημοσθένης ἠδύνατο μὲν κἀπ' ἐκείνης τῆς ἡλικίας συγγράφειν τοιούτους λόγους (ἡ γὰρ ὕστερον ὑπεροχὴ καὶ τοῦτο πιστοῦται), ἀπὸ δὲ νεαρᾶς ἔτι τῆς ἀσκήσεως τῆς ὑπὸ τῷ διδασκάλῳ τὸν ἐκείνου χαρακτῆρα πολλαχῇ μεμίμηται. μετὰ μέντοι τούτους τοὺς ἀγῶνας βραχὺ τῇ ἡλικίᾳ προελθὼν σοφιστεύειν ἐνεχείρησεν, εἶτ' ἀπαλλαγεὶς τούτου συνηγόρησεν ἐν δικαστηρίῳ. τούτοις δ' ὥσπερ γυμνασίοις χρησάμενος ἐπὶ τὸ δημαγωγεῖν καὶ τὰ τῆς πόλεως πράττειν ἦλθεν.

6 Ἔτι κἀκείνων μνημονευτέον, ὅτι τραυλὸς μὲν ἦν τὴν γλῶτταν ἐκ φύσεως, τὸ δὲ πνεῦμ' ἀτονώτερος· ἐξ ὧν ἀμφοτέρων συνέβαινε φαυλοτάτην αὐτὸν τὴν ὑπόκρισιν παρεχόμενον οὐκ εὐδοκιμεῖν τὸ κατ' ἀρχὰς ἐπὶ τοῖς λόγοις. διὸ καὶ πρὸς τὸν ἐρωτήσαντα 'τί ἐστι ῥητορική;' ἀπεκρίναθ' ὅτι ὑπόκρισις, δυσχεραίνων ὅτι διὰ [4] ταύτην τῶν χειρόνων ἥττων ἐφαίνετο. ἀλλὰ καὶ ταῦτα μελέτῃ κατώρθωσε καὶ ὅσ' ἄλλ' αὐτῷ πρὸς δημαγωγίαν ὑπῆν ἐλαττώματα. καὶ γὰρ δειλὸς ἦν τὸ πρῶτον πρὸς τοὺς τοῦ δήμου θορύβους καὶ εὐκατάπληκτος, ὥστ' εὐθὺς ἐξίστασθαι. διὰ δὲ τοῦτό φασιν αὐτὸν ἄνεμον ῥαγδαῖον τηροῦντα καὶ κινουμένην σφοδρῶς τὴν

θάλατταν παρὰ τοὺς αἰγιαλοὺς βαδίζοντα λέγειν, καὶ τῷ τῆς
θαλάττης ἤχῳ συνεθίζεσθαι φέρειν τὰς τοῦ δήμου καταβοάς.
μνημονεύονται δ' αὐτοῦ καὶ οἰκήσεις κατάγειοι καὶ ξυρήσεις 7
ἀπρεπεῖς, ἵνα δι' αἰσχύνην μὴ προΐοι τοῦ τῆς οἰκίας δωματίου,
καὶ ὡς οὐδὲ τὰς νύκτας ἐκάθευδεν, ἀλλὰ διεπονεῖτο πρὸς φῶς περὶ
λόγους. ὅθεν καὶ Πυθέας σκώπτων ἔφη τοὺς λόγους τοῦ Δημο-
σθένους λύχνων ἀπόζειν. πρὸς ὃν ὁ Δημοσθένης ἀστείως ἅμα
καὶ πικρῶς 'οἶδ'' εἶπεν 'ὅτι σε λυπῶ λύχνον καίων·' διεβέβλητο
γὰρ ὡς λωποδυτῶν νύκτωρ ὁ Πυθέας. καὶ μὴν ὅτι γ' ὕδωρ ἐπετή-
δευε πίνειν, ἵν' ἐγρηγορυῖαν μᾶλλον παρέχηται τὴν διάνοιαν,
ἅπασιν ὡμολόγηται. παρειλήφαμεν δὲ κἀκεῖνο, ὡς καὶ ξίφος
ποτ' ἐκ τῆς ὀροφῆς ἀπήρτησε καὶ ἱστάμενος ὑπὸ τοῦτ' ἔλεγεν.
ἐποίει δὲ τοῦτο δι' αἰτίαν τοιαύτην. ἐν τῷ λέγειν ἀπρεπῶς τὸν
ὦμον εἰώθει κινεῖν· ὑπερεκρέμασεν οὖν τοῦ ὤμου τὸ ξίφος ἐν χρῷ,
καὶ οὕτω τῷ δέει τῆς πληγῆς ἠδυνήθη κατασχεῖν ἑαυτὸν ἐπὶ τοῦ
πρέποντος σχήματος.

Ἀναγκαῖον δὲ διηγήσασθαι καὶ ὅπως εἶχε τά τε τῶν Ἑλλήνων 8
καὶ τῶν Ἀθηναίων πράγματα, ὅτ' ἐπὶ τὸ δημαγωγεῖν ἦλθε
Δημοσθένης. Θηβαῖοι Λακεδαιμονίους ἄρχοντας τῶν Ἑλλήνων
καὶ μεγίστην δύναμιν ἔχοντας ἐν Λεύκτροις τῆς Βοιωτίας μάχῃ
νικήσαντες αὐτοὶ προῆλθον εἰς ἰσχύν, καὶ μετ' ὀλίγον πρὸς
Φωκέας πόλεμον ἐξήνεγκαν. ἦσαν δ' οἱ Φωκεῖς ἔθνος ὅμορον τῇ
Βοιωτίᾳ, πόλεις ἔχον δύο καὶ εἴκοσιν. οὗτοι καταλαβόντες τὸν [5]
τοῦ Πυθίου ναὸν πλησίον ὄντ' ἐσύλησαν· ἀνθ' ὅτου καὶ οἱ Θηβαῖοι
πόλεμον ἐξήνεγκαν πρὸς αὐτούς. ἐπολέμουν δὲ καὶ Ἀθηναῖοι
τὸν συμμαχικὸν κληθέντα πόλεμον· Χῖοι γὰρ καὶ Ῥόδιοι καὶ
Βυζάντιοι πάλαι ποτ' ὄντες ὑπήκοοι Ἀθηναίων, τότε μετ' ἀλλήλων
συστάντες καὶ συμμαχίαν ποιησάμενοι, πρὸς αὐτοὺς ἐπολέμουν.
καὶ οὕτω μὲν ἡ Ἑλλὰς εἰς πολλὰ μέρη διῄρητο, Ἀθηναίων πολε-
μούντων πρὸς τοὺς προειρημένους καὶ Θηβαίων πρὸς Φωκέας καὶ
Λακεδαιμονίων πρὸς Πελοποννησίους. κατὰ δὲ τοῦτον τὸν καιρὸν 9
Φίλιππος ὁ Ἀμύντου παῖς εἰς τὴν Μακεδόνων βασιλείαν παρῆλθεν.
Ἀμύντᾳ γὰρ τῷ Μακεδονίας βασιλεῖ τρεῖς ἐγένοντο παῖδες ἐξ
Εὐρυδίκης τῆς Ἰλλυρίδος, Ἀλέξανδρος, Περδίκκας, Φίλιππος.
τούτων ὁ μὲν πρεσβύτατος Ἀλέξανδρος δολοφονηθεὶς ἐτελεύτησεν,
ὁ δὲ Περδίκκας πρὸς Ἰλλυριοὺς μαχόμενος· Φίλιππος δ' ὁ νεώτατος
ἐτύγχανε μὲν ἐν Θήβαις ὁμηρεύων, ὡς δ' ἐπύθετο τὸν Περδίκκου
θάνατον, ὑπεξελθὼν λάθρᾳ καὶ ὀξέως εἰς Μακεδονίαν ἀφικόμενος
κατέσχε τὴν ἀρχήν. Ἀθηναῖοι δ' ἄρ' ἕτερόν τινα, γένους μὲν
ὄντα τοῦ βασιλικοῦ, φυγάδα δ' ἐκ Μακεδονίας, ἐπὶ βασιλείαν
κατῆγον μετὰ πολλοῦ πλήθους στρατιωτῶν. τούτοις ὁ Φίλιππος

ἐπιθέμενος ἐνίκησε μάχῃ· καὶ ὅσους συνελαβεν αἰχμαλώτους τῶν Ἀθηναίων, ἀφῆκεν ἄνευ λύτρων, οὐ κατ' εὔνοιαν τῆς πόλεως οὐδὲ δι' ἐπιείκειαν τρόπου . . .

[6] ΠΕΡΙ ΤΩΝ ΜΕΡΩΝ ΤΗΣ ΡΗΤΟΡΙΚΗΣ.

Τῆς ῥητορικῆς μέρη τρία, ἐπιδεικτικόν, δικανικόν, συμβουλευτικόν. τοῖν μὲν οὖν δυοῖν ἄκρος ἀγωνιστὴς γέγονε, τοῦ τε δικανικοῦ καὶ τοῦ συμβουλευτικοῦ· ἐπιδεικτικοὺς δ' οὐκ ἔχομεν αὐτοῦ λόγους. τοὺς γὰρ φερομένους οὐ πιστευτέον εἶναι Δημοσθένους, τὸν ἐπιτάφιον καὶ τὸν ἐρωτικόν· πολὺ γὰρ τῆς ἐκείνου δυνάμεως ἀπολείπονται. καὶ οὐχ ἡμετέραν γνώμην λέγομεν, ἀλλὰ καὶ Διονυσίῳ τῷ Ἁλικαρνασσεῖ τοῦτο συνδοκεῖ. ὅτι μὲν γὰρ εἶπεν ἐπιτάφιον λόγον Δημοσθένης ὡμολόγηται· οὐ μὴν τοῦτον εἰκὸς εἶναι τὸν ὑπ' ἐκείνου ῥηθέντα, πάνυ φαύλως καὶ ἀσθενῶς ἔχοντα. τῶν δὲ συμβουλευτικῶν αὐτοῦ λόγων οἱ μὲν αὐτὸ τοῦτ' ἔχουσιν ἐπίγραμμα, συμβουλευτικοί, οἱ δ' οὐδὲν μὲν ἧττόν εἰσι συμβουλευτικοί, Φιλιππικοὶ δ' ἐπιγράφονται, ἐκ τοῦ περὶ τῶν τοῦ Φιλίππου πραγμάτων εἰρῆσθαι τὴν κλῆσιν λαχόντες. καὶ τῶν Φιλιππικῶν ἕκαστος ἰδίαν τιν' ἐπιγραφὴν ἔχει κατὰ τὴν τῶν πραγμάτων ἑκάστων ἰδιότητα.

# I

# ΟΛΥΝΘΙΑΚΟΣ Α

## ΛΙΒΑΝΙΟΥ ΥΠΟΘΕΣΙΣ.

Ὄλυνθος ἦν πόλις ἐπὶ Θρᾴκης, Ἑλληνικὸν δὲ ταύτῃ τῶν
ἐνοικούντων τὸ γένος, ἀπὸ Χαλκίδος τῆς ἐν Εὐβοίᾳ· ἡ δὲ Χαλκὶς [7]
Ἀθηναίων ἄποικος. πολλοὶ δὲ πόλεμοι καὶ ἔνδοξοι τῆς Ὀλύνθου·
Ἀθηναίοις τε γὰρ ἐπολέμησεν ἄρχουσι τῶν Ἑλλήνων τὸ παλαιὸν
καὶ αὖθις Λακεδαιμονίοις· χρόνῳ τ' εἰς δύναμιν προῆλθε μεγάλην
καὶ τῶν συγγενῶν πόλεων ἐπῆρχεν· ἦν γὰρ ἐπὶ Θρᾴκης πολύ τι
γένος Χαλκιδικόν. Φιλίππῳ δὲ τῷ Μακεδόνων βασιλεῖ συμμαχίαν 2
οἱ Ὀλύνθιοι ποιησάμενοι, καὶ πολεμοῦντες μετ' αὐτοῦ πρὸς Ἀθη-
ναίους τὸ κατ' ἀρχάς, καὶ τοῦτο μὲν Ἀνθεμοῦντα παρὰ τοῦ
Μακεδόνος εἰληφότες, πόλιν ἀμφισβητήσιμον Μακεδόσι καὶ
Ὀλυνθίοις, τοῦτο δὲ Ποτείδαιαν, ἣν Ἀθηναίων ἐχόντων ἐκπο-
λιορκήσας ὁ Φίλιππος Ὀλυνθίοις παρέδωκεν, ὕστερον ὑποπτεύειν
ἤρξαντο τὸν βασιλέα, ὁρῶντες αὐτοῦ ταχεῖαν καὶ πολλὴν τὴν
αὔξησιν, οὐ πιστὴν δὲ τὴν γνώμην. ἀποδημοῦντα δὲ τηρήσαντες
αὐτόν, πέμψαντες πρέσβεις πρὸς Ἀθηναίους κατελύσαντο τὸν
πρὸς αὐτοὺς πόλεμον, ποιοῦντες τοῦτο παρὰ τὰς συνθήκας τὰς
πρὸς Φίλιππον· συνετέθειντο γὰρ καὶ κοινῇ πολεμεῖν πρὸς Ἀθη-
ναίους, κἂν ἄλλο τι δόξῃ, κοινῇ σπείσασθαι. ὁ δὲ Φίλιππος 3
πάλαι μὲν προφάσεως ἐπ' αὐτοὺς δεόμενος, τότε δὲ ταύτην λαβών,
ὡς τὰς συνθήκας παραβεβηκόσι καὶ πρὸς τοὺς ἐχθροὺς τοὺς
ἑαυτοῦ φιλίαν ἐσπεισμένοις πόλεμον ἐπήνεγκεν. οἱ δὲ πεπόμφασι
πρέσβεις εἰς Ἀθήνας περὶ βοηθείας, οἷς ὁ Δημοσθένης συναγορεύει,
βοηθεῖν κελεύων τοῖς Ὀλυνθίοις. καί φησι τὴν Ὀλυνθίων σωτη-
ρίαν ἀσφάλειαν εἶναι τῶν Ἀθηναίων· σῳζομένων γὰρ τῶν Ὀλυν-
θίων οὐδέποθ' ἥξειν εἰς τὴν Ἀττικὴν Φίλιππον, ἀλλὰ τοῖς
Ἀθηναίοις ἐξουσίαν ἔσεσθαι πλεῖν ἐπὶ τὴν Μακεδονίαν κἀκεῖ [8]
ποιεῖσθαι τὸν πόλεμον· εἰ δ' ὑπὸ Φιλίππῳ γένοιθ' ἡ πόλις αὕτη,
ἀνεῖσθαι τὴν ἐπὶ τὰς Ἀθήνας ὁδὸν τῷ βασιλεῖ. φησὶ δ' ⟨οὐδὲ⟩

28 *οὐδὲ* add. Blass

δύσμαχον εἶναι τὸν Φίλιππον οὕτως ⟨ὡς⟩ ὑπείληπται, θαρσύνων ἐπ' αὐτὸν τοὺς Ἀθηναίους.

4 Διείλεκται δὲ καὶ περὶ τῶν δημοσίων χρημάτων, συμβουλεύων αὐτὰ ποιῆσαι στρατιωτικὰ ἀντὶ θεωρικῶν. καὶ τὸ ἔθος οὐ πρόδηλον ὄν, ᾧ ἐχρῶνθ' οἱ Ἀθηναῖοι, ἀνάγκη σαφηνίσαι. οὐκ ὄντος τὸ παλαιὸν θεάτρου λιθίνου παρ' αὐτοῖς, ἀλλὰ ξυλίνων συμπηγνυμένων ἰκρίων, καὶ πάντων καταλαμβάνειν τόπον σπευδόντων, πληγαί τ' ἐγίνοντο καί που καὶ τραύματα. τοῦτο κωλῦσαι βουληθέντες οἱ προεστῶτες τῶν Ἀθηναίων ὠνητοὺς ἐποιήσαντο τοὺς τόπους, καὶ ἕκαστον ἔδει διδόναι δύ' ὀβολοὺς καὶ καταβαλόντα θέαν ἔχειν. ἵνα δὲ μὴ δοκῶσιν οἱ πένητες λυπεῖσθαι τῷ ἀναλώματι, ἐκ τοῦ δημοσίου λαμβάνειν ἕκαστον ἐτάχθη τοὺς δύ' ὀβολούς. ἐντεῦθεν μὲν οὖν τὸ ἔθος ἤρξατο, προῆλθε δ' εἰς τοῦτο, ὥστ' οὐκ εἰς τοὺς τόπους μόνον ἐλάμβανον, ἀλλ' ἁπλῶς πάντα τὰ δημόσια χρήματα
5 διενέμοντο. ὅθεν καὶ περὶ τὰς στρατείας ὀκνηροὶ κατέστησαν. πάλαι μὲν γὰρ στρατευόμενοι μισθὸν παρὰ τῆς πόλεως ἐλάμβανον, τότε δ' ἐν ταῖς θεωρίαις καὶ ταῖς ἑορταῖς οἴκοι μένοντες διενέμοντο τὰ χρήματα· οὐκέτ' οὖν ἤθελον ἐξιέναι καὶ κινδυνεύειν, ἀλλὰ καὶ νόμον ἔθεντο περὶ τῶν θεωρικῶν τούτων χρημάτων, θάνατον ἀπειλοῦντα τῷ γράψαντι μετατεθῆναι ταῦτ' εἰς τὴν ἀρχαίαν τάξιν καὶ γενέσθαι στρατιωτικά. διὰ τοῦθ' ὁ Δημοσθένης εὐλαβῶς ἅπτεται τῆς περὶ τούτου συμβουλῆς, καὶ ὑπερωτήσας ἑαυτὸν ὅτι 'σὺ γράφεις [9] ταῦτ' εἶναι στρατιωτικά;' ἐπιφέρει 'μὰ Δί' οὐκ ἔγωγε.' τοσαῦτα μὲν περὶ τῶν θεωρικῶν.

6 Διείλεκται δ' ὁ ῥήτωρ καὶ περὶ πολιτικῆς δυνάμεως, ἀξιῶν αὐτοὺς στρατεύεσθαι, καὶ μὴ διὰ ξένων, ὥσπερ εἰώθεσαν, ποιεῖσθαι τὴν βοήθειαν· τοῦτο γὰρ αἴτιον εἶναί φησι τοῦ τὰ πράγματ' ἀπόλλυσθαι.

Ἀντὶ πολλῶν ἄν, ὦ ἄνδρες Ἀθηναῖοι, χρημάτων ὑμᾶς ἑλέσθαι νομίζω, εἰ φανερὸν γένοιτο τὸ μέλλον συνοίσειν τῇ πόλει περὶ ὧν νυνὶ σκοπεῖτε. ὅτε τοίνυν τοῦθ' οὕτως ἔχει, προσήκει προθύμως ἐθέλειν ἀκούειν τῶν βουλομένων συμβουλεύειν· οὐ γὰρ μόνον εἴ τι χρήσιμον ἐσκεμμένος ἥκει τις, τοῦτ' ἂν ἀκούσαντες λάβοιτε, ἀλλὰ καὶ τῆς ὑμετέρας τύχης ὑπολαμβάνω πολλὰ τῶν δεόντων ἐκ τοῦ παραχρῆμ' ἐνίοις ἂν ἐπελθεῖν εἰπεῖν, ὥστ' ἐξ ἁπάντων ῥᾳδίαν τὴν τοῦ συμφέροντος ὑμῖν αἵρεσιν γενέσθαι.

1 οὕτως ὡς Blass : οὕτως codd. : οὐχ ὡς Felicianus    29 ἂν om. S

Ὁ μὲν οὖν παρὼν καιρός, ὦ ἄνδρες Ἀθηναῖοι, μόνον οὐχὶ 2
λέγει φωνὴν ἀφιεὶς ὅτι τῶν πραγμάτων ὑμῖν ἐκείνων αὐτοῖς
ἀντιληπτέον ἐστίν, εἴπερ ὑπὲρ σωτηρίας αὐτῶν φροντίζετε·
ἡμεῖς δ' οὐκ οἶδ' ὅντινά μοι δοκοῦμεν ἔχειν τρόπον πρὸς
αὐτά. ἔστι δὴ τά γ' ἐμοὶ δοκοῦντα, ψηφίσασθαι μὲν ἤδη
τὴν βοήθειαν, καὶ παρασκευάσασθαι τὴν ταχίστην ὅπως
ἐνθένδε βοηθήσετε (καὶ μὴ πάθητε ταὐτὸν ὅπερ καὶ πρότερον),
πρεσβείαν δὲ πέμπειν, ἥτις ταῦτ' ἐρεῖ καὶ παρέσται τοῖς
πράγμασιν· ὡς ἔστι μάλιστα τοῦτο δέος, μὴ πανοῦργος ὢν [10] 3
καὶ δεινὸς ἅνθρωπος πράγμασι χρῆσθαι, τὰ μὲν εἴκων, ἡνίκ'
ἂν τύχῃ, τὰ δ' ἀπειλῶν (ἀξιόπιστος δ' ἂν εἰκότως φαίνοιτο),
τὰ δ' ἡμᾶς διαβάλλων καὶ τὴν ἀπουσίαν τὴν ἡμετέραν,
τρέψηται καὶ παρασπάσηταί τι τῶν ὅλων πραγμάτων. οὐ 4
μὴν ἀλλ' ἐπιεικῶς, ὦ ἄνδρες Ἀθηναῖοι, τοῦθ' ὃ δυσμαχώτατόν
ἐστι τῶν Φιλίππου πραγμάτων, καὶ βέλτιστον ὑμῖν· τὸ γὰρ
εἶναι πάντων ἐκεῖνον ἕν' ὄντα κύριον καὶ ῥητῶν καὶ ἀπορ-
ρήτων καὶ ἅμα στρατηγὸν καὶ δεσπότην καὶ ταμίαν, καὶ
πανταχοῦ αὐτὸν παρεῖναι τῷ στρατεύματι, πρὸς μὲν τὸ τὰ
τοῦ πολέμου ταχὺ καὶ κατὰ καιρὸν πράττεσθαι πολλῷ προέχει,
πρὸς δὲ τὰς καταλλαγάς, ἃς ἂν ἐκεῖνος ποιήσαιτ' ἄσμενος
πρὸς Ὀλυνθίους, ἐναντίως ἔχει. δῆλον γάρ ἐστι τοῖς Ὀλυν- 5
θίοις ὅτι νῦν οὐ περὶ δόξης οὐδ' ὑπὲρ μέρους χώρας πολε-
μοῦσιν, ἀλλ' ἀναστάσεως καὶ ἀνδραποδισμοῦ τῆς πατρίδος,
καὶ ἴσασιν ἅ τ' Ἀμφιπολιτῶν ἐποίησε τοὺς παραδόντας αὐτῷ
τὴν πόλιν καὶ Πυδναίων τοὺς ὑποδεξαμένους· καὶ ὅλως
ἄπιστον, οἶμαι, ταῖς πολιτείαις ἡ τυραννίς, ἄλλως τε κἂν
ὅμορον χώραν ἔχωσι. ταῦτ' οὖν ἐγνωκότας ὑμᾶς, ὦ ἄνδρες 6
Ἀθηναῖοι, καὶ τἆλλ' ἃ προσήκει πάντ' ἐνθυμουμένους φημὶ
δεῖν ἐθελῆσαι καὶ παροξυνθῆναι καὶ τῷ πολέμῳ προσέχειν

7 βοηθήσετε Palatinus 142 : βοηθήσητε cett. 10 ἅνθρωπος Bekker : ἄνθρωπος (vel ἄνος) codd. 13 τρέψηται secl. Blass : ἀνατρέψῃ τε Dobree coll. xxv 28 : κλέψῃ τε Cobet : εὐτρεπίσηται Bake 20 ποιήσαιτο Dresdensis S γρ. F γρ. : ποιήσηται S vulg. 22 πολεμοῦσιν codd. : κινδυνεύουσιν Maximus Planudes v 471 (cf. schol. Dem. p. 43. 30)

εἴπερ ποτὲ καὶ νῦν, χρήματ' εἰσφέροντας προθύμως καὶ
αὐτοὺς ἐξιόντας καὶ μηδὲν ἐλλείποντας. οὐδὲ γὰρ λόγος
οὐδὲ σκῆψις ἔθ' ὑμῖν τοῦ μὴ τὰ δέοντα ποιεῖν ἐθέλειν ὑπο-
7 λείπεται. νυνὶ γάρ, ὃ πάντες ἐθρύλουν τέως, Ὀλυνθίους
[11] ἐκπολεμῶσαι δεῖν Φιλίππῳ, γέγονεν αὐτόματον, καὶ ταῦθ'
ὡς ἂν ὑμῖν μάλιστα συμφέροι. εἰ μὲν γὰρ ὑφ' ὑμῶν
πεισθέντες ἀνείλοντο τὸν πόλεμον, σφαλεροὶ σύμμαχοι καὶ
μέχρι του ταῦτ' ἂν ἐγνωκότες ἦσαν ἴσως· ἐπειδὴ δ' ἐκ τῶν
πρὸς αὐτοὺς ἐγκλημάτων μισοῦσι, βεβαίαν εἰκὸς τὴν ἔχθραν
8 αὐτοὺς ὑπὲρ ὧν φοβοῦνται καὶ πεπόνθασιν ἔχειν. οὐ δεῖ
δὴ τοιοῦτον, ὦ ἄνδρες Ἀθηναῖοι, παραπεπτωκότα καιρὸν
ἀφεῖναι, οὐδὲ παθεῖν ταὐτὸν ὅπερ ἤδη πολλάκις πρότερον
πεπόνθατε. εἰ γάρ, ὅθ' ἥκομεν Εὐβοεῦσιν βεβοηθηκότες καὶ
παρῆσαν Ἀμφιπολιτῶν Ἱέραξ καὶ Στρατοκλῆς ἐπὶ τουτὶ τὸ
βῆμα, κελεύοντες ἡμᾶς πλεῖν καὶ παραλαμβάνειν τὴν πόλιν,
τὴν αὐτὴν παρειχόμεθ' ἡμεῖς ὑπὲρ ἡμῶν αὐτῶν προθυμίαν
ἥνπερ ὑπὲρ τῆς Εὐβοέων σωτηρίας, εἴχετ' ἂν Ἀμφίπολιν
τότε καὶ πάντων τῶν μετὰ ταῦτ' ἂν ἦτ' ἀπηλλαγμένοι
9 πραγμάτων. καὶ πάλιν ἡνίκα Πύδνα, Ποτείδαια, Μεθώνη,
Παγασαί, τἆλλα, ἵνα μὴ καθ' ἕκαστα λέγων διατρίβω,
πολιορκούμεν' ἀπηγγέλλετο, εἰ τότε τούτων ἑνὶ τῷ πρώτῳ
προθύμως καὶ ὡς προσῆκεν ἐβοηθήσαμεν αὐτοί, ῥᾴονι καὶ
πολὺ ταπεινοτέρῳ νῦν ἂν ἐχρώμεθα τῷ Φιλίππῳ. νῦν δὲ τὸ
μὲν παρὸν ἀεὶ προϊέμενοι, τὰ δὲ μέλλοντ' αὐτόματ' οἰόμενοι
σχήσειν καλῶς, ηὐξήσαμεν, ὦ ἄνδρες Ἀθηναῖοι, Φίλιππον
ἡμεῖς καὶ κατεστήσαμεν τηλικοῦτον ἡλίκος οὐδείς πω βασι-
λεὺς γέγονεν Μακεδονίας. νυνὶ δὴ καιρὸς ἥκει τις, οὗτος
ὁ τῶν Ὀλυνθίων, αὐτόματος τῇ πόλει, ὃς οὐδενός ἐστιν
10 ἐλάττων τῶν προτέρων ἐκείνων. καὶ ἔμοιγε δοκεῖ τις ἄν, ὦ

4 ἐθρύλουν τέως Reiske : ἐθρύλλουν τέως Palatinus 142 Harleianus : ἐθρύλλουν τε S γρ. B γρ. : ἐθρυλεῖτε ὡς S F Y 5 ἐκπολεμῶσαι vulg. : ἐκπολεμῆσαι S[1] et exemplaria Ἀττικιανά (Harpocr. s. v. ἐκπολεμῶσαι), cf. iii 7 14 παρῆσαν codd. : παρῇσαν Dobree 21 τῷ S vulg. : τῳ Y 27 νυνὶ δὴ B : νῦν ἤδη S solus : νυνὶ δὲ vulg. : νυνὶ δὲ δὴ G. H. Schaefer 29 προτέρων] πρότερον S

ἄνδρες Ἀθηναῖοι, δίκαιος λογιστὴς τῶν παρὰ τῶν θεῶν ἡμῖν [12]
ὑπηργμένων καταστάς, καίπερ οὐκ ἐχόντων ὡς δεῖ πολλῶν,
ὅμως μεγάλην ἂν ἔχειν αὐτοῖς χάριν, εἰκότως· τὸ μὲν γὰρ
πόλλ' ἀπολωλεκέναι κατὰ τὸν πόλεμον τῆς ἡμετέρας ἀμελείας
ἄν τις θείη δικαίως, τὸ δὲ μήτε πάλαι τοῦτο πεπονθέναι
πεφηνέναι τέ τιν' ἡμῖν συμμαχίαν τούτων ἀντίρροπον, ἂν
βουλώμεθα χρῆσθαι, τῆς παρ' ἐκείνων εὐνοίας εὐεργέτημ' ἂν
ἔγωγε θείην. ἀλλ', οἶμαι, παρόμοιόν ἐστιν ὅπερ καὶ περὶ τῆς 11
τῶν χρημάτων κτήσεως· ἂν μὲν γάρ, ὅσ' ἄν τις λάβῃ, καὶ
σώσῃ, μεγάλην ἔχει τῇ τύχῃ τὴν χάριν, ἂν δ' ἀναλώσας
λάθῃ, συνανήλωσε καὶ τὸ μεμνῆσθαι [τὴν χάριν]. καὶ περὶ
τῶν πραγμάτων οὕτως οἱ μὴ χρησάμενοι τοῖς καιροῖς ὀρθῶς,
οὐδ' εἰ συνέβη τι παρὰ τῶν θεῶν χρηστὸν μνημονεύουσι·
πρὸς γὰρ τὸ τελευταῖον ἐκβὰν ἕκαστον τῶν πρὶν ὑπαρξάντων
κρίνεται. διὸ καὶ σφόδρα δεῖ τῶν λοιπῶν ὑμᾶς, ὦ ἄνδρες
Ἀθηναῖοι, φροντίσαι, ἵνα ταῦτ' ἐπανορθωσάμενοι τὴν ἐπὶ
τοῖς πεπραγμένοις ἀδοξίαν ἀποτριψώμεθα. εἰ δὲ προησόμεθ', 12
ὦ ἄνδρες Ἀθηναῖοι, καὶ τούτους τοὺς ἀνθρώπους, εἶτ' Ὄλυνθον
ἐκεῖνος καταστρέψεται, φρασάτω τις ἐμοὶ τί τὸ κωλῦον ἔτ'
αὐτὸν ἔσται βαδίζειν ὅποι βούλεται. ἆρα λογίζεταί τις
ὑμῶν, ὦ ἄνδρες Ἀθηναῖοι, καὶ θεωρεῖ τὸν τρόπον δι' ὃν
μέγας γέγονεν ἀσθενὴς ὢν τὸ κατ' ἀρχὰς Φίλιππος; τὸ
πρῶτον Ἀμφίπολιν λαβών, μετὰ ταῦτα Πύδναν, πάλιν
Ποτείδαιαν, Μεθώνην αὖθις, εἶτα Θετταλίας ἐπέβη· μετὰ 13
ταῦτα Φεράς, Παγασάς, Μαγνησίαν, πάνθ' ὃν ἐβούλετ'
εὐτρεπίσας τρόπον ᾤχετ' εἰς Θρᾴκην· εἶτ' ἐκεῖ τοὺς μὲν [13]
ἐκβαλὼν τοὺς δὲ καταστήσας τῶν βασιλέων ἠσθένησε· πάλιν
ῥᾴσας οὐκ ἐπὶ τὸ ῥᾳθυμεῖν ἀπέκλινεν, ἀλλ' εὐθὺς Ὀλυνθίοις
ἐπεχείρησεν. τὰς δ' ἐπ' Ἰλλυριοὺς καὶ Παίονας αὐτοῦ

2 ὑπηργμένων S γρ. B γρ. : ὑπηρετημένων S F B 8 ὅπερ codd. : del. Blass : ὥσπερ Dobree 11 καὶ τὸ μεμνῆσθαι secl. Blass τὴν χάριν S B : τῇ τύχῃ τὴν χάριν vulg. : secl. Cobet 14 πρὶν ὑπαρξάντων S : προϋπαρξάντων vulg. : ὑπαρξάντων Y 15 ὡς τὰ πολλὰ ante κρίνεται add. vulg. : om. S[1] B[1] 20 γε post ἆρα add. vulg. : om. S 28 ῥᾴσας Herwerden : ῥαΐσας codd.

καὶ πρὸς Ἀρύββαν καὶ ὅποι τις ἂν εἴποι παραλείπω στρατείας.

14 Τί οὖν, ἄν τις εἴποι, ταῦτα λέγεις ἡμῖν νῦν; ἵνα γνῶτ', ὦ ἄνδρες Ἀθηναῖοι, καὶ αἴσθησθ' ἀμφότερα, καὶ τὸ προΐεσθαι καθ' ἕκαστον ἀεί τι τῶν πραγμάτων ὡς ἀλυσιτελές, καὶ τὴν φιλοπραγμοσύνην ᾗ χρῆται καὶ συζῇ Φίλιππος, ὑφ' ἧς οὐκ ἔστιν ὅπως ἀγαπήσας τοῖς πεπραγμένοις ἡσυχίαν σχήσει. εἰ δ' ὁ μὲν ὡς ἀεί τι μεῖζον τῶν ὑπαρχόντων δεῖ πράττειν ἐγνωκὼς ἔσται, ἡμεῖς δ' ὡς οὐδενὸς ἀντιληπτέον ἐρρωμένως τῶν πραγμάτων, σκοπεῖσθ' εἰς τί ποτ' ἐλπὶς ταῦτα τελευτῆσαι.
15 πρὸς θεῶν, τίς οὕτως εὐήθης ἐστὶν ὑμῶν ὅστις ἀγνοεῖ τὸν ἐκεῖθεν πόλεμον δεῦρ' ἥξοντα, ἂν ἀμελήσωμεν; ἀλλὰ μήν, εἰ τοῦτο γενήσεται, δέδοικ', ὦ ἄνδρες Ἀθηναῖοι, μὴ τὸν αὐτὸν τρόπον ὥσπερ οἱ δανειζόμενοι ῥᾳδίως ἐπὶ τοῖς μεγάλοις [τόκοις] μικρὸν εὐπορήσαντες χρόνον ὕστερον καὶ τῶν ἀρχαίων ἀπέστησαν, οὕτω καὶ ἡμεῖς [ἂν] ἐπὶ πολλῷ φανῶμεν ἐρρᾳθυμηκότες, καὶ ἅπαντα πρὸς ἡδονὴν ζητοῦντες πολλὰ καὶ χαλεπὰ ὧν οὐκ ἐβουλόμεθ' ὕστερον εἰς ἀνάγκην ἔλθωμεν ποιεῖν, καὶ κινδυνεύσωμεν περὶ τῶν ἐν αὐτῇ τῇ χώρᾳ.

16 Τὸ μὲν οὖν ἐπιτιμᾶν ἴσως φήσαι τις ἂν ῥᾴδιον καὶ παντὸς εἶναι, τὸ δ' ὑπὲρ τῶν παρόντων ὅ τι δεῖ πράττειν ἀποφαίνεσθαι, τοῦτ' εἶναι συμβούλου. ἐγὼ δ' οὐκ ἀγνοῶ μέν, ὦ ἄνδρες Ἀθηναῖοι, τοῦθ' ὅτι πολλάκις ὑμεῖς οὐ τοὺς αἰτίους,
[14] ἀλλὰ τοὺς ὑστάτους περὶ τῶν πραγμάτων εἰπόντας ἐν ὀργῇ ποιεῖσθε, ἄν τι μὴ κατὰ γνώμην ἐκβῇ· οὐ μὴν οἶμαι δεῖν τὴν ἰδίαν ἀσφάλειαν σκοποῦνθ' ὑποστείλασθαι περὶ ὧν ὑμῖν
17 συμφέρειν ἡγοῦμαι. φημὶ δὴ διχῇ βοηθητέον εἶναι τοῖς πράγμασιν ὑμῖν, τῷ τε τὰς πόλεις τοῖς Ὀλυνθίοις σῴζειν καὶ τοὺς τοῦτο ποιήσοντας στρατιώτας ἐκπέμπειν, καὶ τῷ τὴν

1 ἀρύββαν S$^1$ B$^1$ (cf. C. I. A. ii 115) : ἀρύμβαν vulg. 3 ἄν τις εἴποι vulg. : τις ἂν εἴποι S B Y O : del. Cobet 6 πρὸς ἅπαντας ante χρῆται add. vulg. (cf. x 2, xxi 1) : om. S A B Y 14 ἐπὶ τοῖς μεγάλοις τόκοις codd. : τόκοις om. Priscian. xviii 295 : secl. L. Spengel : ἐπὶ τόκοις μεγάλοις Weil 16 ἂν secl. Dobree

ἐκείνου χώραν κακῶς ποιεῖν καὶ τριήρεσι καὶ στρατιώταις ἑτέροις· εἰ δὲ θατέρου τούτων ὀλιγωρήσετε, ὀκνῶ μὴ μάταιος 18 ἡμῖν ἡ στρατεία γένηται. εἴτε γὰρ ὑμῶν τὴν ἐκείνου κακῶς ποιούντων, ὑπομείνας τοῦτ᾽ Ὄλυνθον παραστήσεται, ῥᾳδίως ἐπὶ τὴν οἰκείαν ἐλθὼν ἀμυνεῖται· εἴτε βοηθησάντων μόνον ὑμῶν εἰς Ὄλυνθον, ἀκινδύνως ὁρῶν ἔχοντα τὰ οἴκοι, προσκαθεδεῖται καὶ προσεδρεύσει τοῖς πράγμασι, περιέσται τῷ χρόνῳ τῶν πολιορκουμένων. δεῖ δὴ πολλὴν καὶ διχῇ τὴν βοήθειαν εἶναι.

Καὶ περὶ μὲν τῆς βοηθείας ταῦτα γιγνώσκω· περὶ δὲ 19 χρημάτων πόρου, ἔστιν, ὦ ἄνδρες Ἀθηναῖοι, χρήμαθ᾽ ὑμῖν, ἔστιν ὅσ᾽ οὐδενὶ τῶν ἄλλων ἀνθρώπων [στρατιωτικά]· ταῦτα δ᾽ ὑμεῖς οὕτως ὡς βούλεσθε λαμβάνετε. εἰ μὲν οὖν ταῦτα τοῖς στρατευομένοις ἀποδώσετε, οὐδενὸς ὑμῖν προσδεῖ πόρου, εἰ δὲ μή, προσδεῖ, μᾶλλον δ᾽ ἅπαντος ἐνδεῖ τοῦ πόρου. 'τί οὖν;' ἄν τις εἴποι, 'σὺ γράφεις ταῦτ᾽ εἶναι στρατιωτικά;' μὰ Δί᾽ οὐκ ἔγωγε. ἐγὼ μὲν γὰρ ἡγοῦμαι στρατιώτας δεῖν κατα- 20 σκευασθῆναι [καὶ ταῦτ᾽ εἶναι στρατιωτικὰ] καὶ μίαν σύνταξιν εἶναι τὴν αὐτὴν τοῦ τε λαμβάνειν καὶ τοῦ ποιεῖν τὰ δέοντα, ὑμεῖς δ᾽ οὕτω πως ἄνευ πραγμάτων λαμβάνειν εἰς τὰς ἑορτάς. ἔστι δὴ λοιπόν, οἶμαι, πάντας εἰσφέρειν, ἂν πολλῶν δέῃ, [15] πολλά, ἂν ὀλίγων, ὀλίγα. δεῖ δὲ χρημάτων, καὶ ἄνευ τούτων οὐδὲν ἔστι γενέσθαι τῶν δεόντων. λέγουσι δὲ καὶ ἄλλους τινὰς ἄλλοι πόρους, ὧν ἕλεσθ᾽ ὅστις ὑμῖν συμφέρειν δοκεῖ· καὶ ἕως ἐστὶ καιρός, ἀντιλάβεσθε τῶν πραγμάτων.

Ἄξιον δ᾽ ἐνθυμηθῆναι καὶ λογίσασθαι τὰ πράγματ᾽ ἐν 21 ᾧ καθέστηκε νυνὶ τὰ Φιλίππου. οὔτε γάρ, ὡς δοκεῖ καὶ φήσειέ τις ἂν μὴ σκοπῶν ἀκριβῶς, εὐτρεπῶς οὐδ᾽ ὡς ἂν κάλλιστ᾽ αὐτῷ τὰ παρόντ᾽ ἔχει, οὔτ᾽ ἂν ἐξήνεγκε τὸν πόλεμόν

5 ἀμυνεῖται] ἀμῦναι $S^1$ 12 οὐδενὶ codd. (cf. xviii 23, xix 50): οὐδέσι Dindorf, cf. v 5 στρατιωτικά secl. Madvig, Cobet 18 καὶ . . . στρατιωτικά secl. Dobree ταῦτ᾽ secl. Bekker 20 λαμβάνειν S F $B^1$ : λαμβάνετε vulg. 24 συμφέρειν δοκεῖ S B Y : ἂν συμφέρειν δοκῇ vulg. 28 εὐτρεπῶς S B : εὐπρεπῶς vulg. 29 ἔχει Aug. 3 : ἔχῃ S vulg. : ἔχοι al.

ποτε τοῦτον ἐκεῖνος, εἰ πολεμεῖν ᾠήθη δεήσειν αὐτόν, ἀλλ'
ὡς ἐπιὼν ἅπαντα τότ' ἤλπιζε τὰ πράγματ' ἀναιρήσεσθαι,
κᾆτα διέψευσται. τοῦτο δὴ πρῶτον αὐτὸν ταράττει παρὰ
γνώμην γεγονὸς καὶ πολλὴν ἀθυμίαν αὐτῷ παρέχει, εἶτα τὰ
22 τῶν Θετταλῶν. ταῦτα γὰρ ἄπιστα μὲν ἦν δήπου φύσει καὶ
ἀεὶ πᾶσιν ἀνθρώποις, κομιδῇ δ', ὥσπερ ἦν, καὶ ἔστι νῦν
τούτῳ. καὶ γὰρ Παγασὰς ἀπαιτεῖν αὐτόν εἰσιν ἐψηφισμένοι,
καὶ Μαγνησίαν κεκωλύκασι τειχίζειν. ἤκουον δ' ἔγωγέ
τινων, ὡς οὐδὲ τοὺς λιμένας καὶ τὰς ἀγορὰς ἔτι δώσοιεν
αὐτῷ καρποῦσθαι· τὰ γὰρ κοινὰ τὰ Θετταλῶν ἀπὸ τούτων
δέοι διοικεῖν, οὐ Φίλιππον λαμβάνειν. εἰ δὲ τούτων ἀπο-
στερήσεται τῶν χρημάτων, εἰς στενὸν κομιδῇ τὰ τῆς τροφῆς
23 τοῖς ξένοις αὐτῷ καταστήσεται. ἀλλὰ μὴν τόν γε Παίονα
καὶ τὸν Ἰλλυριὸν καὶ ἁπλῶς τούτους ἅπαντας ἡγεῖσθαι χρὴ
αὐτονόμους ἥδιον ἂν καὶ ἐλευθέρους ἢ δούλους εἶναι· καὶ
γὰρ ἀήθεις τοῦ κατακούειν τινός εἰσι, καὶ ἄνθρωπος ὑβριστής,
[16] ὥς φασιν. καὶ μὰ Δί' οὐδὲν ἄπιστον ἴσως· τὸ γὰρ εὖ
πράττειν παρὰ τὴν ἀξίαν ἀφορμὴ τοῦ κακῶς φρονεῖν τοῖς
ἀνοήτοις γίγνεται· διόπερ πολλάκις δοκεῖ τὸ φυλάξαι τἀγαθὰ
24 τοῦ κτήσασθαι χαλεπώτερον εἶναι. δεῖ τοίνυν ὑμᾶς, ὦ ἄνδρες
Ἀθηναῖοι, τὴν ἀκαιρίαν τὴν ἐκείνου καιρὸν ὑμέτερον νομί-
σαντας ἑτοίμως συνάρασθαι τὰ πράγματα, καὶ πρεσβευομέ-
νους ἐφ' ἃ δεῖ καὶ στρατευομένους αὐτοὺς καὶ παροξύνοντας
τοὺς ἄλλους ἅπαντας, λογιζομένους, εἰ Φίλιππος λάβοι καθ'
ἡμῶν τοιοῦτον καιρὸν καὶ πόλεμος γένοιτο πρὸς τῇ χώρᾳ,
πῶς ἂν αὐτὸν οἴεσθ' ἑτοίμως ἐφ' ὑμᾶς ἐλθεῖν; εἶτ' οὐκ
αἰσχύνεσθε, εἰ μηδ' ἃ πάθοιτ' ἄν, εἰ δύναιτ' ἐκεῖνος, ταῦτα
ποιῆσαι καιρὸν ἔχοντες οὐ τολμήσετε;

25 Ἔτι τοίνυν, ὦ ἄνδρες Ἀθηναῖοι, μηδὲ τοῦθ' ὑμᾶς λανθα-
νέτω, ὅτι νῦν αἵρεσίς ἐστιν ὑμῖν πότερ' ὑμᾶς ἐκεῖ χρὴ

11 εἰ . . . ἀποστερήσεται Y : εἰ . . . ἀποστερηθήσεται SB : ἂν . . . ἀποστερηθῇ vulg. 16 ἄνθρωπος Bekker : ἅνθρωπος codd. 28 οὐ codd. et Hermog. iii 152, 155 : οὐ (vel μηδὲ supr. 27) secl. Cobet coll. xxi 57

πολεμεῖν ἢ παρ' ὑμῖν ἐκεῖνον. ἐὰν μὲν γὰρ ἀντέχῃ τὰ τῶν
Ὀλυνθίων, ὑμεῖς ἐκεῖ πολεμήσετε καὶ τὴν ἐκείνου κακῶς
ποιήσετε, τὴν ὑπάρχουσαν καὶ τὴν οἰκείαν ταύτην ἀδεῶς
καρπούμενοι· ἂν δ' ἐκεῖνα Φίλιππος λάβῃ, τίς αὐτὸν
κωλύσει δεῦρο βαδίζειν; Θηβαῖοι; μὴ λίαν πικρὸν εἰπεῖν ᾖ— 26
καὶ συνεισβαλοῦσιν ἑτοίμως. ἀλλὰ Φωκεῖς; οἱ τὴν οἰκείαν
οὐχ οἷοί τε ὄντες φυλάττειν, ἐὰν μὴ βοηθήσηθ' ὑμεῖς. ἢ
ἄλλος τις; ἀλλ', ὦ τᾶν, οὐχὶ βουλήσεται. τῶν ἀτοπωτάτων
μέντἂν εἴη, εἰ ἃ νῦν ἄνοιαν ὀφλισκάνων ὅμως ἐκλαλεῖ, ταῦτα
δυνηθεὶς μὴ πράξει. ἀλλὰ μὴν ἡλίκα γ' ἐστὶν τὰ διάφορ' 27
ἐνθάδ' ἢ ἐκεῖ πολεμεῖν, οὐδὲ λόγου προσδεῖν ἡγοῦμαι. εἰ γὰρ
ὑμᾶς δεήσειεν αὐτοὺς τριάκονθ' ἡμέρας μόνας ἔξω γενέσθαι,
καὶ ὅσ' ἀνάγκη στρατοπέδῳ χρωμένους τῶν ἐκ τῆς χώρας
λαμβάνειν, μηδενὸς ὄντος ἐν αὐτῇ πολεμίου λέγω, πλείον' ἂν [17]
οἶμαι ζημιωθῆναι τοὺς γεωργοῦντας ὑμῶν ἢ ὅσ' εἰς ἅπαντα
τὸν πρὸ τοῦ πόλεμον δεδαπάνησθε. εἰ δὲ δὴ πόλεμός τις
ἥξει, πόσα χρὴ νομίσαι ζημιώσεσθαι; καὶ πρόσεσθ' ἡ ὕβρις
καὶ ἔθ' ἡ τῶν πραγμάτων αἰσχύνη, οὐδεμιᾶς ἐλάττων ζημίας
τοῖς γε σώφροσιν.

Πάντα δὴ ταῦτα δεῖ συνιδόντας ἅπαντας βοηθεῖν καὶ 28
ἀπωθεῖν ἐκεῖσε τὸν πόλεμον, τοὺς μὲν εὐπόρους, ἵν' ὑπὲρ
τῶν πολλῶν ὧν καλῶς ποιοῦντες ἔχουσι μίκρ' ἀναλίσκοντες τὰ
λοιπὰ καρπῶνται ἀδεῶς, τοὺς δ' ἐν ἡλικίᾳ, ἵνα τὴν τοῦ πολεμεῖν
ἐμπειρίαν ἐν τῇ Φιλίππου χώρᾳ κτησάμενοι φοβεροὶ φύλακες
τῆς οἰκείας ἀκεραίου γένωνται, τοὺς δὲ λέγοντας, ἵν' αἱ τῶν
πεπολιτευμένων αὐτοῖς εὔθυναι ῥᾴδιαι γένωνται, ὡς ὁποῖ'
ἄττ' ἂν ὑμᾶς περιστῇ τὰ πράγματα, τοιοῦτοι κριταὶ καὶ τῶν
πεπραγμένων αὐτοῖς ἔσεσθε. χρηστὰ δ' εἴη παντὸς εἵνεκα.

5 Θηβαῖοι; . . . ᾖ—] Θηβαῖοι νὴ Δία· κἂν πικρὸν εἰπεῖν ᾖ, Richards οἱ ante μὴ add. Baiter, Dindorf εἰ ante μὴ add. Dindorf ex codd. duobus ᾖ del. Dindorf 7 ὑμεῖς ἢ ἄλλος τις. interpunxit Blass secutus rhetoras (item cod. A) 12 μόνας S vulg. : om. Y : μόνον O 14 πολεμίου] πολέμου Palatinus 113, 142 πλείον' Blass : πλέον codd. 16 πόλεμον codd. : χρόνον Blass secutus Rh. Gr. iv 762 17 ζημιώσεσθαι S : ζημιωθήσεσθαι vulg. 18 ζημίας S Y : ζημία vulg. 23 ἀδεῶς ante καρπῶνται Y al. : post καρπῶνται S vulg. 27 ὑμᾶς codd. : ὑμῖν Baron

In S subscriptum

ΟΛΥΝΘΙΑΚΟΣ Α
Η Η 𐅄 Δ Π

# II

# ΟΛΥΝΘΙΑΚΟΣ Β

## ΥΠΟΘΕΣΙΣ.

Προσήκαντο μὲν τὴν πρεσβείαν τῶν Ὀλυνθίων οἱ Ἀθηναῖοι, καὶ βοηθεῖν αὐτοῖς κεκρίκασι· μέλλουσι δὲ περὶ τὴν ἔξοδον καὶ δεδιόσιν ὡς δυσπολεμήτου τοῦ Φιλίππου, παρελθὼν ὁ Δημοσθένης πειρᾶται θαρσύνειν τὸν δῆμον, ἐπιδεικνὺς ὡς ἀσθενῆ τὰ τοῦ Μακεδόνος πράγματα. καὶ γὰρ τοῖς συμμάχοις ὕποπτον αὐτὸν εἶναί φησι καὶ κατὰ τὴν οἰκείαν δύναμιν οὐκ ἰσχυρόν· τοὺς γὰρ Μακεδόνας ἀσθενεῖς εἶναι καθ' ἑαυτούς.

[18] Ἐπὶ πολλῶν μὲν ἄν τις ἰδεῖν, ὦ ἄνδρες Ἀθηναῖοι, δοκεῖ
μοι τὴν παρὰ τῶν θεῶν εὔνοιαν φανερὰν γιγνομένην τῇ πόλει,
οὐχ ἥκιστα δ' ἐν τοῖς παροῦσι πράγμασι· τὸ γὰρ τοὺς πολεμή-
σοντας Φιλίππῳ γεγενῆσθαι καὶ χώραν ὅμορον καὶ δύναμίν
τινα κεκτημένους, καὶ τὸ μέγιστον ἁπάντων, τὴν ὑπὲρ τοῦ
πολέμου γνώμην τοιαύτην ἔχοντας ὥστε τὰς πρὸς ἐκεῖνον
διαλλαγὰς πρῶτον μὲν ἀπίστους, εἶτα τῆς ἑαυτῶν πατρίδος
νομίζειν ἀνάστασιν, δαιμονίᾳ τινὶ καὶ θείᾳ παντάπασιν ἔοικεν
2 εὐεργεσίᾳ. δεῖ τοίνυν, ὦ ἄνδρες Ἀθηναῖοι, τοῦτ' ἤδη σκοπεῖν
αὐτούς, ὅπως μὴ χείρους περὶ ἡμᾶς αὐτοὺς εἶναι δόξομεν τῶν
ὑπαρχόντων, ὡς ἔστι τῶν αἰσχρῶν, μᾶλλον δὲ τῶν αἰσχίστων,
μὴ μόνον πόλεων καὶ τόπων ὧν ἦμέν ποτε κύριοι φαίνεσθαι
προϊεμένους, ἀλλὰ καὶ τῶν ὑπὸ τῆς τύχης παρασκευασθέντων
συμμάχων καὶ καιρῶν.

9 γιγνομένην S F B : γενομένην vulg. 10 πολεμήσοντας S : πολεμήσαντας vulg. 17 αὐτούς post σκοπεῖν vel post ἡμᾶς delere vult Dobree δόξομεν Bekker : δόξωμεν codd.

Τὸ μὲν οὖν, ὦ ἄνδρες Ἀθηναῖοι, τὴν Φιλίππου ῥώμην 3
διεξιέναι καὶ διὰ τούτων τῶν λόγων προτρέπειν τὰ δέοντα
ποιεῖν ὑμᾶς, οὐχὶ καλῶς ἔχειν ἡγοῦμαι. διὰ τί; ὅτι μοι
δοκεῖ πάνθ᾽ ὅσ᾽ ἂν εἴποι τις ὑπὲρ τούτων, ἐκείνῳ μὲν ἔχειν
φιλοτιμίαν, ἡμῖν δ᾽ οὐχὶ καλῶς πεπρᾶχθαι. ὁ μὲν γὰρ ὅσῳ
πλείον᾽ ὑπὲρ τὴν ἀξίαν πεποίηκε τὴν αὑτοῦ, τοσούτῳ θαυ-
μαστότερος παρὰ πᾶσι νομίζεται· ὑμεῖς δ᾽ ὅσῳ χεῖρον ἢ
προσῆκε κέχρησθε τοῖς πράγμασι, τοσούτῳ πλείον᾽ αἰσχύνην
ὠφλήκατε. ταῦτα μὲν οὖν παραλείψω. καὶ γὰρ εἰ μετ᾽ [19] 4
ἀληθείας τις, ὦ ἄνδρες Ἀθηναῖοι, σκοποῖτο, ἐνθένδ᾽ ἂν αὐτὸν
ἴδοι μέγαν γεγενημένον, οὐχὶ παρ᾽ αὑτοῦ. ὧν οὖν ἐκεῖνος
μὲν ὀφείλει τοῖς ὑπὲρ αὐτοῦ πεπολιτευμένοις χάριν, ὑμῖν
δὲ δίκην προσήκει λαβεῖν, τούτων οὐχὶ νῦν ὁρῶ τὸν καιρὸν
τοῦ λέγειν· ἃ δὲ καὶ χωρὶς τούτων ἔνι, καὶ βέλτιόν ἐστιν
ἀκηκοέναι πάντας ὑμᾶς, καὶ μεγάλ᾽, ὦ ἄνδρες Ἀθηναῖοι, κατ᾽
ἐκείνου φαίνοιτ᾽ ἂν ὀνείδη βουλομένοις ὀρθῶς δοκιμάζειν,
ταῦτ᾽ εἰπεῖν πειράσομαι.

Τὸ μὲν οὖν ἐπίορκον κἄπιστον καλεῖν ἄνευ τοῦ τὰ πε- 5
πραγμένα δεικνύναι λοιδορίαν εἶναί τις ἂν φήσειε κενὴν
δικαίως· τὸ δὲ πάνθ᾽ ὅσα πώποτ᾽ ἔπραξε διεξιόντα ἐφ᾽ ἅπασι
τούτοις ἐλέγχειν, καὶ βραχέος λόγου συμβαίνει δεῖσθαι, καὶ
δυοῖν ἕνεχ᾽ ἡγοῦμαι συμφέρειν εἰρῆσθαι, τοῦ τ᾽ ἐκεῖνον, ὅπερ
καὶ ἀληθὲς ὑπάρχει, φαῦλον φαίνεσθαι, καὶ τοὺς ὑπερεκπε-
πληγμένους ὡς ἄμαχόν τινα τὸν Φίλιππον ἰδεῖν ὅτι πάντα
διεξελήλυθεν οἷς πρότερον παρακρουόμενος μέγας ηὐξήθη,
καὶ πρὸς αὐτὴν ἥκει τὴν τελευτὴν τὰ πράγματ᾽ αὐτῷ. ἐγὼ 6
γάρ, ὦ ἄνδρες Ἀθηναῖοι, σφόδρ᾽ ἂν ἡγούμην καὶ αὐτὸς
φοβερὸν τὸν Φίλιππον καὶ θαυμαστόν, εἰ τὰ δίκαια πράτ-
τονθ᾽ ἑώρων ηὐξημένον· νῦν δὲ θεωρῶν καὶ σκοπῶν εὑρίσκω
τὴν μὲν ἡμετέραν εὐήθειαν τὸ κατ᾽ ἀρχάς, ὅτ᾽ Ὀλυνθίους

4 εἴποι S vulg. : εἴπῃ O τινὰ ante ἔχειν add. A : post φιλοτιμίαν add. vulg. : om. S[1] 13 τούτων ante οὐχὶ add. vulg. : om. S[1] : ὑπὲρ τούτων F Y 23 τοῦ ante τοὺς add. vulg. : om. S 26 αὐτῷ vulg. : αὑτοῦ S

ἀπήλαυνόν τινες ἐνθένδε βουλομένους ὑμῖν διαλεχθῆναι, τῷ
τὴν Ἀμφίπολιν φάσκειν παραδώσειν καὶ τὸ θρυλούμενόν
7 ποτ' ἀπόρρητον ἐκεῖνο κατασκευάσαι, τούτῳ προσαγαγό-
μενον, τὴν δ' Ὀλυνθίων φιλίαν μετὰ ταῦτα τῷ Ποτείδαιαν
[20] οὖσαν ὑμετέραν ἐξελεῖν καὶ τοὺς μὲν πρότερον συμμάχους
[ὑμᾶς] ἀδικῆσαι, παραδοῦναι δ' ἐκείνοις, Θετταλοὺς δὲ νῦν
τὰ τελευταῖα τῷ Μαγνησίαν παραδώσειν ὑποσχέσθαι καὶ
τὸν Φωκικὸν πόλεμον πολεμήσειν ὑπὲρ αὐτῶν ἀναδέξασθαι.
ὅλως δ' οὐδεὶς ἔστιν ὅντιν' οὐ πεφενάκικ' ἐκεῖνος τῶν αὐτῷ
χρησαμένων· τὴν γὰρ ἑκάστων ἄνοιαν ἀεὶ τῶν ἀγνοούντων
8 αὐτὸν ἐξαπατῶν καὶ προσλαμβάνων οὕτως ηὐξήθη. ὥσπερ
οὖν διὰ τούτων ἤρθη μέγας, ἡνίχ' ἕκαστοι συμφέρον αὐτὸν
ἑαυτοῖς ᾤοντό τι πράξειν, οὕτως ὀφείλει διὰ τῶν αὐτῶν τού-
των καὶ καθαιρεθῆναι πάλιν, ἐπειδὴ πάνθ' εἵνεχ' ἑαυτοῦ
ποιῶν ἐξελήλεγκται. καιροῦ μὲν δή, ὦ ἄνδρες Ἀθηναῖοι,
πρὸς τοῦτο πάρεστι Φιλίππῳ τὰ πράγματα· ἢ παρελθών τις
ἐμοί, μᾶλλον δ' ὑμῖν δειξάτω, ἢ ὡς οὐκ ἀληθῆ ταῦτ' ἐγὼ
λέγω, ἢ ὡς οἱ τὰ πρῶτ' ἐξηπατημένοι τὰ λοιπὰ πιστεύ-
σουσιν, ἢ ὡς οἱ παρὰ τὴν αὑτῶν ἀξίαν δεδουλωμένοι
[Θετταλοὶ] νῦν οὐκ ἂν ἐλεύθεροι γένοιντ' ἄσμενοι.
9 Καὶ μὴν εἴ τις ὑμῶν ταῦτα μὲν οὕτως ἔχειν ἡγεῖται,
οἴεται δὲ βίᾳ καθέξειν αὐτὸν τὰ πράγματα τῷ τὰ χωρία καὶ
λιμένας καὶ τὰ τοιαῦτα προειληφέναι, οὐκ ὀρθῶς οἴεται.
ὅταν μὲν γὰρ ὑπ' εὐνοίας τὰ πράγματα συστῇ καὶ πᾶσι
ταὐτὰ συμφέρῃ τοῖς μετέχουσι τοῦ πολέμου, καὶ συμπονεῖν
καὶ φέρειν τὰς συμφορὰς καὶ μένειν ἐθέλουσιν ἅνθρωποι·
ὅταν δ' ἐκ πλεονεξίας καὶ πονηρίας τις ὥσπερ οὗτος ἰσχύσῃ,
ἡ πρώτη πρόφασις καὶ μικρὸν πταῖσμα ἅπαντ' ἀνεχαίτισε
10 καὶ διέλυσεν. οὐ γὰρ ἔστιν, οὐκ ἔστιν, ὦ ἄνδρες Ἀθηναῖοι,

2 τὸ S F : τῷ vulg. 3 κατασκευάσαι S F[1] vulg. : κατασκευάσειν Y O 6 ὑμᾶς del. Blass (cf. schol. S P) 17 ἢ add. S : om. cett., cf. xl 60 20 Θετταλοὶ secl. Rosenberg 25 ταὐτὰ S B Y O : ταῦτα vulg. 26 ἅνθρωποι Bekker : ἄνθρωποι S F Y O : οἱ ἄνθρωποι vulg. 28 μικρὸν codd. : τὸ τυχὸν F B γρ., cf. xi 7 29 καὶ διέλυσεν codd. : om. Rh. Gr. ii 232 : secl. Cobet

ἀδικοῦντα κἀπιορκοῦντα καὶ ψευδόμενον δύναμιν βεβαίαν
κτήσασθαι, ἀλλὰ τὰ τοιαῦτ' εἰς μὲν ἅπαξ καὶ βραχὺν χρόνον [21]
ἀντέχει, καὶ σφόδρα γ' ἤνθησ' ἐπὶ ταῖς ἐλπίσιν, ἂν τύχῃ,
τῷ χρόνῳ δὲ φωρᾶται καὶ περὶ αὑτὰ καταρρεῖ. ὥσπερ γὰρ
οἰκίας, οἶμαι, καὶ πλοίου καὶ τῶν ἄλλων τῶν τοιούτων τὰ
κάτωθεν ἰσχυρότατ' εἶναι δεῖ, οὕτω καὶ τῶν πράξεων τὰς
ἀρχὰς καὶ τὰς ὑποθέσεις ἀληθεῖς καὶ δικαίας εἶναι προσήκει.
τοῦτο δ' οὐκ ἔνι νῦν ἐν τοῖς πεπραγμένοις Φιλίππῳ.

Φημὶ δὴ δεῖν ἡμᾶς τοῖς μὲν Ὀλυνθίοις βοηθεῖν, καὶ ὅπως 11
τις λέγει κάλλιστα καὶ τάχιστα, οὕτως ἀρέσκει μοι· πρὸς
δὲ Θετταλοὺς πρεσβείαν πέμπειν, ἣ τοὺς μὲν διδάξει ταῦτα,
τοὺς δὲ παροξυνεῖ· καὶ γὰρ νῦν εἰσιν ἐψηφισμένοι Παγασὰς
ἀπαιτεῖν καὶ περὶ Μαγνησίας λόγους ποιεῖσθαι. σκοπεῖσθε 12
μέντοι τοῦτ', ὦ ἄνδρες Ἀθηναῖοι, ὅπως μὴ λόγους ἐροῦσιν
μόνον οἱ παρ' ἡμῶν πρέσβεις, ἀλλὰ καὶ ἔργον τι δεικνύειν
ἕξουσιν ἐξεληλυθότων ὑμῶν ἀξίως τῆς πόλεως καὶ ὄντων
ἐπὶ τοῖς πράγμασιν, ὡς ἅπας μὲν λόγος, ἂν ἀπῇ τὰ πρά-
γματα, μάταιόν τι φαίνεται καὶ κενόν, μάλιστα δ' ὁ παρὰ
τῆς ἡμετέρας πόλεως· ὅσῳ γὰρ ἑτοιμότατ' αὐτῷ δοκοῦμεν
χρῆσθαι, τοσούτῳ μᾶλλον ἀπιστοῦσι πάντες αὐτῷ. πολλὴν 13
δὴ τὴν μετάστασιν καὶ μεγάλην δεικτέον τὴν μεταβολήν,
εἰσφέροντας, ἐξιόντας, ἅπαντα ποιοῦντας ἑτοίμως, εἴπερ τις
ὑμῖν προσέξει τὸν νοῦν. κἂν ταῦτ' ἐθελήσηθ' ὡς προσήκει
καὶ δὴ περαίνειν, οὐ μόνον, ὦ ἄνδρες Ἀθηναῖοι, τὰ συμ-
μαχικὰ ἀσθενῶς καὶ ἀπίστως ἔχοντα φανήσεται Φιλίππῳ,
ἀλλὰ καὶ τὰ τῆς οἰκείας ἀρχῆς καὶ δυνάμεως κακῶς ἔχοντ' [22]
ἐξελεγχθήσεται.

Ὅλως μὲν γὰρ ἡ Μακεδονικὴ δύναμις καὶ ἀρχὴ ἐν μὲν 14
προσθήκῃ μερίς ἐστί τις οὐ μικρά, οἷον ὑπῆρξέ ποθ' ὑμῖν
ἐπὶ Τιμοθέου πρὸς Ὀλυνθίους· πάλιν αὖ πρὸς Ποτείδαιαν

17 πράγματα] ἔργα AY 20 αὐτῷ secl. Rosenberg 21 τὴν μεταβολήν secl. Cobet: tuetur Isidor. iv 18 24 δὴ S corr. pr. m.: δεῖ S vulg. 29 προσθήκῃ μερίς SFB: προσθήκης μέρει vulg., cf. xi 8

Ὀλυνθίοις ἐφάνη τι τοῦτο συναμφότερον· νυνὶ δὲ Θετταλοῖς νοσοῦσι καὶ τεταραγμένοις ἐπὶ τὴν τυραννικὴν οἰκίαν ἐβοήθησεν· καὶ ὅποι τις ἄν, οἶμαι, προσθῇ κἂν μικρὰν δύναμιν, πάντ' ὠφελεῖ· αὐτὴ δὲ καθ' αὑτὴν ἀσθενὴς καὶ
15 πολλῶν κακῶν ἐστι μεστή. καὶ γὰρ οὗτος ἅπασι τούτοις, οἷς ἄν τις μέγαν αὐτὸν ἡγήσαιτο, τοῖς πολέμοις καὶ ταῖς στρατείαις, ἔτ' ἐπισφαλεστέραν ἢ ὑπῆρχε φύσει κατεσκεύακεν αὑτῷ. μὴ γὰρ οἴεσθ', ὦ ἄνδρες Ἀθηναῖοι, τοῖς αὐτοῖς Φίλιππόν τε χαίρειν καὶ τοὺς ἀρχομένους, ἀλλ' ὁ μὲν δόξης ἐπιθυμεῖ καὶ τοῦτ' ἐζήλωκε, καὶ προῄρηται πράττων καὶ κινδυνεύων, ἂν συμβῇ τι, παθεῖν, τὴν τοῦ διαπράξασθαι ταῦθ' ἃ μηδεὶς πώποτ' ἄλλος Μακεδόνων βασιλεὺς δόξαν
16 ἀντὶ τοῦ ζῆν ἀσφαλῶς ᾑρημένος· τοῖς δὲ τῆς μὲν φιλοτιμίας τῆς ἀπὸ τούτων οὐ μέτεστι, κοπτόμενοι δ' ἀεὶ ταῖς στρατείαις ταύταις ταῖς ἄνω κάτω λυποῦνται καὶ συνεχῶς ταλαιπωροῦσιν, οὔτ' ἐπὶ τοῖς ἔργοις οὔτ' ἐπὶ τοῖς αὑτῶν ἰδίοις ἐώμενοι διατρίβειν, οὔθ' ὅσ' ἂν ποιήσωσιν οὕτως ὅπως ἂν δύνωνται, ταῦτ' ἔχοντες διαθέσθαι κεκλειμένων τῶν
17 ἐμπορίων τῶν ἐν τῇ χώρᾳ διὰ τὸν πόλεμον. οἱ μὲν οὖν πολλοὶ Μακεδόνων πῶς ἔχουσι Φιλίππῳ, ἐκ τούτων ἄν τις
[23] σκέψαιτ' οὐ χαλεπῶς· οἱ δὲ δὴ περὶ αὐτὸν ὄντες ξένοι καὶ πεζέταιροι δόξαν μὲν ἔχουσιν ὡς εἰσὶ θαυμαστοὶ καὶ συγκεκροτημένοι τὰ τοῦ πολέμου, ὡς δ' ἐγὼ τῶν ἐν αὐτῇ τῇ χώρᾳ γεγενημένων τινὸς ἤκουον, ἀνδρὸς οὐδαμῶς οἵου τε
18 ψεύδεσθαι, οὐδένων εἰσὶν βελτίους. εἰ μὲν γάρ τις ἀνήρ ἐστιν ἐν αὐτοῖς οἷος ἔμπειρος πολέμου καὶ ἀγώνων, τούτους μὲν φιλοτιμίᾳ πάντας ἀπωθεῖν αὐτὸν ἔφη, βουλόμενον πάνθ' αὑτοῦ δοκεῖν εἶναι τἄργα (πρὸς γὰρ αὖ τοῖς ἄλλοις καὶ

1 Ὀλυνθίοις· interpunxit Madvig deleto commate post συναμφότερον δὲ om. S[1] solus  2 νοσοῦσι Cobet, cf. schol. p. 92. 15 : νοσοῦσι καὶ στασιάζουσι vulg., cf. ix 12 : στασιάζουσι S B (veram lectionem glossema expulit)  3 ἐβοήθησεν vulg. : secl. Weil : ἐβοήθησαν ? S[1] F[1] B Vind. 1  καὶ ante ὅποι add. vulg. : om. S[1] solus  15 post ἄνω add. τε καὶ vulg. : καὶ al. : om. S B, cf. iv 41  17 ποιήσωσιν S F B : πορίσωσιν vulg.

τὴν φιλοτιμίαν ἀνυπέρβλητον εἶναι)· εἰ δέ τις σώφρων ἢ
δίκαιος ἄλλως, τὴν καθ' ἡμέραν ἀκρασίαν τοῦ βίου καὶ μέθην
καὶ κορδακισμοὺς οὐ δυνάμενος φέρειν, παρεῶσθαι καὶ ἐν
οὐδενὸς εἶναι μέρει τὸν τοιοῦτον. λοιποὺς δὴ περὶ αὐτὸν 19
εἶναι λῃστὰς καὶ κόλακας καὶ τοιούτους ἀνθρώπους οἵους
μεθυσθέντας ὀρχεῖσθαι τοιαῦθ' οἷ' ἐγὼ νῦν ὀκνῶ πρὸς ὑμᾶς
ὀνομάσαι. δῆλον δ' ὅτι ταῦτ' ἐστὶν ἀληθῆ· καὶ γὰρ οὓς
ἐνθένδε πάντες ἀπήλαυνον ὡς πολὺ τῶν θαυματοποιῶν
ἀσελγεστέρους ὄντας, Καλλίαν ἐκεῖνον τὸν δημόσιον καὶ
τοιούτους ἀνθρώπους, μίμους γελοίων καὶ ποιητὰς αἰσχρῶν
ᾀσμάτων, ὧν εἰς τοὺς συνόντας ποιοῦσιν εἵνεκα τοῦ γελα-
σθῆναι, τούτους ἀγαπᾷ καὶ περὶ αὐτὸν ἔχει. καίτοι ταῦτα, 20
καὶ εἰ μικρά τις ἡγεῖται, μεγάλ', ὦ ἄνδρες Ἀθηναῖοι, δεί-
γματα τῆς ἐκείνου γνώμης καὶ κακοδαιμονίας ἐστὶ τοῖς εὖ
φρονοῦσιν. ἀλλ', οἶμαι, νῦν μὲν ἐπισκοτεῖ τούτοις τὸ
κατορθοῦν· αἱ γὰρ εὐπραξίαι δειναὶ συγκρύψαι τὰ τοιαῦτ'
ὀνείδη· εἰ δέ τι πταίσει, τότ' ἀκριβῶς αὐτοῦ ταῦτ' ἐξετα-
σθήσεται. δοκεῖ δ' ἔμοιγ', ὦ ἄνδρες Ἀθηναῖοι, δείξειν οὐκ [24]
εἰς μακράν, ἂν οἵ τε θεοὶ θέλωσι καὶ ὑμεῖς βούλησθε.
ὥσπερ γὰρ ἐν τοῖς σώμασιν, τέως μὲν ἂν ἐρρωμένος ᾖ τις, 21
οὐδὲν ἐπαισθάνεται, ἐπὰν δ' ἀρρώστημά τι συμβῇ, πάντα
κινεῖται, κἂν ῥῆγμα κἂν στρέμμα κἂν ἄλλο τι τῶν ὑπαρ-
χόντων σαθρὸν ᾖ, οὕτω καὶ τῶν πόλεων καὶ τῶν τυράννων,
ἕως μὲν ἂν ἔξω πολεμῶσιν, ἀφανῆ τὰ κακὰ τοῖς πολλοῖς
ἐστιν, ἐπειδὰν δ' ὅμορος πόλεμος συμπλακῇ, πάντ' ἐποίησεν
ἔκδηλα.

Εἰ δέ τις ὑμῶν, ὦ ἄνδρες Ἀθηναῖοι, τὸν Φίλιππον εὐτυ- 22

1 τἀνδρὸς post φιλοτιμίαν add. vulg. : om. S F B 3 παρεῶσθαι S A F B Y : παρεωρᾶσθαι vulg., cf. xxiii 105 13 καὶ εἰ S A : εἰ καὶ vulg. 16 καὶ συσκιάσαι post συγκρύψαι add. vulg. : om. S B, cf. xi 13 17 πταίσει S A F B Y : πταίσειε vulg. ταῦτ' S B O : πάντα A suppl. : ταῦτα πάντα A 20 τέως codd. : ἕως Dind. 21 τῶν καθ' ἕκαστα σαθρῶν post ἐπαισθάνεται add. vulg. : om. $S^1$ solus, cf. xi 14 23 σαθρὸν vulg. : σαθρῶν $S^1$ (ὸ superscripsit ead. m.) al.

χοῦνθ' ὁρῶν ταύτῃ φοβερὸν προσπολεμῆσαι νομίζει, σώφρονος μὲν ἀνθρώπου λογισμῷ χρῆται· μεγάλη γὰρ ῥοπή, μᾶλλον δὲ τὸ ὅλον ἡ τύχη παρὰ πάντ' ἐστὶ τὰ τῶν ἀνθρώπων πράγματα· οὐ μὴν ἀλλ' ἔγωγε, εἴ τις αἵρεσίν μοι δοίη, τὴν τῆς ἡμετέρας πόλεως τύχην ἂν ἑλοίμην, ἐθελόντων ἃ προσήκει ποιεῖν ὑμῶν αὐτῶν καὶ κατὰ μικρόν, ἢ τὴν ἐκείνου· πολὺ γὰρ πλείους ἀφορμὰς εἰς τὸ τὴν παρὰ τῶν θεῶν
23 εὔνοιαν ἔχειν ὁρῶ ὑμῖν ἐνούσας ἢ 'κείνῳ. ἀλλ', οἶμαι, καθήμεθ' οὐδὲν ποιοῦντες· οὐκ ἔνι δ' αὐτὸν ἀργοῦντ' οὐδὲ τοῖς φίλοις ἐπιτάττειν ὑπὲρ αὑτοῦ τι ποιεῖν, μή τί γε δὴ τοῖς θεοῖς. οὐ δὴ θαυμαστόν ἐστιν, εἰ στρατευόμενος καὶ πονῶν ἐκεῖνος αὐτὸς καὶ παρὼν ἐφ' ἅπασι καὶ μήτε καιρὸν μήθ' ὥραν παραλείπων ἡμῶν μελλόντων καὶ ψηφιζομένων καὶ πυνθανομένων περιγίγνεται. οὐδὲ θαυμάζω τοῦτ' ἐγώ· τοὐναντίον γὰρ ἂν ἦν θαυμαστόν, εἰ μηδὲν ποιοῦντες ἡμεῖς ὧν τοῖς πολεμοῦσι προσήκει τοῦ πάντα ποιοῦντος περιῆμεν.
[25] 24 ἀλλ' ἐκεῖνο θαυμάζω, εἰ Λακεδαιμονίοις μέν ποτ', ὦ ἄνδρες Ἀθηναῖοι, ὑπὲρ τῶν Ἑλληνικῶν δικαίων ἀντήρατε, καὶ πόλλ' ἰδίᾳ πλεονεκτῆσαι πολλάκις ὑμῖν ἐξὸν οὐκ ἠθελήσατε, ἀλλ' ἵν' οἱ ἄλλοι τύχωσι τῶν δικαίων, τὰ ὑμέτερ' αὐτῶν ἀνηλίσκετ' εἰσφέροντες καὶ προυκινδυνεύετε στρατευόμενοι, νυνὶ δ' ὀκνεῖτ' ἐξιέναι καὶ μέλλετ' εἰσφέρειν ὑπὲρ τῶν ὑμετέρων αὐτῶν κτημάτων, καὶ τοὺς μὲν ἄλλους σεσώκατε πολλάκις πάντας καὶ καθ' ἕν' αὐτῶν ἐν μέρει, τὰ δ' ὑμέτερ' αὐτῶν
25 ἀπολωλεκότες κάθησθε. ταῦτα θαυμάζω, κἄτι πρὸς τούτοις, εἰ μηδεὶς ὑμῶν, ὦ ἄνδρες Ἀθηναῖοι, δύναται λογίσασθαι πόσον πολεμεῖτε χρόνον Φιλίππῳ, καὶ τί ποιούντων ὑμῶν ὁ χρόνος διελήλυθεν οὗτος. ἴστε γὰρ δήπου τοῦθ', ὅτι μελλόντων αὐτῶν, ἑτέρους τινὰς ἐλπιζόντων πράξειν, αἰτιω-

3 τὸ ὅλον vulg. : ὅλον S et Dionys. Hal. 1089 R, cf. xi 15    8 ἐνούσας codd. : οὔσας G. H. Schaefer, cf. vi 12    12 μήτε . . . μήθ' Blass : μηδὲ . . . μηδὲ S F B : μηδένα . . . μηδὲ vulg.    16 ἃ δεῖ post ποιοῦντος add. vulg. : om. S[1] solus    24 καὶ ante καθ' om. S ἕκαστον post αὐτῶν add. vulg. : om. S    29 αὐτῶν S : ὑμῶν cett. : om. G. H. Schaefer

μένων ἀλλήλους, κρινόντων, πάλιν ἐλπιζόντων, σχεδὸν ταὔθ'
ἅπερ νυνὶ ποιούντων, ἅπας ὁ χρόνος διελήλυθεν. εἶθ' οὕτως 26
ἀγνωμόνως ἔχετ', ὦ ἄνδρες Ἀθηναῖοι, ὥστε δι' ὧν ἐκ χρη-
στῶν φαῦλα τὰ πράγματα τῆς πόλεως γέγονεν, διὰ τούτων
ἐλπίζετε τῶν αὐτῶν πράξεων ἐκ φαύλων αὐτὰ χρηστὰ
γενήσεσθαι; ἀλλ' οὔτ' εὔλογον οὔτ' ἔχον ἐστὶ φύσιν τοῦτό
γε· πολὺ γὰρ ῥᾷον ἔχοντας φυλάττειν ἢ κτήσασθαι πάντα
πέφυκεν. νῦν δ' ὅ τι μὲν φυλάξομεν, οὐδέν ἐσθ' ὑπὸ τοῦ
πολέμου λοιπὸν τῶν πρότερον, κτήσασθαι δὲ δεῖ. αὐτῶν
οὖν ἡμῶν ἔργον τοῦτ' ἤδη. φημὶ δὴ δεῖν εἰσφέρειν χρή- 27
ματα, αὐτοὺς ἐξιέναι προθύμως, μηδέν' αἰτιᾶσθαι πρὶν ἂν
τῶν πραγμάτων κρατήσητε, τηνικαῦτα δ' ἀπ' αὐτῶν τῶν
ἔργων κρίναντας τοὺς μὲν ἀξίους ἐπαίνου τιμᾶν, τοὺς δ'
ἀδικοῦντας κολάζειν, τὰς προφάσεις δ' ἀφελεῖν καὶ τὰ καθ' [26]
ὑμᾶς ἐλλείμματα· οὐ γὰρ ἔστι πικρῶς ἐξετάσαι τί πέπρακται
τοῖς ἄλλοις, ἂν μὴ παρ' ὑμῶν αὐτῶν πρῶτον ὑπάρξῃ τὰ
δέοντα. τίνος γὰρ εἵνεκ', ὦ ἄνδρες Ἀθηναῖοι, νομίζετε 28
τοῦτον μὲν φεύγειν τὸν πόλεμον πάντας ὅσους ἂν ἐκπέμψητε
στρατηγούς, ἰδίους δ' εὑρίσκειν πολέμους, εἰ δεῖ τι τῶν
ὄντων καὶ περὶ τῶν στρατηγῶν εἰπεῖν; ὅτι ἐνταῦθα μέν
ἐστι τἆθλ' ὑπὲρ ὧν ἐστιν ὁ πόλεμος ὑμέτερα (Ἀμφίπολίς
γ' ἂν ληφθῇ, παραχρῆμ' ὑμεῖς κομιεῖσθε), οἱ δὲ κίνδυνοι τῶν
ἐφεστηκότων ἴδιοι, μισθὸς δ' οὐκ ἔστιν· ἐκεῖ δὲ κίνδυνοι
μὲν ἐλάττους, τὰ δὲ λήμματα τῶν ἐφεστηκότων καὶ τῶν
στρατιωτῶν, Λάμψακος, Σίγειον, τὰ πλοῖ' ἃ συλῶσιν. ἐπ'
οὖν τὸ λυσιτελοῦν αὑτοῖς ἕκαστοι χωροῦσιν. ὑμεῖς δ', ὅταν 29
μὲν εἰς τὰ πράγματ' ἀποβλέψητε φαύλως ἔχοντα, τοὺς
ἐφεστηκότας κρίνετε, ὅταν δὲ δόντες λόγον τὰς ἀνάγκας
ἀκούσητε ταύτας, ἀφίετε. περίεστι τοίνυν ὑμῖν ἀλλήλοις
ἐρίζειν καὶ διεστάναι, τοῖς μὲν ταῦτα πεπεισμένοις, τοῖς δὲ

1 ταὐτὰ Mounteney: ταῦτα codd. 2 ἅπας ante ὁ χρόνος S: post ὁ χρόνος vulg. 5 τῶν αὐτῶν πράξεων secl. Cobet, cf. xi 21: πράξεων secl. Gebauer 21–22 Ἀμφίπολίς γ' ἂν Deuerling: Ἀμφίπολις κἂν codd.: Ἀμφίπολιν, κἂν Dindorf: Ἀμφίπολις secl. Madvig

ταῦτα, τὰ κοινὰ δ' ἔχειν φαύλως. πρότερον μὲν γάρ, ὦ
ἄνδρες Ἀθηναῖοι, κατὰ συμμορίας εἰσεφέρετε, νυνὶ δὲ πολι-
τεύεσθε κατὰ συμμορίας. ῥήτωρ ἡγεμὼν ἑκατέρων, καὶ
στρατηγὸς ὑπὸ τούτῳ καὶ οἱ βοησόμενοι, οἱ τριακόσιοι· οἱ
δ' ἄλλοι προσνενέμησθε οἱ μὲν ὡς τούτους, οἱ δ' ὡς ἐκεί-
30 νους. δεῖ δὴ ταῦτ' ἐπανέντας καὶ ὑμῶν αὐτῶν ἔτι καὶ νῦν
γενομένους κοινὸν καὶ τὸ βουλεύεσθαι καὶ τὸ λέγειν καὶ
[27] τὸ πράττειν ποιῆσαι. εἰ δὲ τοῖς μὲν ὥσπερ ἐκ τυραννίδος
ὑμῶν ἐπιτάττειν ἀποδώσετε, τοῖς δ' ἀναγκάζεσθαι τριη-
ραρχεῖν, εἰσφέρειν, στρατεύεσθαι, τοῖς δὲ ψηφίζεσθαι κατὰ
τούτων μόνον, ἄλλο δὲ μηδ' ὁτιοῦν συμπονεῖν, οὐχὶ γενή-
σεται τῶν δεόντων ἡμῖν οὐδὲν ἐν καιρῷ· τὸ γὰρ ἠδικημένον
ἀεὶ μέρος ἐλλείψει, εἶθ' ὑμῖν τούτους κολάζειν ἀντὶ τῶν
31 ἐχθρῶν ἐξέσται. λέγω δὴ κεφάλαιον, πάντας εἰσφέρειν
ἀφ' ὅσων ἕκαστος ἔχει τὸ ἴσον· πάντας ἐξιέναι κατὰ μέρος,
ἕως ἂν ἅπαντες στρατεύσησθε· πᾶσι τοῖς παριοῦσι λόγον
διδόναι, καὶ τὰ βέλτισθ' ὧν ἂν ἀκούσηθ' αἱρεῖσθαι, μὴ ἂν
ὁ δεῖν' ἢ ὁ δεῖν' εἴπῃ. κἂν ταῦτα ποιῆτε, οὐ τὸν εἰπόντα
μόνον παραχρῆμ' ἐπαινέσεσθε, ἀλλὰ καὶ ὑμᾶς αὐτοὺς ὕστε-
ρον, βέλτιον τῶν ὅλων πραγμάτων ὑμῖν ἐχόντων.

2 *κατὰ συμμορίας* ante *εἰσεφέρετε* Cobet coll. xiii 20 : post *εἰσεφέρετε* codd. 4 *οἱ τριακόσιοι* Bekker cum codd. perpaucis : †*ριακόσιοι* cett. 7 *τὸ βουλεύεσθαι καὶ τὸ λέγειν* S : *τὸ λέγειν καὶ τὸ βουλεύεσθαι* cett. 14 *ἐξέσται* S F B[1] O : *περιέσται* vulg.

In S subscriptum

ΟΛΥΝΘΙΑΚΟΣ Β

Η Η 𐅄 Δ Δ Δ Δ Π

# III

# ΟΛΥΝΘΙΑΚΟΣ Γ

## ΥΠΟΘΕΣΙΣ.

Ἔπεμψαν βοήθειαν τοῖς Ὀλυνθίοις οἱ Ἀθηναῖοι, καί τι κατ-
ορθοῦν ἔδοξαν δι' αὐτῆς, καὶ ταῦτ' αὐτοῖς ἀπηγγέλλετο. ὁ δὲ
δῆμος περιχαρής, οἵ τε ῥήτορες παρακαλοῦσιν ἐπὶ τιμωρίαν
Φιλίππου. δέδοικε τοίνυν ὁ Δημοσθένης μὴ θαρρήσαντες, ὡς τὰ
πάντα νενικηκότες καὶ ἱκανὴν βοήθειαν πεποιημένοι τοῖς Ὀλυν-
θίοις, τῶν λοιπῶν ὀλιγωρήσωσι. διὰ τοῦτο παρελθὼν ἐπικόπτει
τὴν ἀλαζονείαν αὐτῶν καὶ πρὸς εὐλάβειαν σώφρονα τὴν γνώμην
μεθίστησι, λέγων οὐ περὶ τῆς Φιλίππου τιμωρίας νῦν αὐτοῖς εἶναι
τὸν λόγον, ἀλλὰ περὶ τῆς τῶν συμμάχων σωτηρίας. οἶδε γὰρ ὅτι [28]
καὶ Ἀθηναῖοι καὶ ἄλλοι πού τινες τοῦ μὲν μὴ τὰ οἰκεῖα προέσθαι
ποιοῦνται φροντίδα, περὶ δὲ τὸ τιμωρήσασθαι τοὺς ἐναντίους
ἧττον σπουδάζουσιν. ἐν δὲ τούτῳ τῷ λόγῳ καὶ τῆς περὶ τῶν 2
θεωρικῶν χρημάτων συμβουλῆς φανερώτερον ἅπτεται, καὶ ἀξιοῖ
λυθῆναι τοὺς νόμους τοὺς ἐπιτιθέντας ζημίαν τοῖς γράψασιν αὐτὰ
γενέσθαι στρατιωτικά, ἵν' ἀδεὲς ᾖ τὸ συμβουλεύειν τὰ βέλτιστα.
παραινεῖ δὲ καὶ ὅλως πρὸς τὸν τῶν προγόνων ζῆλον ἀναστῆναι
καὶ στρατεύεσθαι σώμασιν οἰκείοις, καὶ ἐπιτιμήσει πολλῇ κέχρηται
κατὰ τοῦ δήμου θ' ὡς ἐκλελυμένου καὶ τῶν δημαγωγῶν ὡς οὐκ
ὀρθῶς προϊσταμένων τῆς πόλεως.

Οὐχὶ ταὐτὰ παρίσταταί μοι γιγνώσκειν, ὦ ἄνδρες Ἀθηναῖοι, ὅταν τ' εἰς τὰ πράγματ' ἀποβλέψω καὶ ὅταν πρὸς τοὺς λόγους οὓς ἀκούω· τοὺς μὲν γὰρ λόγους περὶ τοῦ τιμωρήσασθαι Φίλιππον ὁρῶ γιγνομένους, τὰ δὲ πράγματ' εἰς τοῦτο προήκοντα, ὥσθ' ὅπως μὴ πεισόμεθ' αὐτοὶ πρότερον κακῶς σκέψασθαι δέον. οὐδὲν οὖν ἄλλο μοι δοκοῦσιν

24 πεισόμεθα S corr. YO : πεισώμεθα S¹ vulg.

οἱ τὰ τοιαῦτα λέγοντες ἢ τὴν ὑπόθεσιν, περὶ ἧς βουλεύεσθε,
2 οὐχὶ τὴν οὖσαν παριστάντες ὑμῖν ἁμαρτάνειν. ἐγὼ δέ, ὅτι
μέν ποτ' ἐξῆν τῇ πόλει καὶ τὰ αὑτῆς ἔχειν ἀσφαλῶς καὶ
Φίλιππον τιμωρήσασθαι, καὶ μάλ' ἀκριβῶς οἶδα· ἐπ' ἐμοῦ
γάρ, οὐ πάλαι γέγονεν ταῦτ' ἀμφότερα· νῦν μέντοι πέπει-
[29] σμαι τοῦθ' ἱκανὸν προλαβεῖν ἡμῖν εἶναι τὴν πρώτην, ὅπως
τοὺς συμμάχους σώσομεν. ἐὰν γὰρ τοῦτο βεβαίως ὑπάρξῃ,
τότε καὶ περὶ τοῦ τίνα τιμωρήσεταί τις καὶ ὃν τρόπον ἐξέσται
σκοπεῖν· πρὶν δὲ τὴν ἀρχὴν ὀρθῶς ὑποθέσθαι, μάταιον
ἡγοῦμαι περὶ τῆς τελευτῆς ὁντινοῦν ποιεῖσθαι λόγον.

3 Ὁ μὲν οὖν παρὼν καιρός, εἴπερ ποτέ, πολλῆς φροντίδος
καὶ βουλῆς δεῖται· ἐγὼ δ' οὐχ ὅ τι χρὴ περὶ τῶν παρόντων
συμβουλεῦσαι χαλεπώτατον ἡγοῦμαι, ἀλλ' ἐκεῖν' ἀπορῶ,
τίνα χρὴ τρόπον, ὦ ἄνδρες Ἀθηναῖοι, πρὸς ὑμᾶς περὶ αὐτῶν
εἰπεῖν. πέπεισμαι γὰρ ἐξ ὧν παρὼν καὶ ἀκούων σύνοιδα,
τὰ πλείω τῶν πραγμάτων ἡμᾶς ἐκπεφευγέναι τῷ μὴ βού-
λεσθαι τὰ δέοντα ποιεῖν ἢ τῷ μὴ συνιέναι. ἀξιῶ δ' ὑμᾶς,
ἂν μετὰ παρρησίας ποιῶμαι τοὺς λόγους, ὑπομένειν, τοῦτο
θεωροῦντας, εἰ τἀληθῆ λέγω, καὶ διὰ τοῦτο, ἵνα τὰ λοιπὰ
βελτίω γένηται· ὁρᾶτε γὰρ ὡς ἐκ τοῦ πρὸς χάριν δημηγορεῖν
ἐνίους εἰς πᾶν προελήλυθε μοχθηρίας τὰ παρόντα.

4 Ἀναγκαῖον δ' ὑπολαμβάνω μικρὰ τῶν γεγενημένων πρῶ-
τον ὑμᾶς ὑπομνῆσαι. μέμνησθ', ὦ ἄνδρες Ἀθηναῖοι, ὅτ'
ἀπηγγέλθη Φίλιππος ὑμῖν ἐν Θρᾴκῃ τρίτον ἢ τέταρτον ἔτος
τουτὶ Ἡραῖον τεῖχος πολιορκῶν. τότε τοίνυν μὴν μὲν ἦν
μαιμακτηριών· πολλῶν δὲ λόγων καὶ θορύβου γιγνομένου
παρ' ὑμῖν ἐψηφίσασθε τετταράκοντα τριήρεις καθέλκειν καὶ
τοὺς μέχρι πέντε καὶ τετταράκοντ' ἐτῶν αὐτοὺς ἐμβαίνειν

6 ἡμῖν ante εἶναι S: post εἶναι vulg. 7 σώσομεν F Y: σώσωμεν S vulg., cf. ii 2 8 τιμωρήσεταί τις καὶ ὃν τρόπον S F B: τρόπον τιμωρήσεταί τις ἐκεῖνον vulg. 11 ὦ ἄνδρες Ἀθηναῖοι post καιρός add. vulg.: om. S solus καὶ νῦν post εἴπερ ποτέ add. vulg.: om. S B: εἴπερ τίς ποτε Cobet 15 καὶ ante παρὼν add. Blass ex Isidor. x 126 17 ἢ S: οὐ cett. 21 πράγματα post παρόντα add. vulg.: om. S B

καὶ τάλανθ' ἑξήκοντ' εἰσφέρειν. καὶ μετὰ ταῦτα διελθόντος 5
τοῦ ἐνιαυτοῦ τούτου ἑκατομβαιών, μεταγειτνιών, βοηδρομιών·
τούτου τοῦ μηνὸς μόγις μετὰ τὰ μυστήρια δέκα ναῦς ἀπε-
στείλατ' ἔχοντα κενὰς Χαρίδημον καὶ πέντε τάλαντ' ἀργυρίου. [30]
ὡς γὰρ ἠγγέλθη Φίλιππος ἀσθενῶν ἢ τεθνεώς (ἦλθε γὰρ
ἀμφότερα), οὐκέτι καιρὸν οὐδένα τοῦ βοηθεῖν νομίσαντες
ἀφεῖτ', ὦ ἄνδρες Ἀθηναῖοι, τὸν ἀπόστολον. ἦν δ' οὗτος
ὁ καιρὸς αὐτός· εἰ γὰρ τότ' ἐκεῖσ' ἐβοηθήσαμεν, ὥσπερ
ἐψηφισάμεθα, προθύμως, οὐκ ἂν ἠνώχλει νῦν ἡμῖν ὁ Φίλιππος
σωθείς.

Τὰ μὲν δὴ τότε πραχθέντ' οὐκ ἂν ἄλλως ἔχοι· νῦν δ' 6
ἑτέρου πολέμου καιρὸς ἥκει τις, δι' ὃν καὶ περὶ τούτων ἐμνή-
σθην, ἵνα μὴ ταὐτὰ πάθητε. τί δὴ χρησόμεθ', ὦ ἄνδρες
Ἀθηναῖοι, τούτῳ; εἰ γὰρ μὴ βοηθήσετε παντὶ σθένει
κατὰ τὸ δυνατόν, θεάσασθ' ὃν τρόπον ὑμεῖς ἐστρατηγη-
κότες πάντ' ἔσεσθ' ὑπὲρ Φιλίππου. ὑπῆρχον Ὀλύνθιοι 7
δύναμίν τινα κεκτημένοι, καὶ διέκειθ' οὕτω τὰ πράγματα·
οὔτε Φίλιππος ἐθάρρει τούτους οὔθ' οὗτοι Φίλιππον. ἐπρά-
ξαμεν ἡμεῖς κἀκεῖνοι πρὸς ἡμᾶς εἰρήνην· ἦν τοῦθ' ὥσπερ
ἐμπόδισμά τι τῷ Φιλίππῳ καὶ δυσχερές, πόλιν μεγάλην
ἐφορμεῖν τοῖς ἑαυτοῦ καιροῖς διηλλαγμένην πρὸς ἡμᾶς.
ἐκπολεμῶσαι δεῖν ᾠόμεθα τοὺς ἀνθρώπους ἐκ παντὸς τρόπου,
καὶ ὃ πάντες ἐθρύλουν, πέπρακται νυνὶ τοῦθ' ὁπωσδήποτε.
τί οὖν ὑπόλοιπον, ὦ ἄνδρες Ἀθηναῖοι, πλὴν βοηθεῖν ἐρρω- 8
μένως καὶ προθύμως; ἐγὼ μὲν οὐχ ὁρῶ· χωρὶς γὰρ τῆς
περιστάσης ἂν ἡμᾶς αἰσχύνης, εἰ καθυφείμεθά τι τῶν
πραγμάτων, οὐδὲ τὸν φόβον, ὦ ἄνδρες Ἀθηναῖοι, μικρὸν
ὁρῶ τὸν τῶν μετὰ ταῦτα, ἐχόντων μὲν ὡς ἔχουσι Θηβαίων

4 κενὰς ante Χαρίδημον S : post Χαρίδημον vulg. 7 ἀφεῖτε A Y : ἀφίετε S : ἀφήκατε vulg. 10 σωθείς S B : τότε σωθείς vulg. : secl. Cobet 14 βοηθήσετε vulg. : βοηθήσητε S 22 ἐκπολεμῶσαι vulg. : ἐκπολεμῆσαι S¹ solus, cf. i 7 23 ἅπαντες (corr. ὃ πάντες) ἐθρύλουν (τοῦτο eraso) πέπρακται νυνὶ τοῦτο S : ὃ πάντες ἐθρύλουν τέως, τοῦτο πέπρακται νυνὶ vulg., cf. i 7: ἅπαντες ἐθρύλουν τοῦτο· πέπρακται νυνὶ τοῦθ' Blass

ἡμῖν, ἀπειρηκότων δὲ χρήμασι Φωκέων, μηδενὸς δ' ἐμποδὼν
ὄντος Φιλίππῳ τὰ παρόντα καταστρεψαμένῳ πρὸς ταῦτ'
[31] ἐπικλῖναι τὰ πράγματα. ἀλλὰ μὴν εἴ τις ὑμῶν εἰς τοῦτ'
9 ἀναβάλλεται ποιήσειν τὰ δέοντα, ἰδεῖν ἐγγύθεν βούλεται τὰ
δεινά, ἐξὸν ἀκούειν ἄλλοθι γιγνόμενα, καὶ βοηθοὺς ἑαυτῷ
ζητεῖν, ἐξὸν νῦν ἑτέροις αὐτὸν βοηθεῖν· ὅτι γὰρ εἰς τοῦτο
περιστήσεται τὰ πράγματα, ἐὰν τὰ παρόντα προώμεθα,
σχεδὸν ἴσμεν ἅπαντες δήπου.

10 'Αλλ' ὅτι μὲν δὴ δεῖ βοηθεῖν, εἴποι τις ἄν, πάντες ἐγνώ-
καμεν, καὶ βοηθήσομεν· τὸ δ' ὅπως, τοῦτο λέγε. μὴ τοίνυν,
ὦ ἄνδρες 'Αθηναῖοι, θαυμάσητε, ἂν παράδοξον εἴπω τι τοῖς
πολλοῖς. νομοθέτας καθίσατε. ἐν δὲ τούτοις τοῖς νομο-
θέταις μὴ θῆσθε νόμον μηδένα (εἰσὶ γὰρ ὑμῖν ἱκανοί), ἀλλὰ
11 τοὺς εἰς τὸ παρὸν βλάπτοντας ὑμᾶς λύσατε. λέγω τοὺς
περὶ τῶν θεωρικῶν, σαφῶς οὑτωσί, καὶ τοὺς περὶ τῶν
στρατευομένων ἐνίους, ὧν οἱ μὲν τὰ στρατιωτικὰ τοῖς οἴκοι
μένουσι διανέμουσι θεωρικά, οἱ δὲ τοὺς ἀτακτοῦντας ἀθῴους
καθιστᾶσιν, εἶτα καὶ τοὺς τὰ δέοντα ποιεῖν βουλομένους
ἀθυμοτέρους ποιοῦσιν. ἐπειδὰν δὲ ταῦτα λύσητε καὶ τὴν
τοῦ τὰ βέλτιστα λέγειν ὁδὸν παράσχητ' ἀσφαλῆ, τηνικαῦτα
12 τὸν γράψονθ' ἃ πάντες ἴσθ' ὅτι συμφέρει ζητεῖτε. πρὶν δὲ
ταῦτα πρᾶξαι, μὴ σκοπεῖτε τίς εἰπὼν τὰ βέλτισθ' ὑπὲρ ὑμῶν
ὑφ' ὑμῶν ἀπολέσθαι βουλήσεται· οὐ γὰρ εὑρήσετε, ἄλλως
τε καὶ τούτου μόνου περιγίγνεσθαι μέλλοντος, παθεῖν ἀδίκως
τι κακὸν τὸν ταῦτ' εἰπόντα καὶ γράψαντα, μηδὲν δ' ὠφελῆσαι
τὰ πράγματα, ἀλλὰ καὶ εἰς τὸ λοιπὸν μᾶλλον ἔτ' ἢ νῦν τὸ
τὰ βέλτιστα λέγειν φοβερώτερον ποιῆσαι. καὶ λύειν γ', ὦ
ἄνδρες 'Αθηναῖοι, τοὺς νόμους δεῖ τούτους τοὺς αὐτοὺς ἀξιοῦν
13 οἵπερ καὶ τεθήκασιν· οὐ γάρ ἐστι δίκαιον, τὴν μὲν χάριν, ἣ
[32] πᾶσαν ἔβλαπτε τὴν πόλιν, τοῖς τότε θεῖσιν ὑπάρχειν, τὴν

12 καθίσατε Bekker, cf. xxiv 25, 26, 27, 29 : καθιστᾶτε S vulg. : καθίστατε al. 13 ὑμῖν ante ἱκανοί vulg. : post ἱκανοί S solus 14 post λέγω add. δὲ vulg. : add. δὴ Y : om. S 24 τοῦ ante παθεῖν add. vulg. : om. S solus

δ' ἀπέχθειαν, δι' ἧς ἂν ἅπαντες ἄμεινον πράξαιμεν, τῷ νῦν τὰ βέλτιστ' εἰπόντι ζημίαν γενέσθαι. πρὶν δὲ ταῦτ' εὐτρεπίσαι, μηδαμῶς, ὦ ἄνδρες Ἀθηναῖοι, μηδέν' ἀξιοῦτε τηλικοῦτον εἶναι παρ' ὑμῖν ὥστε τοὺς νόμους τούτους παραβάντα μὴ δοῦναι δίκην, μηδ' οὕτως ἀνόητον ὥστ' εἰς προῦπτον κακὸν αὑτὸν ἐμβαλεῖν.

Οὐ μὴν οὐδ' ἐκεῖνό γ' ὑμᾶς ἀγνοεῖν δεῖ, ὦ ἄνδρες Ἀθη- 14
ναῖοι, ὅτι ψήφισμ' οὐδενὸς ἄξιόν ἐστιν, ἂν μὴ προσγένηται τὸ ποιεῖν ἐθέλειν τά γε δόξαντα προθύμως [ὑμᾶς]. εἰ γὰρ αὐτάρκη τὰ ψηφίσματ' ἦν ἢ ὑμᾶς ἀναγκάζειν ἃ προσήκει πράττειν ἢ περὶ ὧν γραφείη διαπράξασθαι, οὔτ' ἂν ὑμεῖς πολλὰ ψηφιζόμενοι μικρά, μᾶλλον δ' οὐδὲν ἐπράττετε τούτων, οὔτε Φίλιππος τοσοῦτον ὑβρίκει χρόνον· πάλαι γὰρ
ἂν εἵνεκά γε ψηφισμάτων ἐδεδώκει δίκην. ἀλλ' οὐχ οὕτω 15
ταῦτ' ἔχει· τὸ γὰρ πράττειν τοῦ λέγειν καὶ χειροτονεῖν ὕστερον ὂν τῇ τάξει, πρότερον τῇ δυνάμει καὶ κρεῖττόν ἐστιν. τοῦτ' οὖν δεῖ προσεῖναι, τὰ δ' ἄλλ' ὑπάρχει· καὶ γὰρ εἰπεῖν τὰ δέοντα παρ' ὑμῖν εἰσιν, ὦ ἄνδρες Ἀθηναῖοι, δυνάμενοι, καὶ γνῶναι πάντων ὑμεῖς ὀξύτατοι τὰ ῥηθέντα,
καὶ πρᾶξαι δὲ δυνήσεσθε νῦν, ἐὰν ὀρθῶς ποιῆτε. τίνα γὰρ 16
χρόνον ἢ τίνα καιρόν, ὦ ἄνδρες Ἀθηναῖοι, τοῦ παρόντος βελτίω ζητεῖτε; ἢ πόθ' ἃ δεῖ πράξετ', εἰ μὴ νῦν; οὐχ ἅπαντα μὲν ἡμῶν προείληφε τὰ χωρί' ἅνθρωπος, εἰ δὲ καὶ ταύτης κύριος τῆς χώρας γενήσεται, πάντων αἴσχιστα πεισόμεθα; οὐχ οὕς, εἰ πολεμήσαιεν, ἑτοίμως σώσειν ὑπισχνού-
μεθα, οὗτοι νῦν πολεμοῦσιν; οὐκ ἐχθρός; οὐκ ἔχων τὰ [33] 17
ἡμέτερα; οὐ βάρβαρος; οὐχ ὅ τι ἂν εἴποι τις; ἀλλὰ πρὸς θεῶν πάντ' ἐάσαντες καὶ μόνον οὐχὶ συγκατασκευάσαντες αὐτῷ, τότε τοὺς αἰτίους οἵτινες τούτων ζητήσομεν; οὐ γὰρ

9 ὑμᾶς secl. Cobet  11 γραφείη S[1] (corr. γραφῇ, deinde m. recentissima ἂν γραφῇ) : γράφει vulg. : ἂν γραφῇ A suppl.  18 εἰσιν] om. S[1]  23 προείληφε ante τὰ χωρία S : post τὰ χωρία vulg.  ἅνθρωπος S : ἄνθρωπος vulg.  25 πολεμήσαιεν] πολεμήσειεν ἐκεῖνος A suppl. : πολεμήσαιεν ἐκείνῳ Y  26 πολεμοῦσιν S[1] B[1] : πολεμοῦνται vulg.  29 εἰσι post οἵτινες add. vulg. : om. S solus

αὐτοί γ' αἴτιοι φήσομεν εἶναι, σαφῶς οἶδα τοῦτ' ἐγώ. οὐδὲ
γὰρ ἐν τοῖς τοῦ πολέμου κινδύνοις τῶν φυγόντων οὐδεὶς
ἑαυτοῦ κατηγορεῖ, ἀλλὰ τοῦ στρατηγοῦ καὶ τῶν πλησίον καὶ
πάντων μᾶλλον, ἥττηνται δ' ὅμως διὰ πάντας τοὺς φυγόντας
δήπου· μένειν γὰρ ἐξῆν τῷ κατηγοροῦντι τῶν ἄλλων, εἰ δὲ
18 τοῦτ' ἐποίει ἕκαστος, ἐνίκων ἄν. καὶ νῦν, οὐ λέγει τις τὰ
βέλτιστα· ἀναστὰς ἄλλος εἰπάτω, μὴ τοῦτον αἰτιάσθω.
ἕτερος λέγει τις βελτίω· ταῦτα ποιεῖτ' ἀγαθῇ τύχῃ. ἀλλ'
οὐχ ἡδέα ταῦτα· οὐκέτι τοῦθ' ὁ λέγων ἀδικεῖ—πλὴν εἰ δέον
εὔξασθαι παραλείπει. εὔξασθαι μὲν γάρ, ὦ ἄνδρες Ἀθη-
ναῖοι, ῥᾴδιον, εἰς ταὐτὸ πάνθ' ὅσα βούλεταί τις ἁθροίσαντ' ἐν
ὀλίγῳ· ἑλέσθαι δ', ὅταν περὶ πραγμάτων προτεθῇ σκοπεῖν,
οὐκέθ' ὁμοίως εὔπορον, ἀλλὰ δεῖ τὰ βέλτιστ' ἀντὶ τῶν
19 ἡδέων, ἂν μὴ συναμφότερ' ἐξῇ, λαμβάνειν. εἰ δέ τις ἡμῖν
ἔχει καὶ τὰ θεωρικὰ ἐᾶν καὶ πόρους ἑτέρους λέγειν στρατιω-
τικούς, οὐχ οὗτος κρείττων; εἴποι τις ἄν. φήμ' ἔγωγε,
εἴπερ ἔστιν, ὦ ἄνδρες Ἀθηναῖοι· ἀλλὰ θαυμάζω εἴ τῳ ποτ'
ἀνθρώπων ἢ γέγονεν ἢ γενήσεται, ἂν τὰ παρόντ' ἀναλώσῃ
πρὸς ἃ μὴ δεῖ, τῶν ἀπόντων εὐπορῆσαι πρὸς ἃ δεῖ. ἀλλ',
οἶμαι, μέγα τοῖς τοιούτοις ὑπάρχει λόγοις ἡ παρ' ἑκάστου
βούλησις, διόπερ ῥᾷστον ἁπάντων ἐστὶν αὑτὸν ἐξαπατῆσαι·
ὃ γὰρ βούλεται, τοῦθ' ἕκαστος καὶ οἴεται, τὰ δὲ πράγματα
[34] 20 πολλάκις οὐχ οὕτω πέφυκεν. ὁρᾶτ' οὖν, ὦ ἄνδρες Ἀθη-
ναῖοι, ταῦθ' οὕτως, ὅπως καὶ τὰ πράγματ' ἐνδέχεται καὶ
δυνήσεσθ' ἐξιέναι καὶ μισθὸν ἕξετε. οὔ τοι σωφρόνων οὐδὲ
γενναίων ἐστὶν ἀνθρώπων, ἐλλείποντάς τι δι' ἔνδειαν χρη-
μάτων τῶν τοῦ πολέμου εὐχερῶς τὰ τοιαῦτ' ὀνείδη φέρειν,
οὐδ' ἐπὶ μὲν Κορινθίους καὶ Μεγαρέας ἁρπάσαντας τὰ ὅπλα
πορεύεσθαι, Φίλιππον δ' ἐᾶν πόλεις Ἑλληνίδας ἀνδραποδί-
ζεσθαι δι' ἀπορίαν ἐφοδίων τοῖς στρατευομένοις.

1 αὐτοί γ' vulg. : αὐτοῖς γ' S[1] : αὐτοῖς F[1] B  2 φυγόντων S : φευγόντων vulg.  4 φυγόντας S : φεύγοντας vulg.  6 ἐποίει codd. : ἐποίουν Benseler  10 γάρ om. S Y, cf. § 21  11 ἐν ὀλίγῳ S vulg. : ἐν ἑνὶ λόγῳ codd. aliquot : ἑνὶ λόγῳ Brodaeus : ἐν ὀλίγῳ χρόνῳ A Y  26 ἐλλείποντας vulg. : λείποντας S solus

Καὶ ταῦτ' οὐχ ἵν' ἀπέχθωμαί τισιν ὑμῶν, τὴν ἄλλως 21
προῄρημαι λέγειν· οὐ γὰρ οὕτως ἄφρων οὐδ' ἀτυχής εἰμ'
ἐγὼ ὥστ' ἀπεχθάνεσθαι βούλεσθαι μηδὲν ὠφελεῖν νομίζων·
ἀλλὰ δικαίου πολίτου κρίνω τὴν τῶν πραγμάτων σωτηρίαν
ἀντὶ τῆς ἐν τῷ λέγειν χάριτος αἱρεῖσθαι. καὶ γὰρ τοὺς ἐπὶ
τῶν προγόνων ἡμῶν λέγοντας ἀκούω, ὥσπερ ἴσως καὶ ὑμεῖς,
οὓς ἐπαινοῦσι μὲν οἱ παριόντες ἅπαντες, μιμοῦνται δ' οὐ
πάνυ, τούτῳ τῷ ἔθει καὶ τῷ τρόπῳ τῆς πολιτείας χρῆσθαι,
τὸν Ἀριστείδην ἐκεῖνον, τὸν Νικίαν, τὸν ὁμώνυμον ἐμαυτῷ,
τὸν Περικλέα. ἐξ οὗ δ' οἱ διερωτῶντες ὑμᾶς οὗτοι πεφήνασι 22
ῥήτορες 'τί βούλεσθε; τί γράψω; τί ὑμῖν χαρίσωμαι;'
προπέποται τῆς παραυτίκα χάριτος τὰ τῆς πόλεως
πράγματα, καὶ τοιαυτὶ συμβαίνει, καὶ τὰ μὲν τούτων πάντα
καλῶς ἔχει, τὰ δ' ὑμέτερ' αἰσχρῶς. καίτοι σκέψασθ', ὦ 23
ἄνδρες Ἀθηναῖοι, ἅ τις ἂν κεφάλαι' εἰπεῖν ἔχοι τῶν τ' ἐπὶ
τῶν προγόνων ἔργων καὶ τῶν ἐφ' ὑμῶν. ἔσται δὲ βραχὺς
καὶ γνώριμος ὑμῖν ὁ λόγος· οὐ γὰρ ἀλλοτρίοις ὑμῖν χρωμέ- [35]
νοις παραδείγμασιν, ἀλλ' οἰκείοις, ὦ ἄνδρες Ἀθηναῖοι, εὐδαί-
μοσιν ἔξεστι γενέσθαι. ἐκεῖνοι τοίνυν, οἷς οὐκ ἐχαρίζονθ' 24
οἱ λέγοντες οὐδ' ἐφίλουν αὐτοὺς ὥσπερ ὑμᾶς οὗτοι νῦν, πέντε
μὲν καὶ τετταράκοντ' ἔτη τῶν Ἑλλήνων ἦρξαν ἑκόντων,
πλείω δ' ἢ μύρια τάλαντ' εἰς τὴν ἀκρόπολιν ἀνήγαγον, ὑπή-
κουε δ' ὁ ταύτην τὴν χώραν ἔχων αὐτοῖς βασιλεύς, ὥσπερ
ἐστὶ προσῆκον βάρβαρον Ἕλλησι, πολλὰ δὲ καὶ καλὰ καὶ
πεζῇ καὶ ναυμαχοῦντες ἔστησαν τρόπαι' αὐτοὶ στρατευόμενοι,
μόνοι δ' ἀνθρώπων κρείττω τὴν ἐπὶ τοῖς ἔργοις δόξαν τῶν
φθονούντων κατέλιπον. ἐπὶ μὲν δὴ τῶν Ἑλληνικῶν ἦσαν 25
τοιοῦτοι· ἐν δὲ τοῖς κατὰ τὴν πόλιν αὐτὴν θεάσασθ' ὁποῖοι,
ἔν τε τοῖς κοινοῖς κἀν τοῖς ἰδίοις. δημοσίᾳ μὲν τοίνυν

5 γὰρ om. S, cf. § 18 6 ἀκούω vulg.: ἀκούων S¹ 7 παριόντες S: παρόντες vulg. 9 ἐμαυτῷ S vulg.: τὸν ἐμαυτοῦ A suppl. 11 χαρίσωμαι Y F marg.: χαρίσομαι S vulg. 12 ἡδονῆς καὶ ante χάριτος om. S A B Y: add. vulg. 22 ἀνήγαγον S B Y: συνήγαγον vulg. S γρ.

οἰκοδομήματα καὶ κάλλη τοιαῦτα καὶ τοσαῦτα κατεσκεύασαν
ἡμῖν ἱερῶν καὶ τῶν ἐν τούτοις ἀναθημάτων, ὥστε μηδενὶ τῶν
ἐπιγιγνομένων ὑπερβολὴν λελεῖφθαι· ἰδίᾳ δ' οὕτω σώφρονες
26 ἦσαν καὶ σφόδρ' ἐν τῷ τῆς πολιτείας ἤθει μένοντες, ὥστε
τὴν Ἀριστείδου καὶ τὴν Μιλτιάδου καὶ τῶν τότε λαμπρῶν
οἰκίαν εἴ τις ἄρ' οἶδεν ὑμῶν ὁποία ποτ' ἐστίν, ὁρᾷ τῆς τοῦ
γείτονος οὐδὲν σεμνοτέραν οὖσαν· οὐ γὰρ εἰς περιουσίαν
ἐπράττετ' αὐτοῖς τὰ τῆς πόλεως, ἀλλὰ τὸ κοινὸν αὔξειν
ἕκαστος ᾤετο δεῖν. ἐκ δὲ τοῦ τὰ μὲν Ἑλληνικὰ πιστῶς, τὰ
δὲ πρὸς τοὺς θεοὺς εὐσεβῶς, τὰ δ' ἐν αὑτοῖς ἴσως διοικεῖν
27 μεγάλην εἰκότως ἐκτήσαντ' εὐδαιμονίαν. τότε μὲν δὴ τοῦ-
τον τὸν τρόπον εἶχε τὰ πράγματ' ἐκείνοις, χρωμένοις οἷς
εἶπον προστάταις· νυνὶ δὲ πῶς ἡμῖν ὑπὸ τῶν χρηστῶν τού-
[36] των τὰ πράγματ' ἔχει; ἆρά γ' ὁμοίως ἢ παραπλησίως; οἷς
—τὰ μὲν ἄλλα σιωπῶ, πόλλ' ἂν ἔχων εἰπεῖν, ἀλλ' ὅσης
ἅπαντες ὁρᾶτ' ἐρημίας ἐπειλημμένοι, [καὶ] Λακεδαιμονίων
μὲν ἀπολωλότων, Θηβαίων δ' ἀσχόλων ὄντων, τῶν δ' ἄλλων
οὐδενὸς ὄντος ἀξιόχρεω περὶ τῶν πρωτείων ἡμῖν ἀντιτά-
ξασθαι, ἐξὸν δ' ἡμῖν καὶ τὰ ἡμέτερ' αὐτῶν ἀσφαλῶς ἔχειν
28 καὶ τὰ τῶν ἄλλων δίκαια βραβεύειν, ἀπεστερήμεθα μὲν
χώρας οἰκείας, πλείω δ' ἢ χίλια καὶ πεντακόσια τάλαντ'
ἀνηλώκαμεν εἰς οὐδὲν δέον, οὓς δ' ἐν τῷ πολέμῳ συμμάχους
ἐκτησάμεθα, εἰρήνης οὔσης ἀπολωλέκασιν οὗτοι, ἐχθρὸν δ'
ἐφ' ἡμᾶς αὐτοὺς τηλικοῦτον ἠσκήκαμεν. ἢ φρασάτω τις
ἐμοὶ παρελθών, πόθεν ἄλλοθεν ἰσχυρὸς γέγονεν ἢ παρ' ἡμῶν
29 αὐτῶν Φίλιππος. ἀλλ', ὦ τᾶν, εἰ ταῦτα φαύλως, τά γ' ἐν
αὐτῇ τῇ πόλει νῦν ἄμεινον ἔχει. καὶ τί ἂν εἰπεῖν τις ἔχοι;
τὰς ἐπάλξεις ἃς κονιῶμεν, καὶ τὰς ὁδοὺς ἃς ἐπισκευάζομεν,
καὶ κρήνας, καὶ λήρους; ἀποβλέψατε δὴ πρὸς τοὺς ταῦτα
πολιτευομένους, ὧν οἱ μὲν ἐκ πτωχῶν πλούσιοι γεγόνασιν,

4 ἐν om. S 13 τούτων A Y Hermog. p. 252, 350 : τῶν νῦν S vulg. 14 ἢ A Y, cf. xix 63, 307 : καὶ S vulg. οἷς S al. : om. Sauppe, cf. Dionys. Hal. vi p. 1017 : καὶ A Y : οἳ Dindorf 16 καὶ secl. Dobree 19 δὲ om. Bekk. Anecd. p. 136, Dionys. l. c.

οἱ δ' ἐξ ἀδόξων ἔντιμοι, ἔνιοι δὲ τὰς ἰδίας οἰκίας τῶν δημο-
σίων οἰκοδομημάτων σεμνοτέρας εἰσὶ κατεσκευασμένοι, ὅσῳ
δὲ τὰ τῆς πόλεως ἐλάττω γέγονεν, τοσούτῳ τὰ τούτων
ηὔξηται.

Τί δὴ τὸ πάντων αἴτιον τούτων, καὶ τί δή ποθ' ἅπαντ' 30
εἶχε καλῶς τότε, καὶ νῦν οὐκ ὀρθῶς; ὅτι τότε μὲν πράττειν
καὶ στρατεύεσθαι τολμῶν αὐτὸς ὁ δῆμος δεσπότης τῶν πολι-
τευομένων ἦν καὶ κύριος αὐτὸς ἁπάντων τῶν ἀγαθῶν, καὶ
ἀγαπητὸν ἦν παρὰ τοῦ δήμου τῶν ἄλλων ἑκάστῳ καὶ τιμῆς
καὶ ἀρχῆς καὶ ἀγαθοῦ τινος μεταλαβεῖν· νῦν δὲ τοὐναντίον [37] 31
κύριοι μὲν οἱ πολιτευόμενοι τῶν ἀγαθῶν, καὶ διὰ τούτων
ἅπαντα πράττεται, ὑμεῖς δ' ὁ δῆμος, ἐκνενευρισμένοι καὶ
περιῃρημένοι χρήματα, συμμάχους, ἐν ὑπηρέτου καὶ προσθή-
κης μέρει γεγένησθε, ἀγαπῶντες ἐὰν μεταδιδῶσι θεωρικῶν
ὑμῖν ἢ Βοηδρόμια πέμψωσιν οὗτοι, καὶ τὸ πάντων ἀνδρειό-
τατον, τῶν ὑμετέρων αὐτῶν χάριν προσοφείλετε. οἱ δ' ἐν
αὐτῇ τῇ πόλει καθείρξαντες ὑμᾶς ἐπάγουσ' ἐπὶ ταῦτα καὶ
τιθασεύουσι χειροήθεις αὑτοῖς ποιοῦντες. ἔστι δ' οὐδέποτ', 32
οἶμαι, μέγα καὶ νεανικὸν φρόνημα λαβεῖν μικρὰ καὶ φαῦλα
πράττοντας· ὁποῖ' ἄττα γὰρ ἂν τἀπιτηδεύματα τῶν ἀνθρώ-
πων ᾖ, τοιοῦτον ἀνάγκη καὶ τὸ φρόνημ' ἔχειν. ταῦτα μὰ
τὴν Δήμητρ' οὐκ ἂν θαυμάσαιμ' εἰ μείζων εἰπόντι ἐμοὶ γέ-
νοιτο παρ' ὑμῶν βλάβη τῶν πεποιηκότων αὐτὰ γενέσθαι·
οὐδὲ γὰρ παρρησία περὶ πάντων ἀεὶ παρ' ὑμῖν ἐστιν, ἀλλ'
ἔγωγ' ὅτι καὶ νῦν γέγονεν θαυμάζω.

Ἐὰν οὖν ἀλλὰ νῦν γ' ἔτι ἀπαλλαγέντες τούτων τῶν 33

4 ηὔξηται (vel εὔξηται) vulg. : ηὔξηκεν S $F^1$ $B^1$, cf. iv 11  6 τότε Hermog. iii 266 : τὸ codd.  πράττειν Rehdantz, cf. § 33, ii 15 : πρῶτον codd. : πρότερον Sauppe  13 καὶ ante συμμάχους add. A Y : om. S F B O  14 μεταδιδῶσι S vulg. : μεταδῶσι A Y  θεωρικῶν S $B^1$ : θεωρικὸν $A^1$ F B corr.  15 Βοηδρόμια S F B O Harpocr. : βοΐδια vulg. S γρ. B γρ. O γρ., ita iam Dionys. Hal. et Hermog. Vtramque lectionem agnoscit schol.  ἀνδρειότατον S solus et schol. p. 134, 27 : ἀνανδρότατον O S γρ. Dionys. Hal.  22 ἐμοὶ S vulg. : μοι Palatinus 142 Dionys. Hal.  23 ᾗ post βλάβη add. S : om. vulg.

ἐθῶν ἐθελήσητε στρατεύεσθαί τε καὶ πράττειν ἀξίως ὑμῶν αὐτῶν, καὶ ταῖς περιουσίαις ταῖς οἴκοι ταύταις ἀφορμαῖς ἐπὶ τὰ ἔξω τῶν ἀγαθῶν χρῆσθαι, ἴσως ἄν, ἴσως, ὦ ἄνδρες Ἀθηναῖοι, τέλειόν τι καὶ μέγα κτήσαισθ᾽ ἀγαθὸν καὶ τῶν τοιούτων λημμάτων ἀπαλλαγείητε, ἃ τοῖς [ἀσθενοῦσι] παρὰ τῶν ἰατρῶν σιτίοις [διδομένοις] ἔοικε. καὶ γὰρ ἐκεῖν᾽ οὔτ᾽ ἰσχὺν ἐντίθησιν οὔτ᾽ ἀποθνῄσκειν ἐᾷ· καὶ ταῦθ᾽ ἃ νέμεσθε νῦν ὑμεῖς, οὔτε τοσαῦτ᾽ ἐστὶν ὥστ᾽ ὠφέλειαν ἔχειν τινὰ διαρκῆ, οὔτ᾽ ἀπογνόντας ἄλλο τι πράττειν ἐᾷ, ἀλλ᾽ ἔστι
[38] 34 ταῦτα τὴν ἑκάστου ῥᾳθυμίαν ὑμῶν ἐπαυξάνοντα. οὐκοῦν σὺ μισθοφορὰν λέγεις; φήσει τις. καὶ παραχρῆμά γε τὴν αὐτὴν σύνταξιν ἁπάντων, ὦ ἄνδρες Ἀθηναῖοι, ἵνα τῶν κοινῶν ἕκαστος τὸ μέρος λαμβάνων, ὅτου δέοιθ᾽ ἡ πόλις, τοῦθ᾽ ὑπάρχοι. ἔξεστιν ἄγειν ἡσυχίαν· οἴκοι μένων βελτίων, τοῦ δι᾽ ἔνδειαν ἀνάγκῃ τι ποιεῖν αἰσχρὸν ἀπηλλαγμένος. συμβαίνει τι τοιοῦτον οἷον καὶ τὰ νῦν· στρατιώτης αὐτὸς ὑπάρχων ἀπὸ τῶν αὐτῶν τούτων λημμάτων, ὥσπερ ἐστὶ δίκαιον ὑπὲρ τῆς πατρίδος. ἔστι τις ἔξω τῆς ἡλικίας ὑμῶν· ὅσ᾽ οὗτος ἀτάκτως νῦν λαμβάνων οὐκ ὠφελεῖ, ταῦτ᾽ ἐν ἴσῃ τάξει λαμβάνων πάντ᾽ ἐφορῶν καὶ διοικῶν ἃ χρὴ πράττεσθαι.
35 ὅλως δ᾽ οὔτ᾽ ἀφελὼν οὔτε προσθείς, πλὴν μικρῶν, τὴν ἀταξίαν ἀνελὼν εἰς τάξιν ἤγαγον τὴν πόλιν, τὴν αὐτὴν τοῦ λαβεῖν, τοῦ στρατεύεσθαι, τοῦ δικάζειν, τοῦ ποιεῖν τοῦθ᾽ ὅ τι καθ᾽ ἡλικίαν ἕκαστος ἔχοι καὶ ὅτου καιρὸς εἴη, τάξιν ποιήσας. οὐκ ἔστιν ὅπου μηδὲν ἐγὼ ποιοῦσι τὰ τῶν ποιούντων εἶπον ὡς δεῖ νέμειν, οὐδ᾽ αὐτοὺς μὲν ἀργεῖν καὶ

3 χρῆσθαι A Y O : χρήσησθε S vulg. 4 κτήσησθε S 5 ἀσθενοῦσι secl. F. A. Wolf, Cobet 6 διδομένοις secl. Cobet coll. Prooem. 53 10 τὰ post ταῦτα add. Dobree 13 τοῦθ᾽ ὑπάρχοι S F B : τοῦτο παρέχῃ (v. l. παρέχοι) Dionys. Hal. v 609 : εἰς τοῦτο ἕτοιμος ὑπάρχῃ A Y : εἰς τοῦθ᾽ ἑτοίμως χρήσιμον αὐτὸν παρέχοι vulg. 14 εἶ ante βελτίων add. vulg. : post βελτίων add. Dionys. Hal. : om. S B 19 ὠφελεῖ vulg. : ὠφελεῖται S F 20 λαμβανέτω vulg. : λαμβάνων S F 21 μικρῶν S corr. pr. m. B corr. A O : μικρόν $S^1$ $B^1$ : μικρῷ Dionys. Hal. 25 ποιούντων $S^1$ (ut videtur) A : ποιησόντων vulg.

σχολάζειν καὶ ἀπορεῖν, ὅτι δ' οἱ τοῦ δεῖνος νικῶσι ξένοι, ταῦτα πυνθάνεσθαι· ταῦτα γὰρ νυνὶ γίγνεται. καὶ οὐχὶ 36
μέμφομαι τὸν ποιοῦντά τι τῶν δεόντων ὑπὲρ ὑμῶν, ἀλλὰ καὶ ὑμᾶς ὑπὲρ ὑμῶν αὐτῶν ἀξιῶ πράττειν ταῦτ' ἐφ' οἷς ἑτέρους τιμᾶτε, καὶ μὴ παραχωρεῖν, ὦ ἄνδρες Ἀθηναῖοι, τῆς τάξεως, ἣν ὑμῖν οἱ πρόγονοι τῆς ἀρετῆς μετὰ πολλῶν καὶ καλῶν κινδύνων κτησάμενοι κατέλιπον.

Σχεδὸν εἴρηχ' ἃ νομίζω συμφέρειν· ὑμεῖς δ' ἕλοισθ' ὅ τι καὶ τῇ πόλει καὶ ἅπασι συνοίσειν ὑμῖν μέλλει. [39]

**In S subscriptum**

**ΟΛΥΝΘΙΑΚΟΣ Γ**
**Η Η Η Δ Δ Π**

# IV

# ΚΑΤΑ ΦΙΛΙΠΠΟΥ Α

### ΥΠΟΘΕΣΙΣ.

Κακῶς ἐν τῷ πολέμῳ τῷ πρὸς Φίλιππον οἱ Ἀθηναῖοι φερόμενοι συνεληλύθασιν εἰς ἐκκλησίαν ἀθυμοῦντες. ὁ τοίνυν ῥήτωρ τήν τ' ἀθυμίαν πειρᾶται παύειν, λέγων οὐδὲν εἶναι θαυμαστὸν εἰ ῥαθυμοῦντες κεκράτηνται, καὶ εἰσηγεῖται πῶς ἂν ἄριστα τῷ πολέμῳ προσενεχθεῖεν. κελεύει δὲ δύο δυνάμεις παρασκευάσασθαι, μίαν μὲν μείζω, πολιτικήν, ἥτις οἴκοι μένουσα πρὸς τὰς κατὰ καιρὸν χρείας ἕτοιμος ὑπάρξει, ἑτέραν δ' ἐλάττω, ξένων ὄντων τῶν στρατευομένων, παραμεμιγμένων δὲ καὶ ⟨πολιτῶν. ταύτην δὲ⟩ κελεύει τὴν δύναμιν μὴ Ἀθήνησι μένειν μηδ' ἐκ τῆς πόλεως ποιεῖσθαι τὰς βοηθείας, ἀλλὰ περὶ τὴν Μακεδονίαν ἀναστρέφεσθαι πολεμοῦσαν ἀδιαλείπτως, ἵνα μὴ τοὺς ἐτησίας πνέοντας ἐπιτηρήσας ὁ Φίλιππος ἢ καὶ τὸν χειμῶνα, ἡνίκ' Ἀθήνηθεν εἰς Μακεδονίαν πλεῖν οὐ δυνατόν, ἐπιχειρῇ τοῖς πράγμασι καὶ παρὰ τὴν ἀπουσίαν τὴν τῶν Ἀθηναίων ἁπάντων κρατῇ, ἀλλ' ἐγγὺς ἡ πρὸς αὐτὸν ἀντιταξομένη δύναμις ὑπάρχῃ.

[40] *Εἰ μὲν περὶ καινοῦ τινος πράγματος προυτίθετ', ὦ ἄνδρες Ἀθηναῖοι, λέγειν, ἐπισχὼν ἂν ἕως οἱ πλεῖστοι τῶν εἰωθότων γνώμην ἀπεφήναντο, εἰ μὲν ἤρεσκέ τί μοι τῶν ὑπὸ τούτων ῥηθέντων, ἡσυχίαν ἂν ἦγον, εἰ δὲ μή, τότ' ἂν καὐτὸς ἐπειρώμην ἃ γιγνώσκω λέγειν· ἐπειδὴ δ' ὑπὲρ ὧν πολλάκις εἰρήκασιν οὗτοι πρότερον συμβαίνει καὶ νυνὶ σκοπεῖν, ἡγοῦμαι καὶ πρῶτος ἀναστὰς εἰκότως ἂν συγγνώμης τυγχάνειν. εἰ γὰρ ἐκ τοῦ παρεληλυθότος χρόνου τὰ δέονθ' οὗτοι συνεβούλευσαν, οὐδὲν ἂν ὑμᾶς νῦν ἔδει βουλεύεσθαι.*

8 πολιτῶν. ταύτην δὲ add. Sauppe    19 καὶ ante αὐτὸς add. AY et S in Prooem. 1 : om. S vulg.    20 ὑπὲρ SAY : περὶ vulg.

Πρῶτον μὲν οὖν οὐκ ἀθυμητέον, ὦ ἄνδρες Ἀθηναῖοι, 2
τοῖς παροῦσι πράγμασιν, οὐδ' εἰ πάνυ φαύλως ἔχειν δοκεῖ.
ὃ γάρ ἐστι χείριστον αὐτῶν ἐκ τοῦ παρεληλυθότος χρόνου,
τοῦτο πρὸς τὰ μέλλοντα βέλτιστον ὑπάρχει. τί οὖν ἐστι
τοῦτο; ὅτι οὐδέν, ὦ ἄνδρες Ἀθηναῖοι, τῶν δεόντων ποιούντων
ὑμῶν κακῶς τὰ πράγματ' ἔχει· ἐπεί τοι, εἰ πάνθ' ἃ προσῆκε
πραττόντων οὕτως εἶχεν, οὐδ' ἂν ἐλπὶς ἦν αὐτὰ βελτίω
γενέσθαι. ἔπειτ' ἐνθυμητέον καὶ παρ' ἄλλων ἀκούουσι καὶ 3
τοῖς εἰδόσιν αὐτοῖς ἀναμιμνῃσκομένοις, ἡλίκην ποτ' ἐχόντων
δύναμιν Λακεδαιμονίων, ἐξ οὗ χρόνος οὐ πολύς, ὡς καλῶς
καὶ προσηκόντως οὐδὲν ἀνάξιον ὑμεῖς ἐπράξατε τῆς πόλεως,
ἀλλ' ὑπεμείναθ' ὑπὲρ τῶν δικαίων τὸν πρὸς ἐκείνους πόλεμον.
τίνος οὖν εἵνεκα ταῦτα λέγω; ἵν' ἴδητ', ὦ ἄνδρες Ἀθηναῖοι, [41]
καὶ θεάσησθε, ὅτι οὐδὲν οὔτε φυλαττομένοις ὑμῖν ἐστιν
φοβερόν, οὔτ', ἂν ὀλιγωρῆτε, τοιοῦτον οἷον ἂν ὑμεῖς βού-
λοισθε, παραδείγμασι χρώμενοι τῇ τότε ῥώμῃ τῶν Λακεδαι-
μονίων, ἧς ἐκρατεῖτ' ἐκ τοῦ προσέχειν τοῖς πράγμασι τὸν
νοῦν, καὶ τῇ νῦν ὕβρει τούτου, δι' ἣν ταραττόμεθ' ἐκ τοῦ
μηδὲν φροντίζειν ὧν ἐχρῆν. εἰ δέ τις ὑμῶν, ὦ ἄνδρες 4
Ἀθηναῖοι, δυσπολέμητον οἴεται τὸν Φίλιππον εἶναι, σκοπῶν
τό τε πλῆθος τῆς ὑπαρχούσης αὐτῷ δυνάμεως καὶ τὸ τὰ
χωρία πάντ' ἀπολωλέναι τῇ πόλει, ὀρθῶς μὲν οἴεται, λογι-
σάσθω μέντοι τοῦθ', ὅτι εἴχομέν ποθ' ἡμεῖς, ὦ ἄνδρες Ἀθη-
ναῖοι, Πύδναν καὶ Ποτείδαιαν καὶ Μεθώνην καὶ πάντα τὸν
τόπον τοῦτον οἰκεῖον κύκλῳ, καὶ πολλὰ τῶν μετ' ἐκείνου
νῦν ὄντων ἐθνῶν αὐτονομούμενα κἀλεύθερ' ὑπῆρχε, καὶ
μᾶλλον ἡμῖν ἐβούλετ' ἔχειν οἰκείως ἢ 'κείνῳ. εἰ τοίνυν ὁ 5
Φίλιππος τότε ταύτην ἔσχε τὴν γνώμην, ὡς χαλεπὸν πολεμεῖν
ἐστιν Ἀθηναίοις ἔχουσι τοσαῦτ' ἐπιτειχίσματα τῆς αὑτοῦ
χώρας ἔρημον ὄντα συμμάχων, οὐδὲν ἂν ὧν νυνὶ πεποίηκεν

6 τοι εἰ Bekker (ex ix 5): εἴ τοι S B F: τοί γε εἰ vulg. 12 Ἑλληνικῶν ante δικαίων add. A Y: om. S O, cf. ii 24, xv 29 13 ἴδητε Blass: εἰδῆτε codd. 15 βούλοισθε G. H. Schaefer: βούλησθε codd.

ἔπραξεν οὐδὲ τοσαύτην ἐκτήσατ' ἂν δύναμιν. ἀλλ' εἶδεν, ὦ
ἄνδρες Ἀθηναῖοι, τοῦτο καλῶς ἐκεῖνος, ὅτι ταῦτα μέν ἐστιν
ἅπαντα τὰ χωρί' ἆθλα τοῦ πολέμου κείμεν' ἐν μέσῳ, φύσει
δ' ὑπάρχει τοῖς παροῦσι τὰ τῶν ἀπόντων, καὶ τοῖς ἐθέλουσι
6 πονεῖν καὶ κινδυνεύειν τὰ τῶν ἀμελούντων. καὶ γάρ τοι
ταύτῃ χρησάμενος τῇ γνώμῃ πάντα κατέστραπται καὶ ἔχει,
τὰ μὲν ὡς ἂν ἑλών τις ἔχοι πολέμῳ, τὰ δὲ σύμμαχα καὶ
[42] φίλα ποιησάμενος· καὶ γὰρ συμμαχεῖν καὶ προσέχειν τὸν
νοῦν τούτοις ἐθέλουσιν ἅπαντες, οὓς ἂν ὁρῶσι παρεσκευα-
7 σμένους καὶ πράττειν ἐθέλοντας ἃ χρή. ἂν τοίνυν, ὦ ἄνδρες
Ἀθηναῖοι, καὶ ὑμεῖς ἐπὶ τῆς τοιαύτης ἐθελήσητε γενέσθαι
γνώμης νῦν, ἐπειδήπερ οὐ πρότερον, καὶ ἕκαστος ὑμῶν, οὗ
δεῖ καὶ δύναιτ' ἂν παρασχεῖν αὑτὸν χρήσιμον τῇ πόλει,
πᾶσαν ἀφεὶς τὴν εἰρωνείαν ἕτοιμος πράττειν ὑπάρξῃ, ὁ μὲν
χρήματ' ἔχων εἰσφέρειν, ὁ δ' ἐν ἡλικίᾳ στρατεύεσθαι,—
συνελόντι δ' ἁπλῶς ἂν ὑμῶν αὐτῶν ἐθελήσητε γενέσθαι,
καὶ παύσησθ' αὐτὸς μὲν οὐδὲν ἕκαστος ποιήσειν ἐλπίζων,
τὸν δὲ πλησίον πάνθ' ὑπὲρ αὐτοῦ πράξειν, καὶ τὰ ὑμέτερ'
αὐτῶν κομιεῖσθ', ἂν θεὸς θέλῃ, καὶ τὰ κατερρᾳθυμημένα
8 πάλιν ἀναλήψεσθε, κἀκεῖνον τιμωρήσεσθε. μὴ γὰρ ὡς θεῷ
νομίζετ' ἐκείνῳ τὰ παρόντα πεπηγέναι πράγματ' ἀθάνατα, ἀλλὰ
καὶ μισεῖ τις ἐκεῖνον καὶ δέδιεν, ὦ ἄνδρες Ἀθηναῖοι, καὶ φθονεῖ,
καὶ τῶν πάνυ νῦν δοκούντων οἰκείως ἔχειν· καὶ ἅπανθ' ὅσα
περ κἂν ἄλλοις τισὶν ἀνθρώποις ἔνι, ταῦτα κἂν τοῖς μετ'
ἐκείνου χρὴ νομίζειν ἐνεῖναι. κατέπτηχε μέντοι πάντα
ταῦτα νῦν, οὐκ ἔχοντ' ἀποστροφὴν διὰ τὴν ὑμετέραν βραδυ-
9 τῆτα καὶ ῥᾳθυμίαν· ἣν ἀποθέσθαι φημὶ δεῖν ἤδη. ὁρᾶτε γάρ,
ὦ ἄνδρες Ἀθηναῖοι, τὸ πρᾶγμα, οἷ προελήλυθ' ἀσελγείας
ἅνθρωπος, ὃς οὐδ' αἵρεσιν ὑμῖν δίδωσι τοῦ πράττειν ἢ ἄγειν

1 ἂν add. A suppl. Y : om. S vulg. εἶδεν S B : οἶδεν vulg. : ᾔδειν Cobet, cf. vi 8 7 ἔχοι om. Aug. 3 : del. Blass (praeeunte Krügero) coll. Aristid. i 465 14 τὴν om. Dionys. Hal. Ant. Rom. vii 292 : del. Blass coll. xxiv 49 16 ἁπλῶς om. A suppl. : secl. Cobet : ἁπλῶς εἰπεῖν B Y O 25 πάντα ταῦτα S : ταῦτα πάντα vulg. : πάντα Y 29 ἅνθρωπος S solus : ἄνθρωπος vulg.

ἡσυχίαν, ἀλλ᾽ ἀπειλεῖ καὶ λόγους ὑπερηφάνους, ὥς φασι,
λέγει, καὶ οὐχ οἷός ἐστιν ἔχων ἃ κατέστραπται μένειν ἐπὶ
τούτων, ἀλλ᾽ ἀεί τι προσπεριβάλλεται καὶ κύκλῳ πανταχῇ [43]
μέλλοντας ἡμᾶς καὶ καθημένους περιστοιχίζεται. πότ᾽ οὖν, 10
ὦ ἄνδρες Ἀθηναῖοι, πόθ᾽ ἃ χρὴ πράξετε; ἐπειδὰν τί γένηται;
ἐπειδὰν νὴ Δί᾽ ἀνάγκη τις ᾖ. νῦν δὲ τί χρὴ τὰ γιγνόμεν᾽
ἡγεῖσθαι; ἐγὼ μὲν γὰρ οἴομαι τοῖς ἐλευθέροις μεγίστην
ἀνάγκην τὴν ὑπὲρ τῶν πραγμάτων αἰσχύνην εἶναι. ἢ βού-
λεσθ᾽, εἰπέ μοι, περιιόντες αὐτῶν πυνθάνεσθαι, 'λέγεταί τι
καινόν;' γένοιτο γὰρ ἄν τι καινότερον ἢ Μακεδὼν ἀνὴρ Ἀθη-
ναίους καταπολεμῶν καὶ τὰ τῶν Ἑλλήνων διοικῶν; 'τέθνηκε
Φίλιππος;' 'οὐ μὰ Δί᾽, ἀλλ᾽ ἀσθενεῖ.' τί δ᾽ ὑμῖν διαφέρει; 11
καὶ γὰρ ἂν οὗτός τι πάθῃ, ταχέως ὑμεῖς ἕτερον Φίλιππον
ποιήσετε, ἄνπερ οὕτω προσέχητε τοῖς πράγμασι τὸν νοῦν·
οὐδὲ γὰρ οὗτος παρὰ τὴν αὑτοῦ ῥώμην τοσοῦτον ἐπηύξηται
ὅσον παρὰ τὴν ἡμετέραν ἀμέλειαν. καίτοι καὶ τοῦτο· εἴ τι 12
πάθοι καὶ τὰ τῆς τύχης ἡμῖν, ἥπερ ἀεὶ βέλτιον ἢ ἡμεῖς ἡμῶν
αὐτῶν ἐπιμελούμεθα, καὶ τοῦτ᾽ ἐξεργάσαιτο, ἴσθ᾽ ὅτι πλησίον
μὲν ὄντες, ἅπασιν ἂν τοῖς πράγμασιν τεταραγμένοις ἐπι-
στάντες ὅπως βούλεσθε διοικήσαισθε, ὡς δὲ νῦν ἔχετε,
οὐδὲ διδόντων τῶν καιρῶν Ἀμφίπολιν δέξασθαι δύναισθ᾽ ἄν,
ἀπηρτημένοι καὶ ταῖς παρασκευαῖς καὶ ταῖς γνώμαις.

Ὡς μὲν οὖν δεῖ τὰ προσήκοντα ποιεῖν ἐθέλοντας ὑπάρχειν 13
ἅπαντας ἑτοίμως, ὡς ἐγνωκότων ὑμῶν καὶ πεπεισμένων,
παύομαι λέγων· τὸν δὲ τρόπον τῆς παρασκευῆς ἣν ἀπαλ-
λάξαι ἂν τῶν τοιούτων πραγμάτων ὑμᾶς οἴομαι, καὶ τὸ

2 *οἷός* S : *οἷός τ᾽* vulg. 4 *περιστοιχίζεται*] v. l. *περισχοινίζεται* citat Harpocration 6 *τις ᾖ* vulg., cf. viii 51, x 27 : *τις* om. S : *τις ᾖ* om. schol. p. 150, 1 7 *οἴομαι* S B Vind. 1 : *οἶμαι* vulg. 9 post *πυνθάνεσθαι* add. *κατὰ τὴν ἀγοράν* vulg., schol. p. 150, 12 : om. S F B, [Longin.] *περὶ ὕψους* 18 15 *ἐπηύξηται* vulg. : *ἐπεύξηκεν* S F[1] B[1], cf. iii 29 17 *τὰ* S vulg. : *τὸ* A suppl. Y F corr. post *ἡμῖν* add. *ὑπάρξει* (vel *ὑπάρξῃ*) vulg. : *ὑπάρξαι* S marg. : om. S solus 18 *καὶ τοῦτ᾽ ἐξεργάσαιτο* del. Dindorf, servato *ὑπάρξαι* supr. 17 20 *διοικήσαισθε*] *διοικήσεσθε* S B O 24 *ἑτοίμως*] *ἑτοίμους* S corr. A F[1] Y 26 *οἴομαι* S F B : *ἡγοῦμαι* vulg.

πλῆθος ὅσον, καὶ πόρους οὕστινας χρημάτων, καὶ τἄλλ' ὡς
ἄν μοι βέλτιστα καὶ τάχιστα δοκεῖ παρασκευασθῆναι, καὶ
δὴ πειράσομαι λέγειν, δεηθεὶς ὑμῶν, ὦ ἄνδρες Ἀθηναῖοι,
[44] τοσοῦτον. ἐπειδὰν ἅπαντ' ἀκούσητε κρίνατε, μὴ πρότερον
14 προλαμβάνετε· μηδ' ἂν ἐξ ἀρχῆς δοκῶ τινι καινὴν παρα-
σκευὴν λέγειν, ἀναβάλλειν με τὰ πράγμαθ' ἡγείσθω. οὐ γὰρ
οἱ 'ταχὺ' καὶ 'τήμερον' εἰπόντες μάλιστ' εἰς δέον λέγουσιν
(οὐ γὰρ ἂν τά γ' ἤδη γεγενημένα τῇ νυνὶ βοηθείᾳ κωλῦσαι
15 δυνηθεῖμεν), ἀλλ' ὃς ἂν δείξῃ τίς πορισθεῖσα παρασκευὴ καὶ
πόση καὶ πόθεν διαμεῖναι δυνήσεται, ἕως ἂν ἢ διαλυσώμεθα
πεισθέντες τὸν πόλεμον ἢ περιγενώμεθα τῶν ἐχθρῶν· οὕτω
γὰρ οὐκέτι τοῦ λοιποῦ πάσχοιμεν ἂν κακῶς. οἶμαι τοίνυν
ἐγὼ ταῦτα λέγειν ἔχειν, μὴ κωλύων εἴ τις ἄλλος ἐπαγγέλ-
λεταί τι. ἡ μὲν οὖν ὑπόσχεσις οὕτω μεγάλη, τὸ δὲ πρᾶγμ'
ἤδη τὸν ἔλεγχον δώσει· κριταὶ δ' ὑμεῖς ἔσεσθε.

16 Πρῶτον μὲν τοίνυν, ὦ ἄνδρες Ἀθηναῖοι, τριήρεις πεντή-
κοντα παρασκευάσασθαι φημὶ δεῖν, εἶτ' αὐτοὺς οὕτω τὰς γνώμας
ἔχειν ὡς, ἐάν τι δέῃ, πλευστέον εἰς ταύτας αὐτοῖς ἐμβᾶσιν.
πρὸς δὲ τούτοις τοῖς ἡμίσεσιν τῶν ἱππέων ἱππαγωγοὺς
17 τριήρεις καὶ πλοῖ' ἱκανὰ εὐτρεπίσαι κελεύω. ταῦτα μὲν
οἶμαι δεῖν ὑπάρχειν ἐπὶ τὰς ἐξαίφνης ταύτας ἀπὸ τῆς οἰκείας
χώρας αὐτοῦ στρατείας εἰς Πύλας καὶ Χερρόνησον καὶ
Ὄλυνθον καὶ ὅποι βούλεται· δεῖ γὰρ ἐκείνῳ τοῦτ' ἐν τῇ
γνώμῃ παραστῆσαι, ὡς ὑμεῖς ἐκ τῆς ἀμελείας ταύτης τῆς
ἄγαν, ὥσπερ εἰς Εὔβοιαν καὶ πρότερόν ποτέ φασιν εἰς
Ἁλίαρτον καὶ τὰ τελευταῖα πρώην εἰς Πύλας, ἴσως ἂν
[45] 18 ὁρμήσαιτε—οὔτοι παντελῶς, οὐδ' εἰ μὴ ποιήσαιτ' ἂν τοῦτο,
ὡς ἔγωγέ φημι δεῖν, εὐκαταφρόνητόν ἐστιν—ἵν' ἢ διὰ τὸν
φόβον εἰδὼς εὐτρεπεῖς ὑμᾶς (εἴσεται γὰρ ἀκριβῶς· εἰσὶ γάρ,

2 δοκεῖ A suppl. B Y O : δοκῇ S vulg., cf. § 42 6 ἀναβάλλειν S B, cf. Prooem. 21, 4 : ἀναβάλλεσθαι vulg. 10 ἕως S vulg. : τέως F B, cf. Prooem. 21 13 κωλύων] καταλύων S : κατακωλύων coni. Weil 17 παρεσκευάσθαι Blass coll. § 19 : παρασκευάσθαι O[1] : παρασκευάσασθαι S vulg. 24 παραστῆσαι S : παραστῆναι cett.

εἰσὶν οἱ πάντ᾽ ἐξαγγέλλοντες ἐκείνῳ παρ᾽ ἡμῶν αὐτῶν
πλείους τοῦ δέοντος) ἡσυχίαν ἔχῃ, ἢ παριδὼν ταῦτ᾽ ἀφύ-
λακτος ληφθῇ, μηδενὸς ὄντος ἐμποδὼν πλεῖν ἐπὶ τὴν ἐκείνου
χώραν ὑμῖν, ἂν ἐνδῷ καιρόν. ταῦτα μέν ἐστιν ἃ πᾶσι 19
δεδόχθαι φημὶ δεῖν καὶ παρεσκευάσθαι προσήκειν οἴομαι·
πρὸ δὲ τούτων δύναμίν τιν᾽, ὦ ἄνδρες Ἀθηναῖοι, φημὶ
προχειρίσασθαι δεῖν ὑμᾶς, ἣ συνεχῶς πολεμήσει καὶ κακῶς
ἐκεῖνον ποιήσει. μή μοι μυρίους μηδὲ δισμυρίους ξένους,
μηδὲ τὰς ἐπιστολιμαίους ταύτας δυνάμεις, ἀλλ᾽ ἣ τῆς πόλεως
ἔσται, κἂν ὑμεῖς ἕνα κἂν πλείους κἂν τὸν δεῖνα κἂν ὁντινοῦν
χειροτονήσητε στρατηγόν, τούτῳ πείσεται καὶ ἀκολουθήσει.
καὶ τροφὴν ταύτῃ πορίσαι κελεύω. ἔσται δ᾽ αὕτη τίς ἡ 20
δύναμις καὶ πόση, καὶ πόθεν τὴν τροφὴν ἕξει, καὶ πῶς
ταῦτ᾽ ἐθελήσει ποιεῖν; ἐγὼ φράσω, καθ᾽ ἕκαστον τούτων
διεξιὼν χωρίς. ξένους μὲν λέγω—καὶ ὅπως μὴ ποιήσεθ᾽ ὃ
πολλάκις ὑμᾶς ἔβλαψεν· πάντ᾽ ἐλάττω νομίζοντες εἶναι τοῦ
δέοντος, καὶ τὰ μέγιστ᾽ ἐν τοῖς ψηφίσμασιν αἱρούμενοι, ἐπὶ
τῷ πράττειν οὐδὲ τὰ μικρὰ ποιεῖτε· ἀλλὰ τὰ μικρὰ ποιήσαν-
τες καὶ πορίσαντες τούτοις προστίθετε, ἂν ἐλάττω φαίνηται.
λέγω δὴ τοὺς πάντας στρατιώτας δισχιλίους, τούτων δ᾽ Ἀθη- 21
ναίους φημὶ δεῖν εἶναι πεντακοσίους, ἐξ ἧς ἄν τινος ὑμῖν
ἡλικίας καλῶς ἔχειν δοκῇ, χρόνον τακτὸν στρατευομένους,
μὴ μακρὸν τοῦτον, ἀλλ᾽ ὅσον ἂν δοκῇ καλῶς ἔχειν, ἐκ
διαδοχῆς ἀλλήλοις· τοὺς δ᾽ ἄλλους ξένους εἶναι κελεύω.
καὶ μετὰ τούτων ἱππέας διακοσίους, καὶ τούτων πεντήκοντ᾽
Ἀθηναίους τοὐλάχιστον, ὥσπερ τοὺς πεζούς, τὸν αὐτὸν
τρόπον στρατευομένους· καὶ ἱππαγωγοὺς τούτοις. εἶεν· τί [46] 22
πρὸς τούτοις ἔτι; ταχείας τριήρεις δέκα· δεῖ γάρ, ἔχοντος
ἐκείνου ναυτικόν, καὶ ταχειῶν τριήρων ἡμῖν, ὅπως ἀσφαλῶς
ἡ δύναμις πλέῃ. πόθεν δὴ τούτοις ἡ τροφὴ γενήσεται; ἐγὼ

4 καιρόν S : καιρός cett. 5 παρεσκευάσθαι F S corr. : παρασκευ-άσθαι S[1] : παρασκευάσασθαι vulg. 6 πρὸ δὲ τούτων S F B : πρὸς δὲ τούτοις vulg. 14 ἐθελήσει S solus : ἐθελήσετε vulg. 15 ποιήσετε Bekker : ποιήσητε codd.

καὶ τοῦτο φράσω καὶ δείξω, ἐπειδάν, διότι τηλικαύτην ἀποχρῆν οἶμαι τὴν δύναμιν καὶ πολίτας τοὺς στρατευομένους εἶναι κελεύω, διδάξω.

23 Τοσαύτην μέν, ὦ ἄνδρες Ἀθηναῖοι, διὰ ταῦτα, ὅτι οὐκ ἔνι νῦν ἡμῖν πορίσασθαι δύναμιν τὴν ἐκείνῳ παραταξομένην, ἀλλὰ λῃστεύειν ἀνάγκη καὶ τούτῳ τῷ τρόπῳ τοῦ πολέμου χρῆσθαι τὴν πρώτην· οὐ τοίνυν ὑπέρογκον αὐτήν (οὐ γὰρ ἔστι μισθὸς οὐδὲ τροφή), οὐδὲ παντελῶς ταπεινὴν εἶναι δεῖ. 24 πολίτας δὲ παρεῖναι καὶ συμπλεῖν διὰ ταῦτα κελεύω, ὅτι καὶ πρότερόν ποτ' ἀκούω ξενικὸν τρέφειν ἐν Κορίνθῳ τὴν πόλιν, οὗ Πολύστρατος ἡγεῖτο καὶ Ἰφικράτης καὶ Χαβρίας καὶ ἄλλοι τινές, καὶ αὐτοὺς ὑμᾶς συστρατεύεσθαι· καὶ οἶδ' ἀκούων ὅτι Λακεδαιμονίους παραταττόμενοι μεθ' ὑμῶν ἐνίκων οὗτοι οἱ ξένοι καὶ ὑμεῖς μετ' ἐκείνων. ἐξ οὗ δ' αὐτὰ καθ' αὑτὰ τὰ ξενικὰ ὑμῖν στρατεύεται, τοὺς φίλους νικᾷ καὶ τοὺς συμμάχους, οἱ δ' ἐχθροὶ μείζους τοῦ δέοντος γεγόνασιν. καὶ παρακύψαντ' ἐπὶ τὸν τῆς πόλεως πόλεμον, πρὸς Ἀρτάβαζον καὶ [47] πανταχοῖ μᾶλλον οἴχεται πλέοντα, ὁ δὲ στρατηγὸς ἀκολουθεῖ, 25 εἰκότως· οὐ γὰρ ἔστιν ἄρχειν μὴ διδόντα μισθόν. τί οὖν κελεύω; τὰς προφάσεις ἀφελεῖν καὶ τοῦ στρατηγοῦ καὶ τῶν στρατιωτῶν, μισθὸν πορίσαντας καὶ στρατιώτας οἰκείους ὥσπερ ἐπόπτας τῶν στρατηγουμένων παρακαταστήσαντας· ἐπεὶ νῦν γε γέλως ἔσθ' ὡς χρώμεθα τοῖς πράγμασιν. εἰ γὰρ ἔροιτό τις ὑμᾶς, 'εἰρήνην ἄγετ', ὦ ἄνδρες Ἀθηναῖοι;' 'μὰ Δί' οὐχ ἡμεῖς γ',' εἴποιτ' ἄν, 'ἀλλὰ Φιλίππῳ πολεμοῦμεν.' 26 οὐκ ἐχειροτονεῖτε δ' ἐξ ὑμῶν αὐτῶν δέκα ταξιάρχους καὶ στρατηγοὺς καὶ φυλάρχους καὶ ἱππάρχους δύο; τί οὖν οὗτοι ποιοῦσιν; πλὴν ἑνὸς ἀνδρός, ὃν ἂν ἐκπέμψητ' ἐπὶ τὸν πόλεμον, οἱ λοιποὶ τὰς πομπὰς πέμπουσιν ὑμῖν μετὰ τῶν ἱεροποιῶν· ὥσπερ γὰρ οἱ πλάττοντες τοὺς πηλίνους, εἰς τὴν

2 *τοὺς στρατευομένους* codd.: *συστρατευομένους* Voemel praeeunte Dobraeo, cf. § 24 22 *στρατηγουμένων* codd.: *δρωμένων* Blass secutus Liban. iii, p. 318 28 *ἐκπέμψητε* S vulg., cf. xv 9: *πέμψητε* A suppl. Y Patm. schol.

ἀγορὰν χειροτονεῖτε τοὺς ταξιάρχους καὶ τοὺς φυλάρχους,
οὐκ ἐπὶ τὸν πόλεμον. οὐ γὰρ ἐχρῆν, ὦ ἄνδρες Ἀθηναῖοι, 27
ταξιάρχους παρ' ὑμῶν, ἵππαρχον παρ' ὑμῶν, ἄρχοντας οἰκείους
εἶναι, ἵν' ἦν ὡς ἀληθῶς τῆς πόλεως ἡ δύναμις; ἀλλ' εἰς
μὲν Λῆμνον τὸν παρ' ὑμῶν ἵππαρχον δεῖ πλεῖν, τῶν δ' ὑπὲρ
τῶν τῆς πόλεως κτημάτων ἀγωνιζομένων Μενέλαον ἱππαρ-
χεῖν. καὶ οὐ τὸν ἄνδρα μεμφόμενος ταῦτα λέγω, ἀλλ' ὑφ'
ὑμῶν ἔδει κεχειροτονημένον εἶναι τοῦτον, ὅστις ἂν ᾖ.

Ἴσως δὲ ταῦτα μὲν ὀρθῶς ἡγεῖσθε λέγεσθαι, τὸ δὲ τῶν 28
χρημάτων, πόσα καὶ πόθεν ἔσται, μάλιστα ποθεῖτ' ἀκοῦσαι.
τοῦτο δὴ καὶ περαίνω. χρήματα τοίνυν· ἔστι μὲν ἡ τροφή,
σιτηρέσιον μόνον, τῇ δυνάμει ταύτῃ τάλαντ' ἐνενήκοντα καὶ
μικρόν τι πρός, δέκα μὲν ναυσὶ ταχείαις τετταράκοντα
τάλαντα, εἴκοσιν εἰς τὴν ναῦν μναῖ τοῦ μηνὸς ἑκάστου, [48]
στρατιώταις δὲ δισχιλίοις τοσαῦθ' ἕτερα, ἵνα δέκα τοῦ μηνὸς
ὁ στρατιώτης δραχμὰς σιτηρέσιον λαμβάνῃ, τοῖς δ' ἱππεῦσι
διακοσίοις οὖσιν, ἐὰν τριάκοντα δραχμὰς ἕκαστος λαμβάνῃ
τοῦ μηνός, δώδεκα τάλαντα. εἰ δέ τις οἴεται μικρὰν ἀφορμὴν 29
εἶναι, σιτηρέσιον τοῖς στρατευομένοις ὑπάρχειν, οὐκ ὀρθῶς
ἔγνωκεν· ἐγὼ γὰρ οἶδα σαφῶς ὅτι, τοῦτ' ἂν γένηται, προσ-
ποριεῖ τὰ λοιπὰ αὐτὸ τὸ στράτευμ' ἀπὸ τοῦ πολέμου, οὐδένα
τῶν Ἑλλήνων ἀδικοῦν οὐδὲ τῶν συμμάχων, ὥστ' ἔχειν μισθὸν
ἐντελῆ. ἐγὼ συμπλέων ἐθελοντὴς πάσχειν ὁτιοῦν ἕτοιμος,
ἐὰν μὴ ταῦθ' οὕτως ἔχῃ. πόθεν οὖν ὁ πόρος τῶν χρημάτων,
ἃ παρ' ὑμῶν κελεύω γενέσθαι; τοῦτ' ἤδη λέξω.

### ΠΟΡΟΥ ΑΠΟΔΕΙΞΙΣ.

Ἃ μὲν ἡμεῖς, ὦ ἄνδρες Ἀθηναῖοι, δεδυνήμεθ' εὑρεῖν ταῦτ' 30
ἐστίν· ἐπειδὰν δ' ἐπιχειροτονῆτε τὰς γνώμας, ἂν ὑμῖν

3 ἵππαρχον S: ἱππάρχους cett. 11 περαίνω S: περανῶ cett.
12 τοῖς στρατευομένοις post σιτηρέσιον add. vulg.: om. S solus, cf. § 29
19 εἶναι SF: om. vulg. 20 προσποριεῖ codd.: προσποριεῖται Dobree
25 γενέσθαι S: γενήσεται cett. 27 οὖν post μὲν add. Y: om. cett.
28 ἐπιχειροτονῆτε codd., cf. xxiv 26: ἐπιχειροτονῇ τις coni. Blass nescio an recte, coll. xxi 3: ἐπιχειροτονήσῃ (sc. ὁ πρύτανις) Tournier ἃ ante ἂν add. codd.: del. Dobree, cf. ix 70, xiv 14, Prooem. 29

ἀρέσκῃ, χειροτονήσετε, ἵνα μὴ μόνον ἐν τοῖς ψηφίσμασι
καὶ ταῖς ἐπιστολαῖς πολεμῆτε Φιλίππῳ, ἀλλὰ καὶ τοῖς
ἔργοις.

31 Δοκεῖτε δέ μοι πολὺ βέλτιον ἂν περὶ τοῦ πολέμου καὶ
ὅλης τῆς παρασκευῆς βουλεύσασθαι, εἰ τὸν τόπον, ὦ ἄνδρες
Ἀθηναῖοι, τῆς χώρας, πρὸς ἣν πολεμεῖτε, ἐνθυμηθείητε, καὶ
λογίσαισθ' ὅτι τοῖς πνεύμασιν καὶ ταῖς ὥραις τοῦ ἔτους τὰ
πολλὰ προλαμβάνων διαπράττεται Φίλιππος, καὶ φυλάξας
τοὺς ἐτησίας ἢ τὸν χειμῶν' ἐπιχειρεῖ, ἡνίκ' ἂν ἡμεῖς μὴ
32 δυναίμεθ' ἐκεῖσ' ἀφικέσθαι. δεῖ τοίνυν ταῦτ' ἐνθυμουμένους
[49] μὴ βοηθείαις πολεμεῖν (ὑστεριοῦμεν γὰρ ἁπάντων), ἀλλὰ
παρασκευῇ συνεχεῖ καὶ δυνάμει. ὑπάρχει δ' ὑμῖν χειμαδίῳ
μὲν χρῆσθαι τῇ δυνάμει Λήμνῳ καὶ Θάσῳ καὶ Σκιάθῳ καὶ
ταῖς ἐν τούτῳ τῷ τόπῳ νήσοις, ἐν αἷς καὶ λιμένες καὶ σῖτος
καὶ ἃ χρὴ στρατεύματι πάνθ' ὑπάρχει· τὴν δ' ὥραν τοῦ ἔτους,
ὅτε καὶ πρὸς τῇ γῇ γενέσθαι ῥᾴδιον καὶ τὸ τῶν πνευμάτων
ἀσφαλές, πρὸς αὐτῇ τῇ χώρᾳ καὶ πρὸς τοῖς τῶν ἐμπορίων
στόμασιν †ῥᾳδίως ἔσται.†

33 Ἃ μὲν οὖν χρήσεται καὶ πότε τῇ δυνάμει, παρὰ τὸν
καιρὸν ὁ τούτων κύριος καταστὰς ὑφ' ὑμῶν βουλεύσεται· ἃ
δ' ὑπάρξαι δεῖ παρ' ὑμῶν, ταῦτ' ἐστὶν ἁγὼ γέγραφα. ἂν
ταῦτ', ὦ ἄνδρες Ἀθηναῖοι, πορίσητε, τὰ χρήματα πρῶτον
ἃ λέγω, εἶτα καὶ τἄλλα παρασκευάσαντες, τοὺς στρατιώτας,
τὰς τριήρεις, τοὺς ἱππέας, ἐντελῆ πᾶσαν τὴν δύναμιν νόμῳ
κατακλείσητ' ἐπὶ τῷ πολέμῳ μένειν, τῶν μὲν χρημάτων
αὐτοὶ ταμίαι καὶ πορισταὶ γιγνόμενοι, τῶν δὲ πράξεων παρὰ
τοῦ στρατηγοῦ τὸν λόγον ζητοῦντες, παύσεσθ' ἀεὶ περὶ τῶν
34 αὐτῶν βουλευόμενοι καὶ πλέον οὐδὲν ποιοῦντες, καὶ ἔτι πρὸς
τούτῳ πρῶτον μέν, ὦ ἄνδρες Ἀθηναῖοι, τὸν μέγιστον τῶν

1 χειροτονήσετε $S^1$ F B : χειροτονήσατε vulg. ἐν om. A Y 2 ἐν post alterum καὶ add. S : om. cett. 10 δυναίμεθα S $F^1$ B : δυνώμεθα vulg. 18 ῥᾳδίως ἔσται] locus varie sollicitatus necdum, ut opinor, sanatus 23 ἃ ante λέγω add. vulg. : om. S solus 27 ζητοῦντες codd. : ἀπαιτοῦντες Cobet

ἐκείνου πόρων ἀφαιρήσεσθε. ἔστι δ' οὗτος τίς; ἀπὸ τῶν ὑμετέρων ὑμῖν πολεμεῖ συμμάχων, ἄγων καὶ φέρων τοὺς πλέοντας τὴν θάλατταν. ἔπειτα τί πρὸς τούτῳ; τοῦ πάσχειν αὐτοὶ κακῶς ἔξω γενήσεσθε, οὐχ ὥσπερ τὸν παρελθόντα χρόνον εἰς Λῆμνον καὶ Ἴμβρον ἐμβαλὼν αἰχμαλώτους πολίτας ὑμετέρους ᾤχετ' ἔχων, πρὸς τῷ Γεραιστῷ τὰ πλοῖα συλλαβὼν ἀμύθητα χρήματ' ἐξέλεξε, τὰ τελευταῖ' εἰς Μαραθῶν' ἀπέβη καὶ τὴν ἱερὰν ἀπὸ τῆς χώρας ᾤχετ' ἔχων τριήρη, [50] ὑμεῖς δ' οὔτε ταῦτα δύνασθε κωλύειν οὔτ' εἰς τοὺς χρόνους, οὓς ἂν προθῆσθε, βοηθεῖν. καίτοι τί δήποτ', ὦ ἄνδρες 35 Ἀθηναῖοι, νομίζετε τὴν μὲν τῶν Παναθηναίων ἑορτὴν καὶ τὴν τῶν Διονυσίων ἀεὶ τοῦ καθήκοντος χρόνου γίγνεσθαι, ἄν τε δεινοὶ λάχωσιν ἄν τ' ἰδιῶται οἱ τούτων ἑκατέρων ἐπιμελούμενοι, εἰς ἃ τοσαῦτ' ἀναλίσκεται χρήματα, ὅσ' οὐδ' εἰς ἕνα τῶν ἀποστόλων, καὶ τοσοῦτον ὄχλον καὶ παρασκευὴν ὅσην οὐκ οἶδ' εἴ τι τῶν ἁπάντων ἔχει, τοὺς δ' ἀποστόλους πάντας ὑμῖν ὑστερίζειν τῶν καιρῶν, τὸν εἰς Μεθώνην, τὸν εἰς Παγασάς, τὸν εἰς Ποτείδαιαν; ὅτι ἐκεῖνα μὲν ἅπαντα νόμῳ 36 τέτακται, καὶ πρόοιδεν ἕκαστος ὑμῶν ἐκ πολλοῦ τίς χορηγὸς ἢ γυμνασίαρχος τῆς φυλῆς, πότε καὶ παρὰ τοῦ καὶ τί λαβόντα τί δεῖ ποιεῖν, οὐδὲν ἀνεξέταστον οὐδ' ἀόριστον ἐν τούτοις ἠμέληται· ἐν δὲ τοῖς περὶ τοῦ πολέμου καὶ τῇ τούτου παρασκευῇ ἄτακτα, ἀδιόρθωτα, ἀόρισθ' ἅπαντα. τοιγαροῦν ἅμ' ἀκηκόαμέν τι καὶ τριηράρχους καθίσταμεν καὶ τούτοις ἀντιδόσεις ποιούμεθα καὶ περὶ χρημάτων πόρου σκοποῦμεν, καὶ μετὰ ταῦτ' ἐμβαίνειν τοὺς μετοίκους ἔδοξε καὶ τοὺς χωρὶς οἰκοῦντας, εἶτ' αὐτοὺς πάλιν, εἶτ' ἀντεμβιβάζειν, εἶτ' ἐν ὅσῳ 37

6 ἔχων S A Y : ἄγων vulg. post ἔχων (vel ἄγων) add. καὶ codd. omnes S excepto 9 δύνασθε S A Y O : ἐδύνασθε vulg. 10 προθῆσθε S : πρόθησθε F B : πρόσθησθε A : προέλησθε vulg. 14 ἐπιμελούμενοι S A Y : ἐπιμελησόμενοι vulg. ἀναλίσκεται S A : ἀναλίσκετε vulg. 17–18 τὸν . . . τὸν . . . τὸν] τῶν . . . τῶν . . . τῶν S 19 προοῖδεν S A[1] Y : προεῖδεν vulg. 20 τί vulg. : τίνα S solus 23 ἀδιόρθωτα ante ἀόριστα S A Y : post ἀόριστα vulg. 26 ἐμβαίνειν] huc transtulit εἶτ' ἀντεμβιβάζειν Weil 27 εἶτα post πάλιν om. vulg. : add. S Vind. 1

ταῦτα μέλλεται, προαπόλωλεν τὸ ἐφ' ὃ ἂν ἐκπλέωμεν· τὸν γὰρ τοῦ πράττειν χρόνον εἰς τὸ παρασκευάζεσθαι ἀναλίσκομεν, οἱ δὲ τῶν πραγμάτων οὐ μένουσι καιροὶ τὴν ἡμετέραν βραδυτῆτα καὶ εἰρωνείαν. ἃς δὲ τὸν μεταξὺ χρόνον δυνάμεις οἰόμεθ' ἡμῖν ὑπάρχειν, οὐδὲν οἷαί τ' οὖσαι ποιεῖν ἐπ' αὐτῶν
[51] τῶν καιρῶν ἐξελέγχονται. ὁ δ' εἰς τοῦθ' ὕβρεως ἐλήλυθεν ὥστ' ἐπιστέλλειν Εὐβοεῦσιν ἤδη τοιαύτας ἐπιστολάς.

**ΕΠΙΣΤΟΛΗΣ ΑΝΑΓΝΩΣΙΣ.**

38 Τούτων, ὦ ἄνδρες Ἀθηναῖοι, τῶν ἀνεγνωσμένων ἀληθῆ μέν ἐστι τὰ πολλά, ὡς οὐκ ἔδει, οὐ μὴν ἀλλ' ἴσως οὐχ ἡδέ' ἀκούειν. ἀλλ' εἰ μέν, ὅσ' ἂν τις ὑπερβῇ τῷ λόγῳ, ἵνα μὴ λυπήσῃ, καὶ τὰ πράγμαθ' ὑπερβήσεται, δεῖ πρὸς ἡδονὴν δημηγορεῖν· εἰ δ' ἡ τῶν λόγων χάρις, ἂν ᾖ μὴ προσήκουσα, ἔργῳ ζημία γίγνεται, αἰσχρόν ἐστι φενακίζειν ἑαυτούς, καὶ ἅπαντ' ἀναβαλλομένους ἂν ᾖ δυσχερῆ πάντων ὑστερεῖν τῶν
39 ἔργων, καὶ μηδὲ τοῦτο δύνασθαι μαθεῖν, ὅτι δεῖ τοὺς ὀρθῶς πολέμῳ χρωμένους οὐκ ἀκολουθεῖν τοῖς πράγμασιν, ἀλλ' αὐτοὺς ἔμπροσθεν εἶναι τῶν πραγμάτων, καὶ τὸν αὐτὸν τρόπον ὥσπερ τῶν στρατευμάτων ἀξιώσειέ τις ἂν τὸν στρατηγὸν ἡγεῖσθαι, οὕτω καὶ τῶν πραγμάτων τοὺς βουλευομένους, ἵν' ἂν ἐκείνοις δοκῇ, ταῦτα πράττηται καὶ μὴ τὰ συμβάντ' ἀναγ-
40 κάζωνται διώκειν. ὑμεῖς δ', ὦ ἄνδρες Ἀθηναῖοι, πλείστην δύναμιν ἁπάντων ἔχοντες, τριήρεις, ὁπλίτας, ἱππέας, χρημάτων πρόσοδον, τούτων μὲν μέχρι τῆς τήμερον ἡμέρας οὐδενὶ πώποτ' εἰς δέον τι κέχρησθε, οὐδὲν δ' ἀπολείπετε, ὥσπερ οἱ βάρβαροι πυκτεύουσιν, οὕτω πολεμεῖν Φιλίππῳ.

1 μέλλεται S: μέλλετε cett. προαπόλωλεν codd.: προαπώλετ' Blass τὸ ἐφ' ὃ S: ἐφ' ἃ cett. 3 οὐ μένουσι καιροὶ S: καιροὶ οὐ μένουσι vulg.: καιροὶ οὐκ ἀναμένουσι A Y 4 εἰρωνείαν S B: ῥᾳθυμίαν vulg. 15 ἂν] ἃ ἂν S: ὅσα ἂν cett. ὑστερεῖν S: ὑστερίζειν cett. 20 βουλευομένους S solus: εὖ βουλευομένους ἡγεῖσθαι χρή vulg. 25 εἰς δέον τι S F B: ἐν δέοντι vulg. οὐδὲν δ' ἀπολείπετε Dobree: οὐδενὸς δ' ἀπολείπετε S solus: οὐδενὸς δ' ἀπολείπεσθε vulg. 26 δὲ post ὥσπερ add. vulg.: om. S[1] solus πολεμεῖν S[1]: πολεμεῖτε cett.

καὶ γὰρ ἐκείνων ὁ πληγεὶς ἀεὶ τῆς πληγῆς ἔχεται, κἂν
ἑτέρωσε πατάξῃ τις, ἐκεῖσ᾽ εἰσὶν αἱ χεῖρες· προβάλλεσθαι
δ᾽ ἢ βλέπειν ἐναντίον οὔτ᾽ οἶδεν οὔτ᾽ ἐθέλει. καὶ ὑμεῖς, ἂν 41
ἐν Χερρονήσῳ πύθησθε Φίλιππον, ἐκεῖσε βοηθεῖν ψηφίζεσθε,
ἂν ἐν Πύλαις, ἐκεῖσε, ἂν ἄλλοθί που, συμπαραθεῖτ᾽ ἄνω [52]
κάτω, καὶ στρατηγεῖσθ᾽ ὑπ᾽ ἐκείνου, βεβούλευσθε δ᾽ οὐδὲν
αὐτοὶ συμφέρον περὶ τοῦ πολέμου, οὐδὲ πρὸ τῶν πραγμάτων
προορᾶτ᾽ οὐδέν, πρὶν ἂν ἢ γεγενημένον ἢ γιγνόμενόν τι
πύθησθε. ταῦτα δ᾽ ἴσως πρότερον μὲν ἐνῆν· νῦν δ᾽ ἐπ᾽
αὐτὴν ἥκει τὴν ἀκμήν, ὥστ᾽ οὐκέτ᾽ ἐγχωρεῖ. δοκεῖ δέ μοι 42
θεῶν τις, ὦ ἄνδρες Ἀθηναῖοι, τοῖς γιγνομένοις ὑπὲρ τῆς
πόλεως αἰσχυνόμενος τὴν φιλοπραγμοσύνην ταύτην ἐμβα-
λεῖν Φιλίππῳ. εἰ γὰρ ἔχων ἃ κατέστραπται καὶ προείληφεν
ἡσυχίαν ἔχειν ἤθελε καὶ μηδὲν ἔπραττεν ἔτι, ἀποχρῆν ἐνίοις
ὑμῶν ἄν μοι δοκεῖ, ἐξ ὧν αἰσχύνην καὶ ἀνανδρίαν καὶ πάντα
τὰ αἴσχιστ᾽ ὠφληκότες ἂν ἦμεν δημοσίᾳ· νῦν δ᾽ ἐπιχειρῶν
ἀεί τινι καὶ τοῦ πλείονος ὀρεγόμενος ἴσως ἂν ἐκκαλέσαιθ᾽
ὑμᾶς, εἴπερ μὴ παντάπασιν ἀπεγνώκατε. θαυμάζω δ᾽ ἔγωγε, 43
εἰ μηδεὶς ὑμῶν μήτ᾽ ἐνθυμεῖται μήτ᾽ ὀργίζεται, ὁρῶν, ὦ
ἄνδρες Ἀθηναῖοι, τὴν μὲν ἀρχὴν τοῦ πολέμου γεγενημένην
περὶ τοῦ τιμωρήσασθαι Φίλιππον, τὴν δὲ τελευτὴν οὖσαν
ἤδη ὑπὲρ τοῦ μὴ παθεῖν κακῶς ὑπὸ Φιλίππου. ἀλλὰ μὴν
ὅτι γ᾽ οὐ στήσεται, δῆλον, εἰ μή τις κωλύσει. εἶτα τοῦτ᾽
ἀναμενοῦμεν; καὶ τριήρεις κενὰς καὶ τὰς παρὰ τοῦ δεῖνος
ἐλπίδας ἂν ἀποστείλητε, πάντ᾽ ἔχειν οἴεσθε καλῶς; οὐκ 44
ἐμβησόμεθα; οὐκ ἔξιμεν αὐτοὶ μέρει γέ τινι στρατιωτῶν
οἰκείων νῦν, εἰ καὶ μὴ πρότερον; οὐκ ἐπὶ τὴν ἐκείνου πλευ-

2 πατάξῃ τις vulg. : πατάξῃς S solus, cf. xxi 33  5 καὶ post ἄνω add. vulg. : om. S solus, cf. ii 16  7 αὐτοὶ S A Y : αὐτοῖς vulg. πρὸ S : περὶ vulg.  9 ἐνῆν S A : ἐνῆν ποιεῖν Y O : ἦν ποιεῖν F B  15 δοκεῖ Palatinus 113 : δοκῇ S vulg.  18 post ἀπεγνώκατε add. ἑαυτῶν A F Y : αὑτῶν B et Bekk. Anecd. : om. S  19 μήτ᾽ ὀργίζεται S A Y : μήτε λογίζεται vulg.  22 ἀλλὰ μὴν . . . κωλύσει post ἀπεγνώκατε (supra 18) conlocandum putat Blass  24 παρὰ] ἀπὸ A Y  25 καλῶς secl. Wecklein, cf. Aristid. i 791  26 ἐμβησόμεθα S A $O^1$ : ἐκβήσομεθα vulg.  27 πλευσόμεθα $S^1$ Y : πλευσούμεθα vulg.

σόμεθα; ποῖ οὖν προσορμιούμεθ'; ἤρετό τις. εὑρήσει τὰ
[53] σαθρά, ὦ ἄνδρες Ἀθηναῖοι, τῶν ἐκείνου πραγμάτων αὐτὸς
ὁ πόλεμος, ἂν ἐπιχειρῶμεν· ἂν μέντοι καθώμεθ' οἴκοι, λοι-
δορουμένων ἀκούοντες καὶ αἰτιωμένων ἀλλήλους τῶν λεγόν-
45 των, οὐδέποτ' οὐδὲν ἡμῖν μὴ γένηται τῶν δεόντων. ὅποι
μὲν γὰρ ἄν, οἶμαι, μέρος τι τῆς πόλεως συναποσταλῇ, κἂν
μὴ πᾶσα, καὶ τὸ τῶν θεῶν εὐμενὲς καὶ τὸ τῆς τύχης συνα-
γωνίζεται· ὅποι δ' ἂν στρατηγὸν καὶ ψήφισμα κενὸν καὶ
τὰς ἀπὸ τοῦ βήματος ἐλπίδας ἐκπέμψητε, οὐδὲν ὑμῖν τῶν
δεόντων γίγνεται, ἀλλ' οἱ μὲν ἐχθροὶ καταγελῶσιν, οἱ δὲ
46 σύμμαχοι τεθνᾶσι τῷ δέει τοὺς τοιούτους ἀποστόλους. οὐ
γὰρ ἔστιν, οὐκ ἔστιν ἕν' ἄνδρα δυνηθῆναί ποτε ταῦθ' ὑμῖν
πρᾶξαι πάνθ' ὅσα βούλεσθε· ὑποσχέσθαι μέντοι καὶ φῆσαι
καὶ τὸν δεῖν' αἰτιάσασθαι καὶ τὸν δεῖν' ἔστι, τὰ δὲ πράγματ'
ἐκ τούτων ἀπόλωλεν· ὅταν γὰρ ἡγῆται μὲν ὁ στρατηγὸς
ἀθλίων ἀπομίσθων ξένων, οἱ δ' ὑπὲρ ὧν ἂν ἐκεῖνος πράξῃ
πρὸς ὑμᾶς ψευδόμενοι ῥᾳδίως ἐνθάδ' ὦσιν, ὑμεῖς δ' ἐξ ὧν
ἂν ἀκούσηθ' ὅ τι ἂν τύχητε ψηφίζησθε, τί καὶ χρὴ προσ-
δοκᾶν;

47 Πῶς οὖν ταῦτα παύσεται; ὅταν ὑμεῖς, ὦ ἄνδρες Ἀθη-
ναῖοι, τοὺς αὐτοὺς ἀποδείξητε στρατιώτας καὶ μάρτυρας τῶν
στρατηγουμένων καὶ δικαστὰς οἴκαδ' ἐλθόντας τῶν εὐθυνῶν,
ὥστε μὴ ἀκούειν μόνον ὑμᾶς τὰ ὑμέτερ' αὐτῶν, ἀλλὰ καὶ
παρόντας ὁρᾶν. νῦν δ' εἰς τοῦθ' ἥκει τὰ πράγματ' αἰσχύνης
ὥστε τῶν στρατηγῶν ἕκαστος δὶς καὶ τρὶς κρίνεται παρ'
ὑμῖν περὶ θανάτου, πρὸς δὲ τοὺς ἐχθροὺς οὐδεὶς οὐδ' ἅπαξ
αὐτῶν ἀγωνίσασθαι περὶ θανάτου τολμᾷ, ἀλλὰ τὸν τῶν
ἀνδραποδιστῶν καὶ λωποδυτῶν θάνατον μᾶλλον αἱροῦνται
[54] τοῦ προσήκοντος· κακούργου μὲν γάρ ἐστι κριθέντ' ἀποθα-
48 νεῖν, στρατηγοῦ δὲ μαχόμενον τοῖς πολεμίοις. ἡμῶν δ' οἱ

1 οὖν S : δὴ cett. : δὲ Blass 5 οὐ ante μὴ add. vulg. : om. S[1] A Y 7 παρῇ ante πᾶσα add. vulg. : om. S solus 15 ἡγῆται S A Y : ἥττηται vulg. 16 ἐκεῖνος S B : ἐκεῖνος ἐκεῖ vulg. : ἐκεῖ Blass secutus schol. 18 τύχητε S : τύχῃ cett. ῥᾳδίως post τύχῃ add. vulg. : om. S B, cf. § 32 27 περὶ θανάτου secl. Cobet

μὲν περιιόντες μετὰ Λακεδαιμονίων φασὶ Φίλιππον πράττειν τὴν Θηβαίων κατάλυσιν καὶ τὰς πολιτείας διασπᾶν, οἱ δ' ὡς πρέσβεις πέπομφεν ὡς βασιλέα, οἱ δ' ἐν Ἰλλυριοῖς πόλεις τειχίζειν, οἱ δὲ λόγους πλάττοντες ἕκαστος περιερχόμεθα. ἐγὼ δ' οἶμαι μέν, ὦ ἄνδρες Ἀθηναῖοι, νὴ τοὺς 49 θεοὺς ἐκεῖνον μεθύειν τῷ μεγέθει τῶν πεπραγμένων καὶ πολλὰ τοιαῦτ' ὀνειροπολεῖν ἐν τῇ γνώμῃ, τήν τ' ἐρημίαν τῶν κωλυσόντων ὁρῶντα καὶ τοῖς πεπραγμένοις ἐπῃρμένον, οὐ μέντοι μὰ Δί' οὕτω γε προαιρεῖσθαι πράττειν ὥστε τοὺς ἀνοητοτάτους τῶν παρ' ἡμῖν εἰδέναι τί μέλλει ποιεῖν ἐκεῖνος· ἀνοητότατοι γάρ εἰσιν οἱ λογοποιοῦντες. ἀλλ' ἂν ἀφέντες 50 ταῦτ' ἐκεῖν' εἰδῶμεν, ὅτι ἐχθρὸς ἄνθρωπος καὶ τὰ ἡμέτερ' ἡμᾶς ἀποστερεῖ καὶ χρόνον πολὺν ὕβρικε, καὶ ἅπανθ' ὅσα πώποτ' ἠλπίσαμέν τινα πράξειν ὑπὲρ ἡμῶν καθ' ἡμῶν εὕρηται, καὶ τὰ λοιπὰ ἐν αὐτοῖς ἡμῖν ἐστί, κἂν μὴ νῦν ἐθέλωμεν ἐκεῖ πολεμεῖν αὐτῷ, ἐνθάδ' ἴσως ἀναγκασθησόμεθα τοῦτο ποιεῖν, ἂν ταῦτ' εἰδῶμεν, καὶ τὰ δέοντ' ἐσόμεθ' ἐγνωκότες καὶ λόγων ματαίων ἀπηλλαγμένοι· οὐ γὰρ ἅττα ποτ' ἔσται δεῖ σκοπεῖν, ἀλλ' ὅτι φαῦλα, ἂν μὴ προσέχητε τὸν νοῦν καὶ τὰ προσήκοντα ποιεῖν ἐθέλητε, εὖ εἰδέναι.

Ἐγὼ μὲν οὖν οὔτ' ἄλλοτε πώποτε πρὸς χάριν εἱλόμην 51 λέγειν ὅ τι ἂν μὴ καὶ συνοίσειν πεπεισμένος ὦ, νῦν θ' ἃ γιγνώσκω πάνθ' ἁπλῶς, οὐδὲν ὑποστειλάμενος, πεπαρρησίασμαι. ἐβουλόμην δ' ἄν, ὥσπερ ὅτι ὑμῖν συμφέρει τὰ βέλτιστ' ἀκούειν οἶδα, οὕτως εἰδέναι συνοῖσον καὶ τῷ τὰ [55] βέλτιστ' εἰπόντι· πολλῷ γὰρ ἂν ἥδιον εἶχον. νῦν δ' ἐπ' ἀδήλοις οὖσι τοῖς ἀπὸ τούτων ἐμαυτῷ γενησομένοις, ὅμως ἐπὶ τῷ συνοίσειν ὑμῖν, ἂν πράξητε, ταῦτα πεπεῖσθαι λέγειν αἱροῦμαι. νικῴη δ' ὅ τι πᾶσιν μέλλει συνοίσειν.

9 γε add. post οὕτω Cobet, cf. xlix 38 : post μέντοι S vulg.: om. A Y 12 ἄνθρωπος Bekker : ανθρωπος S : ἄνθρωπος vulg. 22 ὑμῖν post συνοίσειν add. vulg. : ante συνοίσειν O[1] : om. S solus 24 ὅτι om. A Y συμφέρει S vulg., cf. Prooem. 23 : συμφέρον Y 26 εἶχον S, cf. Prooem. 23 : εἶπον cett. 29 ὑμῖν post πᾶσιν add. vulg. : om. S solus

In S subscriptum

ΚΑΤΑ ΦΙΛΙΠΠΟΥ Α
Η Η Η Η 🄳 Δ

## V

# ΠΕΡΙ ΤΗΣ ΕΙΡΗΝΗΣ

### ΥΠΟΘΕΣΙΣ.

Μηκυνομένου τοῦ πολέμου τοῦ περὶ Ἀμφιπόλεως εἰρήνης ἐπεθύμησαν ὅ τε Φίλιππος καὶ οἱ Ἀθηναῖοι, οἱ μὲν Ἀθηναῖοι κακῶς ἐν τῷ πολέμῳ φερόμενοι, ὁ δὲ Φίλιππος βουλόμενος ἃ ὑπέσχετο Θετταλοῖς τε καὶ Θηβαίοις ἐπιτελέσαι. ὑπέσχετο δὲ τοῖς μὲν Θηβαίοις Ὀρχομενὸν παραδώσειν καὶ Κορώνειαν, πόλεις Βοιωτίας, ἀμφοτέροις δὲ τὸν Φωκικὸν καταλύσειν πόλεμον. τοῦτο δ' ἦν ἀδύνατον αὐτῷ πολεμίων ὄντων Ἀθηναίων· καὶ γὰρ πρότερον βουληθεὶς εἰσβαλεῖν εἰς τὴν Φωκίδα, τῶν Ἀθηναίων περιπλευσάντων ταῖς ναυσὶν εἰς τὰς καλουμένας Πύλας, ὑπ' ἐνίων δὲ
2 Θερμοπύλας, ἀπεκρούσθη τῆς εἰσόδου. νῦν τοίνυν εἰρήνην ποιησάμενος πρὸς τοὺς Ἀθηναίους, μηδενὸς κωλύοντος παρελθὼν εἴσω Πυλῶν, τὸ Φωκέων ἔθνος ἀνάστατον πεποίηκε, καὶ τὴν Φωκέων ἐν τοῖς Ἀμφικτύοσι χώραν καὶ τὰς ἐκείνων ἐν τῷ συνεδρίῳ
[56] ψήφους παρὰ τῶν ἄλλων Ἑλλήνων εἴληφε. πέπομφε δὲ καὶ πρὸς Ἀθηναίους πρέσβεις, ἀξιῶν καὶ αὐτοὺς ταῦτα συγχωρεῖν. καὶ ὁ Δημοσθένης παραινεῖ συγχωρεῖν, οὐ τῷ πράγματι συνιστάμενος ὡς ὀρθῶς ἔχοντι, οὐδὲ δίκαιον εἶναι λέγων μετέχειν Ἑλληνικοῦ συνεδρίου τὸν Μακεδόνα, ἀλλὰ δεδιέναι φάσκων μὴ καταναγκασθῶσι κοινὸν πόλεμον πρὸς ἅπαντας τοὺς Ἕλληνας ἔχειν. προσκεκρουκέναι γὰρ λέγει τοῖς Ἀθηναίοις ἄλλους δι' ἄλλας τινὰς αἰτίας· τούτους δὴ κοινῇ πολεμήσειν, εἰ αὐτοῖς δώσομεν, φησί, κοινὴν αἰτίαν ταύτην καθ' ἡμῶν, ὅτι μόνοι τοῖς τῶν Ἀμφικτυόνων ἐνιστάμεθα δόγμασιν· ὥστε κάλλιον τὴν εἰρήνην τηρεῖν, καὶ ταῦτα Φιλίππου παρεληλυθότος εἴσω Πυλῶν καὶ ἐπελθεῖν δυναμένου τῇ Ἀττικῇ, ἢ περὶ μικροῦ τηλικοῦτον κίνδυνον ἄρασθαι.

3 Οὗτος δ' ὁ λόγος παρεσκευάσθαι μέν, οὐ μὴν εἰρῆσθαί μοι δοκεῖ. κατηγορῶν γὰρ ὁ ῥήτωρ Αἰσχίνου καὶ τοῦτο μετὰ τῶν ἄλλων αὐτοῦ διαβάλλει, ὅτι συνεβούλευε Φίλιππον Ἀμφικτύον' εἶναι ψηφίσασθαι, μηδενὸς ἄλλου τολμῶντος τοῦτ' εἰσηγήσασθαι,

μηδὲ Φιλοκράτους τοῦ πάντων ἀναιδεστάτου. οὐκ ἂν οὖν αὐτὸς περὶ τούτων συμβεβουλευκὼς τὸν Αἰσχίνην ἐπ' αὐτοῖς διέβαλλεν, ἀλλὰ δηλονότι τὴν ὑπόνοιαν ἔδεισε, μὴ δόξῃ φιλιππίζειν καὶ χρήμασιν ὑπὸ τοῦ βασιλέως πεισθεὶς τοιαύτην γνώμην ἀποφήνασθαι, ἐπεὶ καὶ ἐν τῷ λόγῳ πρὸς τοιαύτην τιν' ὑπόνοιαν ἱστάμενος φαίνεται, συνιστὰς ἑαυτὸν ὡς εὔνουν τῇ πόλει καὶ ἀδωροδόκητον.

Ὁρῶ μέν, ὦ ἄνδρες Ἀθηναῖοι, τὰ παρόντα πράγματα [57] πολλὴν δυσκολίαν ἔχοντα καὶ ταραχὴν οὐ μόνον τῷ πολλὰ προεῖσθαι καὶ μηδὲν εἶναι προὔργου περὶ αὐτῶν εὖ λέγειν, ἀλλὰ καὶ περὶ τῶν ὑπολοίπων κατὰ ταὐτὰ μηδὲ καθ' ἓν τὸ συμφέρον πάντας ἡγεῖσθαι, ἀλλὰ τοῖς μὲν ὡδί, τοῖς δ' ἑτέρως δοκεῖν. δυσκόλου δ' ὄντος φύσει καὶ χαλεποῦ τοῦ 2 βουλεύεσθαι, ἔτι πολλῷ χαλεπώτερον ὑμεῖς αὐτὸ πεποιήκατ', ὦ ἄνδρες Ἀθηναῖοι· οἱ μὲν γὰρ ἄλλοι πάντες ἄνθρωποι πρὸ τῶν πραγμάτων εἰώθασι χρῆσθαι τῷ βουλεύεσθαι, ὑμεῖς δὲ μετὰ τὰ πράγματα. ἐκ δὲ τούτου συμβαίνει παρὰ πάντα τὸν χρόνον ὃν οἶδ' ἐγώ, τὸν μὲν οἷς ἂν ἁμάρτητ' ἐπιτιμῶντα εὐδοκιμεῖν καὶ δοκεῖν εὖ λέγειν, τὰ δὲ πράγματα καὶ περὶ ὧν βουλεύεσθ' ἐκφεύγειν ὑμᾶς. οὐ μὴν ἀλλὰ καίπερ τούτων 3 οὕτως ἐχόντων οἴομαι καὶ πεπεικὼς ἐμαυτὸν ἀνέστηκα, ἂν ἐθελήσητε τοῦ θορυβεῖν καὶ φιλονικεῖν ἀποστάντες ἀκούειν, ὡς ὑπὲρ πόλεως βουλευομένοις καὶ τηλικούτων πραγμάτων προσήκει, ἕξειν καὶ λέγειν καὶ συμβουλεύειν δι' ὧν καὶ τὰ παρόντ' ἔσται βελτίω καὶ τὰ προειμένα σωθήσεται.

Ἀκριβῶς δ' εἰδώς, ὦ ἄνδρες Ἀθηναῖοι, τὸ λέγειν περὶ 4 ὧν αὐτὸς εἶπέ τις καὶ περὶ αὑτοῦ παρ' ὑμῖν ἀεὶ τῶν πάνυ λυσιτελούντων τοῖς τολμῶσιν ὄν, οὕτως ἡγοῦμαι φορτικὸν καὶ ἐπαχθὲς ὥστε ἀνάγκην οὖσαν ὁρῶν ὅμως ἀποκνῶ. νο- [58]

10 προεῖσθαι vulg. : προέσθαι S[1] 11 τῷ ante περὶ add. vulg. : om. S A 18 ἂν ante ἁμάρτητε om. S, cf. iv 46 19 εὖ λέγειν vulg. : εὐλογεῖν S[1] (έ super ο m. ant.) 23 τῆς ante πόλεως add. B : om. S vulg., cf. xxii 64 25 προειμένα vulg. : προειρημένα S corr.

μίζω δ' ἄμεινον ἂν ὑμᾶς περὶ ὧν νῦν ἐρῶ κρῖναι, μικρὰ τῶν
5 πρότερόν ποτε ῥηθέντων ὑπ' ἐμοῦ μνημονεύσαντες. ἐγὼ
γάρ, ὦ ἄνδρες Ἀθηναῖοι, πρῶτον μέν, ἡνίκ' ἔπειθόν τινες
ὑμᾶς, τῶν ἐν Εὐβοίᾳ πραγμάτων ταραττομένων, βοηθεῖν
Πλουτάρχῳ καὶ πόλεμον ἄδοξον καὶ δαπανηρὸν ἄρασθαι,
πρῶτος καὶ μόνος παρελθὼν ἀντεῖπον, καὶ μόνον οὐ διε-
σπάσθην ὑπὸ τῶν ἐπὶ μικροῖς λήμμασιν πολλὰ καὶ μεγάλ'
ὑμᾶς ἁμαρτάνειν πεισάντων· καὶ χρόνου βραχέος διελ-
θόντος, μετὰ τοῦ προσοφλεῖν αἰσχύνην καὶ παθεῖν οἷα τῶν
ὄντων ἀνθρώπων οὐδένες πώποτε πεπόνθασ' ὑπὸ τούτων οἷς
ἐβοήθησαν, πάντες ὑμεῖς ἔγνωτε τήν τε τῶν τότε ταῦτα
6 πεισάντων κακίαν καὶ τὰ βέλτιστ' εἰρηκότ' ἐμέ. πάλιν
τοίνυν, ὦ ἄνδρες Ἀθηναῖοι, κατιδὼν Νεοπτόλεμον τὸν ὑπο-
κριτὴν τῷ μὲν τῆς τέχνης προσχήματι τυγχάνοντ' ἀδείας,
κακὰ δ' ἐργαζόμενον τὰ μέγιστα τὴν πόλιν καὶ τὰ παρ' ὑμῶν
διοικοῦντα Φιλίππῳ καὶ πρυτανεύοντα, παρελθὼν εἶπον εἰς
ὑμᾶς, οὐδεμιᾶς ἰδίας οὔτ' ἔχθρας οὔτε συκοφαντίας ἕνεκα,
7 ὡς ἐκ τῶν μετὰ ταῦτ' ἔργων γέγονεν δῆλον. καὶ οὐκέτ' ἐν
τούτοις αἰτιάσομαι τοὺς ὑπὲρ Νεοπτολέμου λέγοντας (οὐδὲ
εἷς γὰρ ἦν), ἀλλ' αὐτοὺς ὑμᾶς· εἰ γὰρ ἐν Διονύσου τραγῳ-
δοὺς ἐθεᾶσθε, ἀλλὰ μὴ περὶ σωτηρίας καὶ κοινῶν πραγμάτων
ἦν ὁ λόγος, οὐκ ἂν οὕτως οὔτ' ἐκείνου πρὸς χάριν οὔτ'
8 ἐμοῦ πρὸς ἀπέχθειαν ἠκούσατε. καίτοι τοῦτό γ' ὑμᾶς οἶμαι
νῦν ἅπαντας ᾐσθῆσθαι, ὅτι τὴν τότ' ἄφιξιν εἰς τοὺς πολε-
[59] μίους ποιησάμενος ὑπὲρ τοῦ τἀκεῖ χρήματ' ὀφειλόμεν', ὡς
ἔφη, κομίσας δεῦρο λῃτουργεῖν, καὶ τούτῳ τῷ λόγῳ πλείστῳ
χρησάμενος, ὡς δεινὸν εἴ τις ἐγκαλεῖ τοῖς ἐκεῖθεν ἐνθάδε
τὰς εὐπορίας ἄγουσιν, ἐπειδὴ διὰ τὴν εἰρήνην ἀδείας ἔτυχεν,

4 πραγμάτων ante ταραττομένων S A Y: post ταραττομένων vulg. 5 ἄδοξον] καὶ ἄδοξον S[1] 11 τότε add. S: om. cett. 15 ὑμῶν S: ὑμῖν vulg. 17 ἰδίας . . . ἕνεκεν S: ἕνεκα . . . ἰδίας cett. 21 ἐθεᾶσθε A S corr., Herodian. p. 438: ἐθεάσασθε S[1] vulg. 23 ἠκούσατε S A Y: ἠκούετε vulg. 24 νῦν ἅπαντας ᾐσθῆσθαι S vulg: γιγνώσκειν A Y 25 ποιησάμενος Tournier: ἐποιήσατο vulg.: om. S[1]

ἣν ἐνθάδ᾽ ἐκέκτητ᾽ οὐσίαν φανεράν, ταύτην ἐξαργυρίσας πρὸς
ἐκεῖνον ἀπάγων οἴχεται. δύο μὲν δὴ ταῦθ᾽ ὧν προεῖπον 9
ἐγὼ μαρτυρεῖ τοῖς γεγενημένοις λόγοις ὀρθῶς καὶ δικαίως,
οἷά περ ἦν, ἀποφανθένθ᾽ ὑπ᾽ ἐμοῦ· τὸ τρίτον δ᾽, ὦ ἄνδρες
Ἀθηναῖοι, (καὶ μόνον ἓν τοῦτ᾽ εἰπὼν ἔτι καὶ δὴ περὶ ὧν
παρελήλυθ᾽ ἐρῶ,) ἡνίκα τοὺς ὅρκους τοὺς περὶ τῆς εἰρήνης
ἀπειληφότες ἥκομεν οἱ πρέσβεις, τότε Θεσπιάς τινων καὶ 10
Πλαταιὰς ὑπισχνουμένων οἰκισθήσεσθαι, καὶ τοὺς μὲν Φω-
κέας τὸν Φίλιππον, ἂν γένηται κύριος, σώσειν, τὴν δὲ
Θηβαίων πόλιν διοικιεῖν, καὶ τὸν Ὠρωπὸν ὑμῖν ὑπάρξειν,
καὶ τὴν Εὔβοιαν ἀντ᾽ Ἀμφιπόλεως ἀποδοθήσεσθαι, καὶ
τοιαύτας ἐλπίδας καὶ φενακισμούς, οἷς ὑπαχθέντες ὑμεῖς
οὔτε συμφόρως οὔτ᾽ ἴσως καλῶς προεῖσθε Φωκέας, οὐδὲν
τούτων οὔτ᾽ ἐξαπατήσας οὔτε σιγήσας ἐγὼ φανήσομαι, ἀλλὰ
προειπὼν ὑμῖν, ὡς οἶδ᾽ ὅτι μνημονεύετε, ὅτι ταῦτ᾽ οὔτ᾽ οἶδα
οὔτε προσδοκῶ, νομίζω δὲ τὸν λέγοντα ληρεῖν.

Ταῦτα τοίνυν ἅπανθ᾽, ὅσα φαίνομαι βέλτιον τῶν ἄλλων 11
προορῶν, οὐδ᾽ εἰς μίαν, ὦ ἄνδρες Ἀθηναῖοι, οὔτε δεινότητ᾽
οὔτ᾽ ἀλαζονείαν ἐπανοίσω, οὐδὲ προσποιήσομαι δι᾽ οὐδὲν
ἄλλο γιγνώσκειν καὶ προαισθάνεσθαι πλὴν δι᾽ ἃν ὑμῖν εἴπω,
δύο· ἓν μέν, ὦ ἄνδρες Ἀθηναῖοι, δι᾽ εὐτυχίαν, ἣν συμπάσης
ἐγὼ τῆς ἐν ἀνθρώποις οὔσης δεινότητος καὶ σοφίας ὁρῶ [60]
κρατοῦσαν· ἕτερον δέ, προῖκα τὰ πράγματα κρίνω καὶ λογί- 12
ζομαι, καὶ οὐδὲν λῆμμ᾽ ἂν οὐδεὶς ἔχοι πρὸς οἷς ἐγὼ πεπολί-
τευμαι καὶ λέγω δεῖξαι προσηρτημένον. ὀρθὸν οὖν, ὅ τι
ἂν ποτ᾽ ἀπ᾽ αὐτῶν ὑπάρχῃ τῶν πραγμάτων, τὸ συμφέρον
φαίνεταί μοι. ὅταν δ᾽ ἐπὶ θάτερ᾽ ὥσπερ εἰς τρυτάνην ἀρ-
γύριον προσενέγκῃς, οἴχεται φέρον καὶ καθείλκυκε τὸν

2 ἀπάγων] ἀπιὼν Cobet  οἴχεται S F[1] B[1] : ᾤχετο vulg.  4 τὸ ante τρίτον om. vulg. : add. S solus  10 διοικιεῖν A Y[1] Harpocr. (duo codd. διοικεῖν) : διοικεῖν S vulg.  12 ὑπαχθέντες vulg. : ἐπαχθέντες S solus, cf. viii 62  13 συμφόρως S : συμφερόντως cett.  οὔτε post ἴσως add. vulg. S corr. m. ant. : om. S[1], cf. vi 4  19 οὐδὲ] οὔτε S solus  23 ὅτι post δὲ add. vulg. : om. S solus  28 καθείλκυκε S F B : καθείλκυσε vulg.

λογισμὸν ἐφ' αὐτό, καὶ οὐκ ἂν ἔτ' ὀρθῶς οὐδ' ὑγιῶς ὁ τοῦτο ποιήσας περὶ οὐδενὸς λογίσαιτο.

13 Ἓν μὲν οὖν ἔγωγε πρῶτον ὑπάρχειν φημὶ δεῖν, ὅπως, εἴτε συμμάχους εἴτε σύνταξιν εἴτ' ἄλλο τι βούλεταί τις κατασκευάζειν τῇ πόλει, τὴν ὑπάρχουσαν εἰρήνην μὴ λύων τοῦτο ποιήσει, οὐχ ὡς θαυμαστὴν οὐδ' ὡς ἀξίαν οὖσαν ὑμῶν· ἀλλ' ὁποία τίς ποτ' ἐστὶν αὕτη, μὴ γενέσθαι μᾶλλον εἶχε τοῖς πράγμασι καιρὸν ἢ γεγενημένη νῦν δι' ἡμᾶς λυθῆναι· πολλὰ γὰρ προείμεθα, ὧν ὑπαρχόντων τότ' ἂν ἢ νῦν
14 ἀσφαλέστερος καὶ ῥᾴων ἦν ἡμῖν ὁ πόλεμος. δεύτερον δ', ὁρᾶν ὅπως μὴ προαξόμεθ', ὦ ἄνδρες Ἀθηναῖοι, τοὺς συνεληλυθότας τούτους καὶ φάσκοντας Ἀμφικτύονας νῦν εἶναι εἰς ἀνάγκην καὶ πρόφασιν κοινοῦ πολέμου πρὸς ἡμᾶς. ἐγὼ γάρ, εἰ γένοιθ' ἡμῖν πρὸς Φίλιππον πάλιν πόλεμος δι' Ἀμφίπολιν ἤ τι τοιοῦτον ἔγκλημ' ἴδιον, οὗ μὴ μετέχουσι Θετταλοὶ μηδ' Ἀργεῖοι μηδὲ Θηβαῖοι, οὐκ ἂν ἡμῖν οἴομαι
15 τούτων οὐδένας πολεμῆσαι, καὶ πάντων ἥκιστα (καί μοι μὴ θορυβήσῃ μηδεὶς πρὶν ἀκοῦσαι) Θηβαίους, οὐχ ὡς ἡδέως
[61] ἔχουσιν ἡμῖν, οὐδ' ὡς οὐκ ἂν χαρίζοιντο Φιλίππῳ, ἀλλ' ἴσασιν ἀκριβῶς, εἰ καὶ πάνυ φησί τις αὐτοὺς ἀναισθήτους εἶναι, ὅτι, εἰ γενήσεται πόλεμος πρὸς ὑμᾶς αὐτοῖς, τὰ μὲν κακὰ πάνθ' ἕξουσιν αὐτοί, τοῖς δ' ἀγαθοῖς ἐφεδρεύων ἕτερος καθεδεῖται. οὔκουν προοῖντ' ἂν αὐτοὺς εἰς τοῦτο, μὴ κοινῆς
16 τῆς ἀρχῆς καὶ τῆς αἰτίας οὔσης τοῦ πολέμου. οὐδέ γ' εἰ πάλιν πρὸς τοὺς Θηβαίους πολεμήσαιμεν δι' Ὠρωπὸν ἤ τι τῶν ἰδίων, οὐδὲν ἂν ἡμᾶς παθεῖν ἡγοῦμαι· καὶ γὰρ ἡμῖν κἀκείνοις τοὺς βοηθοῦντας ἂν οἶμαι, εἰς τὴν οἰκείαν εἴ τις

4 συμμάχους εἴτε σύνταξιν S A : σύνταξιν εἴτε συμμάχους vulg. ἄλλο τι] om. τι S A Y : agnoscit Libanius 6 ποιήσει S A Y : ποιήσῃ vulg. 7 τίς post ὁποία om. vulg. : add. S solus 8 γεγενημένη S vulg. : γεγενημένην Palatinus 113 Vind. 1 Cobet 11 προαξόμεθα Y O : προαξώμεθα S¹ A¹ vulg. 17 οὐδένας Herwerden : οὐδένα codd. 18 ἀκοῦσαι S A Y : ἂν ἀκούσῃ F B : ἂν ἀκούσαι O 20 φησίν S solus : φήσει A Y : φήσειε vulg. 21 αὐτοῖς S marg. vulg. : αὐτοὺς S F B 27 βοηθοῦντας S : βοηθήσοντας vulg.

ἐμβάλοι, βοηθεῖν, οὐ συνεπιστρατεύσειν οὐδετέροις. καὶ
γὰρ αἱ συμμαχίαι τοῦτον ἔχουσι τὸν τρόπον, ὧν καὶ φρον-
τίσειεν ἄν τις, καὶ τὸ πρᾶγμα φύσει τοιοῦτόν ἐστιν· οὐκ 17
ἄχρι τῆς ἴσης ἕκαστός ἐστιν εὔνους οὔθ' ἡμῖν οὔτε Θηβαίοις,
σῶς τ' εἶναι καὶ κρατεῖν τῶν ἄλλων, ἀλλὰ σῶς μὲν εἶναι
πάντες ἂν βούλοινθ' ἕνεχ' αὑτῶν, κρατήσαντας δὲ τοὺς ἑτέ-
ρους δεσπότας ὑπάρχειν αὑτῶν οὐδὲ εἷς. τί οὖν ἡγοῦμαι
φοβερὸν καὶ τί φυλάξασθαι δεῖν ἡμᾶς; μὴ κοινὴν πρόφασιν
καὶ κοινὸν ἔγκλημ' ὁ μέλλων πόλεμος πρὸς ἅπαντας λάβῃ.
εἰ γὰρ Ἀργεῖοι μὲν καὶ Μεσσήνιοι καὶ Μεγαλοπολῖται καί 18
τινες τῶν λοιπῶν Πελοποννησίων, ὅσοι ταὐτὰ τούτοις φρο-
νοῦσι, διὰ τὴν πρὸς Λακεδαιμονίους ἡμῖν ἐπικηρυκείαν
ἐχθρῶς σχήσουσι καὶ τὸ δοκεῖν ἐκδέχεσθαί τι τῶν ἐκείνοις
πεπραγμένων, Θηβαῖοι δ' ἔχουσι μέν, ὡς λέγουσιν, ἀπεχθῶς,
ἔτι δ' ἐχθροτέρως σχήσουσιν, ὅτι τοὺς παρ' ἐκείνων φεύ-
γοντας σῴζομεν καὶ πάντα τρόπον τὴν δυσμένειαν ἐνδεικνύμεθ'
αὐτοῖς, Θετταλοὶ δ', ὅτι τοὺς Φωκέων φυγάδας σῴζομεν, 19
Φίλιππος δ', ὅτι κωλύομεν αὐτὸν κοινωνεῖν τῆς ἀμφικτυο-
νίας, φοβοῦμαι μὴ πάντες περὶ τῶν ἰδίων ἕκαστος ὀργιζό- [62]
μενος κοινὸν ἐφ' ἡμᾶς ἀγάγωσι τὸν πόλεμον, τὰ τῶν Ἀμ-
φικτυόνων δόγματα προστησάμενοι, εἶτ' ἐπισπασθῶσιν
ἕκαστοι πέρα τοῦ συμφέροντος ἑαυτοῖς [ἡμῖν πολεμῆσαι],
ὥσπερ καὶ περὶ Φωκέας. ἴστε γὰρ δήπου τοῦθ' ὅτι νῦν 20
Θηβαῖοι καὶ Φίλιππος καὶ Θετταλοί, οὐχὶ ταὔθ' ἕκαστοι
μάλιστ' ἐσπουδακότες, ταὐτὰ πάντες ἔπραξαν· οἷον Θηβαῖοι
τὸν μὲν Φίλιππον παρελθεῖν καὶ λαβεῖν τὰς παρόδους οὐκ
ἐδύναντο κωλῦσαι, οὐδέ γε τῶν αὑτοῖς πεπονημένων ὕστατον
ἐλθόντα τὴν δόξαν ἔχειν· νυνὶ γὰρ Θηβαίοις πρὸς μὲν τὸ 21
τὴν χώραν κεκομίσθαι πέπρακταί τι, πρὸς δὲ τιμὴν καὶ

5 σῶς τ' Reiske : ὥστε (ωστ S) codd. 7 αὑτῶν secl. Rosenberg 8 φημι post φυλάξασθαι add. vulg. : om. S solus ὅπως ante μὴ add. vulg. : om. S solus 19 ἕκαστος ὀργιζόμενος S : ἕκαστος ὀργιζόμενοι AY : ἕκαστοι ὀργιζόμενοι Cobet : ἕκαστοι [ὀργιζόμενοι] Weil 22 ἡμῖν πολεμῆσαι secl. Blass coll. schol. p. 164 29 πέπρακταί τι S : κάλλιστα πέπρακται cett.

δόξαν αἴσχιστα· εἰ γὰρ μὴ παρῆλθε Φίλιππος, οὐδὲν ἂν
αὐτοῖς κέρδος εἶναι. ταῦτα δ' οὐκ ἐβούλοντο, ἀλλὰ τῷ
τὸν Ὀρχομενὸν καὶ τὴν Κορώνειαν λαβεῖν ἐπιθυμεῖν, μὴ
22 δύνασθαι δέ, πάντα ταῦθ' ὑπέμειναν. Φίλιππον τοίνυν
τινὲς μὲν δήπου τολμῶσι λέγειν ὡς οὐδ' ἐβούλετο Θηβαίοις
Ὀρχομενὸν καὶ Κορώνειαν παραδοῦναι, ἀλλ' ἠναγκάσθη·
ἐγὼ δὲ τούτοις μὲν ἐρρῶσθαι λέγω, ἐκεῖνο δ' οἶδ', ὅτι οὐ
μᾶλλόν γε ταῦτ' ἔμελ' αὐτῷ ἢ τὰς παρόδους λαβεῖν ἐβού-
λετο καὶ τὴν δόξαν τοῦ πολέμου τοῦ δοκεῖν δι' αὐτὸν κρίσιν
εἰληφέναι, καὶ τὰ Πύθια θεῖναι δι' αὐτοῦ, καὶ ταῦτ' ἦν ὧν
23 μάλιστ' ἐγλίχετο. Θετταλοὶ δέ γ' οὐδέτερ' ἐβούλοντο τού-
των, οὔτε Θηβαίους οὔτε τὸν Φίλιππον μέγαν γίγνεσθαι
(ταῦτα γὰρ πάντ' ἐφ' ἑαυτοὺς ἡγοῦντο), τῆς πυλαίας δ' ἐπε-
[63] θύμουν καὶ τῶν ἐν Δελφοῖς, πλεονεκτημάτων δυοῖν, κύριοι
γενέσθαι· τῷ δὲ τούτων γλίχεσθαι τάδε συγκατέπραξαν.
τῶν τοίνυν ἰδίων ἕνεχ' εὑρήσεθ' ἕκαστον πολλὰ προηγμένον
ὧν οὐδὲν ἐβούλετο πρᾶξαι. τοῦτο μέντοι, τοῦτ' ἔστιν
φυλακτέον ἡμῖν.

24 Τὰ κελευόμεν' ἡμᾶς ἄρα δεῖ ποιεῖν ταῦτα φοβουμένους;
καὶ σὺ ταῦτα κελεύεις; πολλοῦ γε καὶ δέω. ἀλλ' ὡς οὔτε
πράξομεν οὐδὲν ἀνάξιον ἡμῶν αὐτῶν οὔτ' ἔσται πόλεμος,
νοῦν δὲ δόξομεν πᾶσιν ἔχειν καὶ τὰ δίκαια λέγειν, τοῦτ'
οἶμαι δεῖν ποιεῖν. πρὸς δὲ τοὺς θρασέως ὁτιοῦν οἰο-
μένους ὑπομεῖναι δεῖν καὶ μὴ προορωμένους τὸν πόλεμον,
ἐκεῖνα βούλομαι λογίσασθαι. ἡμεῖς Θηβαίους ἐῶμεν ἔχειν
Ὠρωπόν· καὶ εἴ τις ἔροιθ' ἡμᾶς, κελεύσας εἰπεῖν τἀληθῆ,

2 vide Corrigenda 5 οὐδ' S F B : οὐκ vulg. 8 ἔμελεν S A Y : ἔμελλεν vulg. 9 τοῦ δοκεῖν codd., cf. xiv 1 : τὸ δοκεῖν Blass coll. xxii 74 13 εἶναι post ἡγοῦντο add. vulg. : om. S Pap. 16 ἕνεχ' εὑρήσετε ἕκαστον S A Y : ἕνεκα ἕκαστον εὑρήσετε vulg. εἰς τὰ ante πολλὰ add. vulg. : om. S A Y 17 μέντοι τοῦτ' Rehdantz, cf. Prooem. 29, Aristid. i 589 : μέντοι (μέν τοι pr. m.) ὅτι τοῦτ' S solus : μέντοι ὅτι τοιοῦτον B : μὲν τοίνυν ὅτι τοιοῦτον vulg. 22 δὲ S : τε cett. 23 δεῖν ποιεῖν S : δείξειν vulg. : δεῖξαι A οὐδ' ante ὁτιοῦν add. Cobet fort. recte 24 ὑπομεῖναι S A : ὑπομένειν vulg.

διὰ τί; ἵνα μὴ πολεμῶμεν, φαῖμεν ἄν. καὶ Φιλίππῳ νυνὶ 25 κατὰ τὰς συνθήκας Ἀμφιπόλεως παρακεχωρήκαμεν, καὶ Καρδιανοὺς ἐῶμεν ἔξω Χερρονησιτῶν τῶν ἄλλων τετάχθαι, καὶ τὸν Κᾶρα τὰς νήσους καταλαμβάνειν, Χίον καὶ Κῶν καὶ Ῥόδον, καὶ Βυζαντίους κατάγειν τὰ πλοῖα, δῆλον ὅτι τὴν ἀπὸ τῆς εἰρήνης ἡσυχίαν πλειόνων ἀγαθῶν αἰτίαν εἶναι νομίζοντες ἢ τὸ προσκρούειν καὶ φιλονικεῖν περὶ τούτων. οὐκοῦν εὔηθες καὶ κομιδῇ σχέτλιον, πρὸς ἑκάστους καθ' ἕν' οὕτω προσενηνεγμένους περὶ τῶν οἰκείων καὶ ἀναγκαιοτάτων, πρὸς πάντας περὶ τῆς ἐν Δελφοῖς σκιᾶς νυνὶ πολεμῆσαι.

2 *τὰς* ante *συνθήκας* om. S A[1] Bekk. Anecd. : add. vulg.

In S subscriptum

ΠΕΡΙ ΤΗΣ ΕΙΡΗΝΗΣ
Η Η Η Π Ι

# VI

# ΚΑΤΑ ΦΙΛΙΠΠΟΥ Β

### ΥΠΟΘΕΣΙΣ.

[64] Παραινεῖ διὰ τούτου τοῦ λόγου τοῖς Ἀθηναίοις ὁ ῥήτωρ πολέ-
μιον ὑποπτεύειν τὸν Φίλιππον καὶ τῇ εἰρήνῃ μὴ πάνυ πιστεύειν,
ἀλλ' ἐγείρεσθαι καὶ προσέχειν τὸν νοῦν τοῖς πράγμασι καὶ
εὐτρεπίζεσθαι πρὸς πόλεμον· ἐπιβουλεύειν γὰρ αἰτιᾶται καὶ τοῖς
Ἀθηναίοις καὶ πᾶσι τοῖς Ἕλλησι τὸν Φίλιππον, καὶ τοῦτ' αὐτοῦ
καταμαρτυρεῖν τὰς πράξεις φησίν. ἐπαγγέλλεται δὲ καὶ ἀποκρί-
σεις δώσειν πρός τινας πρέσβεις ἥκοντας, ἀπορούντων τῶν Ἀθη-
2 ναίων ὅ τί ποτ' ἀποκρίνασθαι δεῖ. πόθεν δ' οὗτοι καὶ περὶ τίνων
ἥκουσιν, ἐν τῷ λόγῳ μὲν οὐ δηλοῦται, ἐκ δὲ τῶν Φιλιππικῶν
ἱστοριῶν μαθεῖν δυνατόν. κατὰ γὰρ τοῦτον τὸν καιρὸν ἔπεμψε
πρέσβεις ὁ Φίλιππος πρὸς τοὺς Ἀθηναίους, αἰτιώμενος ὅτι διαβάλ-
λουσιν αὐτὸν μάτην πρὸς τοὺς Ἕλληνας, ὡς ἐπαγγειλάμενον
αὐτοῖς πολλὰ καὶ μεγάλα, ψευσάμενον δέ· οὐδὲν γὰρ ὑπεσχῆσθαί
φησιν οὐδ' ἐψεῦσθαι, καὶ περὶ τούτων ἐλέγχους ἀπαιτεῖ. ἔπεμψαν
δὲ μετὰ Φιλίππου καὶ Ἀργεῖοι καὶ Μεσσήνιοι πρέσβεις εἰς
Ἀθήνας, αἰτιώμενοι καὶ οὗτοι τὸν δῆμον ὅτι Λακεδαιμονίοις
καταδουλουμένοις τὴν Πελοπόννησον εὔνους τ' ἐστὶ καὶ συγκροτεῖ,
3 αὐτοῖς δὲ περὶ ἐλευθερίας πολεμοῦσιν ἐναντιοῦται. ἀποροῦσιν
οὖν οἱ Ἀθηναῖοι καὶ πρὸς τὸν Φίλιππον ἀποκρίσεως καὶ πρὸς τὰς
πόλεις· πρὸς μὲν τὰς πόλεις, ὅτι εὖνοι μέν εἰσι Λακεδαιμονίοις
καὶ τὴν τῶν Ἀργείων καὶ Μεσσηνίων μετὰ Φιλίππου σύστασιν
[65] καὶ μισοῦσι καὶ ὑποπτεύουσιν, οὐ μὴν ἀποφήνασθαι δύνανται
δίκαια πράττειν τοὺς Λακεδαιμονίους· πρὸς δὲ τὸν Φίλιππον, ὅτι
διημαρτήκασι μὲν ὧν ἤλπισαν, οὐ μὴν ὑπ' ἐκείνου γ' αὐτοῦ
δοκοῦσιν ἐξηπατῆσθαι· οὔτε γὰρ ταῖς ἐπιστολαῖς ἐνέγραψεν ὁ
Φίλιππος ἐπαγγελίαν οὐδεμίαν, οὔτε διὰ τῶν ἰδίων πρέσβεων
ἐποιήσατό τιν' ὑπόσχεσιν, ἀλλ' Ἀθηναίων τινὲς ἦσαν οἱ τὸν
δῆμον εἰς ἐλπίδα καταστήσαντες ὡς Φίλιππος Φωκέας σώσει καὶ
4 τὴν Θηβαίων ὕβριν καταλύσει. διὰ τοῦθ' ὁ Δημοσθένης τῶν

ἀποκρίσεων μνησθεὶς ἐπαγγέλλεται μὲν αὐτὰς δώσειν, φησὶ δ' ὅτι δίκαιον ἦν τοὺς τὴν δυσχέρειαν πεποιηκότας, ἐκείνους καὶ τὰς ἀποκρίσεις ἀπαιτεῖσθαι, τοὺς ἀπατήσαντας, φησί, τὸν δῆμον καὶ ἀνοίξαντας Φιλίππῳ Πύλας. ταῦτα δ' εἰς τὸν Αἰσχίνην αἰνίττεται, προκατασκευαζόμενος, ὥς φασι, τὴν κατ' αὐτοῦ κατηγορίαν τῆς παραπρεσβείας, ἣν ὕστερον ἐνεστήσατο, καὶ προδιαβάλλων αὐτὸν πρὸς τοὺς Ἀθηναίους.

Ὅταν, ὦ ἄνδρες Ἀθηναῖοι, λόγοι γίγνωνται περὶ ὧν
Φίλιππος πράττει καὶ βιάζεται παρὰ τὴν εἰρήνην, ἀεὶ τοὺς
ὑπὲρ ἡμῶν λόγους καὶ δικαίους καὶ φιλανθρώπους ὁρῶ φαι-
νομένους, καὶ λέγειν μὲν ἅπαντας ἀεὶ τὰ δέοντα δοκοῦντας
τοὺς κατηγοροῦντας Φιλίππου, γιγνόμενον δ' οὐδὲν ὡς ἔπος
εἰπεῖν τῶν δεόντων, οὐδ' ὧν εἵνεκα ταῦτ' ἀκούειν ἄξιον· [66]
ἀλλ' εἰς τοῦτ' ἤδη προηγμένα τυγχάνει πάντα τὰ πράγματα 2
τῇ πόλει, ὥσθ' ὅσῳ τις ἂν μᾶλλον καὶ φανερώτερον ἐξε-
λέγχῃ Φίλιππον καὶ τὴν πρὸς ὑμᾶς εἰρήνην παραβαίνοντα
καὶ πᾶσι τοῖς Ἕλλησιν ἐπιβουλεύοντα, τοσούτῳ τὸ τί χρὴ
ποιεῖν συμβουλεῦσαι χαλεπώτερον. αἴτιον δὲ τούτων, ὅτι 3
πάντες, ὦ ἄνδρες Ἀθηναῖοι, τοὺς πλεονεκτεῖν ζητοῦντας
ἔργῳ κωλύειν καὶ πράξεσιν, οὐχὶ λόγοις δέον, πρῶτον μὲν
ἡμεῖς οἱ παριόντες τούτων μὲν ἀφέσταμεν καὶ γράφειν καὶ
συμβουλεύειν, τὴν πρὸς ὑμᾶς ἀπέχθειαν ὀκνοῦντες, οἷα ποιεῖ
δ', ὡς δεινά, καὶ τοιαῦτα διεξερχόμεθα· ἔπειθ' ὑμεῖς οἱ
καθήμενοι, ὡς μὲν ἂν εἴποιτε δικαίους λόγους καὶ λέγοντος
ἄλλου συνείητε, ἄμεινον Φιλίππου παρεσκεύασθε, ὡς δὲ
κωλύσαιτ' ἂν ἐκεῖνον πράττειν ταῦτ' ἐφ' ὧν ἐστι νῦν, παν-
τελῶς ἀργῶς ἔχετε. συμβαίνει δὴ πρᾶγμ' ἀναγκαῖον, οἶμαι, 4
καὶ ἴσως εἰκός· ἐν οἷς ἑκάτεροι διατρίβετε καὶ περὶ ἃ σπου-
δάζετε, ταῦτ' ἄμεινον ἑκατέροις ἔχει, ἐκείνῳ μὲν αἱ πράξεις,
ὑμῖν δ' οἱ λόγοι. εἰ μὲν οὖν καὶ νῦν λέγειν δικαιότερ' ὑμῖν

18 post χαλεπώτερον add. εἶναι vulg.: om. S[1] L[1]: add. ὂν Madvig 19 πάντες S[1] L A : πάντας vulg. 23 καὶ τοιαῦτα S[1] L[1] soli : καὶ χαλεπὰ ταῦτα S corr. B F : καὶ χαλεπὰ καὶ τοιαῦτα L corr. A Y O

ἐξαρκεῖ, ῥᾴδιον, καὶ πόνος οὐδεὶς πρόσεστι τῷ πράγματι·
5 εἰ δ' ὅπως τὰ παρόντ' ἐπανορθωθήσεται δεῖ σκοπεῖν καὶ
μὴ προελθόντ' ἔτι πορρωτέρω λήσει πάνθ' ἡμᾶς, μηδ'
ἐπιστήσεται μέγεθος δυνάμεως πρὸς ἣν οὐδ' ἀνταραι δυνη-
σόμεθα, οὐχ ὁ αὐτὸς τρόπος ὅσπερ πρότερον τοῦ βου-
λεύεσθαι, ἀλλὰ καὶ τοῖς λέγουσιν ἅπασι καὶ τοῖς ἀκούουσιν
ὑμῖν τὰ βέλτιστα καὶ τὰ σώσοντα τῶν ῥᾴστων καὶ τῶν
ἡδίστων προαιρετέον.
6 Πρῶτον μέν, εἴ τις, ὦ ἄνδρες Ἀθηναῖοι, θαρρεῖ, ὁρῶν
[67] ἡλίκος ἤδη καὶ ὅσων κύριός ἐστι Φίλιππος, καὶ μηδέν' οἴεται
κίνδυνον φέρειν τοῦτο τῇ πόλει μηδ' ἐφ' ὑμᾶς πάντα παρα-
σκευάζεσθαι, θαυμάζω, καὶ δεηθῆναι πάντων ὁμοίως ὑμῶν
βούλομαι τοὺς λογισμοὺς ἀκοῦσαί μου διὰ βραχέων, δι'
οὓς τἀναντί' ἐμοὶ παρέστηκε προσδοκᾶν καὶ δι' ὧν ἐχθρὸν
ἡγοῦμαι Φίλιππον· ἵν', ἐὰν μὲν ἐγὼ δοκῶ βέλτιον προ-
ορᾶν, ἐμοὶ πεισθῆτε, ἂν δ' οἱ θαρροῦντες καὶ πεπιστευκότες
7 αὐτῷ, τούτοις προσθῆσθε. ἐγὼ τοίνυν, ὦ ἄνδρες Ἀθηναῖοι,
λογίζομαι· τίνων ὁ Φίλιππος κύριος πρῶτον μετὰ τὴν εἰρή-
νην κατέστη; Πυλῶν καὶ τῶν ἐν Φωκεῦσι πραγμάτων. τί
οὖν; πῶς τούτοις ἐχρήσατο; ἃ Θηβαίοις συμφέρει καὶ οὐχ
ἃ τῇ πόλει, πράττειν προείλετο. τί δήποτε; ὅτι πρὸς
πλεονεξίαν, οἶμαι, καὶ τὸ πάνθ' ὑφ' αὑτῷ ποιήσασθαι τοὺς
λογισμοὺς ἐξετάζων, καὶ οὐχὶ πρὸς εἰρήνην οὐδ' ἡσυχίαν
8 οὐδὲ δίκαιον οὐδέν, εἶδε τοῦτ' ὀρθῶς, ὅτι τῇ μὲν ἡμετέρᾳ
πόλει καὶ τοῖς ἤθεσι τοῖς ἡμετέροις οὐδὲν ἂν ἐνδείξαιτο
τοσοῦτον οὐδὲ ποιήσειεν, ὑφ' οὗ πεισθέντες ὑμεῖς τῆς ἰδίας
ἕνεκ' ὠφελείας τῶν ἄλλων τινὰς Ἑλλήνων ἐκείνῳ προοῖσθε,

3 πάνθ' S[1] (?) L[1] : πάντας vulg. : πάντως al. 5 βουλεύεσθαι S A Y : βουλεύσασθαι vulg. 7 ἀντὶ ante prius τῶν add. vulg. : om. S L[1] 11 πάντα S L corr. soli : πάντας L[1] : πάντα ταῦτα vulg. 15 τῶν ἄλλων post βέλτιον add. vulg. : om. S L[1] soli 17 προσθῆσθε Dindorf : πρόσθησθε vulg. : προσθήσεσθε S L soli 24 εἶδε S B : οἶδε L vulg. 25 τοῖς ἤθεσι τοῖς ἡμετέροις A Y : τοῖς ἤθεσι τοῖς ὑμετέροις S : τοῖς ἡμετέροις ἤθεσιν vulg. 26 τοσοῦτον S L : τοιοῦτον cett.

ἀλλὰ καὶ τοῦ δικαίου λόγον ποιούμενοι, καὶ τὴν προσοῦσαν
ἀδοξίαν τῷ πράγματι φεύγοντες, καὶ πάνθ' ἃ προσήκει
προορώμενοι, ὁμοίως ἐναντιώσεσθε, ἄν τι τοιοῦτ' ἐπιχειρῇ
πράττειν, ὥσπερ ἂν εἰ πολεμοῦντες τύχοιτε. τοὺς δὲ Θη- 9
βαίους ἡγεῖτο, ὅπερ συνέβη, ἀντὶ τῶν ἑαυτοῖς γιγνομένων
τὰ λοιπὰ ἐάσειν ὅπως βούλεται πράττειν ἑαυτόν, καὶ οὐχ
ὅπως ἀντιπράξειν καὶ διακωλύσειν, ἀλλὰ καὶ συστρατεύσειν,
ἂν αὐτοὺς κελεύῃ. καὶ νῦν τοὺς Μεσσηνίους καὶ τοὺς [68]
᾿Αργείους ταὔθ' ὑπειληφὼς εὖ ποιεῖ. ὃ καὶ μέγιστόν ἐστι
καθ' ὑμῶν ἐγκώμιον, ὦ ἄνδρες ᾿Αθηναῖοι· κέκρισθε γὰρ ἐκ 10
τούτων τῶν ἔργων μόνοι τῶν πάντων μηδενὸς ἂν κέρδους
τὰ κοινὰ δίκαια τῶν Ἑλλήνων προέσθαι, μηδ' ἀνταλλάξα-
σθαι μηδεμιᾶς χάριτος μηδ' ὠφελείας τὴν εἰς τοὺς Ἕλληνας
εὔνοιαν. καὶ ταῦτ' εἰκότως καὶ περὶ ὑμῶν οὕτως ὑπείληφε
καὶ κατ' ᾿Αργείων καὶ Θηβαίων ὡς ἑτέρως, οὐ μόνον εἰς
τὰ παρόνθ' ὁρῶν, ἀλλὰ καὶ τὰ πρὸ τούτων λογιζόμενος.
εὑρίσκει γάρ, οἶμαι, καὶ ἀκούει τοὺς μὲν ὑμετέρους προγό- 11
νους, ἐξὸν αὐτοῖς τῶν λοιπῶν ἄρχειν Ἑλλήνων ὥστ' αὐτοὺς
ὑπακούειν βασιλεῖ, οὐ μόνον οὐκ ἀνασχομένους τὸν λόγον
τοῦτον, ἡνίκ' ἦλθεν ᾿Αλέξανδρος ὁ τούτων πρόγονος περὶ
τούτων κῆρυξ, ἀλλὰ καὶ τὴν χώραν ἐκλιπεῖν προελομένους
καὶ παθεῖν ὁτιοῦν ὑπομείναντας, καὶ μετὰ ταῦτα πράξαντας
ταῦθ' ἃ πάντες ἀεὶ γλίχονται λέγειν, ἀξίως δ' οὐδεὶς εἰπεῖν
δεδύνηται, διόπερ κἀγὼ παραλείψω, δικαίως (ἔστι γὰρ μείζω
τἀκείνων ἔργα ἢ ὡς τῷ λόγῳ τις ἂν εἴποι), τοὺς δὲ Θηβαίων
καὶ ᾿Αργείων προγόνους τοὺς μὲν συστρατεύσαντας τῷ βαρ-
βάρῳ, τοὺς δ' οὐκ ἐναντιωθέντας. οἶδεν οὖν ἀμφοτέρους ἰδίᾳ 12
τὸ λυσιτελοῦν ἀγαπήσοντας, οὐχ ὅ τι συνοίσει κοινῇ τοῖς
Ἕλλησι σκεψομένους. ἡγεῖτ' οὖν, εἰ μὲν ὑμᾶς ἕλοιτο, φί-
λους ἐπὶ τοῖς δικαίοις αἱρήσεσθαι, εἰ δ' ἐκείνοις προσθεῖτο,
συνεργοὺς ἕξειν τῆς αὐτοῦ πλεονεξίας. διὰ ταῦτ' ἐκείνους

9 ταὔθ'] ταῦθ' S L : ταῦτα vulg. ποιεῖ vulg. : ἐποίει S L soli
18 αὐτοῖς] αὐτοὺς S L[1] soli 20 τούτων S A B Y O : τούτου vulg.
21 χώραν S L B : πόλιν vulg.

ἀνθ' ὑμῶν καὶ τότε καὶ νῦν αἱρεῖται. οὐ γὰρ δὴ τριήρεις
[69] γ' ὁρᾷ πλείους αὐτοῖς ἢ ὑμῖν οὔσας· οὐδ' ἐν τῇ μεσογείᾳ
τιν' ἀρχὴν εὕρηκε, τῆς δ' ἐπὶ τῇ θαλάττῃ καὶ τῶν ἐμπορίων
ἀφέστηκεν· οὐδ' ἀμνημονεῖ τοὺς λόγους οὐδὲ τὰς ὑποσχέσεις,
ἐφ' αἷς τῆς εἰρήνης ἔτυχεν.

13 Ἀλλὰ νὴ Δί', εἴποι τις ἂν ὡς πάντα ταῦτ' εἰδώς, οὐ πλεονεξίας ἕνεκ' οὐδ' ὧν ἐγὼ κατηγορῶ τότε ταῦτ' ἔπραξεν, ἀλλὰ τῷ δικαιότερα τοὺς Θηβαίους ἢ ὑμᾶς ἀξιοῦν. ἀλλὰ τοῦτον καὶ μόνον πάντων τῶν λόγων οὐκ ἔνεστιν αὐτῷ νῦν εἰπεῖν· ὁ γὰρ Μεσσήνην Λακεδαιμονίους ἀφιέναι κελεύων, πῶς ἂν Ὀρχομενὸν καὶ Κορώνειαν τότε Θηβαίοις παραδοὺς τῷ δίκαια νομίζειν ταῦτ' εἶναι πεποιηκέναι σκήψαιτο;

14 Ἀλλ' ἐβιάσθη νὴ Δία (ταῦτα γάρ ἐσθ' ὑπόλοιπον) καὶ παρὰ γνώμην, τῶν Θετταλῶν ἱππέων καὶ τῶν Θηβαίων ὁπλιτῶν ἐν μέσῳ ληφθείς, συνεχώρησε ταῦτα. καλῶς. οὐκοῦν φασὶ μὲν μέλλειν πρὸς τοὺς Θηβαίους αὐτὸν ὑπόπτως ἔχειν, καὶ λογοποιοῦσιν περιιόντες τινὲς ὡς Ἐλάτειαν τειχιεῖ.
15 ὁ δὲ ταῦτα μὲν μέλλει καὶ μελλήσει γ', ὡς ἐγὼ κρίνω, τοῖς Μεσσηνίοις δὲ καὶ τοῖς Ἀργείοις ἐπὶ τοὺς Λακεδαιμονίους συλλαμβάνειν οὐ μέλλει, ἀλλὰ καὶ ξένους εἰσπέμπει καὶ χρήματ' ἀποστέλλει καὶ δύναμιν μεγάλην ἔχων αὐτός ἐστι προσδόκιμος. τοὺς μὲν ὄντας ἐχθροὺς Θηβαίων Λακεδαιμονίους ἀναιρεῖ, οὓς δ' ἀπώλεσεν αὐτὸς πρότερον Φωκέας
16 νῦν σῴζει; καὶ τίς ἂν ταῦτα πιστεύσειεν; ἐγὼ μὲν γὰρ οὐκ ἂν ἡγοῦμαι Φίλιππον, οὔτ' εἰ τὰ πρῶτα βιασθεὶς ἄκων ἔπραξεν, οὔτ' ἂν εἰ νῦν ἀπεγίγνωσκε Θηβαίους, τοῖς ἐκείνων ἐχθροῖς συνεχῶς ἐναντιοῦσθαι, ἀλλ' ἀφ' ὧν νῦν ποιεῖ,
[70] κἀκεῖν' ἐκ προαιρέσεως δῆλός ἐστι ποιήσας, ἐκ πάντων δ',

2 οὔσας S L¹ : ἐνούσας vulg., cf. ii 22 μὲν post ἐν add. vulg. L corr. (fort. pr.) : om. S¹ 8 δικαιότερα . . . ὑμᾶς ἀξιοῦν S L : δικαιοτέρους ἀξιοῦν . . . ὑμᾶς vulg. 18 γε post μελλήσει add. vulg. : om. S 20 συλλαμβάνειν Weil (cf. schol. Aristoph. Ach. 205) : συμβάλλειν S A Y : συνεισβάλλειν vulg. 22 οὖν post μὲν add. vulg. : om. S L¹ 25 οὐκ ἂν ἡγοῦμαι B marg. al. : οὐδ' ἂν ἡγοῦμαι S vulg. : ἡγοῦμαι οὐκ ἂν B F

ἄν τις ὀρθῶς θεωρῇ, πάνθ᾽ ἃ πραγματεύεται κατὰ τῆς πόλεως
συντάττων. καὶ τοῦτ᾽ ἐξ ἀνάγκης τρόπον τιν᾽ αὐτῷ νῦν γε 17
δὴ συμβαίνει. λογίζεσθε γάρ. ἄρχειν βούλεται, τούτου
δ᾽ ἀνταγωνιστὰς μόνους ὑπείληφεν ὑμᾶς. ἀδικεῖ πολὺν
ἤδη χρόνον, καὶ τοῦτ᾽ αὐτὸς ἄριστα σύνοιδεν αὑτῷ· οἷς γὰρ
οὖσιν ὑμετέροις ἔχει, τούτοις πάντα τἄλλ᾽ ἀσφαλῶς κέκτηται·
εἰ γὰρ Ἀμφίπολιν καὶ Ποτείδαιαν προεῖτο, οὐδ᾽ ἂν οἴκοι
μένειν βεβαίως ἡγεῖται. ἀμφότερ᾽ οὖν οἶδε, καὶ αὑτὸν ὑμῖν 18
ἐπιβουλεύοντα καὶ ὑμᾶς αἰσθανομένους· εὖ φρονεῖν δ᾽ ὑμᾶς
ὑπολαμβάνων, δικαίως αὑτὸν μισεῖν νομίζει, καὶ παρώξυνται,
πείσεσθαί τι προσδοκῶν, ἂν καιρὸν λάβητε, ἂν μὴ φθάσῃ
ποιήσας πρότερος. διὰ ταῦτ᾽ ἐγρήγορεν, ἐφέστηκεν, ἐπὶ τῇ 19
πόλει θεραπεύει τινάς, Θηβαίους καὶ Πελοποννησίων τοὺς
ταὐτὰ βουλομένους τούτοις, οὓς διὰ μὲν πλεονεξίαν τὰ
παρόντ᾽ ἀγαπήσειν οἴεται, διὰ δὲ σκαιότητα τρόπων τῶν
μετὰ ταῦτ᾽ οὐδὲν προόψεσθαι. καίτοι σωφρονοῦσί γε καὶ
μετρίως ἐναργῆ παραδείγματ᾽ ἔστιν ἰδεῖν, ἃ καὶ πρὸς Μεσ-
σηνίους καὶ πρὸς Ἀργείους ἔμοιγ᾽ εἰπεῖν συνέβη, βέλτιον
δ᾽ ἴσως καὶ πρὸς ὑμᾶς ἐστιν εἰρῆσθαι.

‘Πῶς γὰρ οἴεσθ᾽,’ ἔφην, ‘ὦ ἄνδρες Μεσσήνιοι, δυσχερῶς 20
ἀκούειν Ὀλυνθίους, εἴ τίς τι λέγοι κατὰ Φιλίππου κατ᾽ ἐκεί-
νους τοὺς χρόνους, ὅτ᾽ Ἀνθεμοῦντα μὲν αὐτοῖς ἀφίει, ἧς
πάντες οἱ πρότερον Μακεδονίας βασιλεῖς ἀντεποιοῦντο,
Ποτείδαιαν δ᾽ ἐδίδου τοὺς Ἀθηναίων ἀποίκους ἐκβάλλων,
καὶ τὴν μὲν ἔχθραν τὴν πρὸς ἡμᾶς αὐτὸς ἀνῄρητο, τὴν χώ- [71]
ραν δ᾽ ἐκείνοις ἐδεδώκει καρποῦσθαι; ἆρα προσδοκᾶν αὐτοὺς
τοιαῦτα πείσεσθαι, ἢ λέγοντος ἄν τινος πιστεῦσαι οἴεσθε;
ἀλλ᾽ ὅμως,’ ἔφην ἐγώ, ‘μικρὸν χρόνον τὴν ἀλλοτρίαν καρ- 21

1 πάνθ᾽ ἃ Foertsch coll. viii 43 : πάντα S : ὅτι πάντα vulg. 6 post ἔχει add. χρῆσθαι vulg. : add. χρήσασθαι F B : om. S solus, cf. x 12 8 ἡγεῖται Cobet : ἡγεῖτο S A Y O : ἡγοῖτο vulg. 10 δικαίως . . . νομίζει G. H. Schaefer : δικαίως ἂν . . . νομίζοι S vulg. (ἂν om. A : νομίζει habet F[1]), cf. x 13 11 φθάσῃ ποιήσας πρότερος S L Y : πρότερον φθάσῃ ποιήσας vulg. 13 Θηβαίους S L : Θηβαίων cett. 22 ἧς S L Y : οὗ vulg. 24 ἐκβάλλων S : ἐκβαλών vulg.

πωσάμενοι πολὺν τῆς αὑτῶν ὑπ' ἐκείνου στέρονται, αἰσχρῶς
ἐκπεσόντες, οὐ κρατηθέντες μόνον, ἀλλὰ καὶ προδοθέντες
ὑπ' ἀλλήλων καὶ πραθέντες· οὐ γὰρ ἀσφαλεῖς ταῖς πολι-
22 τείαις αἱ πρὸς τοὺς τυράννους αὗται λίαν ὁμιλίαι. τί δ' οἱ
Θετταλοί; ἆρ' οἴεσθ',' ἔφην, 'ὅτ' αὐτοῖς τοὺς τυράννους
ἐξέβαλλε καὶ πάλιν Νίκαιαν καὶ Μαγνησίαν ἐδίδου, προσ-
δοκᾶν τὴν καθεστῶσαν νῦν δεκαδαρχίαν ἔσεσθαι παρ' αὐτοῖς;
ἢ τὸν τὴν πυλαίαν ἀποδόντα, τοῦτον τὰς ἰδίας αὐτῶν προσ-
όδους παραιρήσεσθαι; οὐκ ἔστι ταῦτα. ἀλλὰ μὴν γέγονεν
23 ταῦτα καὶ πᾶσιν ἔστιν εἰδέναι· ὑμεῖς δ',' ἔφην ἐγώ, 'διδόντα
μὲν καὶ ὑπισχνούμενον θεωρεῖτε Φίλιππον, ἐξηπατηκότα δ'
ἤδη καὶ παρακεκρουμένον ἀπεύχεσθε, εἰ σωφρονεῖτε δή, ἰδεῖν.
ἔστι τοίνυν νὴ Δί',' ἔφην ἐγώ, 'παντοδαπὰ εὑρημένα ταῖς
πόλεσιν πρὸς φυλακὴν καὶ σωτηρίαν, οἷον χαρακώματα καὶ
24 τείχη καὶ τάφροι καὶ τἆλλ' ὅσα τοιαῦτα. καὶ ταῦτα μέν
ἐστιν ἅπαντα χειροποίητα καὶ δαπάνης προσδεῖται· ἓν δέ
τι κοινὸν ἡ φύσις τῶν εὖ φρονούντων ἐν αὑτῇ κέκτηται
φυλακτήριον, ὃ πᾶσι μέν ἐστ' ἀγαθὸν καὶ σωτήριον, μάλιστα
δὲ τοῖς πλήθεσι πρὸς τοὺς τυράννους. τί οὖν ἐστι τοῦτο;
ἀπιστία. ταύτην φυλάττετε, ταύτης ἀντέχεσθε· ἂν ταύτην
σῴζητε, οὐδὲν μὴ δεινὸν πάθητε. τί ζητεῖτ';' ἔφην.
25 'ἐλευθερίαν; εἶτ' οὐχ ὁρᾶτε Φίλιππον ἀλλοτριωτάτας ταύτῃ
[72] καὶ τὰς προσηγορίας ἔχοντα; βασιλεὺς γὰρ καὶ τύραννος
ἅπας ἐχθρὸς ἐλευθερίᾳ καὶ νόμοις ἐναντίος. οὐ φυλάξεσθ'
ὅπως,' ἔφην, 'μὴ πολέμου ζητοῦντες ἀπαλλαγῆναι δεσπότην
εὕρητε;'

26 Ταῦτ' ἀκούσαντες ἐκεῖνοι, καὶ θορυβοῦντες ὡς ὀρθῶς
λέγεται, καὶ πολλοὺς ἑτέρους λόγους παρὰ τῶν πρέσβεων
καὶ παρόντος ἐμοῦ καὶ πάλιν ὕστερον, ὡς ἔοικεν, οὐδὲν μᾶλ-

7 δεκαδαρχίαν] fort. τετραρχίαν (ΔΑΡΧΙΑΝ) Reiske, cf. ix 26 12 εἰ σωφρονεῖτε δή S L: δή om. Blass: ἂν σωφρονῆτ' vulg. 16 πολλῆς post δαπάνης add. vulg.: om. S 21 μὴ δεινὸν S L Stobaeus: δεινὸν μὴ vulg. 22 ἐλευθερίαν; Richards: ἐλευθερίαν. edd. 25 ἀπαλλαγῆναι . . . εὕρητε] ἀπαλλαγὴν . . . εὑρήσετε Cobet

λον ἀποσχήσονται τῆς Φιλίππου φιλίας οὐδ' ὧν ἐπαγγέλλεται. καὶ οὐ τοῦτ' ἔστ' ἄτοπον, εἰ Μεσσήνιοι καὶ Πελοποννησίων 27 τινὲς παρ' ἃ τῷ λογισμῷ βέλτισθ' ὁρῶσί τι πράξουσιν, ἀλλ' ὑμεῖς οἱ καὶ συνιέντες αὐτοὶ καὶ τῶν λεγόντων ἀκούοντες ἡμῶν, ὡς ἐπιβουλεύεσθε, ὡς περιστοιχίζεσθε, ἐκ τοῦ μηδὲν ἤδη ποιῆσαι λήσεθ', ὡς ἐμοὶ δοκεῖ, πάνθ' ὑπομείναντες· οὕτως ἡ παραυτίχ' ἡδονὴ καὶ ῥᾳστώνη μεῖζον ἰσχύει τοῦ ποθ' ὕστερον συνοίσειν μέλλοντος.

Περὶ μὲν δὴ τῶν ἡμῖν πρακτέων καθ' ὑμᾶς αὐτοὺς ὕστερον 28 βουλεύσεσθε, ἂν σωφρονῆτε· ἃ δὲ νῦν ἀποκρινάμενοι τὰ δέοντ' ἂν εἴητ' ἐψηφισμένοι, ταῦτ' ἤδη λέξω.

⟨ΑΠΟΚΡΙΣΙΣ.⟩

Ἦν μὲν οὖν δίκαιον, ὦ ἄνδρες Ἀθηναῖοι, τοὺς ἐνεγκόντας τὰς ὑποσχέσεις, ἐφ' αἷς ἐπείσθητε ποιήσασθαι τὴν εἰρήνην, καλεῖν· οὔτε γὰρ αὐτὸς ἄν ποθ' ὑπέμεινα πρεσβεύειν, οὔτ' 29 ἂν ὑμεῖς οἶδ' ὅτι ἐπαύσασθε πολεμοῦντες, εἰ τοιαῦτα πράξειν τυχόντ' εἰρήνης Φίλιππον ᾤεσθε· ἀλλ' ἦν πολὺ τούτων ἀφεστηκότα τὰ τότε λεγόμενα. καὶ πάλιν γ' ἑτέρους καλεῖν. τίνας; τοὺς ὅτ' ἐγὼ γεγονυίας ἤδη τῆς εἰρήνης ἀπὸ τῆς ὑστέρας ἥκων πρεσβείας τῆς ἐπὶ τοὺς ὅρκους, αἰσθόμενος [73] φενακιζομένην τὴν πόλιν, προὔλεγον καὶ διεμαρτυρόμην καὶ οὐκ εἴων προέσθαι Πύλας οὐδὲ Φωκέας, λέγοντας ὡς ἐγὼ 30 μὲν ὕδωρ πίνων εἰκότως δύστροπος καὶ δύσκολός εἰμί τις ἄνθρωπος, Φίλιππος δ', ἅπερ εὔξαισθ' ἂν ὑμεῖς, ἂν παρέλθῃ, πράξει, καὶ Θεσπιὰς μὲν καὶ Πλαταιὰς τειχιεῖ, Θηβαίους δὲ παύσει τῆς ὕβρεως, Χερρόνησον δὲ τοῖς αὑτοῦ τέλεσιν διορύξει, Εὔβοιαν δὲ καὶ τὸν Ὠρωπὸν ἀντ' Ἀμφιπόλεως ὑμῖν ἀποδώσει· ταῦτα γὰρ ἅπαντ' ἐπὶ τοῦ βήματος ἐνταῦθα

4 εἰ ante ὑμεῖς add. Index Lambini : om. codd. 5 περιστοιχίζεσθε A Y L corr. S γρ. : περιτειχίζεσθε vulg. L[1] S corr. : περιτοιχίζεσθε vel περιστοιχίζεσθε S[1] 6 ἐκ τοῦ Y : ὡς ἐκ τοῦ vulg. : ὥστε S[1] : ὡς τοῦ L[1] (corr. ead. m.) ποιῆσαι S[1] L[1] vulg. : ποιεῖν A λήσεθ' vulg. : λήσεσθ' S L[1] F B 11 ταῦτ' ἤδη vulg. : ταῦτα δὴ S L[1] soli 12 ΑΠΟΚΡΙΣΙΣ add. Abbé d'Olivet 28 ἐνταῦθα S L : ἐνταυθοῖ vulg. : ἐνταυθὶ Bekker

μνημονεύετ' οἶδ' ὅτι ῥηθέντα, καίπερ ὄντες οὐ δεινοὶ τοὺς
31 ἀδικοῦντας μεμνῆσθαι. καὶ τὸ πάντων αἴσχιστον, καὶ τοῖς
ἐκγόνοις πρὸς τὰς ἐλπίδας τὴν αὐτὴν εἰρήνην εἶναι ταύτην
ἐψηφίσασθε· οὕτω τελέως ὑπήχθητε. τί δὴ ταῦτα νῦν
λέγω καὶ καλεῖν φημὶ δεῖν τούτους; ἐγὼ νὴ τοὺς θεοὺς
τἀληθῆ μετὰ παρρησίας ἐρῶ πρὸς ὑμᾶς καὶ οὐκ ἀποκρύ-
32 ψομαι· οὐχ ἵν' εἰς λοιδορίαν ἐμπεσὼν ἐμαυτῷ μὲν ἐξ ἴσου
λόγον παρ' ὑμῖν ποιήσω, τοῖς δ' ἐμοὶ προσκρούσασιν ἐξ
ἀρχῆς καὶ νῦν παράσχω πρόφασιν τοῦ πάλιν τι λαβεῖν
παρὰ Φιλίππου, οὐδ' ἵν' ὡς ἄλλως ἀδολεσχῶ· ἀλλ' οἴομαί
ποθ' ὑμᾶς λυπήσειν ἃ Φίλιππος πράττει μᾶλλον ἢ τὰ νυνί·
33 τὸ γὰρ πρᾶγμ' ὁρῶ προβαῖνον, καὶ οὐχὶ βουλοίμην ἂν
εἰκάζειν ὀρθῶς, φοβοῦμαι δὲ μὴ λίαν ἐγγὺς ᾖ τοῦτ' ἤδη.
ὅταν οὖν μηκέθ' ὑμῖν ἀμελεῖν ἐξουσία γίγνηται τῶν συμ-
βαινόντων, μηδ' ἀκούηθ' ὅτι ταῦτ' ἐφ' ὑμᾶς ἐστιν ἐμοῦ μηδὲ
τοῦ δεῖνος, ἀλλ' αὐτοὶ πάντες ὁρᾶτε καὶ εὖ εἰδῆτε, ὀργίλους
34 καὶ τραχεῖς ὑμᾶς ἔσεσθαι νομίζω. φοβοῦμαι δὴ μή, τῶν
πρέσβεων σεσιωπηκότων ἐφ' οἷς αὐτοῖς συνίσασι δεδωρο-
[74] δοκηκότες, τοῖς ἐπανορθοῦν τι πειρωμένοις τῶν διὰ τούτους
ἀπολωλότων τῇ παρ' ὑμῶν ὀργῇ περιπεσεῖν συμβῇ· ὁρῶ
γὰρ ὡς τὰ πόλλ' ἐνίους οὐκ εἰς τοὺς αἰτίους, ἀλλ' εἰς τοὺς
35 ὑπὸ χεῖρα μάλιστα τὴν ὀργὴν ἀφιέντας. ἕως οὖν ἔτι
μέλλει καὶ συνίσταται τὰ πράγματα καὶ κατακούομεν ἀλλή-
λων, ἕκαστον ὑμῶν καίπερ ἀκριβῶς εἰδόθ' ὅμως ἐπαναμνῆσαι
βούλομαι, τίς ὁ Φωκέας πείσας καὶ Πύλας προέσθαι, ὧν
καταστὰς ἐκεῖνος κύριος τῆς ἐπὶ τὴν Ἀττικὴν ὁδοῦ καὶ τῆς

4 ἐψηφίσασθε SAY: προσεψηφίσασθε vulg.: προεψηφίσασθε $B^1$ L corr. pr. m. 8 λόγον] ὄχλον vel ψόγον Richards 9 καὶ νῦν SAY: κενὴν (post πρόφασιν) vulg.: καινὴν (ante παράσχω vel post πρόφασιν) al. 10 ὡς S $L^1$ B: τὴν vulg. 12 τὸ γὰρ πρᾶγμ' ὁρῶ προβαῖνον SLAY: τὰ γὰρ πράγματα ὁρῶ προβαίνοντα vulg. μὲν post βουλοίμην add. vulg.: om. S $L^1$ O 17 δὴ SAY: δὲ vulg. 18 πρέσβεων S $L^1$: αἰτίων AY δεδωροδοκηκότες S $L^1$: δεδωροδοκηκόσι cett. 24 ἐπαναμνῆσαι vulg.: ἐπαναμιμνήσκεσθαι S $L^1$ soli 25 ὑμᾶς add. plerique, post πείσας al., post πύλας al.: om. SLA ποιήσας ante προέσθαι add. SL: om. cett.

εἰς Πελοπόννησον κύριος γέγονεν, καὶ πεποίηχ᾽ ὑμῖν μὴ
περὶ τῶν δικαίων μηδ᾽ ὑπὲρ τῶν ἔξω πραγμάτων εἶναι τὴν
βουλήν, ἀλλ᾽ ὑπὲρ τῶν ἐν τῇ χώρᾳ καὶ τοῦ πρὸς τὴν Ἀτ-
τικὴν πολέμου, ὃς λυπήσει μὲν ἕκαστον, ἐπειδὰν παρῇ,
γέγονεν δ᾽ ἐν ἐκείνῃ τῇ ἡμέρᾳ. εἰ γὰρ μὴ παρεκρούσθητε 36
τόθ᾽ ὑμεῖς, οὐδὲν ἂν ἦν τῇ πόλει πρᾶγμα· οὔτε γὰρ ναυσὶ
δήπου κρατήσας εἰς τὴν Ἀττικὴν ἦλθεν ἄν ποτε στόλῳ
Φίλιππος, οὔτε πεζῇ βαδίζων ὑπὲρ τὰς Πύλας καὶ Φωκέας,
ἀλλ᾽ ἢ τὰ δίκαι᾽ ἂν ἐποίει καὶ τὴν εἰρήνην ἄγων ἡσυχίαν
εἶχεν, ἢ παραχρῆμ᾽ ἂν ἦν ἐν ὁμοίῳ πολέμῳ δι᾽ ὃν τότε τῆς
εἰρήνης ἐπεθύμησεν. ταῦτ᾽ οὖν, ὡς μὲν ὑπομνῆσαι, νῦν 37
ἱκανῶς εἴρηται, ὡς δ᾽ ἂν ἐξετασθείη μάλιστ᾽ ἀκριβῶς, μὴ
γένοιτ᾽, ὦ πάντες θεοί· οὐδένα γὰρ βουλοίμην ἔγωγ᾽ ἄν,
οὐδ᾽ εἰ δίκαιός ἐστ᾽ ἀπολωλέναι, μετὰ τοῦ πάντων κινδύνου
καὶ τῆς ζημίας δίκην ὑποσχεῖν.

In S subscriptum

**ΚΑΤΑ ΦΙΛΙΠΠΟΥ Β**
**Η Η [Δ] Δ Δ Δ Δ**

# VII

# ΠΕΡΙ ΑΛΟΝΝΗΣΟΥ

## ΥΠΟΘΕΣΙΣ.

[75] Οὗτος ὁ λόγος ἐπιγράφεται μὲν περὶ Ἁλοννήσου, τάχα δ'
ὀρθότερον ἐπιγράφειν 'πρὸς τὴν ἐπιστολὴν τὴν Φιλίππου.' πέ-
πομφε γὰρ πρὸς τοὺς Ἀθηναίους ἐπιστολὴν περὶ πολλῶν διαλεγό-
μενος, ὧν ἕν ἐστι καὶ τὸ κατὰ τὴν Ἁλόννησον, ἥτις ἦν μὲν τῶν
Ἀθηναίων ἀρχαῖον κτῆμα, κατὰ δὲ τοὺς Φιλίππου καιροὺς ὑπὸ
λῃστῶν κατείχετο, οὓς ἐκβαλὼν ὁ Φίλιππος ἀπαιτοῦσι μὲν τοῖς
Ἀθηναίοις τὴν νῆσον οὐκ ἀποδίδωσιν (ἑαυτοῦ γὰρ εἶναί φησιν),
2 αἰτοῦσι δ' ὑπισχνεῖται δώσειν. ὁ δὲ λόγος οὐ δοκεῖ μοι Δημο-
σθένους εἶναι. δηλοῖ δ' ἡ φράσις καὶ ἡ τῆς συνθέσεως ἁρμονία,
πολὺ τὸν Δημοσθενικὸν πεφευγυῖα τύπον, ἀνειμένη τε καὶ διαλε-
λυμένη παρὰ τὴν ἰδέαν τούτου τοῦ ῥήτορος. καὶ μὴν καὶ τὸ ἐπὶ
τέλει ῥηθὲν οὐ μικρὸν μαρτύριον τοῦ νόθον εἶναι τὸν λόγον, 'εἴπερ
ὑμεῖς τὸν ἐγκέφαλον ἐν τοῖς κροτάφοις καὶ μὴ ἐν ταῖς πτέρναις
καταπεπατημένον φορεῖτε.' ὁ μὲν γὰρ Δημοσθένης εἴωθε παρρη-
σίᾳ χρῆσθαι, τοῦτο δ' ὕβρις ἐστὶ καὶ λοιδορία μέτρον οὐκ ἔχουσα,
εὐτέλειά τ' αὐτῷ δεινὴ πρόσεστι κατὰ τὴν ἑρμηνείαν· πρὸς δὲ
τούτοις καὶ εὔηθες τὸ νομίζειν ἐν τοῖς κροτάφοις ἔχειν τοὺς
3 ἀνθρώπους τὸν ἐγκέφαλον. ὑπώπτευσαν δὲ καὶ οἱ πρεσβύτεροι
τὸν λόγον ὡς οὐ τοῦ ῥήτορος, καὶ πεφωράκασί γέ τινες ὄνθ'
Ἡγησίππου καὶ ἀπὸ τῆς ἰδέας τῶν λόγων (τοιαύτῃ γὰρ κέχρηται)
[76] καὶ ἀπὸ τῶν πραγμάτων· κατὰ Καλλίππου γὰρ τοῦ Παιανιέως
φησὶν ὁ τὸν λόγον γεγραφὼς ἀπενηνοχέναι γραφὴν παρανόμων,
φαίνεται δ' οὐχ ὁ Δημοσθένης, ἀλλ' ὁ Ἡγήσιππος τὴν κατὰ τοῦ
4 Καλλίππου γραφὴν ἐνστησάμενος. νὴ Δία, ἀλλ' ὁ λόγος συμβου-
λεύει περὶ τῆς Ἁλοννήσου τοῖς Ἀθηναίοις μὴ λαμβάνειν αὐτήν,
ἀλλ' ἀπολαμβάνειν, καὶ διαφέρεται περὶ τῶν ὀνομάτων, ταῦτα δ'
Αἰσχίνης φησὶ τὸν Δημοσθένην συμβεβουλευκέναι τοῖς Ἀθη-

ναίοις. εἶτα τί τοῦτο; δύναται γὰρ τὴν αὐτὴν πεποιῆσθαι συμβουλὴν καὶ Δημοσθένης καὶ Ἡγήσιππος, ἐπεὶ καὶ τἆλλα τῆς αὐτῆς ἦσαν ἐν τῇ πολιτείᾳ προαιρέσεως καὶ τοῖς φιλιππίζουσι τῶν ῥητόρων ἀντέλεγον, καὶ μέμνηται καὶ ὁ Δημοσθένης τοῦ Ἡγησίππου ὡς καὶ πρεσβεύσαντος μεθ' ἑαυτοῦ καὶ ἀντιταχθέντος τῷ Μακεδόνι. δῆλον οὖν ὅτι ὁ μὲν τοῦ Δημοσθένους λόγος 5
ὁ περὶ τῆς Ἁλοννήσου ῥηθεὶς οὐ σῴζεται, ἐκείνου δ' οὐκ ὄντος τὸν εὑρεθέντα προσέθεσαν αὐτῷ, ἀφορμὴν ἔχοντες τὸ περὶ Ἁλοννήσου λόγον εἰρῆσθαι τῷ ῥήτορι, οὐκέτι δ' ἐξετάζοντες εἰ τοῦτον εἰκὸς εἶναι τὸν ἐκείνου.

Ὦ ἄνδρες Ἀθηναῖοι, οὐκ ἔστιν ὅπως αἱ αἰτίαι, ἃς Φίλιππος αἰτιᾶται τοὺς ὑπὲρ τῶν δικαίων πρὸς ὑμᾶς λέγοντας, κωλύσουσι συμβούλους ἡμᾶς γίγνεσθαι ὑπὲρ τῶν ὑμῖν συμφερόντων· δεινὸν γὰρ ἂν εἴη, εἰ τὴν ἐπὶ τοῦ βήματος [77]
παρρησίαν αἱ παρ' ἐκείνου πεμπόμεναι ἐπιστολαὶ ἀνέλοιεν. ἐγὼ δ' ὑμῖν, ὦ ἄνδρες Ἀθηναῖοι, βούλομαι πρῶτον μὲν περὶ ὧν Φίλιππος ἐπέσταλκε, περὶ τούτων διεξελθεῖν· ὕστερον δέ, περὶ ὧν οἱ πρέσβεις λέγουσι, καὶ ἡμεῖς λέξομεν.

Φίλιππος γὰρ ἄρχεται μὲν περὶ Ἁλοννήσου λέγων ὡς 2
ὑμῖν δίδωσιν ἑαυτοῦ οὖσαν, ὑμᾶς δὲ οὔ φησι δικαίως αὐτὸν ἀπαιτεῖν· οὐ γὰρ ὑμετέραν οὖσαν οὔτε λαβεῖν οὔτε νῦν ἔχειν. ἔλεγε δὲ καὶ πρὸς ἡμᾶς τοιούτους λόγους, ὅτε πρὸς αὐτὸν ἐπρεσβεύσαμεν, ὡς λῃστὰς ἀφελόμενος ταύτην τὴν νῆσον κτήσαιτο, καὶ προσήκειν αὐτὴν ἑαυτοῦ εἶναι. τοῦτον δὲ τὸν 3
λόγον, ὡς οὐκ ἔστι δίκαιος, οὐ χαλεπόν ἐστιν αὐτοῦ ἀφελέσθαι. ἅπαντες γὰρ οἱ λῃσταὶ τοὺς ἀλλοτρίους τόπους καταλαμβάνοντες καὶ τούτους ἐχυροὺς ποιούμενοι, ἐντεῦθεν τοὺς ἄλλους κακῶς ποιοῦσιν. ὁ δὴ τοὺς λῃστὰς τιμωρησάμενος καὶ κρατήσας οὐκ ἂν δήπου εἰκότα λέγοι, εἰ φαίη, ἃ ἐκεῖνοι ἀδίκως καὶ ἀλλότρια εἶχον, ταῦθ' ἑαυτοῦ γίγνεσθαι. εἰ γὰρ 4
ταῦτα συγχωρήσετε, τί κωλύει, καὶ εἴ τινα τῆς Ἀττικῆς

11 ὦ om. vulg.: add. S solus 15 πεμπόμεναι] secl. Blass
23 ἐπρεσβεύσαμεν codd.: ἐπρεσβεύομεν Hermog. p. 110, Blass
27 ἐχυροὺς S[1] (ε in ο mutavit ead. m.) A: ὀχυροὺς vulg.

λῃσταὶ τόπον καταλάβοιεν ἢ Λήμνου ἢ Ἴμβρου ἢ Σκύρου,
καί τινες τούτους τοὺς λῃστὰς ἐκκόψαιεν, εὐθὺς καὶ τὸν
τόπον τοῦτον, οὗ ἦσαν οἱ λῃσταί, τὸν ὄντα ἡμέτερον, τῶν
5 τιμωρησαμένων τοὺς λῃστὰς γίγνεσθαι; Φίλιππος δ' οὐκ
ἀγνοεῖ ταῦτ' οὐ δίκαια λέγων, ἀλλ' εἰ καί τις ἄλλος ἐπι-
στάμενος παρακρουσθῆναι ἂν ὑμᾶς οἴεται ὑπὸ τῶν τἀνταῦθα
διοικήσειν, ὡς ἂν αὐτὸς ἐκεῖνος βούληται, καὶ πρὶν ὑπεσχη-
[78] μένων, καὶ νῦν δὲ πραττόντων. ἀλλὰ μὴν οὐδ' ἐκεῖνό γε
λανθάνει αὐτόν, ὅτι δι' ἀμφοτέρων τῶν ὀνομάτων, ὁποτέρῳ
ἂν χρῆσθε, ὑμεῖς ἕξετε τὴν νῆσον, ἄν τε λάβητε ἄν τ'
6 ἀπολάβητε. τί οὖν αὐτῷ διαφέρει, μὴ τῷ δικαίῳ ὀνόματι
χρησάμενον ἀποδοῦναι ὑμῖν, ἀλλὰ δωρεὰν δεδωκέναι, τῷ
ἀδίκῳ; οὐχ ἵν' εὐεργέτημά τι καταλογίσηται πρὸς ὑμᾶς
(γελοῖον γὰρ ἂν εἴη τοῦτο τὸ εὐεργέτημα), ἀλλ' ἵν' ἐνδεί-
ξηται ἅπασι τοῖς Ἕλλησιν ὅτι Ἀθηναῖοι τὰ ἐν τῇ θαλάττῃ
χωρία ἀγαπῶσι παρὰ τοῦ Μακεδόνος λαμβάνοντες. τοῦτο
δ' ὑμῖν οὐ ποιητέον ἐστίν, ὦ ἄνδρες Ἀθηναῖοι.
7 Ὅταν δὲ λέγῃ περὶ τούτων ὡς ἐθέλει διαδικάσασθαι,
οὐδὲν ἀλλ' ἢ χλευάζει ὑμᾶς, πρῶτον μὲν ἀξιῶν Ἀθηναίους
ὄντας πρὸς τὸν ἐκ Πέλλης ὁρμώμενον περὶ τῶν νήσων δια-
δικάζεσθαι, πότερ' ὑμέτεραι ἢ ἐκείνου εἰσίν. ὁπότε γὰρ ἡ
μὲν δύναμις ἡ ὑμετέρα, ἡ ἐλευθερώσασα τοὺς Ἕλληνας, μὴ
δύναται ὑμῖν τὰ ἐν τῇ θαλάττῃ χωρία σῴζειν, οἱ δὲ δικασταί,
οἷς ἂν ἐπιτρέψητε, οἱ κύριοι τῆς ψήφου, οὗτοι ὑμῖν σώσου-
8 σιν, ἐὰν μὴ Φίλιππος αὐτοὺς πρίηται, πῶς ὑμεῖς οὐχ ὁμο-
λογουμένως, ὅταν ταῦτα διαπράττησθε, τῶν ἐν τῇ ἠπείρῳ
ἁπάντων ἀφεστήκατε, καὶ ἐπιδείκνυτε ἅπασιν ἀνθρώποις
ὅτι οὐδὲ περὶ ἑνὸς αὐτῷ διαγωνιεῖσθε, εἴγε περὶ τῶν ἐν

5–8 ἀλλ' εἰ καὶ . . . πραττόντων] om. S L[1] 7 μελλόντων post διοικήσειν add. vulg. : om. A[1] Vrbinas 14 τὸ S L B : γε τὸ vulg. : γε Herwerden 17 ποιητέον] περιοπτέον Herwerden 18 διαδικάσασθαι S A Y : διαδικάζεσθαι vulg. : δικάζεσθαι al. 24 σώσουσιν S : σῴζουσιν vulg. : σῴζωσιν al. 25 ὑμεῖς οὐχ ὁμολογουμένως vulg. : ἡμεῖς οὐχ ὁμολογοῦμεν ὡς S L[1] 28 αὐτῷ διαγωνιεῖσθε Bekk. : αὐτῶν διαγωνιεῖσθε S L corr. : ἂν αὐτῷ διαγωνίζησθε (διαγωνίσαισθε Y) vulg.

τῇ θαλάττῃ, οὗ φατὲ ἰσχύειν, μὴ διαγωνιεῖσθε, ἀλλὰ
δικάσεσθε;
Ἔτι περὶ συμβόλων φησὶ πεπομφέναι πρὸς ὑμᾶς τοὺς 9
ποιησομένους, ταῦτα δὲ κύρια ἔσεσθαι, οὐκ ἐπειδὰν ἐν τῷ
δικαστηρίῳ τῷ παρ' ὑμῖν κυρωθῇ, ὥσπερ ὁ νόμος κελεύει,
ἀλλ' ἐπειδὰν ὡς ἑαυτὸν ἐπανενεχθῇ, ἐφέσιμον τὴν παρ'
ὑμῶν γενομένην γνῶσιν ὡς ἑαυτὸν ποιούμενος. βούλεται [79]
γὰρ ὑμῶν τοῦτο προλαβεῖν καὶ ὁμολογούμενον ἐν τοῖς συμ-
βόλοις καταστῆσαι, ὅτι τῶν περὶ Ποτείδαιαν γεγενημένων
ἀδικημάτων οὐδὲν ἐγκαλεῖτε αὐτῷ ὡς ἀδικούμενοι, ἀλλὰ
βεβαιοῦτε δικαίως αὐτὴν ἐκεῖνον καὶ λαβεῖν καὶ κεκτῆσθαι.
καίτοι Ἀθηναίων οἱ ἐν Ποτειδαίᾳ κατοικοῦντες, οὐκ ὄντος 10
αὐτοῖς πολέμου πρὸς Φίλιππον, ἀλλὰ συμμαχίας, καὶ ὅρκων
ὀμωμοσμένων, οὓς Φίλιππος τοῖς οἰκοῦσιν ἐν Ποτειδαίᾳ
ὤμοσεν, ἀφῃρέθησαν ὑπ' αὐτοῦ τὰ κτήματα. ταῦτα δὴ βού-
λεται τἀδικήματα πανταχῶς παρ' ὑμῖν βεβαιώσασθαι, ὅτι
οὔτ' ἐγκαλεῖτε οὔθ' ἡγεῖσθε ἀδικεῖσθαι· ἐπεὶ ὅτι γε συμ- 11
βόλων οὐδὲν δέονται Μακεδόνες πρὸς Ἀθηναίους, ὁ παρεληλ-
λυθὼς ὑμῖν χρόνος τεκμήριον γενέσθω· οὔτε γὰρ Ἀμύντας
ὁ πατὴρ ὁ Φιλίππου οὔθ' οἱ ἄλλοι βασιλεῖς οὐδεπώποτε
σύμβολα ἐποιήσαντο πρὸς τὴν πόλιν τὴν ἡμετέραν. καίτοι 12
πλείους γε ἦσαν αἱ ἐπιμειξίαι τότε πρὸς ἀλλήλους ἢ νῦν
εἰσίν· ὑφ' ἡμῖν γὰρ ἦν ἡ Μακεδονία καὶ φόρους ἡμῖν ἔφερον,
καὶ τοῖς ἐμπορίοις τότε μᾶλλον ἢ νῦν ἡμεῖς τε τοῖς ἐκεῖ
κἀκεῖνοι τοῖς παρ' ἡμῖν ἐχρῶντο, καὶ ἐμπορικαὶ δίκαι οὐκ
ἦσαν, ὥσπερ νῦν, ἀκριβεῖς, αἱ κατὰ μῆνα, ποιοῦσαι μηδὲν
δεῖσθαι συμβόλων τοὺς τοσοῦτον ἀλλήλων ἀπέχοντας. ἀλλ' 13
ὅμως οὐδενὸς τοιούτου ὄντος τότε, οὐκ ἐλυσιτέλει σύμβολα
ποιησαμένους οὔτ' ἐκ Μακεδονίας πλεῖν Ἀθήναζε δίκας

2 δικάσεσθε S L: διαδικάζεσθε (vel -σεσθε) vulg. 6 ἐπανενεχθῇ S L vulg.: ἐπαναχθῇ A Y 16 πανταχῶς A B: πανταχόσε vulg.: πολλάκις πανταχόσε S L 20 Μακεδονίας post ἄλλοι add. vulg.: om. S L[1] A Y 21 γε post καίτοι add. S L[1]: om. vulg. 23 ὑφ' Cobet: ἐφ' codd., cf. x 62 ἔφερον S L: ἔφερε vulg. 29 ποιησαμένους codd.: ποιησαμένοις Benseler

λῃψομένους, οὔθ' ἡμῖν εἰς Μακεδονίαν, ἀλλ' ἡμεῖς τε τοῖς ἐκεῖ νομίμοις ἐκεῖνοί τε τοῖς παρ' ἡμῖν τὰς δίκας ἐλάμβανον. μὴ οὖν ἀγνοεῖτε ὅτι τὰ σύμβολα ταῦτα γίγνεται εἰς ὑποδοχὴν τοῦ μηδ' ἀμφισβητῆσαι εὐλόγως ὑμᾶς ἔτι Ποτειδαίας.

[80]
14 Περὶ δὲ τῶν λῃστῶν δίκαιόν φησιν εἶναι κοινῇ φυλάττειν τοὺς ἐν τῇ θαλάττῃ κακουργοῦντας ὑμᾶς τε καὶ αὐτόν, οὐδὲν ἀλλ' ἢ τοῦτ' ἀξιῶν, ὑφ' ὑμῶν εἰς τὴν θάλατταν κατασταθῆναι, καὶ ὁμολογῆσαι ὑμᾶς ὡς ἄνευ Φιλίππου οὐδὲ τὴν ἐν τῇ
15 θαλάττῃ φυλακὴν δυνατοί ἐστε φυλάττειν, ἔτι δὲ καὶ δοθῆναι αὐτῷ ταύτην τὴν ἄδειαν, περιπλέοντι καὶ ὁρμιζομένῳ εἰς τὰς νήσους ἐπὶ προφάσει τῇ τῶν λῃστῶν φυλακῇ διαφθείρειν τοὺς νησιώτας καὶ ἀφιστάναι ὑμῶν, καὶ μὴ μόνον τοὺς φυγάδας τοὺς παρ' ἑαυτοῦ εἰς Θάσον κεκομικέναι διὰ τῶν ὑμετέρων στρατηγῶν, ἀλλὰ καὶ τὰς ἄλλας νήσους οἰκειώσασθαι, συμπέμπων τοὺς συμπλευσομένους μετὰ τῶν στρατηγῶν τῶν ὑμετέρων ὡς κοινωνήσοντας τῆς κατὰ θάλατταν φυλακῆς.
16 καίτοι οὔ φασί τινες αὐτὸν προσδεῖσθαι τῆς θαλάττης. ὁ δ' οὐδὲν δεόμενος τριήρεις κατασκευάζεται, καὶ νεωσοίκους οἰκοδομεῖται, καὶ ἀποστόλους ἀποστέλλειν βούλεται, καὶ δαπάνας οὐ μικρὰς δαπανᾶν εἰς τοὺς κατὰ θάλατταν κινδύνους, ὧν οὐδὲν προτιμᾷ.

17 Ταῦτ' οἴεσθ' ἄν, ὦ ἄνδρες Ἀθηναῖοι, Φίλιππον ἀξιῶσαι ὑμᾶς συγχωρῆσαι αὐτῷ, εἰ μὴ ὑμῶν μὲν κατεφρόνει, οὓς δ' ἐνθάδε προῄρηται φίλους κεκτῆσθαι, τούτοις διεπίστευεν; οἳ οὐκ αἰσχύνονται Φιλίππῳ ζῶντες καὶ οὐ τῇ αὑτῶν πατρίδι, καὶ τὰς παρ' ἐκείνου δωρειὰς λαμβάνοντες οἴονται οἴκαδε λαμβάνειν, τὰ οἴκοι πωλοῦντες.

[81]
18 Περὶ δὲ τῆς ἐπανορθώσεως τῆς εἰρήνης, ἣν ἔδοσαν ἡμῖν

1 λῃψομένους vulg. : λῃψομένοις S $L^1$ soli 4 περὶ post ἔτι add. vulg. : om. $S^1$ $L^1$ 6 αὐτόν Bekk. : αὑτόν codd. 12 ἀφ' ante ὑμῶν add. vulg. : om. S $L^1$ A Y 15 συμπλευσομένους S vulg. : πλευσομένους L F B 22 οὖν post ταῦτ' add. vulg. : om. S $L^1$ ἂν post οἴεσθε S $L^1$ : post ἀξιῶσαι vulg. 24 διεπίστευεν] δ' ἐπίστευεν Aug. 2, Cobet 28 τῆς ἐπανορθώσεως om. S $L^1$ : add. vulg., cf. §§ 30, 33

οἱ πρέσβεις οἱ παρ' ἐκείνου πεμφθέντες ἐπανορθώσασθαι,
ὅτι ἐπηνωρθωσάμεθα, ὃ παρὰ πᾶσιν ἀνθρώποις ὁμολογεῖται
δίκαιον εἶναι, ἑκατέρους ἔχειν τὰ ἑαυτῶν, ἀμφισβητεῖ μὴ
δεδωκέναι μηδὲ τοὺς πρέσβεις ταῦτ' εἰρηκέναι πρὸς ὑμᾶς,
οὐδὲν ἀλλ' ἢ πεπεισμένος ὑπὸ τούτων, οἷς χρῆται φίλοις,
ὡς ὑμεῖς οὐ μνημονεύετε τὰ ἐν τῷ δήμῳ εἰρημένα. μόνον 19
δὲ τοῦτο οὐχ οἷόν τε ὑμῖν ἐστιν ἀμνημονῆσαι· ἐν γὰρ τῇ
αὐτῇ ἐκκλησίᾳ καὶ οἱ πρέσβεις ὑμῖν οἱ παρ' ἐκείνου ἥκοντες
διελέγοντο καὶ τὸ ψήφισμα ἐγράφη, ὥστ' οὐχ οἷόν τε, παρα-
χρῆμα τῶν λόγων εἰρημένων καὶ εὐθὺς τοῦ ψηφίσματος
ἐπαναγιγνωσκομένου, τὴν καταψευδομένην γνώμην τῶν πρέ-
σβεων, ταύτην ὑμᾶς χειροτονῆσαι· ὥστε τοῦτο μὲν οὐ κατ'
ἐμοῦ, ἀλλὰ καθ' ὑμῶν ἐπέσταλκεν, ὡς ὑμεῖς περὶ ὧν οὐκ
ἠκούσατε, περὶ τούτων ἀποκρινάμενοι τὴν γνώμην ἀπεστεί-
λατε. καὶ οἱ μὲν πρέσβεις αὐτοί, ὧν κατεψεύδετο τὸ ψή- 20
φισμα, ὅτ' ἀπεκρίνεσθε αὐτοῖς ἀναγιγνώσκοντες καὶ ἐπὶ
ξενια αὐτοὺς ἐκαλεῖτε, οὐκ ἐτόλμησαν παρελθεῖν, οὐδ' εἰπεῖν
ὅτι 'καταψεύδεσθε ἡμῶν, ὦ ἄνδρες Ἀθηναῖοι, καὶ φατὲ ἡμᾶς
εἰρηκέναι ἃ οὐκ εἰρήκαμεν,' ἀλλὰ σιωπῇ ἀπιόντες ᾤχοντο.
βούλομαι δ' ὑμᾶς, ὦ ἄνδρες Ἀθηναῖοι (καὶ γὰρ ηὐδοκίμησεν
ὁ Πύθων παρ' ὑμῖν ἐν τῇ δημηγορίᾳ, ὁ τότε πρεσβεύων),
αὐτοὺς τοὺς λόγους οὓς ἔλεγεν ὑπομνῆσαι· οἶδα γὰρ ὅτι
μέμνησθε. παραπλήσιοι δ' ἦσαν οἷς καὶ νῦν ἐπέσταλκε 21
Φίλιππος· ἐγκαλῶν γὰρ ἡμῖν τοῖς διαβάλλουσι τὸν Φίλιπ-
πον, καὶ ὑμῖν ἐμέμφετο ὅτι ὡρμηκότος αὐτοῦ εὖ ποιεῖν ὑμᾶς [82]
καὶ προῃρημένου μάλιστα τῶν Ἑλλήνων φίλους κεκτῆσθαι
αὐτοὶ κωλύετε, ἀποδεχόμενοι τοὺς λόγους τῶν συκοφαντούν-
των καὶ χρήματα ἐκεῖνον αἰτούντων καὶ διαβαλλόντων· τοὺς
γὰρ τοιούτους λόγους, ὅταν ἀπαγγελλόντων ἀκούῃ, ὅτι κακῶς
ἤκουεν, ὑμεῖς δ' ἀπεδέχεσθε, μεταβάλλειν αὐτοῦ τὴν γνώμην,

8 ὑμῖν post πρέσβεις vulg.: post ἥκοντες S L A Y 16 ἀπεκρίνεσθε S L[1]: ἀπεκρίνασθε vulg. 17 ξένια Vrbinas: ξενίαι S F B: ξενία L Vind. 1: ξενίαν vulg. 23 μέμνησθε S L: μνησθήσεσθε vulg. 27 τοὺς λόγους om. S[1] L[1]

ὅταν ἄπιστος φαίνηται τούτοις ὧν προῄρηται εὐεργέτης εἶναι.
22 ἐκέλευεν οὖν τοὺς λέγοντας ἐν τῷ δήμῳ τῇ μὲν εἰρήνῃ μὴ
ἐπιτιμᾶν· οὐ γὰρ ἄξιον εἶναι εἰρήνην λύειν· εἰ δέ τι μὴ
καλῶς γέγραπται ἐν τῇ εἰρήνῃ, τοῦτ' ἐπανορθώσασθαι, ὡς
ἅπαντα Φίλιππον ποιήσοντα ὅσ' ἂν ὑμεῖς ψηφίσησθε. ἂν
δὲ διαβάλλωσι μέν, αὐτοὶ δὲ μηδὲν γράφωσι δι' οὗ ἡ μὲν
εἰρήνη ἔσται, παύσεται δ' ἀπιστούμενος ὁ Φίλιππος, μὴ
23 προσέχειν τὸν νοῦν τοῖς τοιούτοις ἀνθρώποις. καὶ τούτους
τοὺς λόγους ὑμεῖς ἀκούοντες ἀπεδέχεσθε, καὶ δίκαια ἔφατε
τὸν Πύθωνα λέγειν· καὶ ἦν δίκαια. ἔλεγε δὲ τούτους τοὺς
λόγους, οὐχ ὅπως λυθείη ἐκ τῆς εἰρήνης ἃ ἦν ἐκείνῳ συμ-
φέροντα καὶ ὧν πολλὰ χρήματα ἀνηλώκει ὥστε γενέσθαι,
ἀλλ' ὑπὸ τῶν ἐνθάδε διδασκάλων προδεδιδαγμένος, οἳ οὐκ
ᾤοντο εἶναι τὸν γράψοντα ἐναντία τῷ Φιλοκράτους ψηφί-
24 σματι, τῷ ἀπολλύντι Ἀμφίπολιν. ἐγὼ δ', ὦ ἄνδρες Ἀθη-
ναῖοι, παράνομον μὲν οὐδὲν ἐτόλμησα γράψαι, τῷ δὲ
Φιλοκράτους ψηφίσματι οὐκ ἦν παράνομον τἀναντία γράφειν,
ὡς ἐγὼ ἐπιδείξω· τὸ γὰρ ψήφισμα τὸ Φιλοκράτους, καθ' ὃ
ὑμεῖς ἀπώλλυτε Ἀμφίπολιν, ἐναντίον ἦν τοῖς προτέροις
ψηφίσμασι, καθ' ἃ ὑμεῖς ἐκτήσασθε ταύτην τὴν χώραν.
[83] 25 τοῦτο μὲν οὖν παράνομον ἦν τὸ ψήφισμα, τὸ τοῦ Φιλοκρά-
τους, καὶ οὐχ οἷόν τ' ἦν τὸν τὰ ἔννομα γράφοντα ταὐτὰ τῷ
παρανόμῳ ψηφίσματι γράφειν. ἐκείνοις δὲ τοῖς προτέροις
ψηφίσμασι, τοῖς οὖσιν ἐννόμοις καὶ σῴζουσι τὴν ὑμετέραν
χώραν, ταὐτὰ γράφων ἔννομά τ' ἔγραψα καὶ ἐξήλεγχον τὸν
Φίλιππον, ὅτι ἐξηπάτα ὑμᾶς καὶ οὐκ ἐπανορθώσασθαι ἐβού-
λετο τὴν εἰρήνην, ἀλλὰ τοὺς ὑπὲρ ὑμῶν λέγοντας ἀπίστους
26 καταστῆσαι. καὶ ὅτι μὲν δοὺς τὴν ἐπανόρθωσιν νῦν ἔξαρνός
ἐστιν, ἅπαντες ἴστε. φησὶ δ' Ἀμφίπολιν ἑαυτοῦ εἶναι·
ὑμᾶς γὰρ ψηφίσασθαι ἐκείνου εἶναι, ὅτ' ἐψηφίζεσθε ἔχειν

2 ἐκέλευεν S L : ἐκέλευσεν vulg. 15 Ἀθηναῖοι vulg. : δικασταί S L[1] Vind. 1 17 οὐκ ἦν . . . γράφειν S L[1] A[1] : ὃ ἦν . . . ἔγραψα vulg. 25 ἔγραψα S L A Y : ἔγραφον vulg. ἐξήλεγχον S vulg. : ἐξήλεγξα A Y O 30 ἐψηφίζεσθε vulg. : ἐψηφίσασθε S L A

αὐτὸν ἃ εἶχεν. ὑμεῖς δὲ τὸ μὲν ψήφισμα τοῦτ' ἐψηφίσασθε,
οὐ μέντοι γ' ἐκείνου εἶναι Ἀμφίπολιν· ἔστι γὰρ ἔχειν καὶ
τἀλλότρια, καὶ οὐχ ἅπαντες οἱ ἔχοντες τὰ αὑτῶν ἔχουσιν,
ἀλλὰ πολλοὶ καὶ ἀλλότρια κέκτηνται· ὥστε τοῦτό γε τὸ
σοφὸν αὐτῷ ἠλίθιόν ἐστιν. καὶ τοῦ μὲν Φιλοκράτους ψηφί- 27
σματος μέμνηται, τῆς δ' ἐπιστολῆς, ἣν πρὸς ὑμᾶς ἔπεμψεν
ὅτ' Ἀμφίπολιν ἐπολιόρκει, ἐπιλέλησται, ἐν ᾗ ὡμολόγει τὴν
Ἀμφίπολιν ὑμετέραν εἶναι· ἔφη γὰρ ἐκπολιορκήσας ὑμῖν
ἀποδώσειν, ὡς οὖσαν ὑμετέραν καὶ οὐ τῶν ἐχόντων. κἀκεῖ- 28
νοι μέν, ὡς ἔοικεν, οἱ πρότερον ἐν Ἀμφιπόλει οἰκοῦντες πρὶν
Φίλιππον λαβεῖν, τὴν Ἀθηναίων χώραν εἶχον, ἐπειδὴ δὲ
Φίλιππος αὐτὴν εἴληφεν, οὐ τὴν Ἀθηναίων χώραν ἀλλὰ τὴν
ἑαυτοῦ ἔχει· οὐδ' Ὄλυνθόν γε οὐδ' Ἀπολλωνίαν οὐδὲ Παλ-
λήνην, οὐκ ἀλλοτρίας ἀλλὰ τὰς ἑαυτοῦ χώρας κέκτηται. ἆρ' 29
ὑμῖν δοκεῖ πεφυλαγμένως ἅπαντα πρὸς ὑμᾶς ἐπιστέλλειν,
ὅπως ἂν φαίνηται καὶ λέγων καὶ πράττων ἃ παρὰ πᾶσιν [84]
ἀνθρώποις ὁμολογεῖται δίκαια εἶναι, ἀλλ' οὐ σφόδρα κατα-
πεφρονηκέναι, ὃς τὴν χώραν, ἣν οἱ Ἕλληνες καὶ βασιλεὺς ὁ
Περσῶν ἐψηφίσαντο καὶ ὡμολογήκασιν ὑμετέραν εἶναι,
ταύτην φησὶν ἑαυτοῦ καὶ οὐχ ὑμετέραν εἶναι;

Περὶ δὲ τοῦ ἑτέρου ἐπανορθώματος, ὃ ὑμεῖς ἐν τῇ εἰρήνῃ 30
ἐπανορθοῦσθε, τοὺς ἄλλους Ἕλληνας, ὅσοι μὴ κοινωνοῦσι
τῆς εἰρήνης, ἐλευθέρους καὶ αὐτονόμους εἶναι, καὶ ἐάν τις ἐπ'
αὐτοὺς στρατεύῃ, βοηθεῖν τοὺς κοινωνοῦντας τῆς εἰρήνης,
ἡγούμενοι καὶ δίκαιον τοῦτο καὶ φιλάνθρωπον, μὴ μόνον 31
ἡμᾶς καὶ τοὺς συμμάχους τοὺς ἡμετέρους καὶ Φίλιππον καὶ
τοὺς συμμάχους τοὺς ἐκείνου ἄγειν τὴν εἰρήνην, τοὺς δὲ μήθ'
ἡμετέρους ὄντας μήτε Φιλίππου συμμάχους ἐν μέσῳ κεῖσθαι
καὶ ὑπὸ τῶν κρειττόνων ἀπόλλυσθαι, ἀλλὰ καὶ τούτοις διὰ

4 ἀλλότρια S L[1] : τἀλλότρια vulg. 5 αὐτῷ A : αὑτῶν S L[1] soli : αὑτοῦ vulg. 14 οὐκ secl. edd. plerique : commate post Παλλήνην posito recte tuetur Blass, cf. xxi 129, xxii 32, xxiii 191, xxvii 65 22 ἐπανορθοῦσθε S L[1] soli : ἐπηνωρθώσασθε vulg. 25 μὴ μόνον ἡμᾶς] μὴ ἡμᾶς μὲν malim

τὴν ὑμετέραν εἰρήνην ὑπάρχειν σωτηρίαν, καὶ τῷ ὄντι εἰρή-
32 νην ἄγειν ἡμᾶς καταθεμένους τὰ ὅπλα, τοῦτο δὲ τὸ ἐπανόρ-
θωμα ὁμολογῶν ἐν τῇ ἐπιστολῇ, ὡς ἀκούετε, δίκαιόν τ' εἶναι
καὶ δέχεσθαι, Φεραίων μὲν ἀφῄρηται τὴν πόλιν καὶ φρουρὰν
ἐν τῇ ἀκροπόλει κατέστησεν, ἵνα δὴ αὐτόνομοι ὦσιν, ἐπὶ δ'
Ἀμβρακίαν στρατεύεται, τὰς δ' ἐν Κασσωπίᾳ τρεῖς πόλεις,
Πανδοσίαν καὶ Βούχετα καὶ Ἐλάτειαν, Ἠλείων ἀποικίας,
κατακαύσας τὴν χώραν καὶ εἰς τὰς πόλεις βιασάμενος παρέ-
δωκεν Ἀλεξάνδρῳ τῷ κηδεστῇ τῷ ἑαυτοῦ δουλεύειν. σφόδρα
γε βούλεται τοὺς Ἕλληνας ἐλευθέρους εἶναι καὶ αὐτονόμους,
ὡς δηλοῖ τὰ ἔργα.

33 Περὶ δὲ τῶν ὑποσχέσεων ὧν ὑμῖν διατελεῖ ὑπισχνούμενος
ὡς μεγάλα ὑμᾶς εὐεργετήσων, καταψεύδεσθαί μέ φησιν αὐτοῦ
[85] διαβάλλοντα πρὸς τοὺς Ἕλληνας· οὐδὲν γὰρ ὑμῖν πώποτέ
φησιν ὑπεσχῆσθαι. οὕτως ἀναιδής ἐστιν ὁ ἐν ἐπιστολῇ
γεγραφώς, ἥ ἐστι νῦν ἐν τῷ βουλευτηρίῳ, ὅσ' ἐπιστομιεῖν
ἡμᾶς, ἔφη, τοὺς αὐτῷ ἀντιλέγοντας, ἐὰν ἡ εἰρήνη γένηται,
τοσαῦτα ὑμᾶς ἀγαθὰ ποιήσειν· ἃ γράφειν ἂν ἤδη, εἰ ᾔδει
τὴν εἰρήνην ἐσομένην, δῆλον ὡς προκεχειρισμένων καὶ ἑτοί-
μων ὄντων τῶν ἀγαθῶν, ἃ ἐμέλλομεν πείσεσθαι τῆς εἰρήνης
34 γενομένης. γενομένης δὲ τῆς εἰρήνης, ἃ μὲν ἡμεῖς ἐμέλ-
λομεν ἀγαθὰ πείσεσθαι, ἐκποδών ἐστι, φθορὰ δὲ τῶν Ἑλλή-
νων τοσαύτη γέγονεν ὅσην ὑμεῖς ἴστε. ὑμῖν δ' ἐν τῇ νῦν
ἐπιστολῇ ὑπισχνεῖται, ἐὰν τοῖς μὲν αὐτοῦ φίλοις καὶ ὑπὲρ
αὐτοῦ λέγουσι πιστεύητε, ἡμᾶς δὲ τοὺς διαβάλλοντας αὐτὸν
35 πρὸς ὑμᾶς τιμωρήσησθε, ὡς μεγάλα εὐεργετήσει. τὰ μέντοι
εὐεργετήματα τοιαῦτα ἔσται· οὔτε τὰ ὑμέτερα ὑμῖν ἀποδώσει
(αὑτοῦ γάρ φησιν εἶναι), οὔτ' ἐν τῇ οἰκουμένῃ αἱ δωρειαὶ
ἔσονται, ἵνα μὴ διαβληθῇ πρὸς τοὺς Ἕλληνας, ἀλλ' ἄλλη

7 Βούχετα Harpocration : Βούχεταν codd. Ἐλάτειαν] Ἐλάτρειαν Harpocration 16 ὅσ' Tournier : ὅτ' codd. 18 ὑμᾶς ἀγαθὰ SL : ἀγαθὰ ἡμᾶς vulg. 21 ἐμέλλομεν vulg. : μέλλομεν SL soli 24 αὐτοῦ edd. Turic. : ἑαυτοῦ SL : αὑτοῦ cett.

τις χώρα καὶ ἄλλος, ὡς ἔοικε, τόπος φανήσεται, οὗ ὑμῖν αἱ
δωρειαὶ δοθήσονται.

Περὶ δ' ὧν ἐν τῇ εἰρήνῃ εἴληφε χωρίων, ὑμῶν ἐχόντων, 36
παρασπονδῶν καὶ λύων τὴν εἰρήνην, ἐπειδὴ οὐκ ἔχει ὅ τι
εἴπῃ, ἀλλ' ἀδικῶν φανερῶς ἐξελέγχεται, ἐπιτρέπειν φησὶ
περὶ τούτων ἕτοιμος εἶναι ἴσῳ καὶ κοινῷ δικαστηρίῳ· περὶ
ὧν μόνων οὐδὲν δεῖ ἐπιτροπῆς, ἀλλ' ἀριθμὸς ἡμερῶν ἐστιν ὁ
κρίνων. ἅπαντες γὰρ ἴσμεν τίνι μηνὶ καὶ τίνι ἡμέρᾳ ἡ
εἰρήνη ἐγένετο. ὥσπερ δὲ ταῦτα ἴσμεν, κἀκεῖνα ἴσμεν, τίνι 37
μηνὶ καὶ τίνι ἡμέρᾳ Σέρρειον τεῖχος καὶ Ἐργίσκη καὶ Ἱερὸν
ὄρος ἑάλω. οὐ δὴ ἀφανῆ ἐστι τὰ οὕτω πραχθέντα, οὐδὲ [86]
κρίσεως δεόμενα, ἀλλὰ πᾶσι γνώριμα πότερος πρότερος ὁ
μήν ἐστιν, ἐν ᾧ ἡ εἰρήνη ἐγένετο ἢ ἐν ᾧ τὰ χωρία ἑάλω.

Φησὶ δὲ καὶ τοὺς αἰχμαλώτους ἡμῶν, ὅσοι ἐν τῷ πολέμῳ 38
ἑάλωσαν, ἀποδεδωκέναι· ὃς τὸν μὲν Καρύστιον, τὸν πρόξενον τῆς ἡμετέρας πόλεως, ὑπὲρ οὗ ὑμεῖς τρεῖς πρέσβεις ἐπέμψατε ἀπαιτοῦντες, τοῦτον τὸν ἄνδρα ἐκεῖνος οὕτω σφόδρα ὑμῖν ἐβούλετο χαρίσασθαι, ὥστ' ἀπέκτεινε καὶ οὐδ' ἀναίρεσιν ἔδωκεν, ἵνα ταφῇ.

Περὶ δὲ Χερρονήσου, ἅ τ' ἐπιστέλλει πρὸς ὑμᾶς ἄξιόν 39
ἐστιν ἐξετάσαι, ἔτι δὲ καὶ ἃ πράττει, καὶ ταῦτ' εἰδέναι. τὸν
μὲν γὰρ τόπον ἅπαντα τὸν ἔξω Ἀγορᾶς ὡς ἑαυτοῦ ὄντα καὶ
ὑμῖν οὐδὲν προσήκοντα δέδωκε καρποῦσθαι Ἀπολλωνίδῃ τῷ
Καρδιανῷ. καίτοι Χερρονήσου οἱ ὅροι εἰσίν, οὐκ Ἀγορά,
ἀλλὰ βωμὸς τοῦ Διὸς τοῦ ὁρίου, ὅς ἐστι μεταξὺ Πτελεοῦ
καὶ Λευκῆς ἀκτῆς, ᾗ ἡ διορυχὴ ἔμελλε Χερρονήσου ἔσεσθαι, 40
ὥς γε τὸ ἐπίγραμμα τὸ ἐπὶ τοῦ βωμοῦ τοῦ Διὸς τοῦ ὁρίου
δηλοῖ. ἔστι δὲ τουτί·

7 μόνων] μόνον S L 8 καὶ τίνι] καὶ ποίᾳ vulg. 10 τίνι] ποίᾳ al. Σέρρειον] Σέρριον S L vulg. Σέρριον autem et Σέρρειον τεῖχος diversa loca diverse scripta (Harpocration, cf. Phil. iii 15) 12 πότερος S[1] vulg. : πότερον S corr. L[1] ὁ ante μὴν om. vulg. : add. S L 16 πρέσβεις S L A : πρεσβείας vulg. 25 ὁρίου S L[1] Y corr. : ὀρείου vulg. et infra 27 26 ᾗ S solus : οὗ vulg. : οἷ L διορυχὴ S L A : διωρυχὴ vulg. 27 τοῦ βωμοῦ om. S L

Τόνδε καθιδρύσαντο θεῷ περικαλλέα βωμὸν
Λευκῆς καὶ Πτελεοῦ μέσσον ὅρον θέμενοι
ἐνναέται, †χώρης σημήϊον· ἀμμορίης δὲ†
αὐτὸς ἄναξ μακάρων ἐστὶ μέσος Κρονίδης.

41 ταύτην μέντοι τὴν χώραν, τοσαύτην οὖσαν ὅσην οἱ πολλοὶ
ὑμῶν ἴσασιν, ὡς ἑαυτοῦ οὖσαν τὴν μὲν αὐτὸς καρποῦται,
τὴν δ' ἄλλοις δωρειὰν δέδωκε, καὶ ἅπαντα τὰ κτήματα τὰ
ὑμέτερα ὑφ' αὑτῷ ποιεῖται. καὶ οὐ μόνον τὴν ἔξω Ἀγορᾶς
[87] χώραν σφετερίζεται, ἀλλὰ καὶ πρὸς Καρδιανούς, οἳ οἰκοῦσιν
εἴσω Ἀγορᾶς, ἐπιστέλλει ἐν τῇ νῦν ἐπιστολῇ ὡς δεῖ ὑμᾶς
διαδικάζεσθαι—πρὸς Καρδιανοὺς τοὺς κατοικοῦντας ἐν τῇ
42 ὑμετέρᾳ—εἴ τι πρὸς αὐτοὺς διαφέρεσθε. διαφέρονται δὲ
πρὸς ὑμᾶς, σκέψασθε εἰ περὶ μικροῦ. ἑαυτῶν φασι τὴν
χώραν οὖσαν οἰκεῖν καὶ οὐχ ὑμετέραν, καὶ τὰ μὲν ὑμέτερα
εἶναι ἐγκτήματα ὡς ἐν ἀλλοτρίᾳ, τὰ δὲ ἑαυτῶν κτήμαθ' ὡς
ἐν οἰκείᾳ, καὶ ταῦθ' ὑμέτερον πολίτην γράψαι ἐν ψηφίσματι,
43 Κάλλιππον Παιανιέα. καὶ τοῦτό γ' ἀληθῆ λέγουσιν· ἔγραψε
γάρ, καὶ ἐμοῦ γ' αὐτὸν γραψαμένου παρανόμων γραφὴν ὑμεῖς
ἀπεψηφίσασθε· τοιγάρτοι ἀμφισβητήσιμον ὑμῖν τὴν χώραν
κατεσκεύακεν. ὁπότε δὲ περὶ τούτου τολμήσετε πρὸς Καρ-
διανοὺς διαδικάζεσθαι, εἴθ' ὑμετέρα ἐστὶν εἴτ' ἐκείνων ἡ
χώρα, διὰ τί οὐ καὶ πρὸς τοὺς ἄλλους Χερρονησίτας τὸ αὐτὸ
44 δίκαιον ἔσται; καὶ οὕτως ὑβριστικῶς ὑμῖν κέχρηται ὥστε
φησίν, ἂν μὴ θέλωσι διαδικάζεσθαι οἱ Καρδιανοί, αὐτὸς
ἀναγκάσειν, ὡς ὑμῶν γ' οὐκ ἂν δυναμένων οὐδὲν ἀναγκάσαι
Καρδιανοὺς ὑμῖν ποιῆσαι· ἐπειδὴ δ' ὑμεῖς οὐ δύνασθε, αὐτός

1 τόνδε . . .] epigramma om. S L  3 ἐνναέται . . . ἀμμορίης δὲ codd. omnes: ἐνναέται, μοίρης σημήϊον ἀμμορίης τε. Blass coll. Odyss. υ. 75  5 τοσαύτην οὖσαν om. S $L^1$  10 εἴσω (vel ἔσω) codd. aliquot: ἔξω S (σ suprascr.) $L^1$ vulg.  11 πρὸς Καρδιανοὺς del. Index Lambini: πρὸς Καρδιανοὺς . . . ὑμετέρᾳ del. Cobet: Καρδιανοὺς secl. Blass  κατοικοῦντας S L A Y: οἰκοῦντας vulg.  15 ἐγκτήματα S corr. $L^1$: ἐγκτήματά φασιν vulg.: ἐγκτήματα λέγειν A  17 ἀληθῆ S L soli: ἀληθὲς vulg.: ἀληθῶς F B  23 ἔσται S L A Y: ἐστί vulg.  25 οὐδὲν S: οὐδὲ vulg.  26 ὑμῖν ποιῆσαι S $L^1$: τὰ δίκαια πρὸς ὑμᾶς ποιεῖσθαι (vel ὑμῖν ποιῆσαι τὰ δίκαια) vulg.

φησι τοῦτ' ἀναγκάσειν αὐτοὺς ποιῆσαι. ἆρ' οὐ μεγάλα
φαίνεται ὑμᾶς εὐεργετῶν; καὶ ταύτην τὴν ἐπιστολήν τινες 45
εὖ ἔφασαν γεγράφθαι, οἳ πολὺ ἂν δικαιότερον ὑφ' ὑμῶν ἢ
Φίλιππος μισοῖντο. ἐκεῖνος μέν γ' ἑαυτῷ κτώμενος δόξαν
καὶ μεγάλ' ἀγαθὰ ἅπαντα καθ' ὑμῶν πράττει· ὅσοι δ' Ἀθη-
ναῖοι ὄντες μὴ τῇ πατρίδι, ἀλλὰ Φιλίππῳ εὔνοιαν ἐνδείκνυν-
ται, προσήκει αὐτοὺς ὑφ' ὑμῶν κακοὺς κακῶς ἀπολωλέναι, [88]
εἴπερ ὑμεῖς τὸν ἐγκέφαλον ἐν τοῖς κροτάφοις καὶ μὴ ἐν ταῖς
πτέρναις καταπεπατημένον φορεῖτε.

Ὑπόλοιπόν μοί ἐστιν ἔτι πρὸς ταύτην τὴν ἐπιστολὴν τὴν 46
εὖ ἔχουσαν καὶ τοὺς λόγους τῶν πρέσβεων γράψαι τὴν
ἀπόκρισιν, ἣν ἡγοῦμαι δικαίαν τ' εἶναι καὶ συμφέρουσαν
ὑμῖν.

1 **ποιῆσαι** secl. Blass    4 **μέν γ'** S L¹ : **μὲν γὰρ** cett.

In S subscriptum

**Η Η Η Δ Δ Δ Δ Π**

**ΤΟΜΟΣ Α ΦΙΛΙΠΠΙΚΟΙ ΛΟΓΟΙ ϛ**

**Χ Χ Η Η [Δ] Δ Δ Π (? pro Π legendum Δ)**

# VIII

# ΠΕΡΙ ΤΩΝ ΕΝ ΧΕΡΡΟΝΗΣΩΙ

## ΥΠΟΘΕΣΙΣ.

Ὁ λόγος οὗτος ὑπὲρ Διοπείθους εἴρηται καὶ ὧν ἐκεῖνος παρ'
Ἀθηναίοις κατηγόρητο. ἦν μὲν γὰρ Χερρόνησος ἡ πρὸς Θρᾴκην
τῶν Ἀθηναίων κτῆμ' ἀρχαῖον, εἰς δὲ ταύτην ἀπέστειλαν κατὰ τοὺς
Φιλίππου καιροὺς κληρούχους ἑαυτῶν. ἔθος δ' ἦν τοῦτο παλαιὸν
τοῖς Ἀθηναίοις, ὅσοι πένητες ἦσαν αὐτῶν καὶ ἀκτήμονες οἴκοι,
τούτους πέμπειν ἐποίκους εἰς τὰς ἔξω πόλεις τὰς ἑαυτῶν· καὶ
ἐλάμβανον πεμπόμενοι ὅπλα τ' ἐκ τοῦ δημοσίου καὶ ἐφόδιον. καὶ
νῦν τοίνυν τοῦτο γέγονε, καὶ πεπόμφασιν ἐποίκους εἰς τὴν Χερρό-
2 νησον, στρατηγὸν αὐτοῖς δόντες Διοπείθην. οἱ μὲν οὖν ἄλλοι
Χερρονησῖται τοὺς ἐπελθόντας ἐδέξαντο καὶ μετέδωκαν αὐτοῖς καὶ
οἰκιῶν καὶ γῆς, Καρδιανοὶ δ' οὐκ ἐδέξαντο, λέγοντες ἰδίαν χώραν
οἰκεῖν καὶ οὐκ Ἀθηναίων. ἐντεῦθεν οὖν Διοπείθης ἐπολέμησε
Καρδιανοῖς. οἱ δὲ παρὰ Φίλιππον καταφεύγουσι, καὶ ὃς ἐπιστέλ-
λει τοῖς Ἀθηναίοις μὴ βιάζεσθαι Καρδιανοὺς ὡς αὐτῷ προσή-
[89] κοντας, ἀλλὰ δικάσασθαι πρὸς αὐτούς, εἴ τί φασιν ἠδικῆσθαι.
ὡς δ' οὐκ ἤκουον τούτων οἱ Ἀθηναῖοι, βοήθειαν τοῖς Καρδιανοῖς
3 ἔπεμψεν. ἐφ' οἷς ἀγανακτήσας ὁ Διοπείθης, τοῦ Φιλίππου περὶ
τὴν μεσόγειαν, τὴν ἄνω Θρᾴκην, πολεμοῦντος πρὸς τὸν Ὀδρυσῶν
βασιλέα, τὴν παράλιον Θρᾴκην ὑπήκοον οὖσαν τοῦ Μακεδόνος
κατέδραμε καὶ ἐπόρθησε καὶ ἔφθη, πρὶν Φίλιππον ἐπανελθεῖν,
ἀναχωρήσας εἰς τὴν Χερρόνησον καὶ ἐν ἀσφαλεῖ γενόμενος. διόπερ
ὁ Φίλιππος οὐ δυνηθεὶς ὅπλοις αὐτὸν ἀμύνασθαι πέπομφεν
ἐπιστολὴν πρὸς τοὺς Ἀθηναίους, κατηγορῶν τοῦ στρατηγοῦ καὶ
λέγων αὐτὸν παραβεβηκέναι τὴν εἰρήνην ἄντικρυς. καὶ οἱ φιλιπ-
πίζοντες τῶν ῥητόρων κατατρέχουσι τοῦ Διοπείθους, καὶ κολάζειν
4 ἀξιοῦσιν αὐτόν. πρὸς οὓς ὁ Δημοσθένης ἐναντιούμενος διχῇ
ὑπὲρ τοῦ Διοπείθους ἵσταται. οὔτε γὰρ ἄδικά φησιν αὐτὸν

12 ἐπολέμησε Y : ἐπολέμει vulg. 15 δικάσασθαι] διαδικάσασθαι Voem. coll. vii 7

πεποιηκέναι (Φιλίππου γὰρ πολὺ πρότερον παραβάντος τὴν εἰρήνην καὶ ἀδικοῦντος τὴν τῶν Ἀθηναίων πόλιν, εἰκότως καὶ τοῦτον ἔργα πολεμίου διαπράττεσθαι) οὔτε συμφέρειν λέγει τοῖς Ἀθηναίοις κολάσαι τὸν στρατηγὸν καὶ διαλῦσαι τὴν ὑπ' ἐκείνῳ δύναμιν, ἥτις νῦν ἀποκρούεται Χερρονήσου Φίλιππον. τὸ δ' ὅλον ἐπὶ πόλεμον παρακαλεῖ, καὶ τοῦ Φιλίππου πολλὴν ποιεῖται κατηγορίαν ὡς ἀδίκου καὶ παρασπόνδου καὶ τοῖς Ἀθηναίοις καὶ τοῖς Ἕλλησιν ἐπιβουλεύοντος.

Ἔδει μέν, ὦ ἄνδρες Ἀθηναῖοι, τοὺς λέγοντας ἅπαντας [90] μήτε πρὸς ἔχθραν ποιεῖσθαι λόγον μηδένα μήτε πρὸς χάριν, ἀλλ' ὃ βέλτιστον ἕκαστος ἡγεῖτο, τοῦτ' ἀποφαίνεσθαι, ἄλλως τε καὶ περὶ κοινῶν πραγμάτων καὶ μεγάλων ὑμῶν βουλευομένων· ἐπεὶ δ' ἔνιοι τὰ μὲν φιλονικίᾳ, τὰ δ' ᾑτινιδήποτ' αἰτίᾳ προάγονται λέγειν, ὑμᾶς, ὦ ἄνδρες Ἀθηναῖοι, τοὺς πολλοὺς δεῖ πάντα τἄλλ' ἀφελόντας, ἃ τῇ πόλει νομίζετε συμφέρειν, ταῦτα καὶ ψηφίζεσθαι καὶ πράττειν. ἡ μὲν οὖν 2 σπουδὴ περὶ τῶν ἐν Χερρονήσῳ πραγμάτων ἐστὶ καὶ τῆς στρατείας, ἣν ἑνδέκατον μῆνα τουτονὶ Φίλιππος ἐν Θρᾴκῃ ποιεῖται· τῶν δὲ λόγων οἱ πλεῖστοι περὶ ὧν Διοπείθης πράττει καὶ μέλλει ποιεῖν εἴρηνται. ἐγὼ δ' ὅσα μέν τις αἰτιᾶταί τινα τούτων, οὓς κατὰ τοὺς νόμους ἐφ' ὑμῖν ἐστιν, ὅταν βούλησθε, κολάζειν, κἂν ἤδη δοκῇ κἂν ἐπισχοῦσιν περὶ αὐτῶν σκοπεῖν ἐγχωρεῖν ἡγοῦμαι, καὶ οὐ πάνυ δεῖ περὶ τούτων οὔτ' ἔμ' οὔτ' ἄλλον οὐδέν' ἰσχυρίζεσθαι· ὅσα δ' 3 ἐχθρὸς ὑπάρχων τῇ πόλει καὶ δυνάμει πολλῇ περὶ Ἑλλήσποντον ὢν πειρᾶται προλαβεῖν, κἂν ἅπαξ ὑστερήσωμεν, οὐκέθ' ἕξομεν σῶσαι, περὶ τούτων δ' οἴομαι τὴν ταχίστην συμφέρειν καὶ βεβουλεῦσθαι καὶ παρεσκευάσθαι, καὶ μὴ τοῖς [91] περὶ τῶν ἄλλων θορύβοις καὶ ταῖς κατηγορίαις ἀπὸ τούτων ἀποδρᾶναι.

9 *ἐν ὑμῖν* ante *ἅπαντας* add. vulg. : om. S L[1]  13 *ἐπεὶ* S L : *ἐπειδὴ* vulg.  15 *ἀφελόντας* S L[1] : *ἀφέντας* vulg., cf. xxiii 20, Prooem. lvi 2  22 *μικρὸν* post *κἂν* add. vulg. : om. S L[1]  *ἐπισχοῦσι* A : *ἐπίσχωσι* S L[1] vulg.  24 *ἰσχυρίζεσθαι* S L[1] Y : *διισχυρίζεσθαι* vulg.  25 *Φίλιππος* post *πόλει* add. vulg. : om. S L[1] soli

4 Πολλὰ δὲ θαυμάζων τῶν εἰωθότων λέγεσθαι παρ' ὑμῖν,
οὐδενὸς ἧττον, ὦ ἄνδρες Ἀθηναῖοι, τεθαύμακα, ὃ καὶ πρώην
τινὸς ἤκουσ' εἰπόντος ἐν τῇ βουλῇ, ὡς ἄρα δεῖ τὸν συμβου-
λεύοντα ἢ πολεμεῖν ἁπλῶς ἢ τὴν εἰρήνην ἄγειν συμβουλεύειν.
5 †ἔστι δέ,† εἰ μὲν ἡσυχίαν Φίλιππος ἄγει καὶ μήτε τῶν
ἡμετέρων ἔχει παρὰ τὴν εἰρήνην μηδὲν μήτε συσκευάζεται
πάντας ἀνθρώπους ἐφ' ἡμᾶς, οὐκέτι δεῖ λέγειν, ἀλλ' ἁπλῶς
εἰρήνην ἀκτέον, καὶ τά γ' ἀφ' ὑμῶν ἕτοιμ' ὑπάρχονθ' ὁρῶ·
εἰ δ' ἃ μὲν ὠμόσαμεν καὶ ἐφ' οἷς τὴν εἰρήνην ἐποιησάμεθα,
6 ἔστιν ἰδεῖν καὶ γεγραμμένα κεῖται, φαίνεται δ' ἀπ' ἀρχῆς ὁ
Φίλιππος, πρὶν Διοπείθην ἐκπλεῦσαι καὶ τοὺς κληρούχους,
οὓς νῦν αἰτιῶνται πεποιηκέναι τὸν πόλεμον, πολλὰ μὲν τῶν
ἡμετέρων ἀδίκως εἰληφώς, ὑπὲρ ὧν ψηφίσμαθ' ὑμέτερ' ἐγκα-
λοῦντα κύρια ταυτί, πάντα δὲ τὸν χρόνον συνεχῶς τὰ τῶν
ἄλλων Ἑλλήνων καὶ βαρβάρων λαμβάνων καὶ ἐφ' ἡμᾶς
συσκευαζόμενος, τί τοῦτο λέγουσιν, ὡς πολεμεῖν ἢ ἄγειν
7 εἰρήνην δεῖ; οὐ γὰρ αἵρεσίς ἐστιν ἡμῖν τοῦ πράγματος, ἀλλ'
ὑπολείπεται τὸ δικαιότατον καὶ ἀναγκαιότατον τῶν ἔργων, ὃ
ὑπερβαίνουσιν ἑκόντες οὗτοι. τί οὖν ἐστι τοῦτο; ἀμύνεσθαι
τὸν πρότερον πολεμοῦνθ' ἡμῖν. πλὴν εἰ τοῦτο λέγουσι νὴ
Δί', ὡς, ἂν ἀπέχηται τῆς Ἀττικῆς καὶ τοῦ Πειραιῶς
8 Φίλιππος, οὔτ' ἀδικεῖ τὴν πόλιν οὔτε ποιεῖ πόλεμον. εἰ δ'
ἐκ τούτων τὰ δίκαια τίθενται καὶ τὴν εἰρήνην ταύτην ὁρί-
[92] ζονται, ὅτι μὲν δήπουθεν οὔθ' ὅσι' οὔτ' ἀνεκτὰ λέγουσιν οὔθ'
ὑμῖν ἀσφαλῆ, δῆλόν ἐστιν ἅπασιν, οὐ μὴν ἀλλ' ἐναντία

4 τὴν εἰρήνην ante ἄγειν S A Y : post ἄγειν vulg. 5 ἔστι δὲ codd. : ἔστι δὲ ⟨τόδε⟩ Voemel : equidem cum Dobraeo ἔστω δή· scripserim, cf. § 9 7 οὐκέτι S L : οὐδὲν vulg. 9 ἡμεῖς ante ὠμόσαμεν add. vulg. : post ὠμόσαμεν add. A : om. S L¹ soli 12 τὸν om. O¹ 16 fort. ⟨ἢ⟩ πολεμεῖν, cf. § 4 post πολεμεῖν add. ἁπλῶς (cf. § 4) A Y L marg. vulg. 18 καὶ ἀναγκαιότατον om. S L text. Vind. 1 20 ἡμῖν] ὑμῖν S L πλὴν εἰ] μὴ add. A. λέγουσι νὴ Δί' ὡς Vind. 1 : λέγουσι νὴ Δί' ἕως vulg. : λέγουσιν ἰδίως S¹ L¹ 21 καὶ om. S¹ L¹ 22 ὁ ante Φιλιππος add. vulg. : om. S¹ L¹ τὸν ante πόλεμον add. vulg. : om. S L¹ 23 ταύτην] ταύτῃ O marg.

συμβαίνει ταῖς κατηγορίαις ἃς Διοπείθους κατηγοροῦσι καὶ
αὐτὰ ταῦτα λέγειν αὐτούς. τί γὰρ δήποτε τῷ μὲν Φιλίππῳ
πάντα τἆλλα ποιεῖν ἐξουσίαν δώσομεν, ἂν τῆς Ἀττικῆς ἀπέ-
χηται, τῷ Διοπείθει δ' οὐδὲ βοηθεῖν τοῖς Θρᾳξὶν ἐξέσται, ἢ
πόλεμον ποιεῖν αὐτὸν φήσομεν; ἀλλὰ νὴ Δία, ταῦτα μὲν 9
ἐξελέγχονται, δεινὰ ποιοῦσι δ' οἱ ξένοι περικόπτοντες τὰ
ἐν Ἑλλησπόντῳ, καὶ Διοπείθης ἀδικεῖ κατάγων τὰ πλοῖα,
καὶ δεῖ μὴ ἐπιτρέπειν αὐτῷ. ἔστω, γιγνέσθω ταῦτα, οὐδὲν
ἀντιλέγω. οἶμαι μέντοι δεῖν, εἴπερ ὡς ἀληθῶς ἐπὶ πᾶσι
δικαίοις ταῦτα συμβουλεύουσιν, ὥσπερ τὴν ὑπάρχουσαν τῇ 10
πόλει δύναμιν καταλῦσαι ζητοῦσι, τὸν ἐφεστηκότα καὶ
πορίζοντα χρήματα ταύτῃ διαβάλλοντες ἐν ὑμῖν, οὕτω
τὴν Φιλίππου δύναμιν δεῖξαι διαλυθησομένην, ἂν ὑμεῖς
ταῦτα πεισθῆτε. εἰ δὲ μή, σκοπεῖθ' ὅτι οὐδὲν ἄλλο
ποιοῦσιν ἢ καθιστᾶσι τὴν πόλιν εἰς τὸν αὐτὸν τρόπον
δι' οὗ τὰ [παρόντα] πράγμαθ' ἅπαντ' ἀπολώλεκεν. ἴστε 11
γὰρ δήπου τοῦθ' ὅτι οὐδενὶ τῶν πάντων πλέον κεκράτηκε
Φίλιππος, ἢ τῷ πρότερος πρὸς τοῖς πράγμασι γίγνεσθαι.
ὁ μὲν γὰρ ἔχων δύναμιν συνεστηκυῖαν ἀεὶ περὶ αὑτὸν καὶ
προειδὼς ἃ βούλεται πρᾶξαι, ἐξαίφνης ἐφ' οὓς ἂν αὐτῷ
δόξῃ πάρεστιν· ἡμεῖς δ' ἐπειδὰν πυθώμεθά τι γιγνόμενον,
τηνικαῦτα θορυβούμεθα καὶ παρασκευαζόμεθα. εἶτ', οἶμαι, 12
συμβαίνει τῷ μὲν ἐφ' ἂν ἔλθῃ, ταῦτ' ἔχειν κατὰ πολλὴν
ἡσυχίαν, ἡμῖν δ' ὑστερίζειν, καὶ ὅσ' ἂν δαπανήσωμεν, ἅπαντα [93]
μάτην ἀνηλωκέναι, καὶ τὴν μὲν ἔχθραν καὶ τὸ βούλεσθαι
κωλύειν ἐνδεδεῖχθαι, ὑστερίζοντας δὲ τῶν ἔργων αἰσχύνην
προσοφλισκάνειν.

Μὴ τοίνυν ἀγνοεῖτ', ὦ ἄνδρες Ἀθηναῖοι, ὅτι καὶ τὰ νῦν 13
τἆλλα μέν ἐστι λόγοι ταῦτα καὶ προφάσεις, πράττεται δὲ

6 ποιοῦσι δ' S L$^{1}$ : δὲ ποιοῦσιν vulg. τὰ om. S$^{1}$ L$^{1}$ Y$^{1}$ 16 παρόντα S L$^{1}$ A Y : secl. Dobree : παρελθόντα vulg. ἀπολώλεκεν S Vind. 1 : ἀπόλωλεν vulg. 17 τῆς πόλεως ante κεκράτηκε add. vulg. : om. S L$^{1}$ 25 ἀναλωκέναι S L βούλεσθαι vulg. : βουλεύεσθαι S L 28 τὰ om. vulg. : add. S L

καὶ κατασκευάζεται τοῦτο, ὅπως ὑμῶν μὲν οἴκοι μενόντων, ἔξω
δὲ μηδεμιᾶς οὔσης τῇ πόλει δυνάμεως, μετὰ πλείστης ἡσυχίας
ἅπανθ' ὅσα βούλεται Φίλιππος διοικήσεται. θεωρεῖτε γὰρ τὸ
14 παρὸν πρῶτον, ὃ γίγνεται. νυνὶ δύναμιν μεγάλην ἐκεῖνος
ἔχων ἐν Θρᾴκῃ διατρίβει, καὶ μεταπέμπεται πολλήν, ὥς φασιν
οἱ παρόντες, ἀπὸ Μακεδονίας καὶ Θετταλίας. ἐὰν οὖν περι-
μείνας τοὺς ἐτησίας ἐπὶ Βυζάντιον ἐλθὼν πολιορκῇ, πρῶτον
μὲν οἴεσθε τοὺς Βυζαντίους μενεῖν ἐπὶ τῆς ἀνοίας τῆς αὐτῆς
ὥσπερ νῦν, καὶ οὔτε παρακαλεῖν ὑμᾶς οὔτε βοηθεῖν αὐτοῖς
15 ἀξιώσειν; ἐγὼ μὲν οὐκ οἴομαι, ἀλλὰ καὶ εἴ τισι μᾶλλον
ἀπιστοῦσιν ἢ ἡμῖν, καὶ τούτους εἰσφρήσεσθαι μᾶλλον ἢ
'κείνῳ παραδώσειν τὴν πόλιν, ἄν περ μὴ φθάσῃ λαβὼν
αὐτούς. οὐκοῦν ἡμῶν μὲν μὴ δυναμένων ἐνθένδ' ἀναπλεῦσαι,
ἐκεῖ δὲ μηδεμιᾶς ὑπαρχούσης ἑτοίμου βοηθείας, οὐδὲν αὐτοὺς
16 ἀπολωλέναι κωλύσει. νὴ Δία, κακοδαιμονῶσι γὰρ ἄνθρωποι
καὶ ὑπερβάλλουσιν ἀνοίᾳ. πάνυ γε, ἀλλ' ὅμως αὐτοὺς δεῖ
σῶς εἶναι· συμφέρει γὰρ τῇ πόλει. καὶ μὴν οὐδ' ἐκεῖνό γε
δῆλόν ἐστιν ἡμῖν, ὡς ἐπὶ Χερρόνησον οὐχ ἥξει· ἀλλ' εἴγ' ἐκ
τῆς ἐπιστολῆς δεῖ σκοπεῖν ἧς ἔπεμψε πρὸς ὑμᾶς, ἀμυνεῖσθαί
17 φησι τοὺς ἐν Χερρονήσῳ. ἂν μὲν τοίνυν ᾖ τὸ συνεστηκὸς
[94] στράτευμα, καὶ τῇ χώρᾳ βοηθῆσαι δυνήσεται καὶ τῶν ἐκείνου
τι κακῶς ποιῆσαι· εἰ δ' ἅπαξ διαλυθήσεται, τί ποιήσομεν,
ἂν ἐπὶ Χερρόνησον ἴῃ; 'κρινοῦμεν Διοπείθη νὴ Δία.' καὶ τί
τὰ πράγματ' ἔσται βελτίω; 'ἀλλ' ἐνθένδ' ἂν βοηθήσαιμεν
αὐτοί.' ἂν δ' ὑπὸ τῶν πνευμάτων μὴ δυνώμεθα; 'ἀλλὰ μὰ
18 Δί' οὐχ ἥξει.' καὶ τίς ἐγγυητής ἐστι τούτου; ἆρ' ὁρᾶτε καὶ
λογίζεσθ', ὦ ἄνδρες Ἀθηναῖοι, τὴν ἐπιοῦσαν ὥραν τοῦ ἔτους,

1 τοῦτο post κατασκευάζεται S L : ante καὶ vulg. 6 ἀπὸ codd. : ἐκ schol. Hermog. vi 362, Blass deleto commate post παρόντες παραμείνας S Vind. 1 8 μενεῖν] μένειν S L A 9 παρακαλεῖν Cobet : παρακαλέσειν codd. βοηθεῖν vulg. : βοηθήσειν S L 15 κακοδαιμονῶσι Wolf : κακοδαιμονοῦσι codd. 20 τοῦτο post συνεστηκὸς add. vulg. : om. S L$^1$ 22 διαφθαρήσεται καὶ ante διαλυθήσεται add. vulg. : om. S L$^1$ A 24 ἂν βοηθήσαιμεν S L$^1$ : βοηθήσομεν cett. 25 αὐτοί vulg. : αυτωι S$^1$ : αὐτῷ L$^1$ : αὐτοῖς A B F

εἰς ἣν ἔρημόν τινες οἴονται δεῖν τὸν Ἑλλήσποντον ὑμῶν ποιῆσαι καὶ παραδοῦναι Φιλίππῳ; τί δ', ἂν ἀπελθὼν ἐκ Θρᾴκης καὶ μηδὲ προσελθὼν Χερρονήσῳ μηδὲ Βυζαντίῳ (καὶ γὰρ ταῦτα λογίζεσθε) ἐπὶ Χαλκίδα καὶ Μέγαρ' ἥκῃ τὸν αὐτὸν τρόπον ὅνπερ ἐπ' Ὠρεὸν πρῴην, πότερον κρεῖττον ἐνθάδ' αὐτὸν ἀμύνεσθαι καὶ προσελθεῖν τὸν πόλεμον πρὸς τὴν Ἀττικὴν ἐᾶσαι, ἢ κατασκευάζειν ἐκεῖ τιν' ἀσχολίαν αὐτῷ; ἐγὼ μὲν οἴομαι τοῦτο.

Ταῦτα τοίνυν ἅπαντας εἰδότας καὶ λογιζομένους χρή, οὐ 19 μὰ Δί' οὐχ ἣν Διοπείθης πειρᾶται τῇ πόλει δύναμιν παρασκευάζειν, ταύτην βασκαίνειν καὶ διαλῦσαι πειρᾶσθαι, ἀλλ' ἑτέραν αὐτοὺς προσπαρασκευάζειν καὶ συνευποροῦντας ἐκείνῳ χρημάτων καὶ τἄλλ' οἰκείως συναγωνιζομένους. εἰ γάρ τις 20 ἔροιτο Φίλιππον, 'εἰπέ μοι, πότερ' ἂν βούλοιο τούτους τοὺς στρατιώτας οὓς Διοπείθης νῦν ἔχει, τοὺς ὁποιουστινασοῦν (οὐδὲν γὰρ ἀντιλέγω) εὐθενεῖν καὶ παρ' Ἀθηναίοις εὐδοξεῖν καὶ πλείους γίγνεσθαι τῆς πόλεως συναγωνιζομένης, ἢ διαβαλλόντων τινῶν καὶ κατηγορούντων διασπασθῆναι καὶ διαφθαρῆναι;' ταῦτ' ἂν οἶμαι φήσειεν. εἶθ' ἃ Φίλιππος ἂν εὔξαιτο τοῖς θεοῖς, ταῦθ' ἡμῶν τινες ἐνθάδε πράττουσιν; εἶτ' [95] ἔτι ζητεῖτε πόθεν τὰ τῆς πόλεως ἀπόλωλεν ἅπαντα;

Βούλομαι τοίνυν [ὑμᾶς] μετὰ παρρησίας ἐξετάσαι τὰ 21 παρόντα πράγματα τῇ πόλει, καὶ σκέψασθαι τί ποιοῦμεν αὐτοὶ νῦν καὶ ὅπως χρώμεθ' αὐτοῖς. ἡμεῖς οὔτε χρήματ' εἰσφέρειν βουλόμεθα, οὔτ' αὐτοὶ στρατεύεσθαι, οὔτε τῶν κοινῶν ἀπέχεσθαι δυνάμεθα, οὔτε τὰς συντάξεις Διοπείθει δίδομεν, οὔθ' ὅσ' ἂν αὐτὸς αὑτῷ πορίσηται ἐπαινοῦμεν, ἀλλὰ 22 βασκαίνομεν καὶ σκοποῦμεν πόθεν, καὶ τί μέλλει ποιεῖν, καὶ

4 γὰρ om. S¹ L¹ καὶ S L : ἢ cett. 5 ἐπ' Ὠρεὸν ante πρῴην S L A Y : post πρῴην vulg. 9 οὐ S¹ L¹ (cf. § 28) : om. cett. 10 παρασκευάζειν S L A Y : κατασκευάζειν vulg. 11 διαλῦσαι S L : διαλύειν vulg. 16 εὐθενεῖν S¹ A F Y : εὐσθενεῖν L¹ vulg. 22 ὑμᾶς S vulg. : secl. Blass : om. Vrbinas : πρὸς ὑμᾶς Vind. 1 25 τολμῶμεν post στρατεύεσθαι add. vulg. (cf. xi 18) : om. S L¹ 27 ἀλλὰ βασκαίνομεν om. S¹ L¹

πάντα τὰ τοιαυτί, οὔτ', ἐπειδήπερ οὕτως ἔχομεν, τὰ ἡμέτερ' αὐτῶν πράττειν ἐθέλομεν, ἀλλ' ἐν μὲν τοῖς λόγοις τοὺς τῆς πόλεως λέγοντας ἄξι' ἐπαινοῦμεν, ἐν δὲ τοῖς ἔργοις τοῖς
23 ἐναντιουμένοις τούτοις συναγωνιζόμεθα. ὑμεῖς μὲν τοίνυν εἰώθαθ' ἑκάστοτε τὸν παριόντ' ἐρωτᾶν, τί οὖν χρὴ ποιεῖν; ἐγὼ δ' ὑμᾶς ἐρωτῆσαι βούλομαι, τί οὖν χρὴ λέγειν; εἰ γὰρ μήτ' εἰσοίσετε, μήτ' αὐτοὶ στρατεύσεσθε, μήτε τῶν κοινῶν ἀφέξεσθε, μήτε τὰς συντάξεις δώσετε, μήθ' ὅσ' ἂν αὐτὸς αὑτῷ πορίσηται ἐάσετε, μήτε τὰ ὑμέτερ' αὐτῶν πράττειν ἐθελήσετε, οὐκ ἔχω τί λέγω. οἱ γὰρ ἤδη τοσαύτην ἐξουσίαν τοῖς αἰτιᾶσθαι καὶ διαβάλλειν βουλομένοις διδόντες, ὥστε καὶ περὶ ὧν φασι μέλλειν αὐτὸν ποιεῖν, καὶ περὶ τούτων προκατηγορούντων ἀκροᾶσθαι,—τί ἂν τις λέγοι;

24 Ὅ τι τοίνυν δύναται ταῦτα ποιεῖν, ἐνίους μαθεῖν ὑμῶν δεῖ. λέξω δὲ μετὰ παρρησίας· καὶ γὰρ οὐδ' ἂν ἄλλως δυναίμην. πάντες ὅσοι πώποτ' ἐκπεπλεύκασι παρ' ὑμῶν
[96] στρατηγοί (ἢ 'γὼ πάσχειν ὁτιοῦν τιμῶμαι) καὶ παρὰ Χίων καὶ παρ' Ἐρυθραίων καὶ παρ' ὧν ἂν ἕκαστοι δύνωνται, τούτων τῶν τὴν Ἀσίαν οἰκούντων λέγω, χρήματα λαμβά-
25 νουσιν. λαμβάνουσι δ' οἱ μὲν ἔχοντες μίαν ἢ δύο ναῦς ἐλάττονα, οἱ δὲ μείζω δύναμιν πλείονα. καὶ διδόασιν οἱ διδόντες οὔτε τὰ μικρὰ οὔτε τὰ πολλὰ ἀντ' οὐδενός (οὐ γὰρ οὕτω μαίνονται), ἀλλ' ὠνούμενοι μὴ ἀδικεῖσθαι τοὺς παρ' αὑτῶν ἐκπλέοντας ἐμπόρους, μὴ συλᾶσθαι, παραπέμπεσθαι τὰ πλοῖα τὰ αὑτῶν, τὰ τοιαῦτα· φασὶ δ' εὐνοίας διδόναι, καὶ
26 τοῦτο τοὔνομ' ἔχει τὰ λήμματα ταῦτα. καὶ δὴ καὶ νῦν τῷ

1 τοιαυτί S L[1] : τοιαῦτα vulg. 7 στρατεύσεσθε vulg. : στρατεύεσθε S L O 8 Διοπείθει ante δώσετε add. vulg. : om. S L[1] soli αὐτὸς om. S L[1] : add. vulg., cf. § 22 9 ἐάσητε S[1] 10 ἐθελήσητε S L οἱ γὰρ . . . διδόντες S L : εἰ γὰρ . . . δίδοτε vulg. : εἰ δ' ἄρ' . . . δίδοτε Thalheim 12 φασι A Y O : ἄν φασι S vulg. : ἂν φῶσι G. H. Schaefer : δή φασι Baiter coll. § 43 13 ἀκροᾶσθαι vulg. : ἀκροᾶσθε S L O 14 ποιεῖν secl. Dobree, fort. recte, cf. § 57 15 λέξω δὲ] λέξω δὴ Blâss : δὲ om. S[1] L 16 πώποτ' vulg. : ποτ' S L Vind. 1 24 μὴ S L[1] : μηδὲ vulg. 25 εὐνοίας S L[1] : εὐνοίᾳ vulg.

Διοπείθει στράτευμ' ἔχοντι σαφῶς ἐστι τοῦτο δῆλον ὅτι δώσουσι χρήματα πάντες οὗτοι· πόθεν γὰρ οἴεσθ' ἄλλοθεν τὸν μήτε λαβόντα παρ' ὑμῶν μηδὲν μήτ' αὐτὸν ἔχονθ' ὁπόθεν μισθοδοτήσει, στρατιώτας τρέφειν; ἐκ τοῦ οὐρανοῦ; οὐκ ἔστι ταῦτα, ἀλλ' ἀφ' ὧν ἀγείρει καὶ προσαιτεῖ καὶ δανείζεται, ἀπὸ τούτων διάγει. οὐδὲν οὖν ἄλλο ποιοῦσιν οἱ κατηγοροῦντες 27 ἐν ὑμῖν ἢ προλέγουσιν ἅπασι μηδ' ὁτιοῦν ἐκείνῳ διδόναι, ὡς καὶ τοῦ μελλῆσαι δώσοντι δίκην, μή τι ποιήσαντί γ' ἢ καταπραξαμένῳ. τοῦτ' εἰσὶν οἱ λόγοι· 'μέλλει πολιορκεῖν,' 'τοὺς Ἕλληνας ἐκδίδωσιν.' μέλει γάρ τινι τούτων τῶν τὴν Ἀσίαν οἰκούντων Ἑλλήνων; ἀμείνους μέντἂν εἶεν τῶν ἄλλων ἢ τῆς πατρίδος κήδεσθαι. καὶ τό γ' εἰς τὸν Ἑλλήσποντον 28 εἰσπέμπειν ἕτερον στρατηγὸν τοῦτ' ἐστίν. εἰ γὰρ δεινὰ ποιεῖ Διοπείθης καὶ κατάγει τὰ πλοῖα, μικρόν, ὦ ἄνδρες Ἀθηναῖοι, μικρὸν πινάκιον ταῦτα πάντα κωλῦσαι δύναιτ' ἄν, [97] καὶ λέγουσιν οἱ νόμοι, ταῦτα τοὺς ἀδικοῦντας εἰσαγγέλλειν, οὐ μὰ Δί' οὐ δαπάναις καὶ τριήρεσιν τοσαύταις ἡμᾶς αὐτοὺς φυλάττειν, ἐπεὶ τοῦτό γ' ἐστὶν ὑπερβολὴ μανίας· ἀλλ' ἐπὶ 29 μὲν τοὺς ἐχθρούς, οὓς οὐκ ἔστι λαβεῖν ὑπὸ τοῖς νόμοις, καὶ στρατιώτας τρέφειν καὶ τριήρεις ἐκπέμπειν καὶ χρήματ' εἰσφέρειν δεῖ καὶ ἀναγκαῖόν ἐστιν, ἐπὶ δ' ἡμᾶς αὐτοὺς ψήφισμα, εἰσαγγελία, πάραλος ταῦτ' ἔστιν. ταῦτ' ἦν εὖ φρονούντων ἀνθρώπων, ἐπηρεαζόντων δὲ καὶ διαφθειρόντων τὰ πράγμαθ' ἃ νῦν οὗτοι ποιοῦσιν. καὶ τὸ μὲν τούτων τινὰς 30 εἶναι τοιούτους, δεινὸν ὂν οὐ δεινόν ἐστιν· ἀλλ' ὑμεῖς οἱ καθήμενοι οὕτως ἤδη διάκεισθε, ὥστ', ἂν μέν τις εἴπῃ παρελθὼν ὅτι Διοπείθης ἐστὶ τῶν κακῶν πάντων αἴτιος, ἢ Χάρης ἢ Ἀριστοφῶν ἢ ὃν ἂν τῶν πολιτῶν εἴπῃ τις, εὐθέως

8 *καταπραξαμένῳ* S L[1] Y Vind. 1 : *συγκαταπραξαμένῳ* al. 10 *μέλει*] *μέλλει* S[1] L[1] 13 *εἰσπέμπειν* S L[1] Vind. 1 : *ἐκπέμπειν* vulg. 15 *κωλῦσαι* codd. : *ἐπισχεῖν* Etym. M. s. v. *πινάκιον*, Blass 17 *Δί' οὐ* B F O (cf. § 19) : *Δία* S L[1] vulg. 22 *ταῦτ' ἔστιν* scripsi cum L[1] *ταῦτ' ἐστίν* S: *ταὔτ' ἐστίν* Blass : *ταῦτ' ἐστὶν ἱκανά* vulg. L corr. 27 *τῶν κακῶν* ante *πάντων* S L Vind. 1 : post *πάντων* vulg. 28 *τῶν πολιτῶν* ante *εἴπῃ τις* S L A Y : post *εἴπῃ τις* vulg. *εἴπῃ*] *εἴποι* Aug. 2 Harleianus Blass coll. Liban. Herm. ix 44, 30

31 φατὲ καὶ θορυβεῖθ' ὡς ὀρθῶς λέγει· ἂν δὲ παρελθὼν λέγῃ τις τἀληθῆ, ὅτι 'ληρεῖτ', Ἀθηναῖοι· πάντων τῶν κακῶν καὶ τῶν πραγμάτων τούτων Φίλιππός ἐστ' αἴτιος· εἰ γὰρ ἐκεῖνος ἦγεν ἡσυχίαν, οὐδὲν ἂν ἦν πρᾶγμα τῇ πόλει,' ὡς μὲν οὐκ ἀληθῆ ταῦτ' ἐστὶν οὐκ ἔχετ' ἀντιλέγειν, ἄχθεσθαι δέ μοι
32 δοκεῖτε καὶ ὥσπερ ἀπολλύναι τι νομίζειν. αἴτιον δὲ τούτων (καί μοι πρὸς θεῶν, ὅταν εἵνεκα τοῦ βελτίστου λέγω, ἔστω παρρησία)· παρεσκευάκασιν ὑμᾶς τῶν πολιτευομένων ἔνιοι ἐν μὲν ταῖς ἐκκλησίαις φοβεροὺς καὶ χαλεπούς, ἐν δὲ ταῖς παρασκευαῖς ταῖς τοῦ πολέμου ῥᾳθύμους καὶ εὐκαταφρονήτους. ἂν μὲν οὖν τὸν αἴτιον εἴπῃ τις ὃν ἴσθ' ὅτι λήψεσθε παρ' ὑμῖν αὐτοῖς, φατὲ καὶ βούλεσθε· ἂν δὲ τοιοῦτον λέγῃ
[98] τις, ὃν κρατήσαντας τοῖς ὅπλοις, ἄλλως δ' οὐκ ἔστιν κολάσαι, οὐκ ἔχετ', οἶμαι, τί ποιήσετε, ἐξελεγχόμενοι δ' ἄχθεσθε.
33 ἐχρῆν γάρ, ὦ ἄνδρες Ἀθηναῖοι, τοὐναντίον ἢ νῦν ἅπαντας τοὺς πολιτευομένους ἐν μὲν ταῖς ἐκκλησίαις πρᾴους καὶ φιλανθρώπους ὑμᾶς ἐθίζειν εἶναι (πρὸς γὰρ ὑμᾶς αὐτοὺς καὶ τοὺς συμμάχους ἐν ταύταις ἐστὶ τὰ δίκαια), ἐν δὲ ταῖς παρασκευαῖς ταῖς τοῦ πολέμου φοβεροὺς καὶ χαλεποὺς ἐπιδεικνύναι· πρὸς γὰρ τοὺς ἐχθροὺς καὶ τοὺς ἀντιπάλους ἐκεῖνός
34 ἐσθ' ἀγών. νῦν δὲ δημαγωγοῦντες ὑμᾶς καὶ χαριζόμενοι καθ' ὑπερβολὴν οὕτω διατεθήκασιν, ὥστ' ἐν μὲν ταῖς ἐκκλησίαις τρυφᾶν καὶ κολακεύεσθαι πάντα πρὸς ἡδονὴν ἀκούοντας, ἐν δὲ τοῖς πράγμασι καὶ τοῖς γιγνομένοις περὶ τῶν ἐσχάτων ἤδη κινδυνεύειν. φέρε γὰρ πρὸς Διός, εἰ λόγον ὑμᾶς ἀπαιτήσειαν οἱ Ἕλληνες ὧν νυνὶ παρείκατε καιρῶν διὰ ῥᾳθυμίαν,
35 καὶ ἔροινθ' ὑμᾶς, 'ἄνδρες Ἀθηναῖοι, πέμπεθ' ὡς ἡμᾶς ἑκάστοτε πρέσβεις, καὶ λέγεθ' ὡς ἐπιβουλεύει Φίλιππος ἡμῖν καὶ πᾶσι τοῖς Ἕλλησι, καὶ ὡς φυλάττεσθαι δεῖ τὸν ἄνθρωπον,

2 ὦ ἄνδρες ante Ἀθηναῖοι add. vulg. : om. S $L^1$ soli   5 ἔχετε vulg. : ἕξετε S. Aut ἔχετε . . . ἄχθεσθαι δέ legendum (cf. §§ 30, 32) aut ἕξετ' . . . ἄχθεσθαι δ' ἄν cum Blassio   8 ὑμᾶς S $L^1$ : ὑμᾶς ἐκ πολλοῦ vulg. : ἐκ πολλοῦ ὑμᾶς Vind. 1   19 ἐπιδεικνύναι] ἀποδεικνύναι H. Wolf   20 ἐκεῖνος S $L^1$ : ἐν ἐκείναις cett.

καὶ πάντα τὰ τοιαυτί;' ἀνάγκη φάσκειν καὶ ὁμολογεῖν· ποιοῦμεν γὰρ ταῦτα. 'εἶτ', ὦ πάντων ἀνθρώπων φαυλότατοι, δέκα μῆνας ἀπογενομένου τἀνθρώπου καὶ νόσῳ καὶ χειμῶνι καὶ πολέμοις ἀποληφθέντος ὥστε μὴ ἂν δύνασθαι ἐπανελθεῖν οἴκαδε, οὔτε τὴν Εὔβοιαν ἠλευθερώσατε, οὔτε 36
τῶν ὑμετέρων αὐτῶν οὐδὲν ἐκομίσασθε, ἀλλ' ἐκεῖνος μὲν ὑμῶν οἴκοι μενόντων, σχολὴν ἀγόντων, ὑγιαινόντων (εἰ δὴ τοὺς τὰ τοιαῦτα ποιοῦντας ὑγιαίνειν φήσαιμεν), δύ' ἐν Εὐβοίᾳ [99]
κατέστησε τυράννους, τὸν μὲν ἀπαντικρὺ τῆς Ἀττικῆς ἐπιτειχίσας, τὸν δ' ἐπὶ Σκίαθον, ὑμεῖς δ' οὐδὲ ταῦτ' ἀπελύσασθε, 37
εἰ μηδὲν ἄλλ' ἐβούλεσθε, ἀλλ' εἰάκατε; ἀφέστατε δῆλον ὅτι αὐτῷ, καὶ φανερὸν πεποιήκατε ὅτι οὐδ' ἂν δεκάκις ἀποθάνῃ, οὐδὲν μᾶλλον κινήσεσθε. τί οὖν πρεσβεύετε καὶ κατηγορεῖτε καὶ πράγμαθ' ἡμῖν παρέχετε;' ἂν ταῦτα λέγωσι, τί ἐροῦμεν ἢ τί φήσομεν, Ἀθηναῖοι; ἐγὼ μὲν γὰρ οὐχ ὁρῶ.

Εἰσὶ τοίνυν τινὲς οἳ τότ' ἐξελέγχειν τὸν παριόντ' οἴονται, 38
ἐπειδὰν ἐρωτήσωσι 'τί οὖν χρὴ ποιεῖν;' οἷς ἐγὼ μὲν τὸ δικαιότατον καὶ ἀληθέστατον τοῦτ' ἀποκρινοῦμαι, ταῦτα μὴ ποιεῖν ἃ νυνὶ ποιεῖτε, οὐ μὴν ἀλλὰ καὶ καθ' ἕκαστον ἀκριβῶς ἐρῶ. καὶ ὅπως, ὥσπερ ἐρωτῶσι προθύμως, οὕτω καὶ ποιεῖν ἐθελήσουσιν. πρῶτον μέν, ὦ ἄνδρες Ἀθηναῖοι, τοῦτο παρ' 39
ὑμῖν αὐτοῖς βεβαίως γνῶναι, ὅτι τῇ πόλει Φίλιππος πολεμεῖ καὶ τὴν εἰρήνην λέλυκεν (καὶ παύσασθε περὶ τούτου κατηγοροῦντες ἀλλήλων) καὶ κακόνους μέν ἐστι καὶ ἐχθρὸς ὅλῃ τῇ πόλει καὶ τῷ τῆς πόλεως ἐδάφει, προσθήσω δὲ καὶ τοῖς 40
ἐν τῇ πόλει πᾶσιν ἀνθρώποις, καὶ τοῖς μάλιστ' οἰομένοις αὐτῷ

4 ἀποληφθέντος S corr. : ἀπολειφθέντος S¹ L Vind. 1 μὴ ἂν] fort. μηδ' ἂν Voemel 7–8 δὴ . . . φήσαιμεν Normann coll. Aristid. ix p. 360 W : δὴ . . . φήσαιεν S L¹ soli : δεῖ . . . φῆσαι vulg. : δεῖ . . . φήσαιεν Vind. 3, 4 10 Σκιάθον S L : Σκιάθῳ vulg. 11 καὶ ante ἀφέστατε add. vulg. : om. S L soli 13 ὑμεῖς γε post μᾶλλον add. vulg. : om. S L¹ A πρεσβεύετε S L¹ Vind. 1 O (cf. xvi 1) : πρεσβεύεσθε vulg. 15 ὦ ἄνδρες ante Ἀθηναῖοι add. vulg. : om. S L 17 ἐρωτήσωσι] ἐρωτήσῃ S L¹ 21 ἐθελήσουσιν S L¹ A Y : ἐθελήσωσιν vulg. 23 παύσασθε] παύσασθαι A¹ Dobree, mox κατηγοροῦντας Cobet

χαρίζεσθαι (εἰ δὲ μή, σκεψάσθων Εὐθυκράτη καὶ Λασθένη τοὺς Ὀλυνθίους, οἳ δοκοῦντες οἰκειότατ᾽ αὐτῷ διακεῖσθαι, ἐπειδὴ τὴν πόλιν προὔδοσαν, πάντων κάκιστ᾽ ἀπολώλασιν), οὐδενὶ μέντοι μᾶλλον ἢ τῇ πολιτείᾳ πολεμεῖ οὐδ᾽ ἐπιβουλεύει, καὶ σκοπεῖ μᾶλλον οὐδὲ ἓν τῶν πάντων, ἢ πῶς ταύτην κατα-
41 λύσει. καὶ τοῦτ᾽ εἰκότως τρόπον τινὰ πράττει· οἶδεν γὰρ ἀκριβῶς ὅτι οὐδ᾽ ἂν πάντων τῶν ἄλλων γένηται κύριος,
[100] οὐδὲν ἔστ᾽ αὐτῷ βεβαίως ἔχειν, ἕως ἂν ὑμεῖς δημοκρατῆσθε, ἀλλ᾽ ἐάν ποτε συμβῇ τι πταῖσμα, ἃ πολλὰ γένοιτ᾽ ἂν ἀνθρώπῳ, ἥξει πάντα τὰ νῦν συμβεβιασμένα καὶ καταφεύξεται πρὸς
42 ὑμᾶς· ἐστὲ γὰρ ὑμεῖς οὐκ αὐτοὶ πλεονεκτῆσαι καὶ κατασχεῖν ἀρχὴν εὖ πεφυκότες, ἀλλ᾽ ἕτερον λαβεῖν κωλῦσαι καὶ ἔχοντ᾽ ἀφελέσθαι δεινοί, καὶ ὅλως ἐνοχλῆσαι τοῖς ἄρχειν βουλομένοις καὶ πάντας ἀνθρώπους εἰς ἐλευθερίαν ἐξελέσθαι ἕτοιμοι. οὔκουν βούλεται τοῖς ἑαυτοῦ καιροῖς τὴν παρ᾽ ὑμῶν ἐλευθερίαν ἐφεδρεύειν, οὐδὲ πολλοῦ δεῖ, οὐ κακῶς οὐδ᾽
43 ἀργῶς ταῦτα λογιζόμενος. πρῶτον μὲν δὴ τοῦτο δεῖ, ἐχθρὸν ὑπειληφέναι τῆς πολιτείας καὶ τῆς δημοκρατίας ἀδιάλλακτον ἐκεῖνον· εἰ γὰρ μὴ τοῦτο πεισθήσεσθε ταῖς ψυχαῖς, οὐκ ἐθελήσεθ᾽ ὑπὲρ τῶν πραγμάτων σπουδάζειν· δεύτερον δ᾽ εἰδέναι σαφῶς ὅτι πάνθ᾽ ὅσα πραγματεύεται καὶ κατασκευάζεται νῦν, ἐπὶ τὴν ἡμετέραν πόλιν παρασκευάζεται, καὶ ὅπου τις ἐκεῖνον ἀμύνεται, ἐνταῦθ᾽ ὑπὲρ ἡμῶν ἀμύνεται.
44 οὐ γὰρ οὕτω γ᾽ εὐήθης οὐδεὶς ὃς ὑπολαμβάνει τὸν Φίλιππον

1 σκεψάσθων Cobet : σκεψάσθωσαν vulg. : σκέψασθ᾽ ὡς ἂν L[1] : σκέψεσθ᾽ ὡς ἂν S 5 πῶς S L[1] : ὅπως vulg. καταλύσει S L corr. Y : καταλύσῃ vulg., cf. x 11 6 νῦν γε δὴ ante πράττει add. vulg. (cf. vi 17, x 12) : om. S L[1] A Y 8 ἔστ᾽ S L (cf. x 13) : ἔσται cett. δημοκρατεῖσθε S A 9 τι vulg. : τινὶ S L soli ἂν γένοιτο A Y 10 νῦν om. A Y O : del. Blass, cf. xviii 314 συμβεβιασμένα] βεβιασμένα A Y O 13 δεινοί] om. x 14 : del. Benseler 14 ἐξελέσθαι x 14 (cf. xxiii 91 et Aristid. i 730) : ἀφελέσθαι S L[1] A O : ἐξαφελέσθαι vulg. 15 ἕτοιμοι] δεινοί x 14, Benseler 16 ὑμῶν S L O : ὑμῖν vulg., cf. x 14 17 δὴ x 15 : ἂν S L[1] : δὴ διὰ vulg. 18 καὶ τῆς δημοκρατίας secl. Cobet 22 παρασκευάζεται S L A Y O : κατασκευάζεται vulg. 23 ἡμῶν vulg. : ὑμῶν S L Y O alterum ἀμύνεται S L Y corr. : ἀμυνεῖται cett. et schol. 24 ὃς ὑπολαμβάνει S L soli : ὥστε ὑπολαμβάνειν vulg. et x 15

τῶν μὲν ἐν Θρᾴκῃ κακῶν (τί γὰρ ἂν ἄλλο τις εἴποι Δρογγίλου
καὶ Καβύλην καὶ Μάστειραν καὶ ἃ νῦν ἐξαιρεῖ [καὶ κατα-
σκευάζεται];) τούτων μὲν ἐπιθυμεῖν καὶ ὑπὲρ τοῦ ταῦτα
λαβεῖν καὶ πόνους καὶ χειμῶνας καὶ τοὺς ἐσχάτους κινδύνους
ὑπομένειν, τῶν δ' Ἀθηναίων λιμένων καὶ νεωρίων καὶ τριήρων 45
καὶ τῶν ἔργων τῶν ἀργυρείων καὶ τοσούτων προσόδων οὐκ
ἐπιθυμεῖν, ἀλλὰ ταῦτα μὲν ὑμᾶς ἐάσειν ἔχειν, ὑπὲρ δὲ τῶν
μελινῶν καὶ τῶν ὀλυρῶν τῶν ἐν τοῖς Θρᾳκίοις σιροῖς ἐν τῷ [101]
βαράθρῳ χειμάζειν. οὐκ ἔστι ταῦτα, ἀλλὰ κἀκεῖν' ὑπὲρ τοῦ
τούτων γενέσθαι κύριος καὶ τἄλλα πάντα πραγματεύεται.
τί οὖν εὖ φρονούντων ἀνθρώπων ἐστίν; εἰδότας ταῦτα καὶ 46
ἐγνωκότας τὴν μὲν ὑπερβάλλουσαν καὶ ἀνήκεστον ταύτην
ῥᾳθυμίαν ἀποθέσθαι, χρήματα δ' εἰσφέρειν καὶ τοὺς συμ-
μάχους ἀξιοῦν, καὶ ὅπως τὸ συνεστηκὸς τοῦτο συμμενεῖ
στράτευμ' ὁρᾶν καὶ πράττειν, ἵν' ὥσπερ ἐκεῖνος ἕτοιμον ἔχει
δύναμιν τὴν ἀδικήσουσαν καὶ καταδουλωσομένην ἅπαντας
τοὺς Ἕλληνας, οὕτω τὴν σώσουσαν ὑμεῖς καὶ βοηθήσουσαν
ἅπασιν ἕτοιμον ἔχητε. οὐ γὰρ ἔστι βοηθείαις χρωμένους 47
οὐδέποτ' οὐδὲν τῶν δεόντων πρᾶξαι, ἀλλὰ κατασκευάσαντας
δεῖ δύναμιν, καὶ τροφὴν ταύτῃ πορίσαντας καὶ ταμίας καὶ
δημοσίους, καὶ ὅπως ἔνι τὴν τῶν χρημάτων φυλακὴν ἀκρι-
βεστάτην γενέσθαι, οὕτω ποιήσαντας, τὸν μὲν τῶν χρημάτων
λόγον παρὰ τούτων λαμβάνειν, τὸν δὲ τῶν ἔργων παρὰ
τοῦ στρατηγοῦ. κἂν οὕτω ποιήσητε καὶ ταῦτ' ἐθελήσηθ'
ὡς ἀληθῶς, ἄγειν εἰρήνην δικαίαν καὶ μένειν ἐπὶ τῆς αὐτοῦ

1 τί vulg. et Harpocration s. v. Μάστειρα et x 15 : οὐ S $L^1$ ἂν ἄλλο τις εἴποι S L A Y : ἄλλο τις ἂν εἴπῃ al.: ἄλλο τις εἴπῃ Blass hic et x 15 2 καὶ Μάστειραν] om. $S^1$ $L^1$ καὶ κατασκευάζεται] secl. Weil, cf. § 43 5 Ἀθηναίων S $L^1$ soli : Ἀθήνησι vulg., cf. x 16 7 ὑμᾶς ἐάσειν A Y, cf. x 16 : ἐάσειν ὑμᾶς vulg. : ἐάσειν ἡμᾶς S L 12 ἀνήκεστον vulg. : ἀνείκαστον S $L^1$ : ἀνεικεστον L corr. 14 συμμενεῖ Vrbinas : συμμένοι S L Vind. 1 : συμμένει (vel -ῃ) al. 18 ἔστι $S^1$ vulg. : ἔνεστι S corr. L, cf. x 22 20 καὶ post ταμίας om. vulg. : add. S L A Y B 24 ταῦτ' ἐθελήσητε vulg. (cf. ii 13, x 23) : τότε ἐθελήσητε S $L^1$ soli : τόθ' ἕλησθ' Blass, coll. x 23 : ἕλησθε Y γρ. 25 καὶ ante μένειν om. S $L^1$ Blass : add. vulg.

Φίλιππον ἀναγκάσετε, οὗ μεῖζον οὐδὲν ἂν γένοιτ᾽ ἀγαθόν, ἢ πολεμήσετ᾽ ἐξ ἴσου.

48 Εἰ δέ τῳ δοκεῖ ταῦτα καὶ δαπάνης μεγάλης καὶ πόνων πολλῶν καὶ πραγματείας εἶναι, καὶ μάλ᾽ ὀρθῶς δοκεῖ· ἀλλ᾽ ἐὰν λογίσηται τὰ τῇ πόλει μετὰ ταῦτα γενησόμενα, ἂν ταῦτα μὴ ᾽θέλῃ, εὑρήσει λυσιτελοῦν τὸ ἑκόντας ποιεῖν τὰ δέοντα. 49 εἰ μὲν γάρ ἐστί τις ἐγγυητὴς θεῶν (οὐ γὰρ ἀνθρώπων γ᾽ οὐδεὶς ἂν γένοιτ᾽ ἀξιόχρεως τηλικούτου πράγματος) ὡς, ἐὰν ἄγηθ᾽ ἡσυχίαν καὶ ἅπαντα προῆσθε, οὐκ ἐπ᾽ αὐτοὺς ὑμᾶς [102] τελευτῶν ἐκεῖνος ἥξει, αἰσχρὸν μὲν νὴ τὸν Δία καὶ πάντας θεοὺς καὶ ἀνάξιον ὑμῶν καὶ τῶν ὑπαρχόντων τῇ πόλει καὶ πεπραγμένων τοῖς προγόνοις, τῆς ἰδίας ἕνεκα ῥᾳθυμίας τοὺς ἄλλους πάντας Ἕλληνας εἰς δουλείαν προέσθαι, καὶ ἔγωγ᾽ αὐτὸς μὲν τεθνάναι μᾶλλον ἂν ἢ ταῦτ᾽ εἰρηκέναι βουλοίμην· οὐ μὴν ἀλλ᾽ εἴ τις ἄλλος λέγει καὶ ὑμᾶς πείθει, ἔστω, μὴ ἀμύνεσθε, 50 ἅπαντα πρόεσθε. εἰ δὲ μηδενὶ τοῦτο δοκεῖ, τοὐναντίον δὲ προΐσμεν ἅπαντες, ὅτι ὅσῳ ἂν πλειόνων ἐάσωμεν ἐκεῖνον γενέσθαι κύριον, τοσούτῳ χαλεπωτέρῳ καὶ ἰσχυροτέρῳ χρησόμεθ᾽ ἐχθρῷ, ποῖ ἀναδυόμεθα; ἢ τί μέλλομεν; ἢ πότ᾽, ὦ 51 ἄνδρες Ἀθηναῖοι, τὰ δέοντα ποιεῖν ἐθελήσομεν; ὅταν νὴ Δί᾽ ἀναγκαῖον ᾖ. ἀλλ᾽ ἣν μὲν ἄν τις ἐλευθέρων ἀνθρώπων ἀνάγκην εἴποι, οὐ μόνον ἤδη πάρεστιν, ἀλλὰ καὶ πάλαι παρελήλυθε, τὴν δὲ τῶν δούλων ἀπεύχεσθαι δήπου μὴ γενέσθαι δεῖ. διαφέρει δὲ τί; ὅτι ἐστὶν ἐλευθέρῳ μὲν ἀνθρώπῳ μεγίστη ἀνάγκη ἡ ὑπὲρ τῶν γιγνομένων αἰσχύνη, καὶ μείζω ταύτης οὐκ οἶδ᾽ ἥντιν᾽ ἂν εἴποιμεν· δούλῳ δὲ

3 μεγάλης] πολλῆς F B L corr. et x 24 5 λογίσηται vulg. et rhetores : λογίζηται S L[1] A, cf. x 24 6 ποιεῖν post ἐθέλῃ (θέλῃ S L[1]) add. vulg. hic et x 24 : om. S L[1] 7 post ἐγγυητὴς add. ἡμῖν (vel ὑμῖν) vulg. : om. S L[1] soli 11 τοὺς ante θεοὺς S vulg. : om. A Y 16 μηδενὶ] μηδενὶ μὲν Y O post τοῦτο add. μήτε S L : om. cett. δὲ] τε F[1] B[1] 19 ποῖ] τί al. 21 ἀναγκαῖον S L[1] : ἀνάγκη τις vulg., cf. iv 10, x 27 23 δήπου μὴ γενέσθαι] om. S L[1], habent codd. omn. x 27, cf. xxiv 57, xxv 31 25 γιγνομένων S L[1] A Y et x 27 : πραγμάτων vulg., cf. iv 10 : γιγνομένων πραγμάτων al. 26 εἴποιμεν S L[1] soli : εἴποι τις vulg. et x 27 : εἴπῃ τις al.

πληγαὶ καὶ ὁ τοῦ σώματος αἰκισμός, ἃ μήτε γένοιτο οὔτε
λέγειν ἄξιον.

Πάντα τοίνυν τἄλλ' εἰπὼν ἂν ἡδέως, καὶ δείξας ὃν τρόπον 52
ὑμᾶς ἔνιοι καταπολιτεύονται, τὰ μὲν ἄλλ' ἐάσω· ἀλλ' ἐπειδάν
τι τῶν πρὸς Φίλιππον ἐμπέσῃ, εὐθὺς ἀναστάς τις λέγει τὸ
τὴν εἰρήνην ἄγειν ὡς ἀγαθὸν καὶ τὸ τρέφειν δύναμιν μεγάλην
ὡς χαλεπόν, καὶ 'διαρπάζειν τινὲς τὰ χρήματα βούλονται,'
καὶ τοιούτους λόγους, ἐξ ὧν ἀναβάλλουσι μὲν ὑμᾶς, ἡσυχίαν
δὲ ποιοῦσιν ἐκείνῳ πράττειν ὅ τι βούλεται. ἐκ δὲ τούτων 53
περιγίγνεται, ὑμῖν μὲν ἡ σχολὴ καὶ τὸ μηδὲν ἤδη ποιεῖν, ἃ [103]
δέδοιχ' ὅπως μήποθ' ἡγήσεσθ' ἐπὶ πολλῷ γεγενῆσθαι, τούτοις
δ' αἱ χάριτες καὶ ὁ μισθὸς ὁ τούτων. ἐγὼ δ' οἴομαι τὴν μὲν
εἰρήνην ἄγειν οὐχ ὑμᾶς δεῖν πείθειν, οἳ πεπεισμένοι κάθησθε,
ἀλλὰ τὸν τὰ τοῦ πολέμου πράττοντα· ἂν γὰρ ἐκεῖνος πεισθῇ,
τά γ' ἀφ' ὑμῶν ὑπάρχει· νομίζειν δ' εἶναι χαλεπὰ οὐχ ὅσ' 54
ἂν εἰς σωτηρίαν δαπανῶμεν, ἀλλ' ἃ πεισόμεθα, ἂν ταῦτα μὴ
'θέλωμεν ποιεῖν· καὶ τὸ 'διαρπασθήσεται τὰ χρήματα' τῷ
φυλακὴν εἰπεῖν δι' ἧς σωθήσεται κωλύειν, οὐχὶ τῷ τοῦ
συμφέροντος ἀφεστάναι. καίτοι ἔγωγ' ἀγανακτῶ καὶ αὐτὸ 55
τοῦτ', ὦ ἄνδρες Ἀθηναῖοι, εἰ τὰ μὲν χρήματα λυπεῖ τινὰς
ὑμῶν εἰ διαρπασθήσεται, ἃ καὶ φυλάττειν καὶ κολάζειν τοὺς
ἀδικοῦντας ἐφ' ὑμῖν ἐστι, τὴν δ' Ἑλλάδα πᾶσαν οὑτωσὶ
Φίλιππος ἐφεξῆς ἁρπάζων οὐ λυπεῖ, καὶ ταῦτ' ἐφ' ὑμᾶς
ἁρπάζων.

Τί ποτ' οὖν ἐστι τὸ αἴτιον, ὦ ἄνδρες Ἀθηναῖοι, τὸ τὸν 56
μὲν οὕτω φανερῶς στρατεύοντα, ἀδικοῦντα, πόλεις καταλαμ-
βάνοντα, μηδένα τούτων πώποτ' εἰπεῖν ὡς πόλεμον ποιεῖ,

§§ 52–67, cf. x 55–70 10 ἤδη] εἶναι S L$^1$ 11 ἡγήσεσθε O : ἡγήσεσθαι B : ἡγήσησθε cett., cf. ix 75 15 ὑπάρχει S corr. L corr. et x 56 : ὑπάρχειν S$^1$ L$^1$ : ἕτοιμα ὑπάρχει (vel ὑπάρχει ἕτοιμα) cett., cf. § 5 17 διαρπασθήσεται A O$^1$ B S corr. : διαρπασθήσεσθαι S$^1$ vulg., cf. x 56 18 εἰπεῖν] εὑρεῖν x 56 19 ἀφεστάναι] ἀποστῆναι x 56 S vulg. 23 ἐφεξῆς post Φίλιππος S L : post πᾶσαν vulg. et x 57, cf. xxi 119 25 τὸ τὸν S L A Y F : τοῦ τὸν vulg., cf. ix 63 26 στρατεύοντα om. A et x 58 : del. Dobree 27 ἀδικεῖ καὶ ante πόλεμον ποιεῖ add. vulg. : om. S L$^1$ soli, cf. x 58

τοὺς δὲ μὴ ἐπιτρέπειν μηδὲ προΐεσθαι ταῦτα συμβουλεύοντας,
57 τούτους τὸν πόλεμον ποιήσειν αἰτιᾶσθαι; ἐγὼ διδάξω· ὅτι τὴν ὀργὴν ἣν εἰκός ἐστι γενέσθαι παρ' ὑμῶν, ἄν τι λυπῆσθε τῷ πολέμῳ, εἰς τοὺς ὑπὲρ ὑμῶν λέγοντας τὰ βέλτιστα τρέψαι βούλονται, ἵνα τούτους κρίνητε, μὴ Φίλιππον ἀμύνησθε, καὶ κατηγορῶσιν αὐτοί, μὴ δίκην δῶσιν ὧν ποιοῦσι νῦν. τοῦτ' αὐτοῖς δύναται τὸ λέγειν ὡς ἄρα βούλονταί πόλεμόν τινες ποιῆσαι παρ' ὑμῖν, καὶ περὶ τούτου ἡ διαδικασία αὕτη ἐστίν.
[104] 58 ἐγὼ δ' οἶδ' ἀκριβῶς ὅτι οὐ γράψαντος Ἀθηναίων οὐδενός πω πόλεμον, καὶ ἄλλα πολλὰ Φίλιππος ἔχει τῶν τῆς πόλεως καὶ νῦν εἰς Καρδίαν πέπομφε βοήθειαν. εἰ μέντοι βουλόμεθ' ἡμεῖς μὴ προσποιεῖσθαι πολεμεῖν αὐτὸν ἡμῖν, ἀνοητότατος πάντων ἂν εἴη τῶν ὄντων ἀνθρώπων, εἰ τοῦτ' ἐξελέγχοι.
59 ἀλλ' ἐπειδὰν ἐπ' αὐτοὺς ἡμᾶς ἴῃ, τί φήσομεν; ἐκεῖνος μὲν γὰρ οὐ πολεμεῖν, ὥσπερ οὐδ' Ὠρείταις, τῶν στρατιωτῶν ὄντων ἐν τῇ χώρᾳ, οὐδὲ Φεραίοις πρότερον, πρὸς τὰ τείχη προσβάλλων αὐτῶν, οὐδ' Ὀλυνθίοις ἐξ ἀρχῆς, ἕως ἐν αὐτῇ τῇ χώρᾳ τὸ στράτευμα παρῆν ἔχων. ἢ καὶ τότε τοὺς ἀμύνεσθαι κελεύοντας πόλεμον ποιεῖν φήσομεν; οὐκοῦν ὑπόλοιπον δουλεύειν· οὐ γὰρ ἄλλο γ' οὐδέν ἐστι μεταξὺ τοῦ
60 μήτ' ἀμύνεσθαι μήτ' ἄγειν ἡσυχίαν ἐᾶσθαι. καὶ μὴν οὐχ ὑπὲρ τῶν ἴσων ὑμῖν καὶ τοῖς ἄλλοις ἔσθ' ὁ κίνδυνος· οὐ γὰρ ὑφ' αὑτῷ τὴν πόλιν ποιήσασθαι βούλεται Φίλιππος, ἀλλ' ὅλως ἀνελεῖν. οἶδεν γὰρ ἀκριβῶς ὅτι δουλεύειν μὲν ὑμεῖς οὔτ' ἐθελήσετε, οὔτ', ἂν ἐθελήσητε, ἐπιστήσεσθε (ἄρχειν γὰρ

2 ποιήσειν S L: ποιεῖν cett. et x 58 3 γενέσθαι S L A Y: γίγνεσθαι vulg. ὑμῶν vulg.: ὑμῖν S L soli 6 post κατηγορῶσιν add. μὲν vulg. : om. S L soli post δίκην add. δὲ vulg. : om. S L 8 καὶ περὶ . . . ἐστίν secl. Benseler τούτου S L A: τούτων vulg. 10 πω om. vulg.: add. S L[1] soli. cf. x 60 14 τότε post φήσομεν add. A Y: om. S L[1] B O, cf. x 60 15 post πολεμεῖν add. ἡμῖν A B Y O: ἡμῖν ἐρεῖ vulg. : om. S L[1] et x 61 τῶν] om. S in x 61 16 πρότερον . . . προσβάλλων S L[1]: πρότερον πρὶν ἢ . . . προσβαλεῖν cett., cf. x 61 17 ἂν post ἕως add. vulg. : om. S L B 22 ὑμῖν vulg. : ἡμῖν S L post ὑμῖν add τε vulg. : om. S L 25 ἐπιστήσεσθε S L A: ἐπίστασθε vulg., cf. x 62

εἰώθατε), πράγματα δ' αὐτῷ παρασχεῖν, ἂν καιρὸν λάβητε,
πλείω τῶν ἄλλων ἀνθρώπων ἁπάντων δυνήσεσθε.

Ὡς οὖν ὑπὲρ τῶν ἐσχάτων ὄντος τοῦ ἀγῶνος, οὕτω 61
προσήκει γιγνώσκειν, καὶ τοὺς πεπρακότας αὑτοὺς ἐκείνῳ
μισεῖν κἀποτυμπανίσαι· οὐ γὰρ ἔστιν, οὐκ ἔστι τῶν ἔξω τῆς
πόλεως ἐχθρῶν κρατῆσαι, πρὶν ἂν τοὺς ἐν αὐτῇ τῇ πόλει
κολάσητ' ἐχθρούς. πόθεν οἴεσθε νῦν αὐτὸν ὑβρίζειν ὑμᾶς 62
(οὐδὲν γὰρ ἄλλ' ἔμοιγε δοκεῖ ποιεῖν ἢ τοῦτο) καὶ τοὺς μὲν [105]
ἄλλους εὖ ποιοῦντα, εἰ μηδὲν ἄλλο, ἐξαπατᾶν, ὑμῖν δ' ἀπειλεῖν
ἤδη; οἷον Θετταλοὺς πολλὰ δοὺς ὑπηγάγετ' εἰς τὴν νῦν
παροῦσαν δουλείαν· οὐδ' ἂν εἰπεῖν δύναιτ' οὐδεὶς ὅσα τοὺς
ταλαιπώρους Ὀλυνθίους πρότερον δοὺς Ποτείδαιαν ἐξηπάτησε
καὶ πόλλ' ἕτερα· Θηβαίους νῦν ὑπάγει τὴν Βοιωτίαν αὐτοῖς 63
παραδοὺς καὶ ἀπαλλάξας πολέμου πολλοῦ καὶ χαλεποῦ· ὥστε
καρπωσάμενοί τιν' ἕκαστοι τούτων πλεονεξίαν οἱ μὲν ἤδη
πεπόνθασιν ἃ δὴ πάντες ἴσασιν, οἱ δ' ὅταν ποτὲ συμβῇ
πείσονται. ὑμεῖς δ' ὧν μὲν †ἀπεστέρησθε,† σιωπῶ· ἀλλ'
ἐν αὐτῷ τῷ τὴν εἰρήνην ποιήσασθαι, πόσ' ἐξηπάτησθε,
πόσων ἀπεστέρησθε. οὐχὶ Φωκέας, οὐ Πύλας, οὐχὶ τἀπὶ 64
Θρᾴκης, Δορίσκον, Σέρριον, τὸν Κερσοβλέπτην αὐτόν; οὐ
νῦν τὴν πόλιν τὴν Καρδιανῶν ἔχει καὶ ὁμολογεῖ; τί ποτ'
οὖν ἐκείνως τοῖς ἄλλοις καὶ οὐ τὸν αὐτὸν τρόπον ὑμῖν
προσφέρεται; ὅτι ἐν μόνῃ τῶν πασῶν πόλεων τῇ ὑμετέρᾳ

3 ὄντος] ἐσομένου x 63 οὕτω προσήκει A Y et x 63: προσῆκεν οὕτω S L[1] O F: προσήκει οὕτω al. 7 ἐχθρούς S[1] L: ἐχθροὺς ὑπηρετοῦντας ἐκείνῳ (cf. ix 53), ἀλλ' ἀνάγκη τούτοις ὥσπερ προβόλοις προσπταίοντας ὑστερίζειν ἐκείνων vulg. εἰς ante ὑμᾶς add. vulg.: om. S L A B Y, cf. x 24 10 ὑπηγάγετο vulg. et x 64: ἐπηγάγετο S L[1] soli, cf. v 10 12 Ποτείδαιαν secl. Wecklein 13 καὶ πόλλ' ἕτερα secl. Wecklein 16 πάντες ἴσασιν] πεπόνθασιν x 65 S ὅταν S L A (cf. xxiv 175): ὅ τι ἄν vulg. et x 65 17 ἀπεστέρησθε] sic etiam x 65: ὧν μὲν ἀπεστέρησθε τέως (mox deletis πόσων ἀπεστ.) Dobree: ὧν μὲν προαπεστέρησθε coni. Weil.: ὧν μὲν ἀπεστερεῖσθε Blass. At, nisi fallor, verum vocabulum expulit illud ex sequentibus repetitum ἀπεστέρησθε: huiusmodi certe aliquid sensu exigitur, 'quae vi et armis olim capta sunt' 22 ἐκείνως] ἐκεῖνος al. et x 66 vulg.

ἄδει' ὑπὲρ τῶν ἐχθρῶν λέγειν δέδοται, καὶ λαβόντα χρήματ' αὐτὸν ἀσφαλές ἐστι λέγειν παρ' ὑμῖν, κἂν ἀφῃρημένοι τὰ ὑμέτερ' αὐτῶν ἦτε. οὐκ ἦν ἀσφαλὲς λέγειν ἐν Ὀλύνθῳ τὰ Φιλίππου μὴ σὺν εὖ πεπονθότων τῶν πολλῶν Ὀλυνθίων τῷ
65 Ποτείδαιαν καρποῦσθαι· οὐκ ἦν ἀσφαλὲς λέγειν ἐν Θετταλίᾳ τὰ Φιλίππου μὴ σὺν εὖ πεπονθότος τοῦ πλήθους τοῦ Θετταλῶν τῷ τοὺς τυράννους ἐκβαλεῖν Φίλιππον αὐτοῖς καὶ τὴν Πυλαίαν ἀποδοῦναι· οὐκ ἦν ἐν Θήβαις ἀσφαλές, πρὶν τὴν
[106] 66 Βοιωτίαν ἀπέδωκε καὶ τοὺς Φωκέας ἀνεῖλεν. ἀλλ' Ἀθήνησιν, οὐ μόνον Ἀμφίπολιν καὶ τὴν Καρδιανῶν χώραν ἀπεστερηκότος Φιλίππου, ἀλλὰ καὶ κατασκευάζοντος ὑμῖν ἐπιτείχισμα τὴν Εὔβοιαν καὶ νῦν ἐπὶ Βυζάντιον παριόντος, ἀσφαλές ἐστι λέγειν ὑπὲρ Φιλίππου. καὶ γάρ τοι τούτων μὲν ἐκ πτωχῶν ἔνιοι ταχὺ πλούσιοι γίγνονται, καὶ ἐξ ἀνωνύμων καὶ ἀδόξων ἔνδοξοι καὶ γνώριμοι, ὑμεῖς δὲ τοὐναντίον ἐκ μὲν ἐνδόξων ἄδοξοι, ἐκ δ' εὐπόρων ἄποροι· πόλεως γὰρ ἔγωγε πλοῦτον ἡγοῦμαι συμμάχους, πίστιν, εὔνοιαν, ὧν πάντων ἔσθ' ὑμεῖς
67 ἄποροι. ἐκ δὲ τοῦ τούτων ὀλιγώρως ἔχειν καὶ ἐᾶν ταῦτα φέρεσθαι ὁ μὲν εὐδαίμων καὶ μέγας καὶ φοβερὸς πᾶσιν Ἕλλησι καὶ βαρβάροις, ὑμεῖς δ' ἔρημοι καὶ ταπεινοί, τῇ τῶν ὠνίων ἀφθονίᾳ λαμπροί, τῇ δ' ὧν προσῆκε παρασκευῇ καταγέλαστοι. οὐ τὸν αὐτὸν δὲ τρόπον περί θ' ὑμῶν καὶ περὶ αὐτῶν ἐνίους τῶν λεγόντων ὁρῶ βουλευομένους· ὑμᾶς μὲν γὰρ ἡσυχίαν ἄγειν φασὶ δεῖν, κἄν τις ὑμᾶς ἀδικῇ, αὐτοὶ δ' οὐ δύνανται παρ' ὑμῖν ἡσυχίαν ἄγειν οὐδενὸς αὐτοὺς ἀδικοῦντος.

4 σὺν εὖ πεπονθότων A (distinctis vocibus): συνευπεπονθύτων cett. 5 λέγειν secl. Herwerden 6 τὰ Φιλίππου secl. Herwerden: om. S L A Y in x 67 μὴ σὺν] μηδὲν S vulg. τοῦ Θετταλῶν] τῶν Θετταλῶν S A O 13 ὑπὲρ] περὶ $S^1$ $L^1$ καὶ γάρ τοι S L A Y et x 68: τοιγάρτοι vulg. 14 γίγνονται S L: γεγόνασι vulg., cf. iii 29, x 68 18 ἐκ δὲ τοῦ] ἑκάστου S $L^1$ F γρ. Vind. 1 ὑμᾶς ante ἔχειν add. vulg. et x 69: om. S $L^1$ A $F^1$ ταῦτα φέρεσθαι codd. fere omnes: ταῦτα (corr. τούτων) στέρεσθαι S: ταύτῃ φέρεσθαι Weil, fort. recte: τοῦτον τὸν τρόπον τὰ πράγματα φέρεσθαι (προσφέρεσθαι S) x 69 vulg.: τὰ πράγματα x 69 om. S $A^1$

Εἶτα φησὶν ὃς ἂν τύχῃ παρελθών ‘οὐ γὰρ ἐθέλεις γράφειν, 68
οὐδὲ κινδυνεύειν, ἀλλ’ ἄτολμος εἶ καὶ μαλακός.’ ἐγὼ δὲ
θρασὺς μὲν καὶ βδελυρὸς καὶ ἀναιδὴς οὔτ’ εἰμὶ μήτε γενοίμην,
ἀνδρειότερον μέντοι πολλῶν πάνυ τῶν ἰταμῶς πολιτευομένων
παρ’ ὑμῖν ἐμαυτὸν ἡγοῦμαι. ὅστις μὲν γάρ, ὦ ἄνδρες 69
Ἀθηναῖοι, παριδὼν ἃ συνοίσει τῇ πόλει, κρίνει, δημεύει,
δίδωσι, κατηγορεῖ, οὐδεμιᾷ ταῦτ’ ἀνδρείᾳ ποιεῖ, ἀλλ’ ἔχων
ἐνέχυρον τῆς αὑτοῦ σωτηρίας τὸ πρὸς χάριν ὑμῖν λέγειν καὶ [107]
πολιτεύεσθαι, ἀσφαλῶς θρασύς ἐστιν· ὅστις δ’ ὑπὲρ τοῦ
βελτίστου πολλὰ τοῖς ὑμετέροις ἐναντιοῦται βουλήμασι,
καὶ μηδὲν λέγει πρὸς χάριν ἀλλὰ τὸ βέλτιστον ἀεί, καὶ
τὴν τοιαύτην πολιτείαν προαιρεῖται ἐν ᾗ πλειόνων ἡ τύχη
κυρία γίγνεται ἢ οἱ λογισμοί, τούτων δ’ ἀμφοτέρων ἑαυτὸν
ὑπεύθυνον ὑμῖν παρέχει, οὗτός ἐστ’ ἀνδρεῖος, καὶ χρήσιμός 70
γε πολίτης ὁ τοιοῦτός ἐστιν, οὐχ οἱ τῆς παρ’ ἡμέραν χάριτος
τὰ μέγιστα τῆς πόλεως ἀπολωλεκότες, οὓς ἐγὼ τοσούτου
δέω ζηλοῦν ἢ νομίζειν ἀξίους πολίτας τῆς πόλεως εἶναι,
ὥστ’ εἴ τις ἔροιτό με, ‘εἰπέ μοι, σὺ δὲ δὴ τί τὴν πόλιν
ἡμῖν ἀγαθὸν πεποίηκας;’ ἔχων, ὦ ἄνδρες Ἀθηναῖοι, καὶ
τριηραρχίας εἰπεῖν καὶ χορηγίας καὶ χρημάτων εἰσφορὰς
καὶ λύσεις αἰχμαλώτων καὶ τοιαύτας ἄλλας φιλανθρωπίας, 71
οὐδὲν ἂν τούτων εἴποιμι, ἀλλ’ ὅτι τῶν τοιούτων πολιτευμάτων οὐδὲν πολιτεύομαι, ἀλλὰ δυνάμενος ἂν ἴσως, ὥσπερ καὶ ἕτεροι, καὶ κατηγορεῖν καὶ χαρίζεσθαι καὶ δημεύειν καὶ τἄλλ’ ἃ ποιοῦσιν οὗτοι ποιεῖν, οὐδ’ ἐφ’ ἓν τούτων πώποτ’ ἐμαυτὸν ἔταξα, οὐδὲ προήχθην οὔθ’ ὑπὸ κέρδους οὔθ’ ὑπὸ φιλοτιμίας, ἀλλὰ διαμένω λέγων ἐξ ὧν ἐγὼ μὲν πολλῶν ἐλάττων εἰμὶ παρ’ ὑμῖν, ὑμεῖς δ’, εἰ πείσεσθέ μοι,

3 μήτε] οὔτε S L[1] 13 ἑαυτὸν ante ὑπεύθυνον S L A Y : post ὑπεύθυνον vulg. 15 γε] om. S L[1] Vind. 1 18 δὴ post δὲ om. S L O[1] Vind. 1 : add. vulg. 19 ἡμῖν S L Vind. 1 : ἡμῶν vulg. 23 πολιτεύομαι S L B O : πεπολίτευμαι A Y O corr. 24 καὶ ante κατηγορεῖν om. vulg. : add. S L A Y 25 ἓν S L[1] (ut videtur) : ἑνὶ vulg. 27 διαμένω vulg. : om. S[1] L[1] : διατελῶ S marg. 28 πείσεσθε E. Müller : πείθεσθε S L Vind. 1 : πείθοισθε vulg.

72 μείζους ἂν εἴητε· οὕτω γὰρ ἴσως ἀνεπίφθονον εἰπεῖν. οὐδ'
ἔμοιγε δοκεῖ δικαίου τοῦτ' εἶναι πολίτου, τοιαῦτα πολι-
τεύμαθ' εὑρίσκειν ἐξ ὧν ἐγὼ μὲν πρῶτος ὑμῶν ἔσομαι
εὐθέως, ὑμεῖς δὲ τῶν ἄλλων ὕστατοι· ἀλλὰ συναυξά-
νεσθαι δεῖ τὴν πόλιν τοῖς τῶν ἀγαθῶν πολιτῶν πολιτεύ-
μασι, καὶ τὸ βέλτιστον ἀεί, μὴ τὸ ῥᾷστον ἅπαντας
[108] λέγειν· ἐπ' ἐκεῖνο μὲν γὰρ ἡ φύσις αὐτὴ βαδιεῖται, ἐπὶ
τοῦτο δὲ τῷ λόγῳ δεῖ προάγεσθαι διδάσκοντα τὸν ἀγαθὸν
πολίτην.

73 Ἤδη τοίνυν τινὸς ἤκουσα τοιοῦτόν τι λέγοντος, ὡς ἄρ'
ἐγὼ λέγω μὲν ἀεὶ τὰ βέλτιστα, ἔστιν δ' οὐδὲν ἀλλ' ἢ λόγοι
τὰ παρ' ἐμοῦ, δεῖ δ' ἔργων τῇ πόλει καὶ πράξεώς τινος.
ἐγὼ δ' ὡς ἔχω περὶ τούτων, λέξω πρὸς ὑμᾶς καὶ οὐκ ἀπο-
κρύψομαι. οὐδ' εἶναι νομίζω τοῦ συμβουλεύοντος ὑμῖν
ἔργον οὐδὲν πλὴν εἰπεῖν τὰ βέλτιστα. καὶ τοῦθ' ὅτι τοῦτον
74 ἔχει τὸν τρόπον ῥᾳδίως οἶμαι δείξειν. ἴστε γὰρ δήπου
τοῦθ' ὅτι Τιμόθεός ποτ' ἐκεῖνος ἐν ὑμῖν ἐδημηγόρησεν ὡς
δεῖ βοηθεῖν καὶ τοὺς Εὐβοέας σῴζειν, ὅτε Θηβαῖοι κατε-
δουλοῦντ' αὐτούς, καὶ λέγων εἶπεν οὕτω πως· 'εἰπέ μοι,
βουλεύεσθε,' ἔφη, 'Θηβαίους ἔχοντες ἐν νήσῳ, τί χρήσεσθε
καὶ τί δεῖ ποιεῖν; οὐκ ἐμπλήσετε τὴν θάλατταν, ὦ ἄνδρες
Ἀθηναῖοι, τριήρων; οὐκ ἀναστάντες ἤδη πορεύσεσθ' εἰς τὸν
75 Πειραιᾶ; οὐ καθέλξετε τὰς ναῦς;' οὐκοῦν εἶπε μὲν ταῦθ'
ὁ Τιμόθεος, ἐποιήσατε δ' ὑμεῖς· ἐκ δὲ τούτων ἀμφοτέρων
τὸ πρᾶγμ' ἐπράχθη. εἰ δ' ὁ μὲν εἶπεν ὡς οἷόν τε [τὰ] ἄριστα,
ὥσπερ εἶπεν, ὑμεῖς δ' ἀπερρᾳθυμήσατε καὶ μηδὲν ὑπ-
ηκούσατε, ἆρ' ἂν ἦν γεγονός τι τῶν τότε συμβάντων τῇ
πόλει; οὐχ οἷόν τε. οὕτω τοίνυν καὶ περὶ ὧν ἂν ἐγὼ λέγω
καὶ περὶ ὧν ἂν ὁ δεῖν' εἴπῃ, τὰ μὲν ἔργα παρ' ὑμῶν αὐτῶν

1 ἂν ante ἴσως add. SFO: om. AY 10 καὶ ante τοιοῦτον add. vulg.: om. SL[1]A 14 οὐδ' SL: οὐκ cett. 22 πορεύσεσθε S Vind. 1: πορεύεσθε AFBYO 25 τὰ del. Cobet 26 post εἶπεν add. τότε vulg.: om. SAY 28 νῦν (vel νυνὶ) post λέγω add. vulg.: om. SL[1]FB 29 καὶ περὶ ὧν ἂν ὁ δεῖν' εἴπῃ om. SL[1]: add. cett.

ζητεῖτε, †τὰ δὲ βέλτιστα ἐπιστήμῃ† λέγειν παρὰ τοῦ παριόντος.

Ἐν κεφαλαίῳ δ' ἃ λέγω φράσας καταβῆναι βούλομαι. 76 χρήματ' εἰσφέρειν φημὶ δεῖν· τὴν ὑπάρχουσαν δύναμιν συνέχειν, ἐπανορθοῦντας εἴ τι δοκεῖ μὴ καλῶς ἔχειν, μὴ [109] ὅσοις ἄν τις αἰτιάσηται τὸ ὅλον καταλύοντας· πρέσβεις ἐκπέμπειν πανταχοῖ τοὺς διδάξοντας, νουθετήσοντας, πράξοντας· παρὰ πάντα ταῦτα τοὺς ἐπὶ τοῖς πράγμασι δωροδοκοῦντας κολάζειν καὶ μισεῖν πανταχοῦ, ἵν' οἱ μέτριοι καὶ δικαίους αὑτοὺς παρέχοντες εὖ βεβουλεῦσθαι δοκῶσι καὶ τοῖς ἄλλοις καὶ ἑαυτοῖς. ἂν οὕτω τοῖς πράγμασι χρῆσθε 77 καὶ παύσησθ' ὀλιγωροῦντες ἁπάντων, ἴσως ἄν, ἴσως καὶ νῦν ἔτι βελτίω γένοιτο. εἰ μέντοι καθεδεῖσθε, ἄχρι τοῦ θορυβῆσαι καὶ ἐπαινέσαι σπουδάζοντες, ἐὰν δὲ δέῃ τι ποιεῖν ἀναδυόμενοι, οὐχ ὁρῶ λόγον ὅστις ἄνευ τοῦ ποιεῖν ὑμᾶς ἃ προσήκει δυνήσεται τὴν πόλιν σῶσαι.

1 τὰ δὲ βέλτιστα ἐπιστήμῃ λέγειν codd. : ἃ δὲ βέλτιστ' ἢ μὴ [λέγειν] Blass : ἃ δὲ βέλτιστ' ἔνεστι λέγειν coni. Sandys  6 ὅσοις S L[1] : οἷς cett.  7 ὅσα ἂν δύνωνται τῇ πόλει post πράξοντας add. vulg. : om. S[1] L[1] soli  9 ἀεὶ καὶ ante πανταχοῦ add. vulg. : om. S L[1]  13 τὰ λοιπὰ ante βελτίω add. vulg. : post βελτίω add. A Y : om. S L[1] Vind. 1

In S subscriptum

ΠΕΡΙ ΤΩΝ ΕΝ ΧΕΡΡΟΝΗΣΩΙ

[Η] [Δ] Δ Δ Δ Δ

# IX

# ΚΑΤΑ ΦΙΛΙΠΠΟΥ Γ

### ΥΠΟΘΕΣΙΣ.

Ἁπλῆ τοῦ λόγου τούτου ἡ ὑπόθεσις· Φιλίππου γὰρ λόγῳ μὲν εἰρήνην ἄγοντος, ἔργῳ δὲ πόλλ' ἀδικοῦντος, συμβουλεύει τοῖς Ἀθηναίοις ὁ ῥήτωρ ἀναστῆναι καὶ ἀμύνασθαι τὸν βασιλέα, ὡς κινδύνου μεγάλου καὶ αὐτοῖς ἐπικρεμαμένου καὶ πᾶσι κοινῇ τοῖς Ἕλλησιν.

[110] Πολλῶν, ὦ ἄνδρες Ἀθηναῖοι, λόγων γιγνομένων ὀλίγου δεῖν καθ' ἑκάστην ἐκκλησίαν περὶ ὧν Φίλιππος, ἀφ' οὗ τὴν εἰρήνην ἐποιήσατο, οὐ μόνον ὑμᾶς, ἀλλὰ καὶ τοὺς ἄλλους ἀδικεῖ, καὶ πάντων οἶδ' ὅτι φησάντων γ' ἄν, εἰ καὶ μὴ ποιοῦσι τοῦτο, καὶ λέγειν δεῖν καὶ πράττειν ὅπως ἐκεῖνος παύσεται τῆς ὕβρεως καὶ δίκην δώσει, εἰς τοῦθ' ὑπηγμένα πάντα τὰ πράγματα καὶ προειμέν' ὁρῶ, ὥστε δέδοικα μὴ βλάσφημον μὲν εἰπεῖν, ἀληθὲς δ' ᾖ· εἰ καὶ λέγειν ἅπαντες ἐβούλονθ' οἱ παριόντες καὶ χειροτονεῖν ὑμεῖς ἐξ ὧν ὡς φαυλότατ' ἔμελλε τὰ πράγμαθ' ἕξειν, οὐκ ἂν ἡγοῦμαι δύ-
2 νασθαι χεῖρον ἢ νῦν διατεθῆναι. πολλὰ μὲν οὖν ἴσως ἐστὶν αἴτια τούτων, καὶ οὐ παρ' ἓν οὐδὲ δύ' εἰς τοῦτο τὰ πράγματ' ἀφῖκται, μάλιστα δ', ἄνπερ ἐξετάζητ' ὀρθῶς, εὑρήσετε διὰ τοὺς χαρίζεσθαι μᾶλλον ἢ τὰ βέλτιστα λέγειν προαιρουμένους, ὧν τινες μέν, ὦ ἄνδρες Ἀθηναῖοι, ἐν οἷς εὐδοκιμοῦσιν αὐτοὶ καὶ δύνανται, ταῦτα φυλάττοντες οὐδεμίαν

8 Ἕλληνας post ἄλλους add. vulg. : om. $S^1$ $L^1$ soli   10 ἅπασι προσήκειν post πράττειν add. vulg. : om. S $L^1$ soli   13 δ' ᾖ vulg. : δέ $S^1$ $L^1$ $F^1$   17 τούτων S $L^1$ : τοῦ ταῦθ' οὕτως ἔχειν vulg.

περὶ τῶν μελλόντων πρόνοιαν ἔχουσιν, οὐκοῦν οὐδ' ὑμᾶς οἴον-
ται δεῖν ἔχειν, ἕτεροι δὲ τοὺς ἐπὶ τοῖς πράγμασιν ὄντας αἰτιώ-
μενοι καὶ διαβάλλοντες οὐδὲν ἄλλο ποιοῦσιν ἢ ὅπως ἡ μὲν
πόλις αὐτὴ παρ' αὑτῆς δίκην λήψεται καὶ περὶ τοῦτ' ἔσται, [111]
Φιλίππῳ δ' ἐξέσται καὶ λέγειν καὶ πράττειν ὅ τι βούλεται.
αἱ δὲ τοιαῦται πολιτεῖαι συνήθεις μέν εἰσιν ὑμῖν, αἴτιαι δὲ 3
τῶν κακῶν. ἀξιῶ δ', ὦ ἄνδρες Ἀθηναῖοι, ἄν τι τῶν ἀληθῶν
μετὰ παρρησίας λέγω, μηδεμίαν μοι διὰ τοῦτο παρ' ὑμῶν
ὀργὴν γενέσθαι. σκοπεῖτε γὰρ ὡδί. ὑμεῖς τὴν παρρησίαν
ἐπὶ μὲν τῶν ἄλλων οὕτω κοινὴν οἴεσθε δεῖν εἶναι πᾶσι τοῖς
ἐν τῇ πόλει, ὥστε καὶ τοῖς ξένοις καὶ τοῖς δούλοις αὐτῆς
μεταδεδώκατε, καὶ πολλοὺς ἄν τις οἰκέτας ἴδοι παρ' ἡμῖν
μετὰ πλείονος ἐξουσίας ὅ τι βούλονται λέγοντας ἢ πολίτας
ἐν ἐνίαις τῶν ἄλλων πόλεων, ἐκ δὲ τοῦ συμβουλεύειν παν-
τάπασιν ἐξεληλάκατε. εἶθ' ὑμῖν συμβέβηκεν ἐκ τούτου ἐν 4
μὲν ταῖς ἐκκλησίαις τρυφᾶν καὶ κολακεύεσθαι πάντα πρὸς
ἡδονὴν ἀκούουσιν, ἐν δὲ τοῖς πράγμασι καὶ τοῖς γιγνο-
μένοις περὶ τῶν ἐσχάτων ἤδη κινδυνεύειν. εἰ μὲν οὖν καὶ
νῦν οὕτω διάκεισθε, οὐκ ἔχω τί λέγω· εἰ δ' ἃ συμφέρει
χωρὶς κολακείας ἐθελήσετ' ἀκούειν, ἕτοιμος λέγειν. καὶ
γὰρ εἰ πάνυ φαύλως τὰ πράγματ' ἔχει καὶ πολλὰ προεῖται,
ὅμως ἔστιν, ἐὰν ὑμεῖς τὰ δέοντα ποιεῖν βούλησθε, ἔτι πάντα
ταῦτ' ἐπανορθώσασθαι. καὶ παράδοξον μὲν ἴσως ἐστὶν ὃ 5
μέλλω λέγειν, ἀληθὲς δέ· τὸ χείριστον ἐν τοῖς παρελη-
λυθόσι, τοῦτο πρὸς τὰ μέλλοντα βέλτιστον ὑπάρχει. τί
οὖν ἐστι τοῦτο; ὅτι οὔτε μικρὸν οὔτε μέγ' οὐδὲν τῶν δεόν-
των ποιούντων ὑμῶν κακῶς τὰ πράγματ' ἔχει, ἐπεί τοι, εἰ [112]
πάνθ' ἃ προσῆκε πραττόντων οὕτως διέκειτο, οὐδ' ἂν ἐλπὶς

1 οὐκοῦν . . . ἔχειν om. S¹ L¹. Haec et alia e duplici recensione, ut videtur, orta litteris minoribus exprimenda curavi, praeeunte Blassio 3 μὲν om. S L¹ 4 αὐτὴ παρ' αὑτῆς vulg. : παρ' αὑτῆς S L¹ 6 αἴτιαι S¹ L¹ et plerique 7 τῶν κακῶν S¹ L¹ : τῶν κακῶν καὶ τῶν ἁμαρτημάτων A : τῆς ταραχῆς καὶ τῶν ἁμαρτημάτων vulg. 19 τοῖς πράγμασι (vel τῇ πόλει) post συμφέρει add. vulg. : om. S L¹ 26 οὐδ' ἓν Weil 27 τοι S L¹ : τοί γε vulg., cf. iv 2 28 προσῆκε S L : προσήκει cett., cf. iv 2

ἦν αὐτὰ γενέσθαι βελτίω. νῦν δὲ τῆς ῥᾳθυμίας τῆς ὑμετέρας καὶ τῆς ἀμελίας κεκράτηκε Φίλιππος, τῆς πόλεως δ' οὐ κεκράτηκεν· οὐδ' ἥττησθ' ὑμεῖς, ἀλλ' οὐδὲ κεκίνησθε.
6 Εἰ μὲν οὖν ἅπαντες ὡμολογοῦμεν Φίλιππον τῇ πόλει πολεμεῖν
καὶ τὴν εἰρήνην παραβαίνειν, οὐδὲν ἄλλ' ἔδει τὸν παριόντα λέγειν καὶ συμβουλεύειν ἢ ὅπως ἀσφαλέστατα καὶ ῥᾷστ' αὐτὸν ἀμυνούμεθα· ἐπειδὴ δ' οὕτως ἀτόπως ἔνιοι διάκεινται, ὥστε πόλεις καταλαμβάνοντος ἐκείνου καὶ πολλὰ τῶν ὑμετέρων ἔχοντος καὶ πάντας ἀνθρώπους ἀδικοῦντος ἀνέχεσθαί τινων ἐν ταῖς ἐκκλησίαις λεγόντων πολλάκις ὡς ἡμῶν τινές εἰσιν οἱ ποιοῦντες τὸν πόλεμον, ἀνάγκη
7 φυλάττεσθαι καὶ διορθοῦσθαι περὶ τούτου· ἔστι γὰρ δέος μήποθ'
ὡς ἀμυνούμεθα γράψας τις καὶ συμβουλεύσας εἰς τὴν αἰτίαν ἐμπέσῃ τοῦ πεποιηκέναι τὸν πόλεμον. [ἐγὼ δὴ τοῦτο πρῶτον ἁπάντων λέγω καὶ διορίζομαι· εἰ ἐφ' ἡμῖν ἐστι τὸ βουλεύεσθαι
8 περὶ τοῦ πότερον εἰρήνην ἄγειν ἢ πολεμεῖν δεῖ . . .]. Εἰ μὲν
οὖν ἔξεστιν εἰρήνην ἄγειν τῇ πόλει καὶ ἐφ' ἡμῖν ἐστι τοῦτο, ἵν' ἐντεῦθεν ἄρξωμαι, φήμ' ἔγωγ' ἄγειν ἡμᾶς δεῖν, καὶ τὸν ταῦτα λέγοντα γράφειν καὶ πράττειν καὶ μὴ φενακίζειν ἀξιῶ· εἰ δ' ἕτερος τὰ ὅπλ' ἐν ταῖς χερσὶν ἔχων καὶ δύναμιν πολλὴν περὶ αὐτὸν τοὔνομα μὲν τὸ τῆς εἰρήνης ὑμῖν προβάλλει, τοῖς δ' ἔργοις αὐτὸς τοῖς τοῦ πολέμου χρῆται, τί λοιπὸν ἄλλο πλὴν ἀμύνεσθαι; φάσκειν δ' εἰρήνην ἄγειν
[113] 9 εἰ βούλεσθε, ὥσπερ ἐκεῖνος, οὐ διαφέρομαι. εἰ δέ τις
ταύτην εἰρήνην ὑπολαμβάνει, ἐξ ἧς ἐκεῖνος πάντα τἆλλα λαβὼν ἐφ' ἡμᾶς ἥξει, πρῶτον μὲν μαίνεται, ἔπειτ' ἐκείνῳ παρ' ὑμῶν, οὐχ ὑμῖν παρ' ἐκείνου τὴν εἰρήνην λέγει· τοῦτο δ' ἐστὶν ὃ τῶν ἀναλισκομένων χρημάτων πάντων Φίλιππος ὠνεῖται, αὐτὸς μὲν πολεμεῖν ὑμῖν, ὑφ' ὑμῶν δὲ μὴ πολεμεῖσθαι.

1 μὲν ante ῥᾳθυμίας add. vulg. : om. S L[1] 4–15 εἰ μὲν οὖν . . . πολεμεῖν δεῖ om. S[1] L[1] 6 ὅπως ὡς Reiske coll. xiv 14 αὐτὸν om. Y 12 ὡς codd. : ὅπως Franke, cf. xxiv 190 13–15 ἐγὼ δὴ . . . πολεμεῖν δεῖ, ut in altera recensione (§ 8 εἰ μὲν οὖν . . . ἄρξωμαι) repetita, seclusi 14 διορίζομαι· Weil : διορίζομαι, edd. plerique 15 post πολεμεῖν δεῖ recte, nisi fallor, ⟨φήμ' ἔγωγ' εἰρήνην ἄγειν⟩ supplet Weil e § 8 20 προβάλλει S L[1] : προβάλλεται vulg. 26 εἰρήνην] εἰρήνην ἄγειν vulg.

Καὶ μὴν εἰ μέχρι τούτου περιμενοῦμεν, ἕως ἂν ἡμῖν 10
ὁμολογήσῃ πολεμεῖν, πάντων ἐσμὲν εὐηθέστατοι· οὐδὲ γὰρ
ἂν ἐπὶ τὴν Ἀττικὴν αὐτὴν βαδίζῃ καὶ τὸν Πειραιᾶ, τοῦτ'
ἐρεῖ, εἴπερ οἷς πρὸς τοὺς ἄλλους πεποίηκε δεῖ τεκμαίρεσθαι.
τοῦτο μὲν γὰρ Ὀλυνθίοις, τετταράκοντ' ἀπέχων τῆς πόλεως 11
στάδια, εἶπεν ὅτι δεῖ δυοῖν θάτερον, ἢ ἐκείνους ἐν Ὀλύνθῳ
μὴ οἰκεῖν ἢ αὑτὸν ἐν Μακεδονίᾳ, πάντα τὸν ἄλλον χρόνον,
εἴ τις αὐτὸν αἰτιάσαιτό τι τοιοῦτον, ἀγανακτῶν καὶ πρέσβεις
πέμπων τοὺς ἀπολογησομένους· τοῦτο δ' εἰς Φωκέας ὡς
πρὸς συμμάχους ἐπορεύετο, καὶ πρέσβεις Φωκέων ἦσαν οἳ
παρηκολούθουν αὐτῷ πορευομένῳ, καὶ παρ' ἡμῖν ἤριζον οἱ
πολλοὶ Θηβαίοις οὐ λυσιτελήσειν τὴν ἐκείνου πάροδον.
καὶ μὴν καὶ Φερὰς πρώην ὡς φίλος καὶ σύμμαχος εἰς 12
Θετταλίαν ἐλθὼν ἔχει καταλαβών, καὶ τὰ τελευταῖα τοῖς
ταλαιπώροις Ὠρείταις τουτοισὶ ἐπισκεψομένους ἔφη τοὺς
στρατιώτας πεπομφέναι κατ' εὔνοιαν· πυνθάνεσθαι γὰρ
αὐτοὺς ὡς νοσοῦσι καὶ στασιάζουσιν, συμμάχων δ' εἶναι
καὶ φίλων ἀληθινῶν ἐν τοῖς τοιούτοις καιροῖς παρεῖναι. εἶτ' 13
οἴεσθ' αὐτόν, οἳ ἐποίησαν μὲν οὐδὲν ἂν κακόν, μὴ παθεῖν
δ' ἐφυλάξαντ' ἂν ἴσως, τούτους μὲν ἐξαπατᾶν αἱρεῖσθαι [114]
μᾶλλον ἢ προλέγοντα βιάζεσθαι, ὑμῖν δ' ἐκ προρρήσεως
πολεμήσειν, καὶ ταῦθ' ἕως ἂν ἑκόντες ἐξαπατᾶσθε; οὐκ ἔστι 14
ταῦτα· καὶ γὰρ ἂν ἀβελτερώτατος εἴη πάντων ἀνθρώπων,
εἰ τῶν ἀδικουμένων ὑμῶν μηδὲν ἐγκαλούντων αὐτῷ, ἀλλ'
ὑμῶν αὐτῶν τινὰς αἰτιωμένων, ἐκεῖνος ἐκλύσας τὴν πρὸς
ἀλλήλους ἔριν ὑμῶν καὶ φιλονικίαν ἐφ' αὑτὸν προείποι τρέ-
πεσθαι, καὶ τῶν παρ' ἑαυτοῦ μισθοφορούντων τοὺς λόγους
ἀφέλοιτο, οἷς ἀναβάλλουσιν ὑμᾶς, λέγοντες ὡς ἐκεῖνός γ'
οὐ πολεμεῖ τῇ πόλει.

7 αὑτὸν Vind. 1 : αὐτὸν S O B μὴ ante ἐν Μακεδονίᾳ add. Cobet 11 οἱ om. vulg. : add. S L 17 στασιάζουσιν S L[1] A : secl. Cobet : στασιάζουσιν ἐν αὐτοῖς vulg. 19 οἳ S L : οἳ μὲν vulg. Dionys. Hal. pp. 948, 978 ἐποίησαν μὲν οὐδὲν ἂν κακὸν S L : οὐδὲν ἂν αὐτὸν ἐδυνήθησαν ποιῆσαι κακὸν vulg. Dionys. Hal. 25 post αἰτιωμένων add. καὶ κρίνειν βουλομένων vulg. : om. S L[1]

15 Ἀλλ' ἔστιν, ὦ πρὸς τοῦ Διός, ὅστις εὖ φρονῶν ἐκ τῶν
ὀνομάτων μᾶλλον ἢ τῶν πραγμάτων τὸν ἄγοντ' εἰρήνην ἢ
πολεμοῦνθ' αὑτῷ σκέψαιτ' ἄν; οὐδεὶς δήπου. ὁ τοίνυν
Φίλιππος ἐξ ἀρχῆς, ἄρτι τῆς εἰρήνης γεγονυίας, οὔπω Διο-
πείθους στρατηγοῦντος οὐδὲ τῶν ὄντων ἐν Χερρονήσῳ νῦν
ἀπεσταλμένων, Σέρριον καὶ Δορίσκον ἐλάμβανε καὶ τοὺς
ἐκ Σερρείου τείχους καὶ Ἱεροῦ ὄρους στρατιώτας ἐξέβαλλεν,
16 οὓς ὁ ὑμέτερος στρατηγὸς κατέστησεν. καίτοι ταῦτα πράτ-
των τί ἐποίει; εἰρήνην μὲν γὰρ ὀμωμόκει. καὶ μηδεὶς
εἴπῃ, 'τί δὲ ταῦτ' ἐστίν, ἢ τί τούτων μέλει τῇ πόλει;' εἰ μὲν
γὰρ μικρὰ ταῦτα, ἢ μηδὲν ὑμῖν αὐτῶν ἔμελεν, ἄλλος ἂν εἴη
λόγος οὗτος· τὸ δ' εὐσεβὲς καὶ τὸ δίκαιον, ἄν τ' ἐπὶ μικροῦ
τις ἄν τ' ἐπὶ μείζονος παραβαίνῃ, τὴν αὐτὴν ἔχει δύναμιν.
φέρε δὴ νῦν, ἡνίκ' εἰς Χερρόνησον, ἣν βασιλεὺς καὶ πάντες
οἱ Ἕλληνες ὑμετέραν ἐγνώκασιν εἶναι, ξένους εἰσπέμπει
17 καὶ βοηθεῖν ὁμολογεῖ καὶ ἐπιστέλλει ταῦτα, τί ποιεῖ; φησὶ
μὲν γὰρ οὐ πολεμεῖν, ἐγὼ δὲ τοσούτου δέω ταῦτα ποιοῦντ'
[115] ἐκεῖνον ἄγειν ὁμολογεῖν τὴν πρὸς ὑμᾶς εἰρήνην, ὥστε καὶ
Μεγάρων ἁπτόμενον κἀν Εὐβοίᾳ τυραννίδα κατασκευά-
ζοντα καὶ νῦν ἐπὶ Θρᾴκην παριόντα καὶ τἀν Πελοποννήσῳ
σκευωρούμενον καὶ πάνθ' ὅσα πράττει μετὰ τῆς δυνάμεως
ποιοῦντα, λύειν φημὶ τὴν εἰρήνην καὶ πολεμεῖν ὑμῖν, εἰ μὴ καὶ
τοὺς τὰ μηχανήματ' ἐφιστάντας εἰρήνην ἄγειν φήσετε, ἕως
ἂν αὐτὰ τοῖς τείχεσιν ἤδη προσαγάγωσιν. ἀλλ' οὐ φήσετε·
ὁ γὰρ οἷς ἂν ἐγὼ ληφθείην, ταῦτα πράττων καὶ κατασκευα-
ζόμενος, οὗτος ἐμοὶ πολεμεῖ, κἂν μήπω βάλλῃ μηδὲ τοξεύῃ.
18 τίσιν οὖν ὑμεῖς κινδυνεύσαιτ' ἄν, εἴ τι γένοιτο; τῷ τὸν
Ἑλλήσποντον ἀλλοτριωθῆναι, τῷ Μεγάρων καὶ τῆς Εὐβοίας

6 Σέρριον καὶ secl. Blass ἐλάμβανεν S L[1]: κατελάμβανε cett. 7 Σερρείου S L : Σερρίου vulg. 8 ἐγκατέστησε A καίτοι ταῦτα A O Vrbinas: καὶ τοιαῦτα S L Y: καίτοι τοιαῦτα al., cf. xxi 16 16 φησὶ vulg. : φῇς S : φῇς L[1] 17 τοσούτου vulg. : τοσούτῳ S L, cf. xviii 111 18 ἄγειν ante ὁμολογεῖν S L A: post ὁμολογεῖν vulg. 19 τυραννίδας Reiske (cf. viii 36), Libanius iv 821 : τυραννίδα codd. 24 προσάγωσιν S

τὸν πολεμοῦνθ᾽ ὑμῖν γενέσθαι κύριον, τῷ Πελοποννησίους
τἀκείνου φρονῆσαι. εἶτα τὸν τοῦτο τὸ μηχάνημ᾽ ἐπὶ τὴν
πόλιν ἱστάντα, τοῦτον εἰρήνην ἄγειν ἐγὼ φῶ πρὸς ὑμᾶς;
πολλοῦ γε καὶ δεῖ, ἀλλ᾽ ἀφ᾽ ἧς ἡμέρας ἀνεῖλε Φωκέας, ἀπὸ 19
ταύτης ἔγωγ᾽ αὐτὸν πολεμεῖν ὁρίζομαι. ὑμᾶς δ᾽, ἐὰν ἀμύ-
νησθ᾽ ἤδη, σωφρονήσειν φημί, ἐὰν δ᾽ ἐάσητε, οὐδὲ τοῦθ᾽
ὅταν βούλησθε δυνήσεσθαι ποιῆσαι. καὶ τοσοῦτόν γ᾽
ἀφέστηκα τῶν ἄλλων, ὦ ἄνδρες Ἀθηναῖοι, τῶν συμβου-
λευόντων, ὥστ᾽ οὐδὲ δοκεῖ μοι περὶ Χερρονήσου νῦν σκοπεῖν
οὐδὲ Βυζαντίου, ἀλλ᾽ ἐπαμῦναι μὲν τούτοις, καὶ διατηρῆσαι 20
μή τι πάθωσι, καὶ τοῖς οὖσιν ἐκεῖ νῦν στρατιώταις πάνθ᾽ ὅσων
ἂν δέωνται ἀποστεῖλαι, βουλεύεσθαι μέντοι περὶ πάντων τῶν [116]
Ἑλλήνων ὡς ἐν κινδύνῳ μεγάλῳ καθεστώτων. βούλομαι
δ᾽ εἰπεῖν πρὸς ὑμᾶς ἐξ ὧν ὑπὲρ τῶν πραγμάτων οὕτω φοβοῦ-
μαι, ἵν᾽, εἰ μὲν ὀρθῶς λογίζομαι, μετάσχητε τῶν λογισμῶν
καὶ πρόνοιάν τιν᾽ ὑμῶν γ᾽ αὐτῶν, εἰ μὴ καὶ τῶν ἄλλων
ἄρα βούλεσθε, ποιήσησθε, ἂν δὲ ληρεῖν καὶ τετυφῶσθαι
δοκῶ, μήτε νῦν μήτ᾽ αὖθις ὡς ὑγιαίνοντί μοι προσέχητε.

Ὅτι μὲν δὴ μέγας ἐκ μικροῦ καὶ ταπεινοῦ τὸ κατ᾽ ἀρχὰς 21
Φίλιππος ηὔξηται, καὶ ἀπίστως καὶ στασιαστικῶς ἔχουσι
πρὸς αὑτοὺς οἱ Ἕλληνες, καὶ ὅτι πολλῷ παραδοξότερον ἦν
τοσοῦτον αὐτὸν ἐξ ἐκείνου γενέσθαι ἢ νῦν, ὅθ᾽ οὕτω πολλὰ
προείληφε, καὶ τὰ λοιπὰ ὑφ᾽ αὑτῷ ποιήσασθαι, καὶ πάνθ᾽
ὅσα τοιαῦτ᾽ ἂν ἔχοιμι διεξελθεῖν, παραλείψω. ἀλλ᾽ ὁρῶ 22
συγκεχωρηκότας ἅπαντας ἀνθρώπους, ἀφ᾽ ὑμῶν ἀρξαμένους,
αὐτῷ, ὑπὲρ οὗ τὸν ἄλλον ἅπαντα χρόνον πάντες οἱ πόλεμοι
γεγόνασιν οἱ Ἑλληνικοί. τί οὖν ἐστι τοῦτο; τὸ ποιεῖν ὅ

3 ἱστάντα S L[1]: ἐφιστάντα καὶ κατασκευάζοντα (vel παρασκευάζοντα) vulg. 4 δεῖ] δέω A 5 post ἐὰν add. μὲν vulg.: om. S L 6 ἐάσητε S L: ἀναβάλλησθε vulg. 7 δυνήσεσθαι Reiske: δυνήσεσθε codd. 11 καὶ τοῖς οὖσιν . . . ἀποστεῖλαι om. S L 15 εἰ . . . λογίζομαι vulg.: εἰ . . . λογίζωμαι S al.: ἐὰν . . . λογίζωμαι Dindorf 16 μὴ καὶ S L A Y: καὶ μὴ vulg. 17 βούλησθε S A F Y: βούλεσθε vulg. ἂν vulg.: ἐὰν S, senarium efficiens 19 τὸ codd.: τοῦ Blass cum Aristid. ii 136

τι βούλεται, καὶ καθ' ἓν' οὑτωσὶ περικόπτειν καὶ λωποδυτεῖν
τῶν Ἑλλήνων, καὶ καταδουλοῦσθαι τὰς πόλεις ἐπιόντα.
23 καίτοι προστάται μὲν ὑμεῖς ἑβδομήκοντ' ἔτη καὶ τρία τῶν
Ἑλλήνων ἐγένεσθε, προστάται δὲ τριάκονθ' ἑνὸς δέοντα
Λακεδαιμόνιοι· ἴσχυσαν δέ τι καὶ Θηβαῖοι τουτουσὶ τοὺς
τελευταίους χρόνους μετὰ τὴν ἐν Λεύκτροις μάχην. ἀλλ'
ὅμως οὔθ' ὑμῖν οὔτε Θηβαίοις οὔτε Λακεδαιμονίοις οὐδε-
πώποτ', ὦ ἄνδρες Ἀθηναῖοι, συνεχωρήθη τοῦθ' ὑπὸ τῶν
24 Ἑλλήνων, ποιεῖν ὅ τι βούλοισθε, οὐδὲ πολλοῦ δεῖ· ἀλλὰ
τοῦτο μὲν ὑμῖν, μᾶλλον δὲ τοῖς τότ' οὖσιν Ἀθηναίοις, ἐπειδή
[117] τισιν οὐ μετρίως ἐδόκουν προσφέρεσθαι, πάντες ᾤοντο δεῖν,
καὶ οἱ μηδὲν ἐγκαλεῖν ἔχοντες αὐτοῖς, μετὰ τῶν ἠδικημένων
πολεμεῖν· καὶ πάλιν Λακεδαιμονίοις ἄρξασι καὶ παρελθοῦσιν
εἰς τὴν αὐτὴν δυναστείαν ὑμῖν, ἐπειδὴ πλεονάζειν ἐπεχείρουν
καὶ πέρα τοῦ μετρίου τὰ καθεστηκότ' ἐκίνουν, πάντες εἰς
25 πόλεμον κατέστησαν, καὶ οἱ μηδὲν ἐγκαλοῦντες αὐτοῖς. καὶ
τί δεῖ τοὺς ἄλλους λέγειν; ἀλλ' ἡμεῖς αὐτοὶ καὶ Λακεδαι-
μόνιοι, οὐδὲν ἂν εἰπεῖν ἔχοντες ἐξ ἀρχῆς ὅ τι ἠδικούμεθ'
ὑπ' ἀλλήλων, ὅμως ὑπὲρ ὧν τοὺς ἄλλους ἀδικουμένους
ἑωρῶμεν, πολεμεῖν ᾠόμεθα δεῖν. καίτοι πάνθ' ὅσ' ἐξη-
μάρτηται καὶ Λακεδαιμονίοις ἐν τοῖς τριάκοντ' ἐκείνοις ἔτεσιν
καὶ τοῖς ἡμετέροις προγόνοις ἐν τοῖς ἑβδομήκοντα, ἐλάττον'
ἐστίν, ὦ ἄνδρες Ἀθηναῖοι, ὧν Φίλιππος ἐν τρισὶ καὶ δέκ'
οὐχ ὅλοις ἔτεσιν, οἷς ἐπιπολάζει, ἠδίκηκε τοὺς Ἕλληνας,
26 μᾶλλον δ' οὐδὲ μέρος τούτων ἐκεῖνα. καὶ τοῦτ' ἐκ βραχέος
λόγου ῥᾴδιον δεῖξαι. Ὄλυνθον μὲν δὴ καὶ Μεθώνην καὶ
Ἀπολλωνίαν καὶ δύο καὶ τριάκοντα πόλεις ἐπὶ Θρᾴκης ἐῶ,
ἃς ἁπάσας οὕτως ὠμῶς ἀνῄρηκεν ὥστε μηδ' εἰ πώποτ'

1 ἕν' S L Y : ἕνα ἕκαστον vulg. 9 βούλοισθε S L : βούλεσθε cett. 11 πολεμεῖν post δεῖν add. vulg. : om. infr. 13 20 ᾤμεθα Blass 24 ἔτεσιν secl. Blass 25 οὐδὲν E. Müller : fort. οὐδ' ἕν, cf. Isocr. ii 11 μέρος O corr. : πέμπτον μέρος S[1] L[1] : πολλοστὸν μέρος A vulg. : πολλοστὸν πέμπτον μέρος B Y al. καὶ . . . δεῖξαι om. S L[1] 28 μηδένα ante μηδ' add. vulg. : om. S L[1]

ᾠκήθησαν προσελθόντ' εἶναι ῥᾴδιον εἰπεῖν· καὶ τὸ Φωκέων
ἔθνος τοσοῦτον ἀνῃρημένον σιωπῶ. ἀλλὰ Θετταλία πῶς
ἔχει; οὐχὶ τὰς πολιτείας καὶ τὰς πόλεις αὐτῶν παρῄρηται
καὶ τετραρχίας κατέστησεν, ἵνα μὴ μόνον κατὰ πόλεις ἀλλὰ
καὶ κατ' ἔθνη δουλεύωσιν; αἱ δ' ἐν Εὐβοίᾳ πόλεις οὐκ ἤδη 27
τυραννοῦνται, καὶ ταῦτ' ἐν νήσῳ πλησίον Θηβῶν καὶ Ἀθη-
νῶν; οὐ διαρρήδην εἰς τὰς ἐπιστολὰς γράφει 'ἐμοὶ δ' ἐστὶν [118]
εἰρήνη πρὸς τοὺς ἀκούειν ἐμοῦ βουλομένους'; καὶ οὐ γράφει
μὲν ταῦτα, τοῖς δ' ἔργοις οὐ ποιεῖ, ἀλλ' ἐφ' Ἑλλήσποντον
οἴχεται, πρότερον ἧκεν ἐπ' Ἀμβρακίαν, Ἦλιν ἔχει τηλι-
καύτην πόλιν ἐν Πελοποννήσῳ, Μεγάροις ἐπεβούλευσεν
πρώην, οὔθ' ἡ Ἑλλὰς οὔθ' ἡ βάρβαρος τὴν πλεονεξίαν χωρεῖ
τἀνθρώπου. καὶ ταῦθ' ὁρῶντες οἱ Ἕλληνες ἅπαντες καὶ 28
ἀκούοντες οὐ πέμπομεν πρέσβεις περὶ τούτων πρὸς ἀλλή-
λους κἀγανακτοῦμεν, οὕτω δὲ κακῶς διακείμεθα καὶ διο-
ρωρύγμεθα κατὰ πόλεις ὥστ' ἄχρι τῆς τήμερον ἡμέρας οὐδὲν
οὔτε τῶν συμφερόντων οὔτε τῶν δεόντων πρᾶξαι δυνάμεθα,
οὐδὲ συστῆναι, οὐδὲ κοινωνίαν βοηθείας καὶ φιλίας οὐδε-
μίαν ποιήσασθαι, ἀλλὰ μείζω γιγνόμενον τὸν ἄνθρωπον 29
περιορῶμεν, τὸν χρόνον κερδᾶναι τοῦτον ὃν ἄλλος ἀπόλλυται
ἕκαστος ἐγνωκώς, ὥς γ' ἐμοὶ δοκεῖ, οὐχ ὅπως σωθήσεται
τὰ τῶν Ἑλλήνων σκοπῶν οὐδὲ πράττων, ἐπεί, ὅτι γ' ὥσπερ
περίοδος ἢ καταβολὴ πυρετοῦ ἢ ἄλλου τινὸς κακοῦ καὶ τῷ
πάνυ πόρρω δοκοῦντι νῦν ἀφεστάναι προσέρχεται, οὐδεὶς
ἀγνοεῖ. καὶ μὴν κἀκεῖνό γ' ἴστε, ὅτι ὅσα μὲν ὑπὸ Λακε- 30
δαιμονίων ἢ ὑφ' ἡμῶν ἔπασχον οἱ Ἕλληνες, ἀλλ' οὖν ὑπὸ
γνησίων γ' ὄντων τῆς Ἑλλάδος ἠδικοῦντο, καὶ τὸν αὐτὸν

1 ᾠκήθησαν SAFY : ᾠκίσθησαν L vulg. Dionys. Hal. p. 1119, Strabo p. 121 προσελθόντ' εἶναι ῥᾴδιον εἰπεῖν SLA : εἶναι ῥᾴδιον προσελθόντ' εἰπεῖν O vulg. 3 τὰς πολιτείας καὶ τὰς πόλεις SLA : τὰς πόλεις καὶ τὰς πολιτείας vulg. Harpocr. s. v. ἔθνος : καὶ τὰς πόλεις om. Dionys. Hal. p. 1120 : secl. G. H. Schaefer 4 τετραρχίας SL : τετραδαρχίας vulg. Harpocr. 7 εἰς τὰς ἐπιστολὰς SL : ἐν ταῖς ἐπιστολαῖς vulg., cf. xix 40, 68 20 κερδᾶναι codd. : κερδῆναι Blass 25 δήπου post ἀγνοεῖ add. vulg. : om. $SL^1$

τρόπον ἄν τις ὑπέλαβεν τοῦτο, ὥσπερ ἂν εἰ υἱὸς ἐν οὐσίᾳ
πολλῇ γεγονὼς γνήσιος διῴκει τι μὴ καλῶς μηδ' ὀρθῶς,
κατ' αὐτὸ μὲν τοῦτ' ἄξιον μέμψεως εἶναι καὶ κατηγορίας,
[119] ὡς δ' οὐ προσήκων ἢ ὡς οὐ κληρονόμος τούτων ὧν ταῦτ'
31 ἐποίει, οὐκ ἐνεῖναι λέγειν. εἰ δέ γε δοῦλος ἢ ὑποβολι-
μαῖος τὰ μὴ προσήκοντ' ἀπώλλυε καὶ ἐλυμαίνετο, Ἡράκλεις
ὅσῳ μᾶλλον δεινὸν καὶ ὀργῆς ἄξιον πάντες ἂν ἔφησαν εἶναι.
ἀλλ' οὐχ ὑπὲρ Φιλίππου καὶ ὧν ἐκεῖνος πράττει νῦν, οὐχ
οὕτως ἔχουσιν, οὐ μόνον οὐχ Ἕλληνος ὄντος οὐδὲ προσή-
κοντος οὐδὲν τοῖς Ἕλλησιν, ἀλλ' οὐδὲ βαρβάρου ἐντεῦθεν
ὅθεν καλὸν εἰπεῖν, ἀλλ' ὀλέθρου Μακεδόνος, ὅθεν οὐδ'
ἀνδράποδον σπουδαῖον οὐδὲν ἦν πρότερον πρίασθαι.

32 Καίτοι τί τῆς ἐσχάτης ὕβρεως ἀπολείπει; οὐ πρὸς τῷ
πόλεις ἀνῃρηκέναι τίθησι μὲν τὰ Πύθια, τὸν κοινὸν τῶν
Ἑλλήνων ἀγῶνα, κἂν αὐτὸς μὴ παρῇ, τοὺς δούλους ἀγωνο-
θετήσοντας πέμπει; κύριος δὲ Πυλῶν καὶ τῶν ἐπὶ τοὺς Ἕλλη-
νας παρόδων ἐστί, καὶ φρουραῖς καὶ ξένοις τοὺς τόπους τούτους
κατέχει; ἔχει δὲ καὶ τὴν προμαντείαν τοῦ θεοῦ, παρώσας ἡμᾶς
καὶ Θετταλοὺς καὶ Δωριέας καὶ τοὺς ἄλλους Ἀμφικτύονας, ἧς
33 οὐδὲ τοῖς Ἕλλησιν ἅπασι μέτεστι; γράφει δὲ Θετταλοῖς ὃν
χρὴ τρόπον πολιτεύεσθαι; πέμπει δὲ ξένους τοὺς μὲν εἰς
Πορθμόν, τὸν δῆμον ἐκβαλοῦντας τὸν Ἐρετριέων, τοὺς δ'
ἐπ' Ὠρεόν, τύραννον Φιλιστίδην καταστήσοντας; ἀλλ' ὅμως
ταῦθ' ὁρῶντες οἱ Ἕλληνες ἀνέχονται, καὶ τὸν αὐτὸν τρόπον
ὥσπερ τὴν χάλαζαν ἔμοιγε δοκοῦσιν θεωρεῖν, εὐχόμενοι μὴ
καθ' ἑαυτοὺς ἕκαστοι γενέσθαι, κωλύειν δ' οὐδεὶς ἐπιχειρῶν.
34 οὐ μόνον δ' ἐφ' οἷς ἡ Ἑλλὰς ὑβρίζεται ὑπ' αὐτοῦ, οὐδεὶς
ἀμύνεται, ἀλλ' οὐδ' ὑπὲρ ὧν αὐτὸς ἕκαστος ἀδικεῖται· τοῦτο

1 τις ante υἱὸς add. F Y: om. S L A    ἐν codd.: ἐπ' Dobree
3 ἄξιον Ald.: ἄξιος codd.    5 ἐνεῖναι S L A: εἶναι vulg.    ἢ om.
Aug. 2    7 πολλῆς ante ὀργῆς add. vulg.: om. S L Y    ἔφησαν
S L: ἔφασαν vulg.    10 βαρβάρου codd.: βαρβάρων Blass    12 πρία-
σθαι om. $S^1$ $L^1$    14 Ἑλληνίδας post πόλεις add. A    16-20 κύριος
δὲ . . . μέτεστι; om. S $L^1$    20 ὃν S L Y: ὅντινα vulg.    22 alterum
τὸν S L A: τῶν vulg.    25 ὥσπερ S L A: ὅνπερ vulg.    οἱ ante τὴν
add. vulg.: om. S $L^1$    27 ὑπ' αὐτοῦ om. A

γὰρ ἤδη τοὔσχατόν ἐστιν. οὐ Κορινθίων ἐπ' Ἀμβρακίαν
ἐλήλυθε καὶ Λευκάδα; οὐκ Ἀχαιῶν Ναύπακτον ὀμώμοκεν [120]
Αἰτωλοῖς παραδώσειν; οὐχὶ Θηβαίων Ἐχῖνον ἀφῄρηται, καὶ
νῦν ἐπὶ Βυζαντίους πορεύεται συμμάχους ὄντας; οὐχ ἡμῶν, 35
ἐῶ τἄλλα, ἀλλὰ Χερρονήσου τὴν μεγίστην ἔχει πόλιν Καρδίαν;
ταῦτα τοίνυν πάσχοντες ἅπαντες μέλλομεν καὶ μαλκίομεν
καὶ πρὸς τοὺς πλησίον βλέπομεν, ἀπιστοῦντες ἀλλήλοις, οὐ
τῷ πάντας ἡμᾶς ἀδικοῦντι. καίτοι τὸν ἅπασιν ἀσελγῶς
οὕτω χρώμενον τί οἴεσθε, ἐπειδὰν καθ' ἕν' ἡμῶν ἑκάστου
κύριος γένηται, τί ποιήσειν;

Τί οὖν αἴτιον τουτωνί; οὐ γὰρ ἄνευ λόγου καὶ δικαίας 36
αἰτίας οὔτε τόθ' οὕτως εἶχον ἑτοίμως πρὸς ἐλευθερίαν οἱ
Ἕλληνες οὔτε νῦν πρὸς τὸ δουλεύειν. ἦν τι τότ', ἦν, ὦ
ἄνδρες Ἀθηναῖοι, ἐν ταῖς τῶν πολλῶν διανοίαις, ὃ νῦν οὐκ
ἔστιν, ὃ καὶ τοῦ Περσῶν ἐκράτησε πλούτου καὶ ἐλευθέραν
ἦγε τὴν Ἑλλάδα καὶ οὔτε ναυμαχίας οὔτε πεζῆς μάχης οὐ-
δεμιᾶς ἡττᾶτο, νῦν δ' ἀπολωλὸς ἅπαντα λελύμανται καὶ ἄνω
καὶ κάτω πεποίηκε τὰ τῶν Ἑλλήνων πράγματα. τί οὖν ἦν 37
τοῦτο; οὐδὲν ποικίλον οὐδὲ σοφόν, ἀλλ' ὅτι τοὺς παρὰ τῶν
ἄρχειν βουλομένων ἢ διαφθείρειν τὴν Ἑλλάδα χρήματα
λαμβάνοντας ἅπαντες ἐμίσουν, καὶ χαλεπώτατον ἦν τὸ δω-
ροδοκοῦντ' ἐλεγχθῆναι, καὶ τιμωρίᾳ μεγίστῃ τοῦτον ἐκόλαζον,
καὶ παραίτησις οὐδεμί' ἦν οὐδὲ συγγνώμη. τὸν οὖν καιρὸν 38
ἑκάστου τῶν πραγμάτων, ὃν ἡ τύχη καὶ τοῖς ἀμελοῦσιν κατὰ
τῶν προσεχόντων πολλάκις παρασκευάζει, οὐκ ἦν πρίασθαι [121]

2 post *Ναύπακτον* add. *ἀφελόμενος* vulg.: om. S L 3–4 *καὶ νῦν . . . ὄντας* post *Φιλιστίδην καταστήσοντας* (§ 33) traiecit Spengel 6 *μαλκίομεν* ant. v. l. in Harpocr.: *μαλακιζόμεθα* codd., cf. Dio Cass. xlv p. 287 D, Sallust. Cat. 52 7 *οὐ τῷ πάντας* S L Y$^1$: *οὕτω φανερῶς πάντας* vulg. 8 *ἀδικοῦντι* S L A Y$^1$: *ἀδικοῦντος* vulg. 10 *τί* om. A F 11 *ταἴτιον* Dobree 18 *τὰ τῶν Ἑλλήνων* vulg.: *πάντα τὰ τῶν Ἑλλήνων* A: *πάντα τὰ* S L$^1$ Aristid. Rh. Gr. ix 353 19 *οὐδὲν ποικίλον . . . ἀλλ' ὅτι* om. S$^1$ L$^1$ Y 20 post *ἄρχειν* add. *ἀεὶ* vulg.: om. S$^1$ L$^1$ soli Aristid. 22 *ἐλεγχθῆναι* S L$^1$: *ἐξελεγχθῆναι* vulg. 23 *καὶ παραίτησις . . . συγγνώμη* om. S$^1$ L$^1$ Y 25 post *προσεχόντων* add. *καὶ τοῖς μηδὲν ἐθέλουσι ποιεῖν κατὰ τῶν πάντα ἃ προσήκει πραττόντων* S$^1$ L$^1$ Y (sumpta e iv 5, ii 23)

παρὰ τῶν λεγόντων οὐδὲ τῶν στρατηγούντων, οὐδὲ τὴν πρὸς
ἀλλήλους ὁμόνοιαν, οὐδὲ τὴν πρὸς τοὺς τυράννους καὶ τοὺς
39 βαρβάρους ἀπιστίαν, οὐδ' ὅλως τοιοῦτον οὐδέν. νῦν δ'
ἅπανθ' ὥσπερ ἐξ ἀγορᾶς ἐκπέπραται ταῦτα, ἀντεισῆκται δ'
ἀντὶ τούτων ὑφ' ὧν ἀπόλωλε καὶ νενόσηκεν ἡ Ἑλλάς.
ταῦτα δ' ἐστὶ τί; ζῆλος, εἴ τις εἴληφέ τι· γέλως, ἂν ὁμο-
λογῇ· συγγνώμη τοῖς ἐλεγχομένοις· μῖσος, ἂν τούτοις τις
40 ἐπιτιμᾷ· τἄλλα πάνθ' ὅσ' ἐκ τοῦ δωροδοκεῖν ἤρτηται. ἐπεὶ
τριήρεις γε καὶ σωμάτων πλῆθος καὶ χρημάτων καὶ τῆς
ἄλλης κατασκευῆς ἀφθονία, καὶ τἄλλ' οἷς ἄν τις ἰσχύειν τὰς
πόλεις κρίνοι, νῦν ἅπασι καὶ πλείω καὶ μείζω ἐστὶ τῶν τότε
πολλῷ. ἀλλὰ ταῦτ' ἄχρηστα, ἄπρακτα, ἀνόνητα ὑπὸ τῶν
πωλούντων γίγνεται.

41 Ὅτι δ' οὕτω ταῦτ' ἔχει τὰ μὲν νῦν ὁρᾶτε δήπου καὶ οὐδὲν
ἐμοῦ προσδεῖσθε μάρτυρος· τὰ δ' ἐν τοῖς ἄνωθεν χρόνοις ὅτι
τἀναντί' εἶχεν ἐγὼ δηλώσω, οὐ λόγους ἐμαυτοῦ λέγων, ἀλλὰ
γράμματα τῶν προγόνων τῶν ὑμετέρων ἁκεῖνοι κατέθεντ'
εἰς στήλην χαλκῆν γράψαντες εἰς ἀκρόπολιν, οὐχ ἵν' αὐτοῖς
ᾖ χρήσιμα (καὶ γὰρ ἄνευ τούτων τῶν γραμμάτων τὰ δέοντ' ἐφρό-
νουν), ἀλλ' ἵν' ὑμεῖς ἔχηθ' ὑπομνήματα καὶ παραδείγματα ὡς
42 ὑπὲρ τῶν τοιούτων σπουδάζειν προσήκει. τί οὖν λέγει τὰ γράμ-
ματα; 'Ἄρθμιος' φησὶ 'Πυθώνακτος Ζελείτης ἄτιμος καὶ
πολέμιος τοῦ δήμου τοῦ Ἀθηναίων καὶ τῶν συμμάχων αὐτὸς
[122] καὶ γένος.' εἶθ' ἡ αἰτία γέγραπται, δι' ἣν ταῦτ' ἐγένετο·
'ὅτι τὸν χρυσὸν τὸν ἐκ Μήδων εἰς Πελοπόννησον ἤγαγεν.'
43 ταῦτ' ἐστὶ τὰ γράμματα. λογίζεσθε δὴ πρὸς θεῶν, τίς ἦν

3 τοιοῦτον S L: τῶν τοιούτων cett. 4 ἐκπέπρακται $S^1$, cf. x 54 7 συγγνώμη τοῖς ἐλεγχομένοις om. $S^1$ $L^1$ soli 9 post χρημάτων add. πρόσοδοι vel πρόσοδος vulg.: om. $S^1$ $L^1$ soli 10 κατασκευῆς S vulg.: παρασκευῆς A O 11 ἅπασι S L A: ἅπαντα vulg. 12 ταῦτα S $L^1$: ταῦτα πάντα A: ἅπαντα ταῦτα O vulg. 17 δεικνύων post ὑμετέρων add. vulg.: om. $S^1$ $L^1$ Aristid. 18–21 οὐχ ἵν' . . . γράμματα om. $S^1$ $L^1$ 22 ὁ ante Πυθώνακτος add. codd.: del. Dindorf post ἄτιμος add. ἔστω vulg.: om. $S^1$ L 23 δήμου τοῦ S A: δήμου τῶν L vulg. 24 γέγραπται S $L^1$ A: προσγέγραπται vulg. 26 post θεῶν add. παρ' ὑμῖν αὐτοῖς A: add. καὶ θεωρεῖτε παρ' ὑμῖν αὐτοῖς vulg.

ποθ' ἡ διάνοια τῶν Ἀθηναίων τῶν τότε, ταῦτα ποιούντων, ἢ
τί τὸ ἀξίωμα. ἐκεῖνοι Ζελείτην τινά, Ἄρθμιον, δοῦλον
βασιλέως (ἡ γὰρ Ζέλειά ἐστι τῆς Ἀσίας), ὅτι τῷ δεσπότῃ
διακονῶν χρυσίον ἤγαγεν εἰς Πελοπόννησον, οὐκ Ἀθήναζε,
ἐχθρὸν αὐτῶν ἀνέγραψαν καὶ τῶν συμμάχων αὐτὸν καὶ γένος,
καὶ ἀτίμους. τοῦτο δ' ἐστὶν οὐχ ἣν οὑτωσί τις ἂν φήσειεν 44
ἀτιμίαν· τί γὰρ τῷ Ζελείτῃ, τῶν Ἀθηναίων κοινῶν εἰ μὴ
μεθέξειν ἔμελλεν; ἀλλ' ἐν τοῖς φονικοῖς γέγραπται νόμοις,
ὑπὲρ ὧν ἂν μὴ διδῷ φόνου δικάσασθαι, ἀλλ' εὐαγὲς ᾖ τὸ
ἀποκτεῖναι, 'καὶ ἄτιμος' φησὶ 'τεθνάτω.' τοῦτο δὴ λέγει,
καθαρὸν τὸν τούτων τιν' ἀποκτείναντ' εἶναι. οὐκοῦν ἐνό- 45
μιζον ἐκεῖνοι τῆς πάντων τῶν Ἑλλήνων σωτηρίας αὑτοῖς
ἐπιμελητέον εἶναι· οὐ γὰρ ἂν αὐτοῖς ἔμελ' εἴ τις ἐν Πελο-
ποννήσῳ τινὰς ὠνεῖται καὶ διαφθείρει, μὴ τοῦθ' ὑπολαμ-
βάνουσιν· ἐκόλαζον δ' οὕτω καὶ ἐτιμωροῦνθ' οὓς αἴσθοιντο,
ὥστε καὶ στηλίτας ποιεῖν. ἐκ δὲ τούτων εἰκότως τὰ τῶν
Ἑλλήνων ἦν τῷ βαρβάρῳ φοβερά, οὐχ ὁ βάρβαρος τοῖς
Ἕλλησιν. ἀλλ' οὐ νῦν· οὐ γὰρ οὕτως ἔχεθ' ὑμεῖς οὔτε
πρὸς τὰ τοιαῦτ' οὔτε πρὸς τἄλλα, ἀλλὰ πῶς; ἴστ' αὐτοί· τί 46
γὰρ δεῖ περὶ πάντων ὑμῶν κατηγορεῖν; παραπλησίως δὲ καὶ οὐδὲν
βέλτιον ὑμῶν ἅπαντες οἱ λοιποὶ Ἕλληνες· διόπερ φήμ' ἔγωγε καὶ
σπουδῆς πολλῆς καὶ βουλῆς ἀγαθῆς τὰ παρόντα πράγματα [123]
προσδεῖσθαι. τίνος; εἴπω κελεύετε; καὶ οὐκ ὀργιεῖσθε;

1 Ἀθηναίων τῶν τότε S L A : τότε Ἀθηναίων τῶν vulg. 6 post ἀτίμους add. εἶναι vulg. : om. S L[1] Y 7 τῶν Ἀθηναίων κοινῶν εἰ S[1] L[1] Harpocr. : τοῦτ' ἔμελεν εἰ τῶν Ἀθήνησι κοινῶν cett. 8 ἀλλ' οὐ τοῦτο λέγει ante ἀλλ' ἐν add. vulg. : om. S[1] L[1] Harpocr. 9 φόνου A Y[1] (cf. xxiii 67) : δίκας φόνου S L vulg. : δίκην φόνου Harpocr. ἀλλ' εὐαγὲς . . . ἀποκτεῖναι om. S[1] L[1] Y Harpocr. 15 post οὓς add. ἂν vulg. : om. S L Y post αἴσθοιντο add. δωροδοκοῦντας vulg. : om. S L[1] soli 19–23 ἴστ' αὐτοί· . . . προσδεῖσθαι. τίνος; om. S[1] L[1] soli. Duplicem huius loci recensionem fuisse perspexerunt Spengel et Weil, alteram εἴπω κελεύετε καὶ οὐκ ὀργιεῖσθε; alteram ἴστ' αὐτοί· . . . προσδεῖσθαι, quam inepte commiscuit grammaticus nescio quis, addito τίνος; (23)

[ΕΚ ΤΟΥ ΓΡΑΜΜΑΤΕΙΟΥ ΑΝΑΓΙΓΝΩΣΚΕΙ]

47 Ἔστι τοίνυν τις εὐήθης λόγος παρὰ τῶν παραμυθεῖσθαι
βουλομένων τὴν πόλιν, ὡς ἄρ' οὔπω Φίλιππός ἐστιν οἷοί
ποτ' ἦσαν Λακεδαιμόνιοι, οἳ θαλάττης μὲν ἦρχον καὶ γῆς
ἁπάσης, βασιλέα δὲ σύμμαχον εἶχον, ὑφίστατο δ' οὐδὲν
αὐτούς· ἀλλ' ὅμως ἠμύνατο κἀκείνους ἡ πόλις καὶ οὐκ
ἀνηρπάσθη. ἐγὼ δ' ἁπάντων ὡς ἔπος εἰπεῖν πολλὴν εἰλη-
φότων ἐπίδοσιν, καὶ οὐδὲν ὁμοίων ὄντων τῶν νῦν τοῖς
πρότερον, οὐδὲν ἡγοῦμαι πλέον ἢ τὰ τοῦ πολέμου κεκινῆσθαι
48 κἀπιδεδωκέναι. πρῶτον μὲν γὰρ ἀκούω Λακεδαιμονίους
τότε καὶ πάντας τοὺς ἄλλους, τέτταρας μῆνας ἢ πέντε, τὴν
ὡραίαν αὐτήν, ἐμβαλόντας ἂν καὶ κακώσαντας τὴν χώραν
ὁπλίταις καὶ πολιτικοῖς στρατεύμασιν ἀναχωρεῖν ἐπ' οἴκου
πάλιν· οὕτω δ' ἀρχαίως εἶχον, μᾶλλον δὲ πολιτικῶς, ὥστ'
οὐδὲ χρημάτων ὠνεῖσθαι παρ' οὐδενὸς οὐδέν, ἀλλ' εἶναι
49 νόμιμόν τινα καὶ προφανῆ τὸν πόλεμον. νυνὶ δ' ὁρᾶτε μὲν
δήπου τὰ πλεῖστα τοὺς προδότας ἀπολωλεκότας, οὐδὲν δ' ἐκ
παρατάξεως οὐδὲ μάχης γιγνόμενον· ἀκούετε δὲ Φίλιππον
οὐχὶ τῷ φάλαγγ' ὁπλιτῶν ἄγειν βαδίζονθ' ὅποι βούλεται,
ἀλλὰ τῷ ψιλούς, ἱππέας, τοξότας, ξένους, τοιοῦτον ἐξηρτῆ-
50 σθαι στρατόπεδον. ἐπειδὰν δ' ἐπὶ τούτοις πρὸς νοσοῦντας
[124] ἐν αὑτοῖς προσπέσῃ καὶ μηδεὶς ὑπὲρ τῆς χώρας δι' ἀπιστίαν
ἐξίῃ, μηχανήματ' ἐπιστήσας πολιορκεῖ. καὶ σιωπῶ θέρος
καὶ χειμῶνα, ὡς οὐδὲν διαφέρει, οὐδ' ἐστὶν ἐξαίρετος ὥρα
51 τις ἣν διαλείπει. ταῦτα μέντοι πάντας εἰδότας καὶ λογιζο-
μένους οὐ δεῖ προσέσθαι τὸν πόλεμον εἰς τὴν χώραν, οὐδ'

1 ΕΚ . . . ΑΝΑΓΙΓΝΩΣΚΕΙ S L F Y : om. vulg. : secl. edd. complures : *ἐκ τοῦ γραμματείου ἀναγίγνωσκε.* ΑΝΑΓΝΩΣΙΣ ΓΡΑΜΜΑΤΕΙΟΥ A    3 ante *οἷοί* add. *τοιοῦτος* vulg. : *τηλικοῦτος* A : om. S L soli    5 *οὐδὲν*] *οὐδεὶς* A O F corr.    12 post *αὐτὴν* add. *στρατεύεσθαι καὶ τοῦτον τὸν χρόνον* vulg.    *τῶν ἀντιπάλων* post *τὴν* add. vulg. : om. S[1] L[1] soli    20 *ἐξηρτῆσθαι* S L O[1] Vind. 1 : *ἐξηρτῦσθαι* (*-ύσθαι*) A F Y O corr. : *ἐξαρτύεσθαι* S *γρ.*    21 *δ' ἐπὶ τούτοις* S (*πὶ* in rasura fort. al. m.) L soli : *δὲ τούτοις* F B Y[1] O : *δὲ τούτοις κρατῶν* vulg.    22 post *ἐν αὑτοῖς* add. *καὶ τεταραγμένοις* vulg.    25–26 *εἰδότας καὶ λογιζομένους οὐ δεῖ . . . οὐδ'* S L[1] : *εἰδότας δεῖ καὶ λογιζομένους μὴ . . . μηδ'* vulg.    26 *προσέσθαι* S L : *προέσθαι* vulg. : *προσδέχεσθαι* A al.

*εἰς τὴν εὐήθειαν τὴν τοῦ τότε πρὸς Λακεδαιμονίους πολέμου
βλέποντας ἐκτραχηλισθῆναι, ἀλλ' ὡς ἐκ πλείστου φυλάτ-
τεσθαι τοῖς πράγμασι καὶ ταῖς παρασκευαῖς, ὅπως οἴκοθεν
μὴ κινήσεται σκοποῦντας, οὐχὶ συμπλακέντας διαγωνίζεσθαι.
πρὸς μὲν γὰρ πόλεμον πολλὰ φύσει πλεονεκτήμαθ' ἡμῖν* 52
*ὑπάρχει, ἄν περ, ὦ ἄνδρες Ἀθηναῖοι, ποιεῖν ἐθέλωμεν ἃ
δεῖ, ἡ φύσις τῆς ἐκείνου χώρας, ἧς ἄγειν καὶ φέρειν ἔστι
πολλὴν καὶ κακῶς ποιεῖν, ἄλλα μυρία· εἰς δ' ἀγῶνα ἄμεινον
ἡμῶν ἐκεῖνος ἤσκηται.*

*Οὐ μόνον δὲ δεῖ ταῦτα γιγνώσκειν, οὐδὲ τοῖς ἔργοις ἐκεῖ-* 53
*νον ἀμύνεσθαι τοῖς τοῦ πολέμου, ἀλλὰ καὶ τῷ λογισμῷ καὶ
τῇ διανοίᾳ τοὺς παρ' ὑμῖν ὑπὲρ αὐτοῦ λέγοντας μισῆσαι,
ἐνθυμουμένους ὅτι οὐκ ἔνεστι τῶν τῆς πόλεως ἐχθρῶν κρατῆ-
σαι, πρὶν ἂν τοὺς ἐν αὐτῇ τῇ πόλει κολάσηθ' ὑπηρετοῦντας
ἐκείνοις. ὃ μὰ τὸν Δία καὶ τοὺς ἄλλους θεοὺς οὐ δυνήσεσθ'* 54
*ὑμεῖς ποιῆσαι, ἀλλ' εἰς τοῦτ' ἀφῖχθε μωρίας ἢ παρανοίας ἢ
οὐκ ἔχω τί λέγω (πολλάκις γὰρ ἔμοιγ' ἐπελήλυθε καὶ τοῦτο
φοβεῖσθαι, μή τι δαιμόνιον τὰ πράγματ' ἐλαύνῃ), ὥστε λοι-
δορίας, φθόνου, σκώμματος, ἧστινος ἂν τύχηθ' ἕνεκ' αἰτίας
ἀνθρώπους μισθωτούς, ὧν οὐδ' ἂν ἀρνηθεῖεν ἔνιοι ὡς οὐκ
εἰσὶ τοιοῦτοι, λέγειν κελεύετε, καὶ γελᾶτε, ἄν τισι λοιδορη-
θῶσιν. καὶ οὐχί πω τοῦτο δεινόν, καίπερ ὂν δεινόν· ἀλλὰ* [125] 55
*καὶ μετὰ πλείονος ἀσφαλείας πολιτεύεσθαι δεδώκατε τούτοις
ἢ τοῖς ὑπὲρ ὑμῶν λέγουσιν. καίτοι θεάσασθε ὅσας συμφορὰς
παρασκευάζει τὸ τῶν τοιούτων ἐθέλειν ἀκροᾶσθαι. λέξω δ'
ἔργα ἃ πάντες εἴσεσθε.*

*Ἦσαν ἐν Ὀλύνθῳ τῶν ἐν τοῖς πράγμασιν τινὲς μὲν* 56

4 *κινήσεται* F$^1$ Y : *κινήσηται* S vulg. : *κινήσετε* L 7 *ἔστι πολλὴν*] *ἔστιν πόλιν* (*ε* in rasura) S$^1$ : *εἰς τὴν πόλιν* L$^1$ 12 *μισῆσαι*] *μισεῖν* Blass coll. viii 61, 76; xix 87, 258, 289; xxiv 110, 196, 213 13 *ἔξω* post *τῶν* add. vulg. : om. S L$^1$ Y, cf. viii 61, x 63 15 *ἐκείνοις* S L : *ἐκείνῳ* vulg. *δυνήσεσθε* S L$^1$ : *δύνασθε* cett. 16 *οὐδὲ βούλεσθε* post *ποιῆσαι* add. vulg. : om. S$^1$ L$^1$ A 19 *ἢ φθόνου ἢ σκώμματος* vulg. *φθόνου*] *φόνου* S L$^1$ *ἕνεκ'* S A : om. vulg. 22 *πω* ante *τοῦτο* S L A : post *τοῦτο* vulg.

Φιλίππου καὶ πάνθ' ὑπηρετοῦντες ἐκείνῳ, τινὲς δὲ τοῦ βελτίστου καὶ ὅπως μὴ δουλεύσουσιν οἱ πολῖται πράττοντες. πότεροι δὴ τὴν πατρίδ' ἐξώλεσαν; ἢ πότεροι τοὺς ἱππέας προὔδοσαν, ὧν προδοθέντων Ὄλυνθος ἀπώλετο; οἱ τὰ Φιλίππου φρονοῦντες, καὶ ὅτ' ἦν ἡ πόλις τοὺς τὰ βέλτιστα λέγοντας συκοφαντοῦντες καὶ διαβάλλοντες οὕτως, ὥστε τόν γ' Ἀπολλωνίδην καὶ ἐκβαλεῖν ὁ δῆμος ὁ τῶν Ὀλυνθίων ἐπείσθη.

57 Οὐ τοίνυν παρὰ τούτοις μόνον τὸ ἔθος τοῦτο πάντα κάκ' εἰργάσατο, ἄλλοθι δ' οὐδαμοῦ· ἀλλ' ἐν Ἐρετρίᾳ, ἐπειδὴ ἀπαλλαγέντος Πλουτάρχου καὶ τῶν ξένων ὁ δῆμος εἶχε τὴν πόλιν καὶ τὸν Πορθμόν, οἱ μὲν ἐφ' ὑμᾶς ἦγον τὰ πράγματα, οἱ δ' ἐπὶ Φίλιππον. ἀκούοντες δὲ τούτων τὰ πολλά, μᾶλλον δὲ τὰ πάνθ' οἱ ταλαίπωροι καὶ δυστυχεῖς Ἐρετριεῖς, τελευτῶντες ἐπείσθησαν τοὺς ὑπὲρ αὐτῶν λέγοντας ἐκβαλεῖν.
58 καὶ γάρ τοι πέμψας Ἱππόνικον ὁ σύμμαχος αὐτοῖς Φίλιππος καὶ ξένους χιλίους, τὰ τείχη περιεῖλε τοῦ Πορθμοῦ καὶ τρεῖς κατέστησε τυράννους, Ἵππαρχον, Αὐτομέδοντα, Κλείταρχον· καὶ μετὰ ταῦτ' ἐξελήλακεν ἐκ τῆς χώρας δὶς ἤδη βουλομένους σῴζεσθαι, τότε μὲν πέμψας τοὺς μετ' Εὐρυλόχου ξένους, πάλιν
[126] δὲ τοὺς μετὰ Παρμενίωνος.

59 Καὶ τί δεῖ τὰ πολλὰ λέγειν; ἀλλ' ἐν Ὠρεῷ Φιλιστίδης μὲν ἔπραττε Φιλίππῳ καὶ Μένιππος καὶ Σωκράτης καὶ Θόας καὶ Ἀγαπαῖος, οἵπερ νῦν ἔχουσι τὴν πόλιν (καὶ ταῦτ' ᾔδεσαν ἅπαντες), Εὐφραῖος δέ τις ἄνθρωπος καὶ παρ' ἡμῖν ποτ' ἐνθάδ' οἰκήσας, ὅπως ἐλεύθεροι καὶ μηδενὸς δοῦλοι ἔσονται.
60 οὗτος τὰ μὲν ἄλλ' ὡς ὑβρίζετο καὶ προυπηλακίζεθ' ὑπὸ τοῦ δήμου, πόλλ' ἂν εἴη λέγειν· ἐνιαυτῷ δὲ πρότερον τῆς ἁλώ-

1 φρονοῦντες post Φιλίππου add. vulg. : om. $S^1 L^1$ οἱ ante τοῦ add. S : om. L vulg. 2 δουλεύσουσιν F Y O : δουλεύσωσιν S vulg. 3 ἐξώλεσαν S L : ἀπώλεσαν vulg. 9 μόνον S L : μόνοις vulg. : μὲν Cobet 14 post δὲ add. τὰ πάντα A : add. πάντα vulg. : om. $S^1 L^1$ 15 ἐκβάλλειν S solus 16 ὁ om. S solus καὶ φίλος post σύμμαχος add. vulg. : om. $S^1 L^1$ 20–21 τότε . . . Παρμενίωνος om. $S^1 L^1$ soli 23 Σωκράτης] fort. Σωσίστρατος Weil 28 τοῦ τῶν Ὠρειτῶν post δήμου add. vulg. : om. S $L^1$ Y

σεως ἐνέδειξεν ὡς προδότην τὸν Φιλιστίδην καὶ τοὺς μετ'
αὐτοῦ, αἰσθόμενος ἃ πράττουσιν. συστραφέντες δ' ἄνθρωποι
πολλοὶ καὶ χορηγὸν ἔχοντες Φίλιππον καὶ πρυτανευόμενοι
ἀπάγουσι τὸν Εὐφραῖον εἰς τὸ δεσμωτήριον, ὡς συνταράτ-
τοντα τὴν πόλιν. ὁρῶν δὲ ταῦθ' ὁ δῆμος ὁ τῶν Ὠρειτῶν, 61
ἀντὶ τοῦ τῷ μὲν βοηθεῖν, τοὺς δ' ἀποτυμπανίσαι, τοῖς μὲν
οὐκ ὠργίζετο, τὸν δ' ἐπιτήδειον ταῦτα παθεῖν ἔφη καὶ ἐπέ-
χαιρεν. μετὰ ταῦθ' οἱ μὲν ἐπ' ἐξουσίας ὁπόσης ἐβούλοντ'
ἔπραττον ὅπως ἡ πόλις ληφθήσεται, καὶ κατεσκευάζοντο τὴν
πρᾶξιν· τῶν δὲ πολλῶν εἴ τις αἴσθοιτο, ἐσίγα καὶ κατεπέ-
πληκτο, τὸν Εὐφραῖον οἷ' ἔπαθεν μεμνημένοι. οὕτω δ'
ἀθλίως διέκειντο, ὥστ' οὐ πρότερον ἐτόλμησεν οὐδεὶς τοιού-
του κακοῦ προσιόντος ῥῆξαι φωνήν, πρὶν διασκευασάμενοι
πρὸς τὰ τείχη προσῆσαν οἱ πολέμιοι· τηνικαῦτα δ' οἱ μὲν
ἠμύνοντο, οἱ δὲ προὐδίδοσαν. τῆς πόλεως δ' οὕτως ἁλούσης 62
αἰσχρῶς καὶ κακῶς οἱ μὲν ἄρχουσι καὶ τυραννοῦσι, τοὺς τότε [127]
σῴζοντας ἑαυτοὺς καὶ τὸν Εὐφραῖον ἑτοίμους ὁτιοῦν ποιεῖν
ὄντας τοὺς μὲν ἐκβαλόντες, τοὺς δ' ἀποκτείναντες, ὁ δ' Εὐ-
φραῖος ἐκεῖνος ἀπέσφαξεν ἑαυτόν, ἔργῳ μαρτυρήσας ὅτι καὶ
δικαίως καὶ καθαρῶς ὑπὲρ τῶν πολιτῶν ἀνθειστήκει Φιλίππῳ.

Τί οὖν ποτ' αἴτιον, θαυμάζετ' ἴσως, τὸ καὶ τοὺς Ὀλυν- 63
θίους καὶ τοὺς Ἐρετριέας καὶ τοὺς Ὠρείτας ἥδιον πρὸς τοὺς
ὑπὲρ Φιλίππου λέγοντας ἔχειν ἢ τοὺς ὑπὲρ αὑτῶν; ὅπερ
καὶ παρ' ὑμῖν, ὅτι τοῖς μὲν ὑπὲρ τοῦ βελτίστου λέγουσιν
οὐδὲ βουλομένοις ἔνεστιν ἐνίοτε πρὸς χάριν οὐδὲν εἰπεῖν·
τὰ γὰρ πράγματ' ἀνάγκη σκοπεῖν ὅπως σωθήσεται· οἱ δ' ἐν
αὐτοῖς οἷς χαρίζονται Φιλίππῳ συμπράττουσιν. εἰσφέρειν 64
ἐκέλευον, οἱ δ' οὐδὲν δεῖν ἔφασαν· πολεμεῖν καὶ μὴ πιστεύειν,
οἱ δ' ἄγειν εἰρήνην, ἕως ἐγκατελήφθησαν. τἄλλα τὸν αὐτὸν

3 *παρ' ἐκείνου* post *πρυτανευόμενοι* add. vulg.: om. $S^1$ $L^1$ 11 *μεμνημένοι* S L F : *μεμνημένος* vulg. 15 *πόλεως δ'* A Y: *δὲ πόλεως* S L vulg. 19 *καὶ* ante *δικαίως* om. vulg. : add. S L Y 21 *ποτ' αἴτιον*] *τὸ αἴτιον* A : *ποτε ταἴτιον* Dobree, cf. § 36 *τὸ* S L A F : *τοῦ* vulg., cf. viii 56 29 *ἐγκατελήφθησαν*] *ἐγκατελείφθησαν* S Vind. 1

τρόπον οἶμαι πάνθ', ἵνα μὴ καθ' ἕκαστα λέγω· οἱ μὲν ἐφ' οἷς
χαριοῦνται, ταῦτ' ἔλεγον, οἱ δ' ἐξ ὧν ἔμελλον σωθήσεσθαι.
πολλὰ δὲ καὶ τὰ τελευταῖα οὐχ οὕτως πρὸς χάριν οὐδὲ δι'
ἄγνοιαν οἱ πολλοὶ προσίεντο, ἀλλ' ὑποκατακλινόμενοι, ἐπειδὴ
65 τοῖς ὅλοις ἡττᾶσθαι ἐνόμιζον. ὃ νὴ τὸν Δία καὶ τὸν Ἀπόλλω
δέδοικ' ἐγὼ μὴ πάθηθ' ὑμεῖς, ἐπειδὰν εἰδῆτ' ἐκλογιζόμενοι
μηδὲν ἔθ' ὑμῖν ἐνόν. καίτοι μὴ γένοιτο μέν, ὦ ἄνδρες Ἀθη-
ναῖοι, τὰ πράγματ' ἐν τούτῳ· τεθνάναι δὲ μυριάκις κρεῖττον
[128] ἢ κολακείᾳ τι ποιῆσαι Φιλίππου καὶ προέσθαι τῶν ὑπὲρ ὑμῶν
λεγόντων τινάς. καλήν γ' οἱ πολλοὶ νῦν ἀπειλήφασιν Ὠρει-
τῶν χάριν, ὅτι τοῖς Φιλίππου φίλοις ἐπέτρεψαν αὑτούς, τὸν
66 δ' Εὐφραῖον ἐώθουν· καλήν γ' ὁ δῆμος ὁ Ἐρετριέων, ὅτι
τοὺς ὑμετέρους πρέσβεις ἀπήλασε, Κλειτάρχῳ δ' ἐνέδωκεν
αὑτόν· δουλεύουσί γε μαστιγούμενοι καὶ σφαττόμενοι. καλῶς
Ὀλυνθίων ἐφείσατο τῶν τὸν μὲν Λασθένην ἵππαρχον χειρο-
67 τονησάντων, τὸν δ' Ἀπολλωνίδην ἐκβαλόντων. μωρία καὶ
κακία τὰ τοιαῦτ' ἐλπίζειν, καὶ κακῶς βουλευομένους καὶ
μηδὲν ὧν προσήκει ποιεῖν ἐθέλοντας, ἀλλὰ τῶν ὑπὲρ τῶν
ἐχθρῶν λεγόντων ἀκροωμένους, τηλικαύτην ἡγεῖσθαι πόλιν
οἰκεῖν τὸ μέγεθος ὥστε ⟨μηδέν⟩, μηδ' ἂν ὁτιοῦν ᾖ, δεινὸν
68 πείσεσθαι. καὶ μὴν ἐκεῖνό γ' αἰσχρόν, ὕστερόν ποτ' εἰπεῖν
'τίς γὰρ ἂν ᾠήθη ταῦτα γενέσθαι; νὴ τὸν Δί', ἔδει γὰρ τὸ
καὶ τὸ ποιῆσαι καὶ τὸ μὴ ποιῆσαι.' πόλλ' ἂν εἰπεῖν ἔχοιεν

2 καὶ ἐλύπουν οὐδέν post ἔλεγον add. A   προσῆσαν δ' ἀπέχθειαι post σωθήσεσθαι add. A S marg. al.   3 πρὸς χάριν οὐδὲ L : οὐδὲ πρὸς χάριν οὐδὲ S B corr. : οὔτε πρὸς χάριν οὔτε cett.   4 προσίεντο S L B : προΐεντο vulg. : προΐεντο ἑαυτούς al.   6 ἐκλογιζόμενοι S L¹ : λογιζόμενοι A : ἐκ λογισμοῦ vulg.   7 ἔθ' ὑμῖν Franke : ἐν ὑμῖν S L : ὑμῖν vulg.   post ἐνόν add. καὶ τοὺς εἰς τοῦθ' ὑπάγοντας ὑμᾶς ὁρῶν οὐκ ὀρρωδῶ, ἀλλὰ δυσωποῦμαι· ἢ (vel ἢ) γὰρ ἐξεπίτηδες ἢ (οὐ Spengel) δι' ἄγνοιαν εἰς χαλεπὸν πρᾶγμα ὑπάγουσι τὴν πόλιν vulg. S marg. : om. S¹ L F Y O, cf. Harpocr. s. v. Δυσωποῦμαι et Ὑπάγουσιν   μέν om. O Vind. 1 : add. S L A   9 Φιλίππου S¹ L¹ : Φιλίππῳ vulg.   καὶ . . . τινάς om. S L¹ soli   14 σφαττόμενοι S L A : στρεβλούμενοι vulg. S γρ.   15 Λασθένην Blass : Λασθένη codd.   17 τὰ τοιαῦτα ἐλπίζειν S vulg. : ταῦτα ἐλπίσαι L solus   20 μηδέν add. Seager, cf. xx 5   21 κἀκεῖνο A   συμβάντος τινός post εἰπεῖν add. vulg. : om. S L¹ soli   23 τὸ μὴ] τὸ καὶ τὸ μὴ Schaefer

Ὀλύνθιοι νῦν, ἃ τότ' εἰ προείδοντο, οὐκ ἂν ἀπώλοντο· πόλλ'
ἂν Ὠρεῖται, πολλὰ Φωκεῖς, πολλὰ τῶν ἀπολωλότων ἕκαστοι.
ἀλλὰ τί τούτων ὄφελος αὐτοῖς; ἕως ἂν σῴζηται τὸ σκάφος, 69
ἄν τε μεῖζον ἄν τ' ἔλαττον ᾖ, τότε χρὴ καὶ ναύτην καὶ
κυβερνήτην καὶ πάντ' ἄνδρ' ἑξῆς προθύμους εἶναι, καὶ ὅπως
μήθ' ἑκὼν μήτ' ἄκων μηδεὶς ἀνατρέψει, τοῦτο σκοπεῖσθαι·
ἐπειδὰν δ' ἡ θάλαττα ὑπέρσχῃ, μάταιος ἡ σπουδή. καὶ 70
ἡμεῖς τοίνυν, ὦ ἄνδρες Ἀθηναῖοι, ἕως ἐσμὲν σῷοι, πόλιν
μεγίστην ἔχοντες, ἀφορμὰς πλείστας, ἀξίωμα κάλλιστον,
τί ποιῶμεν; πάλαι τις ἡδέως ἂν ἴσως ἐρωτήσας κάθηται.
ἐγὼ νὴ Δί' ἐρῶ, καὶ γράψω δέ, ὥστ' ἂν βούλησθε χειρο- [129]
τονήσετε. αὐτοὶ πρῶτον ἀμυνόμενοι καὶ παρασκευαζόμενοι,
τριήρεσι καὶ χρήμασι καὶ στρατιώταις λέγω· καὶ γὰρ ἂν
ἅπαντες δήπου δουλεύειν συγχωρήσωσιν οἱ ἄλλοι, ἡμῖν γ'
ὑπὲρ τῆς ἐλευθερίας ἀγωνιστέον· ταῦτα δὴ πάντ' αὐτοὶ 71
παρεσκευασμένοι καὶ ποιήσαντες φανερὰ τοὺς ἄλλους ἤδη
παρακαλῶμεν, καὶ τοὺς ταῦτα διδάξοντας ἐκπέμπωμεν πρέ-
σβεις πανταχοῖ, εἰς Πελοπόννησον, εἰς Ῥόδον, εἰς Χίον, ὡς βασι-
λέα λέγω (οὐδὲ γὰρ τῶν ἐκείνῳ συμφερόντων ἀφέστηκε τὸ μὴ
τοῦτον ἐᾶσαι πάντα καταστρέψασθαι), ἵν' ἐὰν μὲν πείσητε,
κοινωνοὺς ἔχητε καὶ τῶν κινδύνων καὶ τῶν ἀναλωμάτων, ἄν
τι δέῃ, εἰ δὲ μή, χρόνους γ' ἐμποιῆτε τοῖς πράγμασιν.
ἐπειδὴ γάρ ἐστι πρὸς ἄνδρα καὶ οὐχὶ συνεστώσης πόλεως 72
ἰσχὺν ὁ πόλεμος, οὐδὲ τοῦτ' ἄχρηστον, οὐδ' αἱ πέρυσιν
πρεσβεῖαι περὶ τὴν Πελοπόννησον ἐκεῖναι καὶ κατηγορίαι,
ἃς ἐγὼ καὶ Πολύευκτος ὁ βέλτιστος ἐκεινοσὶ καὶ Ἡγήσιπ-
πος καὶ οἱ ἄλλοι πρέσβεις περιήλθομεν, καὶ ἐποιήσαμεν

5 ἑξῆς προθύμους S L A : ἐφεξῆς πρόθυμον vulg. 6 ἀνατρέψει Schaefer, Aristid. ii 625 : ἀνάτρεψηι codd., cf. §§ 51, 56, 75, iii 1, v 14 10 ἴσως om. B Y al. post ἴσως deficit L[1] usque ad x 2, omissa supplet rec. m. in marg. ἐρωτήσας Cobet : ἐρωτήσων codd. 11 χειροτονήσατε A 15 αὐτοὶ om. vulg. : add. S A 16 παρεσκευασμένοι S : παρασκευασάμενοι vulg. φανερὰ S[1] solus : φανερὰ τοῖς Ἕλλησι S corr. : τοῖς Ἕλλησι φανερὰ vulg. 18 20 πανταχοῖ . . . καταστρέψασθαι om. S[1] solus 27 καὶ Κλειτόμαχος καὶ Λυκοῦργος post Ἡγήσιππος add. vulg. : om. S F Y O

ἐπισχεῖν ἐκεῖνον καὶ μήτ' ἐπ' Ἀμβρακίαν ἐλθεῖν μήτ' εἰς
73 Πελοπόννησον ὁρμῆσαι. οὐ μέντοι λέγω μηδὲν αὐτοὺς
ὑπὲρ αὑτῶν ἀναγκαῖον ἐθέλοντας ποιεῖν, τοὺς ἄλλους παρα-
καλεῖν· καὶ γὰρ εὔηθες τὰ οἰκεῖ' αὐτοὺς προϊεμένους τῶν
ἀλλοτρίων φάσκειν κήδεσθαι, καὶ τὰ παρόντα περιορῶντας
ὑπὲρ τῶν μελλόντων τοὺς ἄλλους φοβεῖν. οὐ λέγω ταῦτα,
ἀλλὰ τοῖς μὲν ἐν Χερρονήσῳ χρήματ' ἀποστέλλειν φημὶ
δεῖν καὶ τἄλλ' ὅσ' ἀξιοῦσι ποιεῖν, αὐτοὺς δὲ παρασκευάζεσθαι,
[130] τοὺς δ' ἄλλους Ἕλληνας συγκαλεῖν, συνάγειν, διδάσκειν,
νουθετεῖν· ταῦτ' ἐστὶν πόλεως ἀξίωμ' ἐχούσης ἡλίκον ὑμῖν
74 ὑπάρχει. εἰ δ' οἴεσθε Χαλκιδέας τὴν Ἑλλάδα σώσειν ἢ
Μεγαρέας, ὑμεῖς δ' ἀποδράσεσθαι τὰ πράγματα, οὐκ ὀρθῶς
οἴεσθε· ἀγαπητὸν γὰρ ἐὰν αὐτοὶ σῴζωνται τούτων ἑκάστοις.
ἀλλ' ὑμῖν τοῦτο πρακτέον· ὑμῖν οἱ πρόγονοι τοῦτο τὸ γέρας
ἐκτήσαντο καὶ κατέλιπον μετὰ πολλῶν καὶ μεγάλων κινδύ-
75 νων. εἰ δ' ὃ βούλεται ζητῶν ἕκαστος καθεδεῖται, καὶ ὅπως
μηδὲν αὐτὸς ποιήσει σκοπῶν, πρῶτον μὲν οὐδὲ μήποθ' εὕρῃ
τοὺς ποιήσοντας, ἔπειτα δέδοιχ' ὅπως μὴ πάνθ' ἅμ' ὅσ'
οὐ βουλόμεθα ποιεῖν ἡμῖν ἀνάγκη γενήσεται.
76 Ἐγὼ μὲν δὴ ταῦτα λέγω, ταῦτα γράφω· καὶ οἴομαι καὶ
νῦν ἔτ' ἐπανορθωθῆναι ἂν τὰ πράγματα τούτων γιγνομένων.
εἰ δέ τις ἔχει τούτων τι βέλτιον, λεγέτω καὶ συμβουλευέτω.
ὅ τι δ' ὑμῖν δόξει, τοῦτ', ὦ πάντες θεοί, συνενέγκοι.

9 *τοὺς δ' ἄλλους* SFYO: *καὶ πρώτους ἃ χρὴ ποιοῦντας τότε καὶ τοὺς ἄλλους* A vulg. 12 *ἀποδράσεσθαι* SA: *ἀποδράσεσθε* vulg. 13 *ἑκάστοις* Cobet: *ἕκαστοι* codd. 14 *τοῦτο τὸ γέρας* S vulg.: *τοῦτο γέρας* Palatinus 113: *τὸ γέρας τοῦτο* Blass 15 *καλῶν καὶ* ante *μεγάλων* add. vulg.: om. $S^1$, cf. iii 36 17 *ποιήσει* S corr. pr. m. AB: *ποιήσῃ* $S^1$ vulg., cf. §§ 51, 56, 69 *οὐδὲ* SO: *οὐ* AF 18 *ἅμα* ante *ὅσα* om. vulg.: add. S 19 *γενήσεται* vulg.: *γένηται* SAFO, cf. viii 53 post *γενήσεται* (*γένηται*) add. *εἰ γὰρ ἦσαν, εὕρηντ' ἂν πάλαι, ἕνεκά γε τοῦ μηδὲν ἡμᾶς* (vel *ὑμᾶς*) *αὐτοὺς ποιεῖν ἐθέλειν, ἀλλ' οὐκ εἰσίν* vulg.: om. SFO; quae si servare placet, post *ποιήσοντας* collocanda sunt 22 *τούτων τι* vulg.: *τι τούτων* A: *τούτων* S al. Aut *τι* retinendum aut *βελτίω* legendum cum B$Y^1$O Vind. 1 23 *δόξει* Vind. 1, 4: *δόξῃ* S: *δόξειε* vulg.

In S subscriptum

ΚΑΤΑ ΦΙΛΙΠΠΟΥ Γ

Γ Η Γ Δ (Η Δ m. rec) Δ Δ Δ

X

# ΚΑΤΑ ΦΙΛΙΠΠΟΥ Δ

## ΥΠΟΘΕΣΙΣ.

Καὶ οὗτος τὴν αὐτὴν ὑπόθεσιν ἔχει τῷ φθάνοντι καὶ πλεον οὐδὲν οὐδ' ἴδιον, πλὴν τὸ περὶ τῆς ὁμονοίας πολίτευμα· διαφερομένων γὰρ τῶν πλουσίων πρὸς τοὺς πένητας, ὁ Δημοσθένης καταπαύειν πειρᾶται τὴν στάσιν, τῷ μὲν δήμῳ παραινῶν μὴ [131] δημεύειν τὰς τῶν πλουσίων οὐσίας, τοῖς δὲ πλουσίοις μὴ φθονεῖν τοῖς ἀπόροις τοῦ δημοσίου λήμματος. πείθει δὲ τοὺς Ἀθηναίους καὶ πρὸς τὸν Περσῶν βασιλέα περὶ συμμαχίας πρεσβεύεσθαι.

Καὶ σπουδαῖα νομίζων, ὦ ἄνδρες Ἀθηναῖοι, περὶ ὧν βουλεύεσθε, καὶ ἀναγκαῖα τῇ πόλει, πειράσομαι περὶ αὐτῶν εἰπεῖν ἃ νομίζω συμφέρειν. Οὐκ ὀλίγων δ' ὄντων ἁμαρτημάτων οὐδ' ἐκ μικροῦ χρόνου συνειλεγμένων, ἐξ ὧν φαύλως ταῦτ' ἔχει, οὐδέν ἐστιν, ὦ ἄνδρες Ἀθηναῖοι, τῶν πάντων δυσκολώτερον εἰς τὸ παρὸν ἢ ὅτι ταῖς γνώμαις ὑμεῖς ἀφεστήκατε τῶν πραγμάτων, καὶ τοσοῦτον χρόνον σπουδάζεθ' ὅσον ἂν κάθησθ' ἀκούοντες ἢ προσαγγελθῇ τι νεώτερον, εἶτ' ἀπελθὼν ἕκαστος ὑμῶν οὐ μόνον οὐδὲν φροντίζει περὶ αὐτῶν, ἀλλ' οὐδὲ μέμνηται. Ἡ μὲν οὖν ἀσέλγεια καὶ πλεονεξία, 2 ᾗ πρὸς ἅπαντας ἀνθρώπους Φίλιππος χρῆται, τοσαύτη τὸ πλῆθος ὅσην ἀκούετε· ὅτι δ' οὐκ ἔνι ταύτης ἐκεῖνον ἐπισχεῖν ἐκ λόγου καὶ δημηγορίας οὐδεὶς ἀγνοεῖ δήπου. καὶ γὰρ εἰ μηδ' ἀφ' ἑνὸς τῶν ἄλλων τοῦτο μαθεῖν δύναταί τις, ὡδὶ

14 δυσκολώτατον $F^1$ Y $O^1$  16 ᾗ S A F Y : ἣν vulg.  22 δύναταί S (α medium in eraso η) A Y : δύναιτο vulg.

λογισάσθω. ἡμεῖς οὐδαμοῦ πώποτε, ὅπου περὶ τῶν δικαίων
[132] εἰπεῖν ἐδέησεν, ἡττήθημεν οὐδ' ἀδικεῖν ἐδόξαμεν, ἀλλὰ πάντων
3 πανταχοῦ κρατοῦμεν καὶ περίεσμεν τῷ λόγῳ. ἆρ' οὖν διὰ
τοῦτ' ἐκείνῳ φαύλως ἔχει τὰ πράγματα, ἢ τῇ πόλει καλῶς;
πολλοῦ γε καὶ δεῖ· ἐπειδὰν γὰρ ὁ μὲν λαβὼν μετὰ ταῦτα
βαδίζῃ τὰ ὅπλα, πᾶσιν τοῖς οὖσιν ἑτοίμως κινδυνεύσων, ἡμεῖς
δὲ καθώμεθ' εἰρηκότες τὰ δίκαια, οἱ δ' ἀκηκοότες, εἰκότως,
οἶμαι, τοὺς λόγους τἄργα παρέρχεται, καὶ προσέχουσιν
ἅπαντες οὐχ οἷς εἴπομέν ποθ' ἡμεῖς δικαίοις ἢ νῦν ἂν εἴποιμεν,
ἀλλ' οἷς ποιοῦμεν. ἔστι δὲ ταῦτ' οὐδένα τῶν ἀδικουμένων
σῴζειν δυνάμενα· οὐδὲν γὰρ δεῖ πλείω περὶ αὐτῶν λέγειν.
4 τοιγάρτοι διεστηκότων εἰς δύο ταῦτα τῶν ἐν ταῖς πόλεσι,
τῶν μὲν εἰς τὸ μήτ' ἄρχειν βίᾳ βούλεσθαι μηδενὸς μήτε
δουλεύειν ἄλλῳ, ἀλλ' ἐν ἐλευθερίᾳ καὶ νόμοις ἐξ ἴσου πολι-
τεύεσθαι, τῶν δ' εἰς τὸ ἄρχειν μὲν τῶν πολιτῶν ἐπιθυμεῖν,
ἑτέρῳ δ' ὑπακούειν, δι' ὅτου ποτ' ἂν οἴωνται τοῦτο δυνήσεσθαι
ποιῆσαι, οἱ τῆς ἐκείνου προαιρέσεως, οἱ τυραννίδων καὶ δυ-
ναστειῶν ἐπιθυμοῦντες, κεκρατήκασι πανταχοῦ, καὶ πόλις
δημοκρατουμένη βεβαίως οὐκ οἶδ' εἴ τίς ἐστι τῶν πασῶν
5 λοιπὴ πλὴν ἡ ἡμετέρα. καὶ κεκρατήκασιν οἱ δι' ἐκείνου
τὰς πολιτείας ποιούμενοι πᾶσιν ὅσοις πράγματα πράττεται,
πρώτῳ μὲν πάντων καὶ πλείστῳ τῷ τοῖς βουλομένοις χρή-
ματα λαμβάνειν ἔχειν τὸν δώσονθ' ὑπὲρ αὑτῶν, δευτέρῳ δὲ
καὶ οὐδὲν ἐλάττονι τούτου τῷ δύναμιν τὴν καταστρεψομένην
τοὺς ἐναντιουμένους αὐτοῖς ἐν οἷς ἂν αἰτήσωσι χρόνοις
6 παρεῖναι. ἡμεῖς δ' οὐ μόνον τούτοις ὑπολειπόμεθ', ὦ ἄνδρες
Ἀθηναῖοι, ἀλλ' οὐδ' ἀνεγερθῆναι δυνάμεθα, ἀλλὰ μανδρα-
[133] γόραν πεπωκόσιν ἤ τι φάρμακον ἄλλο τοιοῦτον ἐοίκαμεν
ἀνθρώποις· εἶτ', οἶμαι, (δεῖ γάρ, ὡς ἐγὼ κρίνω, λέγειν τἀληθῆ)

7 οἱ μὲν ante εἰρηκότες add. vulg. : om. S¹ 8 τοὺς λόγους ante τὰ ἔργα S Vind. 1 : post τὰ ἔργα vulg. 12 post δύο add. μέρη vulg. : om. S A 22 πλείστῳ] μεγίστῳ A τοῖς βουλομένοις Index Lambini : τοὺς βουλομένους codd. 23 αὑτῶν Bekker : αὐτῶν codd. 26 ὑπολειποιμεθα S¹ (οι corr. in ο) : ἀπολειπόμεθα A vulg.

*οὕτω διαβεβλήμεθα καὶ καταπεφρονήμεθ' ἐκ τούτων ὥστε τῶν ἐν αὐτῷ τῷ κινδυνεύειν ὄντων οἱ μὲν ὑπὲρ τῆς ἡγεμονίας ἡμῖν ἀντιλέγουσιν, οἱ δ' ὑπὲρ τοῦ ποῦ συνεδρεύσουσι, τινὲς δὲ καθ' αὑτοὺς ἀμύνεσθαι μᾶλλον ἢ μεθ' ἡμῶν ἐγνώκασιν.*

Τοῦ *χάριν δὴ ταῦτα λέγω καὶ διεξέρχομαι; οὐ γὰρ* 7
*ἀπεχθάνεσθαι μὰ τὸν Δία καὶ πάντας θεοὺς προαιροῦμαι.*
*ἵν' ὑμῶν ἕκαστος, ὦ ἄνδρες Ἀθηναῖοι, τοῦτο γνῷ καὶ εἰδῇ,*
*ὅτι ἡ καθ' ἡμέραν ῥᾳστώνη καὶ ῥᾳθυμία, ὥσπερ τοῖς ἰδίοις*
*βίοις, οὕτω καὶ ταῖς πόλεσιν οὐκ ἐφ' ἑκάστου τῶν ἀμελου-*
*μένων ποιεῖ τὴν αἴσθησιν εὐθέως, ἀλλ' ἐπὶ τῷ κεφαλαίῳ τῶν*
*πραγμάτων ἀπαντᾷ. ὁρᾶτε Σέρριον καὶ Δορίσκον· ταῦτα* 8
*γὰρ πρῶτον ὠλιγωρήθη μετὰ τὴν εἰρήνην, ἃ πολλοῖς ὑμῶν*
*οὐδὲ γνώριμ' ἐστὶν ἴσως. ταῦτα μέντοι τότ' ἐαθέντα καὶ*
*παροφθέντ' ἀπώλεσε Θρᾴκην καὶ Κερσοβλέπτην, σύμμαχον*
*ὄνθ' ὑμῶν. πάλιν ταῦτ' ἀμελούμεν' ἰδὼν καὶ οὐδεμιᾶς*
*βοηθείας τυγχάνοντα παρ' ὑμῶν κατέσκαπτε Πορθμόν, καὶ*
*τυραννίδ' ἀπαντικρὺ τῆς Ἀττικῆς ἐπετείχισεν ὑμῖν ἐν τῇ*
*Εὐβοίᾳ. ταύτης ὀλιγωρουμένης, Μέγαρ' ἑάλω παρὰ μικρόν.* 9
*οὐδὲν ἐφροντίσατ' οὐδ' ἐπεστράφητ' οὐδὲν τούτων, οὐδ' ἐνε-*
*δείξασθε τοῦθ' ὅτι οὐκ ἐπιτρέψετε τοῦτο ποιεῖν αὐτῷ·*
*Ἀντρῶνας ἐπρίατο καὶ μετ' οὐ πολὺν χρόνον τὰ ἐν Ὠρεῷ*
*πράγματ' εἰλήφει. πολλὰ δὲ καὶ παραλείπω, Φεράς, τὴν* 10
*ἐπ' Ἀμβρακίαν ὁδόν, τὰς ἐν Ἤλιδι σφαγάς, ἄλλα μυρία·*
*οὐ γὰρ ἵν' ἐξαριθμήσωμαι τοὺς βεβιασμένους καὶ τοὺς* [134]
*ἠδικημένους ὑπὸ Φιλίππου, ταῦτα διεξῆλθον, ἀλλ' ἵνα τοῦθ' ὑμῖν δείξω, ὅτι οὐ στήσεται πάντας ἀνθρώπους ἀδικῶν, τὰ δ' ὑφ' αὑτῷ ποιούμενος Φίλιππος, εἰ μή τις αὐτὸν κωλύσει.*

4 *καθ'*] *καὶ καθ'* A F Y O    7 *τοὺς* ante *θεοὺς* add. S vulg. : om. A, cf. viii 49    8 *ἀλλ'* ante *ἵν'* add. vulg. : om. S solus cum Stobaeo Flor. 43. 67    *εἰδῇ* A S corr. cum Stobaeo Flor. l. c. : *ἴδῃ* S vulg.    10 *καὶ*] A vulg.    *ἐφ'* S A : *ἀφ'* vulg.    14 *τότε* om. S[1]    20 *οὐδὲν* S F B Y : *οὐδὲ* Cobet : *ἐπ' οὐδενὶ* vulg.    21 *τοῦτο* S Y O : *ταῦτα* vulg.    27 *δείξω* S B Y : *ἐπιδείξω* vulg.

11 Εἰσὶν δέ τινες οἳ πρὶν ἀκοῦσαι τοὺς ὑπὲρ τῶν πραγμάτων
λόγους εὐθέως εἰώθασιν ἐρωτᾶν ‘τί οὖν χρὴ ποιεῖν;’ οὐχ ἵν’
ἀκούσαντες ποιήσωσι (χρησιμώτατοι γὰρ ἂν ἦσαν ἁπάντων),
ἀλλ’ ἵνα τοῦ λέγοντος ἀπαλλαγῶσιν. δεῖ δ’ ὅμως εἰπεῖν ὅ
τι χρὴ ποιεῖν. πρῶτον μέν, ὦ ἄνδρες Ἀθηναῖοι, τοῦτο παρ’
ὑμῖν αὐτοῖς βεβαίως γνῶναι, ὅτι τῇ πόλει Φίλιππος πολεμεῖ
καὶ τὴν εἰρήνην λέλυκεν, καὶ κακόνους μέν ἐστι καὶ ἐχθρὸς
ὅλῃ τῇ πόλει καὶ τῷ τῆς πόλεως ἐδάφει, προσθήσω δὲ καὶ
τοῖς ἐν τῇ πόλει θεοῖς, οἵπερ αὐτὸν ἐξολέσειαν, οὐδενὶ μέντοι
μᾶλλον ἢ τῇ πολιτείᾳ πολεμεῖ οὐδ’ ἐπιβουλεύει, καὶ σκοπεῖ
12 μᾶλλον οὐδὲν τῶν πάντων ἢ πῶς ταύτην καταλύσει. καὶ
τοῦτ’ ἐξ ἀνάγκης τρόπον τινὰ νῦν γε δὴ ποιεῖ. λογίζεσθε
γάρ. ἄρχειν βούλεται, τούτου δ’ ἀνταγωνιστὰς μόνους
ὑπείληφεν ὑμᾶς. ἀδικεῖ πολὺν χρόνον ἤδη, καὶ τοῦτ’ αὐτὸς
ἄριστα σύνοιδεν αὑτῷ· οἷς γὰρ οὖσιν ὑμετέροις ἔχει [χρῆσθαι],
τούτοις ἅπαντα τἄλλα βεβαίως κέκτηται· εἰ γὰρ Ἀμφί-
πολιν καὶ Ποτείδαιαν προεῖτο, οὐδ’ ἂν ἐν Μακεδονίᾳ μένειν
13 ἀσφαλῶς ἐδύνατο. ἀμφότερ’ οὖν οἶδε, καὶ αὑτὸν ὑμῖν
ἐπιβουλεύοντα καὶ ὑμᾶς αἰσθανομένους· εὖ φρονεῖν δ’ ὑμᾶς
ὑπολαμβάνων μισεῖν αὑτὸν ἡγεῖται. πρὸς δὲ τούτοις τοσού-
τοις οὖσιν οἶδεν ἀκριβῶς ὅτι, οὐδ’ ἂν ἁπάντων τῶν ἄλλων
[135] γένηται κύριος, οὐδὲν ἔστ’ αὐτῷ βεβαίως ἔχειν, ἕως ἂν ὑμεῖς
δημοκρατῆσθε, ἀλλ’ ἄν ποτε συμβῇ τι πταῖσμα (πολλὰ δ’ ἂν
γένοιτ’ ἀνθρώπῳ), ἥξει πάντα τὰ νῦν βεβιασμένα καὶ κατα-
14 φεύξεται πρὸς ὑμᾶς. ἐστὲ γὰρ ὑμεῖς οὐκ αὐτοὶ πλεονεκτῆσαι
καὶ κατασχεῖν ἀρχὴν εὖ πεφυκότες, ἀλλ’ ἕτερον λαβεῖν
κωλῦσαι καὶ ἔχοντ’ ἀφελέσθαι καὶ ὅλως ἐνοχλῆσαι τοῖς

§§ 11–27 cf. viii §§ 38–51 et vi §§ 17–18   1 δέ] δή Blass coll. xv 25   11 πῶς S : ὅπως cett.   καταλύσει B F Y : καταλύσῃ S vulg., cf. viii 40   12 νῦν γε δὴ ποιεῖ vulg. et vi 17 : νῦν γ’ ἂν ποιοῖ S[1] (δὲ δὴ supra scr. ant. m.)   14 χρόνον ἤδη S : ἤδη χρόνον vulg. et vi 17   15 χρῆσθαι del. Cobet, cf. vi 17   17 ἐν Μακεδονίᾳ] οἴκοι vi 17   18 ἐδύνατο S A F γρ. : ἠγεῖτο vulg. : ἡγεῖται Cobet hic et vi 17   20 δικαίως ante μισεῖν add. vulg. : om. S[1] solus   24 ταν θρώπωι S   βεβιασμένα] συμβεβιασμένα viii 41

ἄρχειν βουλομένοις καὶ πάντας ἀνθρώπους εἰς ἐλευθερίαν
ἐξελέσθαι δεινοί. οὔκουν βούλεται τοῖς αὑτοῦ καιροῖς τὴν
παρ' ὑμῶν ἐλευθερίαν ἐφεδρεύειν, οὐ κακῶς οὐδ' ἀργῶς ταῦτα
λογιζόμενος. πρῶτον μὲν δὴ τοῦτο δεῖ, ἐχθρὸν ὑπειληφέναι 15
τῆς πολιτείας καὶ τῆς δημοκρατίας ἀδιάλλακτον ἐκεῖνον,
δεύτερον δ' εἰδέναι σαφῶς ὅτι πάνθ' ὅσα πραγματεύεται καὶ
κατασκευάζεται νῦν, ἐπὶ τὴν ἡμετέραν πόλιν παρασκευάζεται.
οὐ γὰρ οὕτως εὐήθης ὑμῶν ἐστὶν οὐδεὶς ὥσθ' ὑπολαμβάνειν
τὸν Φίλιππον τῶν μὲν ἐν Θρᾴκῃ κακῶν (τί γὰρ ἂν ἄλλο τις
εἴποι Δρογγίλον καὶ Καβύλην καὶ Μάστειραν καὶ ἃ νῦν φασιν
αὐτὸν ἔχειν;) τούτων μὲν ἐπιθυμεῖν καὶ ὑπὲρ τοῦ ταῦτα λαβεῖν
καὶ πόνους καὶ χειμῶνας καὶ τοὺς ἐσχάτους κινδύνους ὑπο-
μένειν, τῶν δ' Ἀθηναίων λιμένων καὶ νεωρίων καὶ τριήρων 16
καὶ τόπου καὶ δόξης, ὧν μήτ' ἐκείνῳ μήτ' ἄλλῳ γένοιτο
μηδενὶ χειρωσαμένῳ τὴν πόλιν τὴν ἡμετέραν κυριεῦσαι, οὐκ
ἐπιθυμεῖν, ἀλλὰ ταῦτα μὲν ὑμᾶς ἐάσειν ἔχειν, ὑπὲρ δὲ τῶν
μελινῶν καὶ τῶν ὀλυρῶν τῶν ἐν τοῖς Θρᾳκίοις σιροῖς ἐν τῷ [136]
βαράθρῳ χειμάζειν. οὐκ ἔστι ταῦτα, ἀλλὰ κἀκεῖν' ὑπὲρ τοῦ 17
τούτων γίγνεσθαι κύριος καὶ τἄλλα πάντα πραγματεύεται.
ταῦτα τοίνυν ἕκαστον εἰδότα καὶ γιγνώσκοντα παρ' αὑτῷ
δεῖ μὰ Δί' οὐ γράψαι κελεύειν πόλεμον τὸν τὰ βέλτιστ' ἐπὶ
πᾶσι δικαίοις συμβουλεύοντα· τοῦτο μὲν γάρ ἐστι λαβεῖν ὅτῳ
πολεμήσετε βουλομένων, οὐχ ἃ τῇ πόλει συμφέρει πράττειν.
ὁρᾶτε γάρ. εἰ δι' ἃ πρῶτα παρεσπόνδησε Φίλιππος ἢ δεύτερ' 18
ἢ τρίτα (πολλὰ γάρ ἐστιν ἐφεξῆς) ἔγραψέ τις αὐτῷ πολεμεῖν,
ὁ δ' ὁμοίως ὥσπερ νῦν, οὐ γράφοντος οὐδενὸς ὑμῶν πόλεμον,

1 τοὺς ante ἀνθρώπους add. S : om. vulg. et viii 42 3 ὑμῶν vulg. : ὑμῖν S A, cf. viii 42 4 τοῦτο δεῖ S F : τούτου δεῖ χάριν vulg. : διὰ τοῦτο δεῖ A, cf. viii 43 9 ἂν om. S solus 13 Ἀθηναίων S A : Ἀθήνησι vulg., cf. viii 45 post τριήρων add. καὶ τῶν ἔργων τῶν ἀργυρείων καὶ τοσούτων προσόδων (cf. viii 45) vulg. : om. S solus 14 τόπου] τόπων A 19 γίγνεσθαι vulg. : γίνεσθαι S (sed γενέσθαι viii 45) 21 πόλεμον] τὸν πόλεμον S 22 ὅτῳ πολεμήσετε S A : ὅτῳ μὴ πολεμήσετε λαβεῖν vulg. 23 οὐ ante βουλομένων add. vulg. : om. S A 26 οὐδενὸς ὑμῶν (ἡμῶν A S : Ἀθηναίων οὐδενὸς vulg., cf. viii 58

Καρδιανοῖς ἐβοήθει, οὐκ ἂν ἀνηρπασμένος ἦν ὁ γράψας, καὶ διὰ
19 τοῦτο πάντες ᾐτιῶντ' ἂν αὐτὸν Καρδιανοῖς βεβοηθηκέναι; μὴ
τοίνυν ζητεῖθ' ὅντιν' ἀνθ' ὧν Φίλιππος ἐξαμαρτάνει μισήσετε
καὶ τοῖς παρ' ἐκείνου μισθαρνοῦσι διασπάσασθαι παραβαλεῖτε·
μηδ' αὐτοὶ χειροτονήσαντες πόλεμον βούλεσθε παρ' αὐτοῖς
ὑμῖν ἐρίζειν, εἰ δέον ἢ μὴ δέον ὑμᾶς τοῦτο πεποιηκέναι· ἀλλ'
ὃν ἐκεῖνος πολεμεῖ τρόπον, τοῦτον μιμεῖσθε, τοῖς μὲν ἀμυνο-
μένοις ἤδη χρήματα καὶ τἄλλ' ὅσων δέονται διδόντες, αὐτοὶ
δ' εἰσφέροντες, ὦ ἄνδρες Ἀθηναῖοι, καὶ κατασκευαζόμενοι
στράτευμα, τριήρεις ταχείας, ἵππους, ἱππαγωγούς, τἄλλ' ὅσ'
20 εἰς πόλεμον· ἐπεὶ νῦν γε γέλως ἔσθ' ὡς χρώμεθα τοῖς πρά-
γμασι, καὶ Φίλιππον δ' αὐτὸν οὐδὲν ἂν ἄλλ' οἶμαι μὰ τοὺς
θεοὺς εὔξασθαι ποιεῖν τὴν πόλιν ἢ ταῦθ' ἃ νῦν ποιεῖτε·
ὑστερίζετε, ἀναλίσκετε· ὅτῳ παραδώσετε τὰ πράγματα
ζητεῖτε, δυσχεραίνετε· ἀλλήλους αἰτιᾶσθε. ἀφ' οὗ δὲ ταῦτα
[137] γίγνεται ἐγὼ διδάξω, καὶ ὅπως παύσεται λέξω. οὐδὲν πώποτ',
21 ὦ ἄνδρες Ἀθηναῖοι, τῶν πραγμάτων ἐξ ἀρχῆς ἐνεστήσασθ'
οὐδὲ κατεσκευάσασθ' ὀρθῶς, ἀλλὰ τὸ συμβαῖνον ἀεὶ διώκετε,
εἶτ' ἐπειδὰν ὑστερίσητε παύεσθε· ἕτερον πάλιν ἂν συμβῇ τι
22 παρασκευάζεσθε καὶ θορυβεῖσθε. τὸ δ' οὐχ οὕτως ἔχει· οὐκ
ἔνεστι βοηθείαις χρωμένους οὐδὲν τῶν δεόντων ποτὲ πρᾶξαι,
ἀλλὰ κατασκευάσαντας δεῖ δύναμιν, καὶ τροφὴν ταύτῃ πορί-
σαντας καὶ ταμίας καὶ δημοσίους, καὶ ὅπως ἔνι τὴν τῶν χρη-
μάτων φυλακὴν ἀκριβεστάτην γενέσθαι, οὕτω ποιήσαντας,
τὸν μὲν τῶν χρημάτων λόγον παρὰ τούτων λαμβάνειν, τὸν
δὲ τῶν ἔργων παρὰ τοῦ στρατηγοῦ, καὶ μηδεμίαν πρόφασιν

2 ἂν αὐτὸν om. B F 4 διασπάσασθαι S A F Y : διασπάσεσθαι vulg. 5 αὐτοὶ] αὐτοῖς S solus 6 ὑμῖν ante αὐτοῖς vulg. 7 πολεμεῖ] ποιεῖ S (πολεμεῖ m. ant. in marg.) μιμεῖσθε S m. ant. in marg. : ἀμύνεσθε S A : ἀμύνεσθαι vulg. 8 ὅσων δέονται S solus : ὅσα δέονται A : ὧν ἂν δέωνται vulg. 12 μὰ τοὺς θεοὺς] τοῖς θεοῖς Cobet 13 ἃ νῦν ποιεῖτε vulg. : om. F Y : νῦν ποιεῖτε om. S[1] 15 ζητεῖτε om. S (add. m. ant. in marg.) A Y οὗ S : ὅτου cett. 18 κατεσκεύασθε A 21 ποτὲ S A : πώποτε F Y O 23 καὶ post ταμίας om. vulg., cf. viii 47 χρημάτων vulg. et viii 47 : πραγμάτων S

τοῦ πλεῖν ἄλλοσε ἢ πράττειν ἄλλο τι τῷ στρατηγῷ κατα-
λείπειν. ἂν οὕτω ποιήσητε καὶ τοῦτ' ἐθελήσηθ' ὡς ἀληθῶς, 23
ἄγειν εἰρήνην δικαίαν καὶ μένειν ἐπὶ τοῦ τόπου Φίλιππον
ἀναγκάσετε, ἢ πολεμήσετ' ἐξ ἴσου· καὶ ἴσως ἄν, ἴσως, ὥσπερ
νῦν ὑμεῖς πυνθάνεσθε τί ποιεῖ Φίλιππος καὶ ποῖ πορεύεται,
οὕτως ἂν ἐκεῖνος φροντίσαι ποῖ ποθ' ἡ τῆς πόλεως ἀπῆρκεν
δύναμις καὶ ποῦ φανήσεται.

Εἰ δέ τῳ δοκεῖ ταῦτα καὶ δαπάνης πολλῆς καὶ πόνων 24
πολλῶν καὶ πραγματείας εἶναι, καὶ μάλ' ὀρθῶς δοκεῖ· ἀλλ'
ἐὰν λογίσηται τὰ τῇ πόλει μετὰ ταῦτα γενησόμενα, ἐὰν
ταῦτα μὴ ἐθέλῃ ποιεῖν, εὑρήσει λυσιτελοῦν τὸ ἑκόντας ποιεῖν
τὰ δέοντα. εἰ μὲν γάρ ἐστί τις ἐγγυητὴς ὑμῖν θεῶν (οὐ
γὰρ ἀνθρώπων γ' οὐδεὶς ἂν γένοιτ' ἀξιόχρεως τηλικούτου
πράγματος) ὡς, ἐὰν ἄγηθ' ἡσυχίαν καὶ ἅπαντα προῆσθε, [138]
οὐκ ἐπ' αὐτοὺς ὑμᾶς τελευτῶν ἐκεῖνος ἥξει, αἰσχρὸν μὲν νὴ 25
τὸν Δία καὶ πάντας θεοὺς καὶ ἀνάξιον ὑμῶν καὶ τῶν ὑπαρ-
χόντων τῇ πόλει καὶ πεπραγμένων τοῖς προγόνοις, τῆς ἰδίας
ῥᾳθυμίας ἕνεκα τοὺς ἄλλους ἅπαντας Ἕλληνας εἰς δουλείαν
προέσθαι, καὶ ἔγωγε αὐτὸς μὲν τεθνάναι μᾶλλον ἂν ἢ ταῦτ'
εἰρηκέναι βουλοίμην· οὐ μὴν ἀλλ' εἴ τις ἄλλος λέγει καὶ 26
ὑμᾶς πείθει, ἔστω, μὴ ἀμύνεσθε, ἅπαντα πρόεσθε. εἰ δὲ
μηδενὶ τοῦτο δοκεῖ, τοὐναντίον δὲ πρόϊσμεν ἅπαντες ὅτι,
ὅσῳ ἂν πλειόνων ἐάσωμεν ἐκεῖνον γενέσθαι κύριον, τοσούτῳ
χαλεπωτέρῳ καὶ ἰσχυροτέρῳ χρησόμεθ' ἐχθρῷ, ποῖ ἀναδυό-
μεθα, ἢ τί μέλλομεν; ἢ πότ', ὦ ἄνδρες Ἀθηναῖοι, τὰ
δέοντα ποιεῖν ἐθελήσομεν; ὅταν νὴ Δί' ἀναγκαῖον ᾖ. ἀλλ' 27
ἣν μὲν ἄν τις ἐλευθέρων ἀνθρώπων ἀνάγκην εἴποι, οὐ μόνον
ἤδη πάρεστιν, ἀλλὰ καὶ πάλαι παρελήλυθε, τὴν δὲ τῶν
δούλων ἀπεύχεσθαι δήπου μὴ γενέσθαι δεῖ. διαφέρει δὲ τί;

2 ἐθελήσηθ'] ἔλησθε Y γρ. 3 τοῦ τόπου S solus : τῆς αὐτοῦ vulg. et viii 47 4 post alterum ἴσως add. ὦ ἄνδρες Ἀθηναῖοι vulg. : om. S A 11 prius ποιεῖν om. S L in viii 48 12 ὑμῖν om. S L in viii 48 15 ἐκεῖνος om. S 16 τοὺς ante θεοὺς add. vulg. : om. S A Y 24 ποῖ S A F Y : τί vulg., cf. viii 50 26 ἀναγκαῖον S : ἀνάγκη τις cett., cf. iv 10, viii 51

ὅτι ἐστὶν ἐλευθέρῳ μὲν ἀνθρώπῳ μεγίστη ἀνάγκη ἡ ὑπὲρ τῶν γιγνομένων αἰσχύνη, καὶ μείζω ταύτης οὐκ οἶδ᾽ ἥντιν᾽ ἂν εἴποι τις· δούλῳ δὲ πληγαὶ χὼ τοῦ σώματος αἰκισμός, ὃ μήτε γένοιτο οὔτε λέγειν ἄξιον.

28 Τὸ μὲν τοίνυν, ὦ ἄνδρες Ἀθηναῖοι, πρὸς τὰ τοιαῦτ᾽ ὀκνηρῶς διακεῖσθαι, ἃ δεῖ τοῖς σώμασι καὶ ταῖς οὐσίαις λῃτουργῆσαι ἕκαστον, ἐστὶ μὲν οὐκ ὀρθῶς ἔχον, οὐδὲ πολλοῦ δεῖ, οὐ μὴν ἀλλ᾽ ἔχει τινὰ πρόφασιν ὅμως· τὸ δὲ μηδ᾽ ὅσ᾽ ἀκοῦσαι δεῖ μηδ᾽ ὅσα βουλεύσασθαι προσήκει, μηδὲ ταῦτ᾽ [139] ἐθέλειν [ἀκούειν], τοῦτ᾽ ἤδη πᾶσαν ἐπιδέχεται κατηγορίαν. 29 ὑμεῖς τοίνυν οὐκ ἀκούειν, πρὶν ἂν ὥσπερ νῦν αὐτὰ παρῇ τὰ πράγματα, οὐχὶ βουλεύεσθαι περὶ οὐδενὸς εἰώθατ᾽ ἐφ᾽ ἡσυχίας, ἀλλ᾽ ὅταν μὲν ἐκεῖνος παρασκευάζηται, ἀμελήσαντες τοῦ ποιεῖν ταὐτὸ καὶ ἀντιπαρασκευάζεσθαι ῥᾳθυμεῖτε, καὶ ἄν τι λέγῃ τις, ἐκβάλλετε, ἐπειδὰν δ᾽ ἀπολωλὸς ἢ πολιορκού-
30 μενόν τι πύθησθε, ἀκροᾶσθε καὶ παρασκευάζεσθε· ἦν δ᾽ ἀκηκοέναι μὲν καὶ βεβουλεῦσθαι τότε καιρός, ὅθ᾽ ὑμεῖς οὐκ ἠθέλετε, πράττειν δὲ καὶ χρῆσθαι τοῖς παρεσκευασμένοις νῦν, ἡνίκ᾽ ἀκούετε. τοιγαροῦν ἐκ τῶν τοιούτων ἐθῶν μόνοι τῶν πάντων ἀνθρώπων ὑμεῖς τοῖς ἄλλοις τοὐναντίον ποιεῖτε· οἱ μὲν γὰρ ἄλλοι πρὸ τῶν πραγμάτων εἰώθασι χρῆσθαι τῷ βουλεύεσθαι, ὑμεῖς δὲ μετὰ τὰ πράγματα.

31 Ὃ δὴ λοιπόν ἐστι, καὶ πάλαι μὲν ἔδει, διαφεύγει δ᾽ οὐδὲ νῦν, τοῦτ᾽ ἐρῶ. οὐδενὸς τῶν πάντων οὕτως ὡς χρημάτων δεῖ τῇ πόλει πρὸς τὰ νῦν ἐπιόντα πράγματα. συμβέβηκε δ᾽ εὐτυχήματ᾽ ἀπὸ ταὐτομάτου, οἷς ἂν χρησώμεθ᾽ ὀρθῶς, ἴσως ἂν γένοιτο τὰ δέοντα. πρῶτον μὲν γὰρ οἷς βασιλεὺς πιστεύει

2 εἴποι τις] εἴποιμεν S L[1] in viii 51 3 ὃ] ἃ A et viii 51 6 ταῖς οὐσίαις S : τοῖς οὖσι cett. 8 γε post ἔχει add. vulg. : om. S A 10 ἀκούειν del. Spengel 11–12 οὐκ . . . οὐχὶ S[1] : οὔτε . . . οὔτε vulg. S corr. 14 ταυτὸ S : τοῦτο vulg. 16 τηνικαῦτα ante ἀκροᾶσθε add. vulg. : om. S, cf. viii 11 18 ἠθέλετε S A : ἠθελήσατε vulg. 23 διαφεύγει A : διαφεύγειν S : διαφέρει vulg. 26 εὐτυχήματα ἀπὸ ταὐτομάτου vulg. : εὐτύχημα (τ ut videtur supr. α m. rec.) ἀπ᾽ αὐτομάτου S

καὶ εὐεργέτας ὑπείληφεν ἑαυτοῦ, οὗτοι μισοῦσι καὶ πολεμοῦσι
Φίλιππον. ἔπειθ' ὁ πράττων καὶ συνειδὼς ἅπανθ' ἃ Φίλιππος 32
κατὰ βασιλέως παρασκευάζεται, οὗτος ἀνάσπαστος γέγονε,
καὶ πάσας τὰς πράξεις βασιλεὺς οὐχ ἡμῶν κατηγορούντων
ἀκούσεται, οὓς ὑπὲρ τοῦ συμφέροντος ἂν ἡγήσαιτο τοῦ ἰδίου
λέγειν, ἀλλὰ τοῦ πράξαντος αὐτοῦ καὶ διοικοῦντος, ὥστ' εἶναι
πιστάς, καὶ λοιπὸν λόγον εἶναι τοῖς παρ' ὑμῶν πρέσβεσιν, [140]
ὃν βασιλεὺς ἥδιστ' ἂν ἀκούσαι, ὡς τὸν ἀμφοτέρους ἀδικοῦντα 33
κοινῇ τιμωρήσασθαι δεῖ, καὶ ὅτι πολὺ τῷ βασιλεῖ φοβερώ-
τερός ἐσθ' ὁ Φίλιππος, ἂν προτέροις ἡμῖν ἐπιθῆται· εἰ γὰρ
ἐγκαταλειπόμενοί τι πεισόμεθ' ἡμεῖς, ἀδεῶς ἐπ' ἐκεῖνον ἤδη
πορεύσεται. ὑπὲρ δὴ τούτων ἁπάντων οἶμαι δεῖν ὑμᾶς
πρεσβείαν ἐκπέμπειν, ἥτις τῷ βασιλεῖ διαλέξεται, καὶ τὴν
ἀβελτερίαν ἀποθέσθαι, δι' ἣν πολλάκις ἠλαττώθητε, 'ὁ δὴ
βάρβαρος, καὶ ὁ κοινὸς ἅπασιν ἐχθρός,' καὶ πάντα τὰ τοιαῦτα.
ἐγὼ γὰρ ὅταν τιν' ἴδω τὸν μὲν ἐν Σούσοις καὶ Ἐγβατάνοις 34
δεδοικότα καὶ κακόνουν εἶναι τῇ πόλει φάσκοντα, ὃς καὶ
πρότερον συνεπηνώρθωσε τὰ τῆς πόλεως πράγματα καὶ νῦν
ἐπηγγέλλετο (εἰ δὲ μὴ ἐδέχεσθ' ὑμεῖς, ἀλλ' ἀπεψηφίζεσθε,
οὐ τἀκείνου αἴτια), ὑπὲρ δὲ τοῦ ἐπὶ ταῖς θύραις ἐγγὺς οὑτωσὶ
ἐν μέσῃ τῇ Ἑλλάδι αὐξανομένου λῃστοῦ τῶν Ἑλλήνων ἄλλο
τι λέγοντα, θαυμάζω, καὶ δέδοικα τοῦτον, ὅστις ἂν ᾖ ποτ',
ἔγωγε, ἐπειδὴ οὐχ οὗτος Φίλιππον.

Ἔστι τοίνυν τι πρᾶγμα καὶ ἄλλο, ὃ λυμαίνεται τὴν πόλιν 35
ὑπὸ βλασφημίας ἀδίκου καὶ λόγων οὐ προσηκόντων διαβε-
βλημένον, εἶτα τοῖς μηδὲν τῶν ἐν τῇ πολιτείᾳ δικαίων
βουλομένοις ποιεῖν πρόφασιν παρέχει· καὶ πάντων, ὅσ'

2 Φίλιππον S F corr. : Φιλίππῳ vulg. 3 ἀνάρπαστος O 7 τὰς κατηγορίας post πιστὰς add. vulg. : om. S[1] solus 10 ἐσθ'] ἔσται Dobree προτέροις S A Y : πρότερος vulg. 14 ὁ δὴ S A F Y : καὶ δὴ vulg. : ὁ δὲ Reiske coll. xxi 209 16 Ἐγβατάνοις A[1] Blass : Ἐκβατάνοις cett. 19 ἀπεψηφίζεσθε S (in ras ) A : ἀπεψηφίσασθε vulg. 20 τὰ ἐκείνου S A Vind. 1 : τά γε ἐκείνου vulg. : τἀκείνου γ' Blass 22 λέγοντας S[1] (s punct. not.) 24 τι om. S A 25 διαβεβλημένην γρ. Index Lambini 26 δικαίων post πολιτείᾳ S : post μηδὲν τῶν vulg.

ἐκλείπει, δέον παρά του γίγνεσθαι, ἐπὶ τοῦθ' εὑρήσετε
τὴν αἰτίαν ἀναφερομένην. περὶ οὗ πάνυ μὲν φοβοῦμαι, οὐ
36 μὴν ἀλλ' ἐρῶ· οἶμαι γὰρ ἕξειν καὶ ὑπὲρ τῶν ἀπόρων τὰ δίκαι'
ἐπὶ τῷ συμφέροντι τῆς πόλεως εἰπεῖν πρὸς τοὺς εὐπόρους,
[141] καὶ ὑπὲρ τῶν κεκτημένων τὰς οὐσίας πρὸς τοὺς ἐπιδεεῖς. εἰ
ἀνέλοιμεν ἐκ μέσου καὶ τὰς βλασφημίας ἃς ἐπὶ τῷ θεωρικῷ
ποιοῦνταί τινες οὐχὶ δικαίως, καὶ τὸν φόβον, ὡς οὐ στήσεται
τοῦτ' ἄνευ μεγάλου τινὸς κακοῦ, οὐδὲν ἂν εἰς τὰ πράγματα
μεῖζον εἰσενεγκαίμεθα, οὐδ' ὅ τι κοινῇ μᾶλλον ἂν ὅλην
37 ἐπιρρώσειε τὴν πόλιν. οὑτωσὶ δὲ σκοπεῖτε· ἐρῶ δ' ὑπὲρ
τῶν ἐν χρείᾳ δοκούντων εἶναι πρότερον. ἦν ποτ' οὐ πάλαι
παρ' ὑμῖν, ὅτ' οὐ προσῄει τῇ πόλει τάλανθ' ὑπὲρ τριάκοντα
καὶ ἑκατόν· καὶ οὐδεὶς [ἐστι] τῶν τριηραρχεῖν δυναμένων
οὐδὲ τῶν εἰσφέρειν ὅστις οὐκ ἠξίου τὰ καθήκοντ' ἐφ' ἑαυτὸν
ποιεῖν, ὅτι χρήματ' οὐ περιῆν, ἀλλὰ καὶ τριήρεις ἔπλεον καὶ
38 χρήματ' ἐγίγνετο καὶ πάντ' ἐποιοῦμεν τὰ δέοντα. μετὰ
ταῦθ' ἡ τύχη, καλῶς ποιοῦσα, πολλὰ πεποίηκε τὰ κοινά,
καὶ τετρακόσι' ἀντὶ τῶν ἑκατὸν ταλάντων προσέρχεται,
οὐδενὸς οὐδὲν ζημιουμένου τῶν τὰς οὐσίας ἐχόντων, ἀλλὰ
καὶ προσλαμβάνοντος· οἱ γὰρ εὔποροι πάντες ἔρχονται μεθ-
39 έξοντες τούτου, καὶ καλῶς ποιοῦσιν. τί οὖν μαθόντες τοῦτ'
ὀνειδίζομεν ἀλλήλοις καὶ προφάσει χρώμεθα τοῦ μηδὲν ποιεῖν,
πλὴν εἰ τῇ παρὰ τῆς τύχης βοηθείᾳ γεγονυίᾳ τοῖς ἀπόροις
40 φθονοῦμεν; οὓς οὔτ' ἂν αἰτιασαίμην ἔγωγε, οὔτ' ἀξιῶ. οὐδὲ
γὰρ ἐν ταῖς ἰδίαις οἰκίαις ὁρῶ τὸν ἐν ἡλικίᾳ πρὸς τοὺς
πρεσβυτέρους οὕτω διακείμενον οὐδ' οὕτως ἀγνώμον' οὐδ'
ἄτοπον τῶν ὄντων οὐδένα, ὥστε, εἰ μὴ ποιήσουσιν ἅπαντες

1 *παρά του* S A O : *παρὰ τοῦτο* F Y P : *παρά του τοῦτο* vulg. 2 *λέγειν* post *φοβοῦμαι* add. vulg. : om. S solus 5 *ἐπιδεεῖς* S : *καταδεεῖς* vulg. *ἐπιδεεῖς.*] interpunxit Weil 8 *οὗ* ante *οὐδὲν* add. vulg. : om. $S^1$ A 11 *προτέρων* S 13 *ἐστι* S F : *ἦν* vulg. : secl. Blass 14 *ἐφ' ἑαυτὸν* S F corr. Harpocr. : *ἀφ' ἑαυτοῦ* vulg. 20 *προσλαμβάνοντος* S A : *προσλαμβανόντων* vulg. 21 *μαθόντες* S A $F^1$ : *παθόντες* vulg. 22 *τῶν δεόντων* post *μηδὲν* add. vulg. : om. S A 25 *τὸν*] *τῶν* Vind. 1 27 *ἄτοπον τῶν ὄντων* S A : *ἀτοπώτατον ὄντα* vulg.

ὅσ' ἂν αὐτός, οὐ φάσκοντα ποιήσειν οὐδὲν οὐδ' αὐτόν· καὶ
γὰρ ἂν τοῖς τῆς κακώσεως εἴη νόμοις οὕτω γ' ἔνοχος· δεῖ γάρ,
οἶμαι, τοῖς γονεῦσι τὸν ὡρισμένον ἐξ ἀμφοτέρων ἔρανον, [142]
καὶ παρὰ τῆς φύσεως καὶ παρὰ τοῦ νόμου, δικαίως φέρειν
καὶ ἑκόνθ' ὑποτελεῖν. ὥσπερ τοίνυν ἑνὸς ἡμῶν ἑκάστου τίς 41
ἐστι γονεύς, οὕτω συμπάσης τῆς πόλεως κοινοὺς δεῖ τοὺς
γονέας σύμπαντας ἡγεῖσθαι, καὶ προσήκειν τούτους οὐχ ὅπως
ὧν ἡ πόλις δίδωσ' ἀφελέσθαι τι, ἀλλ' εἰ καὶ μηδὲν ἦν τούτων,
ἄλλοθεν σκοπεῖν ὅπως μηδενὸς ὄντες ἐνδεεῖς περιοφθήσονται.
τοὺς μὲν τοίνυν εὐπόρους ταύτῃ χρωμένους τῇ γνώμῃ οὐ 42
μόνον ἡγοῦμαι τὰ δίκαι' ἂν ποιεῖν, ἀλλὰ καὶ τὰ λυσιτελῆ·
τὸ γὰρ τῶν ἀναγκαίων τιν' ἀποστερεῖν κοινῇ κακόνους ἐστὶ
ποιεῖν πολλοὺς ἀνθρώπους τοῖς πράγμασι· τοῖς δ' ἐν ἐνδείᾳ,
δι' ὃ δυσχεραίνουσι τὸ πρᾶγμ' οἱ τὰς οὐσίας ἔχοντες καὶ
κατηγοροῦσι δικαίως, τοῦτ' ἀφελεῖν ἂν συμβουλεύσαιμι.
δίειμι δέ, ὥσπερ ἄρτι, τὸν αὐτὸν τρόπον καὶ ὑπὲρ τῶν 43
εὐπόρων, οὐ κατοκνήσας εἰπεῖν τἀληθῆ. ἐμοὶ γὰρ οὐδεὶς
οὕτως ἄθλιος οὐδ' ὠμὸς εἶναι δοκεῖ τὴν γνώμην, οὔκουν
'Αθηναίων γε, ὥστε λυπεῖσθαι ταῦτα λαμβάνοντας ὁρῶν
τοὺς ἀπόρους καὶ τῶν ἀναγκαίων ἐνδεεῖς ὄντας. ἀλλὰ ποῦ 44
συντρίβεται τὸ πρᾶγμα καὶ ποῦ δυσχεραίνεται; ὅταν τὸ ἀπὸ
τῶν κοινῶν ἔθος ἐπὶ τὰ ἴδια μεταβιβάζοντας ὁρῶσί τινας,
καὶ μέγαν μὲν ὄντα παρ' ὑμῖν εὐθέως τὸν λέγοντα, ἀθάνατον
δ' ἕνεκ' ἀσφαλείας, ἑτέραν δὲ τὴν κρύβδην ψῆφον τοῦ
φανερῶς θορύβου. ταῦτ' ἀπιστίαν, ταῦτ' ὀργὴν ἔχει. δεῖ 45
γάρ, ὦ ἄνδρες 'Αθηναῖοι, δικαίως ἀλλήλοις τῆς πολιτείας
κοινωνεῖν, τοὺς μὲν εὐπόρους εἰς μὲν τὸν βίον τὰ ἑαυτῶν [143]

1 ὅσ' ἂν] ὅσον S solus  2 γε S : τε O¹ : τότε vulg.  5 τίς S : τοῖς Vind. 1 pr. : εἷς codd. aliquot et Cobet : εἷς τις Reiske  6 τοὺς γονέας Blass cum Stobaeo (Flor. 43. 68) : γονέας codd.  7 σύμπαντας Blass : τοὺς σύμπαντας codd. : τοὺς ⟨πρεσβυτέρους⟩ σύμπαντας Cobet  προσήκειν vulg. et Stobaeus : προσήκει S A F Y  10 τοῖς . . . εὐπόροις S solus  11 δίκαι' ἂν ποιεῖν Cobet : δίκαια ποιεῖν S A : δίκαια ποιεῖν ἂν vulg.  12 τινὰ S : τινὰς cett.  19 post 'Αθηναίων γε add. οἶμαι ἀλλ' οὐδὲ τῶν ἄλλων vulg. : om. S Vind. 1 pr.  22 μεταβιβάζοντας] διαβιβάζοντας S  27 τὰ Auger : τῶν codd.

ἀσφαλῶς ἔχειν νομίζοντας καὶ ὑπὲρ τούτων μὴ δεδοικότας, εἰς δὲ τοὺς κινδύνους κοινὰ ὑπὲρ τῆς σωτηρίας τὰ ὄντα τῇ πατρίδι παρέχοντας, τοὺς δὲ λοιποὺς τὰ μὲν κοινὰ κοινὰ νομίζοντας καὶ μετέχοντας τὸ μέρος, τὰ δ' ἑκάστου ἴδια τοῦ κεκτημένου. οὕτω καὶ μικρὰ μεγάλη πόλις γίγνεται καὶ μεγάλη σῴζεται. ὡς μὲν οὖν εἴποι τις ἄν, ἃ παρ' ἑκατέρων εἶναι δεῖ, ταῦτ' ἴσως ἐστίν· ὡς δὲ καὶ γένοιτ' ἄν, [ἐν] νόμῳ διορθώσασθαι δεῖ.

46 Τῶν δὲ παρόντων πραγμάτων καὶ τῆς ταραχῆς πολλὰ πόρρωθέν ἐστι τὰ αἴτια· ἃ εἰ βουλομένοις ὑμῖν ἀκούειν ἐστίν, ἐθέλω λέγειν. ἐξέστητ', ὦ ἄνδρες Ἀθηναῖοι, τῆς ὑποθέσεως ἐφ' ἧς ὑμᾶς οἱ πρόγονοι κατέλιπον, καὶ τὸ μὲν προΐστασθαι τῶν Ἑλλήνων καὶ δύναμιν συνεστηκυῖαν ἔχοντας πᾶσι τοῖς ἀδικουμένοις βοηθεῖν περίεργον ἐπείσθητ' εἶναι καὶ μάταιον ἀνάλωμ' ὑπὸ τῶν ταῦτα πολιτευομένων, τὸ δ' ἐν ἡσυχίᾳ διάγειν καὶ μηδὲν τῶν δεόντων πράττειν, ἀλλὰ προϊεμένους καθ' ἓν ἕκαστον πάνθ' ἑτέρους ἐᾶσαι λαβεῖν, θαυμαστὴν εὐδαιμονίαν καὶ πολλὴν ἀσφάλειαν ἔχειν
47 ᾤεσθε. ἐκ δὲ τούτων παρελθὼν ἐπὶ τὴν τάξιν ἐφ' ἧς ὑμῖν τετάχθαι προσῆκεν ἕτερος, οὗτος εὐδαίμων καὶ μέγας καὶ πολλῶν κύριος γέγονεν, εἰκότως· πρᾶγμα γὰρ ἔντιμον καὶ μέγα καὶ λαμπρόν, καὶ περὶ οὗ πάντα τὸν χρόνον αἱ μέγισται τῶν πόλεων πρὸς αὑτὰς διεφέροντο, Λακεδαιμονίων μὲν ἠτυχηκότων, Θηβαίων δ' ἀσχόλων διὰ τὸν Φωκικὸν πόλεμον γενομένων, ἡμῶν δ' ἀμελούντων, ἔρημον ἀνείλετο.
[144] 48 τοιγάρτοι τὸ μὲν φοβεῖσθαι τοῖς ἄλλοις, τὸ δὲ συμμάχους πολλοὺς ἔχειν καὶ δύναμιν μεγάλην ἐκείνῳ περιγέγονε, καὶ τοσαῦτα πράγματα καὶ τοιαῦτ' ἤδη περιέστηκε τοὺς Ἕλληνας ἅπαντας, ὥστε μηδ' ὅ τι χρὴ συμβουλεύειν εὔπορον εἶναι.

1 ὑπὲρ S A : περὶ vulg. 2 τὰ om. S 5 μεγάλη ante πόλις S Vind. 1 : post πόλις vulg. 7 ἐν νόμῳ S¹ A : ἐν secl. Blass : ἐννόμως vulg. S corr. 12 ὑποθέσεως] τάξεως S γρ. κατέλιπον vulg. : κατέλειπον S solus 19 ᾤεσθε S : οἴεσθε vulg. 27 ἔχειν post μεγάλην F Y O

Ὄντων δ', ὦ ἄνδρες Ἀθηναῖοι, τῶν παρόντων πρα- 49
γμάτων πᾶσιν, ὡς ἐγὼ κρίνω, φοβερῶν, οὐδένες ἐν μείζονι
κινδύνῳ τῶν πάντων εἰσὶν ὑμῶν, οὐ μόνον τῷ μάλισθ' ὑμῖν
ἐπιβουλεύειν Φίλιππον, ἀλλὰ καὶ τῷ πάντων ἀργότατ' αὐτοὶ
διακεῖσθαι. εἰ τοίνυν τὸ τῶν ὠνίων πλῆθος ὁρῶντες καὶ
τὴν εὐετηρίαν τὴν κατὰ τὴν ἀγοράν, τούτοις κεκήλησθ' ὡς
ἐν οὐδενὶ δεινῷ τῆς πόλεως οὔσης, οὔτε προσηκόντως οὔτ'
ὀρθῶς τὸ πρᾶγμα κρίνετε· ἀγορὰν μὲν γὰρ ἄν τις καὶ 50
πανήγυριν ἐκ τούτων ἢ φαύλως ἢ καλῶς παρεσκευάσθαι
κρίνοι· πόλιν δ' ἣν ὑπείληφεν, ὃς ἂν τῶν Ἑλλήνων ἄρχειν
ἀεὶ βούληται, μόνην ἂν ἐναντιωθῆναι καὶ τῆς πάντων ἐλευ-
θερίας προστῆναι, οὐ μὰ Δί' ἐκ τῶν ὠνίων, εἰ καλῶς ἔχει,
δοκιμάζειν δεῖ, ἀλλ' εἰ συμμάχων εὐνοίᾳ πιστεύει, εἰ τοῖς
ὅπλοις ἰσχύει, ταῦθ' ὑπὲρ τῆς πόλεως δεῖ σκοπεῖν· ἃ σφα-
λερῶς ὑμῖν καὶ †οὐδαμῶς ἅπαντ'† ἔχει. γνοίητε δ' ἄν, εἰ 51
σκέψαισθ' ἐκείνως. πότε μάλιστ' ἐν ταραχῇ τὰ τῶν Ἑλ-
λήνων γέγονε πράγματα; οὐδένα γὰρ χρόνον ἄλλον ἢ τὸν
νυνὶ παρόντ' οὐδ' ἂν εἷς εἴποι. τὸν μὲν γὰρ ἄλλον ἅπαντ'
εἰς δύο ταῦτα διῄρητο τὰ τῶν Ἑλλήνων, Λακεδαιμονίους
καὶ ἡμᾶς, τῶν δ' ἄλλων [Ἑλλήνων] οἱ μὲν ἡμῖν, οἱ δ' ἐκεί-
νοις ὑπήκουον. βασιλεὺς δὲ καθ' αὑτὸν μὲν ὁμοίως ἅπασιν
ἄπιστος ἦν, τοὺς δὲ κρατουμένους τῷ πολέμῳ προσλαμ- [145]
βάνων, ἄχρι οὗ τοῖς ἑτέροις ἐξ ἴσου ποιήσαι, διεπιστεύετο,
ἔπειτ' οὐχ ἧττον αὐτὸν ἐμίσουν οὓς σώσειε τῶν ὑπαρχόντων
ἐχθρῶν ἐξ ἀρχῆς. νῦν δὲ πρῶτον μὲν ὁ βασιλεὺς ἅπασι 52
τοῖς Ἕλλησιν οἰκείως ἔχει, †καὶ πάντων ἥκιστα δὴ† ἡμῖν,

2 πᾶσιν om. S Vind. 1 5 τὸ om. S 9 παρεσκευάσθαι Vind. 1: παρασκευασθαι S: κατεσκευάσθαι vulg. 11 ἂν om. S solus 13 alterum εἰ A F B Y S corr. pr. m.: om. S[1]: καὶ vulg. 14 σφαλερῶς S A Vind. 1: φαύλως vulg. 15 οὐδαμῶς ἅπαντ' S: οὐ καλῶς ἅπαντ' vulg.: οὐδαμῶς καλῶς S γρ.: οὐδαμῶς ἅπαντα καλῶς A: οὐδαμῶς εὖ πάντ' Weil: fort. [καὶ] οὐδ' ἄλλως ἅπαντα καλῶς 19 εἰς δύο ταῦτα om. S[1]: add. m. ant. 20 δ' ante ἄλλων om. S[1], add. m. ant. Ἑλλήνων secl. Weil 21 μὲν secl. Blass 22 τοῖς δὲ κρατουμένοις coni. Weil 23 ποιῆσαι S F O 26 καὶ πάντων ἥκιστα δὴ S: δὴ om. vulg.: καὶ ⟨πιστῶς⟩, πάντων ἥκιστα δ' Weil: [καὶ] πάντων δ' ἥκισθ' coni. Blass

ἄν τι μὴ νῦν ἐπανορθωσώμεθα· ἔπειτα προστασίαι πολλαὶ
καὶ πανταχόθεν γίγνονται, καὶ τοῦ πρωτεύειν ἀντιποιοῦνται
μὲν πάντες, ἀφεστᾶσι δ' ἔργῳ, καὶ φθονοῦσι καὶ ἀπιστοῦσιν
αὑτοῖς, οὐχ οἷς ἔδει, καὶ γεγόνασι καθ' αὑτοὺς ἕκαστοι,
Ἀργεῖοι, Θηβαῖοι, Λακεδαιμόνιοι, Κορίνθιοι, Ἀρκάδες, ἡμεῖς.
53 ἀλλ' ὅμως εἰς τοσαῦτα μέρη καὶ τοσαύτας δυναστείας διῃ-
ρημένων [τῶν Ἑλληνικῶν πραγμάτων], εἰ δεῖ τἀληθῆ μετὰ
παρρησίας εἰπεῖν, τὰ παρ' οὐδέσι τούτων ἀρχεῖα καὶ βου-
λευτήρι' ἐρημότερ' ἄν τις ἴδοι τῶν Ἑλληνικῶν πραγμάτων
ἢ τὰ παρ' ἡμῖν, εἰκότως· οὔτε γὰρ φιλῶν οὔτε πιστεύων
54 οὔτε φοβούμενος οὐδεὶς ἡμῖν διαλέγεται. αἴτιον δὲ τούτων
οὐχ ἕν, ὦ ἄνδρες Ἀθηναῖοι, (ῥᾴδιον γὰρ ἂν ἦν ὑμῖν μετα-
θεῖναι), ἀλλὰ πολλὰ καὶ παντοδαπὰ ἐκ παντὸς ἡμαρτημένα
τοῦ χρόνου, ὧν τὸ καθ' ἕκαστον ἐάσας, εἰς ὃ πάντα τείνει
λέξω, δεηθεὶς ὑμῶν, ἂν λέγω τἀληθῆ μετὰ παρρησίας, μηδὲν
ἀχθεσθῆναί μοι. πέπραται τὰ συμφέροντ' ἐφ' ἑκάστου τῶν
καιρῶν, καὶ μετειλήφαθ' ὑμεῖς μὲν τὴν σχολὴν καὶ τὴν
ἡσυχίαν, ὑφ' ὧν κεκηλημένοι τοῖς ἀδικοῦσιν οὐ πικρῶς
55 ἔχετε, ἕτεροι δὲ τὰς τιμὰς ἔχουσιν. καὶ τὰ μὲν περὶ τἄλλ'
[146] οὐκ ἄξιον ἐξετάσαι νῦν· ἀλλ' ἐπειδάν τι τῶν πρὸς Φίλιππον
ἐμπέσῃ, εὐθὺς ἀναστάς τις λέγει ὡς οὐ δεῖ ληρεῖν οὐδὲ
γράφειν πόλεμον, παραθεὶς εὐθέως ἑξῆς τὸ τὴν εἰρήνην
ἄγειν ὡς ἀγαθὸν καὶ τὸ τρέφειν μεγάλην δύναμιν ὡς χαλε-
πόν, καὶ 'διαρπάζειν τινὲς τὰ χρήματα βούλονται,' καὶ
56 ἄλλους λόγους ὡς οἷόν τ' ἀληθεστάτους λέγουσιν. ἀλλὰ
δεῖ δήπου τὴν μὲν εἰρήνην ἄγειν οὐχ ὑμᾶς πείθειν, οἳ πε-

2 ἀντιποιοῦνται ante μὲν S A Vind. 1: post μὲν vulg. 3 ἔργῳ Weil: ἔνιοι codd. 4 οἷς Weil coll. ix 35: ὡς codd. 7 τῶν Ἑλληνικῶν πραγμάτων secludenda esse coni. Weil 8 οὐδέσι S A F corr.: οὐδενὶ vulg. 14 ἓν post ἐάσας add. vulg.: om. S solus πάντα τείνει A: πᾶν τείνει S: πάντα γε τείνει O$^1$: πάντα συντείνει vulg. 15 μηδὲν] μηδένα A 16 ἄχθεσθαι (sine μοι) S Vind. 1 πέπραται S$^1$ F Y O: ἐκπέπρακται vulg., cf. ix 39 ἐφ'] ἀφ' S §§ 55–70 cf. viii 52–67 22 τὸ τὴν] τωι τὴν S$^1$ 23 μεγάλην ante δύναμιν S Vind. 1: post δύναμιν vulg. et viii 52

πεισμένοι κάθησθε, ἀλλὰ τὸν τὰ τοῦ πολέμου πράττοντα·
ἂν γὰρ ἐκεῖνος πεισθῇ, τά γ' ἀφ' ὑμῶν ὑπάρχει· νομίζειν
δ' εἶναι χαλεπὰ οὐχ ὅσ' ἂν εἰς σωτηρίαν δαπανῶμεν, ἀλλ'
ἃ πεισόμεθα, ἂν μὴ ταῦτ' ἐθέλωμεν ποιεῖν, καὶ τὸ ‘διαρ-
πασθήσεται τὰ χρήματα’ τῷ φυλακὴν εὑρεῖν δι' ἧς σωθή-
σεται κωλύειν, οὐχὶ τῷ τοῦ συμφέροντος ἀποστῆναι. καίτοι 57
ἔγωγ' ἀγανακτῶ καὶ αὐτὸ τοῦτο, εἰ τὰ μὲν χρήματα λυπεῖ
τινὰς ὑμῶν εἰ διαρπασθήσεται, ἃ καὶ φυλάττειν καὶ κολάζειν
τοὺς ἀδικοῦντας ἐφ' ὑμῖν ἐστι, τὴν δ' Ἑλλάδα πᾶσαν ἐφεξῆς
οὑτωσὶ Φίλιππος ἁρπάζων οὐ λυπεῖ, καὶ ταῦτ' ἐφ' ὑμᾶς
ἁρπάζων. τί ποτ' οὖν, ὦ ἄνδρες Ἀθηναῖοι, τὸν μὲν οὕτω 58
φανερῶς ἀδικοῦντα καὶ πόλεις καταλαμβάνοντα οὐδεὶς πώ-
ποτε τούτων εἶπεν ὡς ἀδικεῖ καὶ πόλεμον ποιεῖ, τοὺς δὲ
μὴ ἐπιτρέπειν μηδὲ προΐεσθαι ταῦτα συμβουλεύοντας, τού-
τους πόλεμον ποιεῖν φασίν; ὅτι τὴν αἰτίαν τῶν ἐκ τοῦ
πολέμου συμβησομένων δυσχερῶν (ἀνάγκη γάρ, ἀνάγκη
πολλὰ λυπηρὰ ἐκ τοῦ πολέμου γίγνεσθαι) τοῖς ὑπὲρ ὑμῶν [147]
τὰ βέλτιστα λέγειν εἰθισμένοις ἀναθεῖναι βούλονται. ἡγοῦν- 59
ται γάρ, ἂν μὲν ὑμεῖς ὁμοθυμαδὸν ἐκ μιᾶς γνώμης Φίλιππον
ἀμύνησθε, κἀκείνου κρατήσειν ὑμᾶς καὶ αὑτοῖς οὐκέτ' ἔσεσθαι
μισθαρνεῖν, ἂν δ' ἀπὸ τῶν πρώτων θορύβων αἰτιασάμενοί
τινας πρὸς τὸ κρίνειν τράπησθε, αὐτοὶ μὲν τούτων κατηγο-
ροῦντες ἀμφότερ' ἕξειν, καὶ παρ' ὑμῖν εὐδοκιμήσειν καὶ
παρ' ἐκείνου χρήματα λήψεσθαι, ὑμᾶς δ' ὑπὲρ ὧν δεῖ παρὰ
τούτων δίκην λαβεῖν, παρὰ τῶν ὑπὲρ ὑμῶν εἰρηκότων λή-

3 δ' εἶναι S A et viii 54 : δὲ δεῖ vulg. 4 μὴ ante ταῦτ' S F[1] Vind. 1 : post ταῦτα vulg. et x 54 διαρπασθήσεται S A : διαρπασθήσεσθαι vulg., cf. viii 54 5 εὑρεῖν] εἰπεῖν viii 54 ἧς S : ἣν A F corr. B, cf. viii 54 6 κωλύειν S A : κωλύσειν vulg. ἀποστῆναι S vulg. : ἀφιστάναι A : ἀφεστάναι Index Lambini et viii 54 7 αὐτὸ om. S F B Y[1] 9 ἀδικοῦντας A et viii 55 : ἁρπάζοντας S vulg. 13 τούτων S[1] F B Y O et in viii 56 S L : τοῦτον al. πολεμοποιεῖ S 14 ἐπιτρέπειν] προτρέπειν S 15 πολεμοποιεῖν S 18 εἰθισμένοις A, coni. Cobet : οἰομένοις cett. : ⟨δεῖν⟩ οἰομένοις coni. Weil ἅπαντες (ἅπαντ' F Y) ante ἀναθεῖναι add. vulg. : om. S A 19 ἐκ μιᾶς γνώμης secl. Cobet 20 οὐκέτ' A : οὐκ S F Y O, cf. xii 14

60 ψεσθαι. αἱ μὲν ἐλπίδες αἱ τούτων αὗται καὶ τὸ κατα-
σκεύασμα τὸ τῶν αἰτιῶν, ὡς ἄρα βούλονταί τινες πόλεμον
ποιῆσαι. ἐγὼ δ' οἶδ' ἀκριβῶς ὅτι, οὐ γράψαντος Ἀθηναίων
οὐδενὸς πόλεμον, πολλὰ Φίλιππος ἔχει τῶν τῆς πόλεως
καὶ νῦν εἰς Καρδίαν πέπομφε βοήθειαν. εἰ μέντοι βουλό-
μεθ' ἡμεῖς μὴ προσποιεῖσθαι πολεμεῖν ἡμῖν ἐκεῖνον, ἀνοητό-
τατος πάντων ἂν εἴη, εἰ τοῦτ' ἐξελέγχοι· ὅταν γὰρ οἱ
61 ἀδικούμενοι ἀρνῶνται, τί τῷ ἀδικοῦντι προσήκει; ἀλλ'
ἐπειδὰν ἐφ' ἡμᾶς αὐτοὺς ἴῃ, τί φήσομεν τότε; ἐκεῖνος μὲν
γὰρ οὐ πολεμεῖν, ὥσπερ οὐδ' Ὠρείταις, τῶν στρατιωτῶν
ὄντων ἐν τῇ χώρᾳ, οὐδὲ Φεραίοις πρότερον, πρὸς τὰ τείχη
προσβάλλων, οὐδ' Ὀλυνθίοις ἐξ ἀρχῆς, ἕως ἐν αὐτῇ τῇ
χώρᾳ τὸ στράτευμα παρῆν ἔχων. ἢ καὶ τότε τοὺς ἀμύ-
νεσθαι κελεύοντας πόλεμον ποιεῖν φήσομεν; οὐκοῦν ὑπό-
62 λοιπον δουλεύειν· οὐδὲ γὰρ ἄλλο γ' οὐδὲν ἔνι. καὶ μὴν
οὐχ ὑπὲρ τῶν ἴσων ὑμῖν καὶ τοῖς ἄλλοις ἔσθ' ὁ κίνδυνος·
οὐ γὰρ ὑφ' αὑτῷ ποιήσασθαι τὴν πόλιν βούλεται Φίλιππος
ὑμῶν, οὔ, ἀλλ' ὅλως ἀνελεῖν. οἶδε γὰρ ἀκριβῶς ὅτι δου-
[148] λεύειν μὲν ὑμεῖς οὔτ' ἐθελήσετε, οὔτ', ἐὰν ἐθέλητε, ἐπιστή-
σεσθε (ἄρχειν γὰρ εἰώθατε), πράγματα δὲ παρασχεῖν αὐτῷ,
ἂν καιρὸν λάβητε, πλείω τῶν ἄλλων ἀνθρώπων ἁπάντων
δυνήσεσθε. διὰ ταῦθ' ὑμῶν οὐχὶ φείσεται, εἴπερ ἐγκρατὴς
63 γενήσεται. ὡς οὖν ὑπὲρ τῶν ἐσχάτων ἐσομένου τοῦ ἀγῶ-
νος, οὕτω προσήκει γιγνώσκειν, καὶ τοὺς πεπρακότας αὑτοὺς

2 *αἰτιῶν* S O Vind. 1 : *αἰτίων* vulg. 4 *καὶ ἄλλα* ante *πολλὰ* add. vulg. : om. S F Y, cf. viii 58 9 *ἐφ' ἡμᾶς αὐτοὺς*] *ἐπ' αὐτοὺς ἡμᾶς* A et in viii 58 S L A Y *τότε*] om. viii 58 praeter A Y 10 *τῶν* om. S solus 11–12 *πρότερον . . . προσβάλλων* S : *πρότερον πρὶν ἢ* (*πρότερον ἢ* O) . . . *προσβαλὼν* (*προσβαλεῖν* A) vulg., cf. viii 59 12 post *προσβάλλων* add. *αὐτῶν* vulg. et viii 59 : om. S F Y¹ O 15 *οὐδὲ* S : *οὐ* cett. 16 *οὐχ* S A et viii 60 : *οὐδὲ* vulg. *τε* post *ὑμῖν* add. A et viii 60 vulg. : om. S F Y O 17 *ὑφ'*] *ἐφ'* S solus 18 *ὑμῶν* S : *ἡμῶν* vulg. : om. viii 60 19 *ἐθέλητ'*] *ἐθελήσητε* A et viii 60 *ἐπιστήσεσθε* S A F : *ἐπίστασθε* vulg. 20 *δ' αὐτῷ παρασχεῖν* A et viii 60 23 *ἐσομένου*] *ὄντος* A et viii 61 *τοῦ* om. S solus post *ἀγῶνος* add. *ὑμῖν* vulg. : om. S solus, cf. viii 61

ἐκείνῳ φανερῶς ἀποτυμπανίσαι· οὐ γὰρ ἔστιν, οὐκ ἔστι τῶν
ἔξω τῆς πόλεως ἐχθρῶν κρατῆσαι, πρὶν ἂν τοὺς ἐν αὐτῇ
τῇ πόλει κολάσητ᾽ ἐχθρούς, ἀλλ᾽ ἀνάγκη τούτοις ὥσπερ
προβόλοις προσπταίσαντας ὑστερίζειν ἐκείνων. πόθεν οἴεσθε 64
νῦν αὐτὸν ὑβρίζειν ὑμᾶς (οὐδὲν γὰρ ἄλλ᾽ ἔμοιγε δοκεῖ ποιεῖν
ἢ τοῦτο) καὶ τοὺς μὲν ἄλλους εὖ ποιοῦντα, εἰ μηδὲν ἄλλο,
ἐξαπατᾶν, ὑμῖν δ᾽ ἀπειλεῖν ἤδη; οἷον Θετταλοὺς πολλὰ
δοὺς ὑπηγάγετ᾽ εἰς τὴν νῦν παροῦσαν δουλείαν· οὐδ᾽ ἂν
εἰπεῖν δύναιτ᾽ οὐδεὶς ὅσα τοὺς ταλαιπώρους Ὀλυνθίους πρό-
τερον δοὺς Ποτείδαιαν ἐξηπάτησε καὶ πόλλ᾽ ἕτερα· Θηβαίους
τὰ νῦν ὑπάγει τὴν Βοιωτίαν αὐτοῖς παραδοὺς καὶ ἀπαλ-
λάξας πολέμου πολλοῦ καὶ χαλεποῦ· ὥστε καρπωσάμενοί 65
τιν᾽ ἕκαστοι τούτων πλεονεξίαν, οἱ μὲν ἤδη πεπόνθασιν ἃ
δὴ πεπόνθασιν, οἱ δ᾽ ὅταν ποτὲ συμβῇ πείσονται. ὑμεῖς
δ᾽ ὧν μὲν †ἀπεστέρησθε† σιωπῶ· ἀλλ᾽ ἐν αὐτῷ τῷ τὴν
εἰρήνην ποιήσασθαι, πόσ᾽ ἐξηπάτησθε, πόσων ἀπεστέρησθε.
οὐχὶ Φωκέας, οὐ Πύλας, οὐχὶ τἀπὶ Θρᾴκης, Δορίσκον,
Σέρριον, τὸν Κερσοβλέπτην αὐτόν; οὐ νῦν Καρδίαν ἔχει
καὶ ὁμολογεῖ; τί ποτ᾽ οὖν ἐκείνως τοῖς ἄλλοις, καὶ ὑμῖν οὐ [149] 66
τοῦτον τὸν τρόπον προσφέρεται; ὅτι ἐν μόνῃ τῶν πασῶν
πόλεων τῇ ὑμετέρᾳ ἄδει᾽ ὑπὲρ τῶν ἐχθρῶν λέγειν δέδοται,
καὶ λαβόντα χρήματ᾽ αὐτὸν ἀσφαλές ἐστι λέγειν παρ᾽ ὑμῖν,
κἂν ἀφῃρημένοι τὰ ὑμέτερ᾽ αὐτῶν ἦτε. οὐκ ἦν ἀσφαλὲς 67
λέγειν ἐν Ὀλύνθῳ τὰ Φιλίππου μὴ σὺν εὖ πεπονθότων τῶν
πολλῶν Ὀλυνθίων τῷ Ποτείδαιαν καρποῦσθαι· οὐκ ἦν
ἀσφαλὲς λέγειν ἐν Θετταλίᾳ μὴ σὺν εὖ πεπονθότος τοῦ

1 *μισεῖν καὶ* post *φανερῶς* add. vulg. : om. S F Y et viii 61 *ἔξω τῶν* S solus 4 *προσπταίσαντας* S : *προσπταίοντας* cett. et viii 61 vulg. *πόθεν* S¹ : *πόθεν γὰρ* F Y S corr. : *ἐπεὶ πόθεν* vulg., cf. viii 62 5 *εἰς* ante *ὑμᾶς* add. vulg. : om. S A F Y, cf. viii 62 11 *ὑπάγει* S A : *ὑπάγεται* vulg. 13 *ἤδη* vulg. : *δὴ* S solus *πεπόνθασιν* S Vind. 1 : *πάντες ἴσασιν* vulg. et viii 63 14 *ὅταν* in viii 63 S L : *ὅ τι ἂν* codd. 15 *ἀπεστέρησθε* vid. ad viii 63 18 *Καρδίαν*] *τὴν πόλιν τὴν Καρδιανῶν* viii 64 19 *ἐκείνως* S A Y O : *ἐκεῖνος* vulg. 20 *τοῦτον τὸν* S : *οὐ τὸν αὐτὸν* vulg. et viii 64 26 *τὰ Φιλίππου* post *ἐν Θετταλίᾳ* add. vulg. et viii 65 : om. S A F Y

πλήθους τοῦ Θετταλῶν τῷ τοὺς τυράννους ἐκβαλεῖν Φίλιππον αὐτοῖς καὶ τὴν Πυλαίαν ἀποδοῦναι· οὐκ ἦν ἐν Θήβαις ἀσφαλές, πρὶν τὴν Βοιωτίαν ἀπέδωκε καὶ τοὺς Φωκέας
68 ἀνεῖλεν. ἀλλ' Ἀθήνησιν, οὐ μόνον Ἀμφίπολιν καὶ τὴν Καρδιανῶν χώραν ἀπεστερηκότος Φιλίππου, ἀλλὰ καὶ κατασκευάζοντος ὑμῖν ἐπιτείχισμα τὴν Εὔβοιαν καὶ νῦν ἐπὶ Βυζάντιον παριόντος, ἀσφαλές ἐστι λέγειν ὑπὲρ Φιλίππου. καὶ γάρ τοι τούτων μὲν ἐκ πτωχῶν ἔνιοι ταχὺ πλούσιοι γίγνονται, καὶ ἐξ ἀνωνύμων καὶ ἀδόξων ἔνδοξοι καὶ γνώριμοι, ὑμεῖς δὲ τοὐναντίον ἐκ μὲν ἐνδόξων ἄδοξοι, ἐκ δ' εὐ-
69 πόρων ἄποροι· πόλεως γὰρ ἔγωγε πλοῦτον ἡγοῦμαι συμμάχους, πίστιν, εὔνοιαν, ὧν πάντων ὑμεῖς ἔστ' ἄποροι. ἐκ δὲ τοῦ τούτων ὀλιγώρως ὑμᾶς ἔχειν καὶ ἐᾶν τοῦτον τὸν τρόπον φέρεσθαι, ὁ μὲν εὐδαίμων καὶ μέγας καὶ φοβερὸς πᾶσιν Ἕλλησι καὶ βαρβάροις, ὑμεῖς δ' ἔρημοι καὶ ταπεινοί, τῇ μὲν κατὰ τὴν ἀγορὰν εὐετηρίᾳ λαμπροί, τῇ δ' ὧν προσῆκε
[150] 70 παρασκευῇ καταγέλαστοι. οὐ τὸν αὐτὸν δὲ τρόπον περί θ' ὑμῶν καὶ περὶ αὑτῶν ἐνίους τῶν λεγόντων ὁρῶ βουλευομένους· ὑμᾶς μὲν γὰρ ἡσυχίαν ἄγειν φασὶ δεῖν, κἄν τις ὑμᾶς ἀδικῇ, αὐτοὶ δ' οὐ δύνανται παρ' ὑμῖν ἡσυχίαν ἄγειν οὐδενὸς αὐτοὺς ἀδικοῦντος. καίτοι λοιδορίας εἴ τις χωρὶς ἔροιτο 'εἰπέ μοι, τί δὴ γιγνώσκων ἀκριβῶς, Ἀριστόμηδες, (οὐδεὶς γὰρ τὰ τοιαῦτ' ἀγνοεῖ) τὸν μὲν τῶν ἰδιωτῶν βίον ἀσφαλῆ καὶ ἀπράγμονα καὶ ἀκίνδυνον ὄντα, τὸν δὲ τῶν πολιτευομένων φιλαίτιον καὶ σφαλερὸν καὶ καθ' ἑκάστην ἡμέραν ἀγώνων καὶ κακῶν μεστόν, οὐ τὸν ἡσύχιον, ἀλλὰ
71 τὸν ἐν τοῖς κινδύνοις αἱρεῖ;' τί ἂν εἴποις; εἰ γὰρ ὃ βέλ-

1 ἐκβάλλειν S 6 ὑμῖν viii 66 : ἡμῖν codd. 9 γίγνονται S : γεγόνασι vulg., cf. viii 66 12 ὑμεῖς ante ἔστε S Vind. 1 : post ἔστε vulg. et viii 66 13 ὑμᾶς om. in viii 67 S L¹ A F¹ τοῦτον τὸν τρόπον om. viii 67 14 τὰ πράγματα ante φέρεσθαι (προσφέρεσθαι S) add. vulg. : om. S A¹, cf. viii 67 21 χωρὶς εἴ τις vulg. 22 ⟨σ'⟩ ἔροιτο Cobet Ἀριστόμηδες S A : Ἀριστόδημε vulg. 26 καὶ ἀπράγμονα post ἡσύχιον add. vulg. : om. S solus 27 αἱρεῖ Dindorf : αἱρῇ codd. εἴποις vulg. : εἴποι τις S solus

τιστον εἰπεῖν ἂν ἔχοις, τοῦτό σοι δοίημεν ἀληθὲς λέγειν,
ὡς ὑπὲρ φιλοτιμίας καὶ δόξης ταῦτα πάντα ποιεῖς, θαυμάζω
τί δήποτε σαυτῷ μὲν ὑπὲρ τούτων ἅπαντα ποιητέον εἶναι
νομίζεις καὶ πονητέον καὶ κινδυνευτέον, τῇ πόλει δὲ προέσθαι
ταῦτα μετὰ ῥᾳθυμίας συμβουλεύεις. οὐ γὰρ ἐκεῖνό γ' ἂν
εἴποις, ὡς σὲ μὲν ἐν τῇ πόλει δεῖ τινὰ φαίνεσθαι, τὴν
πόλιν δ' ἐν τοῖς Ἕλλησι μηδενὸς ἀξίαν εἶναι. καὶ μὴν 72
οὐδ' ἐκεῖνό γ' ὁρῶ, ὡς τῇ μὲν πόλει ἀσφαλὲς τὸ τὰ αὑτῆς
πράττειν, σοὶ δὲ κίνδυνος, εἰ μηδὲν τῶν ἄλλων πλέον
περιεργάσει, ἀλλὰ τοὐναντίον σοὶ μὲν ἐξ ὧν ἐργάζει καὶ
περιεργάζει τοὺς ἐσχάτους ὄντας κινδύνους, τῇ πόλει δ' ἐκ
τῆς ἡσυχίας. ἀλλὰ νὴ Δία παππῷα σοι καὶ πατρῷα δόξ' 73
ὑπάρχει, ἣν αἰσχρόν ἐστιν ἐν σοὶ καταλῦσαι· τῇ πόλει δ'
ὑπῆρξεν ἀνώνυμα καὶ φαῦλα τὰ τῶν προγόνων. ἀλλ' οὐδὲ [151]
τοῦθ' οὕτως ἔχει· σοὶ μὲν γὰρ ἦν κλέπτης ὁ πατήρ, εἴπερ
ἦν ὅμοιος σοί, τῇ πόλει δ' ἡμῶν οὓς πάντες ἴσασιν οἱ Ἕλ-
ληνες ἐκ τῶν μεγίστων κινδύνων σεσωσμένοι. ἀλλὰ γὰρ 74
οὐκ ἴσως οὐδὲ πολιτικῶς ἔνιοι τὰ καθ' αὑτοὺς καὶ τὰ κατὰ
τὴν πόλιν πολιτεύονται· πῶς γάρ ἐστιν ἴσον τούτων μέν
τινας ἐκ τοῦ δεσμωτηρίου ἥκοντας ἑαυτοὺς ἀγνοεῖν, τὴν
πόλιν δ', ᾗ προειστήκει τῶν Ἑλλήνων τέως καὶ τὸ πρω-
τεῖον εἶχε, νῦν ἐν ἀδοξίᾳ πάσῃ καὶ ταπεινότητι καθεστάναι;

Πολλὰ τοίνυν ἔχων ἔτι καὶ περὶ πολλῶν εἰπεῖν παύσομαι· 75
καὶ γὰρ οὐ λόγων ἐνδείᾳ μοι δοκεῖ τὰ πράγματ' οὔτε νῦν
οὔτ' ἄλλοτε πώποτε φαύλως ἔχειν, ἀλλ' ὅταν πάντ' ἀκού-
σαντες ὑμεῖς τὰ δέοντα, καὶ ὁμογνώμονες ὡς ὀρθῶς λέγεται

1 εἰπεῖν ἂν] ἂν εἰπεῖν A δοίημεν S A Vind. 1 : συγχωρήσαιμεν vulg. 5 μετὰ ῥᾳθυμίας S F corr. : διὰ ῥᾳθυμίαν vulg. 8 μὲν ante πόλει S Vind. 1 : post πόλει vulg. 9 κίνδυνος S A : ἐπικίνδυνον vulg. 10 ἐργάζῃ codd. 11 περιεργάζῃ codd. 16 οὓς G. H. Schaefer : ὡς codd. δὶς post Ἕλληνες add. vulg. S γρ. : om. S text. Vind. 1 17 ὑπὸ τῶν προγόνων ἡμῶν (vel omisso ἡμῶν) post κινδύνων add. vulg. S γρ. : om. S A[1] 18 κατὰ τὴν πόλιν] τὰ καταυτὴν S (υτην in rasura m. ant.) 20 ἥκοντας S A : προϊόντας vulg. 21 Ἑλλήνων Cobet : ἄλλων Ἑλλήνων vulg. : ἄλλων S A

*γενόμενοι, τῶν λυμαίνεσθαι καὶ διαστρέφειν ταῦτα βουλομένων ἐξ ἴσου κάθησθ' ἀκροώμενοι, οὐκ ἀγνοοῦντες αὐτούς (ἴστε γὰρ εὐθὺς ἰδόντες ἀκριβῶς, τίς μισθοῦ λέγει καὶ [τίς] ὑπὲρ Φιλίππου πολιτεύεται, καὶ τίς ὡς ἀληθῶς ὑπὲρ τῶν βελτίστων), ἀλλ' ἵν' αἰτιασάμενοι τούτους καὶ τὸ πρᾶγμ' εἰς γέλωτα καὶ λοιδορίαν ἐμβαλόντες μηδὲν αὐτοὶ τῶν δεόντων ποιῆτε.*

76 *ταῦτ' ἐστὶ τἀληθῆ, μετὰ πάσης παρρησίας, ἁπλῶς εὐνοίᾳ τὰ βέλτιστ' εἰρημένα, οὐ κολακείᾳ βλάβης καὶ ἀπάτης λόγος μεστός, ἀργύριον τῷ λέγοντι ποιήσων, τὰ δὲ πράγματα τῆς πόλεως τοῖς ἐχθροῖς ἐγχειριῶν. ἢ οὖν παυστέον τούτων τῶν ἐθῶν, ἢ μηδέν' ἄλλον αἰτιατέον τοῦ πάντα φαύλως ἔχειν ἢ ὑμᾶς αὐτούς.*

1 *διαστρέφειν*] *διαφθείρειν* A F *γρ.* 2 *κάθησθε* vulg. : *καθήσεσθε* S Vind. 1 3 *εὐθὺς*] *αὐτοὺς* S *τίς* ante *ὑπὲρ* add. codd. : om. Reiske 7 *ἐστὶ τἀληθῆ* vulg. : *ἐστὶν ἀληθῆ* S Vind. 1 8 *κολακείᾳ* S : *κολακείας καὶ* vulg. 9 *μὲν* post *ἀργύριον* add. vulg. : om. $S^1$ *ποιήσων*] *οἴσων* Cobet : *περιποιήσων* Herwerden

In S subscriptum

ΚΑΤΑ ΦΙΛΙΠΠΟΥ Δ

[Η] Η Δ Δ Δ Ι Ι Ι Ι

# XI

# ΠΡΟΣ ΤΗΝ ΕΠΙΣΤΟΛΗΝ ΤΗΝ ΦΙΛΙΠΠΟΥ [152]

## ΥΠΟΘΕΣΙΣ.

**Ὁ Φίλιππος πρὸς τοὺς Ἀθηναίους πέπομφεν ἐπιστολήν, κατηγορῶν αὐτῶν καὶ πόλεμον προκηρύττων ἄντικρυς. οὐκέτ' οὖν ὁ ῥήτωρ πείθει τοὺς Ἀθηναίους πολεμεῖν (ἀνάγκη γάρ), ἀλλὰ θαρσύνει πρὸς τὸν κίνδυνον, εὐκαθαίρετον λέγων τὸν Μακεδόνα.**

Ὅτι μέν, ὦ ἄνδρες Ἀθηναῖοι, Φίλιππος οὐκ ἐποιήσατο
τὴν εἰρήνην πρὸς ὑμᾶς, ἀλλ' ἀνεβάλετο τὸν πόλεμον,
πᾶσιν ὑμῖν φανερὸν γέγονεν· ἐπειδὴ γὰρ Φαρσαλίοις Ἅλον
παρέδωκε καὶ τὰ περὶ Φωκέας διῳκήσατο καὶ τὴν Θρᾴκην
κατεστρέψατο πᾶσαν, αἰτίας οὐκ οὔσας πλασάμενος καὶ
προφάσεις ἀδίκους ἐξευρὼν τῷ μὲν ἔργῳ πάλαι πολεμεῖ
πρὸς τὴν πόλιν, τῷ δὲ λόγῳ νῦν ὁμολογεῖ διὰ τῆς ἐπιστολῆς
ἧς ἔπεμψεν· ὅτι δὲ χρὴ μήτ' ὀρρωδεῖν ὑμᾶς τὴν ἐκείνου 2
δύναμιν μήτ' ἀγεννῶς ἀντιταχθῆναι πρὸς αὐτόν, ἀλλὰ καὶ
σώμασι καὶ χρήμασι καὶ ναυσὶ καὶ πᾶσιν ὡς ἁπλῶς εἰπεῖν
ἀφειδῶς ὁρμῆσαι πρὸς τὸν πόλεμον, ἐγὼ πειράσομαι διδά- [153]
σκειν. πρῶτον μὲν γὰρ εἰκός, ὦ ἄνδρες Ἀθηναῖοι, τοὺς
θεοὺς μεγίστους ὑμῖν ὑπάρχειν συμμάχους καὶ βοηθούς, ὧν
ἐκεῖνος τὰς πίστεις ὑπεριδὼν καὶ τοὺς ὅρκους ὑπερβὰς λέ-
λυκεν ἀδίκως τὴν εἰρήνην· ἔπειθ' οἷς πρότερον ηὐξήθη, 3
φενακίζων ἀεί τινας καὶ μεγάλ' ἐπαγγελλόμενος εὐεργετή-
σειν, ταῦτα πάντα διεξελήλυθεν ἤδη, καὶ γιγνώσκεται μὲν

7 ἀνεβάλετο SAY : ἀνεβάλλετο vulg. 19 ὑπεριδὼν . . . ὑπερβὰς SA : ὑπερβὰς . . . ὑπεριδὼν vulg.

ὑπὸ τῶν Περινθίων καὶ Βυζαντίων καὶ τῶν ἐκείνοις συμ-
μαχούντων ὡς ἐπιθυμεῖ προσενεχθῆναι τούτοις τὸν αὐτὸν
4 τρόπον ὅνπερ Ὀλυνθίοις πρότερον, οὐκ ἀγνοεῖται δ' ὑπὸ
Θετταλῶν δεσπόζειν, ἀλλ' οὐχ ἡγεῖσθαι τῶν συμμάχων
προαιρούμενος, ὑποπτεύεται δ' ὑπὸ Θηβαίων Νίκαιαν μὲν
φρουρᾷ κατέχων, εἰς δὲ τὴν ἀμφικτυονίαν εἰσδεδυκώς, τὰς
δὲ πρεσβείας τὰς ἐκ Πελοποννήσου πρὸς αὐτὸν ἄγων καὶ
τὴν ἐκείνων συμμαχίαν παραιρούμενος· ὥστε τῶν αὐτῷ
πρὸ τοῦ φίλων ὄντων τοὺς μὲν νῦν πολεμεῖν ἀκαταλλάκτως,
τοὺς δὲ μηκέτι προθύμους εἶναι συναγωνιστάς, ἅπαντας δ'
5 ὑφορᾶσθαι καὶ διαβεβλῆσθαι πρὸς αὐτόν. ἔτι τοίνυν (οὐδὲ
γὰρ τοῦτ' ἔστι μικρόν) οἱ κατὰ τὴν Ἀσίαν σατράπαι καθε-
στῶτες ἔναγχος μὲν ξένους [μισθοφόρους] εἰσπέμψαντες
ἐκώλυσαν ἐκπολιορκηθῆναι Πέρινθον, νῦν δὲ τῆς ἔχθρας
αὐτοῖς ἐνεστώσης καὶ τοῦ κινδύνου πλησίον ὄντος, εἰ χει-
6 ρωθήσεται Βυζάντιον, οὐ μόνον αὐτοὶ προθύμως συμπολε-
μήσουσιν, ἀλλὰ καὶ βασιλέα [Περσῶν] χρήματα χορηγεῖν
ἡμῖν προτρέψονται, ὃς τοσοῦτον μὲν κέκτηται πλοῦτον ὅσον
οὐδ' οἱ λοιποὶ πάντες, τηλικαύτην δ' ἔχει ῥώμην πρὸς τὰς
ἐνθάδε πράξεις ὥστε καὶ πρότερον, ἡνίκα Λακεδαιμονίοις
[154] ἐπολεμοῦμεν, ὁποτέροις πρόσθοιτο, τούτους ἐποίει κρατεῖν
τῶν ἑτέρων, καὶ νῦν μεθ' ἡμῶν γενόμενος ῥᾳδίως καταπολε-
μήσει τὴν Φιλίππου δύναμιν.
7 Πρὸς τοίνυν τούτοις τηλικούτοις οὖσιν, οὐκ ἐρῶ μὲν ὡς
οὐ διὰ τὴν εἰρήνην πολλὰ προείληφεν ἡμῶν χωρία καὶ λι-
μένας καὶ τοιαῦθ' ἕτερα χρήσιμα πρὸς πόλεμον, ὁρῶ δ' ὡς
ὅταν μὲν ὑπ' εὐνοίας τὰ πράγματα συνέχηται καὶ πᾶσι
ταὐτὰ συμφέρῃ τοῖς μετέχουσι τῶν πολέμων, μένει τὰ
συσταθέντα βεβαίως· ὅταν δ' ἐξ ἐπιβουλῆς καὶ πλεονεξίας

13 *μισθοφόρους* secl. Cobet 17 *Περσῶν* S : *τῶν Περσῶν* vulg. : secl. Dindorf *χρήματα* vulg. : *χρήμασι* S F corr. 19 *πάντες*] *σύμπαντες* Cobet *ῥώμην*] *δύναμιν* A : fort. *ῥοπὴν* Blass 27 *ὅταν μὲν* sqq.] cf. ii 9 *συνέχηται*] *συστῇ* ii 9 *πᾶσι ταυτὰ* S et ii 9 : *πᾶσι ταῦτα* A : *ταὐτὰ πᾶσι* vulg. 28 *τοῦ πολέμου* A et ii 9

ἀπάτῃ καὶ βίᾳ κατέχηται, καθάπερ ὑπὸ τούτου νῦν, μικρὰ
πρόφασις καὶ τὸ τυχὸν πταῖσμα ταχέως αὐτὰ διέσεισε
καὶ κατέλυσεν. καὶ πολλάκις εὑρίσκω λογιζόμενος οὐ 8
μόνον, ὦ ἄνδρες Ἀθηναῖοι, τὰ συμμαχικὰ τῷ Φιλίππῳ πρὸς
ὑποψίαν ἥκοντα καὶ δυσμένειαν, ἀλλὰ καὶ τὰ τῆς ἰδίας
ἀρχῆς οὐ συνηρμοσμένα καλῶς οὐδ' οἰκείως οὐδ' ὡς οἴεταί
τις. ὅλως μὲν γὰρ ἡ Μακεδονικὴ δύναμις ἐν μὲν προσ-
θήκης μέρει ῥοπὴν ἔχει τινὰ καὶ χρῆσιν, αὐτὴ δὲ καθ' αὑτὴν
ἀσθενής ἐστι καὶ πρὸς τηλικοῦτον ὄγκον πραγμάτων εὐ-
καταφρόνητος. ἔτι δ' αὐτὴν οὗτος τοῖς πολέμοις καὶ ταῖς 9
στρατείαις καὶ πᾶσιν οἷς ἄν τις αὐτὸν μέγαν εἶναι νομίσειε,
σφαλερωτέραν αὐτῷ πεποίηκεν. μὴ γὰρ οἴεσθ', ὦ ἄνδρες
Ἀθηναῖοι, τοῖς αὐτοῖς χαίρειν Φίλιππόν τε καὶ τοὺς ἀρχο-
μένους, ἀλλ' ἐννοεῖσθ' ὡς ὁ μὲν ἐπιθυμεῖ δόξης, οἱ δ' ἀσφα-
λείας, καὶ αὐτῷ μὲν οὐκ ἔστι τυχεῖν ταύτης ἀκινδύνως, οἱ
δ' οὐδὲν δέονται, καταλείποντες οἴκοι τέκνα, γονεῖς, γυναῖκας,
φθείρεσθαι καὶ καθ' ἑκάστην ἡμέραν κινδυνεύειν ὑπὲρ αὐτοῦ. [155]
ὥστε τοὺς μὲν πολλοὺς τῶν Μακεδόνων ἐκ τούτων ἄν τις 10
ἴδοι πῶς διάκεινται πρὸς τὸν Φίλιππον· τοὺς δὲ περὶ αὐτὸν
ὄντας ἑταίρους καὶ τοὺς τῶν ξένων ἡγεμόνας εὑρήσετε δόξαν
μὲν ἔχοντας ἐπ' ἀνδρείᾳ, περιδεῶς δὲ μᾶλλον τῶν ἀδόξων
ζῶντας. τοῖς μὲν γὰρ ὁ πρὸς τοὺς πολεμίους μόνον ὑπάρχει
κίνδυνος, οἱ δὲ τοὺς κόλακας καὶ τοὺς διαβάλλοντας αὐτοὺς
μᾶλλον ἢ τὰς μάχας δεδίασι· κἀκεῖνοι μὲν μετὰ πάντων 11
ἀγωνίζονται πρὸς τοὺς ἀντιταχθέντας, τοῖς δὲ καὶ τῶν ἐν
τοῖς πολέμοις κακῶν οὐκ ἐλάχιστον μέρος μέτεστιν, καὶ
χωρὶς ἰδίᾳ τὸν τρόπον τὸν τοῦ βασιλέως φοβεῖσθαι συμ-

1 μικρὰ] ἡ πρώτη ii 9 2 τὸ τυχὸν] μικρὸν ii 9 αὐτὰ S A: ἅπαντα vulg. et ii 9 διέσεισε καὶ κατέλυσεν S: διέλυσε καὶ διέσεισε A: διέσεισε καὶ διέλυσε vulg. (ἀνεχαίτισε καὶ διέλυσε ii 9) 10 ἔτι δ' αὐτὴν sqq.] cf. ii 15 sqq. οὗτος S A: αὐτὸς Y O: οὗτος αὐτὸς vulg. 13 Φίλιππόν τε χαίρειν A O et ii 15 15 αὐτῷ] τῷ Blass 16 οὐδὲν] οὐ S καταλείποντες S Vind. 1: καταλιπόντες vulg. 17 ὑπὲρ αὐτοῦ vulg.: ὑπὲρ αὐτῶν S A: secl. Blass 20 εὑρήσεται S 21 ἀδόξων] ἐνδόξων S[1] 22 ὁ ante πρὸς om. S F Y[1]: add. A O 27 φοβεῖσθαι post ἰδίᾳ F Y O

βέβηκεν. ἔτι δὲ τῶν μὲν πολλῶν ἐὰν ἁμάρτῃ τις, ζημίας
κατὰ τὴν ἀξίαν εἴληφεν· οἱ δ' ὅταν μάλιστα κατορθώσωσι,
τότε μάλιστα σκορακίζονται καὶ προπηλακίζονται παρὰ τὸ
12 προσῆκον. καὶ τούτοις οὐδ' ἂν εἷς εὖ φρονῶν ἀπιστήσειεν·
οὕτω γὰρ φιλότιμον αὐτὸν εἶναί φασιν οἱ συνδιατρίψαντες
ὥστε βουλόμενον τὰ κάλλιστα τῶν ἔργων πάνθ' αὑτοῦ δοκεῖν
εἶναι μᾶλλον ἄχθεσθαι τῶν στρατηγῶν καὶ τῶν ἡγεμόνων
τοῖς ἄξιον ἐπαίνου τι πράξασιν ἢ τοῖς ὅλως ἀποτυχοῦσι.
13 πῶς οὖν, εἴπερ ἐστὶ ταῦτα τοιαῦτα, πιστῶς ἤδη πολὺν χρό-
νον αὐτῷ παραμένουσιν; ὅτι νῦν μέν, ὦ ἄνδρες Ἀθηναῖοι,
τὸ κατορθοῦν αὐτὸν ἐπισκοτεῖ πᾶσι τοῖς τοιούτοις· αἱ γὰρ
εὐπραξίαι δειναὶ συγκρύψαι καὶ συσκιάσαι τὰς ἁμαρτίας
τῶν ἀνθρώπων εἰσίν· εἰ δέ τι πταίσει, τότ' ἀκριβῶς δια-
καλυφθήσεται ταῦτα πάντα. συμβαίνει γάρ, ὥσπερ ἐν
14 τοῖς σώμασιν ἡμῶν· ὅταν μὲν ἐρρωμένος ᾖ τις, οὐδὲν ἐπαι-
[156] σθάνεται τῶν καθ' ἕκαστα σαθρῶν, ἐπὰν δ' ἀρρωστήσῃ,
πάντα κινεῖται, κἂν ῥῆγμα κἂν στρέμμα κἂν ἄλλο τι τῶν
ὑπαρχόντων ᾖ μὴ τελέως ὑγιεινόν· οὕτω καὶ τῶν βασιλειῶν
καὶ ἁπασῶν τῶν δυναστειῶν, ἕως μὲν ἂν ἐν τοῖς πολέμοις
κατορθῶσιν, ἀφανῆ τὰ κακά ἐστι τοῖς πολλοῖς, ἐπὰν δέ τι
πταίσωσιν, ὃ νῦν παθεῖν εἰκὸς ἐκεῖνον μεῖζον φορτίον ἢ
καθ' αὑτὸν αἰρόμενον, γίγνεται φανερὰ τὰ δυσχερῆ πάντα
τοῖς ἅπασιν.

15 Εἰ δέ τις ὑμῶν, ὦ ἄνδρες Ἀθηναῖοι, τὸν Φίλιππον ὁρῶν
εὐτυχοῦντα φοβερὸν εἶναι νομίζει καὶ δυσπολέμητον, σώ-
φρονος μὲν ἀνδρὸς χρῆται προνοίᾳ· μεγάλη γὰρ ῥοπή, μᾶλ-
λον δὲ τὸ ὅλον ἡ τύχη ἐστὶ πρὸς ἅπαντα τὰ τῶν ἀνθρώπων
πράγματα· κατὰ πολλοὺς μέντοι τρόπους ἕλοιτ' ἄν τις οὐχ

1 ζημίας S: ζημίαν cett. 2 εἴληφεν] ἔτυχεν Cobet μάλιστα S A: μέγιστα vulg. 5 αὐτὸν ante φιλότιμον vulg. §§ 13–15 cf. ii 20–22 12 καὶ συσκιάσαι] om. S in ii 20 τὰς ἁμαρτίας τῶν ἀνθρώπων] τὰ τοιαῦτα ὀνείδη A et ii 20 18 ὑγιεινόν S F Y O: ὑγιαῖνον vulg. 20 ἐστίν post τοῖς πολλοῖς vulg. τι ante πταίσωσιν om. S: add. vulg. 22 αἰρόμενον S: ἀράμενον vulg. 27 τὸ om. Y O, cf. ii 22 ἐστὶ om. A

ἧττον τὴν ἡμετέραν εὐτυχίαν ἢ τὴν ἐκείνου. παρά τε γὰρ 16
τῶν προγόνων ἐκ πλείονος χρόνου παρειλήφαμεν τὴν εὐδαι-
μονίαν οὐ τούτου μόνον, ἀλλὰ συνελόντι φράσαι πάντων
τῶν ἐν Μακεδονίᾳ βασιλευσάντων· κἀκεῖνοι μὲν Ἀθηναίοις
φόρους ἤνεγκαν, ἡ δ' ἡμετέρα πόλις οὐδενί πω τῶν ἁπάντων.
ἔτι δὲ τοσούτῳ πλείους ἀφορμὰς αὐτοῦ πρὸς τὴν τῶν θεῶν
εὔνοιαν ἔχομεν, ὅσῳ διατελοῦμεν εὐσεβέστερα καὶ δικαιότερα
πράττοντες. τί ποτ' οὖν ἐκεῖνος ἐν τῷ προτέρῳ πολέμῳ πλείω 17
κατώρθωσεν ἡμῶν; ὅτι, ὦ ἄνδρες Ἀθηναῖοι, (παρρησιά-
σομαι γὰρ πρὸς ὑμᾶς) ὁ μὲν αὐτὸς στρατεύεται καὶ ταλαι-
πωρεῖ καὶ τοῖς κινδύνοις πάρεστιν, οὔτε καιρὸν παριεὶς οὔθ'
ὥραν ἔτους παραλείπων οὐδεμίαν, ἡμεῖς δὲ (εἰρήσεται γὰρ
τἀληθῆ) οὐδὲν ποιοῦντες ἐνθάδε καθήμεθα, μέλλοντες ἀεὶ
καὶ ψηφιζόμενοι καὶ πυνθανόμενοι κατὰ τὴν ἀγορὰν εἴ τι
λέγεται νεώτερον. καίτοι τί γένοιτ' ἂν νεώτερον ἢ Μακεδὼν [157]
ἀνὴρ καταφρονῶν Ἀθηναίων καὶ τολμῶν ἐπιστολὰς πέμπειν
τοιαύτας οἵας ἠκούσατε μικρῷ πρότερον; καὶ τῷ μὲν ὑπάρ- 18
χουσι μισθοφόροι στρατιῶται, καὶ νὴ Δία πρὸς τούτοις τῶν
παρ' ἡμῖν ῥητόρων τινές, οἳ τὰς παρ' ἐκείνου δωρεὰς οἴκαδε
λαμβάνειν νομίζοντες οὐκ αἰσχύνονται Φιλίππῳ ζῶντες,
οὐδ' αἰσθάνονται πάντα καὶ τὰ τῆς πόλεως καὶ τὰ σφῶν
αὐτῶν μικροῦ λήμματος πωλοῦντες. ἡμεῖς δ' οὔτε τῶν
ἐκείνου πραγμάτων οὐδὲν στασιάζειν παρασκευάζομεν, οὔτε
ξενοτροφεῖν ἐθέλομεν, οὔτε στρατεύεσθαι τολμῶμεν. οὔκουν 19
ἐστὶν οὐδὲν δεινόν, εἴ τι πεπλεονέκτηκεν ἡμῶν κατὰ τὸν
πρότερον πόλεμον, ἀλλὰ μᾶλλον εἰ μηδὲν ποιοῦντες ἡμεῖς
ὧν προσήκει τοὺς πολεμοῦντας, νομίζομεν κρατήσειν τοῦ
πάντα πράττοντος· ἃ δεῖ τοὺς πλεονεκτήσειν μέλλοντας.

2 εὐδαιμονίαν S A : ἡγεμονίαν vulg. 5 ἀνθρώπων post ἁπάντων add. vulg. : om. S A 6 παρὰ ante τῶν add. A Y γρ. O marg. et ii 22 9–14 cf. iv 23 13 τἀληθῆ S Vind. 1 : τἀληθὲς vulg. 15–16 cf. iv 10 19 ἡμῖν A : ἡμῶν S F Y O ἐκείνου vulg. et vii 17 : ἐκείνων S solus 20 λαμβάνειν νομίζοντες S A : λαμβάνοντες vulg. et vii 17 αἰσχύνονται . . . οὐδ' secl. Cobet 21 καὶ τὰ] κατὰ S τὰ σφῶν] τὰς φωνὰς S 24 αὐτοὶ ante στρατεύεσθαι add. vulg. et viii 21 : om. S A[1] 24–28 cf. ii 23 ad fin. 25 δεινὸν S A B F γρ. : θαυμαστὸν vulg., cf. ii 23

20 Ὧν, ὦ ἄνδρες Ἀθηναῖοι, χρὴ λαβόντας ἔννοιαν, καὶ
λογισαμένους ὡς οὐδ' ἐφ' ἡμῖν ἐστι τὸ φάσκειν ἄγειν εἰρή-
νην (ἤδη γὰρ ἐκεῖνος καὶ προηγόρευκε τὸν πόλεμον καὶ τοῖς
ἔργοις ἐξενήνοχε) μηδενὸς μὲν φείδεσθαι μήτε τῶν δημοσίων
μήτε τῶν ἰδίων, στρατεύεσθαι δέ, ἄν που καιρὸς ᾖ, προθύ-
μως ἅπαντας, χρῆσθαι δὲ στρατηγοῖς ἀμείνοσιν ἢ πρότερον.
21 μὴ γὰρ ὑπολάβῃ τις ὑμῶν, δι' ὧν ἐγένετο τὰ πράγματα
χείρω τὰ τῆς πόλεως, διὰ τούτων αὐτὰ πάλιν ἀναλή-
ψεσθαι καὶ γενήσεσθαι βελτίω· μηδὲ νομίσητε ῥᾳθυμούντων
ὑμῶν, ὥσπερ πρότερον, ἑτέρους ὑπὲρ τῶν ὑμετέρων ἀγω-
[158] νιεῖσθαι προθύμως· ἀλλ' ἐννοεῖσθ' ὡς αἰσχρόν ἐστι τοὺς
μὲν πατέρας ὑμῶν πολλοὺς πόνους καὶ μεγάλους κινδύνους
22 ὑποστῆναι Λακεδαιμονίοις πολεμοῦντας, ὑμᾶς δὲ μηδ' ὑπὲρ
ὧν ἐκεῖνοι δικαίως κτησάμενοι παρέδοσαν ὑμῖν ἐθέλειν
ἐρρωμένως ἀμύνεσθαι, ἀλλὰ τὸν μὲν ἐκ Μακεδονίας ὁρμώ-
μενον οὕτως εἶναι φιλοκίνδυνον ὥσθ' ὑπὲρ τοῦ μείζω ποιῆσαι
τὴν ἀρχὴν κατατετρῶσθαι πᾶν τὸ σῶμα τοῖς πολεμίοις
μαχόμενον, Ἀθηναίους δέ, οἷς πάτριόν ἐστι μηδενὸς ἀκούειν,
ἁπάντων δὲ κρατεῖν ἐν τοῖς πολέμοις, τούτους διὰ ῥᾳθυμίαν
ἢ μαλακίαν ἐγκαταλείπειν τά τε τῶν προγόνων ἔργα καὶ τὰ
συμφέροντα τῆς πατρίδος.

23 Ἵνα δὲ μὴ μακρολογῶ, φημὶ χρῆναι παρεσκευάσθαι μὲν
πρὸς τὸν πόλεμον, παρακαλεῖν δὲ τοὺς Ἕλληνας, μὴ λόγοις,
ἀλλὰ τοῖς ἔργοις πρὸς τὴν παρ' ἡμῶν συμμαχίαν· ὡς ἅπας
μέν ἐστι λόγος μάταιος πράξεων ἄμοιρος γενόμενος, τοσούτῳ
δὲ μάλισθ' ὁ παρὰ τῆς ἡμετέρας πόλεως, ὅσῳ δοκοῦμεν
αὐτῷ προχειρότατα χρῆσθαι τῶν ἄλλων Ἑλλήνων.

3 *προηγόρευσε* S Vind. 1    7 *ὑπολάβῃ* S A F Y : *ὑπολάβοι* vulg.    *ἐκ χρηστῶν* post *δι' ὧν* add. vulg. et ii 26 : om. S Y    8 *αὐτὰ* codd. : *αὑτὰ* Blass    12 *μεγάλους* ante *κινδύνους* S A : post *κινδύνους* vulg.    18 *ἀκούειν* S Vind. 1 : *ὑπακούειν* vulg.    20 *ἐγκαταλείπειν* S : *ἐγκαταλιπεῖν* cett.    22 *πάντας ἡμᾶς* post *χρῆναι* add. vulg. : om. S solus    *παρεσκευάσθαι* S : *παρασκευάσασθαι* vulg.    23 *ἄλλους* post *τοὺς* add. vulg. : om. S A    24–27 cf. ii 12    24 *παρ'* S A F Y O : *ὑπὲρ* vulg.

In S subscriptum

**ΠΡΟΣ ΤΗΝ ΦΙΛΙΠΠΟΥ ΕΠΙΣΤΟΛΗΝ**
**Η [Δ] Δ Δ Δ Δ Π Ι**

XII

# ΕΠΙΣΤΟΛΗ [ΦΙΛΙΠΠΟΥ]

Φίλιππος Ἀθηναίων τῇ βουλῇ καὶ τῷ δήμῳ χαίρειν. Ἐπειδὴ πολλάκις μου πρέσβεις ἀποστείλαντος, ἵν' ἐμμείνωμεν τοῖς ὅρκοις καὶ ταῖς ὁμολογίαις, οὐδεμίαν ἐποιεῖσθ' ἐπιστροφήν, ᾤμην δεῖν πέμψαι πρὸς ὑμᾶς ὑπὲρ ὧν ἀδικεῖσθαι νομίζω. μὴ θαυμάσητε δὲ τὸ μῆκος τῆς ἐπιστολῆς· πολλῶν γὰρ ὑπαρχόντων ἐγκλημάτων ἀναγκαῖόν ἐστιν ὑπὲρ [159] ἁπάντων δηλῶσαι καθαρῶς.

Πρῶτον μὲν γὰρ Νικίου τοῦ κήρυκος ἁρπασθέντος ἐκ τῆς 2 χώρας τῆς ἐμῆς, οὐχ ὅτι τοῖς παρανομοῦσιν ἐπετιμήσατε τὴν δίκην, ἀλλὰ τὸν ἀδικούμενον εἵρξατε δέκα μῆνας· ἃς δ' ἔφερε παρ' ἡμῶν ἐπιστολάς, ἀνέγνωτ' ἐπὶ τοῦ βήματος. ἔπειτα Θασίων ὑποδεχομένων τὰς Βυζαντίων τριήρεις καὶ τῶν λῃστῶν τοὺς βουλομένους οὐδὲν ἐφροντίζετε, τῶν συνθηκῶν διαρρήδην λεγουσῶν πολεμίους εἶναι τοὺς ταῦτα ποιοῦντας. ἔτι τοίνυν περὶ τοὺς αὐτοὺς χρόνους Διοπείθης 3 ἐμβαλὼν εἰς τὴν χώραν Κρωβύλην μὲν καὶ τὴν Τιρίστασιν ἐξηνδραποδίσατο, τὴν δὲ προσεχῆ Θρᾴκην ἐπόρθησε, τέλος δ' εἰς τοῦτ' ἦλθε παρανομίας ὥστ' Ἀμφίλοχον ὑπὲρ τῶν αἰχμαλώτων ἐλθόντα πρεσβευτὴν συλλαβὼν καὶ τὰς ἐσχάτας ἀνάγκας ἐπιθεὶς ἀπελύτρωσε ταλάντων ἐννέα· καὶ ταῦτα τῷ δήμῳ συνδοκοῦντ' ἐποίησεν. καίτοι τὸ παρανομεῖν εἰς 4 κήρυκα καὶ πρέσβεις τοῖς ἄλλοις τε πᾶσιν ἀσεβὲς εἶναι

Epistolam om. SLA  9–10 *οὐχ ὅτι . . . τὴν δίκην* Blass secutus Weilium: *οὐ τοῖς παρανομοῦσιν ἐπετιμήσατε ὅτι τὴν δίκην* codd. praeter duos qui *ὅτι τὴν δίκην* om.  21 *συνδοκοῦντα* Cobet: *εὖ δοκοῦντα* codd.

δοκεῖ καὶ μάλισθ᾽ ὑμῖν· Μεγαρέων γοῦν Ἀνθεμόκριτον ἀνελόντων εἰς τοῦτ᾽ ἐλήλυθεν ὁ δῆμος ὥστε μυστηρίων μὲν εἶργον αὐτούς, ὑπομνήματα δὲ τῆς ἀδικίας ἔστησαν ἀνδριάντα πρὸ τῶν πυλῶν. καίτοι πῶς οὐ δεινόν, ἐφ᾽ οἷς παθόντες οὕτως ἐμισήσατε τοὺς δράσαντας, νῦν αὐτοὺς φαίνεσθαι 5 ποιοῦντας; Καλλίας τοίνυν ὁ παρ᾽ ὑμῶν στρατηγὸς τὰς μὲν πόλεις τὰς ἐν τῷ Παγασίτῃ κόλπῳ κατοικουμένας ἔλαβεν ἁπάσας, ὑμῖν μὲν ἐνόρκους, ἐμοὶ δὲ συμμαχίδας οὔσας, τοὺς δ᾽ εἰς Μακεδονίαν πλέοντας ἐπώλει πάντας πολεμίους κρί- [160] νων· καὶ διὰ ταῦθ᾽ ὑμεῖς ἐπῃνεῖτ᾽ αὐτὸν ἐν τοῖς ψηφίσμασιν. ὥστ᾽ ἔγωγ᾽ ἀπορῶ τί ποτ᾽ ἔσται καινότερον, ἐὰν ὁμολογήσητέ μοι πολεμεῖν· καὶ γὰρ ὅτε φανερῶς διεφερόμεθα, λῃστὰς ἐξεπέμπετε καὶ τοὺς πλέοντας ὡς ἡμᾶς ἐπωλεῖτε, τοῖς ἐναντίοις ἐβοηθεῖτε, τὴν χώραν μου κακῶς ἐποιεῖτε.

6 Χωρὶς τοίνυν εἰς τοῦτο παρανομίας ἀφῖχθε καὶ δυσμενείας ὥστε καὶ πρὸς τὸν Πέρσην πρέσβεις ἀπεστάλκατε πείσοντας αὐτὸν ἐμοὶ πολεμεῖν· ὃ μάλιστ᾽ ἄν τις θαυμάσειεν. πρὸ μὲν γὰρ τοῦ λαβεῖν αὐτὸν Αἴγυπτον καὶ Φοινίκην ἐψηφίσασθε, ἂν ἐκεῖνός τι νεωτερίζῃ, παρακαλεῖν ὁμοίως ἐμὲ καὶ 7 τοὺς ἄλλους Ἕλληνας ἅπαντας ἐπ᾽ αὐτόν· νῦν δὲ τοσοῦτον ὑμῖν περίεστι τοῦ πρὸς ἐμὲ μίσους ὥστε πρὸς ἐκεῖνον διαλέγεσθε περὶ τῆς ἐπιμαχίας. καίτοι τὸ παλαιὸν οἱ πατέρες ὑμῶν, ὡς ἐγὼ πυνθάνομαι, τοῖς Πεισιστρατίδαις ἐπετίμων ὡς ἐπάγουσι τὸν Πέρσην ἐπὶ τοὺς Ἕλληνας· ὑμεῖς δ᾽ οὐκ αἰσχύνεσθε ταῦτα ποιοῦντες ἃ διετελεῖτε τοῖς τυράννοις ἐγκαλοῦντες.

8 Ἀλλὰ πρὸς τοῖς ἄλλοις καὶ γράφετ᾽ ἐν τοῖς ψηφίσμασιν ἐμοὶ προστάττοντες Τήρην καὶ Κερσοβλέπτην ἐᾶν Θρᾴκης ἄρχειν, ὡς ὄντας Ἀθηναίους. ἐγὼ δὲ τούτους οὔτε τῶν περὶ τῆς εἰρήνης συνθηκῶν οἶδα μετασχόντας ὑμῖν οὔτ᾽ ἐν

1 γοῦν FYO: οὖν vulg. 3 εἶργον Cobet: εἴργειν codd. ὑπόμνημα Reiske 12 ὅτ᾽ ⟨οὐ⟩ Richards, recte puto 21 διαλέγεσθε Dobree: διαλέγεσθαι codd. 22 τῆς secl. Cobet ἐπιμαχίας O¹: συμμαχίας al.: ἐπισυμμαχίας vulg.

ταῖς στήλαις ἀναγεγραμμένους οὔτ' Ἀθηναίους ὄντας, ἀλλὰ
Τήρην μὲν μετ' ἐμοῦ στρατευόμενον ἐφ' ὑμᾶς, Κερσοβλέπτην
δὲ τοῖς παρ' ἐμοῦ πρεσβευταῖς ἰδίᾳ μὲν τοὺς ὅρκους ὀμόσαι
προθυμούμενον, κωλυθέντα δ' ὑπὸ τῶν ὑμετέρων στρατηγῶν
ἀποφαινόντων αὐτὸν Ἀθηναίων ἐχθρόν. καίτοι πῶς ἐστὶ 9
τοῦτ' ἴσον ἢ δίκαιον, ὅταν μὲν ὑμῖν συμφέρῃ, πολέμιον εἶναι
φάσκειν αὐτὸν τῆς πόλεως, ὅταν δ' ἐμὲ συκοφαντεῖν βού- [161]
λησθε, πολίτην ἀποδείκνυσθαι τὸν αὐτὸν ὑφ' ὑμῶν· καὶ
Σιτάλκου μὲν ἀποθανόντος, ᾧ μετέδοτε τῆς πολιτείας, εὐθὺς
ποιήσασθαι πρὸς τὸν ἀποκτείναντα φιλίαν, ὑπὲρ δὲ Κερσο-
βλέπτου πόλεμον αἵρεσθαι πρὸς ἡμᾶς; καὶ ταῦτα σαφῶς
εἰδότας ὅτι τῶν λαμβανόντων τὰς δωρεὰς τὰς τοιαύτας
οὐδεὶς οὔτε τῶν νόμων οὔτε τῶν ψηφισμάτων οὐδὲν φρον-
τίζει τῶν ὑμετέρων. οὐ μὴν ἀλλ' εἰ δεῖ πάντα τἄλλα 10
παραλιπόντα συντόμως εἰπεῖν, ὑμεῖς ἔδοτε πολιτείαν Εὐα-
γόρᾳ τῷ Κυπρίῳ καὶ Διονυσίῳ τῷ Συρακοσίῳ καὶ τοῖς
ἐκγόνοις τοῖς ἐκείνων. ἐὰν οὖν πείσητε τοὺς ἐκβαλόντας
ἑκατέρους αὐτῶν ἀποδοῦναι πάλιν τὰς ἀρχὰς τοῖς ἐκπεσοῦσι,
κομίζεσθε καὶ παρ' ἐμοῦ τὴν Θρᾴκην, ὅσης Τήρης καὶ
Κερσοβλέπτης ἦρχον. εἰ δὲ τοῖς μὲν ἐκείνων κρατήσασι
μηδ' ἐγκαλεῖν ἀξιοῦτε μηδέν, ἐμὲ δ' ἐνοχλεῖτε, πῶς οὐ
δικαίως ὑμᾶς ἀμυνοίμην ἄν;

Περὶ μὲν οὖν τούτων πολλὰ λέγειν ἔχων ἔτι δίκαια, 11
παραλιπεῖν προαιροῦμαι· Καρδιανοῖς δέ φημι βοηθεῖν, γε-
γονὼς αὐτοῖς πρὸ τῆς εἰρήνης σύμμαχος, οὐκ ἐθελόντων δ'
ὑμῶν ἐλθεῖν εἰς κρίσιν, πολλάκις μὲν ἐμοῦ δεηθέντος, οὐκ
ὀλιγάκις δ' ἐκείνων· ὥστε πῶς οὐκ ἂν εἴην πάντων φαυλό-
τατος, εἰ καταλιπὼν τοὺς συμμάχους μᾶλλον ὑμῶν φροντί-
ζοιμι τῶν πάντα μοι τρόπον ἐνοχλούντων ἢ τῶν βεβαίως
μοι φίλων ἀεὶ μενόντων;

11 αἵρεσθαι G. H. Schaefer: αἱρεῖσθαι codd.: ἄρασθαι Dobree, cf. xiv 3 20 ἦρχον Blass: ἦρχεν FY: εἶχεν vulg. 25 δ' om. vulg.: add. FYO 28 ἐγκαταλιπὼν Cobet

12 Εἰ τοίνυν δεῖ μηδὲ τοῦτο παραλιπεῖν, εἰς τοσοῦτον ἐλη-
λύθατε πλεονεξίας ὥστε πρότερον μὲν ἐνεκαλεῖτέ μοι τὰ
[162] προειρημένα μόνον, τὰ δ' ὑπογυιότατα Πεπαρηθίων φασκόν-
των δεινὰ πεπονθέναι προσετάξατε τῷ στρατηγῷ δίκην παρ'
ἐμοῦ λαβεῖν ὑπὲρ ἐκείνων, οὓς ἐγὼ μὲν ἐτιμωρησάμην ἐνδε-
εστέρως ἢ προσῆκεν, ἐκεῖνοι δ' εἰρήνης οὔσης καταλαβόντες
Ἁλόννησον οὔτε τὸ χωρίον οὔτε τοὺς φρουροὺς ἀπεδίδοσαν
13 πέμψαντος ὑπὲρ αὐτῶν ἐμοῦ πολλάκις. ὑμεῖς δ' ὧν μὲν
ἠδίκησαν ἐμὲ Πεπαρήθιοι, τούτων μὲν οὐδὲν ἐπεσκέψασθε,
τὴν δὲ τιμωρίαν, ἀκριβῶς εἰδότες. καίτοι τὴν νῆσον οὔτ'
ἐκείνους οὔθ' ὑμᾶς ἀφειλόμην, ἀλλὰ τὸν λῃστὴν Σώστρατον.
εἰ μὲν οὖν αὐτοί φατε παραδοῦναι Σωστράτῳ, λῃστὰς ὁμολο-
γεῖτε καταπέμπειν· εἰ δ' ἀκόντων ὑμῶν ἐκεῖνος ἐκράτει, τί
δεινὸν πεπόνθατε λαβόντος ἐμοῦ καὶ τὸν τόπον τοῖς πλέουσιν
14 ἀσφαλῆ παρέχοντος; τοσαύτην δέ μου ποιουμένου πρόνοιαν
τῆς ὑμετέρας πόλεως, καὶ διδόντος αὐτῇ τὴν νῆσον, οἱ ῥή-
τορες λαμβάνειν μὲν οὐκ εἴων, ἀπολαβεῖν δὲ συνεβούλευον,
ὅπως ὑπομείνας μὲν τὸ προσταττόμενον τὴν ἀλλοτρίαν ἔχειν
ὁμολογῶ, μὴ προέμενος δὲ τὸ χωρίον ὕποπτος γένωμαι τῷ
πλήθει. γνοὺς ἐγὼ ταῦτα προὐκαλούμην κριθῆναι περὶ τού-
των πρὸς ἡμᾶς, ἵν' ἐὰν μὲν ἐμὴ γνωσθῇ, παρ' ἐμοῦ δοθῇ τὸ
χωρίον ὑμῖν, ἐὰν δ' ὑμετέρα κριθῇ, τότ' ἀποδῶ τῷ δήμῳ.
15 ταῦτα δ' ἐμοῦ πολλάκις ἀξιοῦντος, ὑμεῖς μὲν οὐ προσείχετε,
Πεπαρήθιοι δὲ τὴν νῆσον κατέλαβον. τί οὖν ἐχρῆν με
ποιεῖν; οὐ δίκην λαβεῖν παρὰ τῶν ὑπερβεβηκότων τοὺς
ὅρκους; οὐ τιμωρήσασθαι τοὺς οὕτως ὑπερηφάνως ἀσελγαί-
νοντας; καὶ γὰρ εἰ Πεπαρηθίων ἦν ἡ νῆσος, τί προσῆκεν
[163] ἀπαιτεῖν Ἀθηναίους; εἰ δ' ὑμετέρα, πῶς οὐκ ἐκείνοις ὀργί-
ζεσθε καταλαβοῦσι τὴν ἀλλοτρίαν;

9 ἐπεσκέψασθε codd. nonnulli : ἐπεσκήψασθε vulg. 10 comma post τιμωρίαν posuit Weil εἰδότες. καίτοι codd. : εἰδότες ὅτι Felicianus: εἴδετε. καίτοι Blass: ἐξετάζετε. καίτοι coni. Weil 13 ἐκράτει F B Vind. 1 : κατεκράτει vulg. 19 προέμενος Cobet : προειμένος codd. 20 γνοὺς ⟨δ'⟩ Reiske 21 ἡμᾶς Richards : ὑμᾶς codd. 28 ὠργίζεσθε Blass

Εἰς τοῦτο δὲ προβεβήκαμεν ἔχθρας ὥστε βουλόμενος 16
ταῖς ναυσὶν εἰς τὸν Ἑλλήσποντον παραβαλεῖν ἠναγκάσθην
αὐτὰς παραπέμψαι διὰ Χερρονήσου τῇ στρατιᾷ, τῶν μὲν
κληρούχων κατὰ τὸ Πολυκράτους δόγμα πολεμούντων ἡμῖν,
ὑμῶν δὲ τοιαῦτα ψηφιζομένων, τοῦ δὲ στρατηγοῦ Βυζαντίους
τε παρακαλοῦντος καὶ διαγγέλλοντος πρὸς ἅπαντας ὅτι
πολεμεῖν αὐτῷ προστάττετε, ἂν καιρὸν λάβῃ. τοιαῦτα δὲ
πάσχων ὅμως τῆς πόλεως καὶ τῶν τριήρων καὶ τῆς χώρας
ἀπεσχόμην, ἱκανὸς ὢν τὰ πλεῖστα λαβεῖν ἢ πάντα, καὶ δια-
τετέλεκα προκαλούμενος ὑμᾶς εἰς κρίσιν ἐλθεῖν ὑπὲρ ὧν
αἰτιώμεθ' ἀλλήλους. καίτοι σκοπεῖσθε πότερον κάλλιόν 17
ἐστιν ὅπλοις ἢ λόγοις διακρίνεσθαι, καὶ πότερον αὐτοὺς
εἶναι βραβευτὰς ἢ πεῖσαί τινας ἑτέρους· καὶ λογίζεσθ' ὡς
ἄλογόν ἐστιν Ἀθηναίους Θασίους μὲν καὶ Μαρωνίτας ἀνα-
γκάσαι περὶ Στρύμης διακριθῆναι λόγοις, αὐτοὺς δὲ πρὸς ἐμὲ
μὴ διαλύσασθαι περὶ ὧν ἀμφισβητοῦμεν τὸν τρόπον τοῦτον,
ἄλλως τε καὶ γιγνώσκοντας ὅτι νικηθέντες μὲν οὐδὲν
ἀποβαλεῖτε, κρατήσαντες δὲ λήψεσθε τὰ νῦν ὑφ' ἡμῖν ὄντα.

Πάντων δέ μοι δοκεῖ παραλογώτατον εἶναι, διότι πέμ- 18
ψαντος ἐμοῦ πρέσβεις ἀπὸ τῆς συμμαχίας πάσης, ἵν' ὦσι
μάρτυρες, καὶ βουλομένου ποιήσασθαι πρὸς ὑμᾶς δικαίας
ὁμολογίας ὑπὲρ τῶν Ἑλλήνων, οὐδὲ τοὺς περὶ τούτων λόγους
ἐδέξασθε παρὰ τῶν πρεσβευόντων, ἐξὸν ὑμῖν ἢ τῶν κινδύνων
ἀπαλλάξαι τοὺς δυσχερὲς ὑποπτεύοντάς τι καθ' ἡμῶν, ἢ [164]
φανερῶς ἐξελέγξαι με φαυλότατον ὄντα τῶν ἁπάντων. τῷ 19
μὲν οὖν δήμῳ ταῦτα συνέφερε, τοῖς δὲ λέγουσιν οὐκ ἐλυσι-
τέλει. φασὶ γὰρ οἱ τῆς πολιτείας τῆς παρ' ὑμῖν ἔμπειροι
τὴν μὲν εἰρήνην πόλεμον αὐτοῖς εἶναι, τὸν δὲ πόλεμον εἰρή-
νην· ἢ γὰρ συναγωνιζομένους τοῖς στρατηγοῖς ἢ συκοφαν-

6 διαγγέλλοντος Felicianus : διαγγέλλειν codd. 7 πολεμεῖν Felicianus : πόλιν F Y O : πάλιν al. 8 τῶν πόλεων Blass 14 Μαρωνίτας Blass (cf. Att. Inschr. Meisterhans p. 54 ed. 3) : Μαρωνείτας codd. 16 ἀμφισβητοῦμεν F : ἀμφισβητοῦσι vulg. 27 ἔμπειροι O γρ. : ἔμποροι vulg.

τοῦντας ἀεί τι λαμβάνειν παρ' αὐτῶν, ἔτι δὲ τῶν πολιτῶν
τοῖς γνωριμωτάτοις καὶ τῶν ἔξωθεν τοῖς ἐνδοξοτάτοις λοι-
δορουμένους ἐπὶ τοῦ βήματος περιποιεῖσθαι παρὰ τοῦ πλήθους
δόξαν ὡς εἰσὶ δημοτικοί.
20 Ῥᾴδιον μὲν οὖν ἐστί μοι παῦσαι τῆς βλασφημίας αὐτοὺς
μικρὰ πάνυ προεμένῳ, καὶ ποιῆσαι λέγειν ἐπαίνους ὑπὲρ
ἡμῶν. ἀλλ' αἰσχυνοίμην ἄν, εἰ τὴν πρὸς ὑμᾶς εὔνοιαν
παρὰ τούτων φαινοίμην ὠνούμενος, οἳ πρὸς τοῖς ἄλλοις εἰς
τοῦτο τόλμης ἥκουσιν ὥστε καὶ περὶ Ἀμφιπόλεως πρὸς ἡμᾶς
ἀμφισβητεῖν ἐπιχειροῦσιν, ὑπὲρ ἧς τῶν ἀντιποιουμένων αὐ-
21 τῆς οἶμαι πολὺ δικαιότερα λέγειν αὐτός. εἴτε γὰρ τῶν ἐξ
ἀρχῆς κρατησάντων γίγνεται, πῶς οὐ δικαίως ἡμεῖς αὐτὴν
ἔχομεν, Ἀλεξάνδρου τοῦ προγόνου πρώτου κατασχόντος τὸν
τόπον, ὅθεν καὶ τῶν αἰχμαλώτων Μήδων ἀπαρχὴν ἀνδριάντα
χρυσοῦν ἀνέστησεν εἰς Δελφούς; εἴτε τούτων μὲν ἀμφισβη-
τήσειέ τις, ἀξιοῖ δὲ γίγνεσθαι τῶν ὕστερον γενομένων κυρίων,
ὑπάρχει μοι καὶ τοῦτο τὸ δίκαιον· ἐκπολιορκήσας γὰρ τοὺς
ὑμᾶς μὲν ἐκβαλόντας, ὑπὸ Λακεδαιμονίων δὲ κατοικισθέντας,
22 ἔλαβον τὸ χωρίον. καίτοι πάντες οἰκοῦμεν τὰς πόλεις ἢ
τῶν προγόνων παραδόντων ἢ κατὰ πόλεμον κύριοι καταστάν-
τες. ὑμεῖς δ' οὔτε πρῶτοι λαβόντες οὔτε νῦν ἔχοντες,
[165] ἐλάχιστον δὲ χρόνον ἐν τοῖς τόποις ἐμμείναντες, ἀντιποιεῖσθε
τῆς πόλεως, καὶ ταῦτα πίστιν ὑπὲρ ἡμῶν αὐτοὶ βεβαιοτάτην
ἐπιθέντες· πολλάκις γὰρ ἐμοῦ γράφοντος ἐν ταῖς ἐπιστολαῖς
ὑπὲρ αὐτῆς, ἐγνώκατε δικαίως ἔχειν ἡμᾶς, τότε μὲν ποιησά-
μενοι τὴν εἰρήνην ἔχοντος ἐμοῦ τὴν πόλιν, κᾆτα συμμαχίαν
23 ἐπὶ ταῖς αὐταῖς ὁμολογίαις. καίτοι πῶς ἂν ἑτέρα γένοιτο
βεβαιοτέρα ταύτης κτῆσις, τῆς τὸ μὲν ἐξ ἀρχῆς καταλει-
φθείσης ἡμῖν ὑπὸ τῶν προγόνων, πάλιν δὲ κατὰ πόλεμον ἐμῆς

1 ἀεί τι λαμβάνειν Felicianus: ἀντιλαμβάνειν (sive -ει) codd. 2 τῶν Palatinus 113: τοῖς vulg. 25 ἐγνώκατε Felicianus: ἐγνωκότες codd. φαίνεσθαι post ἐγνωκότες add. Cobet post ἡμᾶς lacunam indicavit Weil, servato ἐγνωκότες 26 κᾆτα Index Lambini γρ.: κατὰ codd.

γεγενημένης, τρίτον δὲ συγχωρηθείσης ὑφ' ὑμῶν τῶν εἰθισμένων ἀμφισβητεῖν καὶ τῶν οὐδὲν ὑμῖν προσηκόντων;

Ἃ μὲν οὖν ἐγκαλῶ, ταῦτ' ἐστίν· ὡς δὲ προϋπαρχόντων καὶ διὰ τὴν ἐμὴν εὐλάβειαν μᾶλλον ἤδη τοῖς πράγμασιν ἐπιτιθεμένων καὶ καθ' ὅσον ἂν δύνησθε κακοποιούντων ὑμῶν, ἀμυνοῦμαι μετὰ τοῦ δικαίου, καὶ μάρτυρας τοὺς θεοὺς ποιησάμενος διαλήψομαι περὶ τῶν καθ' ὑμᾶς.

5 ὑμῶν, ἀμυνοῦμαι Cobet : ὑμᾶς ἀμυνοῦμαι codd.

# XIII

# ΠΕΡΙ ΣΥΝΤΑΞΕΩΣ

## ΥΠΟΘΕΣΙΣ.

Ὁ λόγος οὗτος οὐκέτι Φιλιππικός ἐστιν, ἀλλ' ἁπλῶς συμβου-
λευτικός. ἐκκλησίαν γὰρ ἀγόντων τῶν Ἀθηναίων περὶ τῶν
[166] θεωρικῶν χρημάτων, παρελθὼν ὁ Δημοσθένης πείθει συνταχθῆναί
τ' αὐτοὺς καὶ τὸ ἀρχαῖον ἀναλαβεῖν ἀξίωμα στρατευομένους καὶ
τῶν Ἑλλήνων προκινδυνεύοντας, καὶ συγκρίνει τὰ νῦν τοῖς ἐπὶ
τῶν προγόνων, πολὺ φαυλότερα καὶ ταπεινότερα τῶν παλαιῶν
δεικνύς.

Περὶ μὲν τοῦ παρόντος ἀργυρίου καὶ ὧν ἕνεκα τὴν ἐκκλη-
σίαν ποιεῖσθ', ὦ ἄνδρες Ἀθηναῖοι, οὐδέτερόν μοι δοκεῖ τῶν
χαλεπῶν εἶναι, οὔτ' ἐπιτιμήσαντα τοῖς νέμουσι καὶ διδοῦσι
τὰ κοινὰ εὐδοκιμῆσαι παρὰ τοῖς βλάπτεσθαι διὰ τούτων
ἡγουμένοις τὴν πόλιν, οὔτε συνειπόντα καὶ παραινέσανθ' ὡς
δεῖ λαμβάνειν, χαρίσασθαι τοῖς σφόδρ' ἐν χρείᾳ τοῦ λαβεῖν
οὖσιν· οὐδέτεροι γὰρ πρὸς τὸ τῇ πόλει συμφέρον σκοποῦντες
οὔτ' ἐπαινοῦσιν οὔτε δυσχεραίνουσι τὸ πρᾶγμα, ἀλλ' ὡς
2 ἑκάτεροι χρείας καὶ περιουσίας ἔχουσιν. ἐγὼ δὲ τοῦτο μὲν
οὔτ' ἂν εἰσηγησαίμην, οὔτ' ἂν ἀντείποιμ' ὡς οὐ δεῖ λαμ-
βάνειν· παραινῶ μέντοι σκοπεῖν καὶ λογίζεσθαι πρὸς ὑμᾶς
αὐτοὺς ὅτι τἀργύριον μέν ἐστι τοῦθ', ὑπὲρ οὗ βουλεύεσθε,
μικρόν, τὸ δ' ἔθος μέγα, ὃ γίγνεται μετὰ τούτου. εἰ μὲν
οὖν μετὰ τοῦ πράττειν ἃ προσήκει καὶ τὸ λαμβάνειν κατα-

8 ἕνεκα om. S[1] 9 ποιεῖσθε S γρ. : ποιεῖτε S et vulg. 12 ὡς δεῖ λαμβάνειν secl. Cobet 14 πρὸς secl. Cobet 16 περιουσίας] περουσίας S[1] (corr. ? eadem) : παρουσίας Harpocr. s. v. 19 ὑπὲρ S : περὶ cett. βουλεύσεσθε S[1]

σκευάσεσθε, οὐ μόνον οὐ βλάψετε, ἀλλὰ καὶ τὰ μέγιστ'
ὠφελήσετε τὴν πόλιν καὶ ὑμᾶς αὐτούς· εἰ δὲ τοῦ μὲν λαμ-
βάνειν καὶ ἑορτὴ καὶ πᾶσ' ἀρκέσει πρόφασις, τοῦ δ' ἃ πρὸς [167]
τούτοις δεῖ ποιεῖν μηδὲ τοὺς λόγους ἀκούειν ἐθελήσετε, ὁρᾶτε
μήποθ', ἃ νῦν ὀρθῶς ἡγεῖσθε πράττειν, σφόδρ' ἡμαρτηκέναι
νομίσητε. ἐγὼ δέ φημι δεῖν (καί μοι μὴ θορυβήσητ' ἐφ' ᾧ 3
μέλλω λέγειν, ἀλλ' ἀκούσαντες κρίνατε), ὡς περὶ τοῦ λαβεῖν
ἐκκλησίαν ἀπεδώκαμεν, οὕτω καὶ περὶ τοῦ συνταχθῆναι καὶ
παρασκευασθῆναι τὰ πρὸς τὸν πόλεμον ἐκκλησίαν ἀποδοῦναι,
καὶ παρασχεῖν ἕκαστον αὑτὸν μὴ μόνον ταῦτ' ἀκούειν ἐθέ-
λοντα, ἀλλὰ καὶ πράττειν βουλόμενον, ἵν', ὦ ἄνδρες Ἀθη-
ναῖοι, τῶν ἀγαθῶν τὰς ἐλπίδας δι' ὑμῶν αὐτῶν ἔχητε, καὶ
μὴ τὸν δεῖνα μηδὲ τὸν δεῖνα πυνθάνησθε τί πράττει. καὶ τὰ 4
μὲν προσιόντα τῇ πόλει πάντα, καὶ ἃ νῦν ἐκ τῶν ἰδίων
παραναλίσκετ' εἰς οὐδὲν δέον καὶ ὅσ' ἐκ τῶν συμμάχων
ὑπάρχει, λαμβάνειν ὑμᾶς φημὶ χρῆναι τὸ ἴσον ἕκαστον, τοὺς
μὲν ἐν ἡλικίᾳ στρατιωτικόν, τοὺς δ' ὑπὲρ τὸν κατάλογον
ἐξεταστικὸν ἢ ὅπως ἄν τις ὀνομάσαι τοῦτο, στρατεύεσθαι δ'
αὐτοὺς καὶ μηδενὶ τούτου παραχωρεῖν, ἀλλὰ τὴν δύναμιν τῆς 5
πόλεως οἰκείαν εἶναι, κατεσκευασμένην ἀπὸ τούτων, ἵν' ἅμ'
εὐπορῆτε καὶ τὰ δέοντα ποιῆτε, καὶ τὸν στρατηγὸν ἡγεῖσθαι
ταύτης, ἵν' ὑμῖν, ὦ ἄνδρες Ἀθηναῖοι, μὴ τοιαῦθ' οἷάπερ νυνὶ
συμβαίνῃ· τοὺς στρατηγοὺς κρίνετε, καὶ περίεσθ' ὑμῖν ἐκ
τῶν πραγμάτων 'ὁ δεῖνα τοῦ δεῖνος τὸν δεῖν' εἰσήγγειλεν,'
ἄλλο δ' οὐδέν. ἀλλὰ τί ὑμῖν γένηται; πρῶτον μὲν οἱ σύμ- 6
μαχοι μὴ φρουραῖς, ἀλλὰ τῷ ταὐτὰ συμφέρειν ὑμῖν κἀκείνοις
ὦσιν οἰκεῖοι, ἔπειθ' οἱ στρατηγοὶ μὴ ξένους ἔχοντες τοὺς
μὲν συμμάχους ἄγωσι καὶ φέρωσι, τοὺς δὲ πολεμίους μηδ'

1 alterum οὐ] οὐδὲν A 7 ὡς περὶ τοῦ G. H. Schaefer: ὥσπερ τοῦ S: ὥσπερ τῷ vulg. 14 προσόντα S Y γρ. 15 παραναλίσκετε S Vind. 1 (cf. Prooem. 23. 3): προσαναλίσκετε vulg. 19 μηδενὶ] μηδὲν S[1] 20 καὶ ante κατεσκευασμένην add. vulg.: om. S A, schol. p. 219, 17 21 ante εὐπορῆτε add. ἅμα S γρ.: add. ἅμα τ' F γρ.: om. S vulg. 22 τοιαῦτα οἷάπερ S A: ταῦτα ἅπερ vulg. 23 κρίνετε S A F Y: κρίνητε vulg.

[168] ὁρῶσιν, ἀφ' ὧν αἱ μὲν ὠφέλειαι τούτων εἰσὶν ἴδιαι, τὰ δὲ
μίση καὶ τὰ ἐγκλήματα ἐφ' ὅλην ἔρχεται τὴν πόλιν, ἀλλὰ
πολίτας τοὺς ἀκολουθοῦντας ἔχοντες τοὺς ἐχθρούς, ἃ νῦν
7 τοὺς φίλους, ποιῶσιν. χωρὶς δὲ τούτων πολλὰ τῶν πραγμά-
των τὴν ὑμετέραν ποθεῖ παρουσίαν, καὶ ἄνευ τοῦ πρὸς τοὺς
οἰκείους πολέμους οἰκείᾳ χρῆσθαι δυνάμει συμφέρειν, καὶ
πρὸς τἆλλα πράγματ' ἀναγκαῖόν ἐστιν. εἰ μὲν γὰρ ἡσυχίαν
ἔχειν ὑμῖν ἀπέχρη καὶ μηδὲν τῶν Ἑλληνικῶν περιεργάζεσθαι
8 ὅπως ἔχει, ἄλλος ἂν ἦν λόγος· νῦν δὲ πρωτεύειν μὲν ὑμεῖς ἀξιοῦ-
τε καὶ τὰ δίκαι' ὁρίζειν τοῖς ἄλλοις, τὴν δὲ ταῦτ' ἐφορεύσουσαν
καὶ φυλάξουσαν δύναμιν οὔτε κατεσκεύασθ' οὔτε κατασκευά-
ζεσθε, ἀλλ' ἐπὶ πολλῆς μὲν ἡσυχίας καὶ ἐρημίας ὑμῶν ὁ
Μυτιληναίων δῆμος καταλέλυται, ἐπὶ πολλῆς δ' ἡσυχίας ὁ
Ῥοδίων, ἐχθρός γ' ὢν ἡμῖν, φαίη τις ἄν· ἀλλὰ μείζω χρὴ
νομίζειν, ὦ ἄνδρες Ἀθηναῖοι, τὴν πρὸς τὰς ὀλιγαρχίας ὑπὲρ
αὐτῆς τῆς προαιρέσεως ἔχθραν, ἢ τὴν πρὸς τοὺς δήμους ὑπὲρ
9 ὧν ποτ' ἂν ᾖ. ἀλλ' ἵν' ἐκεῖσ' ἐπανέλθω, φημὶ δεῖν ὑμᾶς
συντετάχθαι, καὶ τὴν αὐτὴν τοῦ τε λαβεῖν καὶ τοῦ ποιεῖν ἃ
προσήκει σύνταξιν εἶναι. διελέχθην δ' ὑμῖν περὶ τούτων
καὶ πρότερον, καὶ διεξῆλθον ὡς ἂν συνταχθείητε, οἵ θ' ὁπλῖ-
ται καὶ οἱ ἱππεῖς καὶ ὅσοι τούτων ἐκτός ἐστε, καὶ εὐπορία
10 τις ἂν ἅπασι γένοιτο κοινή. ὃ δέ μοι πλείστην ἀθυμίαν
παρέσχεν ἁπάντων, ἐρῶ πρὸς ὑμᾶς καὶ οὐκ ἀποκρύψομαι, ὅτι
[169] πολλῶν καὶ μεγάλων καὶ καλῶν ὄντων τούτων ἁπάντων, τῶν

4 συμμάχους καὶ ante φίλους add. F Y O : om. S A 6 οἰκείους secl. Cobet πολέμους Wolf : πολέμου codd. οἰκείᾳ χρῆσθαι om. S[1] (add. in marg. m. ant.) συμφέρει S[1] 8 περιειργάζεσθε coni. Blass coll. iv 42 9 ὅπως ἔχει secl. Cobet λόγος vulg. : ὁ λόγος S : λόγος οὗτος A 10 ἐφορεύσουσαν Weil : ἐφοδεύουσαν S[1] (ut videtur) et A corr. m. pr. : ἐφεδρεύουσαν S corr. : ἐφοδεύσουσαν Y γρ. : ἐποπτεύουσαν vulg. S γρ. : ἐποπτεύσουσαν B O 11 κατασκευάζεσθε S A Y O : παρασκευάζεσθε vulg. 12 ἐρημίας vulg. : ἠρεμίας Y O F γρ. (S ?) 13 ἡσυχίας secl. Cobet 14 ὢν ἡμῖν S vulg. : ἡμῶν S γρ. F γρ. 22 κοινῇ γένοιτο A 23 παρέσχεν ἁπάντων S : ἁπάντων παρέσχηκεν vulg. : ἁπάντων secl. Blass 24 τούτων ἁπάντων] ὧν συμβουλεύω schol. p. 220, 18 ἁπάντων secl. Blass

μὲν ἄλλων οὐδενὸς οὐδεὶς μέμνηται, τοῖν δυοῖν δ' ὀβολοῖν
ἅπαντες. καίτοι τοὺς μὲν οὐκ ἔστι πλείονος ἢ δυοῖν ὀβολοῖν
ἀξίους εἶναι, τἄλλα δὲ μετὰ τούτων ὧν εἶπον τῶν βασιλέως
ἄξι' ἐστὶ χρημάτων, πόλιν τοσούτους ὁπλίτας ἔχουσαν καὶ
τριήρεις καὶ ἵππους καὶ χρημάτων πρόσοδον συντετάχθαι καὶ
παρεσκευάσθαι.

Τί οὖν ταῦτα νῦν [, φαίη τις ἄν,] λέγω; ὅτι φημὶ δεῖν 11
ὑμᾶς, ἐπειδὴ τὸ μὲν πάντας μισθοφορεῖν δυσχεραίνουσί
τινες, τὸ δὲ συνταχθῆναι καὶ παρασκευασθῆναι παρὰ πάν-
των χρήσιμον εἶναι δοκιμάζεται, ἐντεῦθεν ἄρξασθαι τοῦ
πράγματος, καὶ προθεῖναι περὶ τούτων τῷ βουλομένῳ γνώ-
μην ἀποφήνασθαι. ὡς οὕτως ἔχει· ἂν μὲν ὑμεῖς νῦν
πεισθῆτε τούτων καιρὸν εἶναι, ὅταν αὐτῶν εἰς χρείαν
ἔλθητε, ἕτοιμ' ὑπάρξει· ἂν δ' ἀκαιρίαν ἡγησάμενοι παρίδητε,
ὅταν δέῃ χρῆσθαι, τότ' ἀναγκασθήσεσθε παρασκευάζεσθαι.

Ἤδη δέ τις εἶπεν ὦ ἄνδρες Ἀθηναῖοί που λέγων, οὐχ 12
ὑμῶν τῶν πολλῶν, ἀλλὰ τῶν διαρρηγνυμένων εἰ ταῦτα γενή-
σεται, 'τί δ' ὑμῖν ἐκ τῶν Δημοσθένους λόγων ἀγαθὸν
γέγονεν; παρελθὼν ὑμῶν, ὅταν αὐτῷ δόξῃ, ἐνέπλησε τὰ
ὦτα λόγων, καὶ διέσυρε τὰ παρόντα, καὶ τοὺς προγόνους
ἐπῄνεσεν, καὶ μετεωρίσας καὶ φυσήσας ὑμᾶς κατέβη.' ἐγὼ 13
δ' εἰ μὲν ὑμᾶς δυναίμην ὧν λέγω τι πεῖσαι, τηλικαῦτ' ἂν
οἶμαι τὴν πόλιν πρᾶξαι ἀγαθὰ ὥστ', εἰ νῦν εἰπεῖν ἐπιχει-
ρήσαιμι, πολλοὺς ἂν ἀπιστῆσαι ὡς μείζοσιν ἢ δυνατοῖς· οὐ
μὴν οὐδὲ τοῦτο μικρὸν ὠφελεῖν οἶμαι, εἰ τὰ βέλτιστ' ἀκούειν
ὑμᾶς συνεθίζω. δεῖ γάρ, ὦ ἄνδρες Ἀθηναῖοι, τὸν βουλόμε-
νόν τι ποιῆσαι τὴν πόλιν ἡμῶν ἀγαθὸν τὰ ὦτα πρῶτον [170]

3 ἃ ante μετὰ add. vulg. : om. S A O    μετὰ τούτων ὧν εἶπον secl. Blass    ὧν om. vulg. ex coni. Wolfii    5 ἵππους S¹ (εα supra scr. m. ant.) B F Y O : ἱππέας vulg.    7 φαίη τις ἂν post οὖν vulg. : post νῦν S A : secl. Cobet    10 δοκιμάζετε S A : δοκιμάζεται vulg.    13 νομίσαντες post εἶναι add. vulg. : om. S A¹ schol. p. 221, 4    19 ὃς ante παρελθὼν add. vulg. : om. S¹ A F γρ.    21 ἐπῄνεσεν S A : ἐπαινέσας vulg.    μετεωρίσας] ἐπάρας Blass coll. Liban. iv 292. 28, Dion. Cass. xlvi p. 298 E, [Dem.] lix 38    23 νῦν εἰπεῖν S : λέγειν νῦν vulg.

ὑμῶν ἰάσασθαι· διέφθαρται γάρ· οὕτω πολλὰ καὶ ψευδῆ
14 καὶ πάντα μᾶλλον ἢ τὰ βέλτιστ' ἀκούειν εἴθισθε. οἷον
(ὅπως δὲ μὴ θορυβήσει μοι μηδείς, πρὶν ἂν ἅπαντ' εἴπω)
ἀνέῳξαν δήπου πρώην τινὲς τὸν ὀπισθόδομον. οὐκοῦν οἱ
παριόντες ἅπαντες τὸν δῆμον καταλελύσθαι, τοὺς νόμους
οὐκέτ' εἶναι, τοιαῦτ' ἔλεγον. καίτοι, ὦ ἄνδρες Ἀθηναῖοι,
(καὶ σκοπεῖτ' ἂν ἀληθῆ λέγω) οἱ μὲν ταῦτα ποιοῦντες ἄξι'
ἐποίουν θανάτου, ὁ δῆμος δ' οὐ διὰ τούτων καταλύεται.
πάλιν κώπας τις ὑφείλετο· μαστιγοῦν, στρεβλοῦν πάντες οἱ
λέγοντες, τὸν δῆμον καταλύεσθαι. ἐγὼ δὲ τί φημί; τὸν μὲν
ὑφαιρούμενον θανάτου ποιεῖν ἄξια, ὥσπερ ἐκεῖνοι, τὸν δῆμον
15 δ' οὐ διὰ τούτων καταλύεσθαι. ἀλλὰ πῶς καταλύεται, οὐδεὶς
λέγει οὐδὲ παρρησιάζεται. ἐγὼ δὲ φράσω· ὅταν ὑμεῖς, ὦ
ἄνδρες Ἀθηναῖοι, φαύλως ἡγμένοι, πολλοὶ καὶ ἄποροι καὶ
ἄοπλοι καὶ ἀσύντακτοι καὶ μὴ ταὐτὰ γιγνώσκοντες ἦτε, καὶ
μήτε στρατηγὸς μήτ' ἄλλος μηδεὶς ὧν ἂν ὑμεῖς ψηφίσησθε
φροντίζῃ, καὶ ταῦτα μηδεὶς λέγειν ἐθέλῃ μηδ' ἐπανορθοῖ,
μηδ' ὅπως παύσεται τοιαῦτ' ὄντα πράττῃ, ὃ νῦν ἀεὶ συμ-
16 βαίνει. καὶ νὴ Δί', ὦ ἄνδρες Ἀθηναῖοι, ἕτεροί γε λόγοι
παρερρυήκασι πρὸς ὑμᾶς ψευδεῖς, καὶ πολλὰ τὴν πολιτείαν
βλάπτοντες, οἷον 'ἐν τοῖς δικαστηρίοις ὑμῖν ἐστιν ἡ σωτηρία,'
καὶ 'δεῖ τῇ ψήφῳ τὴν πολιτείαν ὑμᾶς φυλάττειν.' ἐγὼ δ'
οἶδ' ὅτι ταῦτα μὲν ὑμῖν [τὰ δικαστήρια] τῶν πρὸς ἀλλήλους
[171] δικαίων ἐστὶ κύρια, ἐν δὲ τοῖς ὅπλοις δεῖ κρατεῖν τῶν ἐχθρῶν,
17 καὶ διὰ τούτων ἐστὶν ἡ σωτηρία τῆς πολιτείας. οὐ γὰρ τὸ
ψηφίσασθαι τοῖς ἐν τοῖς ὅπλοις ποιήσει τὸ νικᾶν, ἀλλ' οἱ

2 συνείθισθε] εἴθισθε S γρ. 3 θορυβήσει S: θορυβήσῃ cett. 4 δήπου πρῴην τινὲς S A Harpocr. s. v. ὀπισθόδομος: τινες πρῴην δήπου vulg. 6 οὐκέτ'] οὐκ S 9 ἐβόων post πάντες add. vulg.: om. S solus οἱ S A: om. vulg. 14 ⟨οἱ⟩ πολλοὶ Dobree 16 ψηφίσησθε S A F Y: ψηφίζησθε vulg. 17 ἐπανορθοῖ S A: ἐπανορθοῦν vulg. 18 μηδ' ὅπως παύσεται] μηδεπως παύσετε S νῦν ἀεὶ S: νυνὶ vulg. 19 γε post νὴ Δία add. S: om. cett. γε post ἕτεροί add. S vulg.: om A 21 οἷον ⟨ὅτι⟩ Madvig 23 τὰ δικαστήρια post ταῦτα μὲν A: secludenda coni. Weil 24 κύρια Madvig: κοινὰ codd. 26 τοῖς ἐν S A F Y: τοὺς ἐν vulg. τὸ ante νικᾶν add. S: om. vulg.

μετὰ τούτων κρατοῦντες τοὺς ἐχθροὺς καὶ ψηφίζεσθαι καὶ
ἄλλ᾽ ὅ τι ἂν βούλησθε ποιεῖν ὑμῖν ἐξουσίαν καὶ ἄδειαν
παρασκευάσουσι· δεῖ γὰρ ἐν μὲν τοῖς ὅπλοις φοβερούς, ἐν
δὲ τοῖς δικαστηρίοις φιλανθρώπους εἶναι.

Εἰ δέ τῳ δοκῶ μείζους ἢ κατ᾽ ἐμαυτὸν λέγειν λόγους, 18
αὐτὸ τοῦτ᾽ ὀρθῶς αὐτῶν ἔχει· τὸν γὰρ ὑπὲρ τηλικαύτης
πόλεως ῥηθησόμενον λόγον καὶ τοιούτων πραγμάτων παντὸς
ἑνὸς τοῦ λέγοντος ἀεὶ μείζω φαίνεσθαι δεῖ, καὶ τῆς ἀξίας τῆς
ὑμετέρας ἐγγὺς εἶναι, μὴ τῆς τοῦ λέγοντος. ὅτι δ᾽ οὐδεὶς
τῶν ὑφ᾽ ὑμῶν τιμωμένων ταῦτα λέγει, τὰς προφάσεις ἐγὼ
διέξειμ᾽ ὑμῖν. οἱ μὲν πρὸς ἀρχαιρεσίας καὶ ταύτην τὴν τάξιν 19
προσιόντες δοῦλοι τῆς ἐπὶ τῷ χειροτονεῖσθαι χάριτος περιέρ-
χονται, τελεσθῆναι στρατηγὸς ἕκαστος σπουδάζων, οὐκ ἀνδρὸς
ἔργον οὐδὲν πρᾶξαι. εἰ δέ τις καὶ τοιοῦτός ἐστιν οἷος ἐγχει-
ρεῖν ἔργῳ τῳ, νῦν μὲν ἡγεῖται τὴν τῆς πόλεως δόξαν ἀφορμὴν
ἔχων καὶ τοὔνομα, τῆς τῶν ἐναντιωσομένων ἐρημίας ἀπο-
λαύων, τὰς ἐλπίδας ὑμῖν ὑποτείνων, ἄλλο δ᾽ οὐδὲ ἕν, κλη-
ρονομήσειν αὐτὸς τῶν ὑμετέρων ἀγαθῶν, ὅπερ ἐστίν, ἂν δ᾽
ὑμεῖς δι᾽ ὑμῶν αὐτῶν ἕκαστα πράττητε, τὸ ἴσον τοῖς ἄλλοις
ὥσπερ τῶν ἔργων αὐτῶν, οὕτω καὶ τῶν ἐκ τούτων ἕξειν. οἱ 20
δὲ πολιτευόμενοι καὶ περὶ ταῦτ᾽ ὄντες, τὸ τὰ βέλτιστα σκοπεῖν
ὑμῖν ἀφέντες, προσκεχωρήκασι πρὸς τούτους· καὶ πρότερον [172]
μὲν κατὰ συμμορίας εἰσεφέρετε, νυνὶ δὲ πολιτεύεσθε κατὰ
συμμορίας. ῥήτωρ ἡγεμὼν καὶ στρατηγὸς ὑπὸ τούτῳ καὶ οἱ
βοησόμενοι μεθ᾽ ἑκατέρων τριακόσιοι· οἱ δ᾽ ἄλλοι προσνενέ-
μησθε οἱ μὲν ὡς τούτους, οἱ δ᾽ ὡς ἐκείνους. τοιγαροῦν ὑμῖν

2 ἂν βούλησθε S: βούλεσθε cett. 3 παρασκευάσουσι SA: παρασκευάζουσιν vulg. 6 αὐτῶν ἔχει S solus: ἔχειν (ἔχει F[1]) αὐτῷ δοκῶ vulg. 10 ταῦτα Wolf: ταύτας codd. 12 τῷ S Vind. 1: τὸ vulg. 13 τελεσθῆναι (ex sequiorum usu) codd.: duas olim confusas esse lectiones, γενέσθαι et αἱρεθῆναι, suspicabatur Cobet 17 ὑποτείνων] ὑποτίνων S: ἀποτίνων A ουδεεν S: οὐδὲν cett. 19 τὸ om. S solus 20 αὐτῶν om. FYO τῶν ἐκ SAYO: τοῖς vulg. 21 σκοπεῖν SA marg.: λέγειν vulg. 22–26 καὶ πρότερον . . . ὡς ἐκείνους] cf. ii 29 23 νυνὶ S et ii 29: νῦν cett. 24 ἡγεμὼν] ἡγεμὼν ἑκατέρων ii 29 25 τριακόσιοι om. SA[1]

περίεστιν ἐκ τούτων ὁ δεῖνα χαλκοῦς καὶ ὁ δεῖν' εὐδαίμων, εἷς ἢ δύο, ὑπὲρ τὴν πόλιν· οἱ δ' ἄλλοι μάρτυρες τῆς τούτων εὐδαιμονίας κάθησθε, τῆς καθ' ἡμέραν ῥᾳθυμίας πολλὴν καὶ μεγάλην ὑπάρχουσαν ὑμῖν εὐδαιμονίαν τούτοις προϊέμενοι.

21 Καίτοι σκέψασθε πῶς ἐπὶ τῶν προγόνων ταῦτ' εἶχεν· οὐ γὰρ ἀλλοτρίοις ὑμῖν παραδείγμασι χρησαμένοις, ἀλλ' οἰκείοις ἔξεσθ' ἃ προσήκει πράττειν εἰδέναι. ἐκεῖνοι Θεμιστοκλέα τὸν τὴν ἐν Σαλαμῖνι ναυμαχίαν στρατηγοῦντα καὶ Μιλτιάδην τὸν ἡγούμενον Μαραθῶνι καὶ πολλοὺς ἄλλους, οὐκ ἴσα τοῖς νῦν στρατηγοῖς ἀγάθ' εἰργασμένους, μὰ Δί' οὐ χαλκοῦς ἵστασαν, ἀλλ' ὡς οὐδὲν αὐτῶν κρείττους ὄντας, οὕτως ἐτί-
22 μων. καὶ γάρ τοι τῶν ἔργων οὐδενός, ὦ ἄνδρες Ἀθηναῖοι, τῶν τότ' ἀπεστέρησαν αὐτούς, οὐδ' ἔστ' οὐδεὶς ὅστις ἂν εἴποι τὴν ἐν Σαλαμῖνι ναυμαχίαν Θεμιστοκλέους, ἀλλ' Ἀθηναίων, οὐδὲ τὴν [ἐν] Μαραθῶνι μάχην Μιλτιάδου, ἀλλὰ τῆς πόλεως. νῦν δὲ πολλοὶ τοῦτο λέγουσιν, ὡς Κέρκυραν εἷλε Τιμόθεος καὶ τὴν μόραν κατέκοψεν Ἰφικράτης καὶ τὴν περὶ Νάξον ναυμαχίαν ἐνίκα Χαβρίας· δοκεῖτε γὰρ αὐτοὶ τῶν ἔργων τούτων παραχωρεῖν τῶν τιμῶν ταῖς ὑπερβολαῖς αἷς
[173] 23 δεδώκατ' ἐπ' αὐτοῖς ἑκάστῳ τούτων. τὰς μὲν δὴ πολιτικὰς δωρεὰς οὕτως ἐκεῖνοί τε καλῶς καὶ ὑμεῖς οὐκ ὀρθῶς· τὰς δὲ τῶν ξένων πῶς; ἐκεῖνοι Μένωνι τῷ Φαρσαλίῳ δώδεκα μὲν τάλαντ' ἀργυρίου δόντι πρὸς τὸν ἐπ' Ἠιόνι τῇ πρὸς Ἀμφιπόλει πόλεμον, διακοσίοις δ' ἱππεῦσι πενέσταις ἰδίοις βοηθήσαντι, οὐκ ἐψηφίσαντο πολιτείαν, ἀλλ' ἀτέλειαν ἔδωκαν

4 *προϊέμενοι* S A : *προέμενοι* vulg. §§ 21–24] cf. xxiii 196–201 5–7] cf. iii 23 8 *στρατηγοῦντα* S A : *στρατηγήσαντα* vulg. (*νικήσαντα* xxiii 196) 9 *ἐν* ante *Μαραθῶνι* add. F Y O : om. S A et xxiii 196 11 *οὐδ' ὑπερηγάπων* post *ἵστασαν* add. vulg. et xxiii 196 : om. S A[1] *οὕτως* om. vulg. : add. S A 13 *ἀπέστησαν αὐτοῖς* Cobet 15 *ἐν* codd. : om. Cobet, cf. § 21 et xxiii 198 16 *οἱ* ante *πολλοὶ* add. vulg. : om. S A et xxiii 198 18 *ναυμαχίαν ἐνίκα* S A : *ἐνίκα ναυμαχίαν* vulg. et xxiii 198 prope omnes 19 *αἷς* S et xxiii 198 : *ἃς* vulg. 20 *ἐπ'* om. S 21 *δωρεὰς* om. Blass : in xxiii 199 om. S post *καλῶς* add. *ἐδίδοσαν* A : add. *ἔνεμον* vulg. : add. *καὶ λυσιτελούντως αὐτοῖς ἐδίδοσαν* xxiii 199 : om. S solus 24 *διακοσίοις*] *τριακοσίοις* xxiii 199

μόνον. καὶ πρότερον τούτου Περδίκκᾳ τῷ κατὰ τὴν τοῦ 24
βαρβάρου ποτ' ἐπιστρατείαν βασιλεύοντι Μακεδονίας, τοὺς ἀναχωροῦντας ἐκ Πλαταιῶν τῶν βαρβάρων ἀπὸ τῆς ἥττης διαφθείραντι καὶ τέλειον τἀτύχημα ποιήσαντι τῷ βασιλεῖ, οὐκ ἐψηφίσαντο πολιτείαν, ἀλλ' ἀτέλειαν ἔδωκαν μόνον, μεγάλην καὶ τιμίαν, οἶμαι, καὶ σεμνὴν τὴν αὑτῶν πατρίδ' ἡγούμενοι καὶ πάσης μείζον' εὐεργεσίας. νῦν δ', ὦ ἄνδρες Ἀθηναῖοι, φθόρους ἀνθρώπους οἰκοτρίβων οἰκότριβας, τιμὴν ὥσπερ ἄλλου του τῶν ὠνίων λαμβάνοντες, ποιεῖσθε πολίτας. ταῦτα δ' ὑμῖν ἐπελήλυθε πράττειν, οὐχ ὅτι τὰς φύσεις χεί- 25
ρους ἐστὲ τῶν προγόνων, ἀλλ' ὅτι τοῖς μὲν ἐφ' αὑτοῖς παρειστήκει μέγα φρονεῖν, ὑμῶν δ', ὦ ἄνδρες Ἀθηναῖοι, περιῄρηται τοῦτο. ἔστι δ' οὐδέποτ', οἶμαι, δυνατὸν μικρὰ καὶ φαῦλα πράττοντας μέγα καὶ νεανικὸν φρόνημα λαβεῖν, ὥσπερ οὐδὲ λαμπρὰ καὶ καλὰ πράττοντας μικρὸν καὶ ταπεινὸν φρονεῖν· ὁποῖ' ἄττα γὰρ ἂν τἀπιτηδεύματα τῶν ἀνθρώπων ᾖ, τοιοῦτον ἀνάγκη καὶ τὸ φρόνημ' ἔχειν.

Σκέψασθε δ' ἅ τις κεφάλαι' ἂν ἔχοι [τῶν πραγμάτων] 26
εἰπεῖν τῶν τ' ἐκείνοις πεπραγμένων καὶ τῶν ὑμῖν, ἂν ἄρ' ὑμῶν αὐτῶν ἀλλ' ἐκ τούτων γε δύνησθε γενέσθαι. πέντε [174]
μὲν καὶ τετταράκοντ' ἔτη τῶν Ἑλλήνων ἦρξαν ἑκόντων ἐκεῖνοι, πλείω δ' ἢ μύρια τάλαντ' εἰς τὴν ἀκρόπολιν ἀνήγαγον, πολλὰ δὲ καὶ καλὰ καὶ πεζῇ καὶ ναυμαχοῦντες ἔστησαν τρόπαια, ἐφ' οἷς ἔτι καὶ νῦν ἡμεῖς φιλοτιμούμεθα. καίτοι νομίζετ' αὐτοὺς ταῦτα στῆσαι, οὐχ ἵνα θαυμάζωμεν

4 ἀτύχημα S[1] (τὸ add. eadem, ut videtur) 12 παρειστήκει] παρέστηκε vulg. 13–17] cf. iii 32 §§ 26–31] cf. iii 23–31 18 τῶν πραγμάτων om. B F Y O 19 post εἰπεῖν add. ἵν' ἀκούσαντες S A : περὶ vulg. : om. ἵν' ἀκούσαντες Cobet : om. ἵν' Weil 20 ἀλλ' om. vulg. : add. S solus δύνησθε S Y corr. : δυνήσεσθε vulg. κρείττους post γενέσθαι add. S B : ante γενέσθαι vulg. : βελτίους post γενέσθαι add. F Y O : ante γενέσθαι Vind. 1 : κρείττους (vel βελτίους) om. Cobet, cf. iv 7 21 τοίνυν post μὲν add. vulg. : om. S solus et iii 24 22 ἐκεῖνοι post ἑκόντων S A F B Y O : ante ἑκόντων vulg. : om. iii 24 : secl. Blass ἀνήγαγον hic et in iii 24 S : συνήγαγον hic et in iii 24 vulg. 25 ταῦτα post αὐτοὺς S : post νομίζετε A : post καίτοι vulg. μόνον post θαυμάζωμεν add. vulg. : om. S

ἡμεῖς θεωροῦντες αὐτά, ἀλλ' ἵνα καὶ μιμώμεθα τὰς τῶν
27 ἀναθέντων ἀρετάς. ἐκεῖνοι μὲν δὴ ταῦτα· ἡμεῖς δ', ὅσης
ἅπαντες ὁρᾶτ' ἐρημίας ἐπειλημμένοι, σκέψασθ' εἰ παρα-
πλήσια. οὐ πλείω μὲν ἢ χίλια καὶ πεντακόσια τάλαντ'
ἀνήλωται μάτην εἰς τοὺς τῶν Ἑλλήνων ἀπόρους, ἐξανήλωνται
δ' οἵ τ' ἴδιοι πάντες οἶκοι καὶ τὰ κοινὰ τῇ πόλει καὶ τὰ
παρὰ τῶν συμμάχων, οὓς δ' ἐν τῷ πολέμῳ συμμάχους
28 ἐκτησάμεθα, οὗτοι νῦν ἐν τῇ εἰρήνῃ ἀπολώλασιν; ἀλλὰ
νὴ Δία ταῦτα μόνον τότ' εἶχε βέλτιον ἢ νῦν, τὰ δ' ἄλλα
χεῖρον. πολλοῦ γε καὶ δεῖ, ἀλλ' ὅ τι βούλεσθ' ἐξετάσωμεν.
οἰκοδομήματα μέν γε καὶ κόσμον τῆς πόλεως, ἱερῶν καὶ
λιμένων καὶ τῶν ἀκολούθων τούτοις, τοιοῦτον καὶ το-
σοῦτον κατέλιπον ἐκεῖνοι ὥστε μηδενὶ τῶν ἐπιγιγνομένων
ὑπερβολὴν λελεῖφθαι, προπύλαια ταῦτα, νεώσοικοι, στοαί,
τἄλλα, οἷς ἐκεῖνοι κοσμήσαντες τὴν πόλιν ἡμῖν παρέδωκαν·
29 τὰς δ' ἰδίας οἰκίας τῶν ἐν δυνάμει γενομένων οὕτω μετρίας
καὶ τῷ τῆς πολιτείας ὀνόματι ἀκολούθους ὥστε τὴν Θεμι-
στοκλέους καὶ τὴν Κίμωνος καὶ τὴν Ἀριστείδου καὶ τῶν τότε
λαμπρῶν οἰκίαν, εἴ τις ἄρ' ὑμῶν οἶδεν ὁποία ποτ' ἐστίν,
[175] 30 ὁρᾷ τῆς τοῦ γείτονος οὐδὲν σεμνοτέραν οὖσαν. νῦν δ', ὦ
ἄνδρες Ἀθηναῖοι, δημοσίᾳ μὲν ἡ πόλις ἡμῶν τὰς ὁδοὺς
ἀγαπᾷ κατασκευάζουσα καὶ κρήνας καὶ κονιάματα καὶ λήρους
(καὶ οὐ τοῖς εἰσηγησαμένοις ταῦτ' ἐπιτιμῶ, πολλοῦ γε καὶ
δέω, ἀλλ' ὑμῖν, εἰ ταῦθ' ἱκανὰ ὑμῖν αὐτοῖς ὑπολαμβάνετ'
εἶναι), ἰδίᾳ δ' οἱ τῶν κοινῶν ἐπί τῳ γεγενημένοι οἱ μὲν
τῶν δημοσίων οἰκοδομημάτων σεμνοτέρας τὰς ἰδίας οἰκίας
κατεσκευάκασιν, οὐ μόνον τῶν πολλῶν ὑπερηφανωτέρας,

5 ὑπὲρ ante τῶν add. Cobet ἄλλων ante Ἑλλήνων add. S: om. vulg. ἀπόρους] ἀποστόλους Y marg. F γρ. Cobet 6 καὶ τὰ κοινὰ om. S A[1] 9 ταῦτα μὲν Cobet 13 κατέλειπον S solus 14 ὁ Παρθενὼν ante νεώσοικοι add. Aristides (Rhet. Gr. ix 363 W), cf. xxii 76 16 τότε post δυνάμει add. vulg.: om. S F Y 18 καὶ Μιλτιάδου post Ἀριστείδου add. vulg. (ex iii 26, xxiii 207): om. S F B O 19 ὑμῶν ante οἶδεν S A: post οἶδεν vulg. et iii 26 25 διοικεῖν post εἶναι add. vulg.: om. S solus

οἱ δὲ γῆν συνεωνημένοι γεωργοῦσιν ὅσην οὐδ' ὄναρ ἤλπισαν
πώποτε. τούτων δ' αἴτιον ἁπάντων, ὅτι τότε μὲν ὁ δῆμος 31
δεσπότης ἦν καὶ κύριος ἁπάντων, καὶ ἀγαπητὸν ἦν παρ'
ἐκείνου τῶν ἄλλων ἑκάστῳ καὶ τιμῆς καὶ ἀρχῆς καὶ ἀγαθοῦ
τινὸς μεταλαμβάνειν, νῦν δὲ τοὐναντίον κύριοι μὲν τῶν
ἀγαθῶν οὗτοι, καὶ διὰ τούτων ἅπαντα πράττεται, ὁ δὲ δῆμος
ἐν ὑπηρέτου καὶ προσθήκης μέρει, καὶ ὑμεῖς ἀγαπᾶθ' ἃν οὗτοι
μεταδιδῶσι λαμβάνοντες.

Τοιγαροῦν ἐκ τούτων τοιαῦτα τὰ πράγματα τῆς πόλεώς 32
ἐστιν ὥστε, εἴ τις ἀναγνοίη τὰ ψηφίσμαθ' ὑμῶν καὶ τὰς
πράξεις ἐφεξῆς διέλθοι, οὐδ' ἂν εἷς πιστεύσαι τῶν αὐτῶν
εἶναι ταῦτα κἀκεῖνα. οἷον ἃ πρὸς τοὺς καταράτους Μεγα-
ρέας ἐψηφίσασθ' ἀποτεμνομένους τὴν ὀργάδα, ἐξιέναι, κω-
λύειν, μὴ ἐπιτρέπειν· ἃ πρὸς Φλειασίους, ὅτ' ἐξέπεσον
ἔναγχος, βοηθεῖν, μὴ ἐπιτρέπειν τοῖς σφαγεῦσι, τῶν ἐν
Πελοποννήσῳ τοὺς βουλομένους παρακαλεῖν. ἅπαντα καλά, 33
ὦ ἄνδρες Ἀθηναῖοι, ταῦτα καὶ δίκαια καὶ τῆς πόλεως ἄξια·
τὰ ἔργα δὲ τἀπὸ τούτων οὐδαμοῦ. οὐκοῦν τὴν μὲν ἀπέ- [176]
χθειαν διὰ τῶν ψηφισμάτων ἐκφέρεσθε, τῶν δ' ἔργων οὐδενὸς
κύριοι γίγνεσθε· τὰ μὲν γὰρ ψηφίσματα πρὸς τὸ τῆς πόλεως
ἀξίωμα ψηφίζεσθε, τὴν δύναμιν δ' οὐκ ἀκόλουθον ὧν ψη-
φίζεσθ' ἔχετε. ἐγὼ δὲ παραινέσαιμ' ἂν ὑμῖν (καί μοι μηδὲν 34
ὀργισθῆτε) ἔλαττον φρονεῖν καὶ τὰ ὑμέτερ' αὐτῶν ἀγαπᾶν
πράττοντας, ἢ μείζω δύναμιν παρασκευάζεσθαι. εἰ μὲν οὖν
Σιφνίοις ἢ Κυθνίοις ἤ τισιν ἄλλοις τοιούτοις οὖσι συνῄδειν
ὑμῖν, ἔλαττον φρονεῖν συνεβούλευον ἄν· ἐπειδὴ δ' ἔστ'
Ἀθηναῖοι, τὸ τὴν δύναμιν παρασκευάσασθαι παραινῶ· αἰσχρὸν

2–3 ἁπάντων . . . δεσπότης ἦν S: πάντων . . . ἦν δεσπότης vulg. § 31] cf. iii 30–31 6 πράττεται om. S, sed cf. iii 31 7 ἂν] ἃ ἂν SA: ἄν τι vulg. οὗτοι S: αὐτοὶ vulg.: ὑμῖν οὗτοι A 13 ἐψήφισθε A 14–15 ἃ . . . ἐπιτρέπειν om. S[1] (add. ant. m.) 15 τὸ ante ἔναγχος add. vulg.: om. SAO 21 ὧν] οἷς A 22 μηδὲν ὀργισθῆτε S: μηδεὶς ὀργισθῇ cett. S γρ. 23 ἢ ante ἔλαττον add. Reiske 27 παρασκευάσασθαι S: παρασκευάζεσθαι vulg.

γάρ, ὦ ἄνδρες Ἀθηναῖοι, αἰσχρὸν λιπεῖν τὴν τοῦ φρονή-
35 ματος τάξιν, ἣν ὑμῖν οἱ πρόγονοι παρέδωκαν. πρὸς δὲ
τούτοις οὐδ᾽ ἔστιν ἐφ᾽ ὑμῖν, οὐδ᾽ ἂν ἀποστῆναι τῶν Ἑλλη-
νικῶν βούλησθε· πολλὰ γὰρ ὑμῖν ἐκ παντὸς τοῦ χρόνου
πέπρακται, καὶ τοὺς μὲν φίλους τοὺς ὑπάρχοντας αἰσχρὸν
προέσθαι, τοῖς δ᾽ οὖσιν ἐχθροῖς οὐκ ἔνι πιστεῦσαι καὶ μεγά-
λους ἐᾶσαι γενέσθαι. ὅλως δ᾽ ὅπερ οἱ πολιτευόμενοι πε-
πόνθασι πρὸς ὑμᾶς—οὐκ ἔνεστιν αὐτοῖς, ὅταν βούλωνται,
παύσασθαι—τοῦτο καὶ ὑμῖν περιέστηκε· πεπολίτευσθε γὰρ
ἐν τοῖς Ἕλλησιν.

36 Ἔστι δ᾽, ὦ ἄνδρες Ἀθηναῖοι, κεφάλαιον ἁπάντων τῶν
εἰρημένων· οὐδέποθ᾽ ὑμᾶς οἱ λέγοντες οὔτε πονηροὺς οὔτε
χρηστοὺς ποιοῦσιν, ἀλλ᾽ ὑμεῖς τούτους, ὁπότερ᾽ ἂν βού-
λησθε· οὐ γὰρ ὑμεῖς ὧν οὗτοι βούλονται στοχάζεσθε, ἀλλ᾽
οὗτοι ὧν ἂν ὑμᾶς ἐπιθυμεῖν οἴωνται. ὑμᾶς οὖν ὑπάρξαι
[177] δεῖ χρηστὰ βουλομένους, καὶ πάνθ᾽ ἕξει καλῶς· ἢ γὰρ
οὐδεὶς ἐρεῖ φλαῦρον οὐδέν, ἢ οὐδὲν αὐτῷ πλέον ἔσται μὴ
ἔχοντι τοὺς πεισομένους.

3 οὐδ᾽ ἔστιν] οὐκ ἔστιν A 13 ποιοῦσιν S: ποιήσουσιν cett. ὁπότερ᾽ SA: ὁποίους cett. 14 βούλωνται S 15 οἴονται S 16 βουλομένους] βουλευομένους A 17 φλαῦρον A: φαῦλον S vulg.
In S subscriptum

ΠΕΡΙ ΣΥΝΤΑΞΕΩΣ
Η Η Η Δ Δ Δ
ΔΩ (i. e. διώρθωται)

# XIV

# ΠΕΡΙ ΤΩΝ ΣΥΜΜΟΡΙΩΝ

### ΥΠΟΘΕΣΙΣ.

Φήμης γενομένης τὸν Περσῶν βασιλέα παρασκευάζεσθαι στρατεύειν ἐπὶ τοὺς Ἕλληνας, ὁ μὲν τῶν Ἀθηναίων δῆμος κεκίνηται καὶ συγκαλεῖν ὥρμηται τοὺς Ἕλληνας καὶ τὸν πόλεμον ἐκφέρειν ἤδη, ὁ δὲ Δημοσθένης συμβουλεύει μὴ προεξανίστασθαι, ἀλλ' ἀναμένειν τὸν βασιλέα νεωτερίσαι. νῦν μὲν γάρ, φησίν, οὐ πείσομεν τοὺς Ἕλληνας συμμαχεῖν ἡμῖν, ἐπ' ἀδείας εἶναι δοκοῦντας· τότε δ' αὐτοὺς ὁ κίνδυνος αὐτὸς συστήσεται. παραινεῖ τοίνυν ἡσυχάζοντας συντάξασθαι καὶ πρὸς τὸν πόλεμον παρασκευάσασθαι, καὶ δὴ καὶ διέξεισιν ὃν τρόπον ἂν συνταχθεῖεν. ὅθεν καὶ περὶ συμμοριῶν ὁ λόγος ἐπιγράφεται· συμμορία γὰρ παρὰ τοῖς Ἀττικοῖς τὸ τῶν λειτουργούντων σύνταγμα.

Οἱ μὲν ἐπαινοῦντες, ὦ ἄνδρες Ἀθηναῖοι, τοὺς προγόνους [178] ὑμῶν λόγον εἰπεῖν μοι δοκοῦσι προαιρεῖσθαι κεχαρισμένον, οὐ μὴν συμφέροντά γ' ἐκείνοις οὓς ἐγκωμιάζουσι ποιεῖν· περὶ γὰρ πραγμάτων ἐγχειροῦντες λέγειν ὧν οὐδ' εἷς ἀξίως ἐφικέσθαι τῷ λόγῳ δύναιτο, αὐτοὶ μὲν τοῦ δοκεῖν δύνασθαι λέγειν δόξαν ἐκφέρονται, τὴν δ' ἐκείνων ἀρετὴν ἐλάττω τῆς ὑπειλημμένης παρὰ τοῖς ἀκούουσιν φαίνεσθαι ποιοῦσιν. ἐγὼ δ' ἐκείνων μὲν ἔπαινον τὸν χρόνον ἡγοῦμαι μέγιστον, οὗ πολλοῦ γεγενημένου μείζω τῶν ὑπ' ἐκείνων πραχθέντων οὐδένες ἄλλοι παραδείξασθαι δεδύνηνται· αὐτὸς δὲ πειράσομαι 2 τὸν τρόπον εἰπεῖν ὃν ἄν μοι δοκεῖτε μάλιστα δύνασθαι παρασκευάσασθαι. καὶ γὰρ οὕτως ἔχει· εἰ μὲν ἡμεῖς

15 ἐγχειροῦντες S, Prooem. vii : ἐπιχειροῦντες vulg. 16 τοῦ δοκεῖν δύνασθαι λέγειν S : δοκεῖν del. Dind., cf. Prooem. vii : δοκεῖν et λέγειν del. Blass, cf. v 22 : τοῦ δοκεῖν εὖ λέγειν vulg. 21 παραδείξασθαι Prooem. vii : παραδέξασθαι codd. : παρενδέξασθαι Tournier 22 δύνασθαι om. F B O Y : secl. Reiske

ἅπαντες οἱ μέλλοντες λέγειν δεινοὶ φανείημεν ὄντες, οὐδὲν
ἂν τὰ ὑμέτερ' εὖ οἶδ' ὅτι βέλτιον σχοίη· εἰ δὲ παρελθὼν
εἷς ὁστισοῦν δύναιτο διδάξαι καὶ πεῖσαι, τίς παρασκευὴ
καὶ πόση καὶ πόθεν πορισθεῖσα χρήσιμος ἔσται τῇ πόλει,
πᾶς ὁ παρὼν φόβος λελύσεται. ἐγὼ δὲ τοῦτ', ἂν ἄρ' οἷός
τ' ὦ, πειράσομαι ποιῆσαι, μικρὰ προειπὼν ὑμῖν ὡς ἔχω
γνώμης περὶ τῶν πρὸς τὸν βασιλέα.
3 Ἐγὼ νομίζω κοινὸν ἐχθρὸν ἁπάντων τῶν Ἑλλήνων εἶναι
βασιλέα, οὐ μὴν διὰ τοῦτο παραινέσαιμ' ἂν μόνοις τῶν
ἄλλων ὑμῖν πόλεμον πρὸς αὐτὸν ἄρασθαι· οὐδὲ γὰρ αὐτοὺς
[179] τοὺς Ἕλληνας ὁρῶ κοινοὺς ἀλλήλοις ὄντας φίλους, ἀλλ'
ἐνίους μᾶλλον ἐκείνῳ πιστεύοντας ἤ τισιν αὐτῶν. ἐκ δὴ
τῶν τοιούτων νομίζω συμφέρειν ὑμῖν τὴν μὲν ἀρχὴν τοῦ
πολέμου τηρεῖν ὅπως ἴση καὶ δικαία γενήσεται, παρασκευά-
4 ζεσθαι δ' ἃ προσήκει πάντα καὶ τοῦθ' ὑποκεῖσθαι. ἡγοῦμαι
γάρ, ὦ ἄνδρες Ἀθηναῖοι, τοὺς Ἕλληνας, εἰ μὲν ἐναργὲς [τι]
γένοιτο καὶ σαφὲς ὡς βασιλεὺς αὐτοῖς ἐπιχειρεῖ, κἂν συμ-
μαχῆσαι καὶ χάριν μεγάλην ἔχειν τοῖς πρὸ αὐτῶν καὶ μετ'
αὐτῶν ἐκεῖνον ἀμυνομένοις· εἰ δ' ἔτ' ἀδήλου τούτου καθεστη-
κότος προαπεχθησόμεθ' ἡμεῖς, δέδι', ὦ ἄνδρες Ἀθηναῖοι,
μὴ τούτοις μετ' ἐκείνου πολεμεῖν ἀναγκασθῶμεν, ὑπὲρ ὧν
5 προνοούμεθα. ὁ μὲν γὰρ ἐπισχὼν ὧν ὥρμηκεν, εἰ ἄρ'
ἐγχειρεῖν ἔγνωκε τοῖς Ἕλλησι, χρήματα δώσει τισὶν αὐτῶν
καὶ φιλίαν προτενεῖται, οἱ δὲ τοὺς ἰδίους πολέμους ἐπαν-
ορθῶσαι βουλόμενοι καὶ τοῦτον τὸν νοῦν ἔχοντες τὴν

1 οἱ μέλλοντες et ὄντες om. F B Y O (habet οἱ): secl. Reiske 5 λελύσεται S solus: λέλυται vulg.: λυθήσεται A 7 τὸν om. vulg.: add. S A, cf. Prooem. vii 10 ἄρασθαι vulg.: αἱρεῖσθαι S: αἵρεσθαι Aristid. ix 380 W, cf. xii 9 13 τῶν (τούτων m. ant.) τοιούτων S[1]: τούτων τοιούτων ὄντων vulg. 14 τηρεῖν vulg.: ζητεῖν S ἴση καὶ om. vulg.: add. S F γρ. 15 τῇ γνώμῃ post ὑποκεῖσθαι add. vulg.: om. S A[1] 16 τι post ἐναργὲς S A: ante ἐναργὲς F B Y: del. Cobet 17 κἂν συμμαχῆσαι Tournier: καὶ συμμαχῆσαι S A F B Y O[1]: καὶ συμμαχήσειν vulg. 18 ἔχειν S A: ἕξειν vulg. 20 προαπεχθησόμεθ'] προϋπαχθησόμεθα Cobet 24 προτενεῖ Cobet ἐπανορθῶσαι S A: ἐπανορθώσασθαι vulg.

κοινὴν ἁπάντων σωτηρίαν παρόψονται. εἰς δὲ τὴν ταραχὴν
ταύτην καὶ τὴν ἀγνωμοσύνην παραινῶ μὴ προκαθεῖναι τὴν
πόλιν ἡμῶν. οὐδὲ γὰρ οὐδ' ἀπ' ἴσης ὁρῶ τοῖς τ' ἄλλοις 6
Ἕλλησι καὶ ὑμῖν περὶ τῶν πρὸς τὸν βασιλέα τὴν βουλὴν
οὖσαν, ἀλλ' ἐκείνων μὲν πολλοῖς ἐνδέχεσθαί μοι δοκεῖ τῶν
ἰδίᾳ τι συμφερόντων διοικουμένοις τῶν ἄλλων Ἑλλήνων
ἀμελῆσαι, ὑμῖν δ' οὐδ' ἀδικουμένοις παρὰ τῶν ἀδικούντων
καλόν ἐστιν λαβεῖν ταύτην τὴν δίκην, ἐᾶσαί τινας αὐτῶν
ὑπὸ τῷ βαρβάρῳ γενέσθαι. ὅτε δ' οὕτω ταῦτ' ἔχει, σκε- 7
πτέον ὅπως μήθ' ἡμεῖς ἐν τῷ πολέμῳ γενησόμεθ' οὐκ ἴσοι,
μήτ' ἐκεῖνος, ὃν ἡμεῖς ἐπιβουλεύειν ἡγούμεθα τοῖς Ἕλλησι,
τὴν τοῦ φίλος αὐτοῖς δοκεῖν εἶναι πίστιν λήψεται. πῶς [180]
οὖν ταῦτ' ἔσται; ἂν ἡ μὲν δύναμις τῆς πόλεως ἐξητασμένη
καὶ παρεσκευασμένη πᾶσιν ᾖ φανερά, φαίνηται δὲ δίκαι'
ἐπὶ ταύτῃ φρονεῖν αἱρουμένη. τοῖς δὲ θρασυνομένοις καὶ 8
σφόδρ' ἑτοίμως πολεμεῖν κελεύουσιν ἐκεῖνο λέγω, ὅτι οὐκ
ἔστιν χαλεπὸν οὔθ' ὅταν βουλεύεσθαι δέῃ, δόξαν ἀνδρείας
λαβεῖν, οὔθ' ὅταν κίνδυνός τις ἐγγὺς ᾖ, δεινὸν εἰπεῖν φανῆ-
ναι, ἀλλ' ἐκεῖνο καὶ χαλεπὸν καὶ προσῆκον, ἐπὶ μὲν τῶν
κινδύνων τὴν ἀνδρείαν ἐνδείκνυσθαι, ἐν δὲ τῷ συμβουλεύειν
φρονιμώτερα τῶν ἄλλων εἰπεῖν ἔχειν. ἐγὼ δ', ὦ ἄνδρες 9
Ἀθηναῖοι, νομίζω τὸν μὲν πόλεμον τὸν πρὸς βασιλέα χαλε-
πὸν τῇ πόλει, τὸν δ' ἀγῶνα τὸν ἐκ τοῦ πολέμου ῥᾴδιον ἂν
συμβῆναι. διὰ τί; ὅτι τοὺς μὲν πολέμους ἅπαντας ἀνα-
γκαίως ἡγοῦμαι τριήρων καὶ χρημάτων καὶ τόπων δεῖσθαι,
ταῦτα δὲ πάντ' ἀφθονώτερ' ἐκεῖνον ἔχονθ' ἡμῶν εὑρίσκω·
τοὺς δ' ἀγῶνας οὐδενὸς οὕτω τῶν ἄλλων ὁρῶ δεομένους ὡς
ἀνδρῶν ἀγαθῶν, τούτους δ' ἡμῖν καὶ τοῖς μεθ' ἡμῶν κινδυ-

3 alterum οὐδ' om. vulg.: add. S solus ἀπ' S A B: ἐπ' vulg. 7 οὐδ' vulg.: οὐκ S solus 10 τῷ πολέμῳ . . . ἴσοι S vulg.: πολέμῳ . . . ἴσῳ A 15 ἐπὶ ταύτῃ φρονεῖν αἱρουμένη F O Vind. 1: φρονεῖν ἐπὶ ταύτῃ τῇ προαιρέσει S A vulg. 20 ἐνδείκνυσθαι S: ἐπιδείκνυσθαι cett. 23 ῥᾴδιον ἂν συμβῆναι Cobet: συμβῆναι ῥᾴδιον ἂν S: ῥᾴδιον ἂν συμβάντα cett. 28 ἀνδρῶν ante ἀγαθῶν S: post ἀγαθῶν cett.

10 νεύουσι πλείους ὑπάρχειν νομίζω. τὸν μὲν δὴ πόλεμον διὰ
ταῦτα παραινῶ μηδ' ἐξ ἑνὸς τρόπου προτέρους ἀνελέσθαι,
ἐπὶ δὲ τὸν ἀγῶνα ὀρθῶς φημι παρεσκευασμένους ὑπάρχειν
χρῆναι. εἰ μὲν οὖν ἕτερος μὲν ἦν τις τρόπος δυνάμεως ᾗ
τοὺς βαρβάρους οἷόν τ' ἦν ἀμύνασθαι, ἕτερος δέ τις ᾗ τοὺς
Ἕλληνας, εἰκότως ἂν ἴσως φανεροὶ πρὸς ἐκεῖνον ἐγιγνόμεθ'
11 ἀντιταττόμενοι· ἐπεὶ δὲ πάσης ἐστὶ παρασκευῆς ὁ αὐτὸς
τρόπος καὶ δεῖ ταὔτ' εἶναι κεφάλαια τῆς δυνάμεως, τοὺς
[181] ἐχθροὺς ἀμύνασθαι δύνασθαι, τοῖς οὖσι συμμάχοις βοηθεῖν,
τὰ ὑπάρχοντ' ἀγαθὰ σῴζειν, τί τοὺς ὁμολογουμένως ἐχθροὺς
ἔχοντες ἑτέρους ζητοῦμεν; ἀλλὰ παρασκευασώμεθα μὲν
πρὸς αὐτούς, ἀμυνούμεθα δὲ κἀκεῖνον, ἂν ἡμᾶς ἀδικεῖν
12 ἐπιχειρῇ. καὶ νῦν μὲν καλεῖτε πρὸς ὑμᾶς αὐτοὺς τοὺς Ἕλ-
ληνας· ἂν δ' ἃ κελεύουσιν οὗτοι μὴ ποιῆτε, οὐχ ἡδέως
ἐνίων ὑμῖν ἐχόντων, πῶς χρὴ προσδοκᾶν τιν' ὑπακούσεσθαι;
ὅτι νὴ Δί' ἀκούσονται παρ' ἡμῶν ὡς ἐπιβουλεύει βασιλεὺς
αὐτοῖς. αὐτοὺς δ' οὐ προορᾶν, ὦ πρὸς τοῦ Διός, οἴεσθε
τοῦτο; ἐγὼ μὲν γὰρ οἶμαι. ἀλλ' οὔπω μείζων ἔσθ' ὁ φόβος
τῶν πρὸς ὑμᾶς καὶ πρὸς ἀλλήλους ἐνίοις διαφορῶν. οὐδὲν
13 οὖν ἀλλ' ἢ ῥαψῳδήσουσιν οἱ πρέσβεις περιιόντες. τότε
δ', ἂν ἄρ' ἃ νῦν οἰόμεθ' ἡμεῖς πράττηται, οὐδεὶς δήπου τῶν
πάντων Ἑλλήνων τηλικοῦτον ἐφ' αὑτῷ φρονεῖ, ὅστις ὁρῶν
ὑμῖν χιλίους μὲν ἱππέας, ὁπλίτας δ' ὅσους ἂν ἐθέλῃ τις,
ναῦς δὲ τριακοσίας, οὐχ ἥξει καὶ δεήσεται, μετὰ τούτων
ἀσφαλέστατ' ἂν ἡγούμενος σωθῆναι. οὐκοῦν ἐκ μὲν τοῦ
καλεῖν ἤδη τὸ δεῖσθαι κἂν μὴ τύχητ' ἀφαμαρτεῖν, ἐκ δὲ

3 δὲ τὸν] τὸν δ' Flagg  8 τῆς δυνάμεως secl. Dobree, Blass coll. Liban. i 399  10 ἀγαθὰ secl. Blass coll. xviii 302  ὁμολογουμένως scripsi, cf. xx 39: ὁμολογουμένους S Y: ὁμολογοῦντας cett.  11 ἑτέρους S vulg.: ἄλλους A Dionys. Hal. Ars Rhet. ix 10  ἀλλὰ S Dionys. Hal.: ἀλλ' οὐ vulg  παρασκευασώμεθα S: παρασκευαζόμεθα vulg.: παρασκευαζώμεθα Dionys. Hal.  12 αὐτοὺς S: τούτους vulg.  ἀμυνούμεθα S: ἀμυνόμεθα vulg.: ἀμυνώμεθα Dionys. Hal.  16 ἡμῶν A vulg.: ὑμῶν S  21 ἂν . . . πράττηται del. Cobet  ἡμεῖς S A O: ὑμεῖς vulg.  πράττηται S Y O: πράττητε vulg.

τοῦ μετὰ τοῦ παρεσκευάσθαι τὰ ὑμέτερ' αὐτῶν ἐπισχεῖν
δεομένους σῴζειν καὶ εὖ εἰδέναι πάντας ἥξοντάς ἐστιν.

Ἐγὼ τοίνυν, ὦ ἄνδρες Ἀθηναῖοι, ταῦτά τε καὶ παρα- 14
πλήσια τούτοις λογιζόμενος λόγον μὲν οὐδέν' ἐβουλόμην
θρασὺν οὐδ' ἔχοντα μάταιον μῆκος εὑρεῖν· τὴν μέντοι παρα-
σκευήν, ὅπως ὡς ἄριστα καὶ τάχιστα γενήσεται, πάνυ πολλὰ
πράγματ' ἔσχον σκοπῶν. οἴομαι δὴ δεῖν ἀκούσαντας ὑμᾶς
αὐτήν, ἂν ὑμῖν ἀρέσκῃ, ψηφίσασθαι. ἔστι τοίνυν πρῶτον [182]
μὲν τῆς παρασκευῆς, ὦ ἄνδρες Ἀθηναῖοι, καὶ μέγιστον, οὕτω
διακεῖσθαι τὰς γνώμας ὑμᾶς ὡς ἕκαστον ἑκόντα προθύμως
ὅ τι ἂν δέῃ ποιήσοντα. ὁρᾶτε γάρ, ὦ ἄνδρες Ἀθηναῖοι, 15
ὅτι, ὅσα μὲν πώποθ' ἅπαντες ἐβουλήθητε καὶ μετὰ ταῦτα
τὸ πράττειν αὐτὸς ἕκαστος ἑαυτῷ προσήκειν ἡγήσατο, οὐδὲν
πώποθ' ὑμᾶς ἐξέφυγεν, ὅσα δ' ἐβουλήθητε μέν, μετὰ ταῦτα
δ' ἀπεβλέψατ' εἰς ἀλλήλους ὡς αὐτὸς μὲν ἕκαστος οὐ ποιή-
σων, τὸν δὲ πλησίον πράξοντα, οὐδὲν πώποθ' ὑμῖν ἐγένετο.
ἐχόντων δ' ὑμῶν οὕτω καὶ παρωξυμμένων, τοὺς διακοσίους 16
καὶ χιλίους ἀναπληρῶσαί φημι χρῆναι καὶ ποιῆσαι δισχι-
λίους, ὀκτακοσίους αὐτοῖς προσνείμαντας· ἐὰν γὰρ τοῦτ'
ἀποδείξητε τὸ πλῆθος, ἡγοῦμαι, τῶν ἐπικλήρων καὶ τῶν
ὀρφανῶν καὶ τῶν κληρουχικῶν καὶ τῶν κοινωνικῶν καὶ εἴ
τις ἀδύνατος ἀφαιρεθέντων, ἔσεσθαι χίλια καὶ διακόσια
ταῦθ' ὑμῖν σώματα. ἐκ τοίνυν τούτων οἶμαι δεῖν ποιῆσαι 17
συμμορίας εἴκοσιν, ὥσπερ νῦν εἰσιν, ἑξήκοντα σώματ' ἐχού-
σας ἑκάστην. τούτων δὲ τῶν συμμοριῶν ἑκάστην διελεῖν
κελεύω πέντε μέρη κατὰ δώδεκ' ἄνδρας, ἀνταναπληροῦντας
πρὸς τὸν εὐπορώτατον ἀεὶ τοὺς ἀπορωτάτους. καὶ τὰ μὲν
σώμαθ' οὕτω συντετάχθαι φημὶ δεῖν· δι' ὃ δ', εἴσεσθε,
ἐπειδὰν ὅλον τὸν τρόπον τῆς συντάξεως ἀκούσητε. τὰς δὲ 18
τριήρεις πῶς; τὸν ἅπαντ' ἀριθμὸν κελεύω τριακοσίας ἀπο-
δείξαντας, κατὰ πεντεκαιδεκαναΐαν εἴκοσι ποιῆσαι μέρη,

1 παρεσκευάσθαι SA : παρασκευάσασθαι vulg. 7 οἴομαι S : οἶμαι cett. 17 παρωξυμμένων SA : παροξυνομένων vulg. 21 ὀρφανῶν S vulg. : ὀρφανικῶν A

τῶν πρώτων ἑκατὸν πέντε, καὶ τῶν δευτέρων ἑκατὸν πέντε,
[183] καὶ τῶν τρίτων ἑκατὸν πένθ' ἑκάστῳ μέρει διδόντας, εἶτα
συγκληρῶσαι συμμορίᾳ σωμάτων ἑκάστῃ τὴν πεντεκαιδεκα-
ναΐαν, τὴν δὲ συμμορίαν ἑκάστῳ τῷ μέρει σφῶν αὐτῶν
19 τρεῖς ἀποδοῦναι τοιήρεις. ἐπειδὰν δὲ ταῦθ' οὕτως ἔχονθ'
ὑπάρχῃ, κελεύω, ἐπειδὴ τὸ τίμημ' ἐστὶ τῆς χώρας ἑξακισ-
χιλίων ταλάντων, ἵν' ὑμῖν καὶ τὰ χρήματ' ᾖ συντεταγμένα,
διελεῖν τοῦτο καὶ ποιῆσαι καθ' ἑξήκοντα τάλανθ' ἑκατὸν
μέρη, εἶτα πένθ' ἑξηκονταταλαντίας εἰς ἑκάστην τῶν μεγά-
λων τῶν εἴκοσι συμμοριῶν ἐπικληρῶσαι, τὴν δὲ συμμο-
ρίαν ἑκάστῳ τῶν μερῶν μίαν ἑξηκονταταλαντίαν ἀποδοῦναι,
20 ὅπως, ἂν μὲν ὑμῖν ἑκατὸν δέῃ τριήρων, τὴν μὲν δαπάνην
ἑξήκοντα τάλαντα συντελῇ, τριήραρχοι δ' ὦσι δώδεκα, ἂν δὲ
διακοσίων, τριάκοντα μὲν ᾖ τάλαντα τὴν δαπάνην συντε-
λοῦντα, ἓξ δὲ σώματα τριηραρχοῦντα, ἐὰν δὲ τριακοσίων,
εἴκοσιν μὲν ᾖ τάλαντα τὴν δαπάνην διαλύοντα, τέτταρα δὲ
21 σώματα τριηραρχοῦντα. τὸν αὐτὸν δὲ τρόπον καὶ τὰ νῦν
ὀφειλόμεν', ὦ ἄνδρες Ἀθηναῖοι, τῶν σκευῶν ἐπὶ τὰς τριή-
ρεις τιμήσαντας ἅπαντ' ἐκ τοῦ διαγράμματος νεῖμαι κελεύω
μέρη εἴκοσιν, ἔπειτα ταῖς μεγάλαις ἐπικληρῶσαι συμμορίαις
μέρος ἓν χρήστων ἑκάστῃ, τὴν δὲ συμμορίαν ἑκάστην δια-
νεῖμαι τῶν αὑτῆς μερῶν ἑκάστῳ τὸ ἴσον, τοὺς δὲ δώδεκα
τοὺς ἐν ἑκάστῳ τῷ μέρει ταῦτ' εἰσπράξαντας τὰς τριήρεις,
22 ἃς ἂν ἕκαστοι λάχωσι, παρεσκευασμένας παρέχειν. τὴν
μὲν δαπάνην καὶ τὰ σκάφη καὶ τοὺς τριηράρχους καὶ τὴν
τῶν σκευῶν εἴσπραξιν οὕτως ἂν ἄρισθ' ἡγοῦμαι καὶ πορι-
σθῆναι καὶ παρασκευασθῆναι· πλήρωσιν δ', ἣ καὶ σαφὴς
[184] ἔσται καὶ ῥᾳδία, μετὰ ταῦτα λέγω. φημὶ τοὺς στρατηγοὺς
δεῖν διανεῖμαι τόπους δέκα τῶν νεωρίων, σκεψαμένους ὅπως
ὡς ἐγγύτατ' ἀλλήλων κατὰ τριάκοντ' ὦσι νεώσοικοι, ἐπειδὰν
δὲ τοῦτο ποιήσωσι, δύο συμμορίας καὶ τριάκοντα τριήρεις

1–2 δευτέρων . . . τρίτων ἑκατὸν πέντε om. S[1] 9 εἰς ἑκάστην S vulg. : ἑκάστῃ A, cf. § 21 15 τριηραρχοῦντα (hic et 17) del. Dobree 21 χρήστων S : χρηστῶν F A Y O : χρηστὸν vulg.

τούτων ἑκάστῳ προσνεῖμαι τῶν τόπων, εἶτ᾽ ἐπικληρῶσαι τὰς φυλάς· τὸν δὲ ταξίαρχον ἕκαστον, ὃν ἂν ἡ φυλὴ τόπον 23 λάχῃ, διελεῖν τρίχα καὶ τὰς ναῦς ὡσαύτως, εἶτ᾽ ἐπικληρῶσαι τὰς τριττῦς, ὅπως ἂν τῶν μὲν ὅλων νεωρίων ἐν ἑκάστῃ μέρος ᾖ τῶν φυλῶν, τοῦ δὲ μέρους ἑκάστου τὸ τρίτον μέρος ἡ τριττὺς ἔχῃ, εἰδῆτε δ᾽, ἄν τι δέῃ, πρῶτον μὲν τὴν φυλήν, ὅπου τέτακται, μετὰ ταῦτα δὲ τὴν τριττύν, εἶτα τριήραρχοι τίνες καὶ τριήρεις ποῖαι[, καὶ τριάκοντα μὲν ἡ φυλή, δέκα δ᾽ ἡ τριττὺς ἑκάστη τριήρεις ἔχῃ]. ἐὰν γὰρ ταῦθ᾽ οὕτως εἰς ὁδὸν καταστῇ, εἴ τι καὶ παραλείπομεν νῦν (πάντα γὰρ ἴσως εὑρεῖν οὐ ῥᾴδιον), αὐτὸ τὸ πρᾶγμ᾽ ἑαυτῷ εὑρήσει, καὶ μία σύνταξις καὶ πασῶν τῶν νεῶν καὶ μέρους ἔσται.

Ὑπὲρ δὲ χρημάτων καὶ πόρου φανεροῦ τινὸς ἤδη παρά- 24 δοξον μὲν οἶδα λόγον ὃν μέλλω λέγειν, ὅμως δ᾽ εἰρήσεται· πιστεύω γάρ, ἐάν τις ὀρθῶς σκοπῇ, μόνος τἀληθῆ καὶ τὰ γενησόμεν᾽ εἰρηκὼς φανεῖσθαι. ἐγώ φημι χρῆναι μὴ λέγειν νυνὶ περὶ χρημάτων· εἶναι γὰρ πόρον, ἂν δέῃ, μέγαν καὶ καλὸν καὶ δίκαιον, ὃν ἂν μὲν ἤδη ζητῶμεν, οὐδ᾽ εἰς τόθ᾽ ὑπάρχειν ἡγησόμεθ᾽ ἡμῖν· οὕτω πολὺ τοῦ πορίσαι νῦν ἀποσχήσομεν· ἐὰν δ᾽ ἐῶμεν, ἔσται. τίς οὖν ἔσθ᾽ οὗτος ὁ νῦν μὲν οὐκ ὤν, ὑπάρξων δ᾽ εἰς τότε; αἰνίγματι γὰρ [185] ὅμοιον τοῦτό γε. ἐγὼ φράσω. ὁρᾶτε τὴν πόλιν, ὦ ἄνδρες 25 Ἀθηναῖοι, πᾶσαν ταύτην. ἐν ταύτῃ χρήματ᾽ ἔνεστιν ὀλίγου δέω πρὸς ἁπάσας τὰς ἄλλας εἰπεῖν πόλεις. ταῦτα δ᾽ οἱ κεκτημένοι τοιοῦτον ἔχουσι νοῦν ὥστ᾽, εἰ πάντες οἱ λέγοντες φοβοῖεν ὡς ἥξει βασιλεύς, ὡς πάρεστιν, ὡς οὐδ᾽ οἷόν τε ταῦτ᾽ ἄλλως ἔχειν, καὶ μετὰ τῶν λεγόντων ἴσοι τὸ πλῆθος

2 ταξίαρχον S A : τριήραρχον vulg. post ἕκαστον add. καθ᾽ ἕκαστον νεώριον ἵνα ὦσι συμμορίαι δύο, τριήρεις τριάκοντα, φυλὴ μία vulg. : om. S A 8–9 καὶ τριάκοντα . . . ἔχῃ secl. Dobree 10 παραλείπομεν B O : παρελείπομεν S : παρελίπομεν vulg. 11 ἴσως S A : ἀκριβῶς πως vulg. αὐτὸ . . . ἑαυτῷ] fort. αὔθ᾽ ἑαυτῷ τὸ πρᾶγμ᾽ Weil 12 καὶ πασῶν . . . μέρους secl. Blass 14 λόγον ὃν μέλλω S vulg. : μέλλων λόγον Y O : λέγω μέλλων A 16 φανεῖσθαι S A : φανήσεσθαι vulg. 18 εἰς ante τότε add. S A : om. vulg. 23 ταύτην S : ταυτηνὶ vulg. 25 post οἱ add. ἐνταυθοῖ vulg. : ἐνταυθὶ A : om. S B O

τούτοις χρησμῳδοῖεν, οὐ μόνον οὐκ ἂν εἰσενέγκαιεν, ἀλλ'
26 οὐδ' ἂν δόξειαν [οὐδ' ἂν ὁμολογήσαιεν] κεκτῆσθαι. εἰ μέντοι τὰ νῦν διὰ τῶν λόγων φοβερὰ ἔργῳ πραττόμεν' αἴσθοιντο, οὐδεὶς οὕτως ἠλίθιός ἐστιν ὅστις οὐχὶ κἂν δοίη καὶ πρῶτος εἰσενέγκαι· τίς γὰρ αἱρήσεται μᾶλλον αὐτὸς καὶ τὰ ὄντ' ἀπολωλέναι ἢ μέρος τῶν ὄντων ὑπὲρ αὑτοῦ καὶ τῶν λοιπῶν εἰσενεγκεῖν; χρήματα μὲν δή φημ' εἶναι τότε, ἂν ὡς ἀληθῶς δέῃ, πρότερον δ' οὔ. διὸ μηδὲ ζητεῖν παραινῶ· ὅσα γὰρ νῦν πορίσαιτ' ἄν, εἰ προέλοισθε πορίζειν, πλείων ἐστὶ γέλως
27 τοῦ μηδενός. φέρε γάρ, ἑκατοστήν τις εἰσφέρειν ἐρεῖ νῦν; οὐκοῦν ἑξήκοντα τάλαντα. ἀλλὰ πεντηκοστήν τις ἐρεῖ, τὸ διπλοῦν; οὐκοῦν ἑκατὸν καὶ εἴκοσι. καὶ τί τοῦτ' ἔστι πρὸς διακοσίας καὶ χιλίας καμήλους, ἃς βασιλεῖ τὰ χρήματ' ἄγειν φασὶν οὗτοι; ἀλλὰ θῶ βούλεσθε δωδεκάτην ἡμᾶς εἰσοίσειν, πεντακόσια τάλαντα; ἀλλ' οὔτ' ἂν ἀνάσχοισθε οὔτ', εἰ
28 καταθεῖτε, ἄξια τοῦ πολέμου τὰ χρήματα. δεῖ τοίνυν ὑμᾶς τὰ μὲν ἄλλα παρασκευάσασθαι, τὰ δὲ χρήματα νῦν μὲν ἐᾶν τοὺς κεκτημένους ἔχειν (οὐδαμοῦ γὰρ ἂν ἐν καλλίονι σῴζοιτο τῇ πόλει), ἐὰν δέ ποθ' οὗτος ὁ καιρὸς ἔλθῃ, τόθ'
[186] ἑκόντων εἰσφερόντων αὐτῶν λαμβάνειν. ταῦτα δὲ καὶ δυνατ' ἐστίν, ὦ ἄνδρες Ἀθηναῖοι, καὶ πράττειν καλὰ καὶ συμφέροντα καὶ βασιλεῖ περὶ ὑμῶν ἐπιτήδει' ἀπαγγελθῆναι, καὶ
29 φόβος οὐκ ὀλίγος γένοιτ' ἂν ἐκείνῳ διὰ τούτων. οἶδε μέν γε διακοσίαις τριήρεσιν, ὧν ἑκατὸν παρεσχόμεθ' ἡμεῖς, τοὺς προγόνους αὐτοῦ χιλίας ἀπολέσαντας ναῦς, ἀκούσεται δὲ τριακοσίας αὐτοὺς ὑμᾶς νῦν παρεσκευασμένους τριήρεις· ὥστε μὴ κομιδῇ, μηδ' εἰ πάνυ μαίνοιτο, νομίσαι ῥᾴδιόν τι τὸ τὴν ἡμετέραν πόλιν ἐχθρὰν ποιήσασθαι. ἀλλὰ μὴν εἴ γ' ἐπὶ χρήμασιν αὐτῷ μέγ' ἐπέρχεται φρονεῖν, καὶ ταύτην

1 χρησμῳδοῖεν codd. : χρησμῳδοὶ Dobree  2 δόξειαν Cobet : δείξαιεν codd.  οὐδ' ἂν ὁμολογήσαιεν secl. Cobet  4 οὐχὶ κἂν (ουχικὰν) S solus : οὐχ ἱκανὸν vulg. : οὐκ ἂν A : οὐχ ἑκὼν ἂν Reiske  9 εἰ vulg. : ἢ S : ᾗ B  22 περὶ] παρ' S  24 διακοσίαις S et schol. p. 232, 1 : τριακοσίαις vulg.  26 τριήρεις om. A : secl. G. H. Schaefer  27 μηδ' εἰ] fort. μηδ' ἂν εἰ

ἀσθενεστέραν ἀφορμὴν τῆς ὑμετέρας εὑρήσει. ὁ μέν γε 30
χρυσίον, ὥς φασιν, ἄγει πολύ. τοῦτο δ' ἂν διαδῷ ζητήσει· καὶ γὰρ τὰς κρήνας καὶ τὰ φρέατ' ἐπιλείπειν πέφυκεν, ἄν τις ἀπ' αὐτῶν ἀθρόα πολλὰ λαμβάνῃ. ἡμῖν δὲ τὸ τῆς χώρας τίμημ' ὑπάρχον ἀφορμὴν [ἑξακισχίλια τάλαντα] ἀκούσεται, ὑπὲρ ἧς ὡς μὲν τοὺς ἐπιόντας ἐκείνων ἀμυνόμεθα, οἱ Μαραθῶνι τῶν προγόνων αὐτοῦ μάλιστ' ἂν εἰδεῖεν, ἕως δ' ἂν κρατῶμεν, οὐκ ἔνι δήπου χρήμαθ' ἡμᾶς ἐπιλείπειν.

Καὶ μὴν οὐδ' ὅ τινες δεδίασι, μὴ ξενικὸν πολὺ συστή- 31
σηται χρήματ' ἔχων, ἀληθὲς εἶναί μοι δοκεῖ. ἐγὼ γὰρ ἡγοῦμαι ἐπὶ μὲν Αἴγυπτον καὶ Ὀρόνταν καί τινας τῶν ἄλλων βαρβάρων πολλοὺς ἂν ἐθελῆσαι τῶν Ἑλλήνων μισθοφορεῖν παρ' ἐκείνῳ, οὐχ ἵν' ἐκεῖνος ἕλῃ τινὰ τούτων, ἀλλ' ἵν' εὐπορίαν τιν' ἕκαστος ἑαυτῷ κτησάμενος ἀπαλλαγῇ τῆς ὑπαρχούσης πενίας· ἐπὶ δὲ τὴν Ἑλλάδα Ἕλλην' οὐδέν'
ἂν ἐλθεῖν ἡγοῦμαι. ποῖ γὰρ αὐτὸς τρέψεται μετὰ ταῦτα; [187]
εἰς Φρυγίαν ἐλθὼν δουλεύσει; οὐ γὰρ ὑπὲρ ἄλλου τινός 32
ἐστιν ὁ πρὸς τὸν βάρβαρον πόλεμος ἢ περὶ χώρας καὶ βίου καὶ ἐθῶν καὶ ἐλευθερίας καὶ πάντων τῶν τοιούτων. τίς οὖν οὕτως δυστυχής ἐστιν ὅστις ἑαυτόν, γονέας, τάφους, πατρίδα εἵνεκα κέρδους βραχέος προέσθαι βουλήσεται; ἐγὼ μὲν οὐδέν' ἡγοῦμαι. οὐ μὴν οὐδ' ἐκείνῳ συμφέρει ξένοις κρατῆσαι τῶν Ἑλλήνων· οἱ γὰρ ἡμῶν κρατήσαντες ἐκείνου γε πάλαι κρείττους ὑπάρχουσιν· βούλεται

2 πολύ add. S : om. cett. 3 ἐπιλείπειν S A O : ἐπιλιπεῖν vulg. 4 καὶ ante πολλὰ add. S vulg. : om. A, cf. xxi 131 τὸ τῆς . . . ἀκούσεται] τὴν χώραν ὑπάρχειν (ὑπάρχειν Harpocr. Phot.) ἀφορμὴν ἀκούσεται Dobree 5 ἑξακισχίλια τάλαντα secl. G. H. Schaefer 6 ἀμυνόμεθα Cobet : ἀμυνούμεθα codd. 7 ἐν ante Μαραθῶνι add. S vulg. : om. A Y γρ. καὶ Σαλαμῖνι post Μαραθῶνι add. S F γρ. : om. vulg. 12 ἐπὶ μὲν Αἴγυπτον] ἐπ' Αἴγυπτον μὲν Flagg 16 δὲ τὴν] τὴν δ' Flagg 17 ἐλθεῖν S vulg. : ἐθέλειν F Y 23 οὐ S A : καὶ vulg. 24 ξένοις A, cf. schol. p. 232, 23 διὰ τῶν ξένων : ξένους S vulg. Ἑλλήνων O : Ἑλληνικῶν S vulg. κρατήσαντες] κρατήσοντες A corr. rec., Dobree 25 ὑπάρχουσιν S A : εἰσὶ vulg.

δ' ἐκεῖνος οὐκ ἀνελὼν ἡμᾶς ἐπ' ἄλλοις εἶναι, ἀλλὰ μάλιστα
μὲν πάντων, εἰ δὲ μή, τῶν γ' ὑπαρχόντων δούλων ἑαυτῷ νῦν
ἄρχειν.
33 Εἰ τοίνυν τις οἴεται Θηβαίους ἔσεσθαι μετ' ἐκείνου, ἔστι
μὲν χαλεπὸς πρὸς ὑμᾶς ὁ περὶ τούτων λόγος· διὰ γὰρ τὸ
μισεῖν αὐτοὺς οὐδ' ἂν ἀληθὲς οὐδὲν ἡδέως ἀγαθὸν περὶ αὐτῶν
ἀκούσαιτε· οὐ μὴν ἀλλὰ δεῖ τοὺς περὶ πραγμάτων μεγάλων
σκοποῦντας μηδένα συμφέροντα λογισμὸν παραλιπεῖν διὰ
μηδεμίαν πρόφασιν. ἐγὼ τοίνυν οἶμαι τοσοῦτ' ἀπέχειν
Θηβαίους τοῦ μετ' ἐκείνου ποτ' ἂν ἐλθεῖν ἐπὶ τοὺς Ἕλ-
34 ληνας, ὥστε πολλῶν ἂν χρημάτων, εἰ ἔχοιεν δοῦναι, πρίασθαι
γενέσθαι τιν' αὐτοῖς καιρὸν δι' οὗ τὰς προτέρας ἀναλύσονται
πρὸς τοὺς Ἕλληνας ἁμαρτίας. εἰ δ' ἄρα παντάπασί τις
οὕτως οἴεται φύσει δυστυχεῖς Θηβαίους εἶναι, ἐκεῖνό γε
δήπουθεν ἅπαντες ἐπίστασθε, ὅτι Θηβαίων τἀκείνου φρο-
νούντων, ἀνάγκη τοὺς τούτων ἐχθροὺς τὰ τῶν Ἑλλήνων
φρονεῖν.
[188] 35 Ἡγοῦμαι τοίνυν ἐγὼ ταύτην τὴν τάξιν τοῦ δικαίου καὶ
τοὺς μετ' αὐτῆς ὄντας κρείττους τῶν προδοτῶν καὶ τοῦ
βαρβάρου ἔσεσθαι πρὸς ἅπαντα. ὥστ' οὔτε φοβεῖσθαί φημι
δεῖν πέρα τοῦ μετρίου, οὔθ' ὑπαχθῆναι προτέρους ἐκφέρειν
τὸν πόλεμον. καὶ μὴν οὐδὲ τῶν ἄλλων οὐδέν' ἂν εἰκότως
36 Ἑλλήνων φοβηθέντα τὸν πόλεμον τοῦτον ὁρῶ. τίς γὰρ οὐκ
οἶδεν αὐτῶν ὅτι, τέως μὲν κοινὸν ἐχθρὸν ἐκεῖνον ὑπειληφότες
ὡμονόουν ἀλλήλοις, πολλῶν ἀγαθῶν ἦσαν κύριοι, ἐπειδὴ δὲ
φίλον αὐτὸν νομίσαντες αὑτοῖς ὑπάρχειν περὶ τῶν πρὸς
ἑαυτοὺς διηνέχθησαν διαφόρων, ὅσ' ἂν οὐδὲ καταρώμενος εὕρέ
τις αὐτοῖς, τοσαῦτα πεπόνθασι κακά; εἶθ' ὃν ἡ τύχη καὶ

2 μή, τῶν γε A : μή γε, τῶν S vulg. 6 οὐδὲν om. vulg. : add. SA οὐδ' post ἡδέως add. codd. : del. Dobree ἂν ante ἀγαθὸν add. vulg. : om. SA τι post ἀγαθὸν add. vulg. : om. SA 12 ἀναλύσονται S vulg. : διαλύσονται S γρ. YF 20 ἅπαντα G. H. Schaefer, cf. xxxvi 50 : ἅπαντας codd. 24 τέως S A¹ B corr., Suidas : ἕως vulg. 27 διαφόρων Vind. 4 Vat.ᵇ : διαφορῶν S vulg. ἂν οὐδὲ] οὐδ' ἂν Tournier

τὸ δαιμόνιον φίλον μὲν ἀλυσιτελῆ, συμφέροντα δ' ἐχθρὸν
ἐμφανίζει, τοῦτον ἡμεῖς φοβώμεθα; μηδαμῶς· ἀλλὰ μηδ'
ἀδικῶμεν, αὐτῶν ἡμῶν εἵνεκα καὶ τῆς τῶν ἄλλων Ἑλλήνων
ταραχῆς καὶ ἀπιστίας· ἐπεὶ εἴ γ' ὁμοθυμαδὸν ἦν μετὰ πάντων 37
ἐπιθέσθαι μόνῳ, οὐδ' ἀδικεῖν ἡμᾶς ἐκεῖνον ἀδίκημ' ἂν ἔθηκα.
ἐπειδὴ δὲ τοῦτ' οὐχ οὕτως ἔχει, φυλάττεσθαί φημι δεῖν μὴ
πρόφασιν δῶμεν βασιλεῖ τοῦ τὰ δίκαι' ὑπὲρ τῶν ἄλλων
Ἑλλήνων ζητεῖν· ἡσυχίαν μὲν γὰρ ἐχόντων ὑμῶν ὕποπτος
ἂν εἴη τοιοῦτόν τι πράττων, πόλεμον δὲ ποιησαμένων προ-
τέρων εἰκότως ἂν δοκοίη διὰ τὴν πρὸς ὑμᾶς ἔχθραν τοῖς
ἄλλοις φίλος εἶναι βούλεσθαι. μὴ οὖν ἐξελέγξηθ' ὡς κακῶς 38
ἔχει τὰ Ἑλληνικά, συγκαλοῦντες ὅτ' οὐ πείσονται, καὶ πολε-
μοῦντες ὅτ' οὐ δυνήσεσθε· ἀλλ' ἔχεθ' ἡσυχίαν θαρροῦντες
καὶ παρασκευαζόμενοι, καὶ βούλεσθ' ἀπαγγέλλεσθαι μὲν περὶ [189]
ὑμῶν πρὸς βασιλέα, μὴ μὰ Δί' ὡς ἀποροῦσιν ἢ φοβοῦνται
ἢ θορυβοῦνται πάντες [οἱ Ἕλληνες καὶ Ἀθηναῖοι], πολλοῦ
γε καὶ δεῖ· ἀλλ' ὅτι, εἰ μὲν μὴ τοῖς Ἕλλησιν ὁμοίως αἰσχρὸν 39
ἦν τὸ ψεύδεσθαι καὶ ἐπιορκεῖν ὥσπερ ἐκείνῳ καλόν, πάλαι
ἂν ἐπ' αὐτὸν ὑμεῖς ἐπορεύεσθε, νῦν δὲ τοῦτο μὲν οὐκ ἂν
ποιήσαιτε ὑμῶν ἕνεκ' αὐτῶν, εὔχεσθε δὲ πᾶσι τοῖς θεοῖς
τὴν αὐτὴν λαβεῖν παράνοιαν ἐκεῖνον ἥνπερ ποτὲ τοὺς προγό-
νους αὐτοῦ. καὶ ταῦτ' ἂν ἐπίῃ σκοπεῖν αὐτῷ, οὐκ ὀλιγώρως
ὑμᾶς βουλευομένους εὑρήσει. ἐκ μέν γε τῶν πρὸς τοὺς ἑαυτοῦ 40
προγόνους πολέμων σύνοιδε τὴν πόλιν εὐδαίμονα καὶ μεγάλην
γεγενημένην, ἐκ δὲ τῆς ἡσυχίας ἧς ἦγέ ποτε, οὐδεμιᾶς τῶν
Ἑλληνίδων πόλεων τοσοῦτον ὅσον νῦν ὑπεραίρουσαν. καὶ
μὴν καὶ τοὺς Ἕλληνας ὁρᾷ δεομένους ἤτοι τινὸς ἑκουσίου ἢ
ἀκουσίου διαλλακτοῦ, τοῦτον δ' αὐτὸν ἂν οἶδε φανέντ' αὐτοῖς,

2 φοβώμεθα S A F Y O : φοβούμεθα vulg. 5 ἂν post ἀδικεῖν add. F B Y O : om. S A ἀδικεῖν ἡμᾶς ἐκεῖνον secl. Blass ἐκεῖνον ἀδίκημ' ἂν ἔθηκα S F B Y O : ἔθηκα ἐκεῖνον vulg. 12 πείσονται S F[1] Vind. 1 (cf. schol.) : πείσετε vulg. 16 οἱ Ἕλληνες καὶ Ἀθηναῖοι secl. Weil οἱ ante Ἀθηναῖοι add. vulg. : om. S A Y O 25 ἧς S : ἣν vulg. ποτε S F : πρὸ τούτων vulg. : πρὸ τοῦ Y O S γρ.

εἰ πόλεμον κινοίη. ὥστε καὶ γνώριμα καὶ πίστ' αὐτῷ τῶν ἀπαγγελλόντων ἀκούειν ἔσται.

41 Ἵνα δ', ὦ ἄνδρες Ἀθηναῖοι, μὴ μακρὰ λίαν λέγων ἐνοχλῶ, τὰ κεφάλαι' ὧν συμβουλεύω φράσας ἄπειμι. παρασκευάζεσθαι μὲν πρὸς τοὺς ὑπάρχοντας ἐχθροὺς κελεύω, ἀμύνεσθαι δὲ καὶ βασιλέα καὶ πάντας, ἂν ἀδικεῖν ἐπιχειρῶσι, ταύτῃ τῇ αὐτῇ δυνάμει φημὶ δεῖν, ἄρχειν δὲ μηδενὸς μήτε λόγου μήτ' ἔργου ἀδίκου, τὰ δ' ἔργ' ἡμῶν ὅπως ἄξια τῶν προγόνων ἔσται σκοπεῖν, μὴ τοὺς ἐπὶ τοῦ βήματος λόγους. κἂν ταῦτα ποιῆτε, καὶ ὑμῖν αὐτοῖς καὶ τοῖς τἀναντία πείθουσι συμφέροντα πράξετε· οὐ γὰρ ὀργιεῖσθ' αὐτοῖς ὕστερον, νῦν ἁμαρτόντες.

1 τὰ ante τῶν add. A Y : om. S vulg. 2 ἀγγελλόντων A 3 λίαν ante λέγων S : post λέγων cett. 6 αὐτῇ om. vulg. : add. S solus 7 μηδενὸς . . . ἀδίκου] fort. μηδενὸς ἀδίκου μήτε λόγου μήτ' ἔργου Weil 9 σκοπεῖν S A : σκοπῶμεν vulg. 11 ὀργιεῖσθε S A : ὀργισθήσεσθε vulg.

In S subscriptum

ΠΕΡΙ ΤΩΝ ΣΥΜΜΟΡΙΩΝ

Η Η Η 𐅄 Δ Δ Δ

Δ (i. e. διώρθωται)

# XV

# ΥΠΕΡ ΤΗΣ ΡΟΔΙΩΝ ΕΛΕΥΘΕΡΙΑΣ [190]

## ΥΠΟΘΕΣΙΣ.

Τὸν συμμαχικὸν κληθέντα πόλεμον ἤραντο πρὸς Ἀθηναίους Χῖοι καὶ Ῥόδιοι καὶ Βυζάντιοι, πρότερον μὲν αὐτῶν ὑπήκοοι γεγονότες, τότε δ' ἀλλήλοις συμμαχίαν πεποιημένοι κατὰ τῶν Ἀθηναίων. γείτονες δ' ὄντες οἱ Ῥόδιοι τῇ Καρίᾳ πρὸς τὸν ταύτης ὕπαρχον Μαύσωλον οἰκείως ἔχειν ἐδόκουν. ὁ δὲ κατ' ὀλίγον πιστευόμενος ὑπ' αὐτῶν ἐπιβουλὴν κατὰ τοῦ δήμου συνεστήσατο, καὶ τὴν δημοκρατίαν τῶν Ῥοδίων ἀφελόμενος ὀλίγοις τοῖς δυνατωτέροις τὴν πόλιν κατεδούλωσε. συμβουλεύει τοίνυν ὁ Δημοσθένης μὴ περιορᾶν ταῦτα, ἀλλὰ βοηθεῖν τῷ δήμῳ τῶν Ῥοδίων, συμφέρειν λέγων τοῖς Ἀθηναίοις τὸ δημοκρατεῖσθαι τὰς πόλεις. εἰ δ' ἠδικήκασιν ἡμᾶς, φησίν, Ῥόδιοι, ἀλλὰ πρέπον ἐστὶν ἡμῖν καὶ σύνηθες τὸ καὶ τοὺς λυπήσαντάς τι τῶν Ἑλλήνων ἐλευθεροῦν καὶ μὴ μνησικακεῖν ἁμαρτάνουσιν εἰς τὴν πόλιν.

Οἶμαι δεῖν, ὦ ἄνδρες Ἀθηναῖοι, περὶ τηλικούτων βουλευομένους διδόναι παρρησίαν ἑκάστῳ τῶν συμβουλευόντων. ἐγὼ δ' οὐδεπώποθ' ἡγησάμην χαλεπὸν τὸ διδάξαι τὰ βέλτισθ' ὑμᾶς (ὡς γὰρ εἰπεῖν ἁπλῶς, ἅπαντες ὑπάρχειν ἐγνωκότες [191] μοι δοκεῖτε), ἀλλὰ τὸ πεῖσαι πράττειν ταῦτα· ἐπειδὰν γάρ τι δόξῃ καὶ ψηφισθῇ, τότ' ἴσον τοῦ πραχθῆναι ἀπέχει ὅσονπερ πρὶν δόξαι. ἔστι μὲν οὖν ἓν ὧν ἐγὼ 2 νομίζω χάριν ὑμᾶς τοῖς θεοῖς ὀφείλειν, τὸ τοὺς διὰ τὴν αὐτῶν ὕβριν ὑμῖν πολεμήσαντας οὐ πάλαι νῦν ἐν ὑμῖν

6 πιστευόμενος] πεισθεὶς F B (pro πιστευθεὶς) §§ 1–2 = Prooem. xxvii 17 τὸ om. vulg. : add. S A 18 ὑπάρχειν ante ἐγνωκότες S et Prooem. : post ἐγνωκότες vulg. 20 τότε ἴσον S et Prooem. : τοσοῦτον vulg. S γρ. : τότε τοσοῦτον A 21 ἓν S vulg. : om. Prooem. : ἐξ A

μόνοις τῆς αὑτῶν σωτηρίας ἔχειν τὰς ἐλπίδας. ἄξιον δ'
ἡσθῆναι τῷ παρόντι καιρῷ· συμβήσεται γὰρ ὑμῖν, ἐὰν ἃ χρὴ
βουλεύσησθ' ὑπὲρ αὐτοῦ, τὰς παρὰ τῶν διαβαλλόντων τὴν
πόλιν ἡμῶν βλασφημίας ἔργῳ μετὰ δόξης καλῆς ἀπολύσα-
3 σθαι. ᾐτιάσαντο μὲν γὰρ ἡμᾶς ἐπιβουλεύειν αὑτοῖς Χῖοι καὶ
Βυζάντιοι καὶ Ῥόδιοι, καὶ διὰ ταῦτα συνέστησαν ἐφ' ἡμᾶς
τὸν τελευταῖον τουτονὶ πόλεμον· φανήσεται δ' ὁ μὲν πρυτα-
νεύσας ταῦτα καὶ πείσας Μαύσωλος, φίλος εἶναι φάσκων
Ῥοδίων, τὴν ἐλευθερίαν αὐτῶν ἀφῃρημένος, οἱ δ' ἀποδείξαντες
ἑαυτοὺς συμμάχους Χῖοι καὶ Βυζάντιοι τοῖς ἀτυχήμασιν αὐ-
4 τῶν οὐ βεβοηθηκότες, ὑμεῖς δ', οὓς ἐφοβοῦντο, μόνοι τῶν
πάντων τῆς σωτηρίας αὐτοῖς αἴτιοι. ἐκ δὲ τοῦ ταῦθ' ὑφ'
ἁπάντων ὀφθῆναι ποιήσετε τοὺς πολλοὺς ἐν ἁπάσαις ταῖς
πόλεσι τοῦτο ποιεῖσθαι σύμβολον τῆς αὑτῶν σωτηρίας, ἐὰν
ὑμῖν ὦσι φίλοι· οὗ μεῖζον οὐδὲν ἂν ὑμῖν γένοιτ' ἀγαθόν, ἢ
παρὰ πάντων ἑκόντων ἀνυπόπτου τυχεῖν εὐνοίας.

5 Θαυμάζω δ' ὅτι τοὺς αὐτοὺς ὁρῶ ὑπὲρ μὲν Αἰγυπτίων
τἀναντία πράττειν βασιλεῖ τὴν πόλιν πείθοντας, ὑπὲρ δὲ τοῦ
Ῥοδίων δήμου φοβουμένους τὸν ἄνδρα τοῦτον. καίτοι τοὺς
μὲν Ἕλληνας ὄντας ἅπαντες ἴσασι, τοὺς δ' ἐν τῇ ἀρχῇ τῇ
[192] 6 'κείνου μεμερισμένους. οἶμαι δ' ὑμῶν μνημονεύειν ἐνίους,
ὅτι ἡνίκ' ἐβουλεύεσθ' ὑπὲρ τῶν βασιλικῶν, παρελθὼν πρῶτος
ἐγὼ παρῄνεσα, οἶμαι δὲ καὶ μόνος ἢ δεύτερος εἰπεῖν, ὅτι μοι
σωφρονεῖν ἂν δοκεῖτε, εἰ τὴν πρόφασιν τῆς παρασκευῆς μὴ
τὴν πρὸς ἐκεῖνον ἔχθραν ποιοῖσθε, ἀλλὰ παρασκευάζοισθε
μὲν πρὸς τοὺς ὑπάρχοντας ἐχθρούς, ἀμύνοισθε δὲ κἀκεῖνον,
ἐὰν ὑμᾶς ἀδικεῖν ἐπιχειρῇ. καὶ οὐκ ἐγὼ μὲν εἶπον ταῦτα, ὑμῖν
δ' οὐκ ἐδόκουν ὀρθῶς λέγειν, ἀλλὰ καὶ ὑμῖν ἤρεσκε ταῦτα.
7 ἀκόλουθος τοίνυν ὁ νῦν λόγος ἐστί μοι τῷ τότε ῥηθέντι.

3 ὑπὲρ vulg.: περὶ SA 10 ἀτυχήμασιν] ἀτυχήσασιν AF
19 αὐτὸν ante ἄνδρα add. vulg.: om. S solus 22 ὑπὲρ SA: περὶ
vulg. 23 ἐγὼ post πρῶτος SBO: ante πρῶτος vulg. καὶ ante
μόνος add. vulg.: om. S 24 δοκεῖτε SO: δοκοῖτε vulg.
25 ποιοῖσθε vulg.: ποιεῖσθε SA 26 ἀμύνοισθε vulg.: ἀμύνεσθε S
27 εἶπον ante ταῦτα S: post ταῦτα vulg.

ἐγὼ γάρ, εἰ βασιλεὺς παρ' αὐτὸν ὄντα με σύμβουλον ποιοῖτο,
ταὔτ' ἂν αὐτῷ παραινέσαιμ' ἅπερ ὑμῖν, ὑπὲρ μὲν τῶν αὑτοῦ
πολεμεῖν, ἐάν τις ἐναντιῶται τῶν Ἑλλήνων, ὧν δὲ μηδὲν
αὐτῷ προσήκει, τούτων μηδ' ἀντιποιεῖσθαι τὴν ἀρχήν. εἰ μὲν 8
οὖν ὅλως ἐγνώκατ', ὦ ἄνδρες Ἀθηναῖοι, ὅσων ἂν βασιλεὺς
ἐγκρατὴς γένηται φθάσας ἢ παρακρουσάμενός τινας τῶν ἐν
ταῖς πόλεσι, παραχωρεῖν, οὐ καλῶς ἐγνώκατε, ὡς ἐγὼ κρίνω·
εἰ δ' ὑπὲρ τῶν δικαίων καὶ πολεμεῖν, ἂν τούτου δέῃ, καὶ
πάσχειν ὁτιοῦν οἴεσθε χρῆναι, πρῶτον μὲν ὑμῖν ἧττον δεήσει
τούτων, ὅσῳ ἂν μᾶλλον ἐγνωκότες ἦτε ταῦτα, ἔπειθ' ἃ
προσήκει φρονεῖν δόξετε.

Ὅτι δ' οὐδὲν καινὸν οὔτ' ἐγὼ λέγω νῦν κελεύων Ῥοδίους 9
ἐλευθεροῦν, οὔθ' ὑμεῖς, ἂν πεισθῆτέ μοι, ποιήσετε, τῶν γεγενη-
μένων ὑμᾶς τι καὶ συνενηνοχότων ὑπομνήσω. ὑμεῖς ἐξε-
πέμψατε Τιμόθεόν ποτ', ὦ ἄνδρες Ἀθηναῖοι, βοηθήσοντ'
Ἀριοβαρζάνῃ, προσγράψαντες τῷ ψηφίσματι 'μὴ λύοντα
τὰς σπονδὰς τὰς πρὸς τὸν βασιλέα.' ἰδὼν δ' ἐκεῖνος τὸν
μὲν Ἀριοβαρζάνην φανερῶς ἀφεστῶτα βασιλέως, Σάμον δὲ [193]
φρουρουμένην ὑπὸ Κυπροθέμιδος, ὃν κατέστησε Τιγράνης
ὁ βασιλέως ὕπαρχος, τῷ μὲν ἀπέγνω μὴ βοηθεῖν, τὴν δὲ
προσκαθεζόμενος καὶ βοηθήσας ἠλευθέρωσε· καὶ μέχρι τῆς 10
τήμερον ἡμέρας οὐ γέγονεν πόλεμος διὰ ταῦθ' ὑμῖν. οὐ γὰρ
ὁμοίως οὐδεὶς ὑπέρ τε τοῦ πλεονεκτεῖν πολεμήσειεν ἂν καὶ
τῶν ἑαυτοῦ, ἀλλ' ὑπὲρ μὲν ὧν ἐλαττοῦνται μέχρι τοῦ δυνατοῦ
πάντες πολεμοῦσιν, ὑπὲρ δὲ τοῦ πλεονεκτεῖν οὐχ οὕτως, ἀλλ'
ἐφίενται μέν, ἐάν τις ἐᾷ, ἐὰν δὲ κωλυθῶσιν, οὐδὲν ἠδικηκέναι
τοὺς ἐναντιωθέντας αὑτοῖς ἡγοῦνται.

Ὅτι δ' οὐδ' ἂν ἐναντιωθῆναί μοι δοκεῖ τῇ πράξει ταύτῃ 11
νῦν Ἀρτεμισία τῆς πόλεως οὔσης ἐπὶ τῶν πραγμάτων, μίκρ'

2 ταὔτ' Baiter: ταῦτ' codd. 6 ἢ SA: καὶ vulg. 8 γε post ὑπὲρ add. vulg.: om. S solus 9 ὁτιοῦν SA: ὁτιοῦν ἂν vulg. 10 ἂν ante μᾶλλον SAFYO: post μᾶλλον vulg. 17 τὸν ante βασιλέα om. vulg.: add. SA, cf. xiv 2 20 μὴ om. A 21 βοηθήσας SAY: πολεμήσας vulg. 24 ὧν ἐλαττοῦνται] ὧν ἂν ἐλαττῶνται Stobaeus Flor. liv 33

ἀκούσαντες σκοπεῖτε εἴτ' ὀρθῶς λογίζομαι ταῦτ' εἴτε μή.
ἐγὼ νομίζω, πράττοντος μὲν ἐν Αἰγύπτῳ πάνθ' ὡς ὥρμηκε
βασιλέως, σφόδρ' ἂν Ἀρτεμισίαν πειραθῆναι περιποιῆσαι
Ῥόδον αὐτῷ, οὐ τῇ βασιλέως εὐνοίᾳ, ἀλλὰ τῷ βούλεσθαι
πλησίον αὐτῆς διατρίβοντος ἐκείνου μεγάλην εὐεργεσίαν
καταθέσθαι πρὸς αὐτόν, ἵν' ὡς οἰκειότατ' αὐτὴν ἀποδέχηται·
12 πράττοντος δ' ὡς λέγεται, καὶ διημαρτηκότος οἷς ἐπεχείρησεν,
ἡγεῖσθαι τὴν νῆσον ταύτην, ὅπερ ἔστιν, ἄλλο μὲν οὐδὲν
ἂν εἶναι βασιλεῖ χρησίμην ἐν τῷ παρόντι, τῆς δ' αὐτῆς
ἀρχῆς ἐπιτείχισμα πρὸς τὸ μηδ' ὁτιοῦν παρακινεῖν. ὥστε μοι
δοκεῖ μᾶλλον ἂν ὑμᾶς ἔχειν μὴ φανερῶς αὐτῆς ἐνδούσης, ἢ
[194] 'κεῖνον λαβεῖν βούλεσθαι. οἶμαι μὲν οὖν οὐδὲ βοηθήσειν
13 αὐτήν, ἂν δ' ἄρα τοῦτο ποιῇ, φαύλως καὶ κακῶς. ἐπεὶ καὶ
βασιλέα γε, ὅ τι μὲν ποιήσει μὰ Δί' οὐκ ἂν εἴποιμ' ἔγωγ'
ὡς οἶδα, ὅτι μέντοι συμφέρει τῇ πόλει δῆλον ἤδη γενέσθαι
πότερ' ἀντιποιήσεται τῆς πόλεως τῆς Ῥοδίων ἢ οὔ, τοῦτ'
ἂν ἰσχυρισαίμην· οὐ γὰρ ὑπὲρ Ῥοδίων βουλευτέον, ὅταν
ἀντιποιῆται, μόνον, ἀλλ' ὑπὲρ ἡμῶν αὐτῶν καὶ τῶν πάντων
Ἑλλήνων.

14 Οὐ μὴν οὐδ' ἂν εἰ δι' αὐτῶν εἶχον τὴν πόλιν οἱ νῦν ὄντες
ἐν αὐτῇ Ῥόδιοι, παρῄνεσ' ἂν ὑμῖν τούτους ἑλέσθαι, οὐδ' εἰ
πάνθ' ὑπισχνοῦνθ' ὑμῖν ποιήσειν. ὁρῶ γὰρ αὐτοὺς τὸ μὲν
πρῶτον, ὅπως καταλύσωσι τὸν δῆμον, προσλαβόντας τινὰς
τῶν πολιτῶν, ἐπειδὴ δὲ τοῦτ' ἔπραξαν, πάλιν ἐκβαλόντας
τούτους· τοὺς οὖν μηδετέροις πιστῶς κεχρημένους οὐδ' ἂν
15 ὑμῖν βεβαίους ἡγοῦμαι γενέσθαι συμμάχους. καὶ ταῦτ'
οὐδεπώποτ' εἶπον ἄν, εἰ τῷ Ῥοδίων δήμῳ μόνον ἡγούμην
συμφέρειν· οὔτε γὰρ προξενῶ τῶν ἀνδρῶν οὔτ' ἰδίᾳ ξένος
αὐτῶν οὐδείς ἐστί μοι. οὐ μὴν οὐδ' εἰ ταῦτ' ἀμφότερ' ἦν,

2 ὡς SABYO: ὅσ' vulg. 7 οἷς] οἷ S 9 ἂν om. vulg.: add. SAY 14 ποτε post μὲν add. vulg.: om. SA 16 ἀντιποιεῖται Blass coll. schol. 17 ὅταν S: ἂν vulg. 18 τῶν ante πάντων S: post πάντων cett. 27 οὐδεπώποτε SA: οὐδέποτε vulg. 28 προξενῶ SAFY: πρόξενος vulg.

εἰ μὴ συμφέρειν ὑμῖν ἡγούμην, εἶπον ἄν, ἐπεὶ Ῥοδίοις γε, εἰ
οἷόν τε τοῦτ' εἰπεῖν τῷ συναγορεύοντι τῇ σωτηρίᾳ αὐτῶν,
συγχαίρω τῶν γεγενημένων. τοῦ κομίσασθαι γὰρ τὰ ὑμέτερ'
ὑμῖν φθονήσαντες τὴν ἑαυτῶν ἐλευθερίαν ἀπολωλέκασι, καὶ
παρὸν αὐτοῖς Ἕλλησι καὶ βελτίοσιν αὐτῶν [ὑμῖν] ἐξ ἴσου
συμμαχεῖν, βαρβάροις καὶ δούλοις, οὓς εἰς τὰς ἀκροπόλεις
παρεῖνται, δουλεύουσιν. ὀλίγου δὲ δέω λέγειν, ἐὰν αὐτοῖς 16
ὑμεῖς ἐθελήσητε βοηθῆσαι, ὡς καὶ συνενήνοχε ταῦτ' αὐτοῖς· [195]
εὖ μὲν γὰρ πράττοντες οὐκ οἶδ' εἴ ποτ' ἂν εὖ φρονῆσαι
ἠθέλησαν, ὄντες Ῥόδιοι, ἔργῳ δὲ πειραθέντες καὶ διδαχθέντες
ὅτι πολλῶν κακῶν ἡ ἄνοι' αἰτία τοῖς πολλοῖς γίγνεται, τάχ'
ἄν, εἰ τύχοιεν, σωφρονέστεροι πρὸς τὸν λοιπὸν τοῦ χρόνου
γένοιντο. τοῦτο δ' οὐ μικρὰν ὠφέλειαν αὐτοῖς ἡγοῦμαι.
φημὶ δὴ χρῆναι πειρᾶσθαι σῴζειν τοὺς ἄνδρας καὶ μὴ
μνησικακεῖν, ἐνθυμουμένους ὅτι πολλὰ καὶ ὑμεῖς ὑπὸ τῶν
ἐπιβουλευσάντων ἐξηπάτησθε, ὧν οὐδενὸς αὐτοὶ δοῦναι δίκην
δίκαιον ἂν εἶναι φήσαιτε.

Ὁρᾶτε δὲ κἀκεῖν', ὦ ἄνδρες Ἀθηναῖοι, ὅτι πολλοὺς ὑμεῖς 17
πολέμους πεπολεμήκατε καὶ πρὸς δημοκρατίας καὶ πρὸς
ὀλιγαρχίας. καὶ τοῦτο μὲν ἴστε καὶ αὐτοί· ἀλλ' ὑπὲρ ὧν
πρὸς ἑκατέρους ἔσθ' ὑμῖν ὁ πόλεμος, τοῦτ' ἴσως ὑμῶν οὐδεὶς
λογίζεται. ὑπὲρ τίνων οὖν ἐστίν; πρὸς μὲν τοὺς δήμους ἢ
περὶ τῶν ἰδίων ἐγκλημάτων, οὐ δυνηθέντων δημοσίᾳ διαλύ-
σασθαι ταῦτα, ἢ περὶ γῆς μέρους ἢ ὅρων ἢ φιλονικίας ἢ τῆς
ἡγεμονίας· πρὸς δὲ τὰς ὀλιγαρχίας ὑπὲρ μὲν τούτων οὐδενός,
ὑπὲρ δὲ τῆς πολιτείας καὶ τῆς ἐλευθερίας· ὥστ' ἔγωγ' οὐκ 18
ἂν ὀκνήσαιμ' εἰπεῖν μᾶλλον ἡγεῖσθαι συμφέρειν δημοκρατου-

2 αὐτῶν post σωτηρίᾳ codd.: ante συναγορεύοντι Tournier 5 ὑμῖν post αὐτῶν S A: ante αὐτῶν vulg.: secl. Tournier 7 δὲ om. S 9 εἴ ποτ' ἂν S A Y: εἴ ποτ' vulg.: ἂν εἴ ποτ' Herwerden 12 τὸν S A F[1]: τὸ vulg. 13 μικρὰν ὠφέλειαν αὐτοῖς S A: μικρὸν αὐτοῖς ὠφέλημα vulg. 17 δίκαιον S vulg.: δίκαιοι Vind. 1 solus 19 πολέμους ante πεπολεμήκατε S solus: post πεπολεμήκατε vulg. 24 φιλονικίας Blass: φιλονεικίας S A: φιλοτιμίας vulg.

μένους τοὺς Ἕλληνας ἅπαντας πολεμεῖν ὑμῖν ἢ ὀλιγαρχου-
μένους φίλους εἶναι. πρὸς μὲν γὰρ ἐλευθέρους ὄντας οὐ
χαλεπῶς ἂν εἰρήνην ὑμᾶς ποιήσασθαι νομίζω, ὁπότε βουλη-
θείητε, πρὸς δ' ὀλιγαρχουμένους οὐδὲ τὴν φιλίαν ἀσφαλῆ
νομίζω· οὐ γὰρ ἔσθ' ὅπως ὀλίγοι πολλοῖς καὶ ζητοῦντες
ἄρχειν τοῖς μετ' ἰσηγορίας ζῆν ᾑρημένοις εὖνοι γένοιντ' ἄν.
[196] 19 Θαυμάζω δ' εἰ μηδεὶς ὑμῶν ἡγεῖται Χίων ὀλιγαρχουμένων
καὶ Μυτιληναίων, καὶ νυνὶ Ῥοδίων καὶ πάντων ἀνθρώπων
ὀλίγου δέω λέγειν εἰς ταύτην τὴν δουλείαν ὑπαγομένων,
συγκινδυνεύειν τι τὴν παρ' ἡμῖν πολιτείαν, μηδὲ λογίζεται
τοῦθ' ὅτι οὐκ ἔστιν ὅπως, εἰ δι' ὀλιγαρχίας ἅπαντα συστή-
σεται, τὸν παρ' ὑμῖν δῆμον ἐάσουσιν. ἴσασι γὰρ οὐδένας
ἄλλους πάλιν εἰς ἐλευθερίαν ⟨ἂν⟩ τὰ πράγματ' ἐξάγοντας·
ὅθεν δὴ κακὸν αὑτοῖς ἄν τι γενέσθαι προσδοκῶσι, τοῦτ'
20 ἀνελεῖν βουλήσονται. τοὺς μὲν οὖν ἄλλους τοὺς ἀδικοῦντάς
τινας αὐτῶν τῶν κακῶς πεπονθότων ἐχθροὺς ἡγεῖσθαι χρή·
τοὺς δὲ τὰς πολιτείας καταλύοντας καὶ μεθιστάντας εἰς ὀλι-
γαρχίαν κοινοὺς ἐχθροὺς παραινῶ νομίζειν ἁπάντων τῶν
21 ἐλευθερίας ἐπιθυμούντων. ἔπειτα καὶ δίκαιον, ὦ ἄνδρες
Ἀθηναῖοι, δημοκρατουμένους αὐτοὺς τοιαῦτα φρονοῦντας
φαίνεσθαι περὶ τῶν ἀτυχούντων δήμων, οἷάπερ ἂν τοὺς
ἄλλους ἀξιώσαιτε φρονεῖν περὶ ὑμῶν, εἴ ποθ', ὃ μὴ γένοιτο,
τοιοῦτό τι συμβαίη. καὶ γὰρ εἰ δίκαιά τις φήσει Ῥοδίους
πεπονθέναι, οὐκ ἐπιτήδειος ὁ καιρὸς ἐφησθῆναι· δεῖ γὰρ τοὺς
εὐτυχοῦντας περὶ τῶν ἀτυχούντων ἀεὶ φαίνεσθαι τὰ βέλ-
τιστα βουλευομένους, ἐπειδήπερ ἄδηλον τὸ μέλλον ἅπασιν
ἀνθρώποις.

4 τοὺς post δὲ add. vulg. : om. S A 5 πολλοῖς] τοῖς πολλοῖς G. H. Schaefer 13 ἂν addidi (vel, si mavis, post οὐδένας) ἐξάγοντας S : ἐξαγαγόντας A : ἐπαξόντας Y : ἂν ἐπανάξοντας vulg. : ἐπανάξοντας Bekker 14 τοῦτ' S A : τούτους vulg. 15 ἄλλους τοὺς vulg. : ἄλλους S : ἄλλως Blass 16 χρή om. S[1] 21 ἂν om. vulg. : add. S A 22 ἀξιώσαιτε] ἀξιώσετε codd. 23 τοιοῦτο del. Dobree, cf. Prooem. xxii 2 23–24 εἰ . . . οὐκ ἐπιτήδειος S vulg.: οὐδ' εἰ . . . ἐπιτήδειος A 23 φήσει S : φήσειε O : ἂν φήσειε vulg. 26 βουλευομένους S vulg. : βουλομένους A Y corr., cf. § 22

Ἀκούω δ' ἐγὼ πολλάκις ἐνταυθὶ παρ' ὑμῖν τινῶν λεγόντων 22
ὡς, ὅτ' ἠτύχησεν ὁ δῆμος ἡμῶν, συνεβουλήθησάν τινες αὐτὸν
σωθῆναι· ὧν ἐγὼ μόνων Ἀργείων ἐν τῷ παρόντι μνησθή-
σομαι βραχύ τι. οὐ γὰρ ἂν ὑμᾶς βουλοίμην, δόξαν ἔχοντας
τοῦ σῴζειν τοὺς ἀτυχοῦντας ἀεί, χείρους Ἀργείων ἐν ταύτῃ [197]
τῇ πράξει φανῆναι, οἳ χώραν ὅμορον τῇ Λακεδαιμονίων
οἰκοῦντες, ὁρῶντες ἐκείνους γῆς καὶ θαλάττης ἄρχοντας, οὐκ
ἀπώκνησαν οὐδ' ἐφοβήθησαν εὐνοϊκῶς ὑμῖν ἔχοντες φανῆναι,
ἀλλὰ καὶ πρέσβεις ἐλθόντας ἐκ Λακεδαίμονος, ὥς φασιν,
ἐξαιτήσοντάς τινας τῶν φυγάδων τῶν ὑμετέρων ἐψηφίσαντο,
ἐὰν μὴ πρὸ ἡλίου δύντος ἀπαλλάττωνται, πολεμίους κρίνειν.
εἶτ' οὐκ αἰσχρόν, ὦ ἄνδρες Ἀθηναῖοι, εἰ τὸ μὲν Ἀργείων 23
πλῆθος οὐκ ἐφοβήθη τὴν Λακεδαιμονίων ἀρχὴν ἐν ἐκείνοις
τοῖς καιροῖς οὐδὲ τὴν ῥώμην, ὑμεῖς δ' ὄντες Ἀθηναῖοι βάρ-
βαρον ἄνθρωπον, καὶ ταῦτα γυναῖκα, φοβήσεσθε; καὶ μὴν οἱ
μὲν ἔχοιεν ἂν εἰπεῖν ὅτι πολλάκις ἥττηνται [ὑπὸ] Λακεδαι-
μονίων, ὑμεῖς δὲ νενικήκατε μὲν πολλάκις βασιλέα, ἥττησθε
δ' οὐδ' ἅπαξ οὔτε τῶν δούλων τῶν βασιλέως οὔτ' αὐτοῦ
'κείνου· εἰ γάρ τί που κεκράτηκε τῆς πόλεως βασιλεύς, ἢ
τοὺς πονηροτάτους τῶν Ἑλλήνων καὶ προδότας αὐτῶν χρή-
μασι πείσας ἢ οὐδαμῶς ἄλλως κεκράτηκεν. καὶ οὐδὲ τοῦτ' 24
αὐτῷ συνενήνοχεν, ἀλλ' ἅμ' εὑρήσετ' αὐτὸν τήν τε πόλιν
διὰ Λακεδαιμονίων ἀσθενῆ ποιήσαντα καὶ περὶ τῆς αὑτοῦ
βασιλείας κινδυνεύσαντα πρὸς Κλέαρχον καὶ Κῦρον. οὔτ'
οὖν ἐκ φανεροῦ κεκράτηκεν οὔτ' ἐπιβουλεῦσαι συνενήνοχεν
αὐτῷ. ὁρῶ δ' ὑμῶν ἐνίους Φιλίππου μὲν ὡς ἄρ' οὐδενὸς
ἀξίου πολλάκις ὀλιγωροῦντας, βασιλέα δ' ὡς ἰσχυρὸν ἐχθρὸν
οἷς ἂν προέληται φοβουμένους. εἰ δὲ τὸν μὲν ὡς φαῦλον

2 ὁ δῆμος S A : ἡ πόλις vulg. συνεβουλήθησάν Dobree : συνεβουλεύθησάν S vulg. αὐτὸν S A : αὐτὴν vulg. 5 ἀτυχοῦντας S A : ἀτυχήσαντας vulg. 7 ἄρχοντας S vulg. : κρατοῦντας A 11 δύντος S : δύνοντος vulg. κρινεῖν Cobet 16 ὑπὸ secl. Benseler 18 οὔτε τῶν vulg. et Bekk. Anecd. : ὑπὸ τῶν S : οὔθ' ὑπὸ τῶν A Y post δούλων add. τῶν A Y : τοῦ S vulg. οὔτ' S vulg. et Bekk. Anecd. : οὔθ' ὑπ' A Y 22 ἀλλ' ἅμα A Y : ἀλλὰ μὴν S vulg.

[198] οὐκ ἀμυνούμεθα, τῷ δ' ὡς φοβερῷ πάνθ' ὑπείξομεν, πρὸς
τίνας, ὦ ἄνδρες Ἀθηναῖοι, παραταξόμεθα;

25 Εἰσὶ δέ τινες, ὦ ἄνδρες Ἀθηναῖοι, παρ' ὑμῖν δεινότατοι
τὰ δίκαια λέγειν ὑπὲρ τῶν ἄλλων πρὸς ὑμᾶς, οἷς παραινέ-
σαιμ' ἂν ἔγωγε τοσοῦτον μόνον, ὑπὲρ ὑμῶν πρὸς τοὺς ἄλλους
ζητεῖν τὰ δίκαια λέγειν, ἵν' αὐτοὶ τὰ προσήκοντα πρῶτοι
φαίνωνται ποιοῦντες· ὡς ἔστ' ἄτοπον περὶ τῶν δικαίων ὑμᾶς
διδάσκειν αὐτὸν οὐ δίκαια ποιοῦντα· οὐ γάρ ἐστι δίκαιον
ὄντα πολίτην τοὺς καθ' ὑμῶν λόγους, ἀλλὰ μὴ τοὺς ὑπὲρ
26 ὑμῶν ἐσκέφθαι. φέρε γὰρ πρὸς θεῶν σκοπεῖτε, τί δήποτ' ἐν
Βυζαντίῳ οὐδείς ἐσθ' ὁ διδάξων ἐκείνους μὴ καταλαμβάνειν
Χαλκηδόνα, ἣ βασιλέως μέν ἐστιν, εἴχετε δ' αὐτὴν ὑμεῖς,
ἐκείνοις δ' οὐδαμόθεν προσῆκεν· μηδὲ Σηλυμβρίαν, πόλιν
ὑμετέραν ποτὲ σύμμαχον οὖσαν, ὡς αὐτοὺς συντελῆ ποιεῖν
καὶ Βυζαντίων ὁρίζειν τὴν τούτων χώραν παρὰ τοὺς ὅρκους
καὶ τὰς συνθήκας, ἐν αἷς αὐτονόμους τὰς πόλεις εἶναι
27 γέγραπται; οὐδὲ Μαύσωλον ζῶντα, οὐδὲ τελευτήσαντος
ἐκείνου τὴν Ἀρτεμισίαν οὐδείς ἐσθ' ὁ διδάξων μὴ κατα-
λαμβάνειν Κῶν καὶ Ῥόδον καὶ ἄλλας ἑτέρας πόλεις Ἑλλη-
νίδας, ὧν βασιλεὺς ὁ 'κείνων δεσπότης ἐν ταῖς συνθήκαις
ἀπέστη τοῖς Ἕλλησι, καὶ περὶ ὧν πολλοὺς κινδύνους καὶ
καλοὺς ἀγῶνας οἱ κατ' ἐκείνους τοὺς χρόνους Ἕλληνες
ἐποιήσαντο. εἰ δ' ἄρα καὶ λέγει τις ἀμφοτέροις αὐτοῖς,
28 ἀλλ' οἵ γε πεισόμενοι τούτοις, ὡς ἔοικεν, οὐκ εἰσίν. ἐγὼ
δὲ δίκαιον μὲν εἶναι νομίζω κατάγειν τὸν Ῥοδίων δῆμον· οὐ
μὴν ἀλλὰ καὶ εἰ μὴ δίκαιον ἦν, ὅταν εἰς ἃ ποιοῦσιν οὗτοι
[199] βλέψω, προσήκειν οἶμαι παραινεῖν κατάγειν. διὰ τί; ὅτι
πάντων μέν, ὦ ἄνδρες Ἀθηναῖοι, τὰ δίκαια ποιεῖν ὡρμηκότων,

3 δέ S A F Y : δή O marg. 11 διδάξων S A : διδάσκων vulg. 13 προσῆκεν S : προσήκει cett. 15 Βυζαντίων Dobree : Βυζάντιον A $F^{1}$ B Y : Βυζαντίους S 16 τὰς πόλεις om. vulg. : add. S A 17 Μαύσωλον ζῶντα S A : Μαυσώλου ζῶντος vulg. 19 ἄλλας] πολλὰς Richards ἑτέρας ante πόλεις S A : post πόλεις vulg. : secl. Cobet 21 κινδύνους secl. Cobet 23 ἀμφοτέροις αὐτοῖς secl. Weil 27 παραινεῖν S A : παραινέσαι vulg.

αἰσχρὸν ἡμᾶς μόνους μὴ 'θέλειν, ἁπάντων δὲ τῶν ἄλλων
ὅπως ἀδικεῖν δυνήσονται παρασκευαζομένων μόνους ἡμᾶς τὰ
δίκαια προτείνεσθαι, μηδενὸς ἀντιλαμβανομένους, οὐ δικαιο-
σύνην ἀλλ' ἀνανδρίαν ἡγοῦμαι· ὁρῶ γὰρ ἅπαντας πρὸς τὴν
παροῦσαν δύναμιν τῶν δικαίων ἀξιουμένους. καὶ παράδειγμα 29
λέγειν ἔχω τούτου πᾶσιν ὑμῖν γνώριμον. εἰσὶ συνθῆκαι
τοῖς Ἕλλησι [διτταὶ] πρὸς βασιλέα, ἃς ἐποιήσαθ' ἡ πόλις ἡ
ἡμετέρα, ἃς ἅπαντες ἐγκωμιάζουσι, καὶ μετὰ ταῦθ' ὕστερον
Λακεδαιμόνιοι ταύτας ὧν δὴ κατηγοροῦσι· κἂν ταύταις οὐχὶ
ταὐτὰ δίκαι' ἀμφοτέραις ὥρισται. τῶν μὲν γὰρ ἰδίων δικαίων
τῶν ἐν ταῖς πολιτείαις οἱ νόμοι κοινὴν τὴν μετουσίαν ἔδοσαν
καὶ ἴσην καὶ τοῖς ἀσθενέσιν καὶ τοῖς ἰσχυροῖς· τῶν δ'
Ἑλληνικῶν δικαίων οἱ κρατοῦντες ὁρισταὶ τοῖς ἥττοσι
γίγνονται.

Ἐπειδὴ τοίνυν ὑμῖν ἐγνωκέναι τὰ δίκαια [ποιεῖν] ὑπάρχει, 30
ὅπως καὶ πρᾶξαι ταῦτ' ἐφ' ὑμῖν ἔσται δεῖ σκοπεῖν. ἔστι δὲ
ταῦτ', ἐὰν ὑποληφθῆτε κοινοὶ προστάται τῆς πάντων ἐλευ-
θερίας εἶναι. εἰκότως δέ μοι δοκεῖ χαλεπώτατον ὑμῖν εἶναι
πρᾶξαι τὰ δέοντα. τοῖς μὲν γὰρ ἄλλοις ἅπασιν ἀνθρώποις
εἷς ἀγών ἐστιν ὁ πρὸς τοὺς προδήλους ἐχθρούς, ὧν ἂν κρατή-
σωσιν, οὐδὲν ἐμποδὼν αὐτοῖς κυρίοις τῶν ἀγαθῶν εἶναι·
ὑμῖν δ', ὦ ἄνδρες Ἀθηναῖοι, δύο, οὗτός θ' ὁ καὶ τοῖς ἄλλοις 31
καὶ πρόσεσθ' ἕτερος τούτου πρότερος καὶ μείζων· δεῖ γὰρ
ὑμᾶς βουλευομένους κρατῆσαι τῶν τἀναντία τῇ πόλει παρ'
ὑμῖν πράττειν προῃρημένων. ὅταν οὖν μηδὲν ᾖ διὰ τούτους [200]
ἀκονιτεὶ τῶν δεόντων γενέσθαι, πολλῶν διαμαρτάνειν ὑμᾶς
εἰκότως συμβαίνει. τοῦ μέντοι πολλοὺς ἀδεῶς ταύτην τὴν 32
τάξιν αἱρεῖσθαι τῆς πολιτείας, ἴσως μὲν αἱ παρὰ τῶν μισθοδο-

5 καὶ ante τῶν add. vulg. : om. S[1] A 6 τούτου post ἔχω S A : ante λέγειν vulg. 7 διτταὶ post Ἕλλησι S F B Y : post βασιλέα A : ante τοῖς vulg. : secl. Blass 10 ἀμφοτέραις S A : ἀμφοτέροις F Y O : ἀμφοτέρως vulg. 15 ποιεῖν S A : secl. Wolf : καὶ ποιεῖν vulg. 16 ἔσται vulg. : ἔστι S solus 23 πρόσεσθ' S A F Y : προσέθ' al. 26 ἀκονιτεὶ Blass (cf. Meisterhans Att. Inschr. p. 147) : ἀκονητὶ S : ἀκονιτὶ vulg. 28 μισθοδοτούντων S A : μισθοδοτων vulg.

τούντων αὐτοὺς ὠφέλειαι μάλιστ' αἴτιαι, οὐ μὴν ἀλλὰ καὶ ὑμᾶς ἄν τις ἔχοι δικαίως αἰτιᾶσθαι. ἐχρῆν γάρ, ὦ ἄνδρες Ἀθηναῖοι, τὴν αὐτὴν ἔχειν διάνοιαν ὑμᾶς περὶ τῆς ἐν τῇ πολιτείᾳ τάξεως ἥνπερ περὶ τῆς ἐν ταῖς στρατείαις ἔχετε. τίς οὖν ἐστιν αὕτη; ὑμεῖς τὸν λιπόντα τὴν ὑπὸ τοῦ στρατηγοῦ τάξιν ταχθεῖσαν, ἄτιμον οἴεσθε προσήκειν εἶναι καὶ

33 μηδενὸς τῶν κοινῶν μετέχειν. χρῆν τοίνυν καὶ τοὺς τὴν ὑπὸ τῶν προγόνων τάξιν ἐν τῇ πολιτείᾳ παραδεδομένην λιπόντας καὶ πολιτευομένους ὀλιγαρχικῶς ἀτίμους τοῦ συμβουλεύειν ὑμῖν αὐτοῖς ποιεῖσθαι· νῦν δὲ τῶν μὲν συμμάχων τοὺς τὸν αὐτὸν ἐχθρὸν καὶ φίλον κρινεῖν ὀμωμοκότας νομίζετ' εὐνουστάτους, τῶν δὲ πολιτευομένων οὓς ἴστε σαφῶς τοὺς τῆς πόλεως ἐχθροὺς ᾑρημένους, τούτους πιστοτάτους ἡγεῖσθε.

34 Ἀλλὰ γὰρ οὐχ ὅ τι τις κατηγορήσει τούτων ἢ τοῖς ἄλλοις ὑμῖν ἐπιπλήξει χαλεπὸν εὑρεῖν, ἀλλ' ἀφ' ὁποίων λόγων ἢ πράξεως ποίας ἐπανορθώσεταί τις ἃ νῦν οὐκ ὀρθῶς ἔχει, τοῦτ' ἔργον εὑρεῖν. ἴσως μὲν οὖν οὐδὲ τοῦ παρόντος καιροῦ περὶ πάντων λέγειν· ἀλλ' ἐὰν ἃ προῄρησθε δυνηθῆτ' ἐπικυρῶσαι συμφερούσῃ τινὶ πράξει, καὶ τἄλλ' ἂν ἴσως καθ' ἓν

35 ἀεὶ βέλτιον σχοίη. ἐγὼ μὲν οὖν οἶμαι δεῖν ὑμᾶς ἀντιλαμ-

[201] βάνεσθαι τῶν πραγμάτων τούτων ἐρρωμένως, καὶ πράττειν ἄξια τῆς πόλεως, ἐνθυμουμένους ὅτι χαίρετ' ἀκούοντες, ὅταν τις ἐπαινῇ τοὺς προγόνους ὑμῶν καὶ τὰ πεπραγμέν' ἐκείνοις διεξίῃ καὶ τὰ τρόπαια λέγῃ. νομίζετε τοίνυν ταῦτ' ἀναθεῖναι τοὺς προγόνους ὑμῶν οὐχ ἵνα θαυμάζητ' αὐτὰ θεωροῦντες, ἀλλ' ἵνα καὶ μιμῆσθε τὰς τῶν ἀναθέντων ἀρετάς.

5 λιπόντα Dindorf: λειπόντα S: λείποντα vulg. 7 χρῆν Weil: ἐχρῆν Cobet: χρὴ codd. 9 λιπόντας vulg.: λειποντας (sine accentu) S: λείποντας FA 11 κρινεῖν Blass sec. Aristid. i 662, 829: ὑμῖν codd.: ὑμῖν νομιεῖν Cobet, coll. Xen. Anab. ii 5, 39, &c. νομίζετε codd.: νομίζειν Voemel 16 πράξεως ante ποίας S: post ποίας cett. 18 δυνηθῆτε S: δύνησθε vulg. 20 ἀεὶ SAY corr.: ἂν vulg. σχοίη vulg.: ἔχοι S solus 25 μόνον post θεωροῦντες add. vulg. S[1] marg.: om. S solus et xiii 26

In S subscriptum

ΥΠΕΡ ΤΗΣ ΡΟΔΙΩΝ ΕΛΕΥΘΕΡΙΑΣ

Η Η Η Δ Δ Δ Δ Π Ι Ι

Δῶ (i. e. διώρθωται)

# XVI

# ΥΠΕΡ ΜΕΓΑΛΟΠΟΛΙΤΩΝ

## ΥΠΟΘΕΣΙΣ.

Ὅτε Λακεδαιμόνιοι νικηθέντες ὑπὸ Θηβαίων ἐν Λεύκτροις τῆς Βοιωτίας εἰς κίνδυνον μέγαν κατέστησαν, ἀποστάντων Ἀρκάδων καὶ προσθεμένων τοῖς Θηβαίοις, Ἀθηναῖοι σύμμαχοι Λακεδαιμονίοις γενόμενοι διέσωσαν αὐτούς· ὕστερον δὲ Λακεδαιμόνιοι τῶν κινδύνων ἀπαλλαγέντες καὶ προϊόντες πάλιν εἰς δύναμιν ἐπὶ Μεγάλην πόλιν τῆς Ἀρκαδίας ἤρχοντο, καὶ τοὺς Ἀθηναίους παρεκάλουν διὰ πρεσβείας κοινωνεῖν αὐτοῖς τοῦ πολέμου. πεπόμφασι δὲ καὶ οἱ Μεγαλοπολῖται πρέσβεις Ἀθήναζε παρακαλοῦντες ὑπὲρ ἑαυτῶν. ὁ τοίνυν Δημοσθένης συμβουλεύει μὴ περιορᾶν ἀναιρεθεῖσαν Μεγάλην πόλιν μηδ᾽ εἰς ἰσχὺν προελθόντας Λακεδαιμονίους, συμφέρειν λέγων τοῖς Ἀθηναίοις τὸ μὴ φοβερὰν εἶναι τὴν Λακεδαίμονα.

Ἀμφότεροί μοι δοκοῦσιν ἁμαρτάνειν, ὦ ἄνδρες Ἀθη- [202]
ναῖοι, καὶ οἱ τοῖς Ἀρκάσι καὶ οἱ τοῖς Λακεδαιμονίοις συνειρηκότες· ὥσπερ γὰρ ἀφ᾽ ἑκατέρων ἥκοντες, οὐχ ὑμῶν ὄντες [πολῖται], πρὸς οὓς ἀμφότεροι πρεσβεύουσι, κατηγοροῦσι καὶ διαβάλλουσιν ἀλλήλους. ἦν δὲ τοῦτο μὲν τῶν ἀφιγμένων ἔργον, τὸ δὲ κοινῶς ὑπὲρ τῶν πραγμάτων λέγειν καὶ τὰ βέλτισθ᾽ ὑπὲρ ὑμῶν σκοπεῖν ἄνευ φιλονικίας τῶν ἐνθάδε συμβουλεύειν ἀξιούντων. νῦν δ᾽ ἔγωγε, εἴ τις αὐτῶν ἀφέλοι 2
τὸ γιγνώσκεσθαι καὶ τὸ τῇ φωνῇ λέγειν Ἀττικιστί, πολλοὺς ἂν οἶμαι τοὺς μὲν Ἀρκάδας, τοὺς δὲ Λάκωνας αὐτῶν εἶναι νομίσαι. ἐγὼ δ᾽ ὁρῶ μὲν ὡς χαλεπὸν τὰ βέλτιστα λέγειν

10 ἀναιρεθεῖσαν Wolf: αἱρεθεῖσαν codd. §§ 1–3 = Prooem. viii 16 πολῖται om. Prooem. viii: secl. Cobet πρεσβεύουσι S (cf. viii 37): πρεσβεύονται cett. et Prooem. 21 Ἀττικιστί Cobet cum Prooem.: Ἀττικῶς codd. 23 ὁρῶ codd.: οἶδα Cobet cum Prooem.

*ἐστί· συνεξηπατημένων γὰρ ὑμῶν, καὶ τῶν μὲν ταυτί, τῶν
δὲ ταυτὶ βουλομένων, ἂν τὰ μεταξύ τις ἐγχειρῇ λέγειν κᾀθ'
ὑμεῖς μὴ περιμένητε μαθεῖν, χαριεῖται μὲν οὐδετέροις, δια-
3 βεβλήσεται δὲ πρὸς ἀμφοτέρους· οὐ μὴν ἀλλ' αἱρήσομαι
μᾶλλον αὐτός, ἂν ἄρα τοῦτο πάθω, δοκεῖν φλυαρεῖν, ἢ παρ'
ἃ βέλτιστα νομίζω τῇ πόλει, προέσθαι τισὶν ὑμᾶς ἐξαπατῆ-
σαι. τὰ μὲν οὖν ἄλλ' ὕστερον, ἂν ὑμῖν βουλομένοις ᾖ,
λέξω· ἀπὸ δὲ τῶν ὁμολογουμένων ὑφ' ἁπάντων ἄρξομαι, ἃ
κράτιστα νομίζω διδάσκειν.*

4 *Οὐκοῦν οὐδ' ἂν εἷς ἀντείποι ὡς οὐ συμφέρει τῇ πόλει
[203] καὶ Λακεδαιμονίους ἀσθενεῖς εἶναι καὶ Θηβαίους τουτουσί.
ἔστι τοίνυν ἔν τινι τοιούτῳ καιρῷ τὰ πράγματα νῦν, εἴ τι
δεῖ τοῖς εἰρημένοις πολλάκις παρ' ὑμῖν λόγοις τεκμήρασθαι,
ὥστε Θηβαίους μὲν Ὀρχομενοῦ καὶ Θεσπιῶν καὶ Πλαταιῶν
οἰκισθεισῶν ἀσθενεῖς γενέσθαι, Λακεδαιμονίους δ', εἰ ποι-
ήσονται τὴν Ἀρκαδίαν ὑφ' ἑαυτοῖς καὶ Μεγάλην πόλιν
5 ἀναιρήσουσι, πάλιν ἰσχυροὺς γενήσεσθαι. σκεπτέον τοίνυν
μὴ πρότερον τούσδε γενέσθαι φοβεροὺς καὶ μεγάλους ἐάσω-
μεν ἢ 'κεῖνοι μικροὶ γεγενήσονται, καὶ λάθωσιν ἡμᾶς πλείονι
μείζους οἱ Λακεδαιμόνιοι γενόμενοι ἢ ὅσῳ τοὺς Θηβαίους
ἐλάττους συμφέρει γενέσθαι. οὐ γὰρ ἐκεῖνό γ' ἂν εἴποιμεν,
ὡς ἀνταλλάξασθαι βουλοίμεθ' ⟨ἂν⟩ ἀντιπάλους Λακεδαι-
μονίους ἀντὶ Θηβαίων, οὐδὲ τοῦτ' ἔσθ' ὃ σπουδάζομεν, ἀλλ'
ὅπως μηδέτεροι δυνήσονται μηδὲν ἡμᾶς ἀδικεῖν· οὕτω γὰρ
ἂν ἡμεῖς μετὰ πλείστης ἀδείας εἴημεν.*

1 *συνεξηπατημένων* S vulg. et Prooem. : *ἐξηπατημένων* A, Aristid. Rh. Gr. ix 379 W 2 *κᾀτα* Bekker in Prooem. (ibi *κατα* S) : *κὰθ'* A[1] : *καθὰ* Aristid. l. c. : *καὶ* vulg. 3 *περιμένητε* S A : *περιμείνητε* vulg. 5 *ἢ παρ'* S Y : *ἤπερ* vulg. 8 *λέξω* vulg. et Prooem. : *δείξω* S *ἀπὸ δὲ τῶν* codd. : *ἀπὸ τῶν δὲ* Flagg : *ἐκ δὲ τῶν* Cobet cum Prooem. 14 *Θεσπιῶν καὶ Πλαταιῶν* S (sine accentu) A Y : *Θεσπιέων καὶ Πλαταιέων* vulg. 15 ⟨*ἂν*⟩ *γενέσθαι* Blass : *γενέσθαι* del. Madvig 17 *ἀναιρήσουσι* S A : *αἱρήσουσι* vulg. *γενήσεσθαι* del. Dobree 19 *γεγενήσονται* Weil : *τε γενήσονται* S : *γενήσονται* vulg. 22 *βουλοίμεθ'* ⟨*ἂν*⟩ scripsi : *βουλοίμεθα* codd. : *βουλόμεθα* Madvig

Ἀλλὰ νὴ Δία ταῦτα μὲν οὕτως δεῖν ἔχειν φήσομεν, 6
δεινὸν δ' εἰ, πρὸς οὓς παρεταττόμεθ' ἐν Μαντινείᾳ, τούτους
συμμάχους αἱρησόμεθα, εἶτα βοηθήσομεν τούτοις ἐναντί'
ἐκείνοις μεθ' ὧν τότ' ἐκινδυνεύομεν. κἀμοὶ ταῦτα δοκεῖ,
προσδεῖσθαι δ' ἔτι τοῦ 'τὰ δίκαια ποιεῖν ἐθελόντων τῶν ἑτέ-
ρων.' εἰ μὲν τοίνυν ἐθελήσουσιν εἰρήνην ἅπαντες ἄγειν, οὐ 7
βοηθήσομεν τοῖς Μεγαλοπολίταις· οὐδὲν γὰρ δεήσει· ὥστ'
οὐδ' ὁτιοῦν ὑπεναντίον ἡμῖν ἔσται πρὸς τοὺς συμπαραταξα-
μένους, σύμμαχοι δ' ἡμῖν οἱ μὲν ὑπάρχουσιν, ὥς φασιν, οἱ
δὲ προσγενήσονται νυνί. καὶ τί ἂν ἄλλο βουλοίμεθα; ἐὰν 8
δ' ἀδικῶσι καὶ πολεμεῖν οἴωνται δεῖν, εἰ μὲν ὑπὲρ τούτου
μόνον βουλευτέον, εἰ χρὴ Μεγάλην πόλιν ἡμᾶς προέσθαι
Λακεδαιμονίοις ἢ μή, δίκαιον μὲν οὔ, συγχωρῶ δ' ἔγωγ' [204]
ἐᾶσαι καὶ μηδὲν ἐναντιωθῆναι τοῖς γε τῶν αὐτῶν μετασχοῦσι
κινδύνων· εἰ δ' ἅπαντες ἐπίστασθ' ὅτι, ταύτην ἂν ἕλωσιν,
ἴασ' ἐπὶ Μεσσήνην, φρασάτω τις ἐμοὶ τῶν νῦν χαλεπῶν
τοῖς Μεγαλοπολίταις, τί τόθ' ἡμῖν συμβουλεύσει ποιεῖν.
ἀλλ' οὐδεὶς ἐρεῖ. καὶ μὴν πάντες ἐπίστασθ' ὡς, καὶ παραι- 9
νούντων τούτων καὶ μή, βοηθητέον, καὶ διὰ τοὺς ὅρκους οὓς
ὀμωμόκαμεν Μεσσηνίοις, καὶ διὰ τὸ συμφέρον εἶναι κατοι-
κεῖσθαι ταύτην τὴν πόλιν. σκοπεῖσθε δὴ πρὸς ὑμᾶς αὐτοὺς
ποτέραν τὴν ἀρχὴν καλλίονα καὶ φιλανθρωποτέραν ποιή-
σεσθε τοῦ μὴ 'πιτρέπειν ἀδικεῖν Λακεδαιμονίοις, τὴν ὑπὲρ
Μεγάλης πόλεως ἢ τὴν ὑπὲρ Μεσσήνης. νῦν μέν γε βοηθεῖν 10
δόξετ' Ἀρκάσι, καὶ τὴν εἰρήνην σπουδάζειν εἶναι βεβαίαν,
ὑπὲρ ἧς ἐκινδυνεύσατε καὶ παρετάξασθε· τότε δ' εὔδηλοι
πᾶσιν ἔσεσθε οὐ τοῦ δικαίου μᾶλλον εἵνεκα Μεσσήνην εἶναι
βουλόμενοι ἢ τοῦ πρὸς Λακεδαιμονίους φόβου. δεῖ δὲ

1 οὕτως S et schol.: οὕτω vulg. δεῖν om. schol. p. 248, 15: secl. Blass 4 ἐκείνοις] ἐκείνων A 8 συμπαραταξαμένους A F[1] Y O: ἀντιπαραταξαμένους S: ἀντιταξαμένους al. 9 ἡμῖν om. tres codd. (cf. Aristid.): secl. Dobree 12 μόνον] μόνου A 14 γε S: τότε cett. 23 post ἐπιτρέπειν add. ὑμᾶς S F: ἡμᾶς vulg.: om. A Y O 26 ἐκινδυνεύσατε secl. Dobree

σκοπεῖν μὲν καὶ πράττειν ἀεὶ τὰ δίκαια, συμπαρατηρεῖν δ'
ὅπως ἅμα καὶ συμφέροντ' ἔσται ταῦτα.
11 Ἔστι τοίνυν τοιοῦτός τις λόγος παρὰ τῶν ἀντιλεγόντων,
ὡς κομίσασθαι τὸν Ὠρωπὸν ἡμᾶς ἐγχειρεῖν δεῖ, εἰ δὲ τοὺς
βοηθήσαντας ἂν ἡμῖν νῦν ἐπ' αὐτὸν ἐχθροὺς κτησόμεθα, οὐχ
ἕξομεν συμμάχους. ἐγὼ δὲ τὸ μὲν κομίσασθαι Ὠρωπὸν
πειρᾶσθαι δεῖν φημι καὶ αὐτός· τὸ δ' ἐχθροὺς ἡμῖν Λακε-
δαιμονίους ἔσεσθαι νῦν, ἐὰν ποιώμεθα συμμάχους Ἀρκάδων
τοὺς βουλομένους ἡμῖν εἶναι φίλους, μόνοις οὐδ' εἰπεῖν ἐξεῖ-
ναι νομίζω τοῖς πείσασιν ὑμᾶς, ὅτ' ἐκινδύνευον Λακεδαιμόνιοι,
[205] βοηθεῖν.
12 οὐ γὰρ ταῦτα λέγοντες ἔπεισαν ὑμᾶς, πάντων
Πελοποννησίων ἐλθόντων ὡς ὑμᾶς καὶ μεθ' ὑμῶν ἀξιούντων
ἐπὶ τοὺς Λακεδαιμονίους ἰέναι, τοὺς μὲν μὴ προσδέξασθαι
(καὶ διὰ τοῦθ', ὅπερ ἦν ὑπόλοιπον αὐτοῖς, ἐπὶ Θηβαίους
ἦλθον), ὑπὲρ δὲ τῆς Λακεδαιμονίων σωτηρίας καὶ χρήματ'
εἰσφέρειν καὶ τοῖς σώμασι κινδυνεύειν· οὐδ' ἂν ὑμεῖς ἠθελή-
σατε δήπου σῴζειν αὐτούς, εἰ τοῦτο προὔλεγον ὑμῖν, ὅτι
σωθέντες, ἐὰν μὴ ποιεῖν ὅ τι βούλονται πάλιν αὐτοὺς ἐᾶτε
καὶ ἀδικεῖν, οὐδεμίαν ὑμῖν χάριν ἕξουσι τῆς σωτηρίας.
13 καὶ μὴν εἰ σφόδρ' ἐναντίον ἐστὶ τοῖς Λακεδαιμονίων ἐπιχειρή-
μασιν τὸ τοὺς Ἀρκάδας ἡμᾶς συμμάχους ποιήσασθαι, προσ-
ήκει δήπου πλείω χάριν αὐτοὺς ἔχειν ὧν ἐσώθησαν ὑφ'
ἡμῶν εἰς τοὺς ἐσχάτους ἐλθόντες κινδύνους ἢ ὧν ἀδικεῖν
κωλύονται νῦν ὀργίζεσθαι. ὥστε πῶς οὐ βοηθήσουσιν ἡμῖν
ἐπ' Ὠρωπόν, ἢ κάκιστοι πάντων ἀνθρώπων δόξουσιν εἶναι;
μὰ τοὺς θεοὺς ἔγωγ' οὐχ ὁρῶ.
14 Θαυμάζω τοίνυν καὶ τῶν λεγόντων τοῦτον τὸν λόγον, ὡς

5 *νῦν ἐπ' αὐτοὺς ἐχθροὺς* S : *ἐχθροὺς ἐπ' αὐτὸν νῦν* vulg. : *ἐπ' αὐτὸν ἐχθροὺς* A : *νῦν* del. Voemel 6 *τὸν* ante *Ὠρωπὸν* add. Benseler 8 *ποιώμεθα* S A : *ποιησώμεθα* vulg. : fort. *προσώμεθα* Blass, coll. schol. p. 249, 27 11 *αὐτοῖς* post *βοηθεῖν* add. vulg. : om. S[1] solus *οὐ* S (cf. schol. p. 249, 28) : *οἱ* cett. 16 *οὐδ'* S, *γρ.* Y, schol. p. 250, 4 : *καίτοι οὐδ'* vulg. 18 *βούλονται*] *βούλωνται* S B[1] : *ἂν βούλωνται* Cobet, sed cf. viii 52, li 16 19 *ὑμῖν* ante *χάριν* S A : post *χάριν* vulg. : secl. Blass

εἰ συμμάχους ποιησόμεθ' Ἀρκάδας καὶ ταῦτα πράξομεν,
μεταβάλλεσθαι δόξει καὶ οὐδὲν ἔχειν πιστὸν ἡ πόλις. ἐμοὶ
μὲν γὰρ δοκεῖ τοὐναντίον, ὦ ἄνδρες Ἀθηναῖοι. διὰ τί; ὅτι
τῶν πάντων οὐδέν' ἂν ἀντειπεῖν οἴομαι ὡς οὐ καὶ Λακεδαι-
μονίους καὶ πρότερον Θηβαίους καὶ τὸ τελευταῖον Εὐβοέας
ἔσωσεν ἡ πόλις, καὶ μετὰ ταῦτα συμμάχους ἐποιήσατο, ἕν
τι καὶ ταὔτ' ἀεὶ βουλομένη πράττειν. ἔστι δὲ τοῦτο τί; 15
τοὺς ἀδικουμένους σῴζειν. εἰ τοίνυν ταῦθ' οὕτως ἔχει, οὐκέτ'
ἂν ἡμεῖς εἴημεν οἱ μεταβαλλόμενοι, ἀλλ' οἱ μὴ 'θέλοντες
τοῖς δικαίοις ἐμμένειν, καὶ φανήσεται τὰ πράγματ' ἀεὶ διὰ [206]
τοὺς πλεονεκτεῖν βουλομένους μεταβαλλόμενα, οὐχ ἡ πόλις
ἡμῶν.

Δοκοῦσι δέ μοι Λακεδαιμόνιοι μάλα δεινῶν ἔργον ἀνθρώ- 16
πων ποιεῖν. νῦν γάρ φασιν ἐκεῖνοι δεῖν Ἠλείους μὲν τῆς
Τριφυλίας τινὰ κομίσασθαι, Φλειασίους δὲ τὸ Τρικάρανον,
ἄλλους δέ τινας τῶν Ἀρκάδων τὴν αὑτῶν, καὶ τὸν Ὠρωπὸν
ἡμᾶς, οὐχ ἵν' ἑκάστους ἡμῶν ἴδωσιν ἔχοντας τὰ αὑτῶν, οὐδ'
ὀλίγου δεῖ· ὀψὲ γὰρ ἂν φιλάνθρωποι γεγονότες εἶεν· ἀλλ' 17
ἵνα πᾶσι δοκῶσι συμπράττειν ὅπως ἕκαστοι κομίσωνται ταῦθ'
ἅ φασιν αὑτῶν εἶναι, ἐπειδὰν δ' ἴωσ' ἐπὶ Μεσσήνην αὐτοί,
συστρατεύωνται πάντες αὐτοῖς οὗτοι καὶ βοηθῶσι προθύμως,
ἢ δοκῶσ' ἀδικεῖν, περὶ ὧν ἔφασαν ἕκαστοι σφῶν αὐτῶν
εἶναι συμψήφους λαβόντες ἐκείνους, μὴ τὴν ὁμοίαν αὐτοῖς
[χάριν] ἀποδιδόντες. ἐγὼ δὲ νομίζω τὴν πόλιν, πρῶτον μὲν 18
καὶ χωρὶς τοῦ καθυφεῖναι Λακεδαιμονίοις τινὰς Ἀρκάδων,
Ὠρωπὸν ἂν κομίσασθαι, καὶ μετ' ἐκείνων, ἂν τὰ δίκαια
ποιεῖν ἐθέλωσι, καὶ μετὰ τῶν ἄλλων τῶν οὐκ οἰομένων δεῖν

7 ἀεὶ ante βουλομένη vulg. : post βουλομένη S 10 ἀεὶ ante διὰ S A : post τοὺς vulg. 13 ἔργον ante ἀνθρώπων vulg., Hermog. (Rh. Gr. iii 333 W), Aristid. (Rh. Gr. ix 367 W), cf. xviii 269, xxiii 123 : post ἀνθρώπων S solus 18 γεγονότες εἶεν vulg. S γρ. : γένοιντο S solus 19 κομιοῦνται Tournier 20 ἐπειδὰν δ' A, Blass : ἵν' ἐπειδὰν vulg. αὐτοὶ S A : καὶ αὐτοὶ vulg. 24 χάριν secl. Cobet 25 τινὰς post Λακεδαιμονίοις vulg. : ante Λακεδαιμονίοις S A 27 βοηθούντων ante καὶ add. vulg. : om. S solus

Θηβαίους ἐᾶν ἔχειν τἀλλότρια. εἰ δ' ἄρα τοῦτ' εὔδηλον
ἡμῖν γένοιτο, ὅτι μὴ Λακεδαιμονίους ἐῶντες τὴν Πελοπόν-
νησον καταστρέψασθαι οὐχ οἷοί τ' ἐσόμεθ' Ὠρωπὸν λαβεῖν,
αἱρετώτερον, εἰ οἷόν τ' εἰπεῖν, ἡγοῦμαι τὸν Ὠρωπὸν ἐᾶν ἢ
Λακεδαιμονίοις Μεσσήνην προέσθαι καὶ Πελοπόννησον. οὐ
γὰρ ἂν ἡγοῦμαι περὶ τούτου μόνον ἡμῖν εἶναι τὸν λόγον πρὸς
ἐκείνους, ἀλλ'—ἐάσω τό γ' ἐπελθὸν εἰπεῖν μοι· περὶ πολλῶν
δ' ἂν οἶμαι κίνδυνον ἡμῖν γενέσθαι.
[207] 19 Ἀλλὰ μὴν ἅ γέ φασιν πεπρᾶχθαι διὰ Θηβαίους τοῖς
Μεγαλοπολίταις ὑπεναντία πρὸς ἡμᾶς, ἄτοπον νῦν [μὲν] ἐν
κατηγορίας μέρει ποιεῖσθαι, βουλομένων δὲ γενέσθαι φίλων
αὐτῶν, ἵνα τοὐναντίον εὖ ποιῶσιν ἡμᾶς, βασκαίνειν καὶ
σκοπεῖν ἐξ ὅτου τρόπου μὴ γενήσονται, καὶ μὴ γιγνώσκειν
ὅτι, ὅσῳ ἂν σπουδαιοτέρους τούτους περὶ Θηβαίους γεγενη-
μένους ἀποδείξωσι, τοσούτῳ πλείονος ὀργῆς αὐτοὶ δικαίως
ἂν τυγχάνοιεν, εἰ τοιούτων συμμάχων τὴν πόλιν, ὅτ' ἐφ'
20 ὑμᾶς προτέρους ἦλθον ἢ Θηβαίους, ἀπεστέρησαν. ἀλλ',
οἶμαι, ταῦτα μέν ἐστι δεύτερον ἀνθρώπων βουλομένων ἑτέ-
ρων ποιῆσαι τούτους συμμάχους. ἐγὼ δ' οἶδα, ὅσ' ἂν ἐκ
λογισμοῦ σκοπῶν τις εἰκάσαι, καὶ τοὺς πολλοὺς οἶμαι ὑμῶν
ἐμοὶ ταὐτὰ φήσειν, ὅτι εἰ λήψονται Μεγάλην πόλιν Λακε-
δαιμόνιοι, κινδυνεύσει Μεσσήνη· εἰ δὲ καὶ ταύτην λήψονται,
21 φήμ' ἡμᾶς ἔσεσθαι συμμάχους Θηβαίων. πολὺ δὴ κάλλιον
καὶ ἄμεινον τὴν μὲν Θηβαίων συμμαχίαν αὐτοὺς παραλα-
βεῖν, τῇ δὲ Λακεδαιμονίων πλεονεξίᾳ μὴ 'πιτρέψαι, ἢ νῦν
ὀκνοῦντας μὴ τοὺς Θηβαίων σώσωμεν συμμάχους, τούτους
μὲν προέσθαι, πάλιν δὲ σῴζειν αὐτοὺς τοὺς Θηβαίους, καὶ
22 προσέτ' ἐν φόβῳ καθεστάναι περὶ ἡμῶν αὐτῶν. οὐ γὰρ

6 ἂν ἡγοῦμαι et μόνον . . . ἐκείνους om. Hermog. 10 μὲν secl. Weil 12 αὐτῶν del. Cobet 15 ἀποδείξωσι] ἐπιδείξωσι A 17 ἢ Θηβαίους secl. Blass, coll. schol. p. 251, 23 19 οἶδα S A Y : om. vulg. 20 καὶ . . . φήσειν S A O Y corr. : καὶ . . . φῆσαι vulg. : κἂν . . . φῆσαι Blass οἶμαι ὑμῶν ἐμοὶ ταὐτὰ (ταῦτα A) S : ὑμῶν οἴομαι ταῦτα vulg. 22 κινδυνεύσει Μεσσήνη] κίνδυνος Μεσσήνῃ A[1] 25 ἐπιτρέψαι S A : ἐπιτρέπειν vulg.

ἔγωγ' ἀδεὲς τοῦθ' ὑπολαμβάνω τῇ πόλει, τὸ λαβεῖν Μεγά-
λην πόλιν Λακεδαιμονίους καὶ πάλιν γενέσθαι μεγάλους.
ὁρῶ γὰρ αὐτοὺς καὶ νῦν οὐχ ὑπὲρ τοῦ μὴ παθεῖν τι κακὸν
πολεμεῖν αἱρουμένους, ἀλλ' ὑπὲρ τοῦ κομίσασθαι τὴν πρό-
τερον οὖσαν αὐτοῖς δύναμιν· ὧν δ', ὅτ' ἐκείνην εἶχον, ὠρέ-
γοντο, ταῦθ' ὑμεῖς μᾶλλον ἴσως εἰδότες ἢ 'γὼ φοβοῖσθ' ἂν
εἰκότως.

Ἡδέως δ' ἂν πυθοίμην τῶν λεγόντων καὶ τοὺς Θηβαίους 23
μισεῖν φασκόντων καὶ τοὺς Λακεδαιμονίους, πότερ' ἑκάτεροι [208]
μισοῦσιν, οὓς δὴ μισοῦσιν, ὑπὲρ ὑμῶν καὶ τοῦ συμφέροντος
ὑμῖν, ἢ ὑπὲρ Λακεδαιμονίων μὲν Θηβαίους, ὑπὲρ δὲ Θηβαίων
Λακεδαιμονίους ἑκάτεροι. εἰ μὲν γὰρ ὑπὲρ ἐκείνων, οὐδετέ-
ροις ὡς μαινομένοις πείθεσθαι προσήκει· εἰ δ' ὑπὲρ ὑμῶν
φήσουσι, τί πέρα τοῦ καιροῦ τοὺς ἑτέρους ἐπαίρουσιν; ἔστι 24
γάρ, ἔστι Θηβαίους ταπεινοὺς ποιεῖν ἄνευ τοῦ Λακεδαι-
μονίους ἰσχυροὺς καθιστάναι, καὶ πολύ γε ῥᾷον· ὡς δ', ἐγὼ
πειράσομαι πρὸς ὑμᾶς εἰπεῖν. ἴσμεν ἅπαντες τοῦθ' ὅτι τὰ
μὲν δίκαια πάντες, ἐὰν καὶ μὴ βούλωνται, μέχρι τού γ'
αἰσχύνονται μὴ πράττειν, τοῖς δ' ἀδίκοις ἐναντιοῦνται φανε-
ρῶς, ἄλλως τε κἂν τινες βλάπτωνται· καὶ τοῦτο λυμαινό-
μενον πάνθ' εὑρήσομεν, καὶ ταύτην ἀρχὴν οὖσαν πάντων
τῶν κακῶν, τὸ μὴ 'θέλειν τὰ δίκαια πράττειν ἁπλῶς. ἵνα 25
τοίνυν μὴ τοῦτ' ἐμποδὼν γένηται τῷ Θηβαίους γενέσθαι
μικρούς, τὰς μὲν Θεσπιὰς καὶ τὸν Ὀρχομενὸν καὶ τὰς
Πλαταιὰς κατοικίζεσθαι φῶμεν δεῖν καὶ συμπράττωμεν
αὐτοῖς καὶ τοὺς ἄλλους ἀξιῶμεν (ταῦτα γὰρ καὶ καλὰ καὶ
δίκαια, μὴ περιορᾶν πόλεις ἀρχαίας ἐξανεστώσας), τὴν δὲ
Μεγάλην πόλιν καὶ τὴν Μεσσήνην μὴ προώμεθα τοῖς ἀδι-
κοῦσι, μηδ' ἐπὶ τῇ προφάσει τῇ Πλαταιῶν καὶ Θεσπιῶν τὰς

4 πολεμεῖν αἱρουμένους S A : πόλεμον ἀραμένους vulg. πρότερον vulg. : προτέραν S : πρότερόν ποτε A 9 post πότερα add. δὴ vulg. : om. S A 16 καθιστάναι S A F : καθεστάναι vulg. πολύ S A : πάνυ vulg. 18 τού Feliciana : του S : τούτου vulg. 19 ἀδίκοις S A : ἀδικοῦσιν vulg. 20 τὸ post τοῦτο add. vulg. : om. S O 23 τῷ S : τῶ τοὺς Y : τὸ τοὺς vulg. 26 αὐτοῖς] αὐτοὶ Feliciana

οὔσας καὶ κατοικουμένας πόλεις ἀναιρεθείσας περιίδωμεν.
26 κἂν ᾖ ταῦτα πρόδηλα, οὐδεὶς ὅστις οὐ βουλήσεται παύσασθαι
Θηβαίους ἔχοντας τὴν ἀλλοτρίαν· εἰ δὲ μή, πρῶτον μὲν
ἐναντίους ἕξομεν πρὸς ἐκεῖνα τούτους εἰκότως, ὅταν ἡγῶνται
[209] τὴν ἐκείνων κατοίκισιν αὑτοῖς ὄλεθρον φέρειν, εἶτ' ἀνήνυτα
πράγμαθ' ἕξομεν αὐτοί· τί γὰρ ὡς ἀληθῶς ἔσται πέρας,
ὅταν ἀεὶ τὰς μὲν οὔσας πόλεις ἐῶμεν ἀναιρεῖν, τὰς δ'
ἀνῃρημένας ἀξιῶμεν οἰκίζειν;
27 Λέγουσι τοίνυν οἱ μάλιστα δοκοῦντες δίκαια λέγειν ὡς
δεῖ τὰς στήλας καθελεῖν αὐτοὺς τὰς πρὸς Θηβαίους, εἴπερ
ἡμέτεροι βεβαίως ἔσονται σύμμαχοι. οἱ δέ φασι μὲν αὑτοῖς
οὐ[κ εἶναι] στήλας, ἀλλὰ τὸ συμφέρον εἶναι τὸ ποιοῦν τὴν
φιλίαν, τοὺς δὲ βοηθοῦντας ἑαυτοῖς, τούτους νομίζειν εἶναι
συμμάχους. ἐγὼ δ', εἰ τὰ μάλιστ' εἰσὶ τοιοῦτοι, ὡδί πως
ἔχω. φημὶ δεῖν ἅμα τούτους ἀξιοῦν καθαιρεῖν τὰς στήλας
καὶ Λακεδαιμονίους ἄγειν εἰρήνην, ἐὰν δὲ μὴ 'θέλωσι ποιεῖν
ὁπότεροι ταῦτα, τότ' ἤδη μετὰ τῶν ἐθελόντων ἡμᾶς γίγνεσθαι.
28 εἴτε γὰρ εἰρήνης γιγνομένης αὐτοῖς οἱ Μεγαλοπολῖται τῆς
Θηβαίων συμμαχίας ἕξονται, φανεροὶ πᾶσιν ἔσονται τὴν
πλεονεξίαν τὴν Θηβαίων, οὐ τὸ δίκαιον αἱρούμενοι· εἴτε
συμμάχους ἡμᾶς ἀδόλως τῶν Μεγαλοπολιτῶν ποιουμένων μὴ
'θελήσουσιν ἄγειν εἰρήνην οἱ Λακεδαιμόνιοι, δῆλοι δήπου
πᾶσιν ἔσονται, οὐχ ἵνα Θεσπιαὶ κατοικισθῶσι ποιούμενοι τὴν
σπουδήν, ἀλλ' ἵνα τοῦ πολέμου περιεστηκότος Θηβαίοις τὴν
29 Πελοπόννησον ὑφ' αὑτοῖς ποιήσωνται. θαυμάζω δ' ἐνίων,
εἰ τὸ μὲν Θηβαίων συμμάχους εἶναι τοὺς Λακεδαιμονίων
ἐχθροὺς φοβοῦνται, εἰ δὲ καταστρέψονται Λακεδαιμόνιοι
τούτους, μηδὲν ἡγοῦνται φοβερόν, καὶ ταῦτ' ἔργῳ πεῖραν
ἡμῖν δεδωκότος τοῦ χρόνου ὅτι Θηβαῖοι μὲν τούτοις συμ-

5 *κατοίκισιν* Wolf : *κατοίκησιν* S A[1] al. : *κατοικιεῖν* A corr. 12 *οὐ* Dobree : *οὐκ εἶναι* codd. 15 *τε* post *τούτους* add. vulg. : om. S 18 *ἔτι* ante *τῆς* add. S vulg. : om. B, Benseler 23 *μόνον* ante *κατοικισθῶσι* add. S A : om. vulg. 24 *Θηβαίους* Cobet, nescio an recte

μάχοις ἐπὶ Λακεδαιμονίους ἀεὶ χρῶνται, Λακεδαιμόνιοι δ' ὅτ'
εἶχον αὐτούς, ἐφ' ἡμᾶς ἐχρῶντο. [210]

Οἶμαι τοίνυν ἔγωγε κἀκεῖν' ἐνθυμεῖσθαι δεῖν, ὅτι μὴ 30
προσδεξαμένων μὲν ὑμῶν τοὺς Μεγαλοπολίτας, ἐὰν μὲν
ἀναιρεθῶσι καὶ διοικισθῶσιν, ἰσχυροῖς Λακεδαιμονίοις ἔστιν
εὐθὺς εἶναι, ἐὰν δὲ σωθῶσιν ἄρα, ὡς ἤδη τι καὶ παρ' ἐλπίδας
ἐξέβη, βέβαιοι σύμμαχοι Θηβαίων δικαίως ἔσονται· ἂν δὲ
προσδέξησθε, τούτοις μὲν ὑπάρξει ἤδη σωθῆναι δι' ὑμᾶς, τὸ
δὲ συμβησόμενον, τὸν τοῦ κινδύνου λογισμὸν μετενεγκόντες,
σκοπῶμεν ἐπὶ Θηβαίων καὶ Λακεδαιμονίων. ἂν μὲν τοίνυν 31
καταπολεμηθῶσιν οἱ Θηβαῖοι, ὥσπερ αὐτοὺς δεῖ, οὐκ ἔσον-
ται μείζους τοῦ δέοντος οἱ Λακεδαιμόνιοι, τούτους ἔχοντες
ἀντιπάλους τοὺς Ἀρκάδας ἐγγὺς οἰκοῦντας· ἂν δ' ἀνενέγκω-
σιν ἄρ' οἱ Θηβαῖοι καὶ σωθῶσιν, ἀλλ' οὖν ἀσθενέστεροί γ'
ἔσονται, ἡμῖν συμμάχων γεγενημένων τῶνδε καὶ δι' ἡμᾶς
σεσωμένων. ὥστε πανταχῇ συμφέρει μήτε προέσθαι τοὺς
Ἀρκάδας μήτε δι' αὐτούς, ἂν ἄρα σωθῶσι, περιγεγονέναι
δοκεῖν, μηδὲ δι' ἄλλους τινάς, ἀλλὰ δι' ὑμᾶς.

Ἐγὼ μὲν οὖν, ὦ ἄνδρες Ἀθηναῖοι, μὰ τοὺς θεοὺς οὔτε 32
φιλῶν οὐδετέρους οὔτε μισῶν ἰδίᾳ εἴρηκα, ἀλλ' ἃ νομίζω
συμφέρειν ὑμῖν· καὶ παραινῶ μὴ προέσθαι Μεγαλοπολίτας,
μηδ' ἄλλον ἁπλῶς μηδένα τῶν ἐλαττόνων τῷ μείζονι.

5 *ἰσχυροῖς Λακεδαιμονίοις*] *ἰσχυροὺς Λακεδαιμονίους* Blass sec. Aristid. i 630 Dind. 8 *τούτοις*] *τούτους* Tournier, Blass 9 *καὶ* ante *τὸν* add. S vulg.: om. Vind. 6, Dobree 12 *τούτους* S vulg.: *τούσδε* Y O 14 *καὶ μὴ πέσωσιν* post *σωθῶσιν* add. vulg.: om. S A 16 *σεσωμένων* S: *σεσωσμένων* vulg. 18 *μηδὲ* vulg.: *μήτε* S Y O 20 *ἀλλ' ἃ νομίζω* S vulg.: *ἃ νομίζω* A, Blass deleto commate post *εἴρηκα*: *ἀλλὰ νομίζω* Dobree 22 *ἄλλον* S F Y O: *ἄλλων* vulg.

In S subscriptum

ΠΕΡΙ ΜΕΓΑΛΟΠΟΛΙΤΩΝ

Η Η 𐅄 Δ Δ Δ Δ Ι Ι Ι Η ('immo Η Η 𐅄 Δ Δ Δ Δ Π Ι Ι Ι' Sauppe)

# XVII

# [211] ΠΕΡΙ ΤΩΝ ΠΡΟΣ ΑΛΕΞΑΝΔΡΟΝ ΣΥΝΘΗΚΩΝ

## ΥΠΟΘΕΣΙΣ.

Ἀλεξάνδρου τοῦ Μακεδόνος καταγαγόντος εἰς Μεσσήνην τοὺς Φιλιάδου τοῦ τυράννου παῖδας, αἰτιᾶται παρὰ τὰς συνθήκας εἶναι τοῦτο τὰς πρὸς Ἀθηναίους καὶ Ἕλληνας γενομένας· παραβεβηκέναι δὲ καὶ ἐν ἄλλοις πολλοῖς τὰς συνθήκας φησὶ τοὺς Μακεδόνας, καὶ μὴ περιορᾶν ταῦτα παραινεῖ. ὁ δὲ λόγος ψευδεπίγραφος εἶναι δοκεῖ· οὐ γὰρ ἔοικε κατὰ τὴν ἰδέαν τοῖς ἄλλοις τοῖς τοῦ Δημοσθένους, ἀλλὰ τῷ Ὑπερείδου χαρακτῆρι μᾶλλον προσχωρεῖ, τά τ' ἄλλα καὶ λέξεις τινὰς ἔχει κατ' ἐκεῖνον μᾶλλον εἰρημένας ἢ τὸν Δημοσθένην, οἷον νεόπλουτοι καὶ βδελυρεύσεται.

Ἄξιον ἀποδέχεσθαι, ὦ ἄνδρες Ἀθηναῖοι, σφόδρα τῶν τοῖς ὅρκοις καὶ ταῖς συνθήκαις διακελευομένων ἐμμένειν, εἴπερ αὐτὸ πεπεισμένοι ποιοῦσιν· οἶμαι γὰρ οὐδὲν οὕτω τοῖς δημοκρατουμένοις πρέπειν ὡς περὶ τὸ ἴσον καὶ τὸ δίκαιον σπουδάζειν. δεῖ τοίνυν τοὺς λίαν ἐπ' αὐτὰ παρακα-
[212] λοῦντας μὴ τῷ μὲν λόγῳ καταχρωμένους ἐνοχλεῖν, πάντα δὲ μᾶλλον πράττειν, ἀλλ' ὑπομείναντας νυνὶ τὸν ἐξετασμὸν ἢ καὶ τὸ λοιπὸν πειθομένους ὑμᾶς ἔχειν περὶ αὐτῶν, ἢ παραχωρήσαντας ἐᾶν συμβουλεύειν τοὺς ἀληθέστερα περὶ τῶν
2 δικαίων ἀποφαινομένους, ἵν' ἢ ἑκόντες ἀδικούμενοι ἀνέχησθε καὶ αὐτὸ τοῦτο χαρίζησθε τῷ ἀδικοῦντι, ἢ προελόμενοι περὶ πλείστου ποιήσασθαι τὸ δίκαιον ἀνεγκλήτως πρὸς ἅπαντας χρῆσθε τῷ συμφέροντι μηκέτι μέλλοντες. ἐξ αὐτῶν δὲ τῶν

3 πρὸς Ἀθηναίους καὶ Ἕλληνας Wolf: παρ' Ἀθηναίοις καὶ Ἕλλησι codd.: Ἀθηναίοις καὶ Ἕλλησι Sauppe  14 ὡς περὶ vulg.: ὥσπερ S F[1]  15 αὐτὰ S: αὐτὸ vulg.: ταῦτα A  22 ἅπαντας vulg.: ἅπαντα S, cf. xiv 35

συνθηκῶν καὶ τῶν ὅρκων σκεψαμένους τῶν περὶ τῆς κοινῆς
εἰρήνης ἔξεστιν ἰδεῖν ἤδη, τίνες εἰσὶν οἱ παραβεβηκότες. ὡς
δὲ περὶ μεγάλων συντόμως διδάξω.

Εἰ δή τις ἐρωτήσειεν, ὦ ἄνδρες Ἀθηναῖοι, ἐπὶ τίνι ἂν 3
μάλιστ' ἀγανακτήσαιτ' εἴ τις ἀναγκάζοι, οἶμαι ἄν, εἰ ἦσαν
κατὰ τὸν νυνὶ χρόνον οἱ Πεισιστρατίδαι καί τις ἐβιάζετο
κατάγειν αὐτοὺς δευρί, ἁρπάσαντας ἂν ὑμᾶς τὰ ὅπλα πάντα
κίνδυνον ὑπομεῖναι ἀντὶ τοῦ παραδέξασθαι, ἢ πεισθέντας
γε δουλεύειν ἀντὶ τῶν ἀργυρωνήτων, καὶ τοσούτῳ μᾶλλον,
ὅσῳ τὸν μὲν οἰκέτην οὐδεὶς ἂν ἑκὼν ἀποκτείνειε, τοὺς δὲ
τυραννουμένους ἀκρίτους ἔστιν ὁρᾶν ἀπολλυμένους ἅμα καὶ
ὑβριζομένους εἰς παῖδας καὶ γυναῖκας. παρὰ τοὺς ὅρκους 4
τοίνυν καὶ τὰς συνθήκας τὰς ἐν τῇ κοινῇ εἰρήνῃ γεγραμμένας
Ἀλέξανδρος εἰς Μεσσήνην καταγαγὼν τοὺς Φιλιάδου παῖδας,
ὄντας τυράννους, ἆρ' ἐφρόντισε τοῦ δικαίου, ἀλλ' οὐκ ἐχρή-
σατο τῷ αὑτοῦ ἤθει τῷ τυραννικῷ, βραχὺ φροντίσας ὑμῶν
καὶ τῆς κοινῆς ὁμολογίας; οὐ δὴ δεῖ, εἰ μέν τις ὑμᾶς ταῦτα [213]
βιάζοιτο, μάλιστ' ἀγανακτῆσαι, εἰ δ' ἑτέρωθί που γέγονε 5
παρὰ τοὺς πρὸς ὑμᾶς ὅρκους, μὴ φυλάξασθαι, καὶ ἡμῖν μὲν
διακελεύεσθαί τινας ἐνταυθὶ ἐμμένειν τοῖς ὅρκοις, τοῖς δ'
αὐτοὺς οὕτω περιβοήτως ἀνῃρηκόσι καταλείπειν ταύτην τὴν
ἐξουσίαν. ἀλλ' οὐχ οἷόν τε ταῦθ' οὕτως ἔχειν, ἐὰν βούλησθε 6
τῷ δικαίῳ χρῆσθαι· καὶ γὰρ ἔτι προσγέγραπται ἐν ταῖς
συνθήκαις πολέμιον εἶναι τὸν ἐκεῖν' ἅπερ Ἀλέξανδρος
ποιοῦντα ἅπασι τοῖς τῆς εἰρήνης κοινωνοῦσι, καὶ τὴν χώραν
αὐτοῦ, καὶ στρατεύεσθαι ἐπ' αὐτὸν ἅπαντας. οὐκοῦν ἐὰν
ποιῶμεν τὰ συγκείμενα, πολεμίῳ χρησόμεθα τῷ καταγα-
γόντι. ἀλλὰ γὰρ εἴποιεν ἂν οἱ τυραννίζοντες οὗτοι, ὅτι 7

1 σκεψαμένους S A : σκοπουμένοις vulg. 5 εἴποιτ' ἂν οἶμαι πάντες post ἀγανακτήσαιτε add. vulg. : om. S A[1] οἶμαι ἄν A : οἶμαι S : om. vulg. 11 ἀκρίτους S A Y : ἀκρίτως vulg. 16 ἤθει vulg. : ἔθει S 19 τοῦτο πράως ὑμᾶς ἔχειν καὶ ὅρκους ante μὴ φυλάξασθαι add. vulg. : om. S A F 21 καταλείπειν A : καταλιπεῖν S vulg. 27 καταγαγόντι vulg. : κατάγοντι S A[1]

πρὶν τὰς συνθήκας γενέσθαι ἐτυράννουν Μεσσηνίων οἱ Φι-
λιάδου παῖδες· διὸ καὶ καταγαγεῖν τὸν Ἀλέξανδρον αὐτούς.
ἀλλὰ καταγέλαστος ὁ λόγος, τοὺς μὲν ἐκ Λέσβου τυράννους,
οἷον ἐξ Ἀντίσσης καὶ Ἐρέσου, ἐκβαλεῖν ὡς ἀδικήματος
ὄντος τοῦ πολιτεύματος, τοὺς πρὸ τῶν ὁμολογιῶν τυραν-
νήσαντας, ἐν δὲ Μεσσήνῃ μηδὲν οἴεσθαι διαφέρειν, τῆς αὐτῆς
8 δυσχερείας ὑπαρχούσης. ἔπειτα καὶ ἐπιτάττει ἡ συνθήκη
εὐθὺς ἐν ἀρχῇ ἐλευθέρους εἶναι καὶ αὐτονόμους τοὺς Ἕλ-
ληνας. διὸ καὶ πῶς οὐχ ὑπεράτοπον, ἡγεῖσθαι μὲν τῶν
συνθηκῶν τὸ αὐτονόμους εἶναι καὶ ἐλευθέρους, τὸν δ' εἰς
δουλείαν ἀγαγόντα μὴ οἴεσθαι τἀναντία ταῖς κοιναῖς ὁμο-
λογίαις διαπεπρᾶχθαι; οὐκοῦν ἀναγκαῖόν ἐστιν ἡμῖν, ὦ
[214] ἄνδρες Ἀθηναῖοι, εἴπερ ταῖς συνθήκαις καὶ τοῖς ὅρκοις
ἐμμενοῦμεν καὶ τὰ δίκαια ποιήσομεν, ἐφ' ἃ ὑμᾶς παρακα-
λοῦσι, καθάπερ ἄρτι εἶπον, λαβοῦσι τὰ ὅπλα στρατεύεσθαι
9 ἐπὶ τοὺς παραβεβηκότας μετὰ τῶν βουλομένων. ἢ νομίζετε
τὸν μὲν καιρόν ποτ' ἰσχύειν καὶ ἄνευ τοῦ δικαίου τὸ συμφέρον
πράττειν· νυνὶ δ', ὅτ' εἰς ταὐτὸν τὸ δίκαιον ἅμα καὶ ὁ καιρὸς
καὶ τὸ συμφέρον συνδεδράμηκεν, ἄλλον ἄρα τινὰ χρόνον
ἀναμενεῖτε τῆς ἰδίας ἐλευθερίας ἅμα καὶ τῆς τῶν ἄλλων
Ἑλλήνων ἀντιλαβέσθαι;

10 Ἐπ' ἄλλο δὲ δίκαιον ἔρχομαι τῶν κατὰ τὰς συνθήκας.
ἔστι γὰρ γεγραμμένον, ἐάν τινες τὰς πολιτείας τὰς παρ'
ἑκάστοις οὔσας, ὅτε τοὺς ὅρκους τοὺς περὶ τῆς εἰρήνης
ὤμνυσαν, καταλύωσι, πολεμίους εἶναι πᾶσι τοῖς τῆς εἰρήνης
μετέχουσιν. σκέψασθε δ', ὦ ἄνδρες Ἀθηναῖοι, ὅτι Ἀχαιοὶ
μὲν οἱ ἐν Πελοποννήσῳ ἐδημοκρατοῦντο, τούτων δ' ἐν Πελ-
λήνῃ νῦν καταλέλυκε τὸν δῆμον ὁ Μακεδὼν ἐκβαλὼν τῶν
πολιτῶν τοὺς πλείστους, τὰ δ' ἐκείνων τοῖς οἰκέταις δέδωκε,
11 Χαίρωνα δὲ τὸν παλαιστὴν τύραννον ἐγκατέστησεν. ἡμεῖς

1 Μεσσηνίων vulg. et Anecd. Bekk. p. 174: Μεσσήνην S solus 2 καταγαγεῖν Cobet: κατάγειν codd. 11 ἀγαγόντα S: ἀναγαγόντα A: ἄγοντα vulg. 17 ποτ'] τότε S 23 post γεγραμμένον desinit cod. S 25 καταλύωσι A: καταλύσωσι vulg.

δὲ τῆς εἰρήνης μετέχομεν τῆς προσταττούσης πολεμίους
ἡγεῖσθαι τοὺς ταῦτα πράττοντας. ἐκ δὴ τούτων πότερα
πειθόμεθα τοῖς κοινοῖς προστάγμασι πολεμίοις αὐτοῖς χρώ-
μενοι, ἢ βδελυρεύσεταί τις οὐ φάσκων, τούτων τῶν μισθοφο-
ρούντων παρὰ τοῦ Μακεδόνος, τῶν καθ' ὑμῶν πεπλουτη-
κότων; οὐ γὰρ δὴ λέληθέ γ' αὐτοὺς οὐδὲν τούτων· ἀλλ' εἰς 12
τοῦθ' ὕβρεως ἥκουσιν ὥστε δορυφορούμενοι τοῖς τοῦ τυράννου
στρατοπέδοις ἐν μὲν τοῖς παραβεβασμένοις ὅρκοις ἐμμένειν
ὑμῖν διακελεύονται, ὡς καὶ τῆς ἐπιορκίας αὐτοκράτορος ὄντος [215]
ἐκείνου, τοὺς δ' ἰδίους ὑμᾶς νόμους ἀναγκάζουσι λύειν, τοὺς
μὲν κεκριμένους ἐν τοῖς δικαστηρίοις ἀφιέντες, ἕτερα δὲ
παμπληθῆ τοιαῦτα βιαζόμενοι παρανομεῖν. εἰκότως· τοῖς 13
γὰρ πεπρακόσιν ἑαυτοὺς εἰς τἀναντία τοῖς τῇ πατρίδι συμφέ-
ρουσιν οὐκ ἔνι μέλειν νόμων οὐδ' ὅρκων· τοῖς δ' ὀνόμασι
μόνον αὐτῶν ἀποχρώμενοι παρακρούονται τοὺς παρέργως
ἐνταυθὶ ἀλλ' οὐκ ἐξεταστικῶς ἐκκλησιάζοντας, καὶ νομίζοντας
τὴν παραυτίχ' ἡσυχίαν οὐκ ἔσεσθαί ποτ' αἰτίαν ταραχῆς
ἀτόπου [μεγάλης]. κελεύω δ' ἔγωγε, καθάπερ ἐν ἀρχῇ 14
προεῖπον, πείθεσθαι τούτοις τοῖς φάσκουσι δεῖν ἐν ταῖς
κοιναῖς ὁμολογίαις ἐμμένειν, εἰ μὴ ἐκεῖνο νομίζουσιν, ὅταν
μὲν λέγωσιν ὡς ἐμμενετέον τοῖς ὅρκοις, οὐ λέγειν αὐ-
τοὺς τὸ μηδὲν ἀδικεῖσθαι, οὐδένα δ' οἴονται αἰσθήσεσθαι,
τυραννίδων ἀντὶ δημοκρατιῶν καθισταμένων καὶ τῶν πολι-
τειῶν καταλυομένων.

Τὸ δ' ἔτι καταγελαστότερον· ἔστι γὰρ ἐν ταῖς συνθήκαις 15
ἐπιμελεῖσθαι τοὺς συνεδρεύοντας καὶ τοὺς ἐπὶ τῇ κοινῇ
φυλακῇ τεταγμένους ὅπως ἐν ταῖς κοινωνούσαις πόλεσι τῆς
εἰρήνης μὴ γίγνωνται θάνατοι καὶ φυγαὶ παρὰ τοὺς κειμένους

3 *πειθόμεθα* A Y O : *πειθώμεθα* vulg. 8 *ἐν μὲν τοῖς* codd. : *τοῖς μὲν* Herwerden, cf. § 14 14 *μέλειν* vulg. : *μετέχειν* A 15 *μόνον αὐτῶν* A : *αὐτῶν μόνοις* vulg. 18 *μεγάλης* vulg. : *καὶ μεγάλης* A : del. Bekker 19 *ἐν* secl. Herwerden, cf. § 12 25 *τὸ δ' ἔτι* A : *τοῦτο δ' ἐστὶ* vulg. *καταγελαστότερον* Reiske : *καταγελαστότατον* codd.

ταῖς πόλεσι νόμους, μηδὲ χρημάτων δημεύσεις, μηδὲ γῆς
ἀναδασμοί, μηδὲ χρεῶν ἀποκοπαί, μηδὲ δούλων ἀπελευ-
θερώσεις ἐπὶ νεωτερισμῷ. οἱ δὲ τοσούτου δέουσι τούτων
τι κωλύειν ὥστε καὶ συγκατασκευάζουσιν· οὓς πῶς οὐ
προσήκει ἀπολωλέναι; οἳ τηλικαύτας συμφορὰς παρασκευά-
[216] ζουσιν ἐν ταῖς πόλεσιν, ἃς διὰ τὸ μέγεθος αὐτοῖς τοσούτοις
οὖσι μὴ περιορᾶν ἐπέταξαν.

16 Ἔτι δ' ἕτερον δείξω τὸ λελυκὸς τὰς συνθήκας. ἔστι γὰρ
γεγραμμένον, ἐκ τῶν πόλεων τῶν κοινωνουσῶν τῆς εἰρήνης
μὴ ἐξεῖναι φυγάδας ὁρμήσαντας ὅπλ' ἐπιφέρειν ἐπὶ πολέμῳ
ἐπὶ μηδεμίαν πόλιν τῶν μετεχουσῶν τῆς εἰρήνης· εἰ δὲ μή,
ἔκσπονδον εἶναι τὴν πόλιν ἐξ ἧς ἂν ὁρμήσωσιν. οὕτω τοίνυν
ῥᾳδίως ἐπήνεγκε τὰ ὅπλ' ὁ Μακεδὼν ὥστ' οὐδὲ κατέθετο
πώποτε, ἀλλ' ἔτι καὶ νῦν ἔχων περιέρχεται καθ' ὅσον δύναται,
καὶ τοσούτῳ νῦν μᾶλλον ἢ πρότερον, ὅσῳ ἐκ προστάγματος
ἄλλους θ' ἑτέρωσε καὶ τὸν παιδοτρίβην εἰς Σικυῶνα κατή-
17 γαγεν. οὐκοῦν εἰ δεῖ πείθεσθαι ταῖς κοιναῖς ὁμολογίαις,
καθάπερ οὗτοί φασιν, ἔκσπονδοι ἡμῖν εἰσιν αὗται αἱ πόλεις
αἱ ταῦτα διαπεπραγμέναι. εἰ μὲν οὖν δεῖ ἐπικρύπτεσθαι
τἀληθῆ, οὐδὲν δεῖ λέγειν ὅτι εἰσὶν αἱ Μακεδονικαί· εἰ δ' οὐκ
ἀνιᾶσιν οἱ καθ' ὑμῶν τῷ Μακεδόνι ὑπηρέται προστάττοντες
πράττειν τὰ ἐν ταῖς κοιναῖς ὁμολογίαις, πεισθῶμεν αὐτοῖς,
ἐπειδὴ τὰ δίκαια λέγουσι, καί, καθάπερ κελεύει ὁ ὅρκος, ἐκ-
σπόνδους αὐτοὺς ποιήσαντες βουλευσώμεθα πῶς δεῖ χρῆσθαι
τοῖς δεσποτικῶς καὶ ἀσελγῶς διακειμένοις καὶ διὰ τέλους τὰ
μὲν ἐπιβουλεύουσι, τὰ δ' ἐπιτάττουσι, καὶ καταγελῶσι τῆς
18 κοινῆς εἰρήνης. διὰ τί γὰρ οὐ φήσουσιν οὗτοι δεῖν ταῦθ'
οὕτως ἔχειν; ἢ ὁμολογίαν τὴν μὲν κατὰ τῆς πόλεως οὖσαν
βεβαίαν ἀξιοῦσιν εἶναι, τὴν δὲ σῴζουσαν οὐ συγχωρήσουσιν;

2 ἐλευθερώσεις A[1] 3 τοσούτου vulg.: τοσοῦτο A Y O 11 ἐπὶ μηδεμίαν πόλιν A Y γρ., schol. p. 258, 4: μηδεμιᾷ πόλει vulg. 12 ὁρμήσωσιν vulg.: ὁρμηθῶσιν A Y γρ. 16 ἑτέρωσε Cobet: ἑτέρωθι codd. κατήγαγεν vulg.: κατῆγεν A 26 δ' ἐπιτάττουσι A O: δὲ πράττουσι vulg. 28 ὁμολογίαν τὴν μὲν A: τὴν μὲν ὁμολογίαν τὴν vulg.

ἆρα δίκαιον ταῦτα γίγνεσθαι; κἂν μέν τι ᾖ πρὸς τῶν
ἐχθρῶν κατὰ τῆς πόλεως ἐν τοῖς ὅρκοις, τοῦτο μὲν ἰσχυ- [217]
ρὸν ἀεὶ ποιήσουσιν· ἐὰν δέ τι ἡμέτερον ᾖ κατ' ἐκείνων ἅμα
δίκαιον καὶ συμφέρον, πρὸς τοῦτο δὲ μαχομένους οὐδέποτε
παύσασθαι οἰήσονται δεῖν ἑαυτούς;

Ἵνα δ' εἰδῆτ' ἔτι σαφέστερον ὅτι οὐδεὶς ὑμῖν ἐγκαλεῖ 19
ποτε τῶν Ἑλλήνων ὡς ἄρα παρέβητέ τι τῶν κοινῇ ὁμολογη-
θέντων, ἀλλὰ καὶ χάριν ἕξουσιν ὅτι μόνοι ἐξηλέγξατε τοὺς
ταῦτα ποιοῦντας, μικρὰ ἐπιδραμοῦμαι περὶ αὐτῶν πολλῶν
ὄντων. ἔστι γὰρ δήπου ἐν ταῖς συνθήκαις τὴν θάλατταν
πλεῖν τοὺς μετέχοντας τῆς εἰρήνης, καὶ μηδένα κωλύειν αὐτοὺς
μηδὲ κατάγειν πλοῖον μηδενὸς τούτων· ἐὰν δέ τις παρὰ ταῦτα
ποιῇ, πολέμιον εἶναι πᾶσι τοῖς τῆς εἰρήνης μετέχουσιν. οὐ- 20
κοῦν, ὦ ἄνδρες Ἀθηναῖοι, ἐναργέστατα ἑοράκατε τοῦθ' ὑπὸ
τῶν Μακεδόνων γεγενημένον· εἰς τοῦτο γὰρ ὑπεροψίας ἦλθον
ὥστε εἰς Τένεδον ἅπαντα τὰ ἐκ τοῦ Πόντου πλοῖα κατήγαγον,
καὶ σκευωρούμενοι περὶ αὐτὰ οὐ πρότερον ἀνεῖσαν, πρὶν ὑμεῖς
ἐψηφίσασθε τριήρεις ἑκατὸν πληροῦν καὶ καθέλκειν εὐθὺς
τότε, καὶ στρατηγὸν ἐπ' αὐταῖς ἐτάξατε Μενεσθέα. πῶς οὖν 21
οὐκ ἄτοπον τοσαῦτα μὲν εἶναι καὶ τηλικαῦτα τὰ ἡμαρτημέν'
ἑτέροις, τοὺς δ' ἐνταῦθα φίλους αὐτῶν μὴ ἐκείνους ἀποτρέπειν
τοὺς παραβαίνοντας, ἀλλ' ὑμῖν συμβουλεύειν ἐμμένειν τοῖς
οὕτως ὠλιγωρημένοις; ὥσπερ καὶ τούτου προσγεγραμμένου,
τοῖς μὲν ἐξεῖναι πλημμελεῖν, τοῖς δὲ μηδ' ἀμύνεσθαι. πῶς 22
δ' οὐχ ἅμα τε παρενόμουν ἐκεῖνοι καὶ ἀναίσθητοι ἦσαν, οἵ
γε τηλικοῦτον παρέβησαν τῶν ὅρκων, ὃ παρ' ἐλάχιστον
ἐποίησεν αὐτοὺς ἀφαιρεθῆναι δικαίως τὴν κατὰ θάλατταν
ἡγεμονίαν; καὶ νῦν ἔτι παραδεδώκασι τοῦτο τὸ δίκαιον
ἀνεγκλήτως ἡμῖν, ὅταν βουληθῶμεν πράττειν· οὐ γὰρ ὅτι [218]

1 δίκαιον ταῦτα A[1] : γε δοκεῖ δίκαιον ταῦτα S : γε δοκεῖ δίκαια vulg. 4 δὲ μαχομένους A : διαμαχομένους vulg.: δὲ διαμαχομένους Y 12 μηδενὸς G. H. Schaefer : μηδένα codd. 15 ὑπεροψίας A : παρανομίας vulg. 17 ἀνεῖσαν Weil, coll. § 17 : ἀφεῖσαν codd. 18 καὶ καθέλκειν om. A[1] 24 τοῖς δὲ] τοὺς δὲ A 26 τῶν ὅρκων secl. Blass ὃ παρ'] ὅπερ οὐκ A

ἐπαύσαντ' ἐξαμαρτάνοντες, ἧττόν τι δήπου παραβεβήκασι
23 τὰς κοινὰς ὁμολογίας. ἀλλ' εὐτυχοῦσιν, ὅτι ἐναποχρῶνται
τῇ ὑμετέρᾳ ῥᾳθυμίᾳ τῇ οὐδὲ τῶν δικαίων ἀπολαύειν προαιρου-
μένῃ. ὃ καὶ ὑβριστικώτατον συμβέβηκεν, εἰ οἱ μὲν ἄλλοι
Ἕλληνες καὶ βάρβαροι ἅπαντες τὴν πρὸς ὑμᾶς ἔχθραν
φοβοῦνται, οὗτοι δ' οἱ νεόπλουτοι μόνοι καταφρονεῖν ὑμᾶς
ὑμῶν αὐτῶν ἀναγκάζουσι, τὰ μὲν πείθοντες, τὰ δὲ βιαζόμενοι,
ὥσπερ ἐν Ἀβδηρίταις ἢ Μαρωνείταις, ἀλλ' οὐκ ἐν Ἀθη-
24 ναίοις πολιτευόμενοι. καὶ ἅμα μικρὰ μὲν τὰ ὑμέτερα ποιοῦσι,
τὰ δὲ τῶν ἐχθρῶν ἰσχυρά, ἅμα δὲ λανθάνουσιν ἑαυτοὺς
ἀνυπόστατον τὴν πόλιν ὁμολογοῦντες εἶναι, διακελευόμενοι
τὸ δίκαιον οὐ δικαίως διαφυλάττειν, ὡς τῷ συμφέροντί γε
προελομένην χρῆσθαι κρατεῖν ἂν τῶν πολεμίων ῥᾳδίως δυνη-
25 θεῖσαν. εἰκότως δ' αὐτὸ πεπόνθασιν· ἕως γὰρ ἂν ἐξῇ τῶν
κατὰ θάλατταν καὶ μόνοις ἀναμφισβητήτως εἶναι κυρίοις,
τοῖς γε κατὰ γῆν πρὸς τῇ ὑπαρχούσῃ δυνάμει ἔστι προβολὰς
ἑτέρας ἰσχυροτέρας εὑρέσθαι, ἄλλως τε καὶ πεπαυμένων ὑπὸ
τῆς τύχης τῶν δορυφορουμένων ὑπὸ τῶν τυραννικῶν στρατο-
πέδων, καὶ τῶν μὲν ἐφθαρμένων, τῶν δὲ ἐξεληλεγμένων
οὐδενὸς ἀξίων ὄντων.

26 Τὸ μὲν οὖν περὶ τὰ πλοῖα πρὸς τοῖς ἄλλοις τοῖς προειρη-
μένοις ὁ Μακεδὼν τηλικοῦτον παρέβη· τὸ δὲ ὑβριστικώτατον
καὶ ὑπεροπτικώτατον τῶν Μακεδόνων τὸ πρώην γεγενημένον
ἐστί, τὸ τολμῆσαι εἰσπλεῦσαι εἰς τὸν Πειραιᾶ παρὰ τὰς
[219] κοινὰς ἡμῖν πρὸς αὐτοὺς ὁμολογίας. καὶ τοῦτ', ὦ ἄνδρες
Ἀθηναῖοι, οὐχ ὅτι μία τριήρης ἦν, μικρὸν ὑποληπτέον, ἀλλ'
ὅτι ἀπόπειρα ἐγένετο, εἰ περιοψόμεθα, ἵνα μετὰ πλειόνων
αὐτοῖς ἐγγένηται τοῦτο πράττειν, καὶ ὅτι οὐκ ἐφρόντισαν τῶν
27 κοινῶν δογμάτων, καθάπερ οὐδὲ τῶν προειρημένων. ἐπεὶ ὅτι
γε τοῦτο παράδυσις ἦν κατὰ μικρὸν καὶ ἐθισμὸς τοῦ ἀνέχεσθαι

2 ἐναποχρῶνται] fort. εὖ ἀποχρῶνται G. H. Schaefer 9 μικρὰ ante μὲν A: post μὲν vulg. ὑμέτερα A: ἡμέτερα πράγματα vulg. 15 μόνοις A: μόνων vulg. 16 προβολὰς Harpocrat., Phot., Suid.: προσβολὰς vulg. 25 ὁμολογίας A: συνθήκας vulg. 29 τῶν] fort. ἐπὶ τῶν Blass

ἡμᾶς τοὺς τοιούτους εἴσπλους, κἀκεῖθεν δῆλον· τῷ γὰρ τὸν
τότε ἐπὶ τῆς νεὼς εἰσπλεύσαντα, ὃν ἔδει εὐθὺς μετὰ τῆς
τριήρους ὑφ' ὑμῶν ἀπολωλέναι, αἰτεῖσθαι ναυπηγήσασθαι
μικρὰ πλοῖα ἐν τοῖς ἡμετέροις λιμέσι πῶς οὐ καταφανὲς ὅτι
ἀντὶ τοῦ εἰσπλεῖν τὸ εὐθὺς ἔνδον εἶναι ἐμηχανῶντο; καὶ εἰ
λεπτὰ πλοῖα ὑπομενοῦμεν, ὀλίγον ὕστερον καὶ τριήρεις· καὶ
εἰ τὸ πρῶτον ὀλίγας, μικρῷ ὕστερον πολλάς. οὐ γὰρ δὴ ἔστι 28
γ' εἰπεῖν ὡς Ἀθήνησι μὲν ἀφθόνων ὄντων τῶν ναυπηγησίμων
ξύλων, τῶν μόγις καὶ πόρρωθεν εἰσκομιζομένων, ἐν δὲ τῇ
Μακεδονίᾳ ἐπιλελοιπότων, τῇ καὶ τοῖς ἄλλοις τοῖς βουλο-
μένοις εὐτελέστατα καθισταμένῃ, ἀλλ' ᾤονθ' ἅμα τε ναυπη-
γήσεσθαι ἐνταῦθα καὶ πληρώσεσθαι ἐν τῷ λιμένι [τῷ
προειρημένῳ], ἐν ταῖς κοιναῖς ὁμολογίαις διειρημένον μηδὲν
τοιοῦτον εἰσδέχεσθαι, καὶ τοῦτ' ἐξέσεσθαι ἐπὶ πλέον ἀεὶ
ποιεῖν. οὕτω πανταχόθεν καταπεφρονηκότως ἐκεῖνοι τῇ πόλει 29
χρῶνται διὰ τοὺς ἐντεῦθεν διδασκάλους τοὺς ὑπαγορεύοντας
αὐτοῖς ἃ δεῖ ποιεῖν· οὕτω δὲ κατεγνώκασι μετὰ τούτων
ἀδιήγητόν τινα τῆς πόλεως ἔκλυσιν καὶ μαλακίαν, καὶ οὔτε [220]
πρόνοιαν περὶ τῶν μελλόντων εἶναι, οὔτε λογισμὸν οὐδένα
παραγίγνεσθαι τίνα τρόπον χρῆται ὁ τύραννος ταῖς κοιναῖς
ὁμολογίαις. αἷς ἐγὼ διακελεύομαι, ὦ ἄνδρες Ἀθηναῖοι, 30
πείθεσθαι, καθάπερ ἐδίδαξα, καὶ διαβεβαιωσαίμην ἄν, ὡς
τοῦθ' ἡλικίας ἔχων, ἅμα καὶ τῷ δικαίῳ ἡμᾶς ἀνεγκλήτως καὶ
τοῖς καιροῖς ἀσφαλέστατα χρήσεσθαι τοῖς ἐπὶ τὸ συμφέρον
κατεπείγουσιν. καὶ γὰρ ἔτι προσγέγραπται ⟨ἐν⟩ ταῖς συνθή-
καις, 'ἐὰν βουλώμεθα τῆς κοινῆς εἰρήνης μετέχειν'· τὸ δ'
'ἐὰν βουλώμεθα' ἐστὶν ἅμα καὶ τοὐναντίον, εἰ ἄρα ποτὲ δεῖ

1 τῷ Aldina Voemelii : τὸ codd. 4 καταφανὲς And. Spengel : καταφανὲς ποιεῖ A B Y : καταφανὲς ἦν vulg. : καταφανὲς ἦν ποιεῖ F 8 εἰπεῖν] an excidit aliquid ante εἰπεῖν (e.g. πρόφασιν)? 12 τῷ προειρημένῳ secl. Reiske : tuetur Weil, commate post λιμένι posito, et deleto διειρημένου 13 διειρημένον Baiter, Cobet : διειρημένου codd. 14 ἐξέσεσθαι Wolf : ἐξέσται codd. 15 τῇ πόλει A Y corr. O : om. vulg. 22 διαβεβαιωσαίμην Wolf : διεβεβαιωσάμην codd. 24 χρήσεσθαι G. H. Schaefer : χρήσασθαι A : χρῆσθαι vulg. 25 ἐν add. Herwerden, cf. § 6 27 εἰ ἄρα ποτὲ codd. : ἢ ἄρ' οὔποτε Weil

παύσασθαι αἰσχρῶς ἑτέροις ἀκολουθοῦντας, ἢ μηδ' ἀναμνησθῆναι μηδεμιᾶς φιλοτιμίας τῶν ἐξ ἀρχαιοτάτου καὶ πλείστων καὶ μάλιστα πάντων ἀνθρώπων ἡμῖν ὑπαρχουσῶν. ἐὰν οὖν κελεύητ', ὦ ἄνδρες Ἀθηναῖοι, γράψω, καθάπερ αἱ συνθῆκαι κελεύουσι, πολεμεῖν τοῖς παραβεβηκόσιν.

1 ἢ Wolf : ἀλλὰ codd. 2 πλείστων A Y : πλείστου vulg.

# XVIII

# ΥΠΕΡ ΚΤΗΣΙΦΩΝΤΟΣ ΠΕΡΙ ΤΟΥ ΣΤΕΦΑΝΟΥ

## ΛΙΒΑΝΙΟΥ ΥΠΟΘΕΣΙΣ.

Τεῖχος μὲν ὁ ῥήτωρ ὑπὲρ Ἀθηναίων προὐβάλετο τῶν συνήθων
τούτων καὶ χειροποιήτων ἀρραγέστερόν τε καὶ βέλτιον, τήν τ’
εἰς τὴν πόλιν εὔνοιαν καὶ περὶ λόγους δεινότητα, ὡς αὐτὸς εἴρηκεν
‘ οὐ λίθοις καὶ πλίνθοις τὰς Ἀθήνας ὠχύρωσα, ἀλλὰ μεγάλαις
δυνάμεσι καὶ πολλῇ τινὶ συμμαχίᾳ, τῇ μὲν ἐκ γῆς, τῇ δ’ ἐκ
θαλάττης’· οὐ μὴν ἀλλὰ καὶ εἰς τὸν χειροποίητον περίβολον οὐ
μικρὰ τῇ πόλει συνεβάλετο. πεπονηκότος γὰρ κατὰ πολλὰ [221]
μέρη τοῦ τείχους τοῖς Ἀθηναίοις, ἐπειδὴ ἔδοξεν ἀνορθοῦν αὐτό,
ᾑρέθησαν ἐπὶ τὸ ἔργον ἄνδρες δέκα, φυλῆς ἑκάστης εἷς, οὓς ἔδει
τὴν ἐπιμέλειαν παρέχεσθαι ψιλήν· τὸ γὰρ ἀνάλωμα δημόσιον.
εἷς τοίνυν τούτων καὶ ὁ ῥήτωρ γενόμενος οὐχ ὁμοίως τοῖς ἄλλοις 2
τὴν ἐπιμέλειαν μόνην εἰσήνεγκε τῇ χρείᾳ, ἀλλὰ τὸ μὲν ἔργον
ἀμέμπτως ἀπετέλεσε, τὰ δὲ χρήματ’ ἔδωκεν οἴκοθεν τῇ πόλει.
ἐπῄνεσεν αὐτοῦ τὴν εὔνοιαν ταύτην ἡ βουλή, καὶ τὴν προθυμίαν
ἠμείψατο στεφάνῳ χρυσῷ· ἕτοιμοι γὰρ Ἀθηναῖοι πρὸς τὰς
χάριτας τῶν εὖ ποιούντων. Κτησιφῶν δ’ ἦν ὁ τὴν γνώμην 3
εἰπὼν ὡς δεῖ στεφανῶσαι τὸν Δημοσθένην, ἐν μὲν καιρῷ τοῖς
Διονυσίοις, ἐν δὲ τόπῳ τῷ τοῦ Διονύσου θεάτρῳ, ἐν δὲ θεαταῖς πᾶσι
τοῖς Ἕλλησιν, οὓς ἡ πανήγυρις συνήγαγε· καὶ τούτων ἐναντίον
ἀνειπεῖν τὸν κήρυκα, ὅτι στεφανοῖ Δημοσθένην Δημοσθένους
Παιανιέα ἡ πόλις ἀρετῆς συμπάσης ἕνεκα καὶ εὐνοίας τῆς πρὸς
αὐτήν. ἦν οὖν πανταχόθεν ἡ τιμὴ θαυμαστή· διὸ καὶ φθόνος 4
αὐτῆς ἥψατο, καὶ τοῦ ψηφίσματος ἀπηνέχθη παρανόμων γραφή.
Αἰσχίνης γὰρ ἐχθρὸς ὢν τοῦ Δημοσθένους ἀγῶνα παρανόμων
ἐπήγγειλε Κτησιφῶντι, λέγων ἄρχοντα γεγονότα τὸν Δημοσθένην
καὶ μὴ δόντα λόγον ὑπεύθυνον εἶναι, νόμον δὲ κελεύειν τοὺς
ὑπευθύνους μὴ στεφανοῦν, καὶ πάλιν νόμον παρεχόμενος τὸν
κελεύοντα, ἐὰν μέν τιν’ ὁ δῆμος ὁ Ἀθηναίων στεφανοῖ, ἐν τῇ
ἐκκλησίᾳ τὸν στέφανον ἀναγορεύεσθαι, ἐὰν δ’ ἡ βουλή, ἐν τῷ [222]
βουλευτηρίῳ, ἀλλαχόθι δὲ μὴ ἐξεῖναι. φησὶ δὲ καὶ τοὺς ἐπαί- 5

22 αὐτήν Blass : αὑτήν codd. 23 κατὰ ante τοῦ add. Wolf

νους εἶναι τοὺς ἐπὶ τῷ Δημοσθένει ψευδεῖς· μὴ γὰρ πεπολιτεῦσθαι καλῶς τὸν ῥήτορα, ἀλλὰ καὶ δωροδόκον εἶναι καὶ πολλῶν κακῶν αἴτιον τῇ πόλει. καὶ τάξει γε ταύτῃ τῆς κατηγορίας Αἰσχίνης κέχρηται, πρῶτον εἰπὼν περὶ τοῦ τῶν ὑπευθύνων νόμου καὶ δεύτερον περὶ τοῦ τῶν κηρυγμάτων καὶ τρίτον περὶ τῆς πολιτείας· ἠξίωσε δὲ καὶ τὸν Δημοσθένην τὴν αὐτὴν τάξιν ποιήσασθαι.
6 ὁ δὲ ῥήτωρ καὶ ἀπὸ τῆς πολιτείας τὴν ἀρχὴν ἐποιήσατο καὶ πάλιν εἰς ταύτην τὸν λόγον κατέστρεψε, τεχνικῶς ποιῶν· δεῖ γὰρ ἄρχεσθαί τ' ἀπὸ τῶν ἰσχυροτέρων καὶ λήγειν εἰς ταῦτα· μέσα δὲ τέθεικε τὰ περὶ τῶν νόμων, καὶ τῷ μὲν περὶ τῶν ὑπευθύνων ἀντιτίθησι διανοίας, τῷ δὲ περὶ τῶν κηρυγμάτων νόμον ἕτερον ἤτοι νόμου μέρος, ὥς φησιν αὐτός, ἐν ᾧ συγκεχώρηται καὶ ἐν τῷ θεάτρῳ κηρύττειν, ἐὰν ὁ δῆμος ἢ ἡ βουλὴ τοῦτο ψηφίσηται.

### ΕΤΕΡΑ ΥΠΟΘΕΣΙΣ.

Ἀθηναῖοι καὶ Θηβαῖοι πολεμοῦντες πρὸς Φίλιππον ἐν Χαιρωνείᾳ, πόλει τῆς Βοιωτίας, ἡττήθησαν. ἐπικρατήσας οὖν ὁ Μακεδὼν φρουρὰν μὲν εἰς τὰς Θήβας ἐνέβαλε, καὶ εἶχεν ὑπὸ χεῖρα τὴν πόλιν δουλεύουσαν. ἐλπίσαντες οὖν τὸ αὐτὸ παθεῖν Ἀθηναῖοι καὶ ὅσον οὐδέπω καθ' αὑτῶν ἥξειν προσδοκῶντες τὸν τύραννον,
[223] ἐσκέψαντο τὰ πεπονηκότα μέρη τῷ χρόνῳ τοῦ τείχους ἐπανορθώσασθαι, καὶ δὴ ἀφ' ἑκάστης φυλῆς τειχοποιοὶ προεβλήθησαν. τοιόνδε καὶ ἡ Πανδιονὶς ἐξ ἑαυτῆς εἵλετο πρὸς τὴν χρείαν τὸν ῥήτορα. τῆς τοίνυν ἐργασίας ἐν χερσὶν οὔσης, προσδεηθεὶς ἔτι χρημάτων μετὰ τὰ δεδομένα ὑπὸ τῆς πόλεως, ὁ ῥήτωρ ἐκ τῶν ἰδίων ἐδαπάνησε, καὶ οὐκ ἐλογίσατο αὐτὰ τῇ πόλει, ἀλλὰ
2 κατεχαρίσατο. ταύτην ἀφορμὴν ὁ Κτησιφῶν, εἷς τῶν πολιτευομένων, δεξάμενος εἰσήνεγκε γνώμην ἐν τῇ βουλῇ περὶ αὐτοῦ τοιαύτην, 'ἐπειδὴ διατελεῖ Δημοσθένης ὁ Δημοσθένους παρ' ὅλον τὸν βίον εὔνοιαν εἰς τὴν πόλιν ἐπιδεικνύμενος, καὶ νῦν δὲ τειχοποιὸς ὢν καὶ προσδεηθεὶς χρημάτων οἴκοθεν παρέσχε καὶ ἐχαρίσατο, διὰ τοῦτο δεδόχθαι τῇ βουλῇ καὶ τῷ δήμῳ στεφανοῦσθαι αὐτὸν χρυσέῳ στεφάνῳ, ἐν τῷ θεάτρῳ, τραγῳδιῶν ἀγομένων καινῶν' [ἴσως ὅτε πλήθη συντρέχει ἐπιθυμοῦντα καινὰ δράματα
3 βλέπειν]. εἰσαγομένου τοίνυν καὶ εἰς τὸν δῆμον τοῦ προβουλεύ-

11 διανοίας] διάνοιαν Scrimgeri schedae 19 τὴν πόλιν ante δουλεύουσαν om. vulg.: add. Vind. 7: 'Aut δουλευούσας reponendum' Blass 20 αὑτῶν Voemel: αὐτῶν codd. 27 κατεχαρίσατο G. H. Schaefer: καὶ ἐχαρίσατο vulg. 32 δεδόχθαι Wolf: δεδόχθω codd. 33 τραγῳδιῶν] fort. τραγῳδῶν Dindorf 34–35 ἴσως . . . βλέπειν secl. Wunderlich

ματος, ἐφίσταται τοῦ Κτησιφῶντος κατήγορος Αἰσχίνης, ἐκ τῆς
πολιτείας ὑπάρχων ἐχθρός, παράνομον εἶναι φάσκων πρὸς τρεῖς
νόμους τὸ ψήφισμα, ἕνα μὲν τὸν κελεύοντα τὸν ὑπεύθυνον μὴ
στεφανοῦσθαι, πρὶν ἂν δῷ τὰς εὐθύνας· οὔπω δὲ ταύτας, φησίν,
ὁ Δημοσθένης ἐδεδώκει καὶ τὰ θεωρικὰ διοικῶν καὶ τειχοποιῶν,
καὶ ἔδει ἀναμεῖναι καὶ ἐπισχεῖν τὸ γέρας, ἕως ἂν ὀφθῇ καθαρὸς
ἐξετασθείς. δεύτερον δ' ἀναγινώσκει νόμον τὸν κελεύοντα ἐν 4
Πυκνὶ στεφανοῦσθαι, ἐν τῇ ἐκκλησίᾳ, διαβάλλων τοὺς πολίτας [224]
τοὺς δεξαμένους ἐν τῷ θεάτρῳ ἀναγορευθῆναι τοῦ Δημοσθένους
τὸν στέφανον. ὁ δὲ τρίτος νόμος εἰς τὴν ὅλην ὁρᾷ τοῦ βίου καὶ
τῆς πολιτείας ἐξέτασιν· κελεύει γὰρ μηδέποτε ψευδῆ γράμματα
εἰς τὸ Μητρῷον εἰσάγειν, ἔνθα ἐστὶν ὅλα τὰ δημόσια γράμματα.
ἐψεύσατο δέ, φησίν, εὔνοιαν καὶ σπουδὴν μαρτυρήσας τῷ Δημο-
σθένει· κακόνους γὰρ μᾶλλον καὶ πολέμιος εὑρίσκεται τῇ πατρίδι.
τούτου τοῦ νόμου χρησίμου τυγχάνοντος, τοῦ τρίτου, ἀντιλαβό- 5
μενος ὥσπερ τινὸς ἀγκύρας ὁ ῥήτωρ κατεπάλαισε τὸν ἀντίδικον,
μεθόδῳ δεινοτάτῃ καὶ σοφωτάτῃ τῇ περὶ τοῦ κατηγόρου χρησά-
μενος· ἐκεῖθεν γὰρ ἔσχε λαβὴν ἑλεῖν καὶ καταγωνίσασθαι τὸν
πολέμιον. τοὺς μὲν γὰρ ἄλλους δύο νόμους, τόν τε τῶν ὑπευθύ-
νων καὶ τὸν τοῦ κηρύγματος, εἰς τὸ μέσον τοῦ λόγου ἀπέρριψε,
στρατηγικῶς 'κακοὺς δ' εἰς μέσσον ἐλάσσας,' τῷ δ' ἰσχυροτάτῳ
εἰς τὰ ἄκρα προσκέχρηται, τὸ σαθρὸν τῶν ἄλλων ἐξ ἑκατέρου
ῥωννύς. ἔοικε δὲ καὶ διοικῶν πρὸς τὸ συμφέρον τὸν λόγον, καὶ 6
οὐ σφόδρα ἀναιδῶς τὴν τέχνην ἐπιδεικνύμενος. δοκῶν γὰρ ἐν
πρώτοις ὑπερβαίνειν τὸ νόμιμον, ἑτέρῳ τρόπῳ τῷ νομίμῳ προσκέ-
χρηται· καὶ γὰρ νόμον ἀνέγνω Αἰσχίνης τὸν περὶ τῶν γραφόντων
ψευδῆ, πρὸς ὃν ὁ ῥήτωρ ἀποκρινόμενος εὗρε καιρὸν εἰς μέσον
ἀγαγεῖν τὰ ἑαυτοῦ πολιτεύματα, ὡς νομίμῳ μαχόμενος. καὶ ἡ
μὲν διοίκησις τοῦ λόγου τοιαύτη, κεφάλαιον δ' ἰσχυρὸν τῷ μὲν
Αἰσχίνῃ τὸ νόμιμον, τῷ δὲ ῥήτορι τὸ δίκαιον, κοινὸν δ' ἀπὸ τοῦ
ἴσου τὸ συμφέρον, οὐκ ἔχον φανερὰν τὴν ἐξέτασιν. ἡ στάσις
ἔγγραφος πραγματική· περὶ ῥητοῦ γὰρ τὸ ψήφισμα. [225]

Τῆς δὲ γραφῆς ἔτι Φιλίππου ζῶντος ἀποτεθείσης, ἐπ' Ἀλε- 7
ξάνδρου διαδεξαμένου τὴν ἀρχὴν ὁ λόγος ἐστὶ καὶ ἡ κρίσις. ὡς
γὰρ ἀπέθανε Φίλιππος καὶ τὴν φρουρὰν οἱ Θηβαῖοι τεθαρσηκότες
ἐξέβαλον, ὁ μὲν Ἀλέξανδρος ὡς καταφρονηθεὶς τὰς Θήβας κατέ-

17 περὶ] παρὰ Weil 21 μέσσον ἐλάσσας Voemel (cf. Il. Δ 299): μέσον ἐλάσας codd. 23 διοικῶν Blass: διοικεῖν codd. 26 γραφόντων Blass: εἰσφερόντων Weil: στεφάνων codd. 32 περὶ . . . ψήφισμα] περὶ ῥητοῦ γὰρ τοῦ ψηφίσματος Weil ψήφισμα codd.: ζήτημα Fox

σκαψεν, εἶτα μεταγνοὺς ἐπὶ τῷ πεπραγμένῳ ἐξεχώρησε τῆς Ἑλλάδος αἰσχυνόμενος καὶ κατὰ τῶν βαρβάρων ἐστράτευσεν, οἱ δ' Ἀθηναῖοι καιρὸν ἔχειν ἐνόμισαν κρίσει παραδοῦναι τοὺς προδότας τοὺς τὴν Ἑλλάδα ἀδικήσαντας, καὶ οὕτω συνεκροτήθη τὸ δικαστήριον.

Πρῶτον μέν, ὦ ἄνδρες Ἀθηναῖοι, τοῖς θεοῖς εὔχομαι
πᾶσι καὶ πάσαις, ὅσην εὔνοιαν ἔχων ἐγὼ διατελῶ τῇ τε πόλει
[226] καὶ πᾶσιν ὑμῖν, τοσαύτην ὑπάρξαι μοι παρ' ὑμῶν εἰς τουτονὶ
τὸν ἀγῶνα, ἔπειθ' ὅπερ ἐστὶ μάλισθ' ὑπὲρ ὑμῶν καὶ τῆς ὑμετέ-
ρας εὐσεβείας τε καὶ δόξης, τοῦτο παραστῆσαι τοὺς θεοὺς
ὑμῖν, μὴ τὸν ἀντίδικον σύμβουλον ποιήσασθαι περὶ τοῦ πῶς
2 ἀκούειν ὑμᾶς ἐμοῦ δεῖ (σχέτλιον γὰρ ἂν εἴη τοῦτό γε), ἀλλὰ
τοὺς νόμους καὶ τὸν ὅρκον, ἐν ᾧ πρὸς ἅπασι τοῖς ἄλλοις
δικαίοις καὶ τοῦτο γέγραπται, τὸ ὁμοίως ἀμφοῖν ἀκροά-
σασθαι. τοῦτο δ' ἐστὶν οὐ μόνον τὸ μὴ προκατεγνωκέναι
μηδέν, οὐδὲ τὸ τὴν εὔνοιαν ἴσην ἀποδοῦναι, ἀλλὰ τὸ καὶ τῇ
τάξει καὶ τῇ ἀπολογίᾳ, ὡς βεβούληται καὶ προῄρηται τῶν
ἀγωνιζομένων ἕκαστος, οὕτως ἐᾶσαι χρήσασθαι.
3 Πολλὰ μὲν οὖν ἔγωγ' ἐλαττοῦμαι κατὰ τουτονὶ τὸν ἀγῶν'
Αἰσχίνου, δύο δ', ὦ ἄνδρες Ἀθηναῖοι, καὶ μεγάλα, ἓν μὲν
ὅτι οὐ περὶ τῶν ἴσων ἀγωνίζομαι· οὐ γάρ ἐστιν ἴσον νῦν
ἐμοὶ τῆς παρ' ὑμῶν εὐνοίας διαμαρτεῖν καὶ τούτῳ μὴ ἑλεῖν
τὴν γραφήν, ἀλλ' ἐμοὶ μὲν—οὐ βούλομαι δυσχερὲς εἰπεῖν
οὐδὲν ἀρχόμενος τοῦ λόγου, οὗτος δ' ἐκ περιουσίας μου
κατηγορεῖ. ἕτερον δ', ὃ φύσει πᾶσιν ἀνθρώποις ὑπάρχει,
τῶν μὲν λοιδοριῶν καὶ τῶν κατηγοριῶν ἀκούειν ἡδέως, τοῖς
4 ἐπαινοῦσι δ' αὑτοὺς ἄχθεσθαι· τούτων τοίνυν ὃ μέν ἐστι
πρὸς ἡδονήν, τούτῳ δέδοται, ὃ δὲ πᾶσιν ὡς ἔπος εἰπεῖν
ἐνοχλεῖ, λοιπὸν ἐμοί. κἂν μὲν εὐλαβούμενος τοῦτο μὴ

12 ὑμᾶς ἐμοῦ secl. Rosenberg 14 ἀκροάσασθαι S : ἀκροᾶσθαι cett. : ἀκροάσεσθαι Spengel, cf. xxiv 151 16 ἀμφοτέροις post ἴσην add. vulg. S γρ. : om. S L[1] τὸ καὶ S L : καὶ τὸ vulg. 23 ἐμοὶ S L vulg. : ἐγὼ B γρ. Y γρ. δὲ post βούλομαι add. L vulg. : om. S[1] F γρ. B γρ. εἰπεῖν οὐδὲν S : οὐδὲν εἰπεῖν L A : εἰπεῖν al.

λέγω τὰ πεπραγμέν' ἐμαυτῷ, οὐκ ἔχειν ἀπολύσασθαι τὰ
κατηγορημένα δόξω, οὐδ' ἐφ' οἷς ἀξιῶ τιμᾶσθαι δεικνύναι·
ἐὰν δ' ἐφ' ἃ καὶ πεποίηκα καὶ πεπολίτευμαι βαδίζω, πολ-
λάκις λέγειν ἀναγκασθήσομαι περὶ ἐμαυτοῦ. πειράσομαι [227]
μὲν οὖν ὡς μετριώτατα τοῦτο ποιεῖν· ὅ τι δ' ἂν τὸ πρᾶγμα
αὔτ' ἀναγκάζῃ, τούτου τὴν αἰτίαν οὗτός ἐστι δίκαιος ἔχειν
ὁ τοιοῦτον ἀγῶν' ἐνστησάμενος.

Οἶμαι δ' ὑμᾶς, ὦ ἄνδρες Ἀθηναῖοι, πάντας ἂν ὁμολο- 5
γῆσαι κοινὸν εἶναι τουτονὶ τὸν ἀγῶν' ἐμοὶ καὶ Κτησιφῶντι
καὶ οὐδὲν ἐλάττονος ἄξιον σπουδῆς ἐμοί· πάντων μὲν γὰρ
ἀποστερεῖσθαι λυπηρόν ἐστι καὶ χαλεπόν, ἄλλως τε κἂν
ὑπ' ἐχθροῦ τῳ τοῦτο συμβαίνῃ, μάλιστα δὲ τῆς παρ' ὑμῶν
εὐνοίας καὶ φιλανθρωπίας, ὅσῳπερ καὶ τὸ τυχεῖν τούτων
μέγιστόν ἐστιν. περὶ τούτων δ' ὄντος τουτουὶ τοῦ ἀγῶνος 6
ἀξιῶ καὶ δέομαι πάντων ὁμοίως ὑμῶν ἀκοῦσαί μου περὶ τῶν
κατηγορημένων ἀπολογουμένου δικαίως, ὥσπερ οἱ νόμοι
κελεύουσιν, οὓς ὁ τιθεὶς ἐξ ἀρχῆς Σόλων, εὔνους ὢν ὑμῖν
καὶ δημοτικός, οὐ μόνον τῷ γράψαι κυρίους ᾤετο δεῖν εἶναι,
ἀλλὰ καὶ τῷ τοὺς δικάζοντας ὀμωμοκέναι, οὐκ ἀπιστῶν ὑμῖν,
ὥς γ' ἐμοὶ φαίνεται, ἀλλ' ὁρῶν ὅτι τὰς αἰτίας καὶ τὰς δια- 7
βολάς, αἷς ἐκ τοῦ πρότερος λέγειν ὁ διώκων ἰσχύει, οὐκ ἔνι
τῷ φεύγοντι παρελθεῖν, εἰ μὴ τῶν δικαζόντων ἕκαστος ὑμῶν
τὴν πρὸς τοὺς θεοὺς εὐσέβειαν φυλάττων καὶ τὰ τοῦ λέ-
γοντος ὑστέρου δίκαια εὐνοϊκῶς προσδέξεται, καὶ παρασχὼν
αὑτὸν ἴσον καὶ κοινὸν ἀμφοτέροις ἀκροατὴν οὕτω τὴν διά-
γνωσιν ποιήσεται περὶ ἁπάντων.

Μέλλων δὲ τοῦ τ' ἰδίου βίου παντός, ὡς ἔοικε, λόγον 8
διδόναι τήμερον καὶ τῶν κοινῇ πεπολιτευμένων, βούλομαι
πάλιν τοὺς θεοὺς παρακαλέσαι, καὶ ἐναντίον ὑμῶν εὔχομαι

6 οὗτος secl. Rosenberg 8 πάντας] post ὑμᾶς S L soli 9 τε post ἐμοὶ add. vulg.: om. S[1] solus 11 ἀποστερεῖσθαι] ἀπορεῖσθαι S 17 τιθεὶς] θεὶς Dobree 23 φυλάττων S L[1]: διαφυλάττων vulg. 24 ὑστέρου S[1] L[2] A: ὕστερον L[1] vulg. 29 καθάπερ ἐν ἀρχῇ post πάλιν add. vulg.: om. S L[1] A

πρῶτον μέν, ὅσην εὔνοιαν ἔχων ἐγὼ διατελῶ τῇ τε πόλει
[228] καὶ πᾶσιν ὑμῖν, τοσαύτην ὑπάρξαι μοι παρ' ὑμῶν εἰς του-
τονὶ τὸν ἀγῶνα, ἔπειθ' ὅ τι μέλλει συνοίσειν καὶ πρὸς
εὐδοξίαν κοινῇ καὶ πρὸς εὐσέβειαν ἑκάστῳ, τοῦτο παρα-
στῆσαι πᾶσιν ὑμῖν περὶ ταυτησὶ τῆς γραφῆς γνῶναι.
9 Εἰ μὲν οὖν περὶ ὧν ἐδίωκε μόνον κατηγόρησεν Αἰσχίνης,
κἀγὼ περὶ αὐτοῦ τοῦ προβουλεύματος εὐθὺς ἂν ἀπελογούμην·
ἐπειδὴ δ' οὐκ ἐλάττω λόγον τἄλλα διεξιὼν ἀνήλωκε καὶ
τὰ πλεῖστα κατεψεύσατό μου, ἀναγκαῖον εἶναι νομίζω καὶ
δίκαιον ἅμα βραχέ', ὦ ἄνδρες Ἀθηναῖοι, περὶ τούτων εἰπεῖν
πρῶτον, ἵνα μηδεὶς ὑμῶν τοῖς ἔξωθεν λόγοις ἠγμένος ἀλλο-
τριώτερον τῶν ὑπὲρ τῆς γραφῆς δικαίων ἀκούῃ μου.
10 Περὶ μὲν δὴ τῶν ἰδίων ὅσα λοιδορούμενος βεβλασφήμηκεν
περὶ ἐμοῦ, θεάσασθ' ὡς ἁπλᾶ καὶ δίκαια λέγω. εἰ μὲν
ἴστε με τοιοῦτον οἷον οὗτος ᾐτιᾶτο (οὐ γὰρ ἄλλοθί που
βεβίωκ' ἢ παρ' ὑμῖν), μηδὲ φωνὴν ἀνάσχησθε, μηδ' εἰ
πάντα τὰ κοινὰ ὑπέρευ πεπολίτευμαι, ἀλλ' ἀναστάντες
καταψηφίσασθ' ἤδη· εἰ δὲ πολλῷ βελτίω τούτου καὶ ἐκ
βελτιόνων, καὶ μηδενὸς τῶν μετρίων, ἵνα μηδὲν ἐπαχθὲς
λέγω, χείρονα καὶ ἐμὲ καὶ τοὺς ἐμοὺς ὑπειλήφατε καὶ
γιγνώσκετε, τούτῳ μὲν μηδ' ὑπὲρ τῶν ἄλλων πιστεύετε
(δῆλον γὰρ ὡς ὁμοίως ἅπαντ' ἐπλάττετο), ἐμοὶ δ', ἣν παρὰ
πάντα τὸν χρόνον εὔνοιαν ἐνδέδειχθ' ἐπὶ πολλῶν ἀγώνων
11 τῶν πρότερον, καὶ νυνὶ παράσχεσθε. κακοήθης δ' ὤν,
Αἰσχίνη, τοῦτο παντελῶς εὔηθες ᾠήθης, τοὺς περὶ τῶν
πεπραγμένων καὶ πεπολιτευμένων λόγους ἀφέντα με πρὸς
τὰς λοιδορίας τὰς παρὰ σοῦ τρέψεσθαι. οὐ δὴ ποιήσω
[229] τοῦτο· οὐχ οὕτω τετύφωμαι· ἀλλ' ὑπὲρ μὲν τῶν πεπολι-
τευμένων ἃ κατεψεύδου καὶ διέβαλλες ἐξετάσω, τῆς δὲ

1 τε om. S$^1$ L 2 παρ' ὑμῶν om. S$^1$ L$^1$ 4 παραστῆσαι S L$^1$, cf. schol. p. 266, 22 : παραστῆσαι τοὺς θεοὺς vulg. : παραστῆναι Bekker 10 εἰπεῖν ante πρῶτον S$^1$ L : post πρῶτον vulg. 18 τούτου secl. Rosenberg, cf. § 197 24 γεγενημένων post πρότερον add. vulg. : om. S L$^1$ A 29 αὐτίκα ante ἐξετάσω vulg. : post ἐξετάσω al. : om. S L F Q Y

πομπείας ταύτης τῆς ἀνέδην γεγενημένης, ὕστερον, ἂν
βουλομένοις ᾖ τουτοισί, μνησθήσομαι.
Τὰ μὲν οὖν κατηγορημένα πολλά, καὶ περὶ ὧν ἐνίων 12
μεγάλας καὶ τὰς ἐσχάτας οἱ νόμοι διδόασι τιμωρίας, τοῦ δὲ
παρόντος ἀγῶνος ἡ προαίρεσις αὕτη· ἐχθροῦ μὲν ἐπήρειαν
ἔχει καὶ ὕβριν καὶ λοιδορίαν καὶ προπηλακισμὸν ὁμοῦ καὶ
πάντα τὰ τοιαῦτα, τῶν μέντοι κατηγοριῶν καὶ τῶν αἰτιῶν
τῶν εἰρημένων, εἴπερ ἦσαν ἀληθεῖς, οὐκ ἔνι τῇ πόλει δίκην
ἀξίαν λαβεῖν, οὐδ' ἐγγύς. οὐ γὰρ ἀφαιρεῖσθαι δεῖ τὸ 13
προσελθεῖν τῷ δήμῳ καὶ λόγου τυχεῖν, οὐδ' ἐν ἐπηρείας
τάξει καὶ φθόνου τοῦτο ποιεῖν· οὔτε μὰ τοὺς θεοὺς ὀρθῶς
ἔχον οὔτε πολιτικὸν οὔτε δίκαιόν ἐστιν, ὦ ἄνδρες Ἀθηναῖοι·
ἀλλ' ἐφ' οἷς ἀδικοῦντά μ' ἑώρα τὴν πόλιν, οὖσί γε τηλι-
κούτοις ἡλίκα νῦν ἐτραγῴδει καὶ διεξῄει, ταῖς ἐκ τῶν νόμων
τιμωρίαις παρ' αὐτὰ τἀδικήματα χρῆσθαι, εἰ μὲν εἰσαγγελίας
ἄξια πράττονθ' ἑώρα, εἰσαγγέλλοντα καὶ τοῦτον τὸν τρόπον
εἰς κρίσιν καθιστάντα παρ' ὑμῖν, εἰ δὲ γράφοντα παράνομα,
παρανόμων γραφόμενον· οὐ γὰρ δήπου Κτησιφῶντα μὲν δύ-
ναται διώκειν δι' ἐμέ, ἐμὲ δ', εἴπερ ἐξελέγξειν ἐνόμιζεν, αὐτὸν
οὐκ ἂν ἐγράψατο. καὶ μὴν εἴ τι τῶν ἄλλων ὧν νυνὶ διέ- 14
βαλλε καὶ διεξῄει ἢ καὶ ἄλλ' ὁτιοῦν ἀδικοῦντά μ' ὑμᾶς
ἑώρα, εἰσὶ νόμοι περὶ πάντων καὶ τιμωρίαι, καὶ ἀγῶνες καὶ
κρίσεις πικρὰ καὶ μεγάλ' ἔχουσαι τἀπιτίμια, καὶ τούτοις
ἐξῆν ἅπασι χρῆσθαι, καὶ ὁπηνίκ' ἐφαίνετο ταῦτα πεποιηκὼς
καὶ τοῦτον τὸν τρόπον κεχρημένος τοῖς πρὸς ἐμέ, ὡμολογεῖτ' [230]
ἂν ἡ κατηγορία τοῖς ἔργοις αὐτοῦ. νῦν δ' ἐκστὰς τῆς ὀρθῆς 15
καὶ δικαίας ὁδοῦ καὶ φυγὼν τοὺς παρ' αὐτὰ τὰ πράγματ'

1 ἀνέδην S corr. L$^1$ O corr. : ἀναίδην S$^1$ A F$^1$ vulg. οὑτωσὶ post ἀνέδην (vel ἀναίδην) add. F vulg. : om. S L$^1$ A 2 ἀκούειν post βουλομένοις S L A : ante μνησθήσομαι vulg. : om. F Q Y, cf. schol. p. 268, 28, xxiii 18 3 καὶ δεινὰ post πολλὰ add. F vulg. : om. S L$^1$ A 5 αὕτη S? : αὐτὴ vulg. 8 ἔνι A$^1$ F S γρ. : ἔχει S L$^1$: ἔστι A corr. : ἐπὶ al. 9 δεῖ om. S$^1$ 19 ἐξελέγξειν A : ἐξελέγχειν S$^1$ L F vulg. αὐτὸν secl. Gebauer, cf. schol. p. 270, 7 23 πικρὰ . . . τἀπιτίμια om. S$^1$ 24 κατ' ἐμοῦ post χρῆσθαι add. A : om. S L$^1$ F 25 ἐμέ] με S solus

ἐλέγχους, τοσούτοις ὕστερον χρόνοις αἰτίας καὶ σκώμματα
καὶ λοιδορίας συμφορήσας ὑποκρίνεται· εἶτα κατηγορεῖ μὲν
ἐμοῦ, κρίνει δὲ τουτονί, καὶ τοῦ μὲν ἀγῶνος ὅλου τὴν πρὸς
ἔμ' ἔχθραν προΐσταται, οὐδαμοῦ δ' ἐπὶ ταύτην ἀπηντηκὼς
16 ἐμοὶ τὴν ἑτέρου ζητῶν ἐπιτιμίαν ἀφελέσθαι φαίνεται. καίτοι
πρὸς ἅπασιν, ὦ ἄνδρες Ἀθηναῖοι, τοῖς ἄλλοις οἷς ἂν εἰπεῖν
τις ὑπὲρ Κτησιφῶντος ἔχοι, καὶ τοῦτ' ἔμοιγε δοκεῖ καὶ μάλ'
εἰκότως ἂν λέγειν, ὅτι τῆς ἡμετέρας ἔχθρας ἡμᾶς ἐφ' ἡμῶν
αὐτῶν δίκαιον ἦν τὸν ἐξετασμὸν ποιεῖσθαι, οὐ τὸ μὲν πρὸς
ἀλλήλους ἀγωνίζεσθαι παραλείπειν, ἑτέρῳ δ' ὅτῳ κακόν τι
δώσομεν ζητεῖν· ὑπερβολὴ γὰρ ἀδικίας τοῦτό γε.
17 Πάντα μὲν τοίνυν τὰ κατηγορημέν' ὁμοίως ἐκ τούτων ἄν
τις ἴδοι, οὔτε δικαίως οὔτ' ἐπ' ἀληθείας οὐδεμιᾶς εἰρημένα·
βούλομαι δὲ καὶ καθ' ἓν ἕκαστον αὐτῶν ἐξετάσαι, καὶ
μάλισθ' ὅσ' ὑπὲρ τῆς εἰρήνης καὶ τῆς πρεσβείας κατεψεύ-
σατό μου, τὰ πεπραγμέν' ἑαυτῷ μετὰ Φιλοκράτους ἀνατιθεὶς
ἐμοί. ἔστι δ' ἀναγκαῖον, ὦ ἄνδρες Ἀθηναῖοι, καὶ προσῆκον
ἴσως, ὡς κατ' ἐκείνους τοὺς χρόνους εἶχε τὰ πράγματ'
ἀναμνῆσαι, ἵνα πρὸς τὸν ὑπάρχοντα καιρὸν ἕκαστα θεωρῆτε.
18 Τοῦ γὰρ Φωκικοῦ συστάντος πολέμου, οὐ δι' ἐμέ (οὐ γὰρ
ἔγωγ' ἐπολιτευόμην πω τότε), πρῶτον μὲν ὑμεῖς οὕτω διέ-
κεισθε ὥστε Φωκέας μὲν βούλεσθαι σωθῆναι, καίπερ οὐ
[231] δίκαια ποιοῦντας ὁρῶντες, Θηβαίοις δ' ὁτιοῦν ἂν ἐφησθῆναι
παθοῦσιν, οὐκ ἀλόγως οὐδ' ἀδίκως αὐτοῖς ὀργιζόμενοι· οἷς
γὰρ ηὐτυχήκεσαν ἐν Λεύκτροις οὐ μετρίως ἐκέχρηντο· ἔπειθ'
ἡ Πελοπόννησος ἅπασα διειστήκει, καὶ οὔθ' οἱ μισοῦντες
Λακεδαιμονίους οὕτως ἴσχυον ὥστ' ἀνελεῖν αὐτούς, οὔθ' οἱ
πρότερον δι' ἐκείνων ἄρχοντες κύριοι τῶν πόλεων ἦσαν,
ἀλλά τις ἦν ἄκριτος καὶ παρὰ τούτοις καὶ παρὰ τοῖς ἄλλοις
19 ἅπασιν ἔρις καὶ ταραχή. ταῦτα δ' ὁρῶν ὁ Φίλιππος (οὐ

6 τοῖς ἄλλοις . . . ἔχοι S L¹: τοῖς ἄλλοις . . . ἔχοι δικαίοις A : τοῖς ἄλλοις δικαίοις . . . ἔχοι F 14 ἓν ἕκαστον vulg. : ἕκαστον A : ἐν ἕκαστ' S : ἕκαστ' Blass 19 ὑμᾶς post ἀναμνῆσαι add. vulg. : om. S L¹

γὰρ ἦν ἀφανῆ) τοῖς παρ' ἑκάστοις προδόταις χρήματ' ἀνα-
λίσκων πάντας συνέκρουε καὶ πρὸς αὑτοὺς ἐτάραττεν· εἶτ'
ἐν οἷς ἡμάρτανον ἄλλοι καὶ κακῶς ἐφρόνουν, αὐτὸς παρε-
σκευάζετο καὶ κατὰ πάντων ἐφύετο. ὡς δὲ ταλαιπωρού-
μενοι τῷ μήκει τοῦ πολέμου οἱ τότε μὲν βαρεῖς, νῦν δ'
ἀτυχεῖς Θηβαῖοι φανεροὶ πᾶσιν ἦσαν ἀναγκασθησόμενοι
καταφεύγειν ἐφ' ὑμᾶς, ὁ Φίλιππος, ἵνα μὴ τοῦτο γένοιτο
μηδὲ συνέλθοιεν αἱ πόλεις, ὑμῖν μὲν εἰρήνην, ἐκείνοις δὲ
βοήθειαν ἐπηγγείλατο. τί οὖν συνηγωνίσατ' αὐτῷ πρὸς 20
τὸ λαβεῖν ὀλίγου δεῖν ὑμᾶς ἑκόντας ἐξαπατωμένους; ἡ τῶν
ἄλλων Ἑλλήνων, εἴτε χρὴ κακίαν εἴτ' ἄγνοιαν εἴτε καὶ ἀμ-
φότερα ταῦτ' εἰπεῖν, οἳ πόλεμον συνεχῆ καὶ μακρὸν πολε-
μούντων ὑμῶν, καὶ τοῦτον ὑπὲρ τῶν πᾶσι συμφερόντων,
ὡς ἔργῳ φανερὸν γέγονεν, οὔτε χρήμασιν οὔτε σώμασιν
οὔτ' ἄλλῳ οὐδενὶ τῶν ἁπάντων συνελάμβανον ὑμῖν· οἷς καὶ
δικαίως καὶ προσηκόντως ὀργιζόμενοι ἑτοίμως ὑπηκούσατε
τῷ Φιλίππῳ. ἡ μὲν οὖν τότε συγχωρηθεῖσ' εἰρήνη διὰ
ταῦτ', οὐ δι' ἐμέ, ὡς οὗτος διέβαλλεν, ἐπράχθη· τὰ δὲ [232]
τούτων ἀδικήματα καὶ δωροδοκήματ' ἐν αὐτῇ τῶν νυνὶ
παρόντων πραγμάτων, ἄν τις ἐξετάζῃ δικαίως, αἴτι' εὑρήσει.
καὶ ταυτὶ πάνθ' ὑπὲρ τῆς ἀληθείας ἀκριβολογοῦμαι καὶ δι- 21
εξέρχομαι. εἰ γὰρ εἶναί τι δοκοίη τὰ μάλιστ' ἐν τούτοις
ἀδίκημα, οὐδέν ἐστι δήπου πρὸς ἐμέ· ἀλλ' ὁ μὲν πρῶτος
εἰπὼν καὶ μνησθεὶς ὑπὲρ τῆς εἰρήνης Ἀριστόδημος ἦν ὁ
ὑποκριτής, ὁ δ' ἐκδεξάμενος καὶ γράψας καὶ ἑαυτὸν μετὰ
τούτου μισθώσας ἐπὶ ταῦτα Φιλοκράτης ὁ Ἁγνούσιος, ὁ
σός, Αἰσχίνη, κοινωνός, οὐχ ὁ ἐμός, οὐδ' ἂν σὺ διαρραγῇς
ψευδόμενος, οἱ δὲ συνειπόντες ὅτου δήποθ' εἵνεκα (ἐῶ γὰρ
τοῦτό γ' ἐν τῷ παρόντι) Εὔβουλος καὶ Κηφισοφῶν· ἐγὼ
δ' οὐδὲν οὐδαμοῦ. ἀλλ' ὅμως, τούτων τοιούτων ὄντων καὶ 22

2 αὐτοὺς S L[1] : ἑαυτοὺς vulg. : ἀλλήλους A L corr. 3 ἄλλοι S[1] L : οἱ ἄλλοι vulg. : ἅλλοι Blass 7 ὁ om. S[1] 13 κοινῇ ante πᾶσι add. vulg. : om. S L[1] 22–23 τι . . . ἀδίκημα S L[1] : τινα . . . ἀδικήματα vulg. 27 οὐχ ὁ S L : οὐκ cett.

ἐπ᾽ αὐτῆς τῆς ἀληθείας οὕτω δεικνυμένων, εἰς τοῦθ᾽ ἧκεν ἀναιδείας ὥστ᾽ ἐτόλμα λέγειν ὡς ἄρ᾽ ἐγὼ πρὸς τῷ τῆς εἰρήνης αἴτιος γεγενῆσθαι καὶ κεκωλυκὼς εἴην τὴν πόλιν μετὰ κοινοῦ συνεδρίου τῶν Ἑλλήνων ταύτην ποιήσασθαι. εἶτ᾽ ὦ—τί ἂν εἰπών σέ τις ὀρθῶς προσείποι; ἔστιν ὅπου σὺ παρὼν τηλικαύτην πρᾶξιν καὶ συμμαχίαν, ἡλίκην νυνὶ διεξῄεις, ὁρῶν ἀφαιρούμενόν με τῆς πόλεως, ἠγανάκτησας, ἢ παρελθὼν ταῦθ᾽ ἃ νῦν κατηγόρεις ἐδίδαξας καὶ διεξῆλθες;
23 καὶ μὴν εἰ τὸ κωλῦσαι τὴν τῶν Ἑλλήνων κοινωνίαν ἐπεπράκειν ἐγὼ Φιλίππῳ, σοὶ τὸ μὴ σιγῆσαι λοιπὸν ἦν, ἀλλὰ βοᾶν καὶ διαμαρτύρεσθαι καὶ δηλοῦν τουτοισί. οὐ τοίνυν
[233] ἐποίησας οὐδαμοῦ τοῦτο, οὐδ᾽ ἤκουσέ σου ταύτην τὴν φωνὴν οὐδείς· οὔτε γὰρ ἦν πρεσβεία πρὸς οὐδέν᾽ ἀπεσταλμένη τότε τῶν Ἑλλήνων, ἀλλὰ πάλαι πάντες ἦσαν ἐξεληλε-
24 γμένοι, οὔθ᾽ οὗτος ὑγιὲς περὶ τούτων εἴρηκεν οὐδέν. χωρὶς δὲ τούτων καὶ διαβάλλει τὴν πόλιν τὰ μέγιστ᾽ ἐν οἷς ψεύδεται· εἰ γὰρ ὑμεῖς ἅμα τοὺς μὲν Ἕλληνας εἰς πόλεμον παρεκαλεῖτε, αὐτοὶ δὲ πρὸς Φίλιππον περὶ εἰρήνης πρέσβεις ἐπέμπετε, Εὐρυβάτου πρᾶγμα, οὐ πόλεως ἔργον οὐδὲ χρηστῶν ἀνθρώπων διεπράττεσθε. ἀλλ᾽ οὐκ ἔστι ταῦτα, οὐκ ἔστι· τί γὰρ καὶ βουλόμενοι μετεπέμπεσθ᾽ ἂν αὐτοὺς ἐν τούτῳ τῷ καιρῷ; ἐπὶ τὴν εἰρήνην; ἀλλ᾽ ὑπῆρχεν ἅπασιν. ἀλλ᾽ ἐπὶ τὸν πόλεμον; ἀλλ᾽ αὐτοὶ περὶ εἰρήνης ἐβουλεύεσθε. οὔκουν οὔτε τῆς ἐξ ἀρχῆς εἰρήνης ἡγεμὼν οὐδ᾽ αἴτιος ὢν ἐγὼ φαίνομαι, οὔτε τῶν ἄλλων ὧν κατεψεύσατό μου οὐδὲν ἀληθὲς ὂν δείκνυται.
25 Ἐπειδὴ τοίνυν ἐποιήσατο τὴν εἰρήνην ἡ πόλις, ἐνταῦθα πάλιν σκέψασθε τί ἡμῶν ἑκάτερος προείλετο πράττειν· καὶ γὰρ ἐκ τούτων εἴσεσθε τίς ἦν ὁ Φιλίππῳ πάντα συναγωνι-

2 ἐτόλμα A : ετολμα S¹ (ε linea deletum) : τολμᾷ F vulg. 7 ante διεξῄεις add. ἐτραγῴδεις καὶ vulg. : διετραγῴδεις καὶ B Y : om. S L 8 κατηγορεῖς codd. : κατηγόρεις G. H. Schaefer καὶ διεξῆλθες del. Dobree : ἢ διεξῆλθες F 13 εἰκότως post οὐδείς add. A : om. S L¹ F, cf. § 47 οὐδένα S L vulg., cf. i 19, xix 50 : οὐδένας O, Cobet 18 τῆς ante εἰρήνης add. S solus 28 εἴσεσθε] ὄψεσθε A πάντα vulg. S γρ., schol. p. 274, 15 : τε τὴν εἰρήνην S L¹

ζόμενος, καὶ τίς ὁ πράττων ὑπὲρ ὑμῶν καὶ τὸ τῇ πόλει συμφέρον ζητῶν. ἐγὼ μὲν τοίνυν ἔγραψα βουλεύων ἀποπλεῖν τὴν ταχίστην τοὺς πρέσβεις ἐπὶ τοὺς τόπους ἐν οἷς ἂν ὄντα Φίλιππον πυνθάνωνται, καὶ τοὺς ὅρκους ἀπολαμβάνειν· οὗτοι δ' οὐδὲ γράψαντος ἐμοῦ ταῦτα ποιεῖν ἠθέλησαν. τί δὲ τοῦτ' ἐδύνατο, ὦ ἄνδρες Ἀθηναῖοι; ἐγὼ διδάξω. 26
Φιλίππῳ μὲν ἦν συμφέρον ὡς πλεῖστον τὸν μεταξὺ χρόνον γενέσθαι τῶν ὅρκων, ὑμῖν δ' ὡς ἐλάχιστον. διὰ τί; ὅτι [234]
ὑμεῖς μὲν οὐκ ἀφ' ἧς ὠμόσαθ' ἡμέρας μόνον, ἀλλ' ἀφ' ἧς ἠλπίσατε τὴν εἰρήνην ἔσεσθαι, πάσας ἐξελύσατε τὰς παρασκευὰς τὰς τοῦ πολέμου, ὁ δὲ τοῦτ' ἐκ παντὸς τοῦ χρόνου μάλιστ' ἐπραγματεύετο, νομίζων, ὅπερ ἦν ἀληθές, ὅσα τῆς πόλεως προλάβοι πρὸ τοῦ τοὺς ὅρκους ἀποδοῦναι, πάντα ταῦτα βεβαίως ἕξειν· οὐδένα γὰρ τὴν εἰρήνην λύσειν τούτων εἵνεκα. ἁγὼ προορώμενος, ἄνδρες Ἀθηναῖοι, καὶ λογι- 27
ζόμενος τὸ ψήφισμα τοῦτο γράφω, πλεῖν ἐπὶ τοὺς τόπους ἐν οἷς ἂν ᾖ Φίλιππος καὶ τοὺς ὅρκους τὴν ταχίστην ἀπολαμβάνειν, ἵν' ἐχόντων τῶν Θρᾳκῶν, τῶν ὑμετέρων συμμάχων, ταῦτα τὰ χωρί' ἃ νῦν οὗτος διέσυρε, τὸ Σέρριον καὶ τὸ Μυρτηνὸν καὶ τὴν Ἐργίσκην, οὕτω γίγνοινθ' οἱ ὅρκοι, καὶ μὴ προλαβὼν ἐκεῖνος τοὺς ἐπικαίρους τῶν τόπων κύριος τῆς Θρᾴκης κατασταίη, μηδὲ πολλῶν μὲν χρημάτων πολλῶν δὲ στρατιωτῶν εὐπορήσας ἐκ τούτων ῥᾳδίως τοῖς λοιποῖς ἐπιχειροίη πράγμασιν. εἶτα τοῦτο μὲν οὐχὶ λέγει τὸ ψή- 28
φισμ' οὐδ' ἀναγιγνώσκει· εἰ δὲ βουλεύων ἐγὼ προσάγειν τοὺς πρέσβεις ᾤμην δεῖν, τοῦτό μου διαβάλλει. ἀλλὰ τί ἐχρῆν με ποιεῖν; μὴ προσάγειν γράψαι τοὺς ἐπὶ τοῦθ' ἥκοντας, ἵν' ὑμῖν διαλεχθῶσιν; ἢ θέαν μὴ κατανεῖμαι τὸν ἀρχιτέκτον' αὐτοῖς κελεῦσαι; ἀλλ' ἐν τοῖν δυοῖν ὀβολοῖν ἐθεώρουν ἄν, εἰ μὴ τοῦτ' ἐγράφη. τὰ μικρὰ

2 ἀποπλεῖν] πλεῖν Cobet, cf. § 27 5 οὐδὲ] οὐ $S^1$ 9 μόνον post ἡμέρας S L A: ante ἡμέρας F B vulg. 10 ἐξελύσατε S L A: ἐξελύσασθε F B 16–17 πλεῖν . . . ἀπολαμβάνειν secl. Dobree 30 ἢ ante τὰ μικρὰ add. Dindorf μικρὰ vulg.: om. $S^1$: σμικρὰ S corr. ant. $L^1$

συμφέροντα τῆς πόλεως ἔδει με φυλάττειν, τὰ δ' ὅλα, ὥσπερ οὗτοι, πεπρακέναι; οὐ δήπου. λέγε τοίνυν μοι τὸ ψήφισμα τουτὶ λαβών, ὃ σαφῶς οὗτος εἰδὼς παρέβη.

[235]
29 ΨΗΦΙΣΜΑ ΔΗΜΟΣΘΕΝΟΥΣ.

[Ἐπὶ ἄρχοντος Μνησιφίλου, ἑκατομβαιῶνος ἕνῃ καὶ νέᾳ, φυλῆς πρυτανευούσης Πανδιονίδος, Δημοσθένης Δημοσθένους Παιανιεὺς εἶπεν· ἐπειδὴ Φίλιππος ἀποστείλας πρέσβεις περὶ τῆς εἰρήνης ὁμολογουμένας πεποίηται συνθήκας, δεδόχθαι τῇ βουλῇ καὶ τῷ δήμῳ τῷ Ἀθηναίων, ὅπως ἂν ἡ εἰρήνη ἐπιτελεσθῇ ἡ ἐπιχειροτονηθεῖσα ἐν τῇ πρώτῃ ἐκκλησίᾳ, πρέσβεις ἑλέσθαι ἐκ πάντων Ἀθηναίων ἤδη πέντε, τοὺς δὲ χειροτονηθέντας ἀποδημεῖν μηδεμίαν ὑπερβολὴν ποιουμένους, ὅπου ἂν ὄντα πυνθάνωνται τὸν Φίλιππον, καὶ τοὺς ὅρκους λαβεῖν τε παρ' αὐτοῦ καὶ δοῦναι τὴν ταχίστην ἐπὶ ταῖς ὡμολογημέναις συνθήκαις αὐτῷ πρὸς τὸν Ἀθηναίων δῆμον, συμπεριλαμβάνοντας καὶ τοὺς ἑκατέρων συμμάχους. πρέσβεις ᾑρέθησαν Εὔβουλος Ἀναφλύστιος, Αἰσχίνης Κοθωκίδης, Κηφισοφῶν Ῥαμνούσιος, Δημοκράτης Φλυεύς, Κλέων Κοθωκίδης.]

30 Ταῦτα γράψαντος ἐμοῦ τότε καὶ τὸ τῇ πόλει συμφέρον οὐ τὸ Φιλίππῳ ζητοῦντος, βραχὺ φροντίσαντες οἱ χρηστοὶ πρέσβεις οὗτοι καθῆντ' ἐν Μακεδονίᾳ τρεῖς ὅλους μῆνας, ἕως ἦλθε Φίλιππος ἐκ Θρᾴκης πάντα καταστρεψάμενος, ἐξὸν ἡμερῶν δέκα, †ὁμοίως† δὲ τριῶν ἢ τεττάρων, εἰς τὸν Ἑλλήσποντον ἀφῖχθαι καὶ τὰ χωρία σῶσαι, λαβόντας τοὺς ὅρκους πρὶν ἐκεῖνον ἐξελεῖν αὐτά· οὐ γὰρ ἂν ἥψατ' αὐτῶν παρόντων ἡμῶν, ἢ οὐκ ἂν ὡρκίζομεν αὐτόν, ὥστε τῆς
[236] εἰρήνης ἂν διημαρτήκει καὶ οὐκ ἂν ἀμφότερ' εἶχε, καὶ τὴν εἰρήνην καὶ τὰ χωρία.

31 Τὸ μὲν τοίνυν ἐν τῇ πρεσβείᾳ πρῶτον κλέμμα μὲν Φι-

1 *συμφέροντα* secl. Blass *συμφέροντα τῆς πόλεως* secl. A. Schaefer 12 *ὑπερβολὴν* S¹ L¹ F: *ἀναβολὴν* A vulg. 17 *Κηφισοφῶν*] *Κτησιφῶν* al. 22 *τὰ ἐκεῖ* (sive *τἀκεῖ*) add. ante *καταστρεψάμενος* S corr. L A: post *καταστρεψάμενος* F: om. S¹ 23 *ὁμοίως* S L¹ A: *ἴσως* Blass, nescio an recte, coll. schol. ad § 17 *ἴσως*] *ὁμοίως*: *μᾶλλον* F vulg.

λίππου, δωροδόκημα δὲ τῶν ἀδίκων τούτων ἀνθρώπων
τοιοῦτον ἐγένετο· ὑπὲρ οὗ καὶ τότε καὶ νῦν καὶ ἀεὶ ὁμολογῶ
καὶ πολεμεῖν καὶ διαφέρεσθαι τούτοις. ἕτερον δ' εὐθὺς
ἐφεξῆς ἔτι τούτου μεῖζον κακούργημα θεάσασθε. ἐπειδὴ 32
γὰρ ὤμοσε τὴν εἰρήνην ὁ Φίλιππος προλαβὼν τὴν Θρᾴκην
διὰ τούτους οὐχὶ πεισθέντας τῷ ἐμῷ ψηφίσματι, πάλιν
ὠνεῖται παρ' αὐτῶν ὅπως μὴ ἄπιμεν ἐκ Μακεδονίας, ἕως τὰ
τῆς στρατείας τῆς ἐπὶ τοὺς Φωκέας εὐτρεπῆ ποιήσαιτο, ἵνα
μή, δεῦρ' ἀπαγγειλάντων ἡμῶν ὅτι μέλλει καὶ παρασκευά-
ζεται πορεύεσθαι, ἐξέλθοιθ' ὑμεῖς καὶ περιπλεύσαντες ταῖς
τριήρεσιν εἰς Πύλας ὥσπερ πρότερον κλείσαιτε τὸν τόπον,
ἀλλ' ἅμ' ἀκούοιτε ταῦτ' ἀπαγγελλόντων ἡμῶν κἀκεῖνος
ἐντὸς εἴη Πυλῶν καὶ μηδὲν ἔχοιθ' ὑμεῖς ποιῆσαι. οὕτω 33
δ' ἦν ὁ Φίλιππος ἐν φόβῳ καὶ πολλῇ ἀγωνίᾳ, μὴ καὶ ταῦτα
προειληφότος αὐτοῦ, εἰ πρὸ τοῦ τοὺς Φωκέας ἀπολέσθαι
ψηφίσαισθε βοηθεῖν, ἐκφύγοι τὰ πράγματ' αὐτόν, ὥστε
μισθοῦται τὸν κατάπτυστον τουτονί, οὐκέτι κοινῇ μετὰ τῶν
ἄλλων πρέσβεων ἀλλ' ἰδίᾳ καθ' αὑτόν, τοιαῦτα πρὸς ὑμᾶς
εἰπεῖν καὶ ἀπαγγεῖλαι δι' ὧν ἅπαντ' ἀπώλετο. ἀξιῶ δ', ὦ 34
ἄνδρες Ἀθηναῖοι, καὶ δέομαι τοῦτο μεμνῆσθαι παρ' ὅλον
τὸν ἀγῶνα, ὅτι μὴ κατηγορήσαντος Αἰσχίνου μηδὲν ἔξω τῆς [237]
γραφῆς οὐδ' ἂν ἐγὼ λόγον οὐδέν' ἐποιούμην ἕτερον· πάσαις
δ' αἰτίαις καὶ βλασφημίαις ἅμα τούτου κεχρημένου ἀνάγκη
κἀμοὶ πρὸς ἕκαστα τῶν κατηγορημένων μίκρ' ἀποκρίνασθαι.

1 post *ἀνθρώπων* add. *καὶ θεοῖς ἐχθρῶν* F vulg.: om. S $L^1$ A 2 *ὁμολογῶ καὶ πολεμεῖν* S $L^1$: *ὁμολογῶ πολεμεῖν* vulg. Anecd. Bekker p. 132: *πολεμεῖν ὁμολογῶ* Weil 5 *ὤμοσε* A L marg. F *γρ.*: *ὡμολόγησε* S L F vulg., cf. xix 122, xli 15, xlviii 11, 12 post *Φίλιππος* add. *ἕξειν* F vulg. 6 post *τούτους* add. *τοὺς* A 7 *ἄπιμεν* Anecd. Bekker p. 129, Cobet: *ἀπίωμεν* S L A $F^1$, schol. p. 277, 13: *ἀπίωσιν* F corr. *ἂν* post *ἕως* add. vulg.: om. S L 9 *ἡμῶν* S L A F *γρ.*: *αὐτῶν* F vulg. 11 *τόπον* S L A: *πορθμὸν* F vulg. 12 *ἡμῶν* S L A: *ὑμῖν τούτων* F 14 *καὶ πολλῇ ἀγωνίᾳ* om. A F B Y: add. S L vulg. 15 *εἰ* ante *πρὸ* om. vulg.: add. S 16 *βοηθεῖν* F Q Y: *τοῖς Φωκεῦσι βοηθεῖν* S L: *βοηθεῖν αὐτοῖς* vulg. *καὶ* ante *ἐκφύγοι* add. vulg.: om. S 19 *ὑμᾶς* post *δὲ* add. A: post *μεμνῆσθαι* vulg.: om. S L 24 *κατηγορημένων* vulg.: *κατηγορουμένων* S corr. $L^1$: *εἰρημένων* S *γρ.*

35 τίνες οὖν ἦσαν οἱ παρὰ τούτου λόγοι τότε ῥηθέντες, καὶ δι'
οὓς ἅπαντ' ἀπώλετο; ὡς οὐ δεῖ θορυβεῖσθαι τῷ παρεληλυ-
θέναι Φίλιππον εἴσω Πυλῶν· ἔσται γὰρ ἅπανθ' ὅσα βού-
λεσθ' ὑμεῖς, ἂν ἔχηθ' ἡσυχίαν, καὶ ἀκούσεσθε δυοῖν ἢ τριῶν
ἡμερῶν, οἷς μὲν ἐχθρὸς ἥκει, φίλον αὐτὸν γεγενημένον, οἷς
δὲ φίλος, τοὐναντίον ἐχθρόν. οὐ γὰρ τὰ ῥήματα τὰς
οἰκειότητας ἔφη βεβαιοῦν, μάλα σεμνῶς ὀνομάζων, ἀλλὰ
τὸ ταὐτὰ συμφέρειν· συμφέρειν δὲ Φιλίππῳ καὶ Φωκεῦσι
καὶ ὑμῖν ὁμοίως ἅπασι τῆς ἀναλγησίας καὶ τῆς βαρύτητος
36 ἀπαλλαγῆναι τῆς τῶν Θηβαίων. ταῦτα δ' ἀσμένως τινὲς
ἤκουον αὐτοῦ διὰ τὴν τόθ' ὑποῦσαν ἀπέχθειαν πρὸς τοὺς
Θηβαίους. τί οὖν συνέβη μετὰ ταῦτ' εὐθύς, οὐκ εἰς μακράν;
τοὺς μὲν Φωκέας ἀπολέσθαι καὶ κατασκαφῆναι τὰς πόλεις
αὐτῶν, ὑμᾶς δ' ἡσυχίαν ἀγαγόντας καὶ τούτῳ πεισθέντας
μικρὸν ὕστερον σκευαγωγεῖν ἐκ τῶν ἀγρῶν, τοῦτον δὲ χρυσίον
λαβεῖν, καὶ ἔτι πρὸς τούτοις τὴν μὲν ἀπέχθειαν τὴν πρὸς
Θηβαίους καὶ Θετταλοὺς τῇ πόλει γενέσθαι, τὴν δὲ χάριν
37 τὴν ὑπὲρ τῶν πεπραγμένων Φιλίππῳ. ὅτι δ' οὕτω ταῦτ'
ἔχει, λέγε μοι τό τε τοῦ Καλλισθένους ψήφισμα καὶ τὴν
ἐπιστολὴν τὴν τοῦ Φιλίππου, ἐξ ὧν ἀμφοτέρων ταῦθ' ἅπανθ'
ὑμῖν ἔσται φανερά. λέγε.

[238] ΨΗΦΙΣΜΑ.

[Ἐπὶ Μνησιφίλου ἄρχοντος, σύγκλητος ἐκκλησία ὑπὸ στρατη-
γῶν καὶ πρυτάνεων, [καὶ] βουλῆς γνώμῃ, μαιμακτηριῶνος δεκάτῃ
ἀπιόντος, Καλλισθένης Ἐτεονίκου Φαληρεὺς εἶπε μηδένα Ἀθη-
ναίων μηδεμιᾷ παρευρέσει ἐν τῇ χώρᾳ κοιταῖον γίγνεσθαι, ἀλλ'
ἐν ἄστει καὶ Πειραιεῖ, ὅσοι μὴ ἐν τοῖς φρουρίοις εἰσὶν ἀποτε-
ταγμένοι· τούτων δ' ἑκάστους ἣν παρέλαβον τάξιν διατηρεῖν μήτε
38 ἀφημερεύοντας μήτε ἀποκοιτοῦντας. ὃς δ' ἂν ἀπειθήσῃ τῷδε τῷ

1 καὶ secl. Lipsius 4 ἔχηθ'] ἄγητε A 8 alterum συμφέρειν S: συμφέρει L vulg. 13 ταλαιπώρους ante Φωκέας add. L vulg.: om. S, cf. § 42 14 ἀγαγόντας S L: ἄγοντας cett. 20 τὴν ante τοῦ om. S L: add. A F vulg. 23 σύγκλητος ἐκκλησία Spengel coll. § 73: συγκλήτου ἐκκλησίας codd. 24 καὶ secl. Dissen γνώμῃ Taylor, cf. inscrr.: γνώμη codd.

ψηφίσματι, ἔνοχος ἔστω τοῖς τῆς προδοσίας ἐπιτιμίοις, ἐὰν μή τι ἀδύνατον ἐπιδεικνύῃ περὶ ἑαυτόν· περὶ δὲ τοῦ ἀδυνάτου ἐπικρινέτω ὁ ἐπὶ τῶν ὅπλων στρατηγὸς καὶ ὁ ἐπὶ τῆς διοικήσεως καὶ ὁ γραμματεὺς τῆς βουλῆς. κατακομίζειν δὲ καὶ τὰ ἐκ τῶν ἀγρῶν πάντα τὴν ταχίστην, τὰ μὲν ἐντὸς σταδίων ἑκατὸν εἴκοσι εἰς ἄστυ καὶ Πειραιᾶ, τὰ δὲ ἐκτὸς σταδίων ἑκατὸν εἴκοσι εἰς Ἐλευσῖνα καὶ Φυλὴν καὶ Ἄφιδναν καὶ Ῥαμνοῦντα καὶ Σούνιον. εἶπε Καλλισθένης Φαληρεύς.]

Ἆρ' ἐπὶ ταύταις ταῖς ἐλπίσι τὴν εἰρήνην ἐποιεῖσθε, ἢ ταῦτ' ἐπηγγέλλεθ' ὑμῖν οὗτος ὁ μισθωτός;

Λέγε δὴ τὴν ἐπιστολὴν ἣν ἔπεμψε Φίλιππος μετὰ ταῦτα. 39

ΕΠΙΣΤΟΛΗ.

[Βασιλεὺς Μακεδόνων Φίλιππος Ἀθηναίων τῇ βουλῇ καὶ τῷ δήμῳ χαίρειν. ἴστε ἡμᾶς παρεληλυθότας εἴσω Πυλῶν καὶ τὰ κατὰ τὴν Φωκίδα ὑφ' ἑαυτοὺς πεποιημένους, καὶ ὅσα μὲν ἑκουσίως προσετίθετο τῶν πολισμάτων, φρουρὰς εἰσαγηοχότας, τὰ δὲ μὴ [239] ὑπακούοντα κατὰ κράτος λαβόντες καὶ ἐξανδραποδισάμενοι κατεσκάψαμεν. ἀκούων δὲ καὶ ὑμᾶς παρασκευάζεσθαι βοηθεῖν αὐτοῖς γέγραφα ὑμῖν, ἵνα μὴ πλεῖον ἐνοχλῆσθε περὶ τούτων· τοῖς μὲν γὰρ ὅλοις οὐδὲν μέτριόν μοι δοκεῖτε ποιεῖν, τὴν εἰρήνην συνθέμενοι καὶ ὁμοίως ἀντιπαρεξάγοντες, καὶ ταῦτα οὐδὲ συμπεριειλημμένων τῶν Φωκέων ἐν ταῖς κοιναῖς ἡμῶν συνθήκαις. ὥστε ἐὰν μὴ ἐμμένητε τοῖς ὡμολογημένοις, οὐδὲν προτερήσετε ἔξω τοῦ ἐφθακέναι ἀδικοῦντες.]

Ἀκούεθ' ὡς σαφῶς δηλοῖ καὶ διορίζεται ἐν τῇ πρὸς 40 ὑμᾶς ἐπιστολῇ πρὸς τοὺς αὑτοῦ συμμάχους, ὅτι 'ἐγὼ ταῦτα πεποίηκ' ἀκόντων Ἀθηναίων καὶ λυπουμένων, ὥστ' εἴπερ εὖ φρονεῖτ', ὦ Θηβαῖοι καὶ Θετταλοί, τούτους μὲν ἐχθροὺς ὑπολήψεσθε, ἐμοὶ δὲ πιστεύσετε,' οὐ τούτοις τοῖς ῥήμασιν γράψας, ταῦτα δὲ βουλόμενος δεικνύναι. τοιγαροῦν ἐκ τούτων ᾤχετ' ἐκείνους λαβὼν εἰς τὸ μηδ' ὁτιοῦν προορᾶν τῶν μετὰ ταῦτα μηδ' αἰσθάνεσθαι, ἀλλ' ἐᾶσαι πάντα τὰ

6 εἰς om. S L F Q Y 9 ἐποιεῖσθε S L[1] F : ἐποιήσασθε A 20 οὐδὲν A vulg. : οὐδὲ S L F

πράγματ' ἐκεῖνον ὑφ' ἑαυτῷ ποιήσασθαι· ἐξ ὧν ταῖς παρού-
41 σαις συμφοραῖς οἱ ταλαίπωροι κέχρηνται. ὁ δὲ ταύτης
τῆς πίστεως αὐτῷ συνεργὸς καὶ συναγωνιστὴς καὶ ὁ δεῦρ'
ἀπαγγείλας τὰ ψευδῆ καὶ φενακίσας ὑμᾶς, οὗτός ἐσθ' ὁ τὰ
Θηβαίων ὀδυρόμενος νῦν πάθη καὶ διεξιὼν ὡς οἰκτρά, καὶ
τούτων καὶ τῶν ἐν Φωκεῦσι κακῶν καὶ ὅσ' ἄλλα πεπόνθασιν
οἱ Ἕλληνες ἁπάντων αὐτὸς ὢν αἴτιος. δῆλον γὰρ ὅτι σὺ μὲν
ἀλγεῖς ἐπὶ τοῖς συμβεβηκόσιν, Αἰσχίνη, καὶ τοὺς Θηβαίους
ἐλεεῖς, κτήματ' ἔχων ἐν τῇ Βοιωτίᾳ καὶ γεωργῶν τὰ ἐκείνων,
[240] ἐγὼ δὲ χαίρω, ὃς εὐθὺς ἐξῃτούμην ὑπὸ τοῦ ταῦτα πράξαντος.
42 Ἀλλὰ γὰρ ἐμπέπτωκ' εἰς λόγους, οὓς αὐτίκα μᾶλλον ἴσως
ἁρμόσει λέγειν. ἐπάνειμι δὴ πάλιν ἐπὶ τὰς ἀποδείξεις, ὡς
τὰ τούτων ἀδικήματα τῶν νυνὶ παρόντων πραγμάτων γέγον'
αἴτια.

Ἐπειδὴ γὰρ ἐξηπάτησθε μὲν ὑμεῖς ὑπὸ τοῦ Φιλίππου διὰ
τούτων τῶν ἐν ταῖς πρεσβείαις μισθωσάντων ἑαυτοὺς καὶ
οὐδὲν ἀληθὲς ὑμῖν ἀπαγγειλάντων, ἐξηπάτηντο δ' οἱ ταλαί-
43 πωροι Φωκεῖς καὶ ἀνῄρηνθ' αἱ πόλεις αὐτῶν, τί ἐγένετο; οἱ
μὲν κατάπτυστοι Θετταλοὶ καὶ ἀναίσθητοι Θηβαῖοι φίλον,
εὐεργέτην, σωτῆρα τὸν Φίλιππον ἡγοῦντο· πάντ' ἐκεῖνος ἦν
αὐτοῖς· οὐδὲ φωνὴν ἤκουον εἴ τις ἄλλο τι βούλοιτο λέγειν.
ὑμεῖς δ' ὑφορώμενοι τὰ πεπραγμένα καὶ δυσχεραίνοντες ἤγετε
τὴν εἰρήνην ὅμως· οὐ γὰρ ἦν ὅ τι ἂν ἐποιεῖτε. καὶ οἱ ἄλλοι
δ' Ἕλληνες, ὁμοίως ὑμῖν πεφενακισμένοι καὶ διημαρτηκότες
ὧν ἤλπισαν, ἦγον τὴν εἰρήνην ἄσμενοι, καὶ αὐτοὶ τρόπον
44 τιν' ἐκ πολλοῦ πολεμούμενοι. ὅτε γὰρ περιιὼν Φίλιππος

2 θηβαῖοι ante κέχρηνται add. L vulg.: post κέχρηνται A: post κέχρηνται οἱ ταλαίπωροι Oxyrh. papyrus: om. S solus  9 κτήματ' vulg.: κτῆμ' S solus  11 ἴσως ante ἁρμόσει λέγειν add. S L F O: post ἁρμόσει λέγειν vulg: om. Vind. 1 Oxyrh. pap.  12 ἐπὶ] εἰς Vind. 1  13 ἀδικήματα S L[1] Oxyrh. pap.: ἀδικήματα καὶ δωροδοκήματα A S γρ.: δωροδοκήματα καὶ ἀδικήματα F vulg.  16 post ἑαυτοὺς add. τῷ Φιλίππῳ S L vulg.: [εκει]νω Oxyrh. pap.: om. A  23 post ἐποιεῖτε add. μόνοι L F vulg.: om. S A Oxyrh. pap.  25 ἄσμενοι καὶ om. S Oxyrh. pap.  26 ὁ ante Φίλιππος add. L F vulg.: om. S A Oxyrh. pap.

Ἰλλυριοὺς καὶ Τριβαλλούς, τινὰς δὲ καὶ τῶν Ἑλλήνων κατεστρέφετο, καὶ δυνάμεις πολλὰς καὶ μεγάλας ἐποιεῖθ' ὑφ' ἑαυτῷ, καί τινες τῶν ἐκ τῶν πόλεων ἐπὶ τῇ τῆς εἰρήνης ἐξουσίᾳ βαδίζοντες ἐκεῖσε διεφθείροντο, ὧν εἷς οὗτος ἦν, τότε πάντες ἐφ' οὓς ταῦτα παρεσκευάζετ' ἐκεῖνος ἐπολεμοῦντο. εἰ δὲ μὴ ᾔσθάνοντο, ἕτερος λόγος οὗτος, οὐ πρὸς ἐμέ. ἐγὼ μὲν γὰρ προὔλεγον καὶ διεμαρτυρόμην καὶ παρ' 45
ὑμῖν ἀεὶ καὶ ὅποι πεμφθείην· αἱ δὲ πόλεις ἐνόσουν, τῶν μὲν ἐν τῷ πολιτεύεσθαι καὶ πράττειν δωροδοκούντων καὶ διαφθειρομένων ἐπὶ χρήμασι, τῶν δ' ἰδιωτῶν καὶ πολλῶν [241]
τὰ μὲν οὐ προορωμένων, τὰ δὲ τῇ καθ' ἡμέραν ῥᾳστώνῃ καὶ σχολῇ δελεαζομένων, καὶ τοιουτονί τι πάθος πεπονθότων ἁπάντων, πλὴν οὐκ ἐφ' ἑαυτοὺς ἑκάστων οἰομένων τὸ δεινὸν ἥξειν καὶ διὰ τῶν ἑτέρων κινδύνων τὰ ἑαυτῶν ἀσφαλῶς σχήσειν ὅταν βούλωνται. εἶτ', οἶμαι, συμβέβηκε τοῖς μὲν 46
πλήθεσιν ἀντὶ τῆς πολλῆς καὶ ἀκαίρου ῥᾳθυμίας τὴν ἐλευθερίαν ἀπολωλεκέναι, τοῖς δὲ προεστηκόσι καὶ τἆλλα πλὴν ἑαυτοὺς οἰομένοις πωλεῖν πρώτους ἑαυτοὺς πεπρακόσιν αἰσθέσθαι· ἀντὶ γὰρ φίλων καὶ ξένων ἃ τότ' ὠνομάζοντο ἡνίκ' ἐδωροδόκουν, νῦν κόλακες καὶ θεοῖς ἐχθροὶ καὶ τἄλλ' ἃ προσήκει πάντ' ἀκούουσιν. οὐδεὶς γάρ, ἄνδρες Ἀθηναῖοι, 47
τὸ τοῦ προδιδόντος συμφέρον ζητῶν χρήματ' ἀναλίσκει, οὐδ' ἐπειδὰν ὧν ἂν πρίηται κύριος γένηται τῷ προδότῃ συμβούλῳ περὶ τῶν λοιπῶν ἔτι χρῆται· οὐδὲν γὰρ ἂν ἦν εὐδαιμονέστερον προδότου. ἀλλ' οὐκ ἔστι ταῦτα· πόθεν; πολλοῦ γε καὶ δεῖ. ἀλλ' ἐπειδὰν τῶν πραγμάτων ἐγκρατὴς ὁ ζητῶν ἄρχειν καταστῇ, καὶ τῶν ταῦτ' ἀποδομένων δεσπότης ἐστί, τὴν δὲ πονηρίαν εἰδὼς τότε δή, τότε καὶ μισεῖ καὶ ἀπιστεῖ καὶ

3 τῶν ἐκ] om. τῶν Oxyrh. pap. 6 ὁ ante λόγος add. $S^1$ solus 10 ἐπὶ χρήμασι del. Cobet 14 καὶ S $L^1$ A Y: ἀλλὰ F vulg. 15 ὑπολαμβανόντων post σχήσειν add. vulg.: om. S $L^1$ soli 18 αἰσθέσθαι $S^1$ $L^1$: ᾐσθῆσθαι vulg. Oxyrh. pap. 21 post ἀκούουσιν add. εἰκότως A vulg.: om. S $L^1$ F O ὦ ante ἄνδρες om. S L soli 24 ἂν ante ἦν add. L F vulg.: post ἦν al.: om. S 25 οὐκ ἔστιν post ταῦτα add. vulg.: om. S $L^1$

48 προπηλακίζει. σκοπεῖτε δέ· καὶ γὰρ εἰ παρελήλυθ' ὁ τῶν πραγμάτων καιρός, ὁ τοῦ γ' εἰδέναι τὰ τοιαῦτα καιρὸς ἀεὶ πάρεστι τοῖς εὖ φρονοῦσι. μέχρι τούτου Λασθένης φίλος ὠνομάζετο, ἕως προὔδωκεν Ὄλυνθον· μέχρι τούτου Τιμόλαος, ἕως ἀπώλεσε Θήβας· μέχρι τούτου Εὔδικος καὶ Σῖμος ὁ Λαρισαῖος, ἕως Θετταλίαν ὑπὸ Φιλίππῳ ἐποίησαν. εἶτ'
[242] ἐλαυνομένων καὶ ὑβριζομένων καὶ τί κακὸν οὐχὶ πασχόντων πᾶσ' ἡ οἰκουμένη μεστὴ γέγονεν. τί δ' Ἀρίστρατος ἐν Σικυῶνι, καὶ τί Πέριλλος ἐν Μεγάροις; οὐκ ἀπερριμμένοι;
49 ἐξ ὧν καὶ σαφέστατ' ἄν τις ἴδοι ὅτι ὁ μάλιστα φυλάττων τὴν αὑτοῦ πατρίδα καὶ πλεῖστ' ἀντιλέγων τούτοις, οὗτος ὑμῖν, Αἰσχίνη, τοῖς προδιδοῦσι καὶ μισθαρνοῦσιν τὸ ἔχειν ἐφ' ὅτῳ δωροδοκήσετε περιποιεῖ, καὶ διὰ τοὺς πολλοὺς τουτωνὶ καὶ τοὺς ἀνθισταμένους τοῖς ὑμετέροις βουλήμασιν ὑμεῖς ἐστὲ σῷοι καὶ ἔμμισθοι, ἐπεὶ διά γ' ὑμᾶς αὐτοὺς πάλαι ἂν ἀπωλώλειτε.

50 Καὶ περὶ μὲν τῶν τότε πραχθέντων ἔχων ἔτι πολλὰ λέγειν, καὶ ταῦθ' ἡγοῦμαι πλείω τῶν ἱκανῶν εἰρῆσθαι. αἴτιος δ' οὗτος, ὥσπερ ἑωλοκρασίαν τινά μου τῆς πονηρίας τῆς ἑαυτοῦ καὶ τῶν ἀδικημάτων κατασκεδάσας, ἣν ἀναγκαῖον ἦν πρὸς τοὺς νεωτέρους τῶν πεπραγμένων ἀπολύσασθαι. παρηνώχλησθε δ' ἴσως οἱ καὶ πρὶν ἔμ' εἰπεῖν ὁτιοῦν εἰδότες τὴν
51 τούτου τότε μισθαρνίαν. καίτοι φιλίαν γε καὶ ξενίαν αὐτὴν ὀνομάζει, καὶ νῦν εἶπέ που λέγων 'ὁ τὴν Ἀλεξάνδρου ξενίαν ὀνειδίζων ἐμοί.' ἐγώ σοι ξενίαν Ἀλεξάνδρου; πόθεν λαβόντι ἢ πῶς ἀξιωθέντι; οὔτε Φιλίππου ξένον οὔτ' Ἀλεξάνδρου φίλον εἴποιμ' ἂν ἐγώ σε, οὐχ οὕτω μαίνομαι, εἰ μὴ καὶ τοὺς

4 post ὠνομάζετο add. Φιλίππου L vulg. : Φιλίππῳ S γρ. : om. S Y Τιμόλαος codd., cf. § 295 : Τιμόλας edd. plerique 5 τούτου] του $S^1$, unde μέχρι τοῦ . . ; Markland, hic et supra bis 7 κακὸν codd. : κακῶν Blass coll. xix 201, xxv 50 8 προδοτῶν post γέγονεν om. S solus 9 Πέριλλος Harpocrat., Phot., Suid. : Περίλαος codd. : Περίλας Lipsius 13 τουτωνὶ καὶ S L : τούτων A F vulg. : τούτους καὶ al. 20 καὶ τῶν ἀδικημάτων om. Hermog., Harpocrat., Suid. : secl. Usener 22 εἰπεῖν ante ὁτιοῦν S L A : post ὁτιοῦν F vulg. 27 φίλον secl. Dissen

θεριστὰς καὶ τοὺς ἄλλο τι μισθοῦ πράττοντας φίλους καὶ
ξένους δεῖ καλεῖν τῶν μισθωσαμένων. [ἀλλ' οὐκ ἔστι ταῦτα· 52
πόθεν; πολλοῦ γε καὶ δεῖ.] ἀλλὰ μισθωτὸν ἐγώ σε Φιλίππου
πρότερον καὶ νῦν Ἀλεξάνδρου καλῶ, καὶ οὗτοι πάντες. εἰ δ'
ἀπιστεῖς, ἐρώτησον αὐτούς, μᾶλλον δ' ἐγὼ τοῦθ' ὑπὲρ σοῦ
ποιήσω. πότερον ὑμῖν, ὦ ἄνδρες Ἀθηναῖοι, δοκεῖ μισθωτὸς
Αἰσχίνης ἢ ξένος εἶναι Ἀλεξάνδρου; ἀκούεις ἃ λέγουσιν. [243]

Βούλομαι τοίνυν ἤδη καὶ περὶ τῆς γραφῆς αὐτῆς ἀπολογή- 53
σασθαι καὶ διεξελθεῖν τὰ πεπραγμέν' ἐμαυτῷ, ἵνα καίπερ εἰδὼς Αἰσχίνης ὅμως ἀκούσῃ δι' ἅ φημι καὶ τούτων τῶν προβεβουλευμένων καὶ πολλῷ μειζόνων ἔτι τούτων δωρειῶν δίκαιος εἶναι τυγχάνειν. καί μοι λέγε τὴν γραφὴν αὐτὴν λαβών.

ΓΡΑΦΗ.

[Ἐπὶ Χαιρώνδου ἄρχοντος, ἐλαφηβολιῶνος ἕκτῃ ἱσταμένου, 54
Αἰσχίνης Ἀτρομήτου Κοθωκίδης ἀπήνεγκε πρὸς τὸν ἄρχοντα παρανόμων κατὰ Κτησιφῶντος τοῦ Λεωσθένους Ἀναφλυστίου, ὅτι ἔγραψε παράνομον ψήφισμα, ὡς ἄρα δεῖ στεφανῶσαι Δημοσθένην Δημοσθένους Παιανιέα χρυσῷ στεφάνῳ, καὶ ἀναγορεῦσαι ἐν τῷ θεάτρῳ Διονυσίοις τοῖς μεγάλοις, τραγῳδοῖς καινοῖς, ὅτι στεφανοῖ ὁ δῆμος Δημοσθένην Δημοσθένους Παιανιέα χρυσῷ στεφάνῳ ἀρετῆς ἕνεκα καὶ εὐνοίας ἧς ἔχων διατελεῖ εἴς τε τοὺς Ἕλληνας ἅπαντας καὶ τὸν δῆμον τὸν Ἀθηναίων καὶ ἀνδραγαθίας, καὶ διότι διατελεῖ πράττων καὶ λέγων τὰ βέλτιστα τῷ δήμῳ καὶ
πρόθυμός ἐστι ποιεῖν ὅ τι ἂν δύνηται ἀγαθόν, πάντα ταῦτα ψευδῆ 55
γράψας καὶ παράνομα, τῶν νόμων οὐκ ἐώντων πρῶτον μὲν ψευδεῖς γραφὰς εἰς τὰ δημόσια γράμματα καταβάλλεσθαι, εἶτα τὸν ὑπεύθυνον στεφανοῦν (ἔστι δὲ Δημοσθένης τειχοποιὸς καὶ ἐπὶ τῷ θεωρικῷ τεταγμένος), ἔτι δὲ μὴ ἀναγορεύειν τὸν στέφανον ἐν
τῷ θεάτρῳ Διονυσίοις τραγῳδῶν τῇ καινῇ, ἀλλ' ἐὰν μὲν ἡ βουλὴ [244]
στεφανοῖ, ἐν τῷ βουλευτηρίῳ ἀνειπεῖν, ἐὰν δὲ ἡ πόλις, ἐν πυκνὶ τῇ ἐκκλησίᾳ. τίμημα τάλαντα πεντήκοντα. κλήτορες Κηφισοφῶν Κηφισοφῶντος Ῥαμνούσιος, Κλέων Κλέωνος Κοθωκίδης.]

2 *ἀλλ' οὐκ . . . δεῖ* secl. Schenkel coll. § 47    6 *μίσθωτος* codd. plerique    23 post *δῆμον* add. *τὸν* Y : *τῶν* SLAF    32 *κλήτορες*] *κλητῆρες* A

56 Ἃ μὲν διώκει τοῦ ψηφίσματος, ὦ ἄνδρες Ἀθηναῖοι, ταῦτ'
ἐστίν. ἐγὼ δ' ἀπ' αὐτῶν τούτων πρῶτον οἶμαι δῆλον ὑμῖν
ποιήσειν ὅτι πάντα δικαίως ἀπολογήσομαι· τὴν γὰρ αὐτὴν
τούτῳ ποιησάμενος τῶν γεγραμμένων τάξιν περὶ πάντων ἐρῶ
57 καθ' ἕκαστον ἐφεξῆς καὶ οὐδὲν ἑκὼν παραλείψω. τοῦ μὲν
οὖν γράψαι πράττοντα καὶ λέγοντα τὰ βέλτιστά με τῷ δήμῳ
διατελεῖν καὶ πρόθυμον εἶναι ποιεῖν ὅ τι ἂν δύνωμαι ἀγαθόν,
καὶ ἐπαινεῖν ἐπὶ τούτοις, ἐν τοῖς πεπολιτευμένοις τὴν κρίσιν
εἶναι νομίζω· ἀπὸ γὰρ τούτων ἐξεταζομένων εὑρεθήσεται
εἴτ' ἀληθῆ περὶ ἐμοῦ γέγραφε Κτησιφῶν ταῦτα καὶ προσή-
58 κοντα εἴτε καὶ ψευδῆ· τὸ δὲ μὴ προσγράψαντα 'ἐπειδὰν
τὰς εὐθύνας δῷ' στεφανοῦν, καὶ ἀνειπεῖν ἐν τῷ θεάτρῳ τὸν
στέφανον κελεῦσαι, κοινωνεῖν μὲν ἡγοῦμαι καὶ τοῦτο τοῖς
πεπολιτευμένοις, εἴτ' ἄξιός εἰμι τοῦ στεφάνου καὶ τῆς
ἀναρρήσεως τῆς ἐν τούτοις εἴτε καὶ μή· ἔτι μέντοι καὶ
τοὺς νόμους δεικτέον εἶναί μοι δοκεῖ, καθ' οὓς ταῦτα γράφειν
ἐξῆν τούτῳ. οὑτωσὶ μέν, ὦ ἄνδρες Ἀθηναῖοι, δικαίως καὶ
ἁπλῶς τὴν ἀπολογίαν ἔγνωκα ποιεῖσθαι, βαδιοῦμαι δ' ἐπ'
59 αὔθ' ἃ πέπρακταί μοι. καί με μηδεὶς ἀπαρτᾶν ὑπολάβῃ
τὸν λόγον τῆς γραφῆς, ἐὰν εἰς Ἑλληνικὰς πράξεις καὶ
[245] λόγους ἐμπέσω· ὁ γὰρ διώκων τοῦ ψηφίσματος τὸ λέγειν
καὶ πράττειν τὰ ἄριστά με καὶ γεγραμμένος ταῦθ' ὡς οὐκ
ἀληθῆ, οὗτός ἐστιν ὁ τοὺς περὶ ἁπάντων τῶν ἐμοὶ πεπολιτευ-
μένων λόγους οἰκείους καὶ ἀναγκαίους τῇ γραφῇ πεποιηκώς.
εἶτα καὶ πολλῶν προαιρέσεων οὐσῶν τῆς πολιτείας τὴν περὶ
τὰς Ἑλληνικὰς πράξεις εἱλόμην ἐγώ, ὥστε καὶ τὰς ἀποδείξεις
ἐκ τούτων δίκαιός εἰμι ποιεῖσθαι.

60 Ἃ μὲν οὖν πρὸ τοῦ πολιτεύεσθαι καὶ δημηγορεῖν ἐμὲ
προὔλαβε καὶ κατέσχε Φίλιππος, ἐάσω· οὐδὲν γὰρ ἡγοῦμαι
τούτων εἶναι πρὸς ἐμέ· ἃ δ' ἀφ' ἧς ἡμέρας ἐπὶ ταῦτ' ἐπέστην

7 ὅ τι δύναμαι S $L^1$ soli  19 ἀπαρτᾶν ὑπολάβῃ Weil : ὑπολάβῃ ἀπαρτᾶν codd. : ἀπαρτᾶν νομίσῃ Blass cum Alexand. de fig. viii 434 W  23 καὶ πεπραγμένων post πεπολιτευμένων add. A F vulg. : om. S $L^1$ $O^1$

ἐγὼ διεκωλύθη, ταῦτ' ἀναμνήσω καὶ τούτων ὑφέξω λόγον,
τοσοῦτον ὑπειπών. πλεονέκτημ', ἄνδρες Ἀθηναῖοι, μέγ'
ὑπῆρξε Φιλίππῳ. παρὰ γὰρ τοῖς Ἕλλησιν, οὐ τισίν, ἀλλ' 61
ἅπασιν ὁμοίως, φορὰν προδοτῶν καὶ δωροδόκων καὶ θεοῖς
ἐχθρῶν ἀνθρώπων συνέβη γενέσθαι τοσαύτην ὅσην οὐδείς
πω πρότερον μέμνηται γεγονυῖαν· οὓς συναγωνιστὰς καὶ
συνεργοὺς λαβὼν καὶ πρότερον κακῶς τοὺς Ἕλληνας ἔχοντας
πρὸς ἑαυτοὺς καὶ στασιαστικῶς ἔτι χεῖρον διέθηκε, τοὺς μὲν
ἐξαπατῶν, τοῖς δὲ διδούς, τοὺς δὲ πάντα τρόπον διαφθείρων,
καὶ διέστησεν εἰς μέρη πολλά, ἑνὸς τοῦ συμφέροντος ἅπασιν
ὄντος, κωλύειν ἐκεῖνον μέγαν γίγνεσθαι. ἐν τοιαύτῃ δὲ 62
καταστάσει καὶ ἔτ' ἀγνοίᾳ τοῦ συνισταμένου καὶ φυομένου
κακοῦ τῶν ἁπάντων Ἑλλήνων ὄντων, δεῖ σκοπεῖν ὑμᾶς,
ἄνδρες Ἀθηναῖοι, τί προσῆκον ἦν ἑλέσθαι πράττειν καὶ ποιεῖν
τὴν πόλιν, καὶ τούτων λόγον παρ' ἐμοῦ λαβεῖν· ὁ γὰρ ἐνταῦθ'
ἑαυτὸν τάξας τῆς πολιτείας εἴμ' ἐγώ. πότερον αὐτὴν ἐχρῆν, [246] 63
Αἰσχίνη, τὸ φρόνημ' ἀφεῖσαν καὶ τὴν ἀξίαν τὴν αὑτῆς ἐν τῇ
Θετταλῶν καὶ Δολόπων τάξει συγκατακτᾶσθαι Φιλίππῳ τὴν
τῶν Ἑλλήνων ἀρχὴν καὶ τὰ τῶν προγόνων καλὰ καὶ δίκαι'
ἀναιρεῖν; ἢ τοῦτο μὲν μὴ ποιεῖν, δεινὸν γὰρ ὡς ἀληθῶς, ἃ
δ' ἑώρα συμβησόμενα, εἰ μηδεὶς κωλύσει, καὶ προῃσθάνεθ',
ὡς ἔοικεν, ἐκ πολλοῦ, ταῦτα περιιδεῖν γιγνόμενα; ἀλλὰ νῦν 64
ἔγωγε τὸν μάλιστ' ἐπιτιμῶντα τοῖς πεπραγμένοις ἡδέως ἂν
ἐροίμην, τῆς ποίας μερίδος γενέσθαι τὴν πόλιν ἐβούλετ'
ἄν, πότερον τῆς συναιτίας τῶν συμβεβηκότων τοῖς Ἕλλησι
κακῶν καὶ αἰσχρῶν, ἧς ἂν Θετταλοὺς καὶ τοὺς μετὰ τούτων
εἴποι τις, ἢ τῆς περιεορακυίας ταῦτα γιγνόμενα ἐπὶ τῇ τῆς
ἰδίας πλεονεξίας ἐλπίδι, ἧς ἂν Ἀρκάδας καὶ Μεσσηνίους καὶ
Ἀργείους θείημεν. ἀλλὰ καὶ τούτων πολλοί, μᾶλλον δὲ 65
πάντες, χεῖρον ἡμῶν ἀπηλλάχασιν. καὶ γὰρ εἰ μὲν ὡς

1 διεκωλύθη A F vulg. : καὶ διεκωλύθη S L[1] : καὶ διεκώλυον L corr. : διεκώλυον λαβεῖν Dionys. Hal. (Dem. c. 14) 2 ὦ ante ἄνδρες om. S solus 7 ὁ Φίλιππος post λαβὼν add. A F B Q 11 δὲ] fort. δὴ Dobree 12 φυομένου] φυρομένου S[1] (?)

ἐκράτησε Φίλιππος ᾤχετ' εὐθέως ἀπιὼν καὶ μετὰ ταῦτ' ἦγεν ἡσυχίαν, μήτε τῶν αὑτοῦ συμμάχων μήτε τῶν ἄλλων Ἑλλήνων μηδένα μηδὲν λυπήσας, ἦν ἄν τις κατὰ τῶν ἐναντιωθέντων οἷς ἔπραττεν ἐκεῖνος μέμψις καὶ κατηγορία· εἰ δ' ὁμοίως ἁπάντων τὸ ἀξίωμα, τὴν ἡγεμονίαν, τὴν ἐλευθερίαν περιείλετο, μᾶλλον δὲ καὶ τὰς πολιτείας, ὅσων ἐδύνατο, πῶς οὐχ ἁπάντων ἐνδοξόταθ' ὑμεῖς ἐβουλεύσασθ' ἐμοὶ πεισθέντες;

66 Ἀλλ' ἐκεῖσ' ἐπανέρχομαι. τί τὴν πόλιν, Αἰσχίνη, προσῆκε ποιεῖν ἀρχὴν καὶ τυραννίδα τῶν Ἑλλήνων ὁρῶσαν ἑαυτῷ κατασκευαζόμενον Φίλιππον; ἢ τί τὸν σύμβουλον
[247] ἔδει λέγειν ἢ γράφειν τὸν Ἀθήνησιν (καὶ γὰρ τοῦτο πλεῖστον διαφέρει), ὃς συνῄδειν μὲν ἐκ παντὸς τοῦ χρόνου μέχρι τῆς ἡμέρας ἀφ' ἧς αὐτὸς ἐπὶ τὸ βῆμ' ἀνέβην, ἀεὶ περὶ πρωτείων καὶ τιμῆς καὶ δόξης ἀγωνιζομένην τὴν πατρίδα, καὶ πλείω καὶ χρήματα καὶ σώματ' ἀνηλωκυῖαν ὑπὲρ φιλοτιμίας καὶ τῶν πᾶσι συμφερόντων ἢ τῶν ἄλλων Ἑλλήνων ὑπὲρ αὐτῶν
67 ἀνηλώκασιν ἕκαστοι, ἑώρων δ' αὐτὸν τὸν Φίλιππον, πρὸς ὃν ἦν ἡμῖν ὁ ἀγών, ὑπὲρ ἀρχῆς καὶ δυναστείας τὸν ὀφθαλμὸν ἐκκεκομμένον, τὴν κλεῖν κατεαγότα, τὴν χεῖρα, τὸ σκέλος πεπηρωμένον, πᾶν ὅ τι βουληθείη μέρος ἡ τύχη τοῦ σώματος παρελέσθαι, τοῦτο προϊέμενον, ὥστε τῷ λοιπῷ μετὰ τιμῆς
68 καὶ δόξης ζῆν; καὶ μὴν οὐδὲ τοῦτό γ' οὐδεὶς ἂν εἰπεῖν τολμήσαι, ὡς τῷ μὲν ἐν Πέλλῃ τραφέντι, χωρίῳ ἀδόξῳ τότε γ' ὄντι καὶ μικρῷ, τοσαύτην μεγαλοψυχίαν προσῆκεν ἐγγενέσθαι ὥστε τῆς τῶν Ἑλλήνων ἀρχῆς ἐπιθυμῆσαι καὶ τοῦτ' εἰς τὸν νοῦν ἐμβαλέσθαι, ὑμῖν δ' οὖσιν Ἀθηναίοις καὶ κατὰ τὴν ἡμέραν ἑκάστην ἐν πᾶσι καὶ λόγοις καὶ θεωρήμασι τῆς τῶν

3 ὅμως ante ἦν add. vulg.: om. S L[1] οὐκ ante ἐναντιωθέντων add. Y marg. O marg. 12 ἐμέ post Ἀθήνησιν add. vulg.: om. S L[1] soli 13 τῆς ἡμέρας S L[1]: τῆσδε τῆς ἡμέρας A: τῆς ἡμέρας ἐκείνης F vulg. 22 προιέμενον S L[1]: ἑτοίμως προιέμενον S γρ. A: ῥᾳδίως καὶ ἑτοίμως προιέμενον F vulg. 24 τολμήσαι S L[1]: τολμήσειεν cett. 24–25 χωρίῳ . . . μικρῷ del. Herwerden 27 τὸν ante νοῦν om. F vulg.: add. S L A

προγόνων ἀρετῆς ὑπομνήμαθ' ὁρῶσι τοσαύτην κακίαν ὑπάρξαι, ὥστε τῆς ἐλευθερίας αὐτεπαγγέλτους ἐθελοντὰς παραχωρῆσαι Φιλίππῳ. οὐδ' ἂν εἷς ταῦτα φήσειεν. λοιπὸν τοίνυν ἦν 69
καὶ ἀναγκαῖον ἅμα πᾶσιν οἷς ἐκεῖνος ἔπραττ' ἀδικῶν ὑμᾶς ἐναντιοῦσθαι δικαίως. τοῦτ' ἐποιεῖτε μὲν ὑμεῖς ἐξ ἀρχῆς εἰκότως καὶ προσηκόντως, ἔγραφον δὲ καὶ συνεβούλευον καὶ ἐγὼ καθ' οὓς ἐπολιτευόμην χρόνους. ὁμολογῶ. ἀλλὰ τί [248]
ἐχρῆν με ποιεῖν; ἤδη γάρ σ' ἐρωτῶ πάντα τἄλλ' ἀφείς, Ἀμφίπολιν, Πύδναν, Ποτείδαιαν, Ἁλόννησον· οὐδενὸς τούτων μέμνημαι· Σέρριον δὲ καὶ Δορίσκον καὶ τὴν Πεπαρήθου 70
πόρθησιν καὶ ὅσ' ἄλλ' ἡ πόλις ἠδικεῖτο, οὐδ' εἰ γέγονεν οἶδα. καίτοι σύ γ' ἔφησθά με ταῦτα λέγοντ' εἰς ἔχθραν ἐμβαλεῖν τουτουσί, Εὐβούλου καὶ Ἀριστοφῶντος καὶ Διοπείθους τῶν περὶ τούτων ψηφισμάτων ὄντων, οὐκ ἐμῶν, ὦ λέγων εὐχερῶς ὅ τι ἂν βουληθῇς. οὐδὲ νῦν περὶ τούτων ἐρῶ. ἀλλ' 71
ὁ τὴν Εὔβοιαν ἐκεῖνος σφετεριζόμενος καὶ κατασκευάζων ἐπιτείχισμ' ἐπὶ τὴν Ἀττικήν, καὶ Μεγάροις ἐπιχειρῶν, καὶ καταλαμβάνων Ὠρεόν, καὶ κατασκάπτων Πορθμόν, καὶ καθιστὰς ἐν μὲν Ὠρεῷ Φιλιστίδην τύραννον, ἐν δ' Ἐρετρίᾳ Κλείταρχον, καὶ τὸν Ἑλλήσποντον ὑφ' αὑτῷ ποιούμενος, καὶ Βυζάντιον πολιορκῶν, καὶ πόλεις Ἑλληνίδας τὰς μὲν ἀναιρῶν, εἰς τὰς δὲ τοὺς φυγάδας κατάγων, πότερον ταῦτα ποιῶν ἠδίκει καὶ παρεσπόνδει καὶ ἔλυε τὴν εἰρήνην ἢ οὔ; καὶ πότερον φανῆναί τινα τῶν Ἑλλήνων τὸν ταῦτα κωλύσοντα [ποιεῖν αὐτὸν] ἐχρῆν, ἢ μή; εἰ μὲν γὰρ μὴ ἐχρῆν, ἀλλὰ τὴν 72
Μυσῶν λείαν καλουμένην τὴν Ἑλλάδ' οὖσαν ὀφθῆναι ζώντων καὶ ὄντων Ἀθηναίων, περιείργασμαι μὲν ἐγὼ περὶ τούτων εἰπών, περιείργασται δ' ἡ πόλις ἡ πεισθεῖσ' ἐμοί, ἔστω δ'

1 ὑπόμνημα θεωροῦσι S[1] L  2 εθελοντας S : ἐθέλοντας L A, cf. § 99 : secl. Hirschig  11 ἠδικεῖτο S L F[1] Q : ἠδίκητο vulg. 13 Ἀριστοφῶντος L vulg. S marg. m. ant. : Κτησιφῶντος S[1] (punctis notatum)  17 καὶ Μεγάροις ἐπιχειρῶν om. Hermog. III 159, 160, al. : secl. Usener  21 τὰς A Y vulg. : ἃς S L F : τινὰς al. 22 τὰς O[1] : ἃς S L A F : τινὰς al., cf. xli 11  25 ποιεῖν αὐτὸν secl. Cobet

ἀδικήματα πάνθ' ἃ πέπρακται καὶ ἁμαρτήματ' ἐμά. εἰ δ' ἔδει τινὰ τούτων κωλυτὴν φανῆναι, τίν' ἄλλον ἢ τὸν Ἀθηναίων [249] δῆμον προσῆκε γενέσθαι; ταῦτα τοίνυν ἐπολιτευόμην ἐγώ, καὶ ὁρῶν καταδουλούμενον πάντας ἀνθρώπους ἐκεῖνον ἠναντιούμην, καὶ προλέγων καὶ διδάσκων μὴ προΐεσθαι διετέλουν. καὶ μὴν τὴν εἰρήνην γ' ἐκεῖνος ἔλυσε τὰ πλοῖα λαβών, οὐχ ἡ πόλις, Αἰσχίνη.

73 Φέρε δ' αὐτὰ τὰ ψηφίσματα καὶ τὴν ἐπιστολὴν τὴν τοῦ Φιλίππου, καὶ λέγ' ἐφεξῆς· ἀπὸ γὰρ τούτων τίς τίνος αἴτιός ἐστι γενήσεται φανερόν.

ΨΗΦΙΣΜΑ.

[Ἐπὶ ἄρχοντος Νεοκλέους, μηνὸς βοηδρομιῶνος, ἐκκλησία σύγκλητος ὑπὸ στρατηγῶν, Εὔβουλος Μνησιθέου Κόπριος εἶπεν· ἐπειδὴ προσήγγειλαν οἱ στρατηγοὶ ἐν τῇ ἐκκλησίᾳ ὡς ἄρα Λεωδάμαντα τὸν ναύαρχον καὶ τὰ μετ' αὐτοῦ ἀποσταλέντα σκάφη εἴκοσι ἐπὶ τὴν τοῦ σίτου παραπομπὴν εἰς Ἑλλήσποντον ὁ παρὰ Φιλίππου στρατηγὸς Ἀμύντας καταγήοχεν εἰς Μακεδονίαν καὶ ἐν φυλακῇ ἔχει, ἐπιμεληθῆναι τοὺς πρυτάνεις καὶ τοὺς στρατηγοὺς ὅπως ἡ βουλὴ συναχθῇ καὶ αἱρεθῶσι πρέσβεις πρὸς Φίλιππον, 74 οἳ παραγενόμενοι διαλέξονται πρὸς αὐτὸν περὶ τοῦ ἀφεθῆναι τὸν ναύαρχον καὶ τὰ πλοῖα καὶ τοὺς στρατιώτας, καὶ εἰ μὲν δι' ἄγνοιαν ταῦτα πεποίηκεν ὁ Ἀμύντας, ὅτι οὐ μεμψιμοιρεῖ ὁ δῆμος οὐδέν· εἰ δέ τι πλημμελοῦντα παρὰ τὰ ἐπεσταλμένα λαβών, ὅτι ἐπισκεψάμενοι Ἀθηναῖοι ἐπιτιμήσουσι κατὰ τὴν τῆς ὀλιγωρίας ἀξίαν· εἰ δὲ μηδέτερον τούτων ἐστίν, ἀλλ' ἰδίᾳ ἀγνωμονοῦσιν ἢ ὁ ἀποστείλας [250] ἢ ὁ ἀπεσταλμένος, καὶ τοῦτο λέγειν, ἵνα αἰσθανόμενος ὁ δῆμος βουλεύσηται τί δεῖ ποιεῖν.]

75 Τοῦτο μὲν τοίνυν τὸ ψήφισμ' Εὔβουλος ἔγραψεν, οὐκ ἐγώ, τὸ δ' ἐφεξῆς Ἀριστοφῶν, εἶθ' Ἡγήσιππος, εἶτ' Ἀρι-

2 τινὰ τούτων (τοῦτον? $S^1$) κωλυτὴν S corr. L: τούτων τινὰ κωλυτὴν O: τούτων κωλυτὴν vulg.: τινα S γρ. A text.: τίνα Dobree   φανῆναι om. S γρ. A text.: secl. Dobree   τίν'] τοῦτον S γρ. Dobree   3 γενέσθαι secl. Herwerden   5 ταῦτα Φιλίππῳ post προίεσθαι (προέσθαι A O) add. vulg.: om. S $L^1$   διετέλουν om. F B Y O   9 ἐξεταζομένων post τούτων add. vulg.: om. $S^1$ $L^1$   12 ἐκκλησία σύγκλητος S L $F^1$: ἐκκλησίας συγκλήτου vulg., cf. § 37   14 Λεωδάμαντα S L vulg.: Λαομέδοντα A, cf. § 77   19 συναχθῇ A: συναχθῶσι S L vulg.   25 ἀλλ' ἰδίᾳ] ἀλλ' ἰδίαι δι' S L: fort. ἄλλῃ δ' Blass

στοφῶν πάλιν, εἶτα Φιλοκράτης, εἶτα Κηφισοφῶν, εἶτα πάντες· ἐγὼ δ' οὐδὲν περὶ τούτων. λέγε.

ΨΗΦΙΣΜΑΤΑ.

[Ἐπὶ Νεοκλέους ἄρχοντος, βοηδρομιῶνος ἕνῃ καὶ νέᾳ, βουλῆς γνώμῃ, πρυτάνεις καὶ στρατηγοὶ ἐχρημάτισαν τὰ ἐκ τῆς ἐκκλησίας ἀνενεγκόντες, ὅτι ἔδοξε τῷ δήμῳ πρέσβεις ἑλέσθαι πρὸς Φίλιππον περὶ τῆς τῶν πλοίων ἀνακομιδῆς καὶ ἐντολὰς δοῦναι κατὰ τὰ ἐκ τῆς ἐκκλησίας ψηφίσματα. καὶ εἵλοντο τούσδε, Κηφισοφῶντα Κλέωνος Ἀναφλύστιον, Δημόκριτον Δημοφῶντος Ἀναγυράσιον, Πολύκριτον Ἀπημάντου Κοθωκίδην. πρυτανεία φυλῆς Ἱπποθωντίδος, Ἀριστοφῶν Κολλυτεὺς πρόεδρος εἶπεν.]

Ὥσπερ τοίνυν ἐγὼ ταῦτα δεικνύω τὰ ψηφίσματα, οὕτω 76
καὶ σὺ δεῖξον, Αἰσχίνη, ὁποῖον ἐγὼ γράψας ψήφισμα αἴτιός εἰμι τοῦ πολέμου. ἀλλ' οὐκ ἂν ἔχοις· εἰ γὰρ εἶχες, οὐδὲν ἂν αὐτοῦ πρότερον νυνὶ παρέσχου. καὶ μὴν οὐδ' ὁ Φίλιππος οὐδὲν αἰτιᾶται ἔμ' ὑπὲρ τοῦ πολέμου, ἑτέροις ἐγκαλῶν. Λέγε δ' αὐτὴν τὴν ἐπιστολὴν τὴν τοῦ Φιλίππου.

ΕΠΙΣΤΟΛΗ.

[Βασιλεὺς Μακεδόνων Φίλιππος Ἀθηναίων τῇ βουλῇ καὶ τῷ 77
δήμῳ χαίρειν. παραγενόμενοι πρὸς ἐμὲ οἱ παρ' ὑμῶν πρεσβευταί, [251]
Κηφισοφῶν καὶ Δημόκριτος καὶ Πολύκριτος, διελέγοντο περὶ τῆς τῶν πλοίων ἀφέσεως ὧν ἐναυάρχει Λεωδάμας. καθ' ὅλου μὲν οὖν ἔμοιγε φαίνεσθε ἐν μεγάλῃ εὐηθείᾳ ἔσεσθαι, εἰ οἴεσθ' ἐμὲ λανθάνειν ὅτι ἐξαπεστάλη ταῦτα τὰ πλοῖα πρόφασιν μὲν ὡς τὸν σῖτον παραπέμψοντα ἐκ τοῦ Ἑλλησπόντου εἰς Λῆμνον, βοηθήσοντα δὲ Σηλυμβριανοῖς τοῖς ὑπ' ἐμοῦ μὲν πολιορκουμένοις, οὐ συμπεριειλημμένοις δὲ ἐν ταῖς τῆς φιλίας κοινῇ κειμέναις ἡμῖν συνθήκαις. καὶ ταῦτα συνετάχθη τῷ ναυάρχῳ ἄνευ μὲν τοῦ 78

5 γνώμῃ Taylor: γνώμη codd., cf. § 37 7 κατὰ G. H. Schaefer: καὶ codd. 10 πρυτανεία A corr. B corr.: πρυτανια S A¹ F: πρυτανείᾳ L vulg. Ἱπποθωντίδος Dindorf: Ἱπποθοωντίδος codd., cf. § 105 13 ὁποῖον S L: ποῖον vulg. 16 ἐμὲ S L: με vulg. 17 τὴν ante τοῦ om. L vulg.: add. S A F Y 22 Λεωδάμας codd. pauci, cf. § 73: Λαομέδων cett. 23 ἔσεσθαι codd.: ἔχεσθαι Weil

δήμου τοῦ Ἀθηναίων, ὑπὸ δέ τινων ἀρχόντων καὶ ἑτέρων ἰδιωτῶν μὲν νῦν ὄντων, ἐκ παντὸς δὲ τρόπου βουλομένων τὸν δῆμον ἀντὶ τῆς νῦν ὑπαρχούσης πρὸς ἐμὲ φιλίας τὸν πόλεμον ἀναλαβεῖν, πολλῷ μᾶλλον φιλοτιμουμένων τοῦτο συντετελέσθαι ἢ τοῖς Σηλυμβριανοῖς βοηθῆσαι. καὶ ὑπολαμβάνουσιν αὑτοῖς τὸ τοιοῦτο πρόσοδον ἔσεσθαι· οὐ μέντοι μοι δοκεῖ τοῦτο χρήσιμον ὑπάρχειν οὔθ' ὑμῖν οὔτ' ἐμοί. διόπερ τά τε νῦν καταχθέντα πλοῖα πρὸς ἡμᾶς ἀφίημι ὑμῖν, καὶ τοῦ λοιποῦ, ἐὰν βούλησθε μὴ ἐπιτρέπειν τοῖς προεστηκόσιν ὑμῶν κακοήθως πολιτεύεσθαι, ἀλλ' ἐπιτιμᾶτε, πειράσομαι κἀγὼ διαφυλάττειν τὴν εἰρήνην. εὐτυχεῖτε.]

79 Ἐνταῦθ' οὐδαμοῦ Δημοσθένην γέγραφεν, οὐδ' αἰτίαν οὐδεμίαν κατ' ἐμοῦ. τί ποτ' οὖν τοῖς ἄλλοις ἐγκαλῶν τῶν ἐμοὶ πεπραγμένων οὐχὶ μέμνηται; ὅτι τῶν ἀδικημάτων ἂν
[252] ἐμέμνητο τῶν αὑτοῦ[, εἴ τι περὶ ἐμοῦ γέγραφεν]· τούτων γὰρ εἰχόμην ἐγὼ καὶ τούτοις ἠναντιούμην. καὶ πρῶτον μὲν τὴν εἰς Πελοπόννησον πρεσβείαν ἔγραψα, ὅτε πρῶτον ἐκεῖνος εἰς Πελοπόννησον παρεδύετο, εἶτα τὴν εἰς Εὔβοιαν, ἡνίκ' Εὐβοίας ἥπτετο, εἶτα τὴν ἐπ' Ὠρεὸν ἔξοδον, οὐκέτι πρεσβείαν, καὶ τὴν εἰς Ἐρέτριαν, ἐπειδὴ τυράννους ἐκεῖνος
80 ἐν ταύταις ταῖς πόλεσιν κατέστησεν. μετὰ ταῦτα δὲ τοὺς ἀποστόλους ἅπαντας ἀπέστειλα, καθ' οὓς Χερρόνησος ἐσώθη καὶ Βυζάντιον καὶ πάντες οἱ σύμμαχοι. ἐξ ὧν ὑμῖν μὲν τὰ κάλλιστα, ἔπαινοι, δόξαι, τιμαί, στέφανοι, χάριτες παρὰ τῶν εὖ πεπονθότων ὑπῆρχον· τῶν δ' ἀδικουμένων τοῖς μὲν ὑμῖν τότε πεισθεῖσιν ἡ σωτηρία περιεγένετο, τοῖς δ' ὀλιγωρήσασι τὸ πολλάκις ὧν ὑμεῖς προείπατε μεμνῆσθαι, καὶ νομίζειν ὑμᾶς μὴ μόνον εὔνους ἑαυτοῖς, ἀλλὰ καὶ φρονίμους ἀνθρώπους καὶ μάντεις εἶναι· πάντα γὰρ ἐκβέβηχ' ἃ προεί-
81 πατε. καὶ μὴν ὅτι πολλὰ μὲν ἂν χρήματ' ἔδωκε Φιλιστίδης ὥστ' ἔχειν Ὠρεόν, πολλὰ δὲ Κλείταρχος ὥστ' ἔχειν

1 τοῦ S L: τῶν vulg. 15 εἴ τι . . . γέγραφεν secl. Badham γέγραφε(ν) codd.: γ' ἔγραφεν Droysen: ἐγεγράφει Devarius 21 ταῦτα ante δὲ vulg.: post δὲ S¹ (cum signis transponendi) 25 ὑπῆρχον S L¹ A: ἐγίγνοντο vulg.

Ἐρέτριαν, πολλὰ δ' αὐτὸς ὁ Φίλιππος ὥστε ταῦθ' ὑπάρχειν
ἐφ' ὑμᾶς αὐτῷ, καὶ περὶ τῶν ἄλλων μηδὲν ἐξελέγχεσθαι
μηδ' ἃ ποιῶν ἠδίκει μηδέν' ἐξετάζειν πανταχοῦ, οὐδεὶς
ἀγνοεῖ, καὶ πάντων ἥκιστα σύ· οἱ γὰρ παρὰ τοῦ Κλειτάρχου 82
καὶ τοῦ Φιλιστίδου τότε πρέσβεις δεῦρ' ἀφικνούμενοι παρὰ
σοὶ κατέλυον, Αἰσχίνη, καὶ σὺ προὐξένεις αὐτῶν· οὓς ἡ
μὲν πόλις ὡς ἐχθροὺς καὶ οὔτε δίκαι' οὔτε συμφέροντα
λέγοντας ἀπήλασε, σοὶ δ' ἦσαν φίλοι. οὐ τοίνυν ἐπράχθη
τούτων οὐδέν, ὦ βλασφημῶν περὶ ἐμοῦ καὶ λέγων ὡς σιωπῶ
μὲν λαβών, βοῶ δ' ἀναλώσας. ἀλλ' οὐ σύ, ἀλλὰ βοᾷς [253]
μὲν ἔχων, παύσει δ' οὐδέποτ' ἐὰν μή σ' οὗτοι παύσωσιν
ἀτιμώσαντες τήμερον. στεφανωσάντων τοίνυν ὑμῶν ἔμ' 83
ἐπὶ τούτοις τότε, καὶ γράψαντος Ἀριστονίκου τὰς αὐτὰς
συλλαβὰς ἅσπερ οὑτοσὶ Κτησιφῶν νῦν γέγραφε, καὶ ἀναρ-
ρηθέντος ἐν τῷ θεάτρῳ τοῦ στεφάνου, καὶ δευτέρου κηρύ-
γματος ἤδη μοι τούτου γιγνομένου, οὔτ' ἀντεῖπεν Αἰσχίνης
παρὼν οὔτε τὸν εἰπόντ' ἐγράψατο. Καί μοι λέγε καὶ τοῦτο
τὸ ψήφισμα λαβών.

**ΨΗΦΙΣΜΑ.**

[Ἐπὶ Χαιρώνδου Ἡγήμονος ἄρχοντος, γαμηλιῶνος ἕκτῃ 84
ἀπιόντος, φυλῆς πρυτανευούσης Λεοντίδος, Ἀριστόνικος Φρεάρ-
ριος εἶπεν· ἐπειδὴ Δημοσθένης Δημοσθένους Παιανιεὺς πολλὰς
καὶ μεγάλας χρείας παρέσχηται τῷ δήμῳ τῷ Ἀθηναίων, καὶ
πολλοῖς τῶν συμμάχων καὶ πρότερον καὶ ἐν τῷ παρόντι καιρῷ
βεβοήθηκε διὰ τῶν ψηφισμάτων, καί τινας τῶν ἐν τῇ Εὐβοίᾳ
πόλεων ἠλευθέρωκε, καὶ διατελεῖ εὔνους ὢν τῷ δήμῳ τῷ Ἀθηναίων,
καὶ λέγει καὶ πράττει ὅ τι ἂν δύνηται ἀγαθὸν ὑπέρ τε αὐτῶν
Ἀθηναίων καὶ τῶν ἄλλων Ἑλλήνων, δεδόχθαι τῇ βουλῇ καὶ
τῷ δήμῳ τῷ Ἀθηναίων ἐπαινέσαι Δημοσθένην Δημοσθένους
Παιανιέα καὶ στεφανῶσαι χρυσῷ στεφάνῳ, καὶ ἀναγορεῦσαι

2 ἐξελέγχεσθαι S L vulg.: ἐλέγχεσθαι A Y Bekk. Anecd. p. 147 9 καὶ λέγων del. Cobet, cf. xix § 119 10 γε post σύ add. vulg.: om. S solus 12 ἀτιμάσαντες O, cf. xix 262 15–16 καὶ δευτέρου . . . γιγνομένου secl. Lipsius 17 εἰπόντ'] ἀντειπόντα S L 20 Χαιρώνδου del. Dobree 23 et 26 τῷ Ἀθηναίων S: τῶν Ἀθηναίων vulg.

τὸν στέφανον ἐν τῷ θεάτρῳ, Διονυσίοις, τραγῳδοῖς καινοῖς, τῆς δὲ ἀναγορεύσεως τοῦ στεφάνου ἐπιμεληθῆναι τὴν πρυτανεύουσαν φυλὴν καὶ τὸν ἀγωνοθέτην. εἶπεν Ἀριστόνικος [254] Φρεάρριος.]

85 Ἔστιν οὖν ὅστις ὑμῶν οἶδέ τιν' αἰσχύνην τῇ πόλει συμβᾶσαν διὰ τοῦτο τὸ ψήφισμα ἢ χλευασμὸν ἢ γέλωτα, ἃ νῦν οὗτος ἔφη συμβήσεσθαι, ἂν ἐγὼ στεφανῶμαι; καὶ μὴν ὅταν ᾖ νέα καὶ γνώριμα πᾶσι τὰ πράγματα, ἐάν τε καλῶς ἔχῃ, χάριτος τυγχάνει, ἐάν θ' ὡς ἑτέρως, τιμωρίας. φαίνομαι τοίνυν ἐγὼ χάριτος τετυχηκὼς τότε, καὶ οὐ μέμψεως οὐδὲ τιμωρίας.

86 Οὐκοῦν μέχρι μὲν τῶν χρόνων ἐκείνων, ἐν οἷς ταῦτ' ἐπράχθη, πάντ' ἀνωμολόγημαι τὰ ἄριστα πράττειν τῇ πόλει, τῷ νικᾶν, ὅτ' ἐβουλεύεσθε, λέγων καὶ γράφων, τῷ καταπραχθῆναι τὰ γραφέντα, καὶ στεφάνους ἐξ αὐτῶν τῇ πόλει καὶ ἐμοὶ καὶ πᾶσιν γενέσθαι, τῷ θυσίας τοῖς θεοῖς καὶ προσόδους ὡς ἀγαθῶν τούτων ὄντων ὑμᾶς πεποιῆσθαι.

87 Ἐπειδὴ τοίνυν ἐκ τῆς Εὐβοίας ὁ Φίλιππος ὑφ' ὑμῶν ἐξηλάθη τοῖς [μὲν] ὅπλοις, τῇ δὲ πολιτείᾳ καὶ τοῖς ψηφίσμασι, κἂν διαρραγῶσί τινες τούτων, ὑπ' ἐμοῦ, ἕτερον κατὰ τῆς πόλεως ἐπιτειχισμὸν ἐζήτει. ὁρῶν δ' ὅτι σίτῳ πάντων ἀνθρώπων πλείστῳ χρώμεθ' ἐπεισάκτῳ, βουλόμενος τῆς σιτοπομπίας κύριος γενέσθαι, παρελθὼν ἐπὶ Θρᾴκης Βυζαντίους συμμάχους ὄντας αὐτῷ τὸ μὲν πρῶτον ἠξίου συμπολεμεῖν τὸν πρὸς ὑμᾶς πόλεμον, ὡς δ' οὐκ ἤθελον οὐδ' ἐπὶ τούτοις ἔφασαν τὴν συμμαχίαν πεποιῆσθαι, λέγοντες ἀληθῆ, χάρακα βαλόμενος πρὸς τῇ πόλει καὶ μηχανήματ'

1 *Διονυσίοις* om. S L F B : add. vulg. 13 *πάντ' ἀνωμολόγημαι* Westermann : *πάντας ἀνωμολόγημαι* S solus : *πάντας ἀνωμολόγημαι τοὺς χρόνους* L vulg. : *πάντως ἀνωμολόγημαι* Dobree 16 *ὑμῖν* post *πᾶσιν* add. vulg. : om. S $L^1$ 18 *ὑφ'* (*ἀφ'* L) *ὑμῶν ἐξηλάθη τοῖς μὲν ὅπλοις* $S^1$ L : *μὲν* secl. Weil : *ὑφ' ὑμῶν μὲν ἐξηλάθη τοῖς ὅπλοις* Y : *ἐξηλάθη τοῖς μὲν ὅπλοις ὑφ' ὑμῶν* A F B vulg. : fort. *ὑφ' ὑμῶν ἐξηλάθη* secluso *τοῖς μὲν ὅπλοις* 27 *χάρακα* S $L^1$ Harpocr. : *χαράκωμα* S *γρ.* A : *χαρακώματα* $L^2$ F

ἐπιστήσας ἐπολιόρκει. τούτων δὲ γιγνομένων ὅ τι μὲν 88
προσῆκε ποιεῖν ὑμᾶς, οὐκ ἐπερωτήσω· δῆλον γάρ ἐστιν
ἅπασιν. ἀλλὰ τίς ἦν ὁ βοηθήσας τοῖς Βυζαντίοις καὶ [255]
σώσας αὐτούς; τίς ὁ κωλύσας τὸν Ἑλλήσποντον ἀλλο-
τριωθῆναι κατ' ἐκείνους τοὺς χρόνους; ὑμεῖς, ἄνδρες Ἀθηναῖοι.
τὸ δ' ὑμεῖς ὅταν λέγω, τὴν πόλιν λέγω. τίς δ' ὁ τῇ πόλει
λέγων καὶ γράφων καὶ πράττων καὶ ἁπλῶς ἑαυτὸν εἰς τὰ
πράγματ' ἀφειδῶς δούς; ἐγώ. ἀλλὰ μὴν ἡλίκα ταῦτ' 89
ὠφέλησεν ἅπαντας, οὐκέτ' ἐκ τοῦ λόγου δεῖ μαθεῖν, ἀλλ'
ἔργῳ πεπείρασθε· ὁ γὰρ τότ' ἐνστὰς πόλεμος ἄνευ τοῦ
καλὴν δόξαν ἐνεγκεῖν ἐν πᾶσι τοῖς κατὰ τὸν βίον ἀφθονω-
τέροις καὶ εὐωνοτέροις διῆγεν ὑμᾶς τῆς νῦν εἰρήνης, ἣν
οὗτοι κατὰ τῆς πατρίδος τηροῦσιν οἱ χρηστοί, ἐπὶ ταῖς μελ-
λούσαις ἐλπίσιν, ὧν διαμάρτοιεν, καὶ μετάσχοιεν ὧν ὑμεῖς
οἱ τὰ βέλτιστα βουλόμενοι τοὺς θεοὺς αἰτεῖτε, μὴ μεταδοῖεν
ὑμῖν ὧν αὐτοὶ προῄρηνται. Λέγε δ' αὐτοῖς καὶ τοὺς τῶν
Βυζαντίων στεφάνους καὶ τοὺς τῶν Περινθίων, οἷς ἐστε-
φάνουν ἐκ τούτων τὴν πόλιν.

ΨΗΦΙΣΜΑ ΒΥΖΑΝΤΙΩΝ.

[Ἐπὶ ἱερομνάμονος Βοσπορίχω Δαμάγητος ἐν τᾷ ἁλίᾳ ἔλεξεν, 90
ἐκ τᾶς βωλᾶς λαβὼν ῥήτραν· ἐπειδὴ ὁ δᾶμος ὁ Ἀθαναίων ἔν
τε τοῖς προγεναμένοις καιροῖς εὐνοέων διατελεῖ Βυζαντίοις καὶ
τοῖς συμμάχοις καὶ συγγενέσι Περινθίοις καὶ πολλὰς καὶ μεγάλας
χρείας παρέσχηται, ἔν τε τῷ παρεστακότι καιρῷ Φιλίππω τῶ
Μακεδόνος ἐπιστρατεύσαντος ἐπὶ τὰν χώραν καὶ τὰν πόλιν ἐπ'
ἀναστάσει Βυζαντίων καὶ Περινθίων καὶ τὰν χώραν δαίοντος καὶ
δενδροκοπέοντος, βοαθήσας πλοίοις ἑκατὸν καὶ εἴκοσι καὶ σίτῳ [256]

2 οὐκ ἐπερωτήσω S L : οὐκέτ' ἐρωτήσω A F vulg., cf. § 104 6 λέγω S L : εἴπω vulg. 7 ἁπλῶς del. Rosenberg ut illatum ex § 179 8 ἀφειδῶς del. Dobree δούς S L vulg. : διδούς A 9 οὐκέτ' S L A : οὐκ F vulg. 12 διῆγεν S L : διήγαγεν cett. 14 μὴ ante μετάσχοιεν add. vulg. : om. S L soli 15 μὴ S : μηδὲ cett. 20 ἐν τᾷ ἁλίᾳ Taylor : ἐντεαλία S vulg. 21 Ἀθαναίων Dindorf (et infra) : Ἀθηναίων codd. 22 προγεναμένοις S F¹ Y O corr. : προγενομένοις L vulg. : προγεγεναμένοις G. H. Schaefer 27 βοαθήσας Blass : βοηθῆσαι S L F : βοηθήσας vulg.

καὶ βέλεσι καὶ ὁπλίταις ἐξείλετο ἁμὲ ἐκ τῶν μεγάλων κινδύνων καὶ ἀποκατέστασε τὰν πάτριον πολιτείαν καὶ τὼς νόμως καὶ τὼς
91 τάφως, δεδόχθαι τῷ δάμῳ τῷ Βυζαντίων καὶ Περινθίων Ἀθαναίοις δόμεν ἐπιγαμίαν, πολιτείαν, ἔγκτασιν γᾶς καὶ οἰκιᾶν, προεδρίαν ἐν τοῖς ἀγῶσι, πόθοδον ποτὶ τὰν βωλὰν καὶ τὸν δᾶμον πράτοις πεδὰ τὰ ἱερά, καὶ τοῖς κατοικεῖν ἐθέλουσι τὰν πόλιν ἀλειτουργήτοις ἦμεν πασᾶν τᾶν λειτουργιᾶν· στᾶσαι δὲ καὶ εἰκόνας τρεῖς ἑκκαιδεκαπάχεις ἐν τῷ Βοσπορείῳ, στεφανούμενον τὸν δᾶμον τὸν Ἀθαναίων ὑπὸ τῶ δάμω τῶ Βυζαντίων καὶ Περινθίων· ἀποστεῖλαι δὲ καὶ θεαρίας ἐς τὰς ἐν τᾷ Ἑλλάδι παναγύριας, Ἴσθμια καὶ Νέμεα καὶ Ὀλύμπια καὶ Πύθια, καὶ ἀνακαρῦξαι τὼς στεφάνως οἷς ἐστεφάνωται ὁ δᾶμος ὁ Ἀθαναίων ὑφ' ἁμέων, ὅπως ἐπιστέωνται οἱ Ἕλλανες τάν τε Ἀθαναίων ἀρετὰν καὶ τὰν Βυζαντίων καὶ Περινθίων εὐχαριστίαν.]

92 Λέγε καὶ τοὺς παρὰ τῶν ἐν Χερρονήσῳ στεφάνους.

### ΨΗΦΙΣΜΑ ΧΕΡΡΟΝΗΣΙΤΩΝ.

[Χερρονησιτῶν οἱ κατοικοῦντες Σηστόν, Ἐλαιοῦντα, Μάδυτον, Ἀλωπεκόννησον, στεφανοῦσιν Ἀθηναίων τὴν βουλὴν καὶ τὸν δῆμον χρυσῷ στεφάνῳ ἀπὸ ταλάντων ἑξήκοντα, καὶ Χάριτος βωμὸν ἱδρύονται καὶ Δήμου Ἀθηναίων, ὅτι πάντων ⟨τῶν⟩ μεγίστων ἀγαθῶν παραίτιος γέγονε Χερρονησίταις, ἐξελόμενος ἐκ τῆς Φιλίππου καὶ ἀποδοὺς τὰς πατρίδας, τοὺς νόμους, τὴν ἐλευθερίαν,
[257] τὰ ἱερά. καὶ ἐν τῷ μετὰ ταῦτα αἰῶνι παντὶ οὐκ ἐλλείψει εὐχαριστῶν καὶ ποιῶν ὅ τι ἂν δύνηται ἀγαθόν. ταῦτα ἐψηφίσαντο ἐν τῷ κοινῷ βουλευτηρίῳ.]

3 δεδόχθαι L corr. al. : δεδόχθω S L[1] vulg., cf. § 29, 84 4 ἔγκτασιν Valesius : ἔκτασιν codd. 5 πόθοδον Valesius : ποθολον vel ποθ' ὅλον codd. πράτοις Valesius : παρὰ τοῖς codd. 6 πεδὰ Bekker : παρὰ codd. 8 ἑκκαιδεκαπάχεις Dindorf : ἑκκαιδεκαπήχεις codd. Βοσπορείῳ Dindorf : Βοσπορείχῳ S : Βοσπορίχῳ vulg. 10 θεαρίας Cobet : θεωρίας Valckenaer : δωρίας S L[1] vulg. τᾷ Valckenaer : τῇ Aug. 4 : τε S L vulg. παναγύριας Dindorf : πανηγύριας codd. 11 τὼς στεφάνως Reiske : τω στεφάνωι S : τῶ στεφάνω L[1] vulg. 12 οἷς ἐστεφάνωται Valckenaer : ὅσοιστεφανωται S : ὅσοι στεφάνωται L[1] F : ᾧ συστεφάνωται vulg. ἁμέων Blass : ἡμῶν vulg. : ὑμῶν S L F 13 τάν τε Porson : πάντε S solus : πάντες vulg. 17 Ἐλαιοῦντα Felicianus, Harpocr. : Ἐλεοῦντα codd. 20 τῶν add. Weil 21 παραίτιος Reiske : πράττειν S L F : πράττειν αἴτιος al. 24 ἐν τῷ κοινῷ codd. duo, Dobree : ἐν κοινῷ F O : κοινῷ S L vulg.

Οὐκοῦν οὐ μόνον τὸ Χερρόνησον καὶ Βυζάντιον σῶσαι, 93
οὐδὲ τὸ κωλῦσαι τὸν Ἑλλήσποντον ὑπὸ Φιλίππῳ γενέσθαι
τότε, οὐδὲ τὸ τιμᾶσθαι τὴν πόλιν ἐκ τούτων ἡ προαίρεσις
ἡ ἐμὴ καὶ ἡ πολιτεία διεπράξατο, ἀλλὰ καὶ πᾶσιν ἔδειξεν
ἀνθρώποις τήν τε τῆς πόλεως καλοκαγαθίαν καὶ τὴν Φι-
λίππου κακίαν. ὁ μὲν γὰρ σύμμαχος ὢν τοῖς Βυζαντίοις
πολιορκῶν αὐτοὺς ἑωρᾶθ' ὑπὸ πάντων, οὗ τί γένοιτ' ἂν
αἴσχιον ἢ μιαρώτερον; ὑμεῖς δ', οἱ καὶ μεμψάμενοι πολλὰ 94
καὶ δίκαι' ἂν ἐκείνοις εἰκότως περὶ ὧν ἠγνωμονήκεσαν εἰς
ὑμᾶς ἐν τοῖς ἔμπροσθεν χρόνοις, οὐ μόνον οὐ μνησικα-
κοῦντες οὐδὲ προϊέμενοι τοὺς ἀδικουμένους ἀλλὰ καὶ σῴ-
ζοντες ἐφαίνεσθε, ἐξ ὧν δόξαν, εὔνοιαν παρὰ πάντων
ἐκτᾶσθε. καὶ μὴν ὅτι μὲν πολλοὺς ἐστεφανώκατ' ἤδη τῶν
πολιτευομένων ἅπαντες ἴσασι· δι' ὅντινα δ' ἄλλον ἡ πόλις
ἐστεφάνωται, σύμβουλον λέγω καὶ ῥήτορα, πλὴν δι' ἐμέ,
οὐδ' ἂν εἷς εἰπεῖν ἔχοι.

Ἵνα τοίνυν καὶ τὰς βλασφημίας ἃς κατὰ τῶν Εὐβοέων 95
καὶ τῶν Βυζαντίων ἐποιήσατο, εἴ τι δυσχερὲς αὐτοῖς ἐπέ-
πρακτο πρὸς ὑμᾶς ὑπομιμνῄσκων, συκοφαντίας οὔσας ἐπι-
δείξω μὴ μόνον τῷ ψευδεῖς εἶναι (τοῦτο μὲν γὰρ ὑπάρχειν
ὑμᾶς εἰδότας ἡγοῦμαι), ἀλλὰ καὶ τῷ, εἰ τὰ μάλιστ' ἦσαν
ἀληθεῖς, οὕτως ὡς ἐγὼ κέχρημαι τοῖς πράγμασι συμφέρειν
χρήσασθαι, ἓν ἢ δύο βούλομαι τῶν καθ' ὑμᾶς πεπραγμένων [258]
καλῶν τῇ πόλει διεξελθεῖν, καὶ ταῦτ' ἐν βραχέσι· καὶ γὰρ
ἄνδρ' ἰδίᾳ καὶ πόλιν κοινῇ πρὸς τὰ κάλλιστα τῶν ὑπαρ-
χόντων ἀεὶ δεῖ πειρᾶσθαι τὰ λοιπὰ πράττειν. ὑμεῖς τοίνυν, 96
ἄνδρες Ἀθηναῖοι, Λακεδαιμονίων γῆς καὶ θαλάττης ἀρχόν-
των καὶ τὰ κύκλῳ τῆς Ἀττικῆς κατεχόντων ἁρμοσταῖς καὶ
φρουραῖς, Εὔβοιαν, Τάναγραν, τὴν Βοιωτίαν ἅπασαν, Μέ-
γαρα, Αἴγιναν, Κέω, τὰς ἄλλας νήσους, οὐ ναῦς, οὐ τείχη

6 *γὰρ* S $L^1$ F marg. : *γε* S *γρ.* vulg., cf. § 189 *φίλος καὶ* ante *σύμμαχος* add. vulg. : om. S $L^1$ 12 *τιμὴν* post *εὔνοιαν* add. A : om. S L vulg. 30 Κέω (Κέων Blass) *τὰς* Dobree : Κλεωνὰς S : Κλεωνὰς *τὰς* cett. *οὐ . . . οὐ* vulg. : *οὐ . . . οὔτε* S L : *οὔτε . . . οὔτε* Dindorf

τῆς πόλεως τότε κεκτημένης, ἐξῆλθετ' εἰς Ἁλίαρτον καὶ
πάλιν οὐ πολλαῖς ἡμέραις ὕστερον εἰς Κόρινθον, τῶν τότ'
Ἀθηναίων πόλλ' ἂν ἐχόντων μνησικακῆσαι καὶ Κορινθίοις
καὶ Θηβαίοις τῶν περὶ τὸν Δεκελεικὸν πόλεμον πραχθέντων·
97 ἀλλ' οὐκ ἐποίουν τοῦτο, οὐδ' ἐγγύς. καίτοι τότε ταῦτ' ἀμ-
φότερ', Αἰσχίνη, οὔθ' ὑπὲρ εὐεργετῶν ἐποίουν οὔτ' ἀκίνδυν'
ἑώρων. ἀλλ' οὐ διὰ ταῦτα προΐεντο τοὺς καταφεύγοντας
ἐφ' ἑαυτούς, ἀλλ' ὑπὲρ εὐδοξίας καὶ τιμῆς ἤθελον τοῖς
δεινοῖς αὑτοὺς διδόναι, ὀρθῶς καὶ καλῶς βουλευόμενοι.
πέρας μὲν γὰρ ἅπασιν ἀνθρώποις ἐστὶ τοῦ βίου θάνατος,
κἂν ἐν οἰκίσκῳ τις αὑτὸν καθείρξας τηρῇ· δεῖ δὲ τοὺς ἀγα-
θοὺς ἄνδρας ἐγχειρεῖν μὲν ἅπασιν ἀεὶ τοῖς καλοῖς, τὴν
ἀγαθὴν προβαλλομένους ἐλπίδα, φέρειν δ' ἂν ὁ θεὸς διδῷ
98 γενναίως. ταῦτ' ἐποίουν οἱ ὑμέτεροι πρόγονοι, ταῦθ' ὑμεῖς
οἱ πρεσβύτεροι, οἳ Λακεδαιμονίους οὐ φίλους ὄντας οὐδ'
εὐεργέτας, ἀλλὰ πολλὰ τὴν πόλιν ἡμῶν ἠδικηκότας καὶ
μεγάλα, ἐπειδὴ Θηβαῖοι κρατήσαντες ἐν Λεύκτροις ἀνελεῖν
ἐπεχείρουν, διεκωλύσατε, οὐ φοβηθέντες τὴν τότε Θηβαίοις
[259] ῥώμην καὶ δόξαν ὑπάρχουσαν, οὐδ' ὑπὲρ οἷα πεποιηκότων
99 ἀνθρώπων κινδυνεύσετε διαλογισάμενοι. καὶ γάρ τοι πᾶσι
τοῖς Ἕλλησιν ἐδείξατ' ἐκ τούτων ὅτι, κἂν ὁτιοῦν τις εἰς
ὑμᾶς ἐξαμάρτῃ, τούτων τὴν ὀργὴν εἰς τἄλλ' ἔχετε, ἐὰν δ'
ὑπὲρ σωτηρίας ἢ ἐλευθερίας κίνδυνός τις αὐτοὺς καταλαμ-
βάνῃ, οὔτε μνησικακήσετ' οὔθ' ὑπολογιεῖσθε. καὶ οὐκ ἐπὶ
τούτων μόνον οὕτως ἐσχήκατε, ἀλλὰ πάλιν σφετεριζομένων
Θηβαίων τὴν Εὔβοιαν οὐ περιείδετε, οὐδ' ὧν ὑπὸ Θεμί-
σωνος καὶ Θεοδώρου περὶ Ὠρωπὸν ἠδίκησθ' ἀνεμνήσθητε,
ἀλλ' ἐβοηθήσατε καὶ τούτοις, τῶν ἐθελοντῶν τότε τριηράρχων
100 πρῶτον γενομένων τῇ πόλει, ὧν εἷς ἦν ἐγώ. ἀλλ' οὔπω

1 κεκτημένης vulg.: κτησαμένης S¹ L 7 προΐεντο S L¹: προεῖντο A F O: πρόειντο vulg. 13 ἂν Dindorf: αν ὃ S: ὃ ἂν Stobaeus: ὅ τι ἂν L vulg. 14 ὑμεῖς S solus: ὑμῶν S γρ. L F: ὑμῖν A 22 τούτων S: τούτῳ cett. 25 μόνον] μόνων L F¹ A 28 ἐθελοντῶν B: ἐθελόντων S L vulg., cf. § 68 τότε ante τριηράρχων S L: post τριηράρχων vulg.

περὶ τούτων. καὶ καλὸν μὲν ἐποιήσατε καὶ τὸ σῶσαι τὴν νῆσον, πολλῷ δ' ἔτι τούτου κάλλιον τὸ καταστάντες κύριοι καὶ τῶν σωμάτων καὶ τῶν πόλεων ἀποδοῦναι ταῦτα δικαίως αὐτοῖς τοῖς ἐξημαρτηκόσιν εἰς ὑμᾶς, μηδὲν ὧν ἠδίκησθε ἐν οἷς ἐπιστεύθητε ὑπολογισάμενοι. μυρία τοίνυν ἕτερ' εἰπεῖν ἔχων παραλείπω, ναυμαχίας, ἐξόδους [πεζάς, στρατείας] καὶ πάλαι γεγονυίας καὶ νῦν ἐφ' ἡμῶν αὐτῶν, ἃς ἁπάσας ἡ πόλις τῆς τῶν ἄλλων Ἑλλήνων ἐλευθερίας καὶ σωτηρίας πεποίηται. εἶτ' ἐγὼ τεθεωρηκὼς ἐν τοσούτοις καὶ τοιούτοις τὴν 101
πόλιν ὑπὲρ τῶν τοῖς ἄλλοις συμφερόντων ἐθέλουσαν ἀγωνίζεσθαι, ὑπὲρ αὐτῆς τρόπον τινὰ τῆς βουλῆς οὔσης τί ἔμελλον κελεύσειν ἢ τί συμβουλεύσειν αὐτῇ ποιεῖν; μνησικακεῖν νὴ Δία πρὸς τοὺς βουλομένους σῴζεσθαι, καὶ προφάσεις ζητεῖν δι' ἃς ἅπαντα προησόμεθα. καὶ τίς οὐκ ἂν ἀπέ- [260]
κτεινέν με δικαίως, εἴ τι τῶν ὑπαρχόντων τῇ πόλει καλῶν λόγῳ μόνον καταισχύνειν ἐπεχείρησα; ἐπεὶ τό γ' ἔργον οὐκ ἂν ἐποιήσαθ' ὑμεῖς, ἀκριβῶς οἶδ' ἐγώ· εἰ γὰρ ἐβούλεσθε, τί ἦν ἐμποδών; οὐκ ἐξῆν; οὐχ ὑπῆρχον οἱ ταῦτ' ἐροῦντες οὗτοι;

Βούλομαι τοίνυν ἐπανελθεῖν ἐφ' ἃ τούτων ἑξῆς ἐπολι- 102
τευόμην· καὶ σκοπεῖτ' ἐν τούτοις πάλιν αὖ, τί τὸ τῇ πόλει βέλτιστον ἦν. ὁρῶν γάρ, ὦ ἄνδρες Ἀθηναῖοι, τὸ ναυτικὸν ὑμῶν καταλυόμενον καὶ τοὺς μὲν πλουσίους ἀτελεῖς ἀπὸ μικρῶν ἀναλωμάτων γιγνομένους, τοὺς δὲ μέτρι' ἢ μικρὰ κεκτημένους τῶν πολιτῶν τὰ ὄντ' ἀπολλύοντας, ἔτι δ' ὑστερίζουσαν ἐκ τούτων τὴν πόλιν τῶν καιρῶν, ἔθηκα νόμον καθ' ὃν τοὺς μὲν τὰ δίκαια ποιεῖν ἠνάγκασα, τοὺς πλουσίους, τοὺς δὲ πένητας ἔπαυσ' ἀδικουμένους, τῇ πόλει δ'

1 καὶ S Q : καίτοι L vulg. 4 ἐν οἷς ἐπιστεύθητε] om. S text. $L^1$, cf. Aesch. Ctes. § 85 6 πεζάς, στρατείας secl. Usener 8 ἄλλων om. A Ἑλλήνων S $L^1$ : Ἑλλήνων ἕνεκ' A : ἕνεχ' Ἑλλήνων $L^2$ F vulg. 12 μνησικακεῖν L A F γρ. : μνησικακήσειν S vulg. 16 αἰσχύνειν A ἐπεχείρησ' ἂν S L $F^1$ Q 25 τῶν πολιτῶν om. A τὰ ὄντα om. $S^1$ 27 τοὺς πλουσίους secl. Herwerden, Cobet 28 πένητας secl. Cobet

ὅπερ ἦν χρησιμώτατον, ἐν καιρῷ γίγνεσθαι τὰς παρασκευὰς
103 ἐποίησα. καὶ γραφεὶς τὸν ἀγῶνα τοῦτον εἰς ὑμᾶς εἰσῆλθον
καὶ ἀπέφυγον, καὶ τὸ μέρος τῶν ψήφων ὁ διώκων οὐκ
ἔλαβεν. καίτοι πόσα χρήματα τοὺς ἡγεμόνας τῶν συμ-
μοριῶν ἢ τοὺς δευτέρους καὶ τρίτους οἴεσθέ μοι διδόναι,
ὥστε μάλιστα μὲν μὴ θεῖναι τὸν νόμον τοῦτον, εἰ δὲ μή,
καταβάλλοντ' ἐᾶν ἐν ὑπωμοσίᾳ; τοσαῦτ', ὦ ἄνδρες Ἀθη-
104 ναῖοι, ὅσ' ὀκνήσαιμ' ἂν πρὸς ὑμᾶς εἰπεῖν. καὶ ταῦτ' εἰκότως
ἔπραττον ἐκεῖνοι. ἦν γὰρ αὐτοῖς ἐκ μὲν τῶν προτέρων
νόμων συνεκκαίδεκα λῃτουργεῖν, αὐτοῖς μὲν μικρὰ καὶ
[261] οὐδὲν ἀναλίσκουσι, τοὺς δ' ἀπόρους τῶν πολιτῶν ἐπιτρί-
βουσιν, ἐκ δὲ τοῦ ἐμοῦ νόμου τὸ γιγνόμενον κατὰ τὴν
οὐσίαν ἕκαστον τιθέναι, καὶ δυοῖν ἐφάνη τριήραρχος ὁ τῆς
μιᾶς ἕκτος καὶ δέκατος πρότερον συντελής· οὐδὲ γὰρ τριη-
ράρχους ἔτ' ὠνόμαζον ἑαυτούς, ἀλλὰ συντελεῖς. ὥστε δὴ
ταῦτα λυθῆναι καὶ μὴ τὰ δίκαια ποιεῖν ἀναγκασθῆναι, οὐκ
105 ἔσθ' ὅ τι οὐκ ἐδίδοσαν. καί μοι λέγε πρῶτον μὲν τὸ ψή-
φισμα καθ' ὃ εἰσῆλθον τὴν γραφήν, εἶτα τοὺς καταλόγους,
τόν τ' ἐκ τοῦ προτέρου νόμου καὶ τὸν κατὰ τὸν ἐμόν. λέγε.

ΨΗΦΙΣΜΑ.

[Ἐπὶ ἄρχοντος Πολυκλέους, μηνὸς βοηδρομιῶνος ἕκτῃ ἐπὶ δέκα, φυλῆς πρυτανευούσης Ἱπποθωντίδος, Δημοσθένης Δημοσθένους Παιανιεὺς εἰσήνεγκε νόμον [εἰς τὸ] τριηραρχικὸν ἀντὶ τοῦ πρότερον, καθ' ὃν αἱ συντέλειαι ἦσαν τῶν τριηράρχων· καὶ ἐπεχειροτόνησεν ἡ βουλὴ καὶ ὁ δῆμος· καὶ ἀπήνεγκε παρανόμων Δημοσθένει Πατροκλῆς Φλυεύς, καὶ τὸ μέρος τῶν ψήφων οὐ λαβὼν ἀπέτεισε τὰς πεντακοσίας δραχμάς.]

106 Φέρε δὴ καὶ τὸν καλὸν κατάλογον.

2 παρανόμων post τοῦτον add. vulg. : om. S L F τοῦτον εἰς ὑμᾶς secl. Blass sec. schol. 3 πέμπτον ante μέρος add. A vulg. : om. S $L^1$ F, cf. §§ 222, 250, 266 7 καταβάλλοντα S $L^1$ $F^1$ Y Q : κατα-βαλόντα A vulg. 10 συνεκκαίδεκα S L vulg. : σὺν ἑκκαίδεκα O : σὺν ἓξ καὶ δέκα Christ 14 ὢν post δέκατος add. L vulg. : om. $S^1$ A F B Q Y 15 ἔτι ὠνόμαζον S L A : ἐπωνόμαζον vulg., cf. § 88 22 Ἱπποθωντίδος Dindorf : Ἱπποθοωντίδος codd., cf. § 75 23 εἰς τὸ secl. Boeckh πρότερον S $L^1$ F : προτέρου vulg. 26 ἀπέτεισε Blass : ἀπήτησε S L Q : ἀπέτισε vulg.

ΚΑΤΑΛΟΓΟΣ.

[Τοὺς τριηράρχους καλεῖσθαι ἐπὶ τὴν τριήρη συνεκκαίδεκα ἐκ τῶν ἐν τοῖς λόχοις συντελειῶν, ἀπὸ εἴκοσι καὶ πέντε ἐτῶν εἰς τετταράκοντα, ἐπὶ ἴσον τῇ χορηγίᾳ χρωμένους.]

Φέρε δὴ παρὰ τοῦτον τὸν ἐκ τοῦ ἐμοῦ νόμου κατάλογον.

ΚΑΤΑΛΟΓΟΣ. [262]

[Τοὺς τριηράρχους αἱρεῖσθαι ἐπὶ τὴν τριήρη ἀπὸ τῆς οὐσίας κατὰ τίμησιν, ἀπὸ ταλάντων δέκα· ἐὰν δὲ πλειόνων ἡ οὐσία ἀποτετιμημένη ᾖ χρημάτων, κατὰ τὸν ἀναλογισμὸν ἕως τριῶν πλοίων καὶ ὑπηρετικοῦ ἡ λειτουργία ἔστω. κατὰ τὴν αὐτὴν δὲ ἀναλογίαν ἔστω καὶ οἷς ἐλάττων οὐσία ἐστὶ τῶν δέκα ταλάντων, εἰς συντέλειαν συναγομένοις εἰς τὰ δέκα τάλαντα.]

Ἆρα μικρὰ βοηθῆσαι τοῖς πένησιν ὑμῶν δοκῶ, ἢ μίκρ' 107
ἀναλῶσαι ἂν τοῦ μὴ τὰ δίκαια ποιεῖν οἱ πλούσιοι; οὐ τοίνυν μόνον τῷ μὴ καθυφεῖναι ταῦτα σεμνύνομαι, οὐδὲ τῷ γραφεὶς ἀποφυγεῖν, ἀλλὰ καὶ τῷ συμφέροντα θεῖναι τὸν νόμον καὶ τῷ πεῖραν ἔργῳ δεδωκέναι. πάντα γὰρ τὸν πόλεμον τῶν ἀποστόλων γιγνομένων κατὰ τὸν νόμον τὸν ἐμόν, οὐχ ἱκετηρίαν ἔθηκε τριήραρχος οὐδεὶς πώποθ' ὡς ἀδικούμενος παρ' ὑμῖν, οὐκ ἐν Μουνιχίας ἐκαθέζετο, οὐχ ὑπὸ τῶν ἀποστολέων ἐδέθη, οὐ τριήρης οὔτ' ἔξω καταλειφθεῖσ' ἀπώλετο τῇ πόλει, οὔτ' αὐτοῦ ἀπελείφθη οὐ
δυναμένη ἀνάγεσθαι. καίτοι κατὰ τοὺς προτέρους νόμους 108
ἅπαντα ταῦτ' ἐγίγνετο. τὸ δ' αἴτιον, ἐν τοῖς πένησιν ἦν τὸ λητουργεῖν· πολλὰ δὴ τἀδύνατα συνέβαινεν. ἐγὼ δ' ἐκ τῶν ἀπόρων εἰς τοὺς εὐπόρους μετήνεγκα τὰς τριηραρχίας· πάντ' οὖν τὰ δέοντ' ἐγίγνετο. καὶ μὴν καὶ κατ' αὐτὸ τοῦτ'

4 *χρωμένους* L marg.: *χρώμενον* S L vulg. 13 *γε* post *ἆρα* add. L vulg.: om. S[1] Q 14 *ἀναλῶσαι ἂν* codd.: *ἂν ἀναλῶσαι* Hertz., recte, puto *ἐθέλειν* post *ποιεῖν* add. S L vulg.: om. A 20 *Μουνιχίας* Kirchhoff (cf. inscrr.): *Μουνυχίᾳ* codd. 21 *καταλειφθεῖσα* S L vulg.: *καταληφθεῖσα* Vind. 1 al. 22 *ἀπελήφθη* S[1] 25 *μὴ δύνασθαι* ante *λειτουργεῖν* add. A: post *λειτουργεῖν* vulg. S *γρ.*: om. S L Q

ἄξιός εἰμ' ἐπαίνου τυχεῖν, ὅτι πάντα τὰ τοιαῦτα προῃρούμην
πολιτεύματα, ἀφ' ὧν ἅμα δόξαι καὶ τιμαὶ καὶ δυνάμεις
[263] συνέβαινον τῇ πόλει· βάσκανον δὲ καὶ πικρὸν καὶ κακόηθες
οὐδέν ἐστι πολίτευμ' ἐμόν, οὐδὲ ταπεινόν, οὐδὲ τῆς πόλεως
109 ἀνάξιον. ταὐτὸ τοίνυν ἦθος ἔχων ἔν τε τοῖς κατὰ τὴν
πόλιν πολιτεύμασι καὶ ἐν τοῖς Ἑλληνικοῖς φανήσομαι· οὔτε
γὰρ ἐν τῇ πόλει τὰς παρὰ τῶν πλουσίων χάριτας μᾶλλον
ἢ τὰ τῶν πολλῶν δίκαι' εἱλόμην, οὔτ' ἐν τοῖς Ἑλληνικοῖς
τὰ Φιλίππου δῶρα καὶ τὴν ξενίαν ἠγάπησα ἀντὶ τῶν κοινῇ
πᾶσι τοῖς Ἕλλησι συμφερόντων.

110 Ἡγοῦμαι τοίνυν λοιπὸν εἶναί μοι περὶ τοῦ κηρύγματος εἰπεῖν καὶ τῶν εὐθυνῶν· τὸ γὰρ ὡς τἄριστά τ' ἔπραττον καὶ διὰ παντὸς εὔνους εἰμὶ καὶ πρόθυμος εὖ ποιεῖν ὑμᾶς, ἱκανῶς ἐκ τῶν εἰρημένων δεδηλῶσθαί μοι νομίζω. καίτοι τὰ μέγιστά γε τῶν πεπολιτευμένων καὶ πεπραγμένων ἐμαυτῷ παραλείπω, ὑπολαμβάνων πρῶτον μὲν ἐφεξῆς τοὺς περὶ αὐτοῦ τοῦ παρανόμου λόγους ἀποδοῦναί με δεῖν, εἶτα, κἂν μηδὲν εἴπω περὶ τῶν λοιπῶν πολιτευμάτων, ὁμοίως παρ' ὑμῶν ἑκάστῳ τὸ συνειδὸς ὑπάρχειν μοι.

111 Τῶν μὲν οὖν λόγων, οὓς οὗτος ἄνω καὶ κάτω διακυκῶν
ἔλεγε περὶ τῶν παραγεγραμμένων νόμων, οὔτε μὰ τοὺς θεοὺς
ὑμᾶς οἶμαι μανθάνειν οὔτ' αὐτὸς ἐδυνάμην συνεῖναι τοὺς
πολλούς· ἁπλῶς δὲ τὴν ὀρθὴν περὶ τῶν δικαίων διαλέ-
ξομαι. τοσούτου γὰρ δέω λέγειν ὡς οὐκ εἴμ' ὑπεύθυνος,
ὃ νῦν οὗτος διέβαλλε καὶ διωρίζετο, ὥσθ' ἅπαντα τὸν βίον
ὑπεύθυνος εἶναι ὁμολογῶ ὧν ἢ διακεχείρικ' ἢ πεπολίτευμαι
112 παρ' ὑμῖν. ὧν μέντοι γ' ἐκ τῆς ἰδίας οὐσίας ἐπαγγειλά-
μενος δέδωκα τῷ δήμῳ, οὐδεμίαν ἡμέραν ὑπεύθυνος εἶναί
[264] φημι (ἀκούεις Αἰσχίνη;) οὐδ' ἄλλον οὐδένα, οὐδ' ἂν τῶν
ἐννέ' ἀρχόντων τις ὢν τύχῃ. τίς γάρ ἐστι νόμος τοσαύτης

21 *παραγεγραμμένων* S *γρ.* : *πεπραγμένων* S L : *γεγραμμένων* A O L marg. 22 *ὑμᾶς οἶμαι* A : *ὑμᾶς οἴομαι* L : *οἶμαι ὑμᾶς* S F Q O 23 *ὁδὸν* post *ὀρθὴν* add. vulg. : post *δικαίων* Y L marg. 24 *τοσούτου* vulg. : *τοσούτῳ* S L[1] F[1] Q, cf. ix 17, xix 48

ἀδικίας καὶ μισανθρωπίας μεστὸς ὥστε τὸν δόντα τι τῶν
ἰδίων καὶ ποιήσαντα πρᾶγμα φιλάνθρωπον καὶ φιλόδωρον
τῆς χάριτος μὲν ἀποστερεῖν, εἰς τοὺς συκοφάντας δ' ἄγειν,
καὶ τούτους ἐπὶ τὰς εὐθύνας ὧν ἔδωκεν ἐφιστάναι; οὐδὲ εἷς.
εἰ δέ φησιν οὗτος, δειξάτω, κἀγὼ στέρξω καὶ σιωπήσομαι.
ἀλλ' οὐκ ἔστιν, ἄνδρες Ἀθηναῖοι, ἀλλ' οὗτος συκοφαντῶν, 113
ὅτι ἐπὶ τῷ θεωρικῷ τότ' ὢν ἐπέδωκα τὰ χρήματα, 'ἐπή-
νεσεν αὐτόν' φησίν 'ὑπεύθυνον ὄντα.' οὐ περὶ τούτων
γ' οὐδενὸς ὧν ὑπεύθυνος ἦν, ἀλλ' ἐφ' οἷς ἐπέδωκα, ὦ συκο-
φάντα. 'ἀλλὰ καὶ τειχοποιὸς ἦσθα.' καὶ διά γε τοῦτο
ὀρθῶς ἐπῃνούμην, ὅτι τἀνηλωμέν' ἔδωκα καὶ οὐκ ἐλογιζόμην.
ὁ μὲν γὰρ λογισμὸς εὐθυνῶν καὶ τῶν ἐξετασόντων προσ-
δεῖται, ἡ δὲ δωρειὰ χάριτος καὶ ἐπαίνου δικαία ἐστὶ τυγ-
χάνειν· διόπερ ταῦτ' ἔγραψεν ὁδὶ περὶ ἐμοῦ. ὅτι δ' οὕτω 114
ταῦτ' οὐ μόνον ἐν τοῖς νόμοις, ἀλλὰ καὶ ἐν τοῖς ὑμετέροις
ἤθεσιν ὥρισται, ἐγὼ ῥᾳδίως πολλαχόθεν δείξω. πρῶτον
μὲν γὰρ Ναυσικλῆς στρατηγῶν ἐφ' οἷς ἀπὸ τῶν ἰδίων
προεῖτο πολλάκις ἐστεφάνωται ὑφ' ὑμῶν· εἶθ' ὅτε τὰς
ἀσπίδας Διότιμος ἔδωκε καὶ πάλιν Χαρίδημος, ἐστεφα-
νοῦντο· εἶθ' οὑτοσὶ Νεοπτόλεμος πολλῶν ἔργων ἐπιστά-
της ὤν, ἐφ' οἷς ἐπέδωκε τετίμηται. σχέτλιον γὰρ ἂν
εἴη τοῦτό γε, εἰ τῷ τιν' ἀρχὴν ἄρχοντι ἢ διδόναι τῇ πόλει
τὰ ἑαυτοῦ διὰ τὴν ἀρχὴν μὴ ἐξέσται, ἢ τῶν δοθέντων ἀντὶ [265]
τοῦ κομίσασθαι χάριν εὐθύνας ὑφέξει. Ὅτι τοίνυν ταῦτ' 115
ἀληθῆ λέγω, λέγε τὰ ψηφίσματά μοι τὰ τούτοις γεγενημέν'
αὐτὰ λαβών. λέγε.

3 *τοὺς συκοφάντας δὲ* A Y : *δὲ τοὺς συκοφάντας* L F vulg. : *δὲ τοὺς συκοφάντας δ'* S 4 *δήπου* post *εἷς* add. L vulg. : om. S A 8 *ἡ βουλὴ* ante *ὑπεύθυνον* add. L vulg. : om. S[1] 10 *φησὶ* post *ἦσθα* add. L vulg. : om. S Q *διά γε* S L F Q : *δι' αὐτό γε* A vulg. 11 *ἔδωκα* S L A Q : *ἐπέδωκα* vulg. 13 *τυγχάνειν ἐστί* A Y 16 *ἤθεσιν* codd. : *ἔθεσιν* Sopater, Rh. Gr. iv 513, 729, &c., cf. § 275, xvii 4 20 *οὑτοσὶ* S corr. L A : *οὗτος* S[1] F vulg. 22 *τῷ τιν'*] *τῳ* Cobet

### ΨΗΦΙΣΜΑ.

[Ἄρχων Δημόνικος Φλυεύς, βοηδρομιῶνος ἕκτῃ μετ' εἰκάδα, γνώμῃ βουλῆς καὶ δήμου, Καλλίας Φρεάρριος εἶπεν, ὅτι δοκεῖ τῇ βουλῇ καὶ τῷ δήμῳ στεφανῶσαι Ναυσικλέα τὸν ἐπὶ τῶν ὅπλων, ὅτι Ἀθηναίων ὁπλιτῶν δισχιλίων ὄντων ἐν Ἴμβρῳ καὶ βοηθούντων τοῖς κατοικοῦσιν Ἀθηναίων τὴν νῆσον, οὐ δυναμένου Φίλωνος τοῦ ἐπὶ τῆς διοικήσεως κεχειροτονημένου διὰ τοὺς χειμῶνας πλεῦσαι καὶ μισθοδοτῆσαι τοὺς ὁπλίτας, ἐκ τῆς ἰδίας οὐσίας ἔδωκε καὶ οὐκ εἰσέπραξε τὸν δῆμον, καὶ ἀναγορεῦσαι τὸν στέφανον Διονυσίοις τραγῳδοῖς καινοῖς.]

### ΕΤΕΡΟΝ ΨΗΦΙΣΜΑ.

116 [Εἶπε Καλλίας Φρεάρριος, πρυτάνεων λεγόντων, βουλῆς γνώμη· ἐπειδὴ Χαρίδημος ὁ ἐπὶ τῶν ὁπλιτῶν, ἀποσταλεὶς εἰς Σαλαμῖνα, καὶ Διότιμος ὁ ἐπὶ τῶν ἱππέων, ἐν τῇ ἐπὶ τοῦ ποταμοῦ μάχῃ τῶν στρατιωτῶν τινῶν ὑπὸ τῶν πολεμίων σκυλευθέντων, ἐκ τῶν ἰδίων ἀναλωμάτων καθώπλισαν τοὺς νεανίσκους ἀσπίσιν ὀκτακοσίαις, δεδόχθαι τῇ βουλῇ καὶ τῷ δήμῳ στεφανῶσαι Χαρίδημον καὶ Διότιμον χρυσῷ στεφάνῳ, καὶ ἀναγορεῦσαι Παναθηναίοις τοῖς μεγάλοις ἐν τῷ γυμνικῷ ἀγῶνι καὶ Διονυσίοις τραγῳδοῖς καινοῖς· τῆς δὲ ἀναγορεύσεως ἐπιμεληθῆναι θεσμοθέτας, πρυτάνεις,
[266] ἀγωνοθέτας.]

117 Τούτων ἕκαστος, Αἰσχίνη, τῆς μὲν ἀρχῆς ἧς ἦρχεν ὑπεύθυνος ἦν, ἐφ' οἷς δ' ἐστεφανοῦτο οὐχ ὑπεύθυνος. οὐκοῦν οὐδ' ἐγώ· ταὐτὰ γὰρ δίκαι' ἐστί μοι περὶ τῶν αὐτῶν τοῖς ἄλλοις δήπου. ἐπέδωκα· ἐπαινοῦμαι διὰ ταῦτα, οὐκ ὢν ὧν ἔδωχ' ὑπεύθυνος. ἦρχον· καὶ δέδωκά γ' εὐθύνας ἐκείνων, οὐχ ὧν ἐπέδωκα. νὴ Δί', ἀλλ' ἀδίκως ἦρξα. εἶτα παρών, ὅτε μ' εἰσῆγον οἱ λογισταί, οὐ κατηγόρεις;

118 Ἵνα τοίνυν ἴδηθ' ὅτι αὐτὸς οὗτός μοι μαρτυρεῖ ἐφ' οἷς οὐχ ὑπεύθυνος ἦν ἐστεφανῶσθαι, λαβὼν ἀνάγνωθι τὸ ψήφισμ' ὅλον τὸ γραφέν μοι. οἷς γὰρ οὐκ ἐγράψατο τοῦ προβουλεύματος, τούτοις ἃ διώκει συκοφαντῶν φανήσεται. λέγε.

3 γνώμῃ Blass : γνώμη codd., cf. §§ 37, 75  12 γνώμη S : γνώμῃ vulg.  26 ἔδωκα S¹ Q : ἐπέδωκα L vulg.  29 ἴδητε S¹ : εἰδῆτε L vulg.

ΨΗΦΙΣΜΑ.

['Επὶ ἄρχοντος Εὐθυκλέους, πυανεψιῶνος ἐνάτῃ ἀπιόντος, φυλῆς πρυτανευούσης Οἰνῇδος, Κτησιφῶν Λεωσθένους Ἀναφλύστιος εἶπεν· ἐπειδὴ Δημοσθένης Δημοσθένους Παιανιεὺς γενόμενος ἐπιμελητὴς τῆς τῶν τειχῶν ἐπισκευῆς καὶ προσαναλώσας εἰς τὰ ἔργα ἀπὸ τῆς ἰδίας οὐσίας τρία τάλαντα ἐπέδωκε ταῦτα τῷ δήμῳ, καὶ ἐπὶ τοῦ θεωρικοῦ κατασταθεὶς ἐπέδωκε τοῖς ἐκ πασῶν τῶν φυλῶν θεωροῖς ἑκατὸν μνᾶς εἰς θυσίας, δεδόχθαι τῇ βουλῇ καὶ τῷ δήμῳ τῷ Ἀθηναίων ἐπαινέσαι Δημοσθένην Δημοσθένους Παιανιέα ἀρετῆς ἕνεκα καὶ καλοκαγαθίας ἧς ἔχων διατελεῖ ἐν παντὶ καιρῷ εἰς τὸν δῆμον τὸν Ἀθηναίων, καὶ στεφανῶσαι χρυσῷ στεφάνῳ, καὶ ἀναγορεῦσαι τὸν στέφανον ἐν τῷ θεάτρῳ Διονυσίοις [267] τραγῳδοῖς καινοῖς· τῆς δὲ ἀναγορεύσεως ἐπιμεληθῆναι τὸν ἀγωνοθέτην.]

Οὐκοῦν ἃ μὲν ἐπέδωκα, ταῦτ' ἐστὶν ὧν οὐδὲν σὺ γέγραψαι· 119 ἃ δέ φησιν ἡ βουλὴ δεῖν ἀντὶ τούτων γενέσθαι μοι, ταῦτ' ἔσθ' ἃ διώκεις. τὸ λαβεῖν οὖν τὰ διδόμεν' ὁμολογῶν ἔννομον εἶναι, τὸ χάριν τούτων ἀποδοῦναι παρανόμων γράφει. ὁ δὲ παμπόνηρος ἄνθρωπος καὶ θεοῖς ἐχθρὸς καὶ βάσκανος ὄντως ποῖός τις ἂν εἴη πρὸς θεῶν; οὐχ ὁ τοιοῦτος;

Καὶ μὴν περὶ τοῦ γ' ἐν τῷ θεάτρῳ κηρύττεσθαι, τὸ μὲν 120 μυριάκις μυρίους κεκηρῦχθαι παραλείπω καὶ τὸ πολλάκις αὐτὸς [ἐστεφανῶσθαι] πρότερον. ἀλλὰ πρὸς θεῶν οὕτω σκαιὸς εἶ καὶ ἀναίσθητος, Αἰσχίνη, ὥστ' οὐ δύνασαι λογίσασθαι ὅτι τῷ μὲν στεφανουμένῳ τὸν αὐτὸν ἔχει ζῆλον ὁ στέφανος, ὅπου ἂν ἀναρρηθῇ, τοῦ δὲ τῶν στεφανούντων εἵνεκα συμφέροντος ἐν τῷ θεάτρῳ γίγνεται τὸ κήρυγμα; οἱ γὰρ ἀκούσαντες ἅπαντες εἰς τὸ ποιεῖν εὖ τὴν πόλιν προτρέπονται, καὶ τοὺς ἀποδιδόντας τὴν χάριν μᾶλλον ἐπαινοῦσι τοῦ στεφανουμένου· διόπερ τὸν νόμον τοῦτον ἡ πόλις γέγραφεν. Λέγε δ' αὐτόν μοι τὸν νόμον λαβών.

8 θεωροῖς Scrimger, cf. Vit. Dec. Or. p. 846 A: θεωρικοῖς codd. 9 τῷ Ἀθηναίων S L F Q: τῶν Ἀθηναίων vulg. 11 τὸν ante Ἀθηναίων S: τῶν cett. 23 ἐστεφανῶσθαι secl. Kirchhoff 24 δύνασαι S L A Y: δύνασθαι F[1] vulg. 26 εἵνεκα S L F: ἕνεκα vulg.

ΝΟΜΟΣ.

[Ὅσους στεφανοῦσί τινες τῶν δήμων, τὰς ἀναγορεύσεις τῶν στεφάνων ποιεῖσθαι ἐν αὐτοῖς ἑκάστους τοῖς ἰδίοις δήμοις, ἐὰν μή τινας ὁ δῆμος ὁ τῶν Ἀθηναίων ἢ ἡ βουλὴ στεφανοῖ· τούτους δ' ἐξεῖναι ἐν τῷ θεάτρῳ Διονυσίοις . . .]

121 Ἀκούεις, Αἰσχίνη, τοῦ νόμου λέγοντος σαφῶς, 'πλὴν
[268] ἐάν τινας ὁ δῆμος ἢ ἡ βουλὴ ψηφίσηται· τούτους δ' ἀνα-
γορευέτω.' τί οὖν, ὦ ταλαίπωρε, συκοφαντεῖς; τί λόγους
πλάττεις; τί σαυτὸν οὐκ ἐλλεβορίζεις ἐπὶ τούτοις; ἀλλ'
οὐδ' αἰσχύνει φθόνου δίκην εἰσάγων, οὐκ ἀδικήματος οὐδε-
νός, καὶ νόμους μεταποιῶν, τῶν δ' ἀφαιρῶν μέρη, οὓς ὅλους
δίκαιον ἦν ἀναγιγνώσκεσθαι τοῖς γ' ὀμωμοκόσιν κατὰ τοὺς
122 νόμους ψηφιεῖσθαι; ἔπειτα τοιαῦτα ποιῶν λέγεις πόσα δεῖ
προσεῖναι τῷ δημοτικῷ, ὥσπερ ἀνδριάντ' ἐκδεδωκὼς κατὰ
συγγραφήν, εἶτ' οὐκ ἔχονθ' ἃ προσῆκεν ἐκ τῆς συγγραφῆς
κομιζόμενος, ἢ λόγῳ τοὺς δημοτικούς, ἀλλ' οὐ τοῖς πράγμασι
καὶ τοῖς πολιτεύμασιν γιγνωσκομένους. καὶ βοᾷς ῥητὰ καὶ
ἄρρητ' ὀνομάζων, ὥσπερ ἐξ ἁμάξης, ἃ σοὶ καὶ τῷ σῷ γένει
πρόσεστιν, οὐκ ἐμοί. καίτοι καὶ τοῦτ', ὦ ἄνδρες Ἀθηναῖοι·
123 ἐγὼ λοιδορίαν κατηγορίας τούτῳ διαφέρειν ἡγοῦμαι, τῷ τὴν
μὲν κατηγορίαν ἀδικήματ' ἔχειν, ὧν ἐν τοῖς νόμοις εἰσὶν αἱ
τιμωρίαι, τὴν δὲ λοιδορίαν βλασφημίας, ἃς κατὰ τὴν αὑτῶν
φύσιν τοῖς ἐχθροῖς περὶ ἀλλήλων συμβαίνει λέγειν. οἰκο-
δομῆσαι δὲ τοὺς προγόνους ταυτὶ τὰ δικαστήρι' ὑπείληφα,
οὐχ ἵνα συλλέξαντες ὑμᾶς εἰς ταῦτα ἀπὸ τῶν ἰδίων κακῶς
τἀπόρρητα λέγωμεν ἀλλήλους, ἀλλ' ἵν' ἐξελέγχωμεν ἐάν τις
124 ἠδικηκώς τι τυγχάνῃ τὴν πόλιν. ταῦτα τοίνυν εἰδὼς Αἰσχί-
νης οὐδὲν ἧττον ἐμοῦ πομπεύειν ἀντὶ τοῦ κατηγορεῖν εἵλετο.
οὐ μὴν οὐδ' ἐνταῦθ' ἔλαττον ἔχων δίκαιός ἐστιν ἀπελθεῖν.

5 post Διονυσίοις add. εξειναι εσθαι S Y : στεφανοῦσθαι L : ἀναγορεύεσθαι vulg. 7 ψηφίσηται S L A F Q O : στεφανώσηται S marg. F marg. vulg. 9 πλάττει Cobet 10 εἰσάγων vulg. : εἰσάγειν S L F[1] Q οὐδενός] οὐδενὸς λαβεῖν τιμωρίαν A O, illatum ex § 280 11 τοὺς μὲν post νόμους add. L vulg. : om. S[1] 13 πόσα Blass : πρὸς ἃ S L corr. F B : ἃ vulg. 25 κακῶς secl. Westermann

ἤδη δ' ἐπὶ ταῦτα πορεύσομαι, τοσοῦτον αὐτὸν ἐρωτήσας.
πότερόν σέ τις, Αἰσχίνη, τῆς πόλεως ἐχθρὸν ἢ ἐμὸν εἶναι
φῇ; ἐμὸν δῆλον ὅτι. εἶθ' οὗ μὲν ἦν παρ' ἐμοῦ δίκην κατὰ [269]
τοὺς νόμους ὑπὲρ τούτων λαβεῖν, εἴπερ ἠδίκουν, ἐξέλειπες, ἐν
ταῖς εὐθύναις, ἐν ταῖς γραφαῖς, ἐν ταῖς ἄλλαις κρίσεσιν· οὗ 125
δ' ἐγὼ μὲν ἀθῷος ἅπασι, τοῖς νόμοις, τῷ χρόνῳ, τῇ προθε-
σμίᾳ, τῷ κεκρίσθαι περὶ πάντων πολλάκις πρότερον, τῷ
μηδεπώποτ' ἐξελεγχθῆναι μηδὲν ὑμᾶς ἀδικῶν, τῇ πόλει δ' ἢ
πλέον ἢ ἔλαττον ἀνάγκη τῶν γε δημοσίᾳ πεπραγμένων
μετεῖναι τῆς δόξης, ἐνταῦθ' ἀπήντηκας; ὅρα μὴ τούτων μὲν
ἐχθρὸς ᾖς, ἐμοὶ δὲ προσποιῇ.

Ἐπειδὴ τοίνυν ἡ μὲν εὐσεβὴς καὶ δικαία ψῆφος ἅπασι 126
δέδεικται, δεῖ δέ μ', ὡς ἔοικε, καίπερ οὐ φιλολοίδορον ὄντα,
διὰ τὰς ὑπὸ τούτου βλασφημίας εἰρημένας ἀντὶ πολλῶν καὶ
ψευδῶν αὐτὰ τἀναγκαιότατ' εἰπεῖν περὶ αὐτοῦ, καὶ δεῖξαι τίς
ὢν κἀκ τίνων ῥᾳδίως οὕτως ἄρχει τοῦ κακῶς λέγειν, καὶ
λόγους τινὰς διασύρει, αὐτὸς εἰρηκὼς ἃ τίς οὐκ ἂν ὤκνησεν
τῶν μετρίων ἀνθρώπων φθέγξασθαι;—εἰ γὰρ Αἰακὸς ἢ 127
Ῥαδάμανθυς ἢ Μίνως ἦν ὁ κατηγορῶν, ἀλλὰ μὴ σπερμολό-
γος, περίτριμμ' ἀγορᾶς, ὄλεθρος γραμματεύς, οὐκ ἂν αὐτὸν
οἶμαι ταῦτ' εἰπεῖν οὐδ' ἂν οὕτως ἐπαχθεῖς λόγους πορίσασθαι,
ὥσπερ ἐν τραγῳδίᾳ βοῶντα 'ὦ γῆ καὶ ἥλιε καὶ ἀρετὴ' καὶ
τὰ τοιαῦτα, καὶ πάλιν 'σύνεσιν καὶ παιδείαν' ἐπικαλού-
μενον, 'ᾗ τὰ καλὰ καὶ τὰ αἰσχρὰ διαγιγνώσκεται·' ταῦτα
γὰρ δήπουθεν ἠκούετ' αὐτοῦ λέγοντος. σοὶ δ' ἀρετῆς, ὦ 128
κάθαρμα, ἢ τοῖς σοῖς τίς μετουσία; ἢ καλῶν ἢ μὴ τοιού-
των τίς διάγνωσις; πόθεν ἢ πῶς ἀξιωθέντι; ποῦ δὲ παιδείας
σοὶ θέμις μνησθῆναι; ἧς τῶν μὲν ὡς ἀληθῶς τετυχηκότων

3 φῇ] θῇ A 4 ἐξέλειπες S: ἐξέλιπες cett. 7 πρότερον om. A 11 ἐμοὶ S F[1] B Q: ἐμὸς L A O 13 φύσει post ὄντα add. S corr. L A: om. S[1] F Q Y 16 καὶ ἐκ Markland: καὶ codd., cf. xix 280 17 τινὰς L F vulg.: τινας S: τίνας A 21 ταῦτ' S L F B Q: τοιαῦτ' A 27 πόθεν] πόθεν λαβόντι S corr. L F γρ. Q γρ., cf. § 51

[270] οὐδ᾽ ἂν εἷς εἴποι περὶ αὑτοῦ τοιοῦτον οὐδέν, ἀλλὰ κἂν ἑτέρου
λέγοντος ἐρυθριάσειε, τοῖς δ᾽ ἀπολειφθεῖσι μέν, ὥσπερ σύ,
προσποιουμένοις δ᾽ ὑπ᾽ ἀναισθησίας τὸ τοὺς ἀκούοντας ἀλγεῖν
ποιεῖν ὅταν λέγωσιν, οὐ τὸ δοκεῖν τοιούτοις εἶναι περίεστιν.

129 Οὐκ ἀπορῶν δ᾽ ὅ τι χρὴ περὶ σοῦ καὶ τῶν σῶν εἰπεῖν,
ἀπορῶ τοῦ πρώτου μνησθῶ· πότερ᾽ ὡς ὁ πατήρ σου Τρόμης
ἐδούλευε παρ᾽ Ἐλπίᾳ τῷ πρὸς τῷ Θησείῳ διδάσκοντι γράμ-
ματα, χοίνικας παχείας ἔχων καὶ ξύλον; ἢ ὡς ἡ μήτηρ τοῖς
μεθημερινοῖς γάμοις ἐν τῷ κλεισίῳ τῷ πρὸς τῷ καλαμίτῃ
ἥρῳ χρωμένη τὸν καλὸν ἀνδριάντα καὶ τριταγωνιστὴν ἄκρον
ἐξέθρεψέ σε; ἀλλὰ πάντες ἴσασι ταῦτα, κἂν ἐγὼ μὴ λέγω.
ἀλλ᾽ ὡς ὁ τριηραύλης Φορμίων, ὁ Δίωνος τοῦ Φρεαρρίου
δοῦλος, ἀνέστησεν αὐτὴν ἀπὸ ταύτης τῆς καλῆς ἐργασίας;
ἀλλὰ νὴ τὸν Δία καὶ θεοὺς ὀκνῶ μὴ περὶ σοῦ τὰ προσή-
κοντα λέγων αὐτὸς οὐ προσήκοντας ἐμαυτῷ δόξω προῃρῆσθαι
130 λόγους. ταῦτα μὲν οὖν ἐάσω, ἀπ᾽ αὐτῶν δ᾽ ὧν αὐτὸς
βεβίωκεν ἄρξομαι· οὐδὲ γὰρ ὧν ἔτυχεν ἦν, ἀλλ᾽ οἷς ὁ δῆμος
καταρᾶται. ὀψὲ γάρ ποτε—ὀψὲ λέγω; χθὲς μὲν οὖν καὶ
πρώην ἅμ᾽ Ἀθηναῖος καὶ ῥήτωρ γέγονεν, καὶ δύο συλλαβὰς
προσθεὶς τὸν μὲν πατέρ᾽ ἀντὶ Τρόμητος ἐποίησεν Ἀτρόμητον,
τὴν δὲ μητέρα σεμνῶς πάνυ Γλαυκοθέαν, ἣν Ἔμπουσαν
ἅπαντες ἴσασι καλουμένην, ἐκ τοῦ πάντα ποιεῖν καὶ πάσχειν
δηλονότι ταύτης τῆς ἐπωνυμίας τυχοῦσαν· πόθεν γὰρ ἄλ-
131 λοθεν; ἀλλ᾽ ὅμως οὕτως ἀχάριστος εἶ καὶ πονηρὸς φύσει
[271] ὥστ᾽ ἐλεύθερος ἐκ δούλου καὶ πλούσιος ἐκ πτωχοῦ διὰ του-
τουσὶ γεγονὼς οὐχ ὅπως χάριν αὐτοῖς ἔχεις, ἀλλὰ μισθώσας
σαυτὸν κατὰ τουτωνὶ πολιτεύει. καὶ περὶ ὧν μὲν ἔστι τις
ἀμφισβήτησις, ὡς ἄρ᾽ ὑπὲρ τῆς πόλεως εἴρηκεν, ἐάσω· ἃ

7 Ἐλπίᾳ A F vulg. : ελπιδαι $S^1$ : ἐλπίδα $L^1$ $O^1$ 9 Καλαμίτῃ Blass 10 ἥρωι codd. : om. Blass cum A fort. recte : Ἥρῳ G. H. Schaefer, cf. xix 249, Phot. s. v. Ἥρως 11 ἀλλὰ πάντες . . . λέγω A O : om. S $L^1$ F B Q Y 14 τοὺς ante θεοὺς add. vulg. : om. S L soli 17–18 οὐδὲ γὰρ . . . καταρᾶται] post λόγους ponit S γρ. 19 γέγονεν om. A 21 ὠνόμασεν post Γλαυκοθέαν add. vulg. : om. S $L^1$ soli 22 καὶ γίγνεσθαι post πάσχειν add. S $L^1$ soli

δ' ὑπὲρ τῶν ἐχθρῶν φανερῶς ἀπεδείχθη πράττων, ταῦτ'
ἀναμνήσω.
Τίς γὰρ ὑμῶν οὐκ οἶδεν τὸν ἀποψηφισθέντ' Ἀντιφῶντα, 132
ὃς ἐπαγγειλάμενος Φιλίππῳ τὰ νεώρι' ἐμπρήσειν εἰς τὴν
πόλιν ἦλθεν; ὃν λαβόντος ἐμοῦ κεκρυμμένον ἐν Πειραιεῖ
καὶ καταστήσαντος εἰς τὴν ἐκκλησίαν βοῶν ὁ βάσκανος
οὗτος καὶ κεκραγώς, ὡς ἐν δημοκρατίᾳ δεινὰ ποιῶ τοὺς ἠτυχη-
κότας τῶν πολιτῶν ὑβρίζων καὶ ἐπ' οἰκίας βαδίζων ἄνευ
ψηφίσματος, ἀφεθῆναι ἐποίησεν. καὶ εἰ μὴ ἡ βουλὴ ἡ ἐξ 133
Ἀρείου πάγου τὸ πρᾶγμ' αἰσθομένη καὶ τὴν ὑμετέραν ἄγνοιαν
ἐν οὐ δέοντι συμβεβηκυῖαν ἰδοῦσα ἐπεζήτησε τὸν ἄνθρωπον
καὶ συλλαβοῦσ' ἐπανήγαγεν ὡς ὑμᾶς, ἐξήρπαστ' ἂν ὁ τοιοῦ-
τος καὶ τὸ δίκην δοῦναι διαδὺς ἐξεπέπεμπτ' ἂν ὑπὸ τοῦ
σεμνολόγου τουτουί· νῦν δ' ὑμεῖς στρεβλώσαντες αὐτὸν
ἀπεκτείνατε, ὡς ἔδει γε καὶ τοῦτον. τοιγαροῦν εἰδυῖα ταῦθ' 134
ἡ βουλὴ ἡ ἐξ Ἀρείου πάγου τότε τούτῳ πεπραγμένα, χειρο-
τονησάντων αὐτὸν ὑμῶν σύνδικον ὑπὲρ τοῦ ἱεροῦ τοῦ ἐν Δήλῳ
ἀπὸ τῆς αὐτῆς ἀγνοίας ἧσπερ πολλὰ προΐεσθε τῶν κοινῶν,
ὡς προσείλεσθε κἀκείνην καὶ τοῦ πράγματος κυρίαν ἐποιή-
σατε, τοῦτον μὲν εὐθὺς ἀπήλασεν ὡς προδότην, Ὑπερείδῃ
δὲ λέγειν προσέταξε· καὶ ταῦτ' ἀπὸ τοῦ βωμοῦ φέρουσα τὴν
ψῆφον ἔπραξε, καὶ οὐδεμία ψῆφος ἠνέχθη τῷ μιαρῷ τούτῳ. [272]
Καὶ ὅτι ταῦτ' ἀληθῆ λέγω, κάλει τούτων τοὺς μάρτυρας. 135

### ΜΑΡΤΥΡΕΣ.

[Μαρτυροῦσι Δημοσθένει ὑπὲρ ἁπάντων οἵδε, Καλλίας Σουνιεύς, Ζήνων Φλυεύς, Κλέων Φαληρεύς, Δημόνικος Μαραθώνιος, ὅτι τοῦ δήμου ποτὲ χειροτονήσαντος Αἰσχίνην σύνδικον ὑπὲρ τοῦ ἱεροῦ τοῦ ἐν Δήλῳ εἰς τοὺς Ἀμφικτύονας συνεδρεύσαντες ἡμεῖς ἐκρίναμεν

1 φανερῶς] καθαρῶς Blass cum Aug. 2 Q coll. xix 263, xxxii 21 al. 4 τὰ ὑμέτερα post ἐμπρήσειν add. vulg.: om. S L F[1] B[1] Q[1] 13 ἐξεπέπεμπτ' Cobet: ἐξεπέμπετ' codd. 16 τὰ ante τότε add. L vulg.: om. S 18 ἧσπερ S L F Q: ἧσπερ ἕνεκα A, cf. § 100: ἀφ' ἧσπερ vulg. προΐεσθε L vulg.: προιστε S[1] F[1] Q: προεῖσθε A L γρ. 19 προσείλεσθε Wolf: προείλεσθε codd.

Ὑπερείδην ἄξιον εἶναι μᾶλλον ὑπὲρ τῆς πόλεως λέγειν, καὶ ἀπεστάλη Ὑπερείδης.]

136 Οὐκοῦν ὅτε τοῦτον τοῦ λέγειν ἀπήλασεν ἡ βουλὴ καὶ προσέταξ' ἑτέρῳ, τότε καὶ προδότην εἶναι καὶ κακόνουν ὑμῖν ἀπέφηνεν.

Ἓν μὲν τοίνυν τοῦτο τοιοῦτο πολίτευμα τοῦ νεανίου τούτου, ὅμοιόν γε, οὐ γάρ; οἷς ἐμοῦ κατηγορεῖ· ἕτερον δ' ἀναμιμνήσκεσθε. ὅτε γὰρ Πύθωνα Φίλιππος ἔπεμψε τὸν Βυζάντιον καὶ παρὰ τῶν αὑτοῦ συμμάχων πάντων συνέπεμψε πρέσβεις, ὡς ἐν αἰσχύνῃ ποιήσων τὴν πόλιν καὶ δείξων ἀδικοῦσαν, τότ' ἐγὼ μὲν τῷ Πύθωνι θρασυνομένῳ καὶ πολλῷ ῥέοντι καθ' ὑμῶν οὐχ ὑπεχώρησα, ἀλλ' ἀναστὰς ἀντεῖπον καὶ τὰ τῆς πόλεως δίκαι' οὐχὶ προὔδωκα, ἀλλ' ἀδικοῦντα Φίλιππον ἐξήλεγξα φανερῶς οὕτως ὥστε τοὺς ἐκείνου συμμάχους αὐτοὺς ἀνισταμένους ὁμολογεῖν· οὗτος δὲ συνηγωνίζετο καὶ τἀναντί' ἐμαρτύρει τῇ πατρίδι, καὶ ταῦτα ψευδῆ.

137 Καὶ οὐκ ἀπέχρη ταῦτα, ἀλλὰ πάλιν μετὰ ταῦθ' ὕστερον Ἀναξίνῳ τῷ κατασκόπῳ συνιὼν εἰς τὴν Θράσωνος οἰκίαν ἐλήφθη. καίτοι ὅστις τῷ ὑπὸ τῶν πολεμίων πεμφθέντι
[273] μόνος μόνῳ συνῄει καὶ ἐκοινολογεῖτο, οὗτος αὐτὸς ὑπῆρχε τῇ φύσει κατάσκοπος καὶ πολέμιος τῇ πατρίδι. Καὶ ὅτι ταῦτ' ἀληθῆ λέγω, κάλει μοι τούτων τοὺς μάρτυρας.

ΜΑΡΤΥΡΕΣ.

[Τελέδημος Κλέωνος, Ὑπερείδης Καλλαίσχρου, Νικόμαχος Διοφάντου μαρτυροῦσι Δημοσθένει καὶ ἐπωμόσαντο ἐπὶ τῶν στρατηγῶν εἰδέναι Αἰσχίνην Ἀτρομήτου Κοθωκίδην συνερχόμενον νυκτὸς εἰς τὴν Θράσωνος οἰκίαν καὶ κοινολογούμενον Ἀναξίνῳ, ὃς ἐκρίθη εἶναι κατάσκοπος παρὰ Φιλίππου. αὗται ἀπεδόθησαν αἱ μαρτυρίαι ἐπὶ Νικίου, ἑκατομβαιῶνος τρίτῃ ἱσταμένου.]

3 τοῦτον τοῦ λέγειν Pauly: τούτου λέγοντος S[1] (ut videtur) F B Q: τούτου μέλλοντος λέγειν S corr. L A vulg. αὐτὸν post ἀπήλασεν add. vulg.: om. S L 12 οὐχ (οὐκ S) ὑπεχώρησα S L B Q: οὐκ εἶξα οὐδ' ὑπεχώρησα vulg.

138 Μυρία τοίνυν ἕτερ' εἰπεῖν ἔχων περὶ αὐτοῦ παραλείπω. καὶ γὰρ οὕτω πως ἔχει. πόλλ' ἂν ἐγὼ ἔτι τούτων ἔχοιμι δεῖξαι, ὧν οὗτος κατ' ἐκείνους τοὺς χρόνους τοῖς μὲν ἐχθροῖς ὑπηρετῶν, ἐμοὶ δ' ἐπηρεάζων εὑρέθη. ἀλλ' οὐ τίθεται ταῦτα παρ' ὑμῖν εἰς ἀκριβῆ μνήμην οὐδ' ἣν προσῆκεν ὀργήν, ἀλλὰ δεδώκατ' ἔθει τινὶ φαύλῳ πολλὴν ἐξουσίαν τῷ βουλομένῳ τὸν λέγοντά τι τῶν ὑμῖν συμφερόντων ὑποσκελίζειν καὶ συκοφαντεῖν, τῆς ἐπὶ ταῖς λοιδορίαις ἡδονῆς καὶ χάριτος τὸ τῆς πόλεως συμφέρον ἀνταλλαττόμενοι· διόπερ ῥᾷόν ἐστι καὶ ἀσφαλέστερον ἀεὶ τοῖς ἐχθροῖς ὑπηρετοῦντα μισθαρνεῖν ἢ τὴν ὑπὲρ ὑμῶν ἑλόμενον τάξιν πολιτεύεσθαι.

139 Καὶ τὸ μὲν δὴ πρὸ τοῦ πολεμεῖν φανερῶς συναγωνίζεσθαι Φιλίππῳ δεινὸν μέν, ὦ γῆ καὶ θεοί, πῶς γὰρ οὔ; κατὰ τῆς πατρίδος· δότε δ', εἰ βούλεσθε, δότ' αὐτῷ τοῦτο. ἀλλ' ἐπειδὴ [274] φανερῶς ἤδη τὰ πλοῖ' ἐσεσύλητο, Χερρόνησος ἐπορθεῖτο, ἐπὶ τὴν 'Αττικὴν ἐπορεύεθ' ἄνθρωπος, οὐκέτ' ἐν ἀμφισβητησίμῳ τὰ πράγματ' ἦν, ἀλλ' ἐνειστήκει πόλεμος, ὅ τι μὲν πώποτ' ἔπραξ' ὑπὲρ ὑμῶν ὁ βάσκανος οὗτος ἰαμβειοφάγος, οὐκ ἂν ἔχοι δεῖξαι, οὐδ' ἔστιν οὔτε μεῖζον οὔτ' ἔλαττον ψήφισμ' οὐδὲν Αἰσχίνῃ περὶ τῶν συμφερόντων τῇ πόλει. εἰ δέ φησι, νῦν δειξάτω ἐν τῷ ἐμῷ ὕδατι. ἀλλ' οὐκ ἔστιν οὐδέν. καίτοι δυοῖν αὐτὸν ἀνάγκη θάτερον, ἢ μηδὲν τοῖς πραττομένοις ὑπ' ἐμοῦ τότ' ἔχοντ' ἐγκαλεῖν μὴ γράφειν παρὰ ταῦθ' ἕτερα, ἢ τὸ τῶν ἐχθρῶν συμφέρον ζητοῦντα μὴ φέρειν εἰς μέσον τὰ τούτων ἀμείνω.

140 Ἆρ' οὖν οὐδ' ἔλεγεν, ὥσπερ οὐδ' ἔγραφεν, ἡνίκ' ἐργάσασθαί τι δέοι κακόν; οὐ μὲν οὖν ἦν εἰπεῖν ἑτέρῳ. καὶ τὰ μὲν ἄλλα καὶ φέρειν ἐδύναθ', ὡς ἔοικεν, ἡ πόλις καὶ ποιῶν οὗτος λανθάνειν· ἓν δ' ἐπεξειργάσατ', ἄνδρες 'Αθηναῖοι,

1 ἕτερα . . . αὐτοῦ om. Q[1] 2 νῦν post ἐγὼ add. vulg. : om. S L 12 φανερῶς del. Dobree 16 ἄνθρωπος F Q : ὁ ἀνος L : ἅνθρωπος S vulg. 18 ἰαμβειοφάγος S γρ. L text. F marg., Hermog. : ἰαμβοφάγος Etym. M. : ἰαμβειογράφος S vulg. : ἰαμβογράφος A 21 ἐν A : ἐπὶ S L 29 λανθάνειν S[1] : ἐλάνθανεν cett. ὦ ante ἄνδρες add. vulg. : om. S L A F

τοιοῦτον ὃ πᾶσι τοῖς προτέροις ἐπέθηκε τέλος· περὶ οὗ τοὺς πολλοὺς ἀνήλωσε λόγους, τὰ τῶν Ἀμφισσέων [τῶν Λοκρῶν] διεξιὼν δόγματα, ὡς διαστρέψων τἀληθές. τὸ δ' οὐ τοιοῦτόν ἐστι· πόθεν; οὐδέποτ' ἐκνίψει σὺ τἀκεῖ πεπραγμένα σαυτῷ· οὐχ οὕτω πόλλ' ἐρεῖς.

141 Καλῶ δ' ἐναντίον ὑμῶν, ἄνδρες Ἀθηναῖοι, τοὺς θεοὺς πάντας καὶ πάσας ὅσοι τὴν χώραν ἔχουσι τὴν Ἀττικήν, καὶ τὸν Ἀπόλλω τὸν Πύθιον, ὃς πατρῷός ἐστι τῇ πόλει, καὶ ἐπεύχομαι πᾶσι τούτοις, εἰ μὲν ἀληθῆ πρὸς ὑμᾶς εἴποιμι
[275] καὶ εἶπον καὶ τότ' εὐθὺς ἐν τῷ δήμῳ, ὅτε πρῶτον εἶδον τουτονὶ τὸν μιαρὸν τούτου τοῦ πράγματος ἁπτόμενον (ἔγνων γάρ, εὐθέως ἔγνων), εὐτυχίαν μοι δοῦναι καὶ σωτηρίαν, εἰ δὲ πρὸς ἔχθραν ἢ φιλονικίας ἰδίας ἕνεκ' αἰτίαν ἐπάγω τούτῳ ψευδῆ, πάντων τῶν ἀγαθῶν ἀνόνητόν με ποιῆσαι.

142 Τί οὖν ταῦτ' ἐπήραμαι καὶ διετεινάμην οὑτωσὶ σφοδρῶς; ὅτι καὶ γράμματ' ἔχων ἐν τῷ δημοσίῳ κείμενα, ἐξ ὧν ταῦτ' ἐπιδείξω σαφῶς, καὶ ὑμᾶς εἰδὼς τὰ πεπραγμένα μνημονεύοντας, ἐκεῖνο φοβοῦμαι, μὴ τῶν εἰργασμένων αὐτῷ κακῶν οὗτος ἐλάττων ὑποληφθῇ· ὅπερ πρότερον συνέβη, ὅτε τοὺς ταλαιπώρους Φωκέας ἐποίησ' ἀπολέσθαι τὰ ψευδῆ δεῦρ'
143 ἀπαγγείλας. τὸν γὰρ ἐν Ἀμφίσσῃ πόλεμον, δι' ὃν εἰς Ἐλάτειαν ἦλθε Φίλιππος καὶ δι' ὃν ᾑρέθη τῶν Ἀμφικτυόνων ἡγεμών, ὃς ἅπαντ' ἀνέτρεψε τὰ τῶν Ἑλλήνων, οὗτός ἐστιν ὁ συγκατασκευάσας καὶ πάντων εἷς ἀνὴρ μεγίστων αἴτιος κακῶν. καὶ τότ' εὐθὺς ἐμοῦ διαμαρτυρομένου καὶ βοῶντος ἐν τῇ ἐκκλησίᾳ 'πόλεμον εἰς τὴν Ἀττικὴν εἰσάγεις, Αἰσχίνη, πόλεμον Ἀμφικτυονικόν,' οἱ μὲν ἐκ παρακλήσεως συγκαθήμενοι οὐκ εἴων με λέγειν, οἱ δ' ἐθαύμαζον καὶ κενὴν αἰτίαν διὰ τὴν ἰδίαν ἔχθραν ἐπάγειν μ' ὑπελάμ-

2 τῶν Λοκρῶν om. Y: secl. Wunderlich: τῶν ante Λοκρῶν secl. Wolf 6 ὦ ante ἄνδρες add. L vulg.: om. S 10 καὶ ante τότ' om. vulg.: add. S L F[1] Q 16 καὶ om. S L[1] 17 μνημονεύσοντας S Q 19 ὑποληφθῇ οὗτος ἐλάττων S L soli 24 τῶν ante μεγίστων add. vulg.: om. S L F B Q 26 εἰσάγεις] ἄγεις F Q O

βανον αὐτῷ. ἥτις δ' ἡ φύσις, ἄνδρες Ἀθηναῖοι, γέγονεν τού- 144
των τῶν πραγμάτων, καὶ τίνος εἵνεκα ταῦτα συνεσκευάσθη
καὶ πῶς ἐπράχθη, νῦν ἀκούσατε, ἐπειδὴ τότ' ἐκωλύθητε· καὶ
γὰρ εὖ πρᾶγμα συντεθὲν ὄψεσθε, καὶ μεγάλ' ὠφελήσεσθε
πρὸς ἱστορίαν τῶν κοινῶν, καὶ ὅση δεινότης ἦν ἐν τῷ
Φιλίππῳ θεάσεσθε.

Οὐκ ἦν τοῦ πρὸς ὑμᾶς πολέμου πέρας οὐδ' ἀπαλλαγὴ 145
Φιλίππῳ, εἰ μὴ Θηβαίους καὶ Θετταλοὺς ἐχθροὺς ποιήσειε [276]
τῇ πόλει· ἀλλὰ καίπερ ἀθλίως καὶ κακῶς τῶν στρατηγῶν
τῶν ὑμετέρων πολεμούντων αὐτῷ, ὅμως ὑπ' αὐτοῦ τοῦ
πολέμου καὶ τῶν λῃστῶν μυρί' ἔπασχε κακά. οὔτε γὰρ
ἐξήγετο τῶν ἐκ τῆς χώρας γιγνομένων οὐδὲν οὔτ' εἰσήγεθ'
ὧν ἐδεῖτ' αὐτῷ· ἦν δ' οὔτ' ἐν τῇ θαλάττῃ τότε κρείττων 146
ὑμῶν οὔτ' εἰς τὴν Ἀττικὴν ἐλθεῖν δυνατὸς μήτε Θετταλῶν
ἀκολουθούντων μήτε Θηβαίων διιέντων· συνέβαινε δ' αὐτῷ
τῷ πολέμῳ κρατοῦντι τοὺς ὁποιουσδήποθ' ὑμεῖς ἐξεπέμ-
πετε στρατηγούς (ἐῶ γὰρ τοῦτό γε) αὐτῇ τῇ φύσει τοῦ
τόπου καὶ τῶν ὑπαρχόντων ἑκατέροις κακοπαθεῖν. εἰ μὲν 147
οὖν τῆς ἰδίας ἕνεκ' ἔχθρας ἢ τοὺς Θετταλοὺς ἢ τοὺς
Θηβαίους συμπείθοι βαδίζειν ἐφ' ὑμᾶς, οὐδέν' ἡγεῖτο
προσέξειν αὐτῷ τὸν νοῦν· ἐὰν δὲ τὰς ἐκείνων κοινὰς προ-
φάσεις λαβὼν ἡγεμὼν αἱρεθῇ, ῥᾷον ἤλπιζε τὰ μὲν παρα-
κρούσεσθαι, τὰ δὲ πείσειν. τί οὖν; ἐπιχειρεῖ, θεάσασθ'
ὡς εὖ, πόλεμον ποιῆσαι τοῖς Ἀμφικτύοσι καὶ περὶ τὴν
Πυλαίαν ταραχήν· εἰς γὰρ ταῦτ' εὐθὺς αὐτοὺς ὑπελάμβανεν
αὐτοῦ δεήσεσθαι. εἰ μὲν τοίνυν τοῦτ' ἢ τῶν παρ' ἑαυτοῦ 148
πεμπομένων ἱερομνημόνων ἢ τῶν ἐκείνου συμμάχων εἰση-
γοῖτό τις, ὑπόψεσθαι τὸ πρᾶγμ' ἐνόμιζε καὶ τοὺς Θηβαίους
καὶ τοὺς Θετταλοὺς καὶ πάντας φυλάξεσθαι, ἂν δ' Ἀθηναῖος

2 εἵνεκα S F : ἕνεκεν A : ἕνεκα L 3 ἀκούσατε A vulg. : ὑπακούσατε S L F B Q : ἐπακούσατε Rauchenstein 6 θεάσεσθε L O : θεάσασθε S A vulg. 20 ἡγεῖτο προσέξειν L : προσέχειν A : ἂν ἡγεῖτο προσέξειν S Aug. 2 F B, cf. xx 35 : ἂν ἡγεῖτο προσέχειν Aug. 4 27 εἰσηγοῖτο A Y F corr. : εἰσηγεῖτο S L vulg. 29 φυλάξεσθαι S L F O : φυλάξασθαι A Y

ᾗ καὶ παρ' ὑμῶν τῶν ὑπεναντίων ὁ τοῦτο ποιῶν, εὐπόρως λήσειν· ὅπερ συνέβη. πῶς οὖν ταῦτ' ἐποίησεν; μισθοῦται
149 τουτονί. οὐδενὸς δὲ προειδότος, οἶμαι, τὸ πρᾶγμ' οὐδὲ
[277] φυλάττοντος, ὥσπερ εἴωθε τὰ τοιαῦτα παρ' ὑμῖν γίγνεσθαι, προβληθεὶς πυλάγορος οὗτος καὶ τριῶν ἢ τεττάρων χειροτονησάντων αὐτὸν ἀνερρήθη. ὡς δὲ τὸ τῆς πόλεως ἀξίωμα λαβὼν ἀφίκετ' εἰς τοὺς Ἀμφικτύονας, πάντα τἄλλ' ἀφεὶς καὶ παριδὼν ἐπέραινεν ἐφ' οἷς ἐμισθώθη, καὶ λόγους εὐπροσώπους καὶ μύθους, ὅθεν ἡ Κιρραία χώρα καθιερώθη, συνθεὶς καὶ διεξελθὼν ἀνθρώπους ἀπείρους λόγων καὶ τὸ μέλλον
150 οὐ προορωμένους, τοὺς ἱερομνήμονας, πείθει ψηφίσασθαι περιελθεῖν τὴν χώραν, ἣν οἱ μὲν Ἀμφισσεῖς σφῶν αὐτῶν οὖσαν γεωργεῖν ἔφασαν, οὗτος δὲ τῆς ἱερᾶς χώρας ᾐτιᾶτ' εἶναι, οὐδεμίαν δίκην τῶν Λοκρῶν ἐπαγόντων ἡμῖν, οὐδ' ἃ νῦν προφασίζεται λέγων οὐκ ἀληθῆ. γνώσεσθε δ' ἐκεῖθεν. οὐκ ἐνῆν ἄνευ τοῦ προσκαλέσασθαι δήπου τοῖς Λοκροῖς δίκην κατὰ τῆς πόλεως τελέσασθαι. τίς οὖν ἐκλήτευσεν ἡμᾶς; ἐπὶ ποίας ἀρχῆς; εἰπὲ τὸν εἰδότα, δεῖξον. ἀλλ' οὐκ ἂν ἔχοις, ἀλλὰ κενῇ προφάσει ταύτῃ κατεχρῶ καὶ ψευδεῖ.
151 περιιόντων τοίνυν τὴν χώραν τῶν Ἀμφικτυόνων κατὰ τὴν ὑφήγησιν τὴν τούτου, προσπεσόντες οἱ Λοκροὶ μικροῦ κατηκόντισαν ἅπαντας, τινὰς δὲ καὶ συνήρπασαν τῶν ἱερομνημόνων. ὡς δ' ἅπαξ ἐκ τούτων ἐγκλήματα καὶ πόλεμος πρὸς τοὺς Ἀμφισσεῖς ἐταράχθη, τὸ μὲν πρῶτον ὁ Κόττυφος αὐτῶν τῶν Ἀμφικτυόνων ἤγαγε στρατιάν, ὡς δ' οἱ μὲν οὐκ ἦλθον, οἱ δ' ἐλθόντες οὐδὲν ἐποίουν, εἰς τὴν ἐπιοῦσαν πυλαίαν ἐπὶ τὸν Φίλιππον εὐθὺς ἡγεμόν' ἦγον οἱ κατεσκευασμένοι καὶ πάλαι πονηροὶ τῶν Θετταλῶν καὶ τῶν ἐν ταῖς ἄλλαις

5 *πυλάγορος* S[1] A corr., Harpocr. : *πυλαγόρας* S corr. L vulg. *καὶ* secl. Cobet 11 *τοὺς ἱερομνήμονας* secl. Cobet 15 *προφασίζεται λέγων* Y : *οὗτος προφ. λέγων* S L : *προφ. οὗτος λέγων* A Vind. 1 : *οὗτος λέγων προφ.* F B vulg. 18 *ἐπὶ* A O marg. : *ἀπὸ* S L vulg. 19 *κενῇ*] *καινῇ* S A, cf. § 239 21 *ἅπαντας* post *κατηκόντισαν* S corr. pr. L A : ante *κατηκόντισαν* F vulg. : om. S[1] 22 *τῶν ἱερομνημόνων* secl. Herwerden 26 *οἱ δ' ἐλθόντες* om. S[1] L text.

πόλεσι. καὶ προφάσεις εὐλόγους εἰλήφεσαν· ἢ γὰρ αὐτοὺς 152
εἰσφέρειν καὶ ξένους τρέφειν ἔφασαν δεῖν καὶ ζημιοῦν τοὺς [278]
μὴ ταῦτα ποιοῦντας, ἢ 'κεῖνον αἱρεῖσθαι. τί δεῖ τὰ πολλὰ
λέγειν; ᾑρέθη γὰρ ἐκ τούτων ἡγεμών. καὶ μετὰ ταῦτ'
εὐθέως δύναμιν συλλέξας καὶ παρελθὼν ὡς ἐπὶ τὴν Κιρ-
ραίαν, ἐρρῶσθαι φράσας πολλὰ Κιρραίοις καὶ Λοκροῖς, τὴν
'Ελάτειαν καταλαμβάνει. εἰ μὲν οὖν μὴ μετέγνωσαν εὐθέως, 153
ὡς τοῦτ' εἶδον, οἱ Θηβαῖοι καὶ μεθ' ἡμῶν ἐγένοντο, ὥσπερ
χειμάρρους ἂν ἅπαν τοῦτο τὸ πρᾶγμ' εἰς τὴν πόλιν εἰσέπεσε·
νῦν δὲ τό γ' ἐξαίφνης ἐπέσχον ἐκεῖνοι, μάλιστα μέν, ὦ
ἄνδρες 'Αθηναῖοι, θεῶν τινὸς εὐνοίᾳ πρὸς ὑμᾶς, εἶτα μέντοι
καὶ ὅσον καθ' ἕν' ἄνδρα, καὶ δι' ἐμέ. δὸς δέ μοι τὰ δό-
γματα ταῦτα καὶ τοὺς χρόνους ἐν οἷς ἕκαστα πέπρακται, ἵν'
εἰδῆθ' ἡλίκα πράγμαθ' ἡ μιαρὰ κεφαλὴ ταράξασ' αὕτη δίκην
οὐκ ἔδωκε. λέγε μοι τὰ δόγματα. 154

ΔΟΓΜΑ ΑΜΦΙΚΤΥΟΝΩΝ.

['Επὶ ἱερέως Κλειναγόρου, ἐαρινῆς πυλαίας, ἔδοξε τοῖς πυλαγόροις καὶ τοῖς συνέδροις τῶν 'Αμφικτυόνων καὶ τῷ κοινῷ τῶν 'Αμφικτυόνων, ἐπειδὴ 'Αμφισσεῖς ἐπιβαίνουσιν ἐπὶ τὴν ἱερὰν χώραν καὶ σπείρουσι καὶ βοσκήμασι κατανέμουσιν, ἐπελθεῖν τοὺς πυλαγόρους καὶ τοὺς συνέδρους καὶ στήλαις διαλαβεῖν τοὺς ὅρους, καὶ ἀπειπεῖν τοῖς 'Αμφισσεῦσι τοῦ λοιποῦ μὴ ἐπιβαίνειν.]

ΕΤΕΡΟΝ ΔΟΓΜΑ.

['Επὶ ἱερέως Κλειναγόρου, ἐαρινῆς πυλαίας, ἔδοξε τοῖς πυλαγό- 155
ροις καὶ τοῖς συνέδροις τῶν 'Αμφικτυόνων καὶ τῷ κοινῷ τῶν [279]
'Αμφικτυόνων, ἐπειδὴ οἱ ἐξ 'Αμφίσσης τὴν ἱερὰν χώραν κατανειμάμενοι γεωργοῦσι καὶ βοσκήματα νέμουσι, καὶ κωλυόμενοι τοῦτο ποιεῖν ἐν τοῖς ὅπλοις παραγενόμενοι τὸ κοινὸν τῶν Ἑλλήνων συνέδριον κεκωλύκασι μετὰ βίας, τινὰς δὲ καὶ τετραυματίκασι, [καὶ] τὸν στρατηγὸν τὸν ᾑρημένον τῶν 'Αμφικτυόνων Κόττυφον

10 τό γ' S L F¹ Q : τοῦτό γ' A : τότε B Y : τότε γ' vulg. αὐτὸν post ἐπέσχον add. S L vulg. : om. A F B Q 18 καὶ τῷ . . . 'Αμφικτυόνων om. S L al. 22 ὅρους S L F O : ὅρκους vulg. 31 καὶ ante τὸν secl. G. H. Schaefer

τὸν Ἀρκάδα πρεσβεῦσαι πρὸς Φίλιππον τὸν Μακεδόνα, καὶ ἀξιοῦν ἵνα βοηθήσῃ τῷ τε Ἀπόλλωνι καὶ τοῖς Ἀμφικτύοσιν, ὅπως μὴ περιίδῃ ὑπὸ τῶν ἀσεβῶν Ἀμφισσέων τὸν θεὸν πλημμελούμενον· καὶ διότι αὐτὸν στρατηγὸν αὐτοκράτορα αἱροῦνται οἱ Ἕλληνες οἱ μετέχοντες τοῦ συνεδρίου τῶν Ἀμφικτυόνων.]

Λέγε δὴ καὶ τοὺς χρόνους ἐν οἷς ταῦτ' ἐγίγνετο· εἰσὶ γὰρ καθ' οὓς ἐπυλαγόρησεν οὗτος. λέγε.

ΧΡΟΝΟΙ.

[Ἄρχων Μνησιθείδης, μηνὸς ἀνθεστηριῶνος ἕκτῃ ἐπὶ δέκα.]

156 Δὸς δὴ τὴν ἐπιστολὴν ἥν, ὡς οὐχ ὑπήκουον οἱ Θηβαῖοι, πέμπει πρὸς τοὺς ἐν Πελοποννήσῳ συμμάχους ὁ Φίλιππος, ἵν' εἰδῆτε καὶ ἐκ ταύτης σαφῶς ὅτι τὴν μὲν ἀληθῆ πρόφασιν τῶν πραγμάτων, τὸ ταῦτ' ἐπὶ τὴν Ἑλλάδα καὶ τοὺς Θηβαίους καὶ ὑμᾶς πράττειν, ἀπεκρύπτετο, κοινὰ δὲ καὶ τοῖς Ἀμφικτύοσιν δόξαντα ποιεῖν προσεποιεῖτο· ὁ δὲ τὰς ἀφορμὰς ταύτας καὶ τὰς προφάσεις αὐτῷ παρασχὼν οὗτος ἦν. λέγε.

[280] ΕΠΙΣΤΟΛΗ.

157 [Βασιλεὺς Μακεδόνων Φίλιππος Πελοποννησίων τῶν ἐν τῇ συμμαχίᾳ τοῖς δημιουργοῖς καὶ τοῖς συνέδροις καὶ τοῖς ἄλλοις συμμάχοις πᾶσι χαίρειν. ἐπειδὴ Λοκροὶ οἱ καλούμενοι Ὀζόλαι, κατοικοῦντες ἐν Ἀμφίσσῃ, πλημμελοῦσιν εἰς τὸ ἱερὸν τοῦ Ἀπόλλωνος τοῦ ἐν Δελφοῖς καὶ τὴν ἱερὰν χώραν ἐρχόμενοι μεθ' ὅπλων λεηλατοῦσι, βούλομαι τῷ θεῷ μεθ' ὑμῶν βοηθεῖν καὶ ἀμύνασθαι τοὺς παραβαίνοντάς τι τῶν ἐν ἀνθρώποις εὐσεβῶν· ὥστε συναντᾶτε μετὰ τῶν ὅπλων εἰς τὴν Φωκίδα, ἔχοντες ἐπισιτισμὸν ἡμερῶν τετταράκοντα, τοῦ ἐνεστῶτος μηνὸς λῴου, ὡς ἡμεῖς ἄγομεν, ὡς δὲ Ἀθηναῖοι, βοηδρομιῶνος, ὡς δὲ Κορίνθιοι, πανήμου. τοῖς δὲ μὴ συναντήσασι πανδημεὶ χρησόμεθα †τοῖς δὲ συμβούλοις† ἡμῖν κειμένοις ἐπιζημίοις. εὐτυχεῖτε.]

9 δέκα Taylor: δεκάτῃ codd., cf. xix 57 16 αὐτῷ παρασχὼν οὗτος ἦν L: αὐτῷ παρασχὼν S¹ (add. οὗτος ἦν αὐτῷ S corr.): παραδοὺς οὗτος ἦν αὐτῷ A: παραδοὺς αὐτῷ οὗτος ἦν vulg. αὐτῷ secl. Lipsius 29 τοῖς δὲ συμβούλοις] τοῖς ἐν τοῖς συμβόλοις Westermann: τοῖς ἀσυμβόλοις Weil τοῖς δὲ . . . κειμένοις secl. G. H. Schaefer 30 μὴ ante κειμένοις vulg.

Ὁρᾶθ' ὅτι φεύγει μὲν τὰς ἰδίας προφάσεις, εἰς δὲ τὰς 158 Ἀμφικτυονικὰς καταφεύγει. τίς οὖν ὁ ταῦτα συμπαρασκευάσας αὐτῷ; τίς ὁ τὰς προφάσεις ταύτας ἐνδούς; τίς ὁ τῶν κακῶν τῶν γεγενημένων μάλιστ' αἴτιος; οὐχ οὗτος; μὴ τοίνυν λέγετ', ὦ ἄνδρες Ἀθηναῖοι, περιιόντες ὡς ὑφ' ἑνὸς τοιαῦτα πέπονθεν ἡ Ἑλλὰς ἀνθρώπου. οὐχ ὑφ' ἑνός, ἀλλ' ὑπὸ πολλῶν καὶ πονηρῶν τῶν παρ' ἑκάστοις, ὦ γῆ καὶ θεοί· ὧν εἷς οὑτοσί, ὅν, εἰ μηδὲν εὐλαβηθέντα τἀληθὲς 159 εἰπεῖν δέοι, οὐκ ἂν ὀκνήσαιμ' ἔγωγε κοινὸν ἀλειτήριον τῶν μετὰ ταῦτ' ἀπολωλότων ἁπάντων εἰπεῖν, ἀνθρώπων, τόπων, πόλεων· ὁ γὰρ τὸ σπέρμα παρασχών, οὗτος τῶν φύντων αἴτιος. ὃν ὅπως ποτ' οὐκ εὐθὺς ἰδόντες ἀπεστράφητε θαυμάζω. [281] πλὴν πολύ τι σκότος, ὡς ἔοικεν, ἐστὶν παρ' ὑμῖν πρὸ τῆς ἀληθείας.

Συμβέβηκε τοίνυν μοι τῶν κατὰ τῆς πατρίδος τούτῳ 160 πεπραγμένων ἁψαμένῳ εἰς ἃ τούτοις ἐναντιούμενος αὐτὸς πεπολίτευμαι ἀφῖχθαι· ἃ πολλῶν μὲν εἵνεκ' ἂν εἰκότως ἀκούσαιτέ μου, μάλιστα δ' ὅτι αἰσχρόν ἐστιν, ὦ ἄνδρες Ἀθηναῖοι, εἰ ἐγὼ μὲν τὰ ἔργα τῶν ὑπὲρ ὑμῶν πόνων ὑπέμεινα, ὑμεῖς δὲ μηδὲ τοὺς λόγους αὐτῶν ἀνέξεσθε. ὁρῶν 161 γὰρ ἐγὼ Θηβαίους, σχεδὸν δὲ καὶ ὑμᾶς ὑπὸ τῶν τὰ Φιλίππου φρονούντων καὶ διεφθαρμένων παρ' ἑκατέροις, ὃ μὲν ἦν ἀμφοτέροις φοβερὸν καὶ φυλακῆς πολλῆς δεόμενον, τὸ τὸν Φίλιππον ἐᾶν αὐξάνεσθαι, παρορῶντας καὶ οὐδὲ καθ' ἓν φυλαττομένους, εἰς ἔχθραν δὲ καὶ τὸ προσκρούειν ἀλλήλοις ἑτοίμως ἔχοντας, ὅπως τοῦτο μὴ γένοιτο παρατηρῶν διετέλουν, οὐκ ἀπὸ τῆς ἐμαυτοῦ γνώμης μόνον ταῦτα συμφέρειν ὑπολαμβάνων, ἀλλ' εἰδὼς Ἀριστοφῶντα καὶ πάλιν 162 Εὔβουλον πάντα τὸν χρόνον βουλομένους πρᾶξαι ταύτην

1 μὲν om. S $L^1$   2 παρασκευάσας A   9 ἀλειτήριον Blass: ἀλητήριον $S^1$ (?) O: ἀλιτήριον vulg.   11 κακῶν post φύντων add. S vulg.: punctis supra positis L F: om. B Y O   17 ἕνεκ' ἂν S L: ἕνεκα cett.   18 ἀκούσαιτε Y Q corr.: ἀκούσετε S L soli: ἀκούσατε A: ἀκούετε O   22 φρονούντων S $L^1$ A corr.: πραττόντων vulg.   26 γένοιτο S $L^1$: γενήσεται A vulg.: γενήσηται L corr.

τὴν φιλίαν, καὶ περὶ τῶν ἄλλων πολλάκις ἀντιλέγοντας ἑαυτοῖς τοῦθ' ὁμογνωμονοῦντας ἀεί. οὓς σὺ ζῶντας μέν, ὦ κίναδος, κολακεύων παρηκολούθεις, τεθνεώτων δ' οὐκ αἰσθάνει κατηγορῶν· ἃ γὰρ περὶ Θηβαίων ἐπιτιμᾷς ἐμοί, ἐκείνων πολὺ μᾶλλον ἢ ἐμοῦ κατηγορεῖς, τῶν πρότερον ἢ
163 ἐγὼ ταύτην τὴν συμμαχίαν δοκιμασάντων. ἀλλ' ἐκεῖσ' ἐπάνειμι, ὅτι τὸν ἐν Ἀμφίσσῃ πόλεμον τούτου μὲν ποιήσαντος, συμπεραναμένων δὲ τῶν ἄλλων τῶν συνεργῶν αὐτῷ
[282] τὴν πρὸς Θηβαίους ἔχθραν, συνέβη τὸν Φίλιππον ἐλθεῖν ἐφ' ἡμᾶς, οὗπερ εἵνεκα τὰς πόλεις οὗτοι συνέκρουον, καὶ εἰ μὴ προεξανέστημεν μικρόν, οὐδ' ἀναλαβεῖν ἂν ἠδυνήθημεν· οὕτω μέχρι πόρρω προήγαγον οὗτοι. ἐν οἷς δ' ἦτ' ἤδη τὰ πρὸς ἀλλήλους, τουτωνὶ τῶν ψηφισμάτων ἀκούσαντες καὶ τῶν ἀποκρίσεων εἴσεσθε. Καί μοι λέγε ταῦτα λαβών.

164 ΨΗΦΙΣΜΑ.

[Ἐπ' ἄρχοντος Ἡροπύθου, μηνὸς ἐλαφηβολιῶνος ἕκτῃ φθίνοντος, φυλῆς πρυτανευούσης Ἐρεχθῇδος, βουλῆς καὶ στρατηγῶν γνώμη· ἐπειδὴ Φίλιππος ἃς μὲν κατείληφε πόλεις τῶν ἀστυγειτόνων, τινὰς δὲ πορθεῖ, κεφαλαίῳ δ' ἐπὶ τὴν Ἀττικὴν παρασκευάζεται παραγίγνεσθαι, παρ' οὐδὲν ἡγούμενος τὰς ἡμετέρας συνθήκας, καὶ τοὺς ὅρκους λύειν ἐπιβάλλεται καὶ τὴν εἰρήνην, παραβαίνων τὰς κοινὰς πίστεις, δεδόχθαι τῇ βουλῇ καὶ τῷ δήμῳ πέμπειν πρὸς αὐτὸν πρέσβεις, οἵτινες αὐτῷ διαλέξονται καὶ παρακαλέσουσιν αὐτὸν μάλιστα μὲν τὴν πρὸς ἡμᾶς ὁμόνοιαν διατηρεῖν καὶ τὰς συνθήκας, εἰ δὲ μή, πρὸς τὸ βουλεύσασθαι δοῦναι χρόνον τῇ πόλει καὶ τὰς ἀνοχὰς ποιήσασθαι μέχρι τοῦ θαργηλιῶνος μηνός. ᾑρέθησαν ἐκ βουλῆς Σῖμος Ἀναγυράσιος, Εὐθύδημος Φυλάσιος, Βουλαγόρας Ἀλωπεκῆθεν.]

165 ΕΤΕΡΟΝ ΨΗΦΙΣΜΑ.

[Ἐπ' ἄρχοντος Ἡροπύθου, μηνὸς μουνυχιῶνος ἕνῃ καὶ νέᾳ, πολεμάρχου γνώμη· ἐπειδὴ Φίλιππος εἰς ἀλλοτριότητα Θηβαίους

2 ἑαυτοῖς om. S solus 4 αἰσθάνει S : αἰσθάνῃ L : αἰσχύνῃ vulg. 11 ἀναλαβεῖν ἂν S L[1] A : ἂν ἀναλαβεῖν F : ἂν om. Vind. 1 post ἀναλαβεῖν add. αὐτοὺς vel αὑτοὺς vulg. 12 οὗτοι A S γρ. : οὗτοι τὴν ἔχθραν S al. : οὗτοι τὸ πρᾶγμα L[2] vulg. : τὸν Φίλιππον δὴ (λ supr. δὴ) L[1] 18 et 31 γνώμη Blass ; γνώμῃ codd., cf. § 37 &c. 27 Φυλάσιος Boehnecke : Φλειάσιος S[1] : Φλιάσιος vulg.

πρὸς ἡμᾶς ἐπιβάλλεται καταστῆσαι, παρεσκεύασται δὲ καὶ παντὶ τῷ στρατεύματι πρὸς τοὺς ἔγγιστα τῆς Ἀττικῆς παραγίγνεσθαι τόπους, παραβαίνων τὰς πρὸς ἡμᾶς ὑπαρχούσας αὐτῷ συνθήκας, [283] δεδόχθαι τῇ βουλῇ καὶ τῷ δήμῳ πέμψαι πρὸς αὐτὸν κήρυκα καὶ πρέσβεις, οἵτινες ἀξιώσουσι καὶ παρακαλέσουσιν αὐτὸν ποιήσασθαι τὰς ἀνοχάς, ὅπως ἐνδεχομένως ὁ δῆμος βουλεύσηται· καὶ γὰρ νῦν οὐ κέκρικε βοηθεῖν ἐν οὐδενὶ τῶν μετρίων. ᾑρέθησαν ἐκ βουλῆς Νέαρχος Σωσινόμου, Πολυκράτης Ἐπίφρονος, καὶ κῆρυξ Εὔνομος Ἀναφλύστιος ἐκ τοῦ δήμου.]

Λέγε δὴ καὶ τὰς ἀποκρίσεις. 166

### ΑΠΟΚΡΙΣΙΣ ΑΘΗΝΑΙΟΙΣ.

[Βασιλεὺς Μακεδόνων Φίλιππος Ἀθηναίων τῇ βουλῇ καὶ τῷ δήμῳ χαίρειν. ἣν μὲν ἀπ' ἀρχῆς εἴχετε πρὸς ἡμᾶς αἵρεσιν, οὐκ ἀγνοῶ, καὶ τίνα σπουδὴν ἐποιεῖσθε προσκαλέσασθαι βουλόμενοι Θετταλοὺς καὶ Θηβαίους, ἔτι δὲ καὶ Βοιωτούς· βέλτιον δ' αὐτῶν φρονούντων καὶ μὴ βουλομένων ἐφ' ὑμῖν ποιήσασθαι τὴν ἑαυτῶν αἵρεσιν, ἀλλὰ κατὰ τὸ συμφέρον ἱσταμένων, νῦν ἐξ ὑποστροφῆς ἀποστείλαντες ὑμεῖς πρός με πρέσβεις καὶ κήρυκα συνθηκῶν μνημονεύετε καὶ τὰς ἀνοχὰς αἰτεῖσθε, κατ' οὐδὲν ὑφ' ἡμῶν πεπλημμελημένοι. ἐγὼ μέντοι ἀκούσας τῶν πρεσβευτῶν συγκατατίθεμαι τοῖς παρακαλουμένοις καὶ ἕτοιμός εἰμι ποιεῖσθαι τὰς ἀνοχάς, ἄν περ τοὺς οὐκ ὀρθῶς συμβουλεύοντας ὑμῖν παραπέμψαντες τῆς προσηκούσης ἀτιμίας ἀξιώσητε. ἔρρωσθε.]

### ΑΠΟΚΡΙΣΙΣ ΘΗΒΑΙΟΙΣ. 167

[Βασιλεὺς Μακεδόνων Φίλιππος Θηβαίων τῇ βουλῇ καὶ τῷ δήμῳ χαίρειν. ἐκομισάμην τὴν παρ' ὑμῶν ἐπιστολήν, δι' ἧς μοι τὴν ὁμόνοιαν καὶ τὴν εἰρήνην ἀνανεοῦσθε. πυνθάνομαι μέντοι [284] διότι πᾶσαν ὑμῖν Ἀθηναῖοι προσφέρονται φιλοτιμίαν βουλόμενοι ὑμᾶς συγκαταίνους γενέσθαι τοῖς ὑπ' αὐτῶν παρακαλουμένοις. πρότερον μὲν οὖν ὑμῶν κατεγίγνωσκον ἐπὶ τῷ μέλλειν πείθεσθαι ταῖς ἐκείνων ἐλπίσι καὶ ἐπακολουθεῖν αὐτῶν τῇ προαιρέσει. νῦν δ' ἐπιγνοὺς ὑμᾶς τὰ πρὸς ἡμᾶς ἐζητηκότας ἔχειν εἰρήνην μᾶλλον

7 ἐπ' οὐδενὶ Dobree 18 κήρυκα Reiske : κήρυκας codd. 27 καὶ τὴν εἰρήνην ἀνανεοῦσθε vulg. L corr. F corr. : ἀνανεοῦσθε καὶ τὴν εἰρήνην cum sequente lacuna Q : καὶ τὴν εἰρήνην cum sequente lacuna $L^1$ : καὶ τὴν εἰρήνηντωσεμοι εἶτε $S^1$, ante τως add. ὄν m. rec. : καὶ τὴν εἰρήνην ὄντως ἐποιεῖτε Voemel : ἀνανεοῦσθε καὶ τὴν εἰρήνην ὄντως ἐμοὶ ποιεῖτε Dindorf

ἢ ταῖς ἑτέρων ἐπακολουθεῖν γνώμαις, ἥσθην καὶ μᾶλλον ὑμᾶς ἐπαινῶ κατὰ πολλά, μάλιστα δ᾽ ἐπὶ τῷ βουλεύσασθαι περὶ τούτων ἀσφαλέστερον καὶ τὰ πρὸς ἡμᾶς ἔχειν ἐν εὐνοίᾳ· ὅπερ οὐ μικρὰν ὑμῖν οἴσειν ἐλπίζω ῥοπήν, ἐάν περ ἐπὶ ταύτης μένητε τῆς προθέσεως. ἔρρωσθε.]

168 Οὕτω διαθεὶς ὁ Φίλιππος τὰς πόλεις πρὸς ἀλλήλας διὰ τούτων καὶ τούτοις ἐπαρθεὶς τοῖς ψηφίσμασιν καὶ ταῖς ἀποκρίσεσιν, ἧκεν ἔχων τὴν δύναμιν καὶ τὴν Ἐλάτειαν κατέλαβεν, ὡς οὐδ᾽ ἂν εἴ τι γένοιτ᾽ ἔτι συμπνευσάντων ἂν ἡμῶν καὶ τῶν Θηβαίων. ἀλλὰ μὴν τὸν τότε συμβάντ᾽ ἐν τῇ πόλει θόρυβον ἴστε μὲν ἅπαντες· μικρὰ δ᾽ ἀκούσαθ᾽ ὅμως αὐτὰ τἀναγκαιότατα.

169 Ἑσπέρα μὲν γὰρ ἦν, ἧκε δ᾽ ἀγγέλλων τις ὡς τοὺς πρυτάνεις ὡς Ἐλάτεια κατείληπται. καὶ μετὰ ταῦθ᾽ οἱ μὲν εὐθὺς ἐξαναστάντες μεταξὺ δειπνοῦντες τούς τ᾽ ἐκ τῶν σκηνῶν τῶν κατὰ τὴν ἀγορὰν ἐξεῖργον καὶ τὰ γέρρ᾽ ἐνεπίμπρασαν, οἱ δὲ τοὺς στρατηγοὺς μετεπέμποντο καὶ τὸν σαλπικτὴν ἐκάλουν· καὶ θορύβου πλήρης ἦν ἡ πόλις. τῇ δ᾽ ὑστεραίᾳ, ἅμα τῇ ἡμέρᾳ, οἱ μὲν πρυτάνεις τὴν βουλὴν ἐκάλουν εἰς τὸ βουλευτήριον, ὑμεῖς δ᾽ εἰς τὴν ἐκκλησίαν

[285] ἐπορεύεσθε, καὶ πρὶν ἐκείνην χρηματίσαι καὶ προβουλεῦσαι

170 πᾶς ὁ δῆμος ἄνω καθῆτο. καὶ μετὰ ταῦτα ὡς ἦλθεν ἡ βουλὴ καὶ ἀπήγγειλαν οἱ πρυτάνεις τὰ προσηγγελμέν᾽ ἑαυτοῖς καὶ τὸν ἥκοντα παρήγαγον κἀκεῖνος εἶπεν, ἠρώτα μὲν ὁ κῆρυξ 'τίς ἀγορεύειν βούλεται;' παρῄει δ᾽ οὐδείς. πολλάκις δὲ τοῦ κήρυκος ἐρωτῶντος οὐδὲν μᾶλλον ἀνίστατ᾽ οὐδείς, ἁπάντων μὲν τῶν στρατηγῶν παρόντων, ἁπάντων δὲ τῶν ῥητόρων, καλούσης δὲ [τῆς κοινῆς] τῆς πατρίδος

9 συμπνευσάντων ἂν Elmsley (cf. Hesych. συμπνευσάντων· ὁμονοησάντων): συμπνευσόντων ἂν S L A: συμπνευσόντων F vulg. 11 ἐν om. A 12 αὐτὰ τὰ om. $S^1$ $L^1$ 16 ἐνεπίμπρασαν codd: ἀνεπετάννυσαν Girard coll. schol. ad Aristoph. *Ach.* 22, recte, ut opinor 22 ἦλθεν S L A Q: εἰσῆλθεν vulg. 28 τῆς κοινῆς τῆς πατρίδος φωνῆς L vulg.: τῆς κοινῆς et φωνῆς secl. Lipsius: τῆς κοινῆς πατρίδος φωνῇ S: τῇ κοινῇ τῆς πατρίδος φωνῇ A: τῆς πατρίδος τῇ κοινῇ φωνῇ S γρ. Q γρ.: τῇ κοινῇ φωνῇ secl. Weil

[φωνῆς] τὸν ἐροῦνθ᾽ ὑπὲρ σωτηρίας· ἣν γὰρ ὁ κῆρυξ κατὰ τοὺς νόμους φωνὴν ἀφίησι, ταύτην κοινὴν τῆς πατρίδος δίκαιον ἡγεῖσθαι. καίτοι εἰ μὲν τοὺς σωθῆναι τὴν πόλιν 171
βουλομένους παρελθεῖν ἔδει, πάντες ἂν ὑμεῖς καὶ οἱ ἄλλοι Ἀθηναῖοι ἀναστάντες ἐπὶ τὸ βῆμ᾽ ἐβαδίζετε· πάντες γὰρ οἶδ᾽ ὅτι σωθῆναι αὐτὴν ἐβούλεσθε· εἰ δὲ τοὺς πλουσιωτάτους, οἱ τριακόσιοι· εἰ δὲ τοὺς ἀμφότερα ταῦτα, καὶ εὔνους τῇ πόλει καὶ πλουσίους, οἱ μετὰ ταῦτα τὰς μεγάλας ἐπιδόσεις ἐπιδόντες· καὶ γὰρ εὐνοίᾳ καὶ πλούτῳ τοῦτ᾽ ἐποίησαν. ἀλλ᾽, ὡς ἔοικεν, ἐκεῖνος ὁ καιρὸς καὶ ἡ ἡμέρα 172
᾽κείνη οὐ μόνον εὔνουν καὶ πλούσιον ἄνδρ᾽ ἐκάλει, ἀλλὰ καὶ παρηκολουθηκότα τοῖς πράγμασιν ἐξ ἀρχῆς, καὶ συλλελογισμένον ὀρθῶς τίνος εἵνεκα ταῦτ᾽ ἔπραττεν ὁ Φίλιππος καὶ τί βουλόμενος· ὁ γὰρ μὴ ταῦτ᾽ εἰδὼς μηδ᾽ ἐξητακὼς πόρρωθεν, οὔτ᾽ εἰ εὔνους ἦν οὔτ᾽ εἰ πλούσιος, οὐδὲν μᾶλλον ἔμελλ᾽ ὅ τι χρὴ ποιεῖν εἴσεσθαι οὐδ᾽ ὑμῖν ἕξειν συμβουλεύειν. ἐφάνην τοίνυν οὗτος ἐν ἐκείνῃ τῇ ἡμέρᾳ ἐγὼ καὶ 173
παρελθὼν εἶπον εἰς ὑμᾶς, ἅ μου δυοῖν εἵνεκ᾽ ἀκούσατε [286]
προσσχόντες τὸν νοῦν, ἑνὸς μέν, ἵν᾽ εἰδῆθ᾽ ὅτι μόνος τῶν λεγόντων καὶ πολιτευομένων ἐγὼ τὴν τῆς εὐνοίας τάξιν ἐν τοῖς δεινοῖς οὐκ ἔλιπον, ἀλλὰ καὶ λέγων καὶ γράφων ἐξηταζόμην τὰ δέονθ᾽ ὑπὲρ ὑμῶν ἐν αὐτοῖς τοῖς φοβεροῖς, ἑτέρου δέ, ὅτι μικρὸν ἀναλώσαντες χρόνον πολλῷ πρὸς τὰ λοιπὰ τῆς πάσης πολιτείας ἔσεσθ᾽ ἐμπειρότεροι. εἶπον 174
τοίνυν ὅτι 'τοὺς μὲν ὡς ὑπαρχόντων Θηβαίων Φιλίππῳ λίαν θορυβουμένους ἀγνοεῖν τὰ παρόντα πράγμαθ᾽ ἡγοῦμαι· εὖ γὰρ οἶδ᾽ ὅτι, εἰ τοῦθ᾽ οὕτως ἐτύγχανεν ἔχον, οὐκ ἂν αὐτὸν ἠκούομεν ἐν Ἐλατείᾳ ὄντα, ἀλλ᾽ ἐπὶ τοῖς ἡμετέροις ὁρίοις. ὅτι μέντοι ἵν᾽ ἕτοιμα ποιήσηται τἀν Θήβαις ἥκει,

4 καὶ οἱ ἄλλοι Ἀθηναῖοι secl. Benseler 14 ἐπιμελῶς post πόρρωθεν add. vulg. : om. S solus 19 προσσχόντες Q : προσχόντες S L : προσέχοντες vulg. 25 Θηβαίων Φιλίππῳ S (confirm. Tiberius Rh. Gr. viii 570) : add. φίλων cett. vel ante Θηβαίων vel post Θηβαίων vel post Φιλίππῳ 28 νῦν ante ὄντα add. A Vind. 1 ὄντ᾽ ἐν Ἐλατείᾳ Weil

σαφῶς ἐπίσταμαι. ὡς δ' ἔχει' ἔφην 'ταῦτα, ἀκούσατέ
175 μου. ἐκεῖνος ὅσους ἢ πεῖσαι χρήμασιν Θηβαίων ἢ ἐξα-
πατῆσαι ἐνῆν ἅπαντας ηὐτρέπισται· τοὺς δ' ἀπ' ἀρχῆς
ἀνθεστηκότας αὐτῷ καὶ νῦν ἐναντιουμένους οὐδαμῶς πεῖσαι
δύναται. τί οὖν βούλεται, καὶ τίνος εἵνεκα τὴν Ἐλάτειαν
κατείληφεν; πλησίον δύναμιν δείξας καὶ παραστήσας τὰ
ὅπλα τοὺς μὲν ἑαυτοῦ φίλους ἐπᾶραι καὶ θρασεῖς ποιῆσαι,
τοὺς δ' ἐναντιουμένους καταπλῆξαι, ἵν' ἢ συγχωρήσωσι
176 φοβηθέντες ἃ νῦν οὐκ ἐθέλουσιν, ἢ βιασθῶσιν. εἰ μὲν
τοίνυν προαιρησόμεθ' ἡμεῖς' ἔφην 'ἐν τῷ παρόντι, εἴ τι
δύσκολον πέπρακται Θηβαίοις πρὸς ἡμᾶς, τούτου μεμνῆσθαι
καὶ ἀπιστεῖν αὐτοῖς ὡς ἐν τῇ τῶν ἐχθρῶν οὖσιν μερίδι,
πρῶτον μὲν ἂν εὔξαιτο Φίλιππος ποιήσομεν, εἶτα φοβοῦμαι
μὴ προσδεξαμένων τῶν νῦν ἀνθεστηκότων αὐτῷ καὶ μιᾷ
[287] γνώμῃ πάντων φιλιππισάντων, εἰς τὴν Ἀττικὴν ἔλθωσιν
ἀμφότεροι. ἂν μέντοι πεισθῆτ' ἐμοὶ καὶ πρὸς τῷ σκοπεῖν,
ἀλλὰ μὴ φιλονικεῖν περὶ ὧν ἂν λέγω γένησθε, οἶμαι καὶ
τὰ δέοντα λέγειν δόξειν καὶ τὸν ἐφεστηκότα κίνδυνον τῇ
177 πόλει διαλύσειν. τί οὖν φημὶ δεῖν; πρῶτον μὲν τὸν
παρόντ' ἐπανεῖναι φόβον, εἶτα μεταθέσθαι καὶ φοβεῖσθαι
πάντας ὑπὲρ Θηβαίων· πολὺ γὰρ τῶν δεινῶν εἰσιν ἡμῶν
ἐγγυτέρω, καὶ προτέροις αὐτοῖς ἐστιν ὁ κίνδυνος· ἔπειτ'
ἐξελθόντας Ἐλευσῖνάδε τοὺς ἐν ἡλικίᾳ καὶ τοὺς ἱππέας
δεῖξαι πᾶσιν ὑμᾶς αὐτοὺς ἐν τοῖς ὅπλοις ὄντας, ἵνα τοῖς
ἐν Θήβαις φρονοῦσι τὰ ὑμέτερα ἐξ ἴσου γένηται τὸ παρ-
ρησιάζεσθαι περὶ τῶν δικαίων, ἰδοῦσιν ὅτι, ὥσπερ τοῖς
πωλοῦσι Φιλίππῳ τὴν πατρίδα πάρεσθ' ἡ βοηθήσουσα
δύναμις ἐν Ἐλατείᾳ, οὕτω τοῖς ὑπὲρ τῆς ἐλευθερίας ἀγω-
νίζεσθαι βουλομένοις ὑπάρχεθ' ὑμεῖς ἕτοιμοι καὶ βοηθή-

1 ἔφην ante ταῦτα S : post ταῦτα cett. 5 εἵνεκα S L F : ἕνεκα vulg. 6 ἵνα ante πλησίον add. S L[1] Q 7 ἐπᾶραι καὶ θρασεῖς ποιῆσαι S L A : θρασεῖς ποιῆσαι καὶ ἐπᾶραι F vulg. : ἐπᾶραι Cobet 17 φιλονικεῖν O : φιλονεικεῖν cett. 24 καὶ ante αὐτοὺς add. Cobet 28 ἐν Ἐλατείᾳ suspectat Weil

σετε, ἐάν τις ἐπ' αὐτοὺς ἴῃ. μετὰ ταῦτα χειροτονῆσαι 178
κελεύω δέκα πρέσβεις, καὶ ποιῆσαι τούτους κυρίους μετὰ τῶν στρατηγῶν καὶ τοῦ πότε δεῖ βαδίζειν ἐκεῖσε καὶ τῆς ἐξόδου. ἐπειδὰν δ' ἔλθωσιν οἱ πρέσβεις εἰς Θήβας, πῶς χρήσασθαι τῷ πράγματι παραινῶ; τούτῳ πάνυ μοι προσέχετε τὸν νοῦν. μὴ δεῖσθαι Θηβαίων μηδέν (αἰσχρὸς γὰρ ὁ καιρός), ἀλλ' ἐπαγγέλλεσθαι βοηθήσειν, ἂν κελεύωσιν, ὡς ἐκείνων ὄντων ἐν τοῖς ἐσχάτοις, ἡμῶν δ' ἄμεινον ἢ 'κεῖνοι προορωμένων· ἵν' ἐὰν μὲν δέξωνται ταῦτα καὶ πεισθῶσιν ἡμῖν, καὶ ἃ βουλόμεθ' ὦμεν διῳκημένοι καὶ μετὰ προσχήματος ἀξίου τῆς πόλεως ταῦτα πράξωμεν, ἂν δ' ἄρα [288]
μὴ συμβῇ κατατυχεῖν, ἐκεῖνοι μὲν αὑτοῖς ἐγκαλῶσιν ἄν τι νῦν ἐξαμαρτάνωσιν, ἡμῖν δὲ μηδὲν αἰσχρὸν μηδὲ ταπεινὸν ᾖ πεπραγμένον.' Ταῦτα καὶ παραπλήσια τούτοις εἰπὼν 179
κατέβην. συνεπαινεσάντων δὲ πάντων καὶ οὐδενὸς εἰπόντος ἐναντίον οὐδέν, οὐκ εἶπον μὲν ταῦτα, οὐκ ἔγραψα δέ, οὐδ' ἔγραψα μέν, οὐκ ἐπρέσβευσα δέ, οὐδ' ἐπρέσβευσα μέν, οὐκ ἔπεισα δὲ Θηβαίους, ἀλλ' ἀπὸ τῆς ἀρχῆς ἄχρι τῆς τελευτῆς διεξῆλθον, καὶ ἔδωκ' ἐμαυτὸν ὑμῖν ἁπλῶς εἰς τοὺς περιεστηκότας τῇ πόλει κινδύνους. Καί μοι φέρε τὸ ψήφισμα τὸ τότε γενόμενον.

Καίτοι τίνα βούλει σέ, Αἰσχίνη, καὶ τίν' ἐμαυτὸν ἐκείνην 180
τὴν ἡμέραν εἶναι θῶ; βούλει ἐμαυτὸν μέν, ὃν ἂν σὺ λοιδορούμενος καὶ διασύρων καλέσαις, Βάτταλον, σὲ δὲ μηδ' ἥρω τὸν τυχόντα, ἀλλὰ τούτων τινὰ τῶν ἀπὸ τῆς σκηνῆς, Κρεσφόντην ἢ Κρέοντα ἢ ὃν ἐν Κολλυτῷ ποτ' Οἰνόμαον

3 ἐκεῖσε secl. Blass : ante δεῖ ponit O : post δεῖ vulg. : post βαδίζειν S L A  5 χρήσασθαι S L A : χρήσεσθαι F O : χρήσεσθε vulg. παραινῶ secl. Herwerden  προσέσχετε S$^1$ (alterum σ puncto notatum) : πρόσσχετε Blass  6 δεῖσθαι S L F Q O : δεῖσθε vulg. 7 ἐπαγγέλλεσθαι S L F Q : ἐπαγγέλλεσθε A : ἐπαγγείλασθε vulg. 8 κινδύνοις post ἐσχάτοις add. vulg. : om. S L F  9 κεῖνοι S L$^1$ Q : ἐκεῖνοι A B corr. : κείνων L corr. : ἐκείνων F B$^1$  τὸ μέλλον ante προορωμένων add. vulg. : post προορωμένων S γρ. : om. S solus 11 προσχήματος] σχήματος A, Dionysius Art. Rhet.  18 διὰ πάντων post ἀρχῆς add. L vulg. : om. S$^1$ solus

κακῶς ἐπέτριψας; τότε τοίνυν κατ' ἐκεῖνον τὸν καιρὸν ὁ Παιανιεὺς ἐγὼ Βάτταλος Οἰνομάου τοῦ Κοθωκίδου σοῦ πλείονος ἄξιος ὢν ἐφάνην τῇ πατρίδι. σὺ μέν γ' οὐδὲν οὐδαμοῦ χρήσιμος ἦσθα· ἐγὼ δὲ πάνθ' ὅσα προσῆκε τὸν ἀγαθὸν πολίτην ἔπραττον. Λέγε τὸ ψήφισμά μοι.

ΨΗΦΙΣΜΑ ΔΗΜΟΣΘΕΝΟΥΣ.

181 [Ἐπὶ ἄρχοντος Ναυσικλέους, φυλῆς πρυτανευούσης Αἰαντίδος, σκιροφοριῶνος ἕκτῃ ἐπὶ δέκα, Δημοσθένης Δημοσθένους Παιανιεὺς
[289] εἶπεν· ἐπειδὴ Φίλιππος ὁ Μακεδὼν ἔν τε τῷ παρεληλυθότι χρόνῳ παραβαίνων φαίνεται τὰς γεγενημένας αὐτῷ συνθήκας πρὸς τὸν Ἀθηναίων δῆμον περὶ τῆς εἰρήνης, ὑπεριδὼν τοὺς ὅρκους καὶ τὰ παρὰ πᾶσι τοῖς Ἕλλησι νομιζόμενα εἶναι δίκαια, καὶ πόλεις παραιρεῖται οὐδὲν αὐτῷ προσηκούσας, τινὰς δὲ καὶ Ἀθηναίων οὔσας δοριαλώτους πεποίηκεν οὐδὲν προαδικηθεὶς ὑπὸ τοῦ δήμου τοῦ Ἀθηναίων, ἔν τε τῷ παρόντι ἐπὶ πολὺ προάγει τῇ τε βίᾳ καὶ
182 τῇ ὠμότητι· καὶ γὰρ Ἑλληνίδας πόλεις ἃς μὲν ἐμφρούρους ποιεῖ καὶ τὰς πολιτείας καταλύει, τινὰς δὲ καὶ ἐξανδραποδιζόμενος κατασκάπτει, εἰς ἐνίας δὲ καὶ ἀντὶ Ἑλλήνων βαρβάρους κατοικίζει ἐπὶ τὰ ἱερὰ καὶ τοὺς τάφους ἐπάγων, οὐδὲν ἀλλότριον ποιῶν οὔτε τῆς ἑαυτοῦ πατρίδος οὔτε τοῦ τρόπου, καὶ τῇ νῦν αὐτῷ παρούσῃ τύχῃ κατακόρως χρώμενος, ἐπιλελησμένος ἑαυτοῦ ὅτι ἐκ μικροῦ
183 καὶ τοῦ τυχόντος γέγονεν ἀνελπίστως μέγας· καὶ ἕως μὲν πόλεις ἑώρα παραιρούμενον αὐτὸν βαρβάρους καὶ ἰδίας, ὑπελάμβανεν ἔλαττον εἶναι ὁ δῆμος ὁ Ἀθηναίων τὸ εἰς αὑτὸν πλημμελεῖσθαι· νῦν δὲ ὁρῶν Ἑλληνίδας πόλεις τὰς μὲν ὑβριζομένας, τὰς δὲ ἀναστάτους γιγνομένας, δεινὸν ἡγεῖται εἶναι καὶ ἀνάξιον τῆς τῶν προγόνων δόξης τὸ περιορᾶν τοὺς Ἕλληνας καταδουλουμένους·
184 διὸ δεδόχθαι τῇ βουλῇ καὶ τῷ δήμῳ τῷ Ἀθηναίων, εὐξαμένους καὶ θύσαντας τοῖς θεοῖς καὶ ἥρωσι τοῖς κατέχουσι τὴν πόλιν καὶ τὴν χώραν τὴν Ἀθηναίων, καὶ ἐνθυμηθέντας τῆς τῶν προγόνων ἀρετῆς, διότι περὶ πλείονος ἐποιοῦντο τὴν τῶν Ἑλλήνων ἐλευθερίαν
[290] διατηρεῖν ἢ τὴν ἰδίαν πατρίδα, διακοσίας ναῦς καθέλκειν εἰς τὴν θάλατταν καὶ τὸν ναύαρχον ἀναπλεῖν ἐντὸς Πυλῶν, καὶ τὸν

1 *ὑποκρινόμενος* ante *ἐπέτριψας* add. L vulg. : om. S[1] solus 4 *ὅσα*] *ἃ* A 5 *ἔπραττον* om. Y 9 *Μακεδὼν* B Q : *Μακεδόνων* S L : *Μακεδόνων βασιλεὺς* vulg. 22 *μέγας* om. codd. modo non omnes : add. L marg. O 23 *ἰδίας* iure suspectum : *οὐκ ἰδίας* Scrimger 28 *δεδόχθαι* Taylor : *δέδοκται* codd. 30 *ἐνθυμηθέντας* L *γρ.* Lambinus : *ἐνθυμηθεῖσι* codd. plerique

στρατηγὸν καὶ τὸν ἵππαρχον τὰς πεζὰς καὶ τὰς ἱππικὰς δυνάμεις
Ἐλευσῖνάδε ἐξάγειν, πέμψαι δὲ καὶ πρέσβεις πρὸς τοὺς ἄλλους
Ἕλληνας, πρῶτον δὲ πάντων πρὸς Θηβαίους διὰ τὸ ἐγγυτάτω
εἶναι τὸν Φίλιππον τῆς ἐκείνων χώρας, παρακαλεῖν δὲ αὐτοὺς 185
μηδὲν καταπλαγέντας τὸν Φίλιππον ἀντέχεσθαι τῆς ἑαυτῶν καὶ
τῆς τῶν ἄλλων Ἑλλήνων ἐλευθερίας, καὶ ὅτι ὁ Ἀθηναίων δῆμος,
οὐδὲν μνησικακῶν εἴ τι πρότερον γέγονεν ἀλλότριον ταῖς πόλεσι
πρὸς ἀλλήλας, βοηθήσει καὶ δυνάμεσι καὶ χρήμασι καὶ βέλεσι
καὶ ὅπλοις, εἰδὼς ὅτι αὐτοῖς μὲν πρὸς ἀλλήλους διαμφισβητεῖν
περὶ τῆς ἡγεμονίας οὖσιν Ἕλλησι καλόν, ὑπὸ δὲ ἀλλοφύλου
ἀνθρώπου ἄρχεσθαι καὶ τῆς ἡγεμονίας ἀποστερεῖσθαι ἀνάξιον
εἶναι καὶ τῆς τῶν Ἑλλήνων δόξης καὶ τῆς τῶν προγόνων ἀρετῆς.
ἔτι δὲ οὐδὲ ἀλλότριον ἡγεῖται εἶναι ὁ Ἀθηναίων δῆμος τὸν 186
Θηβαίων δῆμον οὔτε τῇ συγγενείᾳ οὔτε τῷ ὁμοφύλῳ. ἀναμιμνῄ-
σκεται δὲ καὶ τὰς τῶν προγόνων τῶν ἑαυτοῦ εἰς τοὺς Θηβαίων
προγόνους εὐεργεσίας· καὶ γὰρ τοὺς Ἡρακλέους παῖδας ἀποστε-
ρουμένους ὑπὸ Πελοποννησίων τῆς πατρῴας ἀρχῆς κατήγαγον,
τοῖς ὅπλοις κρατήσαντες τοὺς ἀντιβαίνειν πειρωμένους τοῖς
Ἡρακλέους ἐγγόνοις, καὶ τὸν Οἰδίπουν καὶ τοὺς μετ' ἐκείνου
ἐκπεσόντας ὑπεδεξάμεθα, καὶ ἕτερα πολλὰ ἡμῖν ὑπάρχει φιλάν- [291]
θρωπα καὶ ἔνδοξα πρὸς Θηβαίους· διόπερ οὐδὲ νῦν ἀποστήσεται 187
ὁ Ἀθηναίων δῆμος τῶν Θηβαίοις τε καὶ τοῖς ἄλλοις Ἕλλησι
συμφερόντων. συνθέσθαι δὲ πρὸς αὐτοὺς [καὶ] συμμαχίαν καὶ
ἐπιγαμίαν ποιήσασθαι καὶ ὅρκους δοῦναι καὶ λαβεῖν. πρέσβεις
Δημοσθένης Δημοσθένους Παιανιεύς, Ὑπερείδης Κλεάνδρου
Σφήττιος, Μνησιθείδης Ἀντιφάνους Φρεάρριος, Δημοκράτης
Σωφίλου Φλυεύς, Κάλλαισχρος Διοτίμου Κοθωκίδης.]

Αὕτη τῶν περὶ Θήβας ἐγίγνετο πραγμάτων ἀρχὴ καὶ 188
κατάστασις πρώτη, τὰ πρὸ τούτων εἰς ἔχθραν καὶ μῖσος
καὶ ἀπιστίαν τῶν πόλεων ὑπηγμένων ὑπὸ τούτων. τοῦτο
τὸ ψήφισμα τὸν τότε τῇ πόλει περιστάντα κίνδυνον παρελ-
θεῖν ἐποίησεν ὥσπερ νέφος. ἦν μὲν τοίνυν τοῦ δικαίου
πολίτου τότε δεῖξαι πᾶσιν, εἴ τι τούτων εἶχεν ἄμεινον, μὴ
νῦν ἐπιτιμᾶν. ὁ γὰρ σύμβουλος καὶ ὁ συκοφάντης, οὐδὲ 189

9 καὶ ante αὐτοῖς add. S L vulg. : om. O[1] 12 εἶναι del. Dobree : ἐστιν Scrimger Ἑλλήνων codd. pauci : προγόνων S L vulg. 22 τοῖς cod. unus : om. cett. 23 καὶ secl. G. H. Schaefer cum Aug. 4 28 ἐγίγνετο Q Y : ἐγίνετο S L A : ἐγένετο vulg. 34 οὐδὲ S L γρ. soli : οὐδενὶ S γρ. A : ἐν οὐδενὶ L F vulg.

τῶν ἄλλων οὐδὲν ἐοικότες, ἐν τούτῳ πλεῖστον ἀλλήλων
διαφέρουσιν· ὁ μέν γε πρὸ τῶν πραγμάτων γνώμην ἀπο-
φαίνεται, καὶ δίδωσιν ἑαυτὸν ὑπεύθυνον τοῖς πεισθεῖσι, τῇ
τύχῃ, τῷ καιρῷ, τῷ βουλομένῳ· ὁ δὲ σιγήσας ἡνίκ' ἔδει
190 λέγειν, ἄν τι δύσκολον συμβῇ, τοῦτο βασκαίνει. ἦν μὲν
οὖν, ὅπερ εἶπον, ἐκεῖνος ὁ καιρὸς τοῦ γε φροντίζοντος ἀν-
δρὸς τῆς πόλεως καὶ τῶν δικαίων λόγων· ἐγὼ δὲ τοσαύτην
ὑπερβολὴν ποιοῦμαι ὥστε, ἂν νῦν ἔχῃ τις δεῖξαί τι βέλτιον,
ἢ ὅλως εἴ τι ἄλλ' ἐνῆν πλὴν ὧν ἐγὼ προειλόμην, ἀδικεῖν
ὁμολογῶ. εἰ γὰρ ἔσθ' ὅ τι τις νῦν ἑόρακεν, ὃ συνήνεγκεν
ἂν τότε πραχθέν, τοῦτ' ἐγώ φημι δεῖν ἐμὲ μὴ λαθεῖν. εἰ
δὲ μήτ' ἔστι μήτ' ἦν μήτ' ἂν εἰπεῖν ἔχοι μηδεὶς μηδέπω
[292] καὶ τήμερον, τί τὸν σύμβουλον ἐχρῆν ποιεῖν; οὐ τῶν φαι-
191 νομένων καὶ ἐνόντων τὰ κράτισθ' ἑλέσθαι; τοῦτο τοίνυν
ἐποίησα, τοῦ κήρυκος ἐρωτῶντος, Αἰσχίνη, 'τίς ἀγορεύειν
βούλεται,' οὐ 'τίς αἰτιᾶσθαι περὶ τῶν παρεληλυθότων,' οὐδὲ
'τίς ἐγγυᾶσθαι τὰ μέλλοντ' ἔσεσθαι'; σοῦ δ' ἀφώνου κατ'
ἐκείνους τοὺς χρόνους ἐν ταῖς ἐκκλησίαις καθημένου, ἐγὼ
παριὼν ἔλεγον. ἐπειδὴ δ' οὐ τότε, ἀλλὰ νῦν δεῖξον. εἰπὲ
τίς ἢ λόγος, ὅντιν' ἐχρῆν εὐπορεῖν, ἢ καιρὸς συμφέρων ὑπ'
ἐμοῦ παρελείφθη τῇ πόλει; τίς δὲ συμμαχία, τίς πρᾶξις,
ἐφ' ἣν μᾶλλον ἔδει μ' ἀγαγεῖν τουτουσί;

192 Ἀλλὰ μὴν τὸ μὲν παρεληλυθὸς ἀεὶ παρὰ πᾶσιν ἀφεῖται,
καὶ οὐδεὶς περὶ τούτου προτίθησιν οὐδαμοῦ βουλήν· τὸ δὲ
μέλλον ἢ τὸ παρὸν τὴν τοῦ συμβούλου τάξιν ἀπαιτεῖ. τότε
τοίνυν τὰ μὲν ἔμελλεν, ὡς ἐδόκει, τῶν δεινῶν, τὰ δ' ἤδη
παρῆν, ἐν οἷς τὴν προαίρεσίν μου σκόπει τῆς πολιτείας,
μὴ τὰ συμβάντα συκοφάντει. τὸ μὲν γὰρ πέρας ὡς ἂν
ὁ δαίμων βουληθῇ πάντων γίγνεται· ἡ δὲ προαίρεσις αὐτὴ

2 μέν γε S : μὲν γὰρ L vulg., cf. § 93 4 τῷ καιρῷ S L : τοῖς καιροῖς cett. 16 αἰτιᾶσθαι S L A : αἰτιάσασθαι F vulg. 19 παριὼν A : περιιὼν L : περιων S[1] (περιιων corr. ead.) : παρελθὼν F vulg. 20 εὐπορεῖν S solus : εὑρεῖν cett. 23 ἀφίεται Dobree 28 συμβάντα S L A : συμβαίνοντα vulg.

τὴν τοῦ συμβούλου διάνοιαν δηλοῖ. μὴ δὴ τοῦθ' ὡς ἀδίκημ' 193
ἐμὸν θῇς, εἰ κρατῆσαι συνέβη Φιλίππῳ τῇ μάχῃ· ἐν γὰρ
τῷ θεῷ τὸ τούτου τέλος ἦν, οὐκ ἐμοί. ἀλλ' ὡς οὐχ ἅπανθ'
ὅσ' ἐνῆν κατ' ἀνθρώπινον λογισμὸν εἱλόμην, καὶ δικαίως
ταῦτα καὶ ἐπιμελῶς ἔπραξα καὶ φιλοπόνως ὑπὲρ δύναμιν,
ἢ ὡς οὐ καλὰ καὶ τῆς πόλεως ἄξια πράγματ' ἐνεστησάμην
καὶ ἀναγκαῖα, ταῦτά μοι δεῖξον, καὶ τότ' ἤδη κατηγόρει
μου. εἰ δ' ὁ συμβὰς σκηπτὸς [ἢ χειμὼν] μὴ μόνον ἡμῶν 194
ἀλλὰ καὶ πάντων τῶν ἄλλων Ἑλλήνων μείζων γέγονε, τί
χρὴ ποιεῖν; ὥσπερ ἂν εἴ τις ναύκληρον πάντ' ἐπὶ σωτηρίᾳ [293]
πράξαντα καὶ κατασκευάσαντα τὸ πλοῖον ἀφ' ὧν ὑπελάμ-
βανε σωθήσεσθαι, εἶτα χειμῶνι χρησάμενον καὶ πονησάντων
αὐτῷ τῶν σκευῶν ἢ καὶ συντριβέντων ὅλως, τῆς ναυαγίας
αἰτιῷτο. ἀλλ' οὔτ' ἐκυβέρνων τὴν ναῦν, φήσειεν ἄν (ὥσ-
περ οὐδ' ἐστρατήγουν ἐγώ), οὔτε τῆς τύχης κύριος ἦν, ἀλλ'
ἐκείνη τῶν πάντων. ἀλλ' ἐκεῖνο λογίζου καὶ ὅρα· εἰ μετὰ 195
Θηβαίων ἡμῖν ἀγωνιζομένοις οὕτως εἵμαρτο πρᾶξαι, τί χρῆν
προσδοκᾶν εἰ μηδὲ τούτους ἔσχομεν συμμάχους ἀλλὰ Φι-
λίππῳ προσέθεντο, ὑπὲρ οὗ τότ' ἐκεῖνος πάσας ἀφῆκε
φωνάς; καὶ εἰ νῦν τριῶν ἡμερῶν ἀπὸ τῆς Ἀττικῆς ὁδὸν
τῆς μάχης γενομένης τοσοῦτος κίνδυνος καὶ φόβος περιέστη
τὴν πόλιν, τί ἄν, εἴ που τῆς χώρας ταὐτὸ τοῦτο πάθος
συνέβη, προσδοκῆσαι χρῆν; ἆρ' οἶσθ' ὅτι νῦν μὲν στῆναι,
συνελθεῖν, ἀναπνεῦσαι, πολλὰ μί' ἡμέρα καὶ δύο καὶ τρεῖς
ἔδοσαν τῶν εἰς σωτηρίαν τῇ πόλει, τότε δ'—οὐκ ἄξιον
εἰπεῖν, ἅ γε μηδὲ πεῖραν ἔδωκε θεῶν τινὸς εὐνοίᾳ καὶ τῷ
προβαλέσθαι τὴν πόλιν ταύτην τὴν συμμαχίαν, ἧς σὺ
κατηγορεῖς.

2 τῇ μάχῃ S L A F : τὴν μάχην vulg. 3 ἐν ante ἐμοί add. vulg. : om. S L 8 ἢ χειμὼν secl. Reiske 11 πᾶσι post καὶ add. vulg. : om. S L[1] soli 17 χρῆν Markland cum cod. uno : χρὴ S L vulg. 20 ἀπὸ τῆς Ἀττικῆς ante ὁδὸν S : post ὁδὸν vulg. 22 που πλησίον A 23 οἶσθ' L : οἶσθα A : οἴεσθ' S F Q O : οἶσθε Y 26 εὐνοίᾳ A F Q : εὔνοια S F vulg. τῷ S A F vulg. : τὸ L 27 προβαλέσθαι vulg. : προβάλλεσθαι S L Q O

196 Ἔστι δὲ ταυτὶ πάντα μοι, τὰ πολλά, πρὸς ὑμᾶς, ἄνδρες δικασταί, καὶ τοὺς περιεστηκότας ἔξωθεν καὶ ἀκροωμένους, ἐπεὶ πρός γε τοῦτον τὸν κατάπτυστον βραχὺς καὶ σαφὴς ἐξήρκει λόγος. εἰ μὲν γὰρ ἦν σοὶ πρόδηλα τὰ μέλλοντ', Αἰσχίνη, μόνῳ τῶν ἄλλων, ὅτ' ἐβουλεύεθ' ἡ πόλις περὶ τούτων, τότ' ἔδει προλέγειν· εἰ δὲ μὴ προῄδεις, τῆς αὐτῆς
[294] ἀγνοίας ὑπεύθυνος εἶ τοῖς ἄλλοις, ὥστε τί μᾶλλον ἐμοῦ σὺ
197 ταῦτα κατηγορεῖς ἢ ἐγὼ σοῦ; τοσοῦτον γὰρ ἀμείνων ἐγὼ σοῦ πολίτης γέγον' εἰς αὐτὰ ταῦθ' ἃ λέγω (καὶ οὔπω περὶ τῶν ἄλλων διαλέγομαι), ὅσον ἐγὼ μὲν ἔδωκ' ἐμαυτὸν εἰς τὰ πᾶσι δοκοῦντα συμφέρειν, οὐδένα κίνδυνον ὀκνήσας ἴδιον οὐδ' ὑπολογισάμενος, σὺ δ' οὔθ' ἕτερ' εἶπες βελτίω τούτων (οὐ γὰρ ἂν τούτοις ἐχρῶντο), οὔτ' εἰς ταῦτα χρήσιμον οὐδὲν σαυτὸν παρέσχες, ὅπερ δ' ἂν ὁ φαυλότατος καὶ δυσμενέστατος ἄνθρωπος τῇ πόλει, τοῦτο πεποιηκὼς ἐπὶ τοῖς συμβᾶσιν ἐξήτασαι, καὶ ἅμ' Ἀρίστρατος ἐν Νάξῳ καὶ Ἀριστόλεως ἐν Θάσῳ, οἱ καθάπαξ ἐχθροὶ τῆς πόλεως, τοὺς Ἀθηναίων κρίνουσι φίλους καὶ Ἀθήνησιν Αἰσχίνης Δημοσθένους
198 κατηγορεῖ. καίτοι ὅτῳ τὰ τῶν Ἑλλήνων ἀτυχήματ' ἐνευδοκιμεῖν ἀπέκειτο, ἀπολωλέναι μᾶλλον οὗτός ἐστι δίκαιος ἢ κατηγορεῖν ἑτέρου· καὶ ὅτῳ συνενηνόχασιν οἱ αὐτοὶ καιροὶ καὶ τοῖς τῆς πόλεως ἐχθροῖς, οὐκ ἔνι τοῦτον εὔνουν εἶναι τῇ πατρίδι. δηλοῖς δὲ καὶ ἐξ ὧν ζῇς καὶ ποιεῖς καὶ πολιτεύει καὶ πάλιν οὐ πολιτεύει. πράττεταί τι τῶν ὑμῖν δοκούντων συμφέρειν· ἄφωνος Αἰσχίνης. ἀντέκρουσέ τι καὶ γέγον' οἷον οὐκ ἔδει· πάρεστιν Αἰσχίνης. ὥσπερ τὰ ῥήγματα καὶ τὰ σπάσματα, ὅταν τι κακὸν τὸ σῶμα λάβῃ, τότε κινεῖται.

199 Ἐπειδὴ δὲ πολὺς τοῖς συμβεβηκόσιν ἔγκειται, βούλομαί τι καὶ παράδοξον εἰπεῖν. καί μου πρὸς Διὸς καὶ θεῶν μηδεὶς τὴν ὑπερβολὴν θαυμάσῃ, ἀλλὰ μετ' εὐνοίας ὃ λέγω

9 ταῦθ' ἃ] ταῦτα S¹ 12 τούτων secl. Rosenberg 15 ἄνθρωπος] add. ποιήσειε F vulg. 16 Ἀριστόλεως L A: Ἀριστόλεος S: Ἀριστόλαος vulg.

θεωρησάτω. εἰ γὰρ ἦν ἅπασι πρόδηλα τὰ μέλλοντα γενή-
σεσθαι καὶ προῄδεσαν πάντες καὶ σὺ προὔλεγες, Αἰσχίνη,
καὶ διεμαρτύρου βοῶν καὶ κεκραγώς, ὃς οὐδ' ἐφθέγξω, οὐδ' [295]
οὕτως ἀποστατέον τῇ πόλει τούτων ἦν, εἴπερ ἢ δόξης ἢ
προγόνων ἢ τοῦ μέλλοντος αἰῶνος εἶχε λόγον. νῦν μέν 200
γ' ἀποτυχεῖν δοκεῖ τῶν πραγμάτων, ὃ πᾶσι κοινόν ἐστιν
ἀνθρώποις ὅταν τῷ θεῷ ταῦτα δοκῇ· τότε δ' ἀξιοῦσα προε-
στάναι τῶν ἄλλων, εἶτ' ἀποστᾶσα τούτου Φιλίππῳ, προ-
δεδωκέναι πάντας ἂν ἔσχεν αἰτίαν. εἰ γὰρ ταῦτα προεῖτ'
ἀκονιτεί, περὶ ὧν οὐδένα κίνδυνον ὅντιν' οὐχ ὑπέμειναν οἱ
πρόγονοι, τίς οὐχὶ κατέπτυσεν ἂν σοῦ; μὴ γὰρ τῆς πόλεώς
γε, μηδ' ἐμοῦ. τίσι δ' ὀφθαλμοῖς πρὸς Διὸς ἑωρῶμεν ἂν 201
τοὺς εἰς τὴν πόλιν ἀνθρώπους ἀφικνουμένους, εἰ τὰ μὲν
πράγματ' εἰς ὅπερ νυνὶ περιέστη, ἡγεμὼν δὲ καὶ κύριος
ᾑρέθη Φίλιππος ἁπάντων, τὸν δ' ὑπὲρ τοῦ μὴ γενέσθαι
ταῦτ' ἀγῶνα ἕτεροι χωρὶς ἡμῶν ἦσαν πεποιημένοι, καὶ ταῦτα
μηδεπώποτε τῆς πόλεως ἐν τοῖς ἔμπροσθεν χρόνοις ἀσφά-
λειαν ἄδοξον μᾶλλον ἢ τὸν ὑπὲρ τῶν καλῶν κίνδυνον
ᾑρημένης. τίς γὰρ οὐκ οἶδεν Ἑλλήνων, τίς δὲ βαρβάρων, 202
ὅτι καὶ παρὰ Θηβαίων καὶ παρὰ τῶν ἔτι τούτων πρότερον
ἰσχυρῶν γενομένων Λακεδαιμονίων καὶ παρὰ τοῦ Περσῶν
βασιλέως μετὰ πολλῆς χάριτος τοῦτ' ἂν ἀσμένως ἐδόθη τῇ
πόλει, ὅ τι βούλεται λαβούσῃ καὶ τὰ ἑαυτῆς ἐχούσῃ τὸ
κελευόμενον ποιεῖν καὶ ἐᾶν ἕτερον τῶν Ἑλλήνων προε-
στάναι; ἀλλ' οὐκ ἦν ταῦθ', ὡς ἔοικε, τοῖς Ἀθηναίοις 203
πάτρια οὐδ' ἀνεκτὰ οὐδ' ἔμφυτα, οὐδ' ἐδυνήθη πώποτε τὴν
πόλιν οὐδεὶς ἐκ παντὸς τοῦ χρόνου πεῖσαι τοῖς ἰσχύουσι
μέν, μὴ δίκαια δὲ πράττουσι προσθεμένην ἀσφαλῶς δου-
λεύειν, ἀλλ' ἀγωνιζομένη περὶ πρωτείων καὶ τιμῆς καὶ δόξης

2 Αἰσχίνη om. vulg. : add. S L Q 6 γ' S L[1] A : γὰρ vulg., cf. §§ 93, 189 8 ἄλλων] Ἑλλήνων S γρ. O marg. Q Dionys. Hal. Dem. 31 interpunxit Blass post Φιλίππῳ, coll. Aristid. i 292 10 ἀκονιτεί Blass : ἀκονειτί S : ἀκονιτί vulg., cf. xv 31, xix 77 11 γὰρ δὴ A 19 ᾑρημένης] ἀραμένης vel αἱραμένης ? S[1] 25 τοῖς vulg. : τοῖς τότε A S corr. L corr. : τότε τοῖς L[1]

204 κινδυνεύουσα πάντα τὸν αἰῶνα διατετέλεκε. καὶ ταῦθ'
οὕτω σεμνὰ καὶ προσήκοντα τοῖς ὑμετέροις ἤθεσιν ὑμεῖς
[296] ὑπολαμβάνετ' εἶναι ὥστε καὶ τῶν προγόνων τοὺς ταῦτα
πράξαντας μάλιστ' ἐπαινεῖτε. εἰκότως· τίς γὰρ οὐκ ἂν
ἀγάσαιτο τῶν ἀνδρῶν ἐκείνων τῆς ἀρετῆς, οἳ καὶ τὴν χώραν
καὶ τὴν πόλιν ἐκλιπεῖν ὑπέμειναν εἰς τὰς τριήρεις ἐμβάντες
ὑπὲρ τοῦ μὴ τὸ κελευόμενον ποιῆσαι, τὸν μὲν ταῦτα συμ-
βουλεύσαντα Θεμιστοκλέα στρατηγὸν ἑλόμενοι, τὸν δ'
ὑπακούειν ἀποφηνάμενον τοῖς ἐπιταττομένοις Κυρσίλον
καταλιθώσαντες, οὐ μόνον αὐτόν, ἀλλὰ καὶ αἱ γυναῖκες αἱ
205 ὑμέτεραι τὴν γυναῖκ' αὐτοῦ. οὐ γὰρ ἐζήτουν οἱ τότ' Ἀθη-
ναῖοι οὔτε ῥήτορ' οὔτε στρατηγὸν δι' ὅτου δουλεύσουσιν
εὐτυχῶς, ἀλλ' οὐδὲ ζῆν ἠξίουν, εἰ μὴ μετ' ἐλευθερίας ἐξέσται
τοῦτο ποιεῖν. ἡγεῖτο γὰρ αὐτῶν ἕκαστος οὐχὶ τῷ πατρὶ
καὶ τῇ μητρὶ μόνον γεγενῆσθαι, ἀλλὰ καὶ τῇ πατρίδι. δια-
φέρει δὲ τί; ὅτι ὁ μὲν τοῖς γονεῦσι μόνον γεγενῆσθαι
νομίζων τὸν τῆς εἱμαρμένης καὶ τὸν αὐτόματον θάνατον
περιμένει, ὁ δὲ καὶ τῇ πατρίδι, ὑπὲρ τοῦ μὴ ταύτην ἐπιδεῖν
δουλεύουσαν ἀποθνῄσκειν ἐθελήσει, καὶ φοβερωτέρας ἡγή-
σεται τὰς ὕβρεις καὶ τὰς ἀτιμίας, ἃς ἐν δουλευούσῃ τῇ
πόλει φέρειν ἀνάγκη, τοῦ θανάτου.

206 Εἰ μὲν τοίνυν τοῦτ' ἐπεχείρουν λέγειν, ὡς ἐγὼ προή-
γαγον ὑμᾶς ἄξια τῶν προγόνων φρονεῖν, οὐκ ἔσθ' ὅστις
οὐκ ἂν εἰκότως ἐπιτιμήσειέ μοι. νῦν δ' ἐγὼ μὲν ὑμετέρας
τὰς τοιαύτας προαιρέσεις ἀποφαίνω, καὶ δείκνυμ' ὅτι καὶ
πρὸ ἐμοῦ τοῦτ' εἶχεν τὸ φρόνημ' ἡ πόλις, τῆς μέντοι δια-
κονίας τῆς ἐφ' ἑκάστοις τῶν πεπραγμένων καὶ ἐμαυτῷ
[297] 207 μετεῖναί φημι· οὗτος δὲ τῶν ὅλων κατηγορῶν καὶ κελεύων
ὑμᾶς ἐμοὶ πικρῶς ἔχειν ὡς φόβων καὶ κινδύνων αἰτίῳ τῇ

2 ἔθεσιν O, cf. § 114   5 ἀγασθείη Cobet   9 τοῖς ἐπιταττομένοις post ἀποφηνάμενον add. S L A Dionys.: ante ἀποφηνάμενον vulg.: om. Harpocr. s. v. Κυρσίλον   10 καταλεύσαντες Cobet   13 εὐτυχῶς om. S $L^1$   21 τοῦ θανάτου post ἀνάγκη add. S L A F vulg.: post ἡγήσεται Dionys.: om. O   24 ἐπετίμησε A Y Dionys.

πόλει, τῆς μὲν εἰς τὸ παρὸν τιμῆς ἔμ' ἀποστερῆσαι γλίχεται, τὰ δ' εἰς ἅπαντα τὸν λοιπὸν χρόνον ἐγκώμι' ὑμῶν ἀφαιρεῖται. εἰ γὰρ ὡς οὐ τὰ βέλτιστ' ἐμοῦ πολιτευσαμένου τουδὶ καταψηφιεῖσθε, ἡμαρτηκέναι δόξετε, οὐ τῇ τῆς τύχης ἀγνωμοσύνῃ τὰ συμβάντα παθεῖν. ἀλλ' οὐκ ἔστιν, 208 οὐκ ἔστιν ὅπως ἡμάρτετ', ἄνδρες Ἀθηναῖοι, τὸν ὑπὲρ τῆς ἁπάντων ἐλευθερίας καὶ σωτηρίας κίνδυνον ἀράμενοι, μὰ τοὺς Μαραθῶνι προκινδυνεύσαντας τῶν προγόνων, καὶ τοὺς ἐν Πλαταιαῖς παραταξαμένους, καὶ τοὺς ἐν Σαλαμῖνι ναυμαχήσαντας καὶ τοὺς ἐπ' Ἀρτεμισίῳ, καὶ πολλοὺς ἑτέρους τοὺς ἐν τοῖς δημοσίοις μνήμασιν κειμένους ἀγαθοὺς ἄνδρας, οὓς ἅπαντας ὁμοίως ἡ πόλις τῆς αὐτῆς ἀξιώσασα τιμῆς ἔθαψεν, Αἰσχίνη, οὐχὶ τοὺς κατορθώσαντας αὐτῶν οὐδὲ τοὺς κρατήσαντας μόνους. δικαίως· ὃ μὲν γὰρ ἦν ἀνδρῶν ἀγαθῶν ἔργον ἅπασι πέπρακται· τῇ τύχῃ δ', ἣν ὁ δαίμων ἔνειμεν ἑκάστοις, ταύτῃ κέχρηνται. ἔπειτ', ὦ κατάρατε 209 καὶ γραμματοκύφων, σὺ μὲν τῆς παρὰ τουτωνὶ τιμῆς καὶ φιλανθρωπίας ἔμ' ἀποστερῆσαι βουλόμενος τρόπαια καὶ μάχας καὶ παλαί' ἔργ' ἔλεγες, ὧν τίνος προσεδεῖθ' ὁ παρὼν ἀγὼν οὑτοσί; ἐμὲ δ', ὦ τριταγωνιστά, τὸν περὶ τῶν πρωτείων σύμβουλον τῇ πόλει παριόντα τὸ τίνος φρόνημα λαβόντ' ἀναβαίνειν ἐπὶ τὸ βῆμ' ἔδει; τὸ τοῦ τούτων ἀνάξι' ἐροῦντος; δικαίως μένταν ἀπέθανον. ἐπεὶ οὐδ' ὑμᾶς, [298] 210 ἄνδρες Ἀθηναῖοι, ἀπὸ τῆς αὐτῆς διανοίας δεῖ τάς τ' ἰδίας δίκας καὶ τὰς δημοσίας κρίνειν, ἀλλὰ τὰ μὲν τοῦ καθ' ἡμέραν βίου συμβόλαια ἐπὶ τῶν ἰδίων νόμων καὶ ἔργων σκοποῦντας, τὰς δὲ κοινὰς προαιρέσεις εἰς τὰ τῶν προγόνων ἀξιώματ' ἀποβλέποντας. καὶ παραλαμβάνειν γ' ἅμα τῇ βακτηρίᾳ καὶ τῷ συμβόλῳ τὸ φρόνημα τὸ τῆς πόλεως νομίζειν

1 γεγενημένῳ post πόλει add. F vulg. : om. S L¹ A vulg. 7 οὐ ante μὰ add. L vulg., Dionys., rhetores : om. S 8 ἐν ante Μαραθῶνι add. L vulg., Dionys., rhetores : om. S 13 αὐτῶν] αὐτοὺς S L¹ 16 ἔνειμεν S L A : ἀπένειμεν vulg. 23 ἐπεὶ S L : ἔπειτα cett. 24 ἄνδρες Ἀθηναῖοι S L vulg. : ὦ ἄνδρες O : ὦ Ἀθηναῖοι A

ἕκαστον ὑμῶν δεῖ, ὅταν τὰ δημόσι᾽ εἰσίητε κρινοῦντες, εἴπερ ἄξι᾽ ἐκείνων πράττειν οἴεσθε χρῆναι.

211 Ἀλλὰ γὰρ ἐμπεσὼν εἰς τὰ πεπραγμένα τοῖς προγόνοις ὑμῶν ἔστιν ἃ τῶν ψηφισμάτων παρέβην καὶ τῶν πραχθέντων. ἐπανελθεῖν οὖν ὁπόθεν ἐνταῦθ᾽ ἐξέβην βούλομαι.

Ὡς γὰρ ἀφικόμεθ᾽ εἰς τὰς Θήβας, κατελαμβάνομεν Φιλίππου καὶ Θετταλῶν καὶ τῶν ἄλλων συμμάχων παρόντας πρέσβεις, καὶ τοὺς μὲν ἡμετέρους φίλους ἐν φόβῳ, τοὺς δ᾽ ἐκείνου θρασεῖς. ὅτι δ᾽ οὐ νῦν ταῦτα λέγω τοῦ συμφέροντος εἵνεκ᾽ ἐμαυτῷ, λέγε μοι τὴν ἐπιστολὴν ἣν τότ᾽
212 ἐπέμψαμεν εὐθὺς οἱ πρέσβεις. καίτοι τοσαύτῃ γ᾽ ὑπερβολῇ συκοφαντίας οὗτος κέχρηται ὥστε, εἰ μέν τι τῶν δεόντων ἐπράχθη, τὸν καιρόν, οὐκ ἐμέ φησιν αἴτιον γεγενῆσθαι, τῶν δ᾽ ὡς ἑτέρως συμβάντων ἁπάντων ἐμὲ καὶ τὴν ἐμὴν τύχην αἰτίαν εἶναι· καί, ὡς ἔοικεν, ὁ σύμβουλος καὶ ῥήτωρ ἐγὼ τῶν μὲν ἐκ λόγου καὶ τοῦ βουλεύσασθαι πραχθέντων οὐδὲν αὐτῷ συναίτιος εἶναι δοκῶ, τῶν δ᾽ ἐν τοῖς ὅπλοις καὶ κατὰ τὴν στρατηγίαν ἀτυχηθέντων μόνος αἴτιος εἶναι. πῶς ἂν ὠμότερος συκοφάντης γένοιτ᾽ ἢ καταρατότερος; λέγε τὴν ἐπιστολήν.

[299] ΕΠΙΣΤΟΛΗ.

213 Ἐπειδὴ τοίνυν ἐποιήσαντο τὴν ἐκκλησίαν, προσῆγον ἐκείνους προτέρους διὰ τὸ τὴν τῶν συμμάχων τάξιν ἐκείνους ἔχειν. καὶ παρελθόντες ἐδημηγόρουν πολλὰ μὲν Φίλιππον ἐγκωμιάζοντες, πολλὰ δ᾽ ὑμῶν κατηγοροῦντες, πάνθ᾽ ὅσα πώποτ᾽ ἐναντί᾽ ἐπράξατε Θηβαίοις ἀναμιμνῄσκοντες. τὸ δ᾽ οὖν κεφάλαιον, ἠξίουν ὧν μὲν εὖ ᾽πεπόνθεσαν ὑπὸ Φιλίππου χάριν αὐτοὺς ἀποδοῦναι, ὧν δ᾽ ὑφ᾽ ὑμῶν ἠδίκηντο

1 δεῖ om. F O 5 ὁπόθεν S L : ὅθεν cett. ἐνταῦθ᾽ S L : εἰς ταῦτα cett. 6 κατελαμβάνομεν S L A : καταλαμβάνομεν vulg. 17 οὐδὲν S : οὐδενὸς cett. 23 τῶν secl. Cobet ἐκείνους secl. Lipsius 28 αὐτοὺς S L : αὐτοῖς A F vulg. ἠδίκηντο S[1] ? L : ἠδίκηνται vulg.

δίκην λαβεῖν, ὁποτέρως βούλονται, ἢ διέντας αὐτοὺς ἐφ' ὑμᾶς ἢ συνεμβαλόντας εἰς τὴν Ἀττικήν· καὶ ἐδείκνυσαν, ὡς ᾤοντο, ἐκ μὲν ὧν αὐτοὶ συνεβούλευον τὰκ τῆς Ἀττικῆς βοσκήματα καὶ ἀνδράποδα καὶ τἄλλ' ἀγάθ' εἰς τὴν Βοιωτίαν ἥξοντα, ἐκ δ' ὧν ἡμᾶς ἐρεῖν ἔφασαν τὰν τῇ Βοιωτίᾳ διαρπασθησόμεν' ὑπὸ τοῦ πολέμου. καὶ ἄλλα πολλὰ πρὸς τούτοις, εἰς ταὐτὰ δὲ πάντα συντείνοντ' ἔλεγον. ἃ δ' ἡμεῖς 214 πρὸς ταῦτα, τὰ μὲν καθ' ἕκαστ' ἐγὼ μὲν ἀντὶ παντὸς ἂν τιμησαίμην εἰπεῖν τοῦ βίου, ὑμᾶς δὲ δέδοικα, μὴ παρεληλυθότων τῶν καιρῶν, ὥσπερ ἂν εἰ καὶ κατακλυσμὸν γεγενῆσθαι τῶν πραγμάτων ἡγούμενοι, μάταιον ὄχλον τοὺς περὶ τούτων λόγους νομίσητε· ὅ τι δ' οὖν ἐπείσαμεν ἡμεῖς καὶ ἡμῖν ἀπεκρίναντο, ἀκούσατε. Λέγε ταυτὶ λαβών.

ΑΠΟΚΡΙΣΙΣ ΘΗΒΑΙΩΝ.

Μετὰ ταῦτα τοίνυν ἐκάλουν ὑμᾶς καὶ μετεπέμποντο. 215 ἐξῆτε, ἐβοηθεῖτε, ἵνα τἀν μέσῳ παραλείπω, οὕτως οἰκείως ὑμᾶς ἐδέχοντο ὥστ' ἔξω τῶν ὁπλιτῶν καὶ τῶν ἱππέων ὄντων εἰς τὰς οἰκίας καὶ τὸ ἄστυ δέχεσθαι τὴν στρατιὰν [300] ἐπὶ παῖδας καὶ γυναῖκας καὶ τὰ τιμιώτατα. καίτοι τρί' ἐν ἐκείνῃ τῇ ἡμέρᾳ πᾶσιν ἀνθρώποις ἔδειξαν ἐγκώμια Θηβαῖοι καθ' ὑμῶν τὰ κάλλιστα, ἓν μὲν ἀνδρείας, ἕτερον δὲ δικαιοσύνης, τρίτον δὲ σωφροσύνης. καὶ γὰρ τὸν ἀγῶνα μεθ' ὑμῶν μᾶλλον ἢ πρὸς ὑμᾶς ἑλόμενοι ποιήσασθαι καὶ ἀμείνους εἶναι καὶ δικαιότερ' ἀξιοῦν ὑμᾶς ἔκριναν Φιλίππου· καὶ τὰ παρ' αὐτοῖς καὶ παρὰ πᾶσι δ' ἐν πλείστῃ φυλακῇ, παῖδας καὶ γυναῖκας, ἐφ' ὑμῖν ποιήσαντες σωφροσύνης

1 διέντας S L F Q Y : διιέντας A vulg. 2 συνεμβάλλοντας $F^1$ Dionysii cod. Ambr. 3 ὡς] ὥς γ' Cobet 6 ὑπὸ τοῦ πολέμου om. Minucianus Rh. Gr. ix 613 7 ταὐτὰ A 2 Vind. 1 : ταυτα S : ταῦτα L A F vulg. 8 πρὸς ταῦτα $S^1$ solus : ἀντείπομεν πρὸς ταῦτα L : ταῦτα ἀντείπομεν vulg. 10 καὶ post εἰ add. S : om. cett. 12 ὅ τι S L γρ. : ἃ cett. ἃ post καὶ add. L vulg. : om. S 16 παραλείπω S vulg. : παραλίπω L F Q Y 24 Φιλίππου S L A F B : ἢ Φίλιππον vulg.

216 πίστιν περὶ ὑμῶν ἔχοντες ἔδειξαν. ἐν οἷς πᾶσιν, ἄνδρες
Ἀθηναῖοι, κατά γ' ὑμᾶς ὀρθῶς ἐφάνησαν ἐγνωκότες. οὔτε
γὰρ εἰς τὴν πόλιν εἰσελθόντος τοῦ στρατοπέδου οὐδεὶς
οὐδὲν οὐδ' ἀδίκως ὑμῖν ἐνεκάλεσεν· οὕτω σώφρονας παρέ-
σχεθ' ὑμᾶς αὐτούς· δίς τε συμπαραταξάμενοι τὰς πρώτας
μάχας, τήν τ' ἐπὶ τοῦ ποταμοῦ καὶ τὴν χειμερινήν, οὐκ
ἀμέμπτους μόνον ὑμᾶς αὐτοὺς ἀλλὰ καὶ θαυμαστοὺς ἐδεί-
ξατε τῷ κόσμῳ, ταῖς παρασκευαῖς, τῇ προθυμίᾳ. ἐφ' οἷς
παρὰ μὲν τῶν ἄλλων ὑμῖν ἐγίγνοντ' ἔπαινοι, παρὰ δ' ὑμῶν
217 θυσίαι καὶ πομπαὶ τοῖς θεοῖς. καὶ ἔγωγ' ἡδέως ἂν ἐροίμην
Αἰσχίνην, ὅτε ταῦτ' ἐπράττετο καὶ ζήλου καὶ χαρᾶς καὶ
ἐπαίνων ἡ πόλις ἦν μεστή, πότερον συνέθυε καὶ συνευ-
φραίνετο τοῖς πολλοῖς, ἢ λυπούμενος καὶ στένων καὶ δυσ-
μεναίνων τοῖς κοινοῖς ἀγαθοῖς οἴκοι καθῆτο. εἰ μὲν γὰρ
παρῆν καὶ μετὰ τῶν ἄλλων ἐξητάζετο, πῶς οὐ δεινὰ ποιεῖ,
μᾶλλον δ' οὐδ' ὅσια, εἰ ὧν ὡς ἀρίστων αὐτὸς τοὺς θεοὺς
ἐποιήσατο μάρτυρας, ταῦθ' ὡς οὐκ ἄριστα νῦν ὑμᾶς ἀξιοῖ
[301] ψηφίσασθαι τοὺς ὀμωμοκότας τοὺς θεούς; εἰ δὲ μὴ παρῆν,
πῶς οὐκ ἀπολωλέναι πολλάκις ἐστὶ δίκαιος, εἰ ἐφ' οἷς
ἔχαιρον οἱ ἄλλοι, ταῦτ' ἐλυπεῖθ' ὁρῶν; Λέγε δὴ καὶ ταῦτα
τὰ ψηφίσματά μοι.

ΨΗΦΙΣΜΑΤΑ ΘΥΣΙΩΝ.

218 Οὐκοῦν ἡμεῖς μὲν ἐν θυσίαις ἦμεν τότε, Θηβαῖοι δ' ἐν τῷ δι' ἡμᾶς σεσῶσθαι νομίζειν, καὶ περιειστήκει τοῖς βοηθείας δεήσεσθαι δοκοῦσιν ἀφ' ὧν ἔπραττον οὗτοι, αὐτοὺς βοηθεῖν ἑτέροις ἐξ ὧν ἐπείσθητ' ἐμοί. ἀλλὰ μὴν οἵας τότ' ἀφίει φωνὰς ὁ Φίλιππος καὶ ἐν οἵαις ἦν ταραχαῖς ἐπὶ τούτοις, ἐκ τῶν ἐπιστολῶν τῶν ἐκείνου μαθήσεσθε ὧν εἰς Πελοπόννησον ἔπεμπεν. καί μοι λέγε ταύτας λαβών, ἵν'

3 τοῦ om. S 4 παρέσχετε S L A: παρέσχεσθε F vulg. 6 μάχας om. S solus 12 ἐπαίνων] παιάνων Cobet, cf. xix 86 25 δοκοῦσιν] νομίζουσιν S L[1] αὐτοὺς S L A: αὐτοῖς vulg.

εἴδητε, ἡ ἐμὴ συνέχεια καὶ πλάνοι καὶ ταλαιπωρίαι καὶ τὰ
πολλὰ ψηφίσματα, ἃ νῦν οὗτος διέσυρε, τί ἀπειργάσατο.

Καίτοι πολλοὶ παρ' ὑμῖν, ἄνδρες Ἀθηναῖοι, γεγόνασι 219
ῥήτορες ἔνδοξοι καὶ μεγάλοι πρὸ ἐμοῦ, Καλλίστρατος ἐκεῖνος,
Ἀριστοφῶν, Κέφαλος, Θρασύβουλος, ἕτεροι μυρίοι· ἀλλ'
ὅμως οὐδεὶς πώποτε τούτων διὰ παντὸς ἔδωκεν ἑαυτὸν εἰς
οὐδὲν τῇ πόλει, ἀλλ' ὁ μὲν γράφων οὐκ ἂν ἐπρέσβευσεν,
ὁ δὲ πρεσβεύων οὐκ ἂν ἔγραψεν. ὑπέλειπε γὰρ αὑτῶν
ἕκαστος ἑαυτῷ ἅμα μὲν ῥᾳστώνην, ἅμα δ' εἴ τι γένοιτ'
ἀναφοράν. τί οὖν; εἴποι τις ἄν, σὺ τοσοῦθ' ὑπερῆρας 220
ῥώμῃ καὶ τόλμῃ ὥστε πάντα ποιεῖν αὐτός; οὐ ταῦτα λέγω,
ἀλλ' οὕτως ἐπεπείσμην μέγαν εἶναι τὸν κατειληφότα κίν-
δυνον τὴν πόλιν ὥστ' οὐκ ἐδόκει μοι χώραν οὐδὲ πρόνοιαν
οὐδεμίαν τῆς ἰδίας ἀσφαλείας διδόναι, ἀλλ' ἀγαπητὸν εἶναι,
εἰ μηδὲν παραλιπών τις ἃ δεῖ πράξειεν. ἐπεπείσμην δ' [302] 221
ὑπὲρ ἐμαυτοῦ, τυχὸν μὲν ἀναισθητῶν, ὅμως δ' ἐπεπείσμην,
μήτε γράφοντ' ἂν ἐμοῦ γράψαι [βέλτιον] μηδένα μήτε
πράττοντα πρᾶξαι μήτε πρεσβεύοντα πρεσβεῦσαι προθυ-
μότερον μηδὲ δικαιότερον. διὰ ταῦτ' ἐν πᾶσιν ἐμαυτὸν
ἔταττον. Λέγε τὰς ἐπιστολὰς τὰς τοῦ Φιλίππου.

ΕΠΙΣΤΟΛΑΙ.

Εἰς ταῦτα κατέστησε Φίλιππον ἡ ἐμὴ πολιτεία, Αἰσχίνη· 222
ταύτην τὴν φωνὴν ἐκεῖνος ἀφῆκε, πολλοὺς καὶ θρασεῖς τὰ
πρὸ τούτων τῇ πόλει λόγους ἐπαιρόμενος. ἀνθ' ὧν δικαίως
ἐστεφανούμην ὑπὸ τουτωνί, καὶ σὺ παρὼν οὐκ ἀντέλεγες,
ὁ δὲ γραψάμενος Διώνδας τὸ μέρος τῶν ψήφων οὐκ ἔλαβεν.

1 *εἴδητε* S¹ L A : *εἴδητε ὅτι* vulg. : *εἴδητε τί* Cobet deleto *τί* ante *ἀπειργάσατο* 6 *πώποτε* ante *τούτων* S L A : post *τούτων* vulg. 8 *ὑπέλειπε* S L¹ : *ὑπελείπετο* vulg. 11 *τοὺς ἄλλους* ante *ῥώμῃ* add. A : post *τόλμῃ* F vulg. : om. S L¹ soli *ταῦτα* ante *λέγω* S L : post *λέγω* cett. 13 *χώραν*] *ὥραν* A : *ὁρᾶν* S *γρ.* : *ὤραν* Schaefer 15 *παραλιπών* A Y : *παραλείπων* S L vulg. 16 *ἀναισθητῶν* codd. nonnulli : *ἀναισθητων* L¹ : *ἀναίσθητον* S A vulg. : *ἀναισθήτως* Cobet 17 *βέλτιον* secl. Madvig 19 *μηδὲ* S L : *μήτε* vulg. 24 *λόγους* ante *ἐπαιρόμενος* A : post *ἐπαιρόμενος* S L vulg. 26 *πέμπτον* ante *μέρος* add. vulg. : om. S L, cf. § 103

Καί μοι λέγε ταῦτα τὰ ψηφίσματα τὰ ἀποπεφευγότα, ὑπὸ τούτου δ᾽ οὐδὲ γραφέντα.

ΨΗΦΙΣΜΑΤΑ.

223 Ταυτὶ τὰ ψηφίσματ᾽, ἄνδρες Ἀθηναῖοι, τὰς αὐτὰς συλ-
λαβὰς καὶ ταὐτὰ ῥήματ᾽ ἔχει ἅπερ πρότερον μὲν Ἀριστό-
νικος, νῦν δὲ Κτησιφῶν γέγραφεν οὑτοσί. καὶ ταῦτ᾽
Αἰσχίνης οὔτ᾽ ἐδίωξεν αὐτὸς οὔτε τῷ γραψαμένῳ συγκατη-
γόρησεν. καίτοι τότε τὸν Δημομέλη τὸν ταῦτα γράφοντα
καὶ τὸν Ὑπερείδην, εἴπερ ἀληθῆ μου νῦν κατηγορεῖ, μᾶλλον
224 ἂν εἰκότως ἢ τόνδ᾽ ἐδίωκεν. διὰ τί; ὅτι τῷδε μὲν ἔστ᾽
ἀνενεγκεῖν ἐπ᾽ ἐκείνους καὶ τὰς τῶν δικαστηρίων γνώσεις
[303] καὶ τὸ τοῦτον αὐτὸν ἐκείνων μὴ κατηγορηκέναι ταὐτὰ γρα-
ψάντων ἅπερ οὗτος νῦν, καὶ τὸ τοὺς νόμους μηκέτ᾽ ἐᾶν
περὶ τῶν οὕτω πραχθέντων κατηγορεῖν, καὶ πόλλ᾽ ἕτερα·
τότε δ᾽ αὐτὸ τὸ πρᾶγμ᾽ ἂν ἐκρίνετ᾽ ἐφ᾽ αὑτοῦ, πρίν τι τού-
225 των προλαβεῖν. ἀλλ᾽ οὐκ ἦν, οἶμαι, τόθ᾽ ὃ νυνὶ ποιεῖν,
ἐκ παλαιῶν χρόνων καὶ ψηφισμάτων πολλῶν ἐκλέξαντα,
ἃ μήτε προῄδει μηδεὶς μήτ᾽ ἂν ᾠήθη τήμερον ῥηθῆναι, δια-
βάλλειν, καὶ μετενεγκόντα τοὺς χρόνους καὶ προφάσεις
ἀντὶ τῶν ἀληθῶν ψευδεῖς μεταθέντα τοῖς πεπραγμένοις
226 δοκεῖν τι λέγειν. οὐκ ἦν τότε ταῦτα, ἀλλ᾽ ἐπὶ τῆς ἀλη-
θείας, ἐγγὺς τῶν ἔργων, ἔτι μεμνημένων ὑμῶν καὶ μόνον
οὐκ ἐν ταῖς χερσὶν ἕκαστ᾽ ἐχόντων, πάντες ἐγίγνοντ᾽ ἂν
οἱ λόγοι. διόπερ τοὺς παρ᾽ αὐτὰ τὰ πράγματ᾽ ἐλέγχους
φυγὼν νῦν ἥκει, ῥητόρων ἀγῶνα νομίζων, ὥς γ᾽ ἐμοὶ δοκεῖ,
καὶ οὐχὶ τῶν πεπολιτευμένων ἐξέτασιν ποιήσειν ὑμᾶς, καὶ
λόγου κρίσιν, οὐχὶ τοῦ τῇ πόλει συμφέροντος ἔσεσθαι.

1 τὰ ἀποπεφευγότα Sauppe : ἀποπεφευγότα S[1] : τὰ τότε μὲν ἀποπεφευγότα cett. 4 ὦ ante ἄνδρες add. vulg. : om. S L 12 ταὐτὰ S L B corr. : ταῦτα vulg. 15 ἂν ἐκρίνετο S L Vind. 1 : ἀνεκρίνετο A vulg. 16 προλαβεῖν vulg. : προσλαβεῖν S[1] L[1] A ποιεῖν S : ποιεῖ cett. 21 ἐπὶ τῆς S A : ἐπ᾽ αὐτῆς vel ἐπ᾽ αὐτῆς τῆς cett. 22 οὔσης post ἐγγὺς add. L F vulg. : om. S A 25 ὕστερον post νῦν add. vulg. : om. S L[1] A 26 ὑπολαμβάνων post ὑμᾶς add. vulg. : om. S L[1] A

Εἶτα σοφίζεται καὶ φησὶ προσήκειν ἧς μὲν οἴκοθεν ἥκετ' 227
ἔχοντες δόξης περὶ ἡμῶν ἀμελῆσαι, ὥσπερ δ', ὅταν οἰόμενοι
περιεῖναι χρήματά τῳ λογίζησθε, ἂν καθαραὶ ὦσιν αἱ ψῆφοι
καὶ μηδὲν περιῇ, συγχωρεῖτε, οὕτω καὶ νῦν τοῖς ἐκ τοῦ
λόγου φαινομένοις προσθέσθαι. θεάσασθε τοίνυν ὡς σα-
θρόν, ὡς ἔοικεν, ἔστι φύσει πᾶν ὅ τι ἂν μὴ δικαίως ᾖ
πεπραγμένον. ἐκ γὰρ αὐτοῦ τοῦ σοφοῦ τούτου παραδεί- 228
γματος ὡμολόγηκε νῦν γ' ἡμᾶς ὑπάρχειν ἐγνωσμένους ἐμὲ
μὲν λέγειν ὑπὲρ τῆς πατρίδος, αὐτὸν δ' ὑπὲρ Φιλίππου·
οὐ γὰρ ἂν μεταπείθειν ὑμᾶς ἐζήτει μὴ τοιαύτης οὔσης τῆς [304]
ὑπαρχούσης ὑπολήψεως περὶ ἑκατέρου. καὶ μὴν ὅτι γ' οὐ 229
δίκαια λέγει μεταθέσθαι ταύτην τὴν δόξαν ἀξιῶν, ἐγὼ
διδάξω ῥᾳδίως, οὐ τιθεὶς ψήφους (οὐ γάρ ἐστιν ὁ τῶν πρα-
γμάτων οὗτος λογισμός), ἀλλ' ἀναμιμνῄσκων ἕκαστ' ἐν
βραχέσι, λογισταῖς ἅμα καὶ μάρτυσι τοῖς ἀκούουσιν ὑμῖν
χρώμενος. ἡ γὰρ ἐμὴ πολιτεία, ἧς οὗτος κατηγορεῖ, ἀντὶ
μὲν τοῦ Θηβαίους μετὰ Φιλίππου συνεμβαλεῖν εἰς τὴν
χώραν, ὃ πάντες ᾤοντο, μεθ' ἡμῶν παραταξαμένους ἐκεῖνον
κωλύειν ἐποίησεν· ἀντὶ δὲ τοῦ ἐν τῇ Ἀττικῇ τὸν πόλεμον 230
εἶναι, ἑπτακόσια στάδι' ἀπὸ τῆς πόλεως ἐπὶ τοῖς Βοιωτῶν
ὁρίοις γενέσθαι· ἀντὶ δὲ τοῦ τοὺς λῃστὰς ἡμᾶς φέρειν καὶ
ἄγειν ἐκ τῆς Εὐβοίας, ἐν εἰρήνῃ τὴν Ἀττικὴν ἐκ θαλάττης
εἶναι πάντα τὸν πόλεμον· ἀντὶ δὲ τοῦ τὸν Ἑλλήσποντον
ἔχειν Φίλιππον λαβόντα Βυζάντιον, συμπολεμεῖν τοὺς Βυ-
ζαντίους μεθ' ἡμῶν πρὸς ἐκεῖνον. ἆρά σοι ψήφοις ὅμοιος 231
ὁ τῶν ἔργων λογισμὸς φαίνεται; ἢ δεῖν ἀντανελεῖν ταῦτα,
ἀλλ' οὐχ ὅπως τὸν ἅπαντα χρόνον μνημονευθήσεται σκέ-
ψασθαι; καὶ οὐκέτι προστίθημι ὅτι τῆς μὲν ὠμότητος, ἣν

3 ἂν S A : κἂν L vulg. : ἂν Blass (sequente καθαιρῶσιν) καθαραὶ ὦσιν L vulg. : καθαιρῶσιν $S^1$ solus : ἀνταναιρεθῶσιν Herwerden 4 prius καὶ codd. : κἂν Blass 8 ἡμᾶς S L Oxyrh. pap. : ὑμᾶς A F vulg., Cobet ἐγνωσμένους codd. : ἐγνω⟨κότας καὶ πεπει⟩σμένους Cobet 10 οὔσης τῆς om. Oxyrh. pap. 15 τοῖς ἀκούουσιν om. A 18 ἔσεσθαι post ᾤοντο add. vulg. : om. S $L^1$ A συμπαραταξαμένους A

ἐν οἷς καθάπαξ τινῶν κατέστη κύριος Φίλιππος ἔστιν ἰδεῖν,
ἑτέροις πειραθῆναι συνέβη, τῆς δὲ φιλανθρωπίας, ἣν τὰ
λοιπὰ τῶν πραγμάτων ἐκεῖνος περιβαλλόμενος ἐπλάττετο,
ὑμεῖς καλῶς ποιοῦντες τοὺς καρποὺς κεκόμισθε. ἀλλ' ἐῶ
ταῦτα.
232 Καὶ μὴν οὐδὲ τοῦτ' εἰπεῖν ὀκνήσω, ὅτι ὁ τὸν ῥήτορα
βουλόμενος δικαίως ἐξετάζειν καὶ μὴ συκοφαντεῖν οὐκ ἂν
[305] οἷα σὺ νῦν ἔλεγες, τοιαῦτα κατηγόρει, παραδείγματα πλάτ-
των καὶ ῥήματα καὶ σχήματα μιμούμενος (πάνυ γὰρ παρὰ
τοῦτο, οὐχ ὁρᾷς; γέγονεν τὰ τῶν Ἑλλήνων, εἰ τουτὶ τὸ
ῥῆμα, ἀλλὰ μὴ τουτὶ διελέχθην ἐγώ, ἢ δευρὶ τὴν χεῖρα,
233 ἀλλὰ μὴ δευρὶ παρήνεγκα), ἀλλ' ἐπ' αὐτῶν τῶν ἔργων ἂν
ἐσκόπει τίνας εἶχεν ἀφορμὰς ἡ πόλις καὶ τίνας δυνάμεις, ὅτ'
εἰς τὰ πράγματ' εἰσῄειν, καὶ τίνας συνήγαγον αὐτῇ μετὰ
ταῦτ' ἐπιστὰς ἐγώ, καὶ πῶς εἶχε τὰ τῶν ἐναντίων. εἶτ'
εἰ μὲν ἐλάττους ἐποίησα τὰς δυνάμεις, παρ' ἐμοὶ τἀδίκημ'
ἂν ἐδείκνυεν ὄν, εἰ δὲ πολλῷ μείζους, οὐκ ἂν ἐσυκοφάντει.
ἐπειδὴ δὲ σὺ τοῦτο πέφευγας, ἐγὼ ποιήσω· καὶ σκοπεῖτ' εἰ
δικαίως χρήσομαι τῷ λόγῳ.
234 Δύναμιν μὲν τοίνυν εἶχεν ἡ πόλις τοὺς νησιώτας, οὐχ
ἅπαντας, ἀλλὰ τοὺς ἀσθενεστάτους· οὔτε γὰρ Χίος οὔτε
Ῥόδος οὔτε Κέρκυρα μεθ' ἡμῶν ἦν· χρημάτων δὲ σύνταξιν
εἰς πέντε καὶ τετταράκοντα τάλαντα, καὶ ταῦτ' ἦν προεξει-
λεγμένα· ὁπλίτην δ' ἢ ἱππέα πλὴν τῶν οἰκείων οὐδένα. ὃ
δὲ πάντων καὶ φοβερώτατον καὶ μάλισθ' ὑπὲρ τῶν ἐχθρῶν,
οὗτοι παρεσκευάκεσαν τοὺς περιχώρους πάντας ἔχθρας ἢ
235 φιλίας ἐγγυτέρω, Μεγαρέας, Θηβαίους, Εὐβοέας. τὰ μὲν
τῆς πόλεως οὕτως ὑπῆρχεν ἔχοντα, καὶ οὐδεὶς ἂν ἔχοι παρὰ
ταῦτ' εἰπεῖν ἄλλ' οὐδέν· τὰ δὲ τοῦ Φιλίππου, πρὸς ὃν ἦν

3 πρὸς ὑμᾶς ante ἐπλάττετο add. vulg. : om. S L[1] 10 πράγματα post Ἑλλήνων add. vulg. : om. S L[1] A 17 ἐδείκνυεν S L vulg. : ἐδείκνυες Y O[1] F corr. ἐσυκοφάντει S L vulg. : ἐσυκοφάντεις A[1]? Y Q O F corr. 19 δικαίως codd., cf. xxiii 24 : δικαίῳ Dobree 24 ἢ om. S L F Q O : add. A vulg. 27 Μεγαρέας Dindorf : Μεγαρεῖς codd.

ἡμῖν ὁ ἀγών, σκέψασθε πῶς. πρῶτον μὲν ἦρχε τῶν ἀκολουθούντων αὐτὸς αὐτοκράτωρ, ὃ τῶν εἰς τὸν πόλεμον μέγιστόν ἐστιν ἁπάντων· εἶθ' οὗτοι τὰ ὅπλ' εἶχον ἐν ταῖς χερσὶν ἀεί· ἔπειτα χρημάτων ηὐπόρει καὶ ἔπραττεν ἃ δόξειεν αὐτῷ, οὐ [306]
προλέγων ἐν τοῖς ψηφίσμασιν, οὐδ' ἐν τῷ φανερῷ βουλευόμενος, οὐδ' ὑπὸ τῶν συκοφαντούντων κρινόμενος, οὐδὲ γραφὰς φεύγων παρανόμων, οὐδ' ὑπεύθυνος ὢν οὐδενί, ἀλλ' ἁπλῶς αὐτὸς δεσπότης, ἡγεμών, κύριος πάντων. ἐγὼ δ' ὁ 236
πρὸς τοῦτον ἀντιτεταγμένος (καὶ γὰρ τοῦτ' ἐξετάσαι δίκαιον) τίνος κύριος ἦν; οὐδενός· αὐτὸ γὰρ τὸ δημηγορεῖν πρῶτον, οὗ μόνου μετεῖχον ἐγώ, ἐξ ἴσου προὐτίθεθ' ὑμεῖς τοῖς παρ' ἐκείνου μισθαρνοῦσι καὶ ἐμοί, καὶ ὅσ' οὗτοι περιγένοιντ' ἐμοῦ (πολλὰ δ' ἐγίγνετο ταῦτα, δι' ἣν ἕκαστον τύχοι πρόφασιν), ταῦθ' ὑπὲρ τῶν ἐχθρῶν ἀπῆτε βεβουλευμένοι. ἀλλ' 237
ὅμως ἐκ τοιούτων ἐλαττωμάτων ἐγὼ συμμάχους μὲν ὑμῖν ἐποίησα Εὐβοέας, Ἀχαιούς, Κορινθίους, Θηβαίους, Μεγαρέας, Λευκαδίους, Κερκυραίους, ἀφ' ὧν μύριοι μὲν καὶ πεντακισχίλιοι ξένοι, δισχίλιοι δ' ἱππεῖς ἄνευ τῶν πολιτικῶν δυνάμεων συνήχθησαν· χρημάτων δ' ὅσων ἐδυνήθην ἐγὼ πλείστων συντέλειαν ἐποίησα. εἰ δὲ λέγεις ἢ τὰ πρὸς 238
Θηβαίους δίκαι', Αἰσχίνη, ἢ τὰ πρὸς Βυζαντίους ἢ τὰ πρὸς Εὐβοέας, ἢ περὶ τῶν ἴσων νυνὶ διαλέγει, πρῶτον μὲν ἀγνοεῖς ὅτι καὶ πρότερον τῶν ὑπὲρ τῶν Ἑλλήνων ἐκείνων ἀγωνισαμένων τριήρων, τριακοσίων οὐσῶν τῶν πασῶν, τὰς διακοσίας ἡ πόλις παρέσχετο, καὶ οὐκ ἐλαττοῦσθαι νομίζουσα οὐδὲ κρίνουσα τοὺς ταῦτα συμβουλεύσαντας οὐδ' ἀγανακτοῦσ' ἐπὶ τούτοις ἑωρᾶτο (αἰσχρὸν γάρ), ἀλλὰ τοῖς θεοῖς ἔχουσα χάριν, εἰ κοινοῦ κινδύνου τοῖς Ἕλλησι περιστάντος αὐτὴ διπλάσια τῶν ἄλλων εἰς τὴν ἁπάντων σωτηρίαν παρέσχετο.

2 ὢν post αὐτοκράτωρ add. A O: om. S L F Q Y 6 οὐδ' ὑπὸ . . . κρινόμενος om. S[1] solus: secl. Dobree 11 μόνου S L A F B: μόνον vulg. προὐτίθεσθ' S Q 13 ταῦτα S Q: τοιαῦτα L vulg. ἣν] ἥντιν' Dobree 19–20 ὅσων . . . πλείστων Westermann: ὅσην . . . πλείστην Dobree: ὅσων . . . πλείστην codd.

239 εἶτα κενὰς χαρίζει χάριτας τουτοισὶ συκοφαντῶν ἐμέ.
[307] τί γὰρ νῦν λέγεις οἷ' ἐχρῆν πράττειν, ἀλλ' οὐ τότ' ὢν ἐν τῇ
πόλει καὶ παρὼν ταῦτ' ἔγραφες, εἴπερ ἐνεδέχετο παρὰ τοὺς
παρόντας καιρούς, ἐν οἷς οὐχ ὅσ' ἐβουλόμεθα, ἀλλ' ὅσα δοίη
τὰ πράγματ' ἔδει δέχεσθαι· ὁ γὰρ ἀντωνούμενος καὶ ταχὺ
τοὺς παρ' ἡμῶν ἀπελαυνομένους προσδεξόμενος καὶ χρήματα
προσθήσων ὑπῆρχεν ἕτοιμος.
240 Ἀλλ' εἰ νῦν ἐπὶ τοῖς πεπραγμένοις κατηγορίας ἔχω, τί
ἂν οἴεσθε, εἰ τότ' ἐμοῦ περὶ τούτων ἀκριβολογουμένου,
ἀπῆλθον αἱ πόλεις καὶ προσέθεντο Φιλίππῳ, καὶ ἅμ' Εὐ-
βοίας καὶ Θηβῶν καὶ Βυζαντίου κύριος κατέστη, τί ποιεῖν
241 ἂν ἢ τί λέγειν τοὺς ἀσεβεῖς ἀνθρώπους τουτουσί; οὐχ ὡς
ἐξεδόθησαν; οὐχ ὡς ἀπηλάθησαν βουλόμενοι μεθ' ὑμῶν
εἶναι; εἶτα 'τοῦ μὲν Ἑλλησπόντου διὰ Βυζαντίων ἐγκρα-
τὴς καθέστηκε, καὶ τῆς σιτοπομπίας τῆς τῶν Ἑλλήνων
κύριος, πόλεμος δ' ὅμορος καὶ βαρὺς εἰς τὴν Ἀττικὴν διὰ
Θηβαίων κεκόμισται, ἄπλους δ' ἡ θάλαττα ὑπὸ τῶν ἐκ τῆς
Εὐβοίας ὁρμωμένων λῃστῶν γέγονεν·' οὐκ ἂν ταῦτ' ἔλεγον
242 καὶ πολλά γε πρὸς τούτοις ἕτερα; πονηρόν, ἄνδρες Ἀθη-
ναῖοι, πονηρὸν ὁ συκοφάντης ἀεὶ καὶ πανταχόθεν βάσκανον
καὶ φιλαίτιον· τοῦτο δὲ καὶ φύσει κίναδος τἀνθρώπιόν ἐστιν,
οὐδὲν ἐξ ἀρχῆς ὑγιὲς πεποιηκὸς οὐδ' ἐλεύθερον, αὐτοτραγικὸς
πίθηκος, ἀρουραῖος Οἰνόμαος, παράσημος ῥήτωρ. τί γὰρ ἡ
243 σὴ δεινότης εἰς ὄνησιν ἥκει τῇ πατρίδι; νῦν ἡμῖν λέγεις
περὶ τῶν παρεληλυθότων; ὥσπερ ἂν εἴ τις ἰατρὸς ἀσθενοῦσι
μὲν τοῖς κάμνουσιν εἰσιὼν μὴ λέγοι μηδὲ δεικνύοι δι' ὧν
[308] ἀποφεύξονται τὴν νόσον, ἐπειδὴ δὲ τελευτήσειέ τις αὐτῶν

1 κενὰς S L vulg. : κενάς γε A : καινὰς Q, cf. § 150  4 ὅσα ἂν βουλώμεθα L vulg.  9 τότ' S A : πότ' L[1] : ποτ' vulg.  τούτων] τούτου S L F[1]  12 οἴεσθε post λέγειν add. A : ante λέγειν al. : om. S L F Q O  οὐχ ὡς ante ἐξεδόθησαν om. S solus  15 Φίλιππος post καθέστηκε add. L S corr. F γρ. : om. S[1] (in fine lineae) vulg.  19 ὦ ante ἄνδρες add. vulg. : om. S L[1]  22 ἐλευθέριον Halm  23–24 τί γὰρ . . . ἥκει] τίνα γὰρ . . . ὄνησιν ἤνεγκε Cobet

καὶ τὰ νομιζόμεν' αὐτῷ φέροιτο, ἀκολουθῶν ἐπὶ τὸ μνῆμα
διεξίοι 'εἰ τὸ καὶ τὸ ἐποίησεν ἄνθρωπος οὑτοσί, οὐκ ἂν
ἀπέθανεν.' ἐμβρόντητε, εἶτα νῦν λέγεις;

Οὐ τοίνυν οὐδὲ τὴν ἧτταν, εἰ ταύτῃ γαυριᾷς ἐφ' ᾗ στένειν 244
σ', ὦ κατάρατε, προσῆκεν, ἐν οὐδενὶ τῶν παρ' ἐμοὶ γεγονυῖαν
εὑρήσετε τῇ πόλει. οὑτωσὶ δὲ λογίζεσθε. οὐδαμοῦ πώποθ',
ὅποι πρεσβευτὴς ἐπέμφθην ὑφ' ὑμῶν ἐγώ, ἡττηθεὶς ἀπῆλθον
τῶν παρὰ Φιλίππου πρέσβεων, οὐκ ἐκ Θετταλίας οὐδ' ἐξ
'Αμβρακίας, οὐκ ἐξ 'Ιλλυριῶν οὐδὲ παρὰ τῶν Θρᾳκῶν βασι-
λέων, οὐκ ἐκ Βυζαντίου, οὐκ ἄλλοθεν οὐδαμόθεν, οὐ τὰ
τελευταῖ' ἐκ Θηβῶν, ἀλλ' ἐν οἷς κρατηθεῖεν οἱ πρέσβεις
αὐτοῦ τῷ λόγῳ, ταῦτα τοῖς ὅπλοις ἐπιὼν κατεστρέφετο.
ταῦτ' οὖν ἀπαιτεῖς παρ' ἐμοῦ, καὶ οὐκ αἰσχύνει τὸν αὐτὸν εἴς 245
τε μαλακίαν σκώπτων καὶ τῆς Φιλίππου δυνάμεως ἀξιῶν ἕν'
ὄντα κρείττω γενέσθαι; καὶ ταῦτα τοῖς λόγοις; τίνος γὰρ
ἄλλου κύριος ἦν ἐγώ; οὐ γὰρ τῆς γ' ἑκάστου ψυχῆς, οὐδὲ
τῆς τύχης τῶν παραταξαμένων, οὐδὲ τῆς στρατηγίας, ἧς ἔμ'
ἀπαιτεῖς εὐθύνας· οὕτω σκαιὸς εἶ. ἀλλὰ μὴν ὧν γ' ἂν ὁ 246
ῥήτωρ ὑπεύθυνος εἴη, πᾶσαν ἐξέτασιν λαμβάνετε· οὐ παραι-
τοῦμαι. τίν' οὖν ἐστι ταῦτα; ἰδεῖν τὰ πράγματ' ἀρχόμενα
καὶ προαισθέσθαι καὶ προειπεῖν τοῖς ἄλλοις. ταῦτα πέ-
πρακταί μοι. καὶ ἔτι τὰς ἑκασταχοῦ βραδυτῆτας, ὄκνους,
ἀγνοίας, φιλονικίας, ἃ πολιτικὰ ταῖς πόλεσιν πρόσεστιν [309]
ἁπάσαις καὶ ἀναγκαῖ' ἁμαρτήματα, ταῦθ' ὡς εἰς ἐλάχιστα
συστεῖλαι, καὶ τοὐναντίον εἰς ὁμόνοιαν καὶ φιλίαν καὶ τὴν
τοῦ τὰ δέοντα ποιεῖν ὁρμὴν προτρέψαι. καὶ ταῦτά μοι
πάντα πεποίηται, καὶ οὐδεὶς μήποθ' εὕρῃ κατ' ἔμ' οὐδὲν

1 φέροιτο] φαίνοιτο S Q, cf. xxi 85 2 ἄνθρωπος Bekker : ἄνθρωπος codd. 4 αὐτὴν post ἧτταν add. A : om. S L vulg. Oxyr. pap. 5 ἐμοὶ S L vulg. Oxyr. pap. : ἐμοῦ A 7 ὅποι S L A : ὅπου vulg. Anecd. Bekk. p. 147 8 οὐδ' S L vulg. : οὐκ A 9 οὐδὲ S L : οὐ cett. 11 post τελευταῖα add. πρῴην vulg. L corr. B corr. : νῦν A : om. S L[1] 19 λαμβάνετε S L : λάμβανε cett. 24 εἰς om. L ἐλάχιστα S L : ἐλάχιστον vulg. 27 ἀνθρώπων post μήποτε add. vulg. : om. S L[1] A τὸ ante κατ' ἐμὲ add. vulg. : om. S L[1]

247 ἐλλειφθέν. εἰ τοίνυν τις ἔροιθ' ὁντινοῦν τίσιν τὰ πλεῖστα Φίλιππος ὧν κατέπραξε διῳκήσατο, πάντες ἂν εἴποιεν τῷ στρατοπέδῳ καὶ τῷ διδόναι καὶ διαφθείρειν τοὺς ἐπὶ τῶν πραγμάτων. οὐκοῦν τῶν μὲν δυνάμεων οὔτε κύριος οὔθ' ἡγεμὼν ἦν ἐγώ, ὥστ' οὐδ' ὁ λόγος τῶν κατὰ ταῦτα πραχθέντων πρὸς ἐμέ. καὶ μὴν τῷ διαφθαρῆναι χρήμασιν ἢ μὴ κεκράτηκα Φίλιππον· ὥσπερ γὰρ ὁ ὠνούμενος νενίκηκε τὸν λαβόντα, ἐὰν πρίηται, οὕτως ὁ μὴ λαβὼν [καὶ διαφθαρεὶς] νενίκηκε τὸν ὠνούμενον. ὥστ' ἀήττητος ἡ πόλις τὸ κατ' ἐμέ.

248 Ἃ μὲν τοίνυν ἐγὼ παρεσχόμην εἰς τὸ δικαίως τοιαῦτα γράφειν τοῦτον περὶ ἐμοῦ, πρὸς πολλοῖς ἑτέροις ταῦτα καὶ παραπλήσια τούτοις ἐστίν· ἃ δ' οἱ πάντες ὑμεῖς, ταῦτ' ἤδη λέξω. μετὰ γὰρ τὴν μάχην εὐθὺς ὁ δῆμος, εἰδὼς καὶ ἑορακὼς πάνθ' ὅσ' ἔπραττον ἐγώ, ἐν αὐτοῖς τοῖς δεινοῖς καὶ φοβεροῖς ἐμβεβηκώς, ἡνίκ' οὐδ' ἀγνωμονῆσαί τι θαυμαστὸν ἦν τοὺς πολλοὺς πρὸς ἐμέ, πρῶτον μὲν περὶ σωτηρίας τῆς πόλεως τὰς ἐμὰς γνώμας ἐχειροτόνει, καὶ πάνθ' ὅσα τῆς φυλακῆς εἵνεκ' ἐπράττετο, ἡ διάταξις τῶν φυλάκων, αἱ τάφροι, τὰ
[310] εἰς τὰ τείχη χρήματα, διὰ τῶν ἐμῶν ψηφισμάτων ἐγίγνετο· ἔπειθ' αἱρούμενος σιτώνην ἐκ πάντων ἔμ' ἐχειροτόνησεν ὁ
249 δῆμος. καὶ μετὰ ταῦτα συστάντων οἷς ἦν ἐπιμελὲς κακῶς ἐμὲ ποιεῖν, καὶ γραφάς, εὐθύνας, εἰσαγγελίας, πάντα ταῦτ' ἐπαγόντων μοι, οὐ δι' ἑαυτῶν τό γε πρῶτον, ἀλλὰ δι' ὧν μάλισθ' ὑπελάμβανον ἀγνοήσεσθαι (ἴστε γὰρ δήπου καὶ μέμνησθ' ὅτι τοὺς πρώτους χρόνους κατὰ τὴν ἡμέραν ἑκάστην ἐκρινόμην ἐγώ, καὶ οὔτ' ἀπόνοια Σωσικλέους οὔτε συκοφαντία Φιλοκράτους οὔτε Διώνδου καὶ Μελάντου μανία οὔτ' ἄλλ' οὐδὲν ἀπείρατον ἦν τούτοις κατ' ἐμοῦ), ἐν τοίνυν

6 τῷ S L[1] soli : τῷ γε vulg. : τό γε Dobree  διαφθαρῆναι χρήμασιν ἢ μὴ S L[1] A Y : μὴ διαφθαρῆναι χρήμασι L corr. F O[1] : διαφθαρῆναι χρήμασι Q  7 Φίλιππον S Aug. 4 : Φιλίππου L vulg.  8 καὶ διαφθαρεὶς S[1] L[1] : μηδὲ διαφθαρεὶς cett. : secl. Herwerden  12 οἱ om. A B[1]  ἴστε post ὑμεῖς add. vulg. : om. S L[1] soli  16 βουλευόμενος post πόλεως add. L[1] S corr.  24 ἀγνοήσεσθαι S L[1] : ἀγνοηθήσεσθαι cett.  25 σχεδὸν ante κατὰ add. A  κατὰ τὴν ἡμέραν S A, cf. § 68 : κατὰ ἡμέραν L : καθ' ἡμέραν vulg.  27 Μελάντου S L[1] A : Μελάνου vulg.

τούτοις πᾶσι μάλιστα μὲν διὰ τοὺς θεούς, δεύτερον δὲ δι' ὑμᾶς καὶ τοὺς ἄλλους Ἀθηναίους ἐσῳζόμην. δικαίως· τοῦτο γὰρ καὶ ἀληθές ἐστι καὶ ὑπὲρ τῶν ὀμωμοκότων καὶ γνόντων τὰ εὔορκα δικαστῶν. οὐκοῦν ἐν μὲν οἷς εἰσηγγελλόμην, ὅτ' 250 ἀπεψηφίζεσθέ μου καὶ τὸ μέρος τῶν ψήφων τοῖς διώκουσιν οὐ μετεδίδοτε, τότ' ἐψηφίζεσθε τἄριστά με πράττειν· ἐν οἷς δὲ τὰς γραφὰς ἀπέφευγον, ἔννομα καὶ γράφειν καὶ λέγειν ἀπεδεικνύμην· ἐν οἷς δὲ τὰς εὐθύνας ἐπεσημαίνεσθε, δικαίως καὶ ἀδωροδοκήτως πάντα πεπρᾶχθαί μοι προσωμολογεῖτε. τούτων οὖν οὕτως ἐχόντων, τί προσῆκεν ἢ τί δίκαιον ἦν τοῖς ὑπ' ἐμοῦ πεπραγμένοις θέσθαι τὸν Κτησιφῶντ' ὄνομα; οὐχ ὃ τὸν δῆμον ἑώρα τιθέμενον, οὐχ ὃ τοὺς ὀμωμοκότας δικαστάς, οὐχ ὃ τὴν ἀλήθειαν παρὰ πᾶσι βεβαιοῦσαν;

Ναί, φησίν, ἀλλὰ τὸ τοῦ Κεφάλου καλόν, τὸ μηδεμίαν 251 γραφὴν φυγεῖν. καὶ νὴ Δί' εὔδαιμόν γε. ἀλλὰ τί μᾶλλον ὁ πολλάκις μὲν φυγών, μηδεπώποτε δ' ἐξελεγχθεὶς ἀδικῶν [311] ἐν ἐγκλήματι γίγνοιτ' ἂν διὰ τοῦτο δικαίως; καίτοι πρός γε τοῦτον, ἄνδρες Ἀθηναῖοι, καὶ τὸ τοῦ Κεφάλου καλὸν εἰπεῖν ἔστι μοι. οὐδεμίαν γὰρ πώποτ' ἐγράψατό μ' οὐδ' ἐδίωξε γραφήν, ὥσθ' ὑπὸ σοῦ γ' ὡμολόγημαι μηδὲν εἶναι τοῦ Κεφάλου χείρων πολίτης.

Πανταχόθεν μὲν τοίνυν ἄν τις ἴδοι τὴν ἀγνωμοσύνην 252 αὐτοῦ καὶ τὴν βασκανίαν, οὐχ ἥκιστα δ' ἀφ' ὧν περὶ τῆς τύχης διελέχθη. ἐγὼ δ' ὅλως μέν, ὅστις ἄνθρωπος ὢν ἀνθρώπῳ τύχην προφέρει, ἀνόητον ἡγοῦμαι· ἣν γὰρ ὁ βέλτιστα πράττειν νομίζων καὶ ἀρίστην ἔχειν οἰόμενος οὐκ οἶδεν εἰ μενεῖ τοιαύτη μέχρι τῆς ἑσπέρας, πῶς χρὴ περὶ ταύτης λέγειν ἢ πῶς ὀνειδίζειν ἑτέρῳ; ἐπειδὴ δ' οὗτος πρὸς πολλοῖς

5 πέμπτον ante μέρος add. vulg. : om. S L$^1$ soli 7 ἀπέφευγον S L A F$^1$ : ἀπέφυγον vulg. 10 προσῆκεν A : προσῆκον S L vulg. 15 φυγεῖν L vulg. : φεύγειν S A Q 16 φυγών S L vulg. : φεύγων A 18 καλὸν secl. Herwerden 22 πανταχόθεν S L : πολλαχόθεν cett. 25 παντελῶς ante ἀνόητον add. vulg. : om. S L F B$^1$ τὰ post ὁ add. L vulg. : om. S$^1$ F$^1$ Q 27 μενεῖ codd. : διαμένει Stobaeus : διαμενεῖ Rosenberg

ἄλλοις καὶ περὶ τούτων ὑπερηφάνως χρῆται τῷ λόγῳ, σκέ-
ψασθ', ὦ ἄνδρες Ἀθηναῖοι, καὶ θεωρήσατε ὅσῳ καὶ ἀλη-
θέστερον καὶ ἀνθρωπινώτερον ἐγὼ περὶ τῆς τύχης τούτου
253 διαλεχθήσομαι. ἐγὼ τὴν τῆς πόλεως τύχην ἀγαθὴν ἡγοῦμαι,
καὶ ταῦθ' ὁρῶ καὶ τὸν Δία τὸν Δωδωναῖον ὑμῖν μαντευόμενον,
τὴν μέντοι τῶν πάντων ἀνθρώπων, ἣ νῦν ἐπέχει, χαλεπὴν
καὶ δεινήν· τίς γὰρ Ἑλλήνων ἢ τίς βαρβάρων οὐ πολλῶν
254 κακῶν ἐν τῷ παρόντι πεπείραται; τὸ μὲν τοίνυν προελέσθαι
τὰ κάλλιστα καὶ τὸ τῶν οἰηθέντων Ἑλλήνων, εἰ προοῖνθ'
ἡμᾶς, ἐν εὐδαιμονίᾳ διάξειν αὐτῶν ἄμεινον πράττειν, τῆς
ἀγαθῆς τύχης τῆς πόλεως εἶναι τίθημι· τὸ δὲ προσκροῦσαι
[312] καὶ μὴ πάνθ' ὡς ἐβουλόμεθ' ἡμῖν συμβῆναι, τῆς τῶν ἄλλων
ἀνθρώπων τύχης τὸ ἐπιβάλλον ἐφ' ἡμᾶς μέρος μετειληφέναι
255 νομίζω τὴν πόλιν. τὴν δ' ἰδίαν τύχην τὴν ἐμὴν καὶ τὴν
ἑνὸς ἡμῶν ἑκάστου ἐν τοῖς ἰδίοις ἐξετάζειν δίκαιον εἶναι
νομίζω. ἐγὼ μὲν οὑτωσὶ περὶ τῆς τύχης ἀξιῶ, ὀρθῶς καὶ
δικαίως, ὡς ἐμαυτῷ δοκῶ, νομίζω δὲ καὶ ὑμῖν· ὁ δὲ τὴν
ἰδίαν τύχην τὴν ἐμὴν τῆς κοινῆς τῆς πόλεως κυριωτέραν
εἶναί φησι, τὴν μικρὰν καὶ φαύλην τῆς ἀγαθῆς καὶ μεγάλης.
καὶ πῶς ἔνι τοῦτο γενέσθαι;

256 Καὶ μὴν εἴ γε τὴν ἐμὴν τύχην πάντως ἐξετάζειν, Αἰσχίνη,
προαιρεῖ, πρὸς τὴν σεαυτοῦ σκόπει, κἂν εὕρῃς τὴν ἐμὴν
βελτίω τῆς σῆς, παῦσαι λοιδορούμενος αὐτῇ. σκόπει τοίνυν
εὐθὺς ἐξ ἀρχῆς. καί μου πρὸς Διὸς μηδεμίαν ψυχρότητα
καταγνῷ μηδείς. ἐγὼ γὰρ οὔτ' εἴ τις πενίαν προπηλακίζει,
νοῦν ἔχειν ἡγοῦμαι, οὔτ' εἴ τις ἐν ἀφθόνοις τραφεὶς ἐπὶ τούτῳ
σεμνύνεται· ἀλλ' ὑπὸ τῆς τουτουὶ τοῦ χαλεποῦ βλασφημίας

1 *ὑπερηφάνως* S L A: *ὑπερηφάνῳ* F vulg. *χρῆται* S L: *κέχρηται* vulg. 2 *καὶ ἀληθέστερον*] *δικαιότερον* A 3 *τούτου* secl. Rosenberg 4 *διαλέξομαι* Y F corr. B corr. Q *γρ.* *μὲν* post *τὴν* add. vulg.: om. S L F A *ἡγοῦμαι* om. Q 5 *καὶ τὸν Ἀπόλλω* (Απολλων̄ i. e. *Ἀπόλλωνα* A) *τὸν Πύθιον* post *ὑμῖν* add. S marg. L corr. A marg. B *γρ.* (omisso *καὶ*) 9 *προοῖνθ'*] *προεῖντο* O 10 *τούτων* ante *αὐτῶν* add. A: *ἐκείνων* post *αὐτῶν* add. L vulg.: om. S F[1] Q 13 *μέρος* om. A 16 *ἐξετάζειν* ante *ἀξιῶ* add. L vulg.: om. S A 17 *συνδοκεῖν* post *ὑμῖν* add. vulg.: om. S L A

καὶ συκοφαντίας εἰς τοιούτους λόγους ἐμπίπτειν ἀναγκάζομαι, οἷς ἐκ τῶν ἐνόντων ὡς ἂν δύνωμαι μετριώτατα χρήσομαι.

Ἐμοὶ μὲν τοίνυν ὑπῆρξεν, Αἰσχίνη, παιδὶ μὲν ὄντι φοι- 257
τᾶν εἰς τὰ προσήκοντα διδασκαλεῖα, καὶ ἔχειν ὅσα χρὴ τὸν
μηδὲν αἰσχρὸν ποιήσοντα δι' ἔνδειαν, ἐξελθόντι δ' ἐκ παίδων
ἀκόλουθα τούτοις πράττειν, χορηγεῖν, τριηραρχεῖν, εἰσφέρειν,
μηδεμιᾶς φιλοτιμίας μήτ' ἰδίας μήτε δημοσίας ἀπολείπεσθαι,
ἀλλὰ καὶ τῇ πόλει καὶ τοῖς φίλοις χρήσιμον εἶναι, ἐπειδὴ
δὲ πρὸς τὰ κοινὰ προσελθεῖν ἔδοξέ μοι, τοιαῦτα πολιτεύμαθ'
ἑλέσθαι ὥστε καὶ ὑπὸ τῆς πατρίδος καὶ ὑπ' ἄλλων Ἑλλή- [313]
νων πολλῶν πολλάκις ἐστεφανῶσθαι, καὶ μηδὲ τοὺς ἐχθροὺς
ὑμᾶς, ὡς οὐ καλά γ' ἦν ἃ προειλόμην, ἐπιχειρεῖν λέγειν.
ἐγὼ μὲν δὴ τοιαύτῃ συμβεβίωκα τύχῃ, καὶ πόλλ' ἂν ἔχων 258
ἕτερ' εἰπεῖν περὶ αὐτῆς παραλείπω, φυλαττόμενος τὸ λυπῆσαί τιν' ἐν οἷς σεμνύνομαι. σὺ δ' ὁ σεμνὸς ἀνὴρ καὶ διαπτύων τοὺς ἄλλους σκόπει πρὸς ταύτην ποίᾳ τινὶ κέχρησαι τύχῃ, δι' ἣν παῖς μὲν ὢν μετὰ πολλῆς τῆς ἐνδείας ἐτράφης, ἅμα τῷ πατρὶ πρὸς τῷ διδασκαλείῳ προσεδρεύων, τὸ μέλαν τρίβων καὶ τὰ βάθρα σπογγίζων καὶ τὸ παιδαγω-
γεῖον κορῶν, οἰκέτου τάξιν, οὐκ ἐλευθέρου παιδὸς ἔχων, ἀνὴρ 259
δὲ γενόμενος τῇ μητρὶ τελούσῃ τὰς βίβλους ἀνεγίγνωσκες καὶ τἆλλα συνεσκευωροῦ, τὴν μὲν νύκτα νεβρίζων καὶ κρατηρίζων καὶ καθαίρων τοὺς τελουμένους καὶ ἀπομάττων τῷ πηλῷ καὶ τοῖς πιτύροις, καὶ ἀνιστὰς ἀπὸ τοῦ καθαρμοῦ κελεύων λέγειν 'ἔφυγον κακόν, εὗρον ἄμεινον,' ἐπὶ τῷ μηδένα πώποτε τηλικοῦτ' ὀλολύξαι σεμνυνόμενος (καὶ ἔγωγε
νομίζω· μὴ γὰρ οἴεσθ' αὐτὸν φθέγγεσθαι μὲν οὕτω μέγα, 260
ὀλολύζειν δ' οὐχ ὑπέρλαμπρον), ἐν δὲ ταῖς ἡμέραις τοὺς καλοὺς θιάσους ἄγων διὰ τῶν ὁδῶν, τοὺς ἐστεφανωμένους

3 μὲν ὄντι φοιτᾶν εἰς om. S[1] L : add. vulg. S marg. L γρ. 9 προσελθεῖν S L[1] A : προσῆλθον F Q O 10 ἄλλων Ἑλλήνων πολλῶν S L : τῶν ἄλλων Ἑλλήνων cett. : fort. ἄλλων πολλῶν Dobree 12 οὐ καλά γ' ἦν ἃ] οὐκαλλαγῆναι S 15 σεμνὸς vulg., rhetores : σεμνυνόμενος S L soli 17 post πολλῆς add. τῆς L : τὴν (punctis notat.) S : om. vulg. 24 ἀνιστὰς S L A F B : ἀναστὰς al.

τῷ μαράθῳ καὶ τῇ λεύκῃ, τοὺς ὄφεις τοὺς παρείας θλίβων
καὶ ὑπὲρ τῆς κεφαλῆς αἰωρῶν, καὶ βοῶν ‘εὐοῖ σαβοῖ,’ καὶ
ἐπορχούμενος ‘ὑῆς ἄττης ἄττης ὑῆς,’ ἔξαρχος καὶ προηγεμὼν
καὶ κιττοφόρος καὶ λικνοφόρος καὶ τοιαῦθ’ ὑπὸ τῶν γρᾳδίων
[314] προσαγορευόμενος, μισθὸν λαμβάνων τούτων ἔνθρυπτα καὶ
στρεπτοὺς καὶ νεήλατα, ἐφ’ οἷς τίς οὐκ ἂν ὡς ἀληθῶς αὑτὸν
261 εὐδαιμονίσειε καὶ τὴν αὑτοῦ τύχην; ἐπειδὴ δ’ εἰς τοὺς δημό-
τας ἐνεγράφης ὁπωσδήποτε, (ἐῶ γὰρ τοῦτο,) ἐπειδή γ’
ἐνεγράφης, εὐθέως τὸ κάλλιστον ἐξελέξω τῶν ἔργων, γραμ-
ματεύειν καὶ ὑπηρετεῖν τοῖς ἀρχιδίοις. ὡς δ’ ἀπηλλάγης
ποτὲ καὶ τούτου, πάνθ’ ἃ τῶν ἄλλων κατηγορεῖς αὐτὸς ποιή-
262 σας, οὐ κατῄσχυνας μὰ Δί’ οὐδὲν τῶν προϋπηργμένων τῷ
μετὰ ταῦτα βίῳ, ἀλλὰ μισθώσας σαυτὸν τοῖς βαρυστόνοις
ἐπικαλουμένοις [ἐκείνοις] ὑποκριταῖς Σιμύκᾳ καὶ Σωκράτει,
ἐτριταγωνίστεις, σῦκα καὶ βότρυς καὶ ἐλάας συλλέγων ὥσπερ
ὀπωρώνης ἐκ τῶν ἀλλοτρίων χωρίων, πλείω λαμβάνων ἀπὸ
τούτων ἢ τῶν ἀγώνων, οὓς ὑμεῖς περὶ τῆς ψυχῆς ἠγωνί-
ζεσθε· ἦν γὰρ ἄσπονδος καὶ ἀκήρυκτος ὑμῖν πρὸς τοὺς θεατὰς
πόλεμος, ὑφ’ ὧν πολλὰ τραύματ’ εἰληφὼς εἰκότως τοὺς
263 ἀπείρους τῶν τοιούτων κινδύνων ὡς δειλοὺς σκώπτεις. ἀλλὰ
γὰρ παρεὶς ὧν τὴν πενίαν αἰτιάσαιτ’ ἄν τις, πρὸς αὐτὰ τὰ
τοῦ τρόπου σου βαδιοῦμαι κατηγορήματα. τοιαύτην γὰρ
εἵλου πολιτείαν, ἐπειδή ποτε καὶ τοῦτ’ ἐπῆλθέ σοι ποιῆσαι,
δι’ ἣν εὐτυχούσης μὲν τῆς πατρίδος λαγὼ βίον ἔζης δεδιὼς
καὶ τρέμων καὶ ἀεὶ πληγήσεσθαι προσδοκῶν ἐφ’ οἷς σαυτῷ

4 *κιττοφόρος* codd.: *κιστοφόρος* Rubenius, v. l. ap. Harpocr. s. v. *κιττοφόρος* 6–7 *αὑτὸν . . . αὑτοῦ* Bekker: *αὐτὸν . . . αὐτοῦ* vulg. 8 *τοῦτό γε* A *ἐπειδή γ’* S $L^1$ vulg.: *ἐπειδὴ δ’* O : *ἐπειδὴ δ’ οὖν* Aug. 2, cf. Aristid. ii 316 : *ἐπειδὴ . . . ἐνεγράφης* om. A 9 *γραμματεύειν* S $L^1$ A Q : *ὑπογραμματεύειν* vulg. 13 *σαυτὸν*] *αὑτὸν* S $F^1$ : *ἑαυτὸν* Harpocr. s. v. *Σιμύλος* 14 *ἐκείνοις* post *ἐπικαλουμένοις* S L vulg.: ante *ἐπικαλουμένοις* A : om. cod. unus : seclusi *Σιμύκᾳ* F (Voemel coll. Athen. viii. p. 348 A) : *Σιμύκκαι* S Q : *Σιμύκκα* L : *Σιμύλῳ* S *γρ.* A vulg. Harpocr. 17 *τραύματα* post *τούτων* add. L vulg.: om. $S^1$ solus 18 *ὁ* ante *πρὸς* add. A F vulg. : om. S L 20 *κινδύνων* om. A 21 *ἐξ* ante *ὧν* add. vulg. : om. S L A F Q $O^1$

συνήδεις ἀδικοῦντι, ἐν οἷς δ' ἠτύχησαν οἱ ἄλλοι, θρασὺς ὢν
ὑφ' ἁπάντων ὦψαι. καίτοι ὅστις χιλίων πολιτῶν ἀπο- 264
θανόντων ἐθάρρησε, τί οὗτος παθεῖν ὑπὸ τῶν ζώντων δίκαιός
ἐστιν; πολλὰ τοίνυν ἕτερ' εἰπεῖν ἔχων περὶ αὐτοῦ παρα-
λείψω· οὐ γὰρ ὅσ' ἂν δείξαιμι προσόντ' αἰσχρὰ τούτῳ καὶ [315]
ὀνείδη, πάντ' οἶμαι δεῖν εὐχερῶς λέγειν, ἀλλ' ὅσα μηδὲν
αἰσχρόν ἐστιν εἰπεῖν ἐμοί.

Ἐξέτασον τοίνυν παρ' ἄλληλα τὰ σοὶ κἀμοὶ βεβιωμένα, 265
πράως, μὴ πικρῶς, Αἰσχίνη· εἶτ' ἐρώτησον τουτουσὶ τὴν
ποτέρου τύχην ἂν ἕλοιθ' ἕκαστος αὐτῶν. ἐδίδασκες γράμ-
ματα, ἐγὼ δ' ἐφοίτων. ἐτέλεις, ἐγὼ δ' ἐτελούμην. ἐγραμ-
μάτευες, ἐγὼ δ' ἠκκλησίαζον. ἐτριταγωνίστεις, ἐγὼ δ'
ἐθεώρουν. ἐξέπιπτες, ἐγὼ δ' ἐσύριττον. ὑπὲρ τῶν ἐχθρῶν
πεπολίτευσαι πάντα, ἐγὼ δ' ὑπὲρ τῆς πατρίδος. ἐῶ τἄλλα, 266
ἀλλὰ νυνὶ τήμερον ἐγὼ μὲν ὑπὲρ τοῦ στεφανωθῆναι δοκιμά-
ζομαι, τὸ δὲ μηδ' ὁτιοῦν ἀδικεῖν ἀνωμολόγημαι, σοὶ δὲ συκο-
φάντῃ μὲν εἶναι δοκεῖν ὑπάρχει, κινδυνεύεις δ' εἴτε δεῖ σ'
ἔτι τοῦτο ποιεῖν, εἴτ' ἤδη πεπαῦσθαι μὴ μεταλαβόντα τὸ
πέμπτον μέρος τῶν ψήφων. ἀγαθῇ γ', οὐχ ὁρᾷς; τύχῃ
συμβεβιωκὼς τῆς ἐμῆς κατηγορεῖς.

Φέρε δὴ καὶ τὰς τῶν λῃτουργιῶν μαρτυρίας ὧν λελῃτούρ- 267
γηκα ὑμῖν ἀναγνῶ. παρ' ἃς παρανάγνωθι καὶ σύ μοι τὰς
ῥήσεις ἃς ἐλυμαίνου,

ἥκω νεκρῶν κευθμῶνα καὶ σκότου πύλας

καὶ

κακαγγελεῖν μὲν ἴσθι μὴ θέλοντά με,

καὶ 'κακὸν κακῶς σε' μάλιστα μὲν οἱ θεοί, ἔπειθ' οὗτοι

11 post ἐτελούμην add. ἐχόρευες, ἐγὼ δ' ἐχορήγουν vulg. : om. S $L^{1}$ rhetores 20 ὡς φαύλης post ἐμῆς add. vulg. : om. S $L^{1}$ soli 22 παρ' ἃς S $L^{1}$ Q : πάσας vulg. post παρανάγνωθι add. δὴ A O B : δ' ἡμῖν vulg. : om. S L F Q 24 νεκρῶν $S^{1}$ : λιπὼν L vulg. : λοιπὸν Vind. 1 26 κακαγγελεῖν B Y : κάκ' ἀγγελεῖν vulg. : κακ' ἀγγέλλειν S A corr. : κακαγγέλλειν L A Q, cf. § 323, xix 59, 209

πάντες ἀπολέσειαν, πονηρὸν ὄντα καὶ πολίτην καὶ τριταγω-
νιστήν.

Λέγε τὰς μαρτυρίας.

**ΜΑΡΤΥΡΙΑΙ.**

268 Ἐν μὲν τοίνυν τοῖς πρὸς τὴν πόλιν τοιοῦτος· ἐν δὲ τοῖς
ἰδίοις εἰ μὴ πάντες ἴσθ' ὅτι κοινὸς καὶ φιλάνθρωπος καὶ τοῖς
[316] δεομένοις ἐπαρκῶν, σιωπῶ καὶ οὐδὲν ἂν εἴποιμι οὐδὲ παρα-
σχοίμην περὶ τούτων οὐδεμίαν μαρτυρίαν, οὔτ' εἴ τινας ἐκ
τῶν πολεμίων ἐλυσάμην, οὔτ' εἴ τισιν θυγατέρας συνεξέδωκα,
269 οὔτε τῶν τοιούτων οὐδέν. καὶ γὰρ οὕτω πως ὑπείληφα.
ἐγὼ νομίζω τὸν μὲν εὖ παθόντα δεῖν μεμνῆσθαι πάντα τὸν
χρόνον, τὸν δὲ ποιήσαντ' εὐθὺς ἐπιλελῆσθαι, εἰ δεῖ τὸν μὲν
χρηστοῦ, τὸν δὲ μὴ μικροψύχου ποιεῖν ἔργον ἀνθρώπου. τὸ
δὲ τὰς ἰδίας εὐεργεσίας ὑπομιμνῄσκειν καὶ λέγειν μικροῦ
δεῖν ὅμοιόν ἐστι τῷ ὀνειδίζειν. οὐ δὴ ποιήσω τοιοῦτον
οὐδέν, οὐδὲ προαχθήσομαι, ἀλλ' ὅπως ποθ' ὑπείλημμαι περὶ
τούτων, ἀρκεῖ μοι.

270 Βούλομαι δὲ τῶν ἰδίων ἀπαλλαγεὶς ἔτι μικρὰ πρὸς ὑμᾶς
εἰπεῖν περὶ τῶν κοινῶν. εἰ μὲν γὰρ ἔχεις, Αἰσχίνη, τῶν
ὑπὸ τοῦτον τὸν ἥλιον εἰπεῖν ἀνθρώπων ὅστις ἀθῷος τῆς
Φιλίππου πρότερον καὶ νῦν τῆς Ἀλεξάνδρου δυναστείας
γέγονεν, ἢ τῶν Ἑλλήνων ἢ τῶν βαρβάρων, ἔστω, συγχωρῶ
τὴν ἐμὴν εἴτε τύχην εἴτε δυστυχίαν ὀνομάζειν βούλει πάν-
271 των αἰτίαν γεγενῆσθαι. εἰ δὲ καὶ τῶν μηδεπώποτ' ἰδόντων
ἐμὲ μηδὲ φωνὴν ἀκηκοότων ἐμοῦ πολλοὶ πολλὰ καὶ δεινὰ
πεπόνθασι, μὴ μόνον κατ' ἄνδρα, ἀλλὰ καὶ πόλεις ὅλαι καὶ
ἔθνη, πόσῳ δικαιότερον καὶ ἀληθέστερον τὴν ἁπάντων, ὡς
ἔοικεν, ἀνθρώπων τύχην κοινὴν καὶ φοράν τινα πραγμάτων
272 χαλεπὴν καὶ οὐχ οἵαν ἔδει τούτων αἰτίαν ἡγεῖσθαι. σὺ

1 *καὶ* ante *πολίτην* om. A vulg. : add. S[1] L F[1] Q *καὶ προδότην* post *πολίτην* add. vulg. : om. S L A Q 11 *τὸν* post *πάντα* S L A F B Q : ante *πάντα* vulg. 12 *τὸν δ' εὖ ποιήσαντα* A 20 *τοῦτον* S L : *τουτονὶ* cett. 24 *αἰτίαν* om. S[1] solus, cf. xix 178, xxv 57

*τοίνυν ταῦτ' ἀφεὶς ἐμὲ τὸν παρὰ τουτοισὶ πεπολιτευμένον*
*αἰτιᾷ, καὶ ταῦτ' εἰδὼς ὅτι, καὶ εἰ μὴ τὸ ὅλον, μέρος γ' ἐπι-*
*βάλλει τῆς βλασφημίας ἅπασι, καὶ μάλιστα σοί. εἰ μὲν* [317]
*γὰρ ἐγὼ κατ' ἐμαυτὸν αὐτοκράτωρ περὶ τῶν πραγμάτων*
*ἐβουλευόμην, ἦν ἂν τοῖς ἄλλοις ῥήτορσιν ὑμῖν ἔμ' αἰτιᾶσθαι·*
*εἰ δὲ παρῆτε μὲν ἐν ταῖς ἐκκλησίαις ἁπάσαις, ἀεὶ δ' ἐν* 273
*κοινῷ τὸ συμφέρον ἡ πόλις προὐτίθει σκοπεῖν, πᾶσι δὲ ταῦτ'*
*ἐδόκει τότ' ἄριστ' εἶναι, καὶ μάλιστα σοί (οὐ γὰρ ἐπὶ εὐνοίᾳ*
*γ' ἐμοὶ παρεχώρεις ἐλπίδων καὶ ζήλου καὶ τιμῶν, ἃ πάντα*
*προσῆν τοῖς τότε πραττομένοις ὑπ' ἐμοῦ, ἀλλὰ τῆς ἀληθείας*
*ἡττώμενος δηλονότι καὶ τῷ μηδὲν ἔχειν εἰπεῖν βέλτιον), πῶς*
*οὐκ ἀδικεῖς καὶ δεινὰ ποιεῖς τούτοις νῦν ἐγκαλῶν ὧν τότ'*
*οὐκ εἶχες λέγειν βελτίω; παρὰ μὲν τοίνυν τοῖς ἄλλοις ἔγωγ'* 274
*ὁρῶ πᾶσιν ἀνθρώποις διωρισμένα καὶ τεταγμένα πως τὰ*
*τοιαῦτα. ἀδικεῖ τις ἑκών· ὀργὴν καὶ τιμωρίαν κατὰ τούτου.*
*ἐξήμαρτέ τις ἄκων· συγγνώμην ἀντὶ τῆς τιμωρίας τούτῳ.*
*οὔτ' ἀδικῶν τις οὔτ' ἐξαμαρτάνων εἰς τὰ πᾶσι δοκοῦντα*
*συμφέρειν ἑαυτὸν δοὺς οὐ κατώρθωσεν μεθ' ἁπάντων· οὐκ*
*ὀνειδίζειν οὐδὲ λοιδορεῖσθαι τῷ τοιούτῳ δίκαιον, ἀλλὰ συνά-*
*χθεσθαι. φανήσεται ταῦτα πάνθ' οὕτως οὐ μόνον ἐν τοῖς* 275
*νόμοις, ἀλλὰ καὶ ἡ φύσις αὐτὴ τοῖς ἀγράφοις νομίμοις καὶ*
*τοῖς ἀνθρωπίνοις ἤθεσιν διώρικεν. Αἰσχίνης τοίνυν τοσοῦ-*
*τον ὑπερβέβληκεν ἅπαντας ἀνθρώπους ὠμότητι καὶ συκο-*
*φαντίᾳ, ὥστε καὶ ὧν αὐτὸς ὡς ἀτυχημάτων ἐμέμνητο, καὶ*
*ταῦτ' ἐμοῦ κατηγορεῖ.*

*Καὶ πρὸς τοῖς ἄλλοις, ὥσπερ αὐτὸς ἁπλῶς καὶ μετ' εὐνοίας* 276
*πάντας εἰρηκὼς τοὺς λόγους, φυλάττειν ἐμὲ καὶ τηρεῖν ἐκέ-*

4 *ὧν* post *αὐτοκράτωρ* add. L marg. vulg. : om. S L[1] A  6 *ἀεὶ δ' ἐν κοινῷ* S L : *ἀεὶ ἐν κοινῷ δὲ* cett.  15 *ὀργὴν καὶ τιμωρίαν* S L A : *ὀργὴ καὶ τιμωρία* vulg.  16 *συγγνώμην* S A : *συγγνώμη* L vulg.  17 *ἐξαμαρτὼν* A  20 *τοίνυν* post *φανήσεται* add. vulg. : om. S L  *πάντα* om. O[1] : ante *ταῦτα* ponit Vind. 1 : *καταστάνθ'* Weil  *ἐν* add. L vulg. : om. S A  21 *νομίμοις* S A vulg. : *νόμοις* L O corr.  22 *ἤθεσι* om. S solus : *ἔθεσι* Reiske

[318] λευεν, ὅπως μὴ παρακρούσομαι μηδ' ἐξαπατήσω, δεινὸν καὶ
γόητα καὶ σοφιστὴν καὶ τὰ τοιαῦτ' ὀνομάζων, ὡς ἐὰν πρότερός
τις εἴπῃ τὰ προσόνθ' ἑαυτῷ περὶ ἄλλου, καὶ δὴ ταῦθ' οὕτως
ἔχοντα, καὶ οὐκέτι τοὺς ἀκούοντας σκεψομένους τίς ποτ' αὐτός
ἐστιν ὁ ταῦτα λέγων. ἐγὼ δ' οἶδ' ὅτι γιγνώσκετε τοῦτον
ἅπαντες, καὶ πολὺ τούτῳ μᾶλλον ἢ ἐμοὶ νομίζετε ταῦτα
277 προσεῖναι. κἀκεῖν' εὖ οἶδ' ὅτι τὴν ἐμὴν δεινότητα—ἔστω
γάρ. καίτοι ἔγωγ' ὁρῶ τῆς τῶν λεγόντων δυνάμεως τοὺς
ἀκούοντας τὸ πλεῖστον κυρίους· ὡς γὰρ ἂν ὑμεῖς ἀποδέξησθε
καὶ πρὸς ἕκαστον ἔχητ' εὐνοίας, οὕτως ὁ λέγων ἔδοξε φρονεῖν.
εἰ δ' οὖν ἐστι καὶ παρ' ἐμοί τις ἐμπειρία τοιαύτη, ταύτην
μὲν εὑρήσετε πάντες ἐν τοῖς κοινοῖς ἐξεταζομένην ὑπὲρ ὑμῶν
ἀεὶ καὶ οὐδαμοῦ καθ' ὑμῶν οὐδ' ἰδίᾳ, τὴν δὲ τούτου τοὐναντίον
οὐ μόνον τῷ λέγειν ὑπὲρ τῶν ἐχθρῶν, ἀλλὰ καὶ εἴ τις ἐλύπησέ
τι τοῦτον ἢ προσέκρουσέ που, κατὰ τούτων. οὐ γὰρ αὐτῇ
278 δικαίως, οὐδ' ἐφ' ἃ συμφέρει τῇ πόλει, χρῆται. οὔτε γὰρ
τὴν ὀργὴν οὔτε τὴν ἔχθραν οὔτ' ἄλλ' οὐδὲν τῶν τοιούτων τὸν
καλὸν κἀγαθὸν πολίτην δεῖ τοὺς ὑπὲρ τῶν κοινῶν εἰσεληλυ-
θότας δικαστὰς ἀξιοῦν αὐτῷ βεβαιοῦν, οὐδ' ὑπὲρ τούτων εἰς
ὑμᾶς εἰσιέναι, ἀλλὰ μάλιστα μὲν μὴ ἔχειν ταῦτ' ἐν τῇ φύσει,
εἰ δ' ἄρ' ἀνάγκη, πράως καὶ μετρίως διακείμεν' ἔχειν. ἐν
τίσιν οὖν σφοδρὸν εἶναι τὸν πολιτευόμενον καὶ τὸν ῥήτορα
δεῖ; ἐν οἷς τῶν ὅλων τι κινδυνεύεται τῇ πόλει, καὶ ἐν οἷς
πρὸς τοὺς ἐναντίους ἐστὶ τῷ δήμῳ, ἐν τούτοις· ταῦτα γὰρ
279 γενναίου καὶ ἀγαθοῦ πολίτου. μηδενὸς δ' ἀδικήματος πώποτε
[319] δημοσίου, προσθήσω δὲ μηδ' ἰδίου, δίκην ἀξιώσαντα λαβεῖν
παρ' ἐμοῦ μήθ' ὑπὲρ τῆς πόλεως μήθ' ὑπὲρ αὑτοῦ, στεφάνου
καὶ ἐπαίνου κατηγορίαν ἥκειν συνεσκευασμένον καὶ τοσου-
τουσὶ λόγους ἀνηλωκέναι ἰδίας ἔχθρας καὶ φθόνου καὶ μικρο-

1 παρακρούσομαι S: παρακρούσωμαι L vulg. 9 μέρος post πλεῖστον add. vulg.: om. S L[1] ὄντας post κυρίους add. vulg.: om. S L 13 οὐδ' secl. Blass coll. Ep. ii 9 14 τῷ λέγειν secl. Weil 21 διακείμεν' S L A F[1]: διακείμενον vulg. 24 τι post ἐστί add. vulg.: om. S L A

ψυχίας ἐστὶ σημεῖον, οὐδενὸς χρηστοῦ. τὸ δὲ δὴ καὶ τοὺς
πρὸς ἔμ' αὐτὸν ἀγῶνας ἐάσαντα νῦν ἐπὶ τόνδ' ἥκειν, καὶ
πᾶσαν ἔχει κακίαν. καί μοι δοκεῖς ἐκ τούτων, Αἰσχίνη, 280
λόγων ἐπίδειξίν τινα καὶ φωνασκίας βουλόμενος ποιήσασθαι
τοῦτον προελέσθαι τὸν ἀγῶνα, οὐκ ἀδικήματος οὐδενὸς λαβεῖν
τιμωρίαν. ἔστι δ' οὐχ ὁ λόγος τοῦ ῥήτορος, Αἰσχίνη, τίμιον,
οὐδ' ὁ τόνος τῆς φωνῆς, ἀλλὰ τὸ ταὐτὰ προαιρεῖσθαι τοῖς
πολλοῖς καὶ τὸ τοὺς αὐτοὺς μισεῖν καὶ φιλεῖν οὕσπερ ἂν ἡ
πατρίς. ὁ γὰρ οὕτως ἔχων τὴν ψυχήν, οὗτος ἐπ' εὐνοίᾳ 281
πάντ' ἐρεῖ· ὁ δ' ἀφ' ὧν ἡ πόλις προορᾶταί τινα κίνδυνον
ἑαυτῇ, τούτους θεραπεύων οὐκ ἐπὶ τῆς αὐτῆς ὁρμεῖ τοῖς
πολλοῖς, οὔκουν οὐδὲ τῆς ἀσφαλείας τὴν αὐτὴν ἔχει προσ-
δοκίαν. ἀλλ', ὁρᾷς; ἐγώ· ταὐτὰ γὰρ συμφέρονθ' εἱλόμην
τουτοισί, καὶ οὐδὲν ἐξαίρετον οὐδ' ἴδιον πεποίημαι. ἆρ' οὖν 282
οὐδὲ σύ; καὶ πῶς; ὃς εὐθέως μετὰ τὴν μάχην πρεσβευτὴς
ἐπορεύου πρὸς Φίλιππον, ὃς ἦν τῶν ἐν ἐκείνοις τοῖς χρόνοις
συμφορῶν αἴτιος τῇ πατρίδι, καὶ ταῦτ' ἀρνούμενος πάντα
τὸν ἔμπροσθε χρόνον ταύτην τὴν χρείαν, ὡς πάντες ἴσασιν.
καίτοι τίς ὁ τὴν πόλιν ἐξαπατῶν; οὐχ ὁ μὴ λέγων ἃ φρονεῖ;
τῷ δ' ὁ κῆρυξ καταρᾶται δικαίως; οὐ τῷ τοιούτῳ; τί δὲ
μεῖζον ἔχοι τις ἂν εἰπεῖν ἀδίκημα κατ' ἀνδρὸς ῥήτορος ἢ εἰ
μὴ ταὐτὰ φρονεῖ καὶ λέγει; σὺ τοίνυν οὗτος εὑρέθης. εἶτα [320] 283
σὺ φθέγγει καὶ βλέπειν εἰς τὰ τούτων πρόσωπα τολμᾷς;
πότερ' οὐχ ἡγεῖ γιγνώσκειν αὐτοὺς ὅστις εἶ; ἢ τοσοῦτον
ὕπνον καὶ λήθην ἅπαντας ἔχειν ὥστ' οὐ μεμνῆσθαι τοὺς
λόγους οὓς ἐδημηγόρεις ἐν τῷ πολέμῳ, καταρώμενος καὶ
διομνύμενος μηδὲν εἶναι σοὶ καὶ Φιλίππῳ πρᾶγμα, ἀλλ' ἐμὲ
τὴν αἰτίαν σοι ταύτην ἐπάγειν τῆς ἰδίας ἕνεκ' ἔχθρας, οὐκ
οὖσαν ἀληθῆ. ὡς δ' ἀπηγγέλθη τάχισθ' ἡ μάχη, οὐδὲν 284

2 καὶ ante πᾶσαν om. L vulg.: add. A   2–3 καὶ . . . κακίαν om. S
4 τῶν ante λόγων add. A vulg.: om. S L F Q   καὶ om. A vulg.
6 τίμιον S L: τίμιος vulg.   16 ἐν om. S O   22 ταὐτὰ] ταὔθ' ἃ L: ταῦτα ἃ A   οὗτος] τοιοῦτος vulg.   23 τούτων S Y: τουτωνὶ L A vulg.   26 πολέμῳ $S^1$ $L^1$ A: δήμῳ vulg.

τούτων φροντίσας εὐθέως ὡμολόγεις καὶ προσεποιοῦ φιλίαν καὶ ξενίαν εἶναί σοι πρὸς αὐτόν, τῇ μισθαρνίᾳ ταῦτα μετατιθέμενος τὰ ὀνόματα· ἐκ ποίας γὰρ ἴσης ἢ δικαίας προφάσεως Αἰσχίνῃ τῷ Γλαυκοθέας τῆς τυμπανιστρίας ξένος ἢ φίλος ἢ γνώριμος ἦν Φίλιππος; ἐγὼ μὲν οὐχ ὁρῶ, ἀλλ' ἐμισθώθης ἐπὶ τῷ τὰ τουτωνὶ συμφέροντα διαφθείρειν. ἀλλ' ὅμως, οὕτω φανερῶς αὐτὸς εἰλημμένος προδότης καὶ κατὰ σαυτοῦ μηνυτὴς ἐπὶ τοῖς συμβᾶσιν γεγονώς, ἐμοὶ λοιδορεῖ καὶ ὀνειδίζεις ταῦτα, ὧν πάντας μᾶλλον αἰτίους εὑρήσεις.

285 Πολλὰ καὶ καλὰ καὶ μεγάλ' ἡ πόλις, Αἰσχίνη, καὶ προείλετο καὶ κατώρθωσεν δι' ἐμοῦ, ὧν οὐκ ἠμνημόνησεν. σημεῖον δέ· χειροτονῶν γὰρ ὁ δῆμος τὸν ἐροῦντ' ἐπὶ τοῖς τετελευτηκόσιν παρ' αὐτὰ τὰ συμβάντα, οὐ σὲ ἐχειροτόνησε προβληθέντα, καίπερ εὔφωνον ὄντα, οὐδὲ Δημάδην, ἄρτι πεποιηκότα τὴν εἰρήνην, οὐδ' Ἡγήμονα, οὐδ' ἄλλον ὑμῶν οὐδένα, ἀλλ' ἐμέ. καὶ παρελθόντος σοῦ καὶ Πυθοκλέους
[321] ὠμῶς καὶ ἀναιδῶς, ὦ Ζεῦ καὶ θεοί, καὶ κατηγορούντων ἐμοῦ ταὔθ' ἃ καὶ σὺ νυνί, καὶ λοιδορουμένων, ἔτ' ἄμεινον ἐχειρο-
286 τόνησεν ἐμέ. τὸ δ' αἴτιον οὐκ ἀγνοεῖς μέν, ὅμως δὲ φράσω σοι κἀγώ. ἀμφότερ' ᾔδεσαν αὐτοί, τήν τ' ἐμὴν εὔνοιαν καὶ προθυμίαν μεθ' ἧς τὰ πράγματ' ἔπραττον, καὶ τὴν ὑμετέραν ἀδικίαν· ἃ γὰρ εὐθενούντων τῶν πραγμάτων ἠρνεῖσθε διομνύμενοι, ταῦτ' ἐν οἷς ἔπταισεν ἡ πόλις ὡμολογήσατε. τοὺς οὖν ἐπὶ τοῖς κοινοῖς ἀτυχήμασιν ὧν ἐφρόνουν λαβόντας ἄδειαν ἐχθροὺς μὲν πάλαι, φανεροὺς δὲ τόθ' ἡγήσανθ' αὑτοῖς
287 γεγενῆσθαι· εἶτα καὶ προσήκειν [ὑπολαμβάνοντες] τὸν ἐροῦντ' ἐπὶ τοῖς τετελευτηκόσι καὶ τὴν ἐκείνων ἀρετὴν κοσμήσοντα μήθ' ὁμωρόφιον μήθ' ὁμόσπονδον γεγενημένον εἶναι τοῖς πρὸς ἐκείνους παραταξαμένοις, μηδ' ἐκεῖ μὲν κωμάζειν καὶ παιωνίζειν ἐπὶ ταῖς τῶν Ἑλλήνων συμφοραῖς μετὰ τῶν

9 ἢ ἐμέ post εὑρήσεις add. vulg. : om. S L[1] 13 σὲ vulg. : σ' S 18 ταὐτὰ B[2] : ταῦτα S L vulg. 19 ἐμέ vulg. : με S L 20 αὐτοί S L vulg. : οὗτοι A 26 ὑπολαμβάνοντες S L F Q : secl. Blass : ὑπέλαβον Y : ὑπελάμβανον vulg. 30 παιωνίζειν S L A F Y : παιανίζειν vulg., cf. xix 128

αὐτοχείρων τοῦ φόνου, δεῦρο δ' ἐλθόντα τιμᾶσθαι, μηδὲ τῇ φωνῇ δακρύειν ὑποκρινόμενον τὴν ἐκείνων τύχην, ἀλλὰ τῇ ψυχῇ συναλγεῖν. τοῦτο δ' ἑώρων παρ' ἑαυτοῖς καὶ παρ' ἐμοί, παρὰ δ' ὑμῖν οὔ. διὰ ταῦτ' ἔμ' ἐχειροτόνησαν καὶ οὐχ 288
ὑμᾶς. καὶ οὐχ ὁ μὲν δῆμος οὕτως, οἱ δὲ τῶν τετελευτηκότων πατέρες καὶ ἀδελφοὶ οἱ ὑπὸ τοῦ δήμου τόθ' αἱρεθέντες ἐπὶ τὰς ταφὰς ἄλλως πως, ἀλλὰ δέον ποιεῖν αὐτοὺς τὸ περίδειπνον ὡς παρ' οἰκειοτάτῳ τῶν τετελευτηκότων, ὥσπερ τἆλλ' εἴωθε γίγνεσθαι, τοῦτ' ἐποίησαν παρ' ἐμοί. εἰκότως· γένει μὲν γὰρ ἕκαστος ἑκάστῳ μᾶλλον οἰκεῖος ἦν ἐμοῦ, κοινῇ δὲ πᾶσιν οὐδεὶς ἐγγυτέρω· ᾧ γὰρ ἐκείνους σωθῆναι καὶ κατορθῶσαι μάλιστα διέφερεν, οὗτος καὶ παθόντων ἃ μήποτ' [322] ὤφελον τῆς ὑπὲρ ἁπάντων λύπης πλεῖστον μετεῖχεν.

Λέγε δ' αὐτῷ τουτὶ τὸ ἐπίγραμμα, ὃ δημοσίᾳ προείλεθ' ἡ 289
πόλις αὐτοῖς ἐπιγράψαι, ἵν' εἰδῇς, Αἰσχίνη, καὶ ἐν αὐτῷ τούτῳ σαυτὸν ἀγνώμονα καὶ συκοφάντην ὄντα καὶ μιαρόν. Λέγε.

**ΕΠΙΓΡΑΜΜΑ.**

Οἵδε πάτρας ἕνεκα σφετέρας εἰς δῆριν ἔθεντο
ὅπλα, καὶ ἀντιπάλων ὕβριν ἀπεσκέδασαν·
†μαρνάμενοι δ' ἀρετῆς καὶ δείματος †οὐκ ἐσάωσαν
ψυχάς, ἀλλ' Ἀΐδην κοινὸν ἔθεντο βραβῆ,
οὕνεκεν Ἑλλήνων, ὡς μὴ ζυγὸν αὐχένι θέντες
δουλοσύνης στυγερὰν ἀμφὶς ἔχωσιν ὕβριν.
γαῖα δὲ πατρὶς ἔχει κόλποις τῶν πλεῖστα καμόντων
σώματ', ἐπεὶ θνητοῖς ἐκ Διὸς ἥδε κρίσις·
μηδὲν ἁμαρτεῖν ἐστι θεῶν καὶ πάντα κατορθοῦν
ἐν βιοτῇ· μοῖραν δ' οὔ τι φυγεῖν ἔπορεν.

1 δ' om. $S^1$ Vind. 1 ἐλθόντα S $L^1$ A : ἐλθόντας vulg. 2 ὑποκρινόμενον A : ὑποκρινομένους S L vulg. 6 οἱ ante ὑπὸ add. S L : om. vulg. 11 τὸ post γὰρ add. vulg. : om. S L F B 18 Epigramma om. S $L^1$ A 19 ἕνεκα codd. : μὲν ἑκὰς Weil 21 μαρνάμενοι . . . δείματος vix sana μαρνάμενοι] μνησάμενοι Passow δείματος] λήματος Valckenaer 22 βραβῆ Schneider : βραβῆν codd. 28 ἔπορεν L F vulg. : ἔπορον O

290 Ἀκούεις, Αἰσχίνη, [καὶ ἐν αὐτῷ τούτῳ] ‘μηδὲν ἁμαρτεῖν
ἐστι θεῶν καὶ πάντα κατορθοῦν’; οὐ τῷ συμβούλῳ τὴν τοῦ
κατορθοῦν τοὺς ἀγωνιζομένους ἀνέθηκεν δύναμιν, ἀλλὰ τοῖς
θεοῖς. τί οὖν, ὦ κατάρατ’, ἐμοὶ περὶ τούτων λοιδορεῖ, καὶ
λέγεις ἃ σοὶ καὶ τοῖς σοῖς οἱ θεοὶ τρέψειαν εἰς κεφαλήν;
291 Πολλὰ τοίνυν, ὦ ἄνδρες Ἀθηναῖοι, καὶ ἄλλα κατηγορη-
κότος αὐτοῦ καὶ κατεψευσμένου, μάλιστ’ ἐθαύμασα πάντων
ὅτε τῶν συμβεβηκότων τότε τῇ πόλει μνησθεὶς οὐχ ὡς ἂν
[323] εὔνους καὶ δίκαιος πολίτης ἔσχε τὴν γνώμην οὐδ’ ἐδάκρυσεν,
οὐδ’ ἔπαθεν τοιοῦτον οὐδὲν τῇ ψυχῇ, ἀλλ’ ἐπάρας τὴν φωνὴν
καὶ γεγηθὼς καὶ λαρυγγίζων ᾤετο μὲν ἐμοῦ κατηγορεῖν
δηλονότι, δεῖγμα δ’ ἐξέφερεν καθ’ ἑαυτοῦ ὅτι τοῖς γεγενη-
292 μένοις ἀνιαροῖς οὐδὲν ὁμοίως ἔσχε τοῖς ἄλλοις. καίτοι τὸν
τῶν νόμων καὶ τῆς πολιτείας φάσκοντα φροντίζειν, ὥσπερ
οὗτος νυνί, καὶ εἰ μηδὲν ἄλλο, τοῦτό γ’ ἔχειν δεῖ, ταὐτὰ
λυπεῖσθαι καὶ ταὐτὰ χαίρειν τοῖς πολλοῖς, καὶ μὴ τῇ προ-
αιρέσει τῶν κοινῶν ἐν τῷ τῶν ἐναντίων μέρει τετάχθαι· ὃ σὺ
νυνὶ πεποιηκὼς εἶ φανερός, ἐμὲ πάντων αἴτιον καὶ δι’ ἔμ’ εἰς
πράγματα φάσκων ἐμπεσεῖν τὴν πόλιν, οὐκ ἀπὸ τῆς ἐμῆς
πολιτείας οὐδὲ προαιρέσεως ἀρξαμένων ὑμῶν τοῖς Ἕλλησι
293 βοηθεῖν, ἐπεὶ ἔμοιγ’ εἰ τοῦτο δοθείη παρ’ ὑμῶν, δι’ ἔμ’ ὑμᾶς
ἠναντιῶσθαι τῇ κατὰ τῶν Ἑλλήνων ἀρχῇ πραττομένῃ, μείζων
ἂν δοθείη δωρειὰ συμπασῶν ὧν τοῖς ἄλλοις δεδώκατε. ἀλλ’
οὔτ’ ἂν ἐγὼ ταῦτα φήσαιμι (ἀδικοίην γὰρ ἂν ὑμᾶς), οὔτ’ ἂν
ὑμεῖς εὖ οἶδ’ ὅτι συγχωρήσαιτε· οὗτός τ’ εἰ δίκαι’ ἐποίει,
οὐκ ἂν εἵνεκα τῆς πρὸς ἔμ’ ἔχθρας τὰ μέγιστα τῶν ὑμετέρων
καλῶν ἔβλαπτε καὶ διέβαλλεν.
294 Ἀλλὰ τί ταῦτ’ ἐπιτιμῶ, πολλῷ σχετλιώτερ’ ἄλλα κατη-

1 *καὶ ἐν αὐτῷ τούτῳ* secl. Reiske ut illatum e § 289 *ὡς τὸ* ante *μηδὲν* add. L vulg.: om. S A 2 *θεοῦ* A Y 2–3 *οὐ τῷ . . . κατορθοῦν* om. S¹ 7 *ἐν* ante *μάλιστα* add. L vulg.: om. S A 8 *ὅτε* S A: *ὅτι* L¹ (corr. ead.) vulg. *μνησθεὶς* S L A F B: *ἀναμνησθεὶς* vulg. 10 *τοιοῦτον* ante *οὐδὲν* S L A: post *οὐδὲν* F vulg. 15 *τὸ* ante *ταὐτὰ* add. L vulg.: om. S A 21 *τοσαῦτα* ante *δι’ ἐμὲ* add. vulg.: om. S L¹ A Y 25 *τὰ δίκαια* A

γορηκότος αὐτοῦ καὶ κατεψευσμένου; ὃς γὰρ ἐμοῦ φιλιπ-
πισμόν, ὦ γῆ καὶ θεοί, κατηγορεῖ, τί οὗτος οὐκ ἂν εἴποι;
καίτοι νὴ τὸν Ἡρακλέα καὶ πάντας θεούς, εἴ γ' ἐπ' ἀληθείας
δέοι σκοπεῖσθαι, τὸ καταψεύδεσθαι καὶ δι' ἔχθραν τι λέγειν
ἀνελόντας ἐκ μέσου, τίνες ὡς ἀληθῶς εἰσὶν οἷς ἂν εἰκότως
καὶ δικαίως τὴν τῶν γεγενημένων αἰτίαν ἐπὶ τὴν κεφαλὴν
ἀναθεῖεν ἅπαντες, τοὺς ὁμοίους τούτῳ παρ' ἑκάστῃ τῶν [324]
πόλεων εὕροιτ' ἄν, οὐ τοὺς ἐμοί· οἵ, ὅτ' ἦν ἀσθενῆ τὰ 295
Φιλίππου πράγματα καὶ κομιδῇ μικρά, πολλάκις προλεγόντων
ἡμῶν καὶ παρακαλούντων καὶ διδασκόντων τὰ βέλτιστα, τῆς
ἰδίας ἕνεκ' αἰσχροκερδίας τὰ κοινῇ συμφέροντα προΐεντο,
τοὺς ὑπάρχοντας ἕκαστοι πολίτας ἐξαπατῶντες καὶ διαφθεί-
ροντες, ἕως δούλους ἐποίησαν, Θετταλοὺς Δάοχος, Κινέας,
Θρασύδαος· Ἀρκάδας Κερκιδᾶς, Ἱερώνυμος, Εὐκαμπίδας·
Ἀργείους Μύρτις, Τελέδαμος, Μνασέας· Ἠλείους Εὐξίθεος,
Κλεότιμος, Ἀρίσταιχμος· Μεσσηνίους οἱ Φιλιάδου τοῦ θεοῖς
ἐχθροῦ παῖδες Νέων καὶ Θρασύλοχος· Σικυωνίους Ἀρί-
στρατος, Ἐπιχάρης· Κορινθίους Δείναρχος, Δημάρετος·
Μεγαρέας Πτοιόδωρος, Ἕλιξος, Πέριλλος· Θηβαίους Τιμό-
λαος, Θεογείτων, Ἀνεμοίτας· Εὐβοέας Ἵππαρχος, Κλεί-
ταρχος, Σωσίστρατος. ἐπιλείψει με λέγονθ' ἡ ἡμέρα τὰ τῶν 296
προδοτῶν ὀνόματα. οὗτοι πάντες εἰσίν, ἄνδρες Ἀθηναῖοι, τῶν
αὐτῶν βουλευμάτων ἐν ταῖς αὑτῶν πατρίσιν ὧνπερ οὗτοι παρ'
ὑμῖν, ἄνθρωποι μιαροὶ καὶ κόλακες καὶ ἀλάστορες, ἠκρωτηρια-
σμένοι τὰς αὑτῶν ἕκαστοι πατρίδας, τὴν ἐλευθερίαν προπε-
πωκότες πρότερον μὲν Φιλίππῳ, νῦν δ' Ἀλεξάνδρῳ, τῇ γαστρὶ
μετροῦντες καὶ τοῖς αἰσχίστοις τὴν εὐδαιμονίαν, τὴν δ' ἐλευθε-
ρίαν καὶ τὸ μηδέν' ἔχειν δεσπότην αὑτῶν, ἃ τοῖς προτέροις
Ἕλλησιν ὅροι τῶν ἀγαθῶν ἦσαν καὶ κανόνες, ἀνατετροφότες.

3 τοὺς post πάντας add. vulg. : om. S L A Y 8 εὕροιτ' S A Y : εὕροι τις L vulg. 19 Πέριλλος Y F γρ. Phot. : Περίλλος Harpocr., cf. § 48 : Περίαλος S L : Περίλλαος A : Περίλαος vulg. Τιμόλαος vulg. : Τιμόλας S L Polyb., cf. § 48 29 ἀνατετροφότες vulg. : ἀνατετραφότες S : utrumque L

297 Ταύτης τοίνυν τῆς οὕτως αἰσχρᾶς καὶ περιβοήτου συστά-
[325] σεως καὶ κακίας, μᾶλλον δ', ὦ ἄνδρες Ἀθηναῖοι, προ-
δοσίας, εἰ δεῖ μὴ ληρεῖν, τῆς τῶν Ἑλλήνων ἐλευθερίας
ἥ τε πόλις παρὰ πᾶσιν ἀνθρώποις ἀναίτιος γέγον' ἐκ τῶν
ἐμῶν πολιτευμάτων καὶ ἐγὼ παρ' ὑμῖν. εἶτά μ' ἐρωτᾷς ἀντὶ
ποίας ἀρετῆς ἀξιῶ τιμᾶσθαι; ἐγὼ δέ σοι λέγω, ὅτι τῶν
πολιτευομένων παρὰ τοῖς Ἕλλησι διαφθαρέντων ἁπάντων,
ἀρξαμένων ἀπὸ σοῦ, [πρότερον μὲν ὑπὸ Φιλίππου, νῦν δ' ὑπ'
298 Ἀλεξάνδρου,] ἔμ' οὔτε καιρὸς οὔτε φιλανθρωπία λόγων οὔτ'
ἐπαγγελιῶν μέγεθος οὔτ' ἐλπὶς οὔτε φόβος οὔτ' ἄλλ' οὐδὲν
ἐπῆρεν οὐδὲ προηγάγετο ὧν ἔκρινα δικαίων καὶ συμφερόντων
τῇ πατρίδι οὐδὲν προδοῦναι, οὐδ', ὅσα συμβεβούλευκα πώποτε
τουτοισί, ὁμοίως ὑμῖν ὥσπερ ἂν τρυτάνη ῥέπων ἐπὶ τὸ λῆμμα
συμβεβούλευκα, ἀλλ' ἀπ' ὀρθῆς καὶ δικαίας καὶ ἀδιαφθόρου
τῆς ψυχῆς· καὶ μεγίστων δὴ πραγμάτων τῶν κατ' ἐμαυτὸν
ἀνθρώπων προστὰς πάνθ' ὑγιῶς καὶ δικαίως πεπολίτευμαι.
299 διὰ ταῦτ' ἀξιῶ τιμᾶσθαι. τὸν δὲ τειχισμὸν τοῦτον, ὃν σύ
μου διέσυρες, καὶ τὴν ταφρείαν ἄξια μὲν χάριτος καὶ ἐπαίνου
κρίνω, πῶς γὰρ οὔ; πόρρω μέντοι που τῶν ἐμαυτῷ πεπολι-
τευμένων τίθεμαι. οὐ λίθοις ἐτείχισα τὴν πόλιν οὐδὲ
πλίνθοις ἐγώ, οὐδ' ἐπὶ τούτοις μέγιστον τῶν ἐμαυτοῦ φρονῶ·
ἀλλ' ἐὰν τὸν ἐμὸν τειχισμὸν βούλῃ δικαίως σκοπεῖν, εὑρήσεις
ὅπλα καὶ πόλεις καὶ τόπους καὶ λιμένας καὶ ναῦς καὶ [πολλοὺς]
300 ἵππους καὶ τοὺς ὑπὲρ τούτων ἀμυνομένους· ταῦτα προὐβα-
λόμην ἐγὼ πρὸ τῆς Ἀττικῆς, ὅσον ἦν ἀνθρωπίνῳ λογισμῷ
δυνατόν, καὶ τούτοις ἐτείχισα τὴν χώραν, οὐχὶ τὸν κύκλον
[326] τοῦ Πειραιῶς οὐδὲ τοῦ ἄστεως. οὐδέ γ' ἡττήθην ἐγὼ τοῖς
λογισμοῖς Φιλίππου, πολλοῦ γε καὶ δεῖ, οὐδὲ ταῖς παρα-

6 δέ S L : δή vulg. 8–9 πρότερον . . . Ἀλεξάνδρου secl. Dobree 10 οὔτε χάρις post φόβος add. L vulg. : om. S[1] 13 ὥσπερ ἂν τρυτάνη Index Feliciani : ὥσπερ ἂν τρυτανηι S[1] F[1] Y : ὥσπερ ἐν τρυτάνῃ A : ὥσπερ ἂν εἰ ἐν τρυτάνῃ S corr. L vulg. : ὡσπερανεὶ τρυτάνη Dindorf : secl. Dobree coll. v 12 16 ἀνθρώπων secl. Blass 23 πολλοὺς secl. Reiske 24 ἀμυνομένους S L A vulg. : ἀμυνουμένους F B : ἀγωνιζομένους O 26 μόνον post κύκλον add. vulg. : om. S L[1] A

σκευαῖς, ἀλλ' οἱ τῶν συμμάχων στρατηγοὶ καὶ αἱ δυνάμεις τῇ
τύχῃ. τίνες αἱ τούτων ἀποδείξεις; ἐναργεῖς καὶ φανεραί.
σκοπεῖτε δέ.

Τί χρῆν τὸν εὔνουν πολίτην ποιεῖν, τί τὸν μετὰ πάσης 301
προνοίας καὶ προθυμίας καὶ δικαιοσύνης ὑπὲρ τῆς πατρίδος
πολιτευόμενον; οὐκ ἐκ μὲν θαλάττης τὴν Εὔβοιαν προβα-
λέσθαι πρὸ τῆς Ἀττικῆς, ἐκ δὲ τῆς μεσογείας τὴν Βοιωτίαν,
ἐκ δὲ τῶν πρὸς Πελοπόννησον τόπων τοὺς ὁμόρους ταύτῃ;
οὐ τὴν σιτοπομπίαν, ὅπως παρὰ πᾶσαν φιλίαν ἄχρι τοῦ
Πειραιῶς κομισθήσεται, προϊδέσθαι; καὶ τὰ μὲν σῶσαι τῶν 302
ὑπαρχόντων ἐκπέμποντα βοηθείας καὶ λέγοντα καὶ γράφοντα
τοιαῦτα, τὴν Προκόννησον, τὴν Χερρόνησον, τὴν Τένεδον,
τὰ δ' ὅπως οἰκεῖα καὶ σύμμαχ' ὑπάρξει πρᾶξαι, τὸ Βυ-
ζάντιον, τὴν Ἄβυδον, τὴν Εὔβοιαν; καὶ τῶν μὲν τοῖς ἐχθροῖς
ὑπαρχουσῶν δυνάμεων τὰς μεγίστας ἀφελεῖν, ὧν δ' ἐνέλειπε
τῇ πόλει, ταῦτα προσθεῖναι; ταῦτα τοίνυν ἅπαντα πέπρακται
τοῖς ἐμοῖς ψηφίσμασι καὶ τοῖς ἐμοῖς πολιτεύμασιν, ἃ καὶ 303
βεβουλευμέν', ὦ ἄνδρες Ἀθηναῖοι, ἐὰν ἄνευ φθόνου τις
βούληται σκοπεῖν, ὀρθῶς εὑρήσει καὶ πεπραγμένα πάσῃ
δικαιοσύνῃ, καὶ τὸν ἑκάστου καιρὸν οὐ παρεθέντ' οὐδ'
ἀγνοηθέντ' οὐδὲ προεθένθ' ὑπ' ἐμοῦ, καὶ ὅσ' εἰς ἑνὸς ἀνδρὸς
δύναμιν καὶ λογισμὸν ἧκεν, οὐδὲν ἐλλειφθέν. εἰ δ' ἢ δαί-
μονός τινος ἢ τύχης ἰσχὺς ἢ στρατηγῶν φαυλότης ἢ τῶν
προδιδόντων τὰς πόλεις ὑμῶν κακία ἢ πάντα ταῦτ' ἐλυμαίνετο [327]
τοῖς ὅλοις, ἕως ἀνέτρεψεν, τί Δημοσθένης ἀδικεῖ; εἰ δ' οἷος 304
ἐγὼ παρ' ὑμῖν κατὰ τὴν ἐμαυτοῦ τάξιν, εἷς ἐν ἑκάστῃ τῶν
Ἑλληνίδων πόλεων ἀνὴρ ἐγένετο, μᾶλλον δ' εἰ ἕν' ἄνδρα
μόνον Θετταλία καὶ ἕν' ἄνδρ' Ἀρκαδία ταὐτὰ φρονοῦντ' ἔσχεν

4 χρῆν] χρὴ A, cf. § 306 13 ὑπάρξει S L A Q : ὑπάρξῃ F vulg. 14 τὴν Εὔβοιαν secl. Reiske : τὴν Σηλυμβρίαν coni. Weil 15 ἐνέλειπε S L A Y : ἐνέλιπε F vulg. 21 προεθέντα S A Y : προδοθέντα vulg. : παρεθέντα F : πραθέντα Dobree ἑνὸς ante ἀνδρὸς S L Y : post ἀνδρὸς vulg. 24 ἅμα post ταῦτα add. vulg. : om. S L Bekk. Anecd. p. 154 ἐλυμαίνετο S L Y Bekk. Anecd. : ἐλυμήνατο vulg.

ἐμοί, οὐδένες οὔτε τῶν ἔξω Πυλῶν Ἑλλήνων οὔτε τῶν εἴσω
305 τοῖς παροῦσι κακοῖς ἐκέχρηντ' ἄν, ἀλλὰ πάντες ἂν ὄντες
ἐλεύθεροι καὶ αὐτόνομοι μετὰ πάσης ἀδείας ἀσφαλῶς ἐν
εὐδαιμονίᾳ τὰς ἑαυτῶν ᾤκουν πατρίδας, τῶν τοσούτων καὶ
τοιούτων ἀγαθῶν ὑμῖν καὶ τοῖς ἄλλοις Ἀθηναίοις ἔχοντες
χάριν δι' ἐμέ. ἵνα δ' εἰδῆθ' ὅτι πολλῷ τοῖς λόγοις ἐλάττοσι
χρῶμαι τῶν ἔργων, εὐλαβούμενος τὸν φθόνον, λέγε μοι
ταυτὶ καὶ ἀνάγνωθι λαβὼν τὸν ἀριθμὸν τῶν βοηθειῶν κατὰ
τὰ ἐμὰ ψηφίσματα.

**ΑΡΙΘΜΟΣ ΒΟΗΘΕΙΩΝ.**

306 Ταῦτα καὶ τοιαῦτα πράττειν, Αἰσχίνη, τὸν καλὸν κἀγαθὸν
πολίτην ἔδει, ὧν κατορθουμένων μὲν μεγίστοις ἀναμφισβη-
τήτως ὑπῆρχεν εἶναι καὶ τὸ δικαίως προσῆν, ὡς ἑτέρως
δὲ συμβάντων τὸ γοῦν εὐδοκιμεῖν περίεστι καὶ τὸ μηδένα
μέμφεσθαι τὴν πόλιν μηδὲ τὴν προαίρεσιν αὐτῆς, ἀλλὰ τὴν
307 τύχην κακίζειν τὴν οὕτω τὰ πράγματα κρίνασαν· οὐ μὰ Δί'
οὐκ ἀποστάντα τῶν συμφερόντων τῇ πόλει, μισθώσαντα δ'
αὑτὸν τοῖς ἐναντίοις, τοὺς ὑπὲρ τῶν ἐχθρῶν καιροὺς ἀντὶ τῶν
τῆς πατρίδος θεραπεύειν, οὐδὲ τὸν μὲν πράγματ' ἄξια τῆς
πόλεως ὑποστάντα λέγειν καὶ γράφειν καὶ μένειν ἐπὶ τούτων
βασκαίνειν, ἂν δέ τις ἰδίᾳ τι λυπήσῃ, τοῦτο μεμνῆσθαι καὶ
[328] τηρεῖν, οὐδέ γ' ἡσυχίαν ἄγειν ἄδικον καὶ ὕπουλον, ὃ σὺ
308 ποιεῖς πολλάκις. ἔστι γάρ, ἔστιν ἡσυχία δικαία καὶ συμφέ-
ρουσα τῇ πόλει, ἣν οἱ πολλοὶ τῶν πολιτῶν ὑμεῖς ἁπλῶς
ἄγετε. ἀλλ' οὐ ταύτην οὗτος ἄγει τὴν ἡσυχίαν, πολλοῦ γε
καὶ δεῖ, ἀλλ' ἀποστὰς ὅταν αὐτῷ δόξῃ τῆς πολιτείας (πολλάκις

1 οὐδένες Cobet: οὐδεὶς codd. 2 ἐκέχρηντ' S L: ἐκέχρητ' cett. 4 τῶν vulg.: τούτων S $L^1$ soli: τούτων τῶν Aristides ii p. 516 8–9 τὸν ἀριθμὸν . . . ψηφίσματα om. S $L^1$ 10 ΑΡΙΘΜΟΣ ΒΟΗΘΕΙΩΝ ΚΑΤΑ ΤΑ ΕΜΑ ΨΗΦΙΣΜΑΤΑ S 12 ἔδει L Spengel: δεῖ codd., cf. § 301 ὦ γῆ καὶ θεοὶ post μὲν add. A vulg.: om. S $L^1$ Y ἐν ante μεγίστοις add. vulg.: om. S L A F 19 πράγματα secl. Weil 21 προελόμενον ante βασκαίνειν add. L A: om. S vulg. 22 ὃ S L A: ὡς vulg. 23 τις ante ἡσυχία add. Dobree

δὲ δοκεῖ), φυλάττει πηνίκ' ἔσεσθε μεστοὶ τοῦ συνεχῶς λέ-
γοντος ἢ παρὰ τῆς τύχης τι συμβέβηκεν ἐναντίωμα ἢ ἄλλο
τι δύσκολον γέγονεν (πολλὰ δὲ τἀνθρώπινα)· εἶτ' ἐπὶ τούτῳ
τῷ καιρῷ ῥήτωρ ἐξαίφνης ἐκ τῆς ἡσυχίας ὥσπερ πνεῦμ'
ἐφάνη, καὶ πεφωνασκηκὼς καὶ συνειλοχὼς ῥήματα καὶ λόγους
συνείρει τούτους σαφῶς καὶ ἀπνευστεί, ὄνησιν μὲν οὐδεμίαν
φέροντας οὐδ' ἀγαθοῦ κτῆσιν οὐδενός, συμφορὰν δὲ τῷ
τυχόντι τῶν πολιτῶν καὶ κοινὴν αἰσχύνην. καίτοι ταύτης 309
τῆς μελέτης καὶ τῆς ἐπιμελείας, Αἰσχίνη, εἴπερ ἐκ ψυχῆς
δικαίας ἐγίγνετο καὶ τὰ τῆς πατρίδος συμφέροντα προῃρη-
μένης, τοὺς καρποὺς ἔδει γενναίους καὶ καλοὺς καὶ πᾶσιν
ὠφελίμους εἶναι, συμμαχίας πόλεων, πόρους χρημάτων, ἐμ-
πορίου κατασκευήν, νόμων συμφερόντων θέσεις, τοῖς ἀπο-
δειχθεῖσιν ἐχθροῖς ἐναντιώματα. τούτων γὰρ ἁπάντων ἦν 310
ἐν τοῖς ἄνω χρόνοις ἐξέτασις, καὶ ἔδωκεν ὁ παρελθὼν χρόνος
πολλὰς ἀποδείξεις ἀνδρὶ καλῷ τε κἀγαθῷ, ἐν οἷς οὐδαμοῦ
σὺ φανήσει γεγονώς, οὐ πρῶτος, οὐ δεύτερος, οὐ τρίτος, οὐ
τέταρτος, οὐ πέμπτος, οὐχ ἕκτος, οὐχ ὁποστοσοῦν, οὔκουν ἐπί
γ' οἷς ἡ πατρὶς ηὐξάνετο. τίς γὰρ συμμαχία σοῦ πράξαντος 311
γέγονεν τῇ πόλει; τίς δὲ βοήθεια ἢ κτῆσις εὐνοίας ἢ δόξης;
τίς δὲ πρεσβεία, τίς διακονία δι' ἣν ἡ πόλις ἐντιμοτέρα; τί [329]
τῶν οἰκείων ἢ τῶν Ἑλληνικῶν καὶ ξενικῶν, οἷς ἐπέστης, ἐπ-
ηνώρθωται; ποῖαι τριήρεις; ποῖα βέλη; ποῖοι νεώσοικοι; τίς
ἐπισκευὴ τειχῶν; ποῖον ἱππικόν; τί τῶν ἁπάντων σὺ χρήσιμος
[εἶ]; τίς ἢ τοῖς εὐπόροις ἢ τοῖς ἀπόροις πολιτικὴ καὶ κοινὴ
βοήθεια χρημάτων; οὐδεμία. ἀλλ', ὦ τᾶν, εἰ μηδὲν τούτων, 312
εὔνοιά γε καὶ προθυμία· ποῦ; πότε; ὅστις, ὦ πάντων ἀδικώ-
τατε, οὐδ' ὅθ' ἅπαντες, ὅσοι πώποτ' ἐφθέγξαντ' ἐπὶ τοῦ

1 πηνίκ' S L : ὁπηνίκ(α) A F vulg. ἔσεσθε S corr. : ἔσεσθαι S[1] : ἐστὲ L vulg. 5 ἀνεφάνη A Vind. 1 6 ἀπνευστεί S : ἀπνευστί vulg. 9 Αἰσχίνη post μελέτης A 18 ἐπί γ' οἷς S L A : ἐπεὶ οἷς Y F γρ. : ἐπεί γε καὶ vulg. 22 οἷς ἐπέστης om. F διὰ σέ post ἐπηνώρθωται add. vulg. : om. S L[1] 25 εἶ om. Alexander : secl. Weil : γέγονας A 26 χρημάτων secl. Blass οὐδεμία S A[1]: παρὰ σοῦ; οὐδεμία L vulg. : οὐδεμία παρὰ σοῦ A marg.

*βήματος, εἰς σωτηρίαν ἐπεδίδοσαν, καὶ τὸ τελευταῖον Ἀρι-*
*στόνικος τὸ συνειλεγμένον εἰς τὴν ἐπιτιμίαν, οὐδὲ τότ' οὔτε*
*παρῆλθες οὔτ' ἐπέδωκας οὐδέν, οὐκ ἀπορῶν, πῶς γάρ; ὅς γ'*
*ἐκεκληρονομήκεις μὲν τῶν Φίλωνος τοῦ κηδεστοῦ χρημάτων*
*πλεῖν ἢ πέντε ταλάντων, διτάλαντον δ' εἶχες ἔρανον [δωρεὰν]*
*παρὰ τῶν ἡγεμόνων τῶν συμμοριῶν ἐφ' οἷς ἐλυμήνω τὸν*
313 *τριηραρχικὸν νόμον. ἀλλ' ἵνα μὴ λόγον ἐκ λόγου λέγων τοῦ*
*παρόντος ἐμαυτὸν ἐκκρούσω, παραλείψω ταῦτα. ἀλλ' ὅτι γ'*
*οὐχὶ δι' ἔνδειαν οὐκ ἐπέδωκας, ἐκ τούτων δῆλον, ἀλλὰ φυλάττων*
*τὸ μηδὲν ἐναντίον γενέσθαι παρὰ σοῦ τούτοις οἷς ἅπαντα*
*πολιτεύει. ἐν τίσιν οὖν σὺ νεανίας καὶ πηνίκα λαμπρός;*
*ἡνίκ' ἂν κατὰ τούτων τι δέῃ, ἐν τούτοις λαμπροφωνότατος,*
*μνημονικώτατος, ὑποκριτὴς ἄριστος, τραγικὸς Θεοκρίνης.*
314 *Εἶτα τῶν πρότερον γεγενημένων ἀγαθῶν ἀνδρῶν μέμνησαι.*
*καὶ καλῶς ποιεῖς. οὐ μέντοι δίκαιόν ἐστιν, ἄνδρες Ἀθηναῖοι,*
*τὴν πρὸς τοὺς τετελευτηκότας εὔνοιαν ὑπάρχουσαν προλα-*
[330] *βόντα παρ' ὑμῶν πρὸς ἐκείνους ἐξετάζειν καὶ παραβάλλειν*
315 *ἐμὲ τὸν νῦν ζῶντα μεθ' ὑμῶν. τίς γὰρ οὐκ οἶδε τῶν πάντων,*
*ὅτι τοῖς μὲν ζῶσι πᾶσιν ὕπεστί τις ἢ πλείων ἢ ἐλάττων*
*φθόνος, τοὺς τεθνεῶτας δ' οὐδὲ τῶν ἐχθρῶν οὐδεὶς ἔτι μισεῖ;*
*οὕτως οὖν ἐχόντων τούτων τῇ φύσει, πρὸς τοὺς πρὸ ἐμαυτοῦ*
*νῦν ἐγὼ κρίνωμαι καὶ θεωρῶμαι; μηδαμῶς· οὔτε γὰρ δίκαιον*
*οὔτ' ἴσον, Αἰσχίνη, ἀλλὰ πρὸς σὲ καὶ ἄλλον εἴ τινα βούλει*
316 *τῶν ταὐτά σοι προῃρημένων καὶ ζώντων. κἀκεῖνο σκόπει.*
*πότερον κάλλιον καὶ ἄμεινον τῇ πόλει διὰ τὰς τῶν*

2 *ἀργύριον* add. post *ἐπιτιμίαν* A: ante *εἰς* vulg.: om. S L[1] 4 *ἐκεκληρονομήκεις* A Schaefer: *κεκληρονόμηκας* codd. 5 *πλεῖν* scripsi: *πλειόνων* codd. *πέντε ταλάντων* L vulg.: *πεντεταλάντων* S: *πεντεταλάντων* Reiske Aut quod scripsi legendum esse arbitror, aut *πλειόνων ⟨ὄντων⟩ ἢ πεντεταλάντων*, quod coni. Weil *δωρεὰν* om. A[1]: secl. Lipsius 11 *νεανικὸς* Cobet *λαμπρός* secl. Cobet 12 *κατὰ τούτων τι* S[1] solus: *εἰπεῖν κατὰ τούτων τι* F: *κατὰ τούτων εἰπεῖν τι* S corr. L A: *εἰπεῖν τι κατὰ τούτων* vulg. 15 *ὦ* ante *ἄνδρες* add. vulg.: om. S L B O 16 *προλαβόντα* S O: *προσλαβόντα* L vulg. 18 *νῦν ζῶντα* S L O Y: *συζῶντα* vulg., schol. p. 322, 20: *συνζῶντα* Priscian. xviii 285 22 *κρίνωμαι καὶ θεωρῶμαι* S F B: *κρίνομαι καὶ θεωροῦμαι* L A vulg.

πρότερον εὐεργεσίας, οὔσας ὑπερμεγέθεις, οὐ μὲν οὖν εἴποι
τις ἂν ἡλίκας, τὰς ἐπὶ τὸν παρόντα βίον γιγνομένας εἰς
ἀχαριστίαν καὶ προπηλακισμὸν ἄγειν, ἢ πᾶσιν, ὅσοι τι μετ'
εὐνοίας πράττουσι, τῆς παρὰ τούτων τιμῆς καὶ φιλανθρωπίας
μετεῖναι; καὶ μὴν εἰ καὶ τοῦτ' ἄρα δεῖ μ' εἰπεῖν, ἡ μὲν 317
ἐμὴ πολιτεία καὶ προαίρεσις, ἄν τις σκοπῇ, ταῖς τῶν τότ'
ἐπαινουμένων ἀνδρῶν ὁμοία καὶ ταὐτὰ βουλομένη φανή-
σεται, ἡ δὲ σὴ ταῖς τῶν τοὺς τοιούτους τότε συκοφαν-
τούντων· δῆλον γὰρ ὅτι καὶ κατ' ἐκείνους ἦσάν τινες, οἳ
διασύροντες τοὺς ὄντας τότε τοὺς [δὲ] πρότερον γεγενημένους
ἐπῄνουν, βάσκανον πρᾶγμα καὶ ταὐτὸ ποιοῦντες σοί. εἶτα 318
λέγεις ὡς οὐδὲν ὅμοιός εἰμ' ἐκείνοις ἐγώ; σὺ δ' ὅμοιος,
Αἰσχίνη; ὁ δ' ἀδελφὸς ὁ σός; ἄλλος δέ τις τῶν νῦν
ῥητόρων; ἐγὼ μὲν γὰρ οὐδένα φημί. ἀλλὰ πρὸς τοὺς
ζῶντας, ὦ χρηστέ, ἵνα μηδὲν ἄλλ' εἴπω, τὸν ζῶντ' ἐξέταζε
καὶ τοὺς καθ' αὑτόν, ὥσπερ τἄλλα πάντα, τοὺς ποιητάς, [331]
τοὺς χορούς, τοὺς ἀγωνιστάς. ὁ Φιλάμμων οὐχ ὅτι Γλαύκου 319
τοῦ Καρυστίου καί τινων ἑτέρων πρότερον γεγενημένων
ἀθλητῶν ἀσθενέστερος ἦν, ἀστεφάνωτος ἐκ τῆς Ὀλυμπίας
ἀπῄει, ἀλλ' ὅτι τῶν εἰσελθόντων πρὸς αὐτὸν ἄριστ' ἐμάχετο,
ἐστεφανοῦτο καὶ νικῶν ἀνηγορεύετο. καὶ σὺ πρὸς τοὺς
νῦν ὅρα με ῥήτορας, πρὸς σαυτόν, πρὸς ὅντινα βούλει τῶν
ἁπάντων· οὐδέν' ἐξίσταμαι. ὧν, ὅτε μὲν τῇ πόλει τὰ 320
βέλτισθ' ἑλέσθαι παρῆν, ἐφαμίλλου τῆς εἰς τὴν πατρίδ'
εὐνοίας ἐν κοινῷ πᾶσι κειμένης, ἐγὼ κράτιστα λέγων ἐφαι-
νόμην, καὶ τοῖς ἐμοῖς καὶ ψηφίσμασι καὶ νόμοις καὶ πρε-

1 *πρότερον* S L A O : *προτέρων* vulg., schol., Aristid., cf. xx 113, 114 2 *ἐπὶ* S L vulg. : *περὶ* F solus, fort. recte 4 *παρὰ* add. L A vulg. S *γρ.* Aristid. : om. S Y 6 *ὀρθῶς* ante *σκοπῇ* add. vulg. : om. S L[1] soli 9 *τοὺς χρόνους* add. post *τινες* L corr. vulg. : ante *ἦσαν* Q A marg. : om. S L[1] A Y *οἳ διασύροντες* L : *οἱ διασύροντες* S vulg. : *οἳ διέσυρον μὲν* A 10 *δὲ* secl. Weil 16 *κατὰ σαυτὸν* A 23 *οὐδένα* S L[1] (supra scripto *δενὶ* ab ead. manu) Y Bekk. Anecd. p. 138 : *οὐδενὶ* vulg. S *γρ.* L corr. pr. m., schol. p. 332, 30 25 *κράτιστα* S L vulg. : *τὰ βέλτιστα* A 26 *καὶ* ante *ψηφίσμασι* add. S L Q O : om. A vulg.

σβείαις ἅπαντα διῳκεῖτο, ὑμῶν δ' οὐδεὶς ἦν οὐδαμοῦ, πλὴν
εἰ τούτοις ἐπηρεάσαι τι δέοι· ἐπειδὴ δ' ἃ μήποτ' ὤφελεν
συνέβη, καὶ οὐκέτι συμβούλων ἀλλὰ τῶν τοῖς ἐπιταττομένοις
ὑπηρετούντων καὶ τῶν κατὰ τῆς πατρίδος μισθαρνεῖν ἑτοίμων
καὶ τῶν κολακεύειν ἕτερον βουλομένων ἐξέτασις ἦν, τηνι-
καῦτα σὺ καὶ τούτων ἕκαστος ἐν τάξει καὶ μέγας καὶ λαμπρὸς
ἱπποτρόφος, ἐγὼ δ' ἀσθενής, ὁμολογῶ, ἀλλ' εὔνους μᾶλλον
321 ὑμῶν τουτοισί. δύο δ', ἄνδρες Ἀθηναῖοι, τὸν φύσει μέτριον
πολίτην ἔχειν δεῖ (οὕτω γάρ μοι περὶ ἐμαυτοῦ λέγοντι
ἀνεπιφθονώτατον εἰπεῖν), ἐν μὲν ταῖς ἐξουσίαις τὴν τοῦ
γενναίου καὶ τοῦ πρωτείου τῇ πόλει προαίρεσιν διαφυλάττειν,
ἐν παντὶ δὲ καιρῷ καὶ πράξει τὴν εὔνοιαν· τούτου γὰρ ἡ
φύσις κυρία, τοῦ δύνασθαι δὲ καὶ ἰσχύειν ἕτερα. ταύτην
322 τοίνυν παρ' ἐμοὶ μεμενηκυῖαν εὑρήσεθ' ἁπλῶς. ὁρᾶτε δέ.
οὐκ ἐξαιτούμενος, οὐκ εἰς Ἀμφικτύονας δίκας ἐπαγόντων, οὐκ
[332] ἀπειλούντων, οὐκ ἐπαγγελλομένων, οὐχὶ τοὺς καταράτους
τούτους ὥσπερ θηρία μοι προσβαλλόντων, οὐδαμῶς ἐγὼ
προδέδωκα τὴν εἰς ὑμᾶς εὔνοιαν. τὸ γὰρ ἐξ ἀρχῆς εὐθὺς
ὀρθὴν καὶ δικαίαν τὴν ὁδὸν τῆς πολιτείας εἱλόμην, τὰς τιμάς,
τὰς δυναστείας, τὰς εὐδοξίας τὰς τῆς πατρίδος θεραπεύειν,
323 ταύτας αὔξειν, μετὰ τούτων εἶναι. οὐκ ἐπὶ μὲν τοῖς ἑτέρων
εὐτυχήμασι φαιδρὸς ἐγὼ καὶ γεγηθὼς κατὰ τὴν ἀγορὰν
περιέρχομαι, τὴν δεξιὰν προτείνων καὶ εὐαγγελιζόμενος τού-
τοις οὓς ἂν ἐκεῖσ' ἀπαγγελεῖν οἴωμαι, τῶν δὲ τῆς πόλεως
ἀγαθῶν πεφρικὼς ἀκούω καὶ στένων καὶ κύπτων εἰς τὴν γῆν,
ὥσπερ οἱ δυσσεβεῖς οὗτοι, οἳ τὴν μὲν πόλιν διασύρουσιν,
ὥσπερ οὐχ αὑτοὺς διασύροντες, ὅταν τοῦτο ποιῶσιν, ἔξω δὲ
βλέπουσι, καὶ ἐν οἷς ἀτυχησάντων τῶν Ἑλλήνων ηὐτύχησ'

5 ἕτερον S L Y : ἑτέρους vulg. ἦν post ἐξέτασις om. S L : add. cett. 8 ὦ ante ἄνδρες add. vulg. : om. S L F 13 ἕτερα S L vulg. : ἑτέρα A Y schol. p. 338, 8 ἑτέρα] ἡ τύχη 15 εἰς Ἀμφικτύονας S, cf. lix 98: Ἀμφικτυονικὰς L vulg. μοι post ἐπαγόντων add. L F: om. S A οὐκ ἀπειλούντων om. S[1] solus 24 ἀπαγγελεῖν Markland: ἀπαγγέλλειν S L vulg.: ἀπαγγέλειν O, cf. § 267, xix 59, 152, 209, 324

ἕτερος, ταῦτ' ἐπαινοῦσι καὶ ὅπως τὸν ἅπαντα χρόνον μενεῖ φασὶ δεῖν τηρεῖν.

Μὴ δῆτ', ὦ πάντες θεοί, μηδεὶς ταῦθ' ὑμῶν ἐπινεύσειεν, 324
ἀλλὰ μάλιστα μὲν καὶ τούτοις βελτίω τινὰ νοῦν καὶ φρένας ἐνθείητε, εἰ δ' ἄρ' ἔχουσιν ἀνιάτως, τούτους μὲν αὐτοὺς καθ' ἑαυτοὺς ἐξώλεις καὶ προώλεις ἐν γῇ καὶ θαλάττῃ ποιήσατε, ἡμῖν δὲ τοῖς λοιποῖς τὴν ταχίστην ἀπαλλαγὴν τῶν ἐπηρτημένων φόβων δότε καὶ σωτηρίαν ἀσφαλῆ.

1 *μενεῖ* S L[1] : *μένει* A : *διαμενεῖ* L corr. vulg. 5 *οὕτως* ante *ἀνιάτως* add. F vulg. : om. S L A O Y 6 *καὶ προώλεις* om. A *ποιήσατε* S F[1] : *ποιήσοιτε* L : *ποιήσαιτε* vulg.

In S subscriptum

ΔΗΜΟΣΘΕΝΟΥΣ ΥΠΕΡ ΚΤΗΣΙΦΩΝΤΟΣ ΠΕΡΙ ΤΟΥ ΣΤΕΦΑΝΟΥ

Χ Χ 𐅅 Η Η 𐅄 Δ Π Ι Ι Ι

[333]

# XIX

# ΠΕΡΙ ΤΗΣ ΠΑΡΑΠΡΕΣΒΕΙΑΣ

### ΛΙΒΑΝΙΟΥ ΥΠΟΘΕΣΙΣ.

Αἰσχίνης ἦν ἀνὴρ Ἀθηναῖος, υἱὸς Ἀτρομήτου καὶ Γλαυκοθέας,
ἀμφοτέρων ἀδόξων, ὥς φησι Δημοσθένης· τὸν μὲν γὰρ γράμματα
διδάσκοντα, τὴν δὲ καθαίρουσαν καὶ τελετάς τινας οὐ σπουδαίας
τελοῦσάν φησι διαζῆν. παραδέδοται δὲ καὶ αὐτὸς ὁ Αἰσχίνης
τραγῳδιῶν θʹ ὑποκριτὴς γενόμενος καὶ γραμματεὺς τῆς πόλεως,
2 ἥτις ἦν εὐτελὴς ὑπηρεσία. ὕστερον μέντοι τῶν ῥητόρων εἷς
ἐγένετο, καὶ περὶ τῆς εἰρήνης πρὸς Φίλιππον ἐπρέσβευσε. πολε-
μοῦντες γὰρ Ἀθηναῖοι Φιλίππῳ περὶ Ἀμφιπόλεως, καὶ πολλὰ
μὲν αὐτοὶ δεινὰ πάσχοντες, δρῶντες δʼ οὐδὲν ἄξιον λόγου, ἐπεί-
σθησαν ὑπὲρ εἰρήνης πρεσβεύσασθαι πρὸς Φίλιππον. πέμπουσι
δὴ πρέσβεις δέκα τὸν ἀριθμόν, ἐν οἷς Αἰσχίνης τε καὶ Δημοσθένης
ἦσαν. δεξαμένου δὲ Φιλίππου τὰς διαλύσεις, πάλιν οἱ αὐτοὶ
πρεσβεύουσι δεύτερον, ὅπως οἱ περὶ τῆς εἰρήνης ὅρκοι γένοιντο.
3 περὶ δὴ ταῦτα τὰ πράγματα κατηγορεῖ ὁ Δημοσθένης Αἰσχίνου
τρία· ὅτι Φιλοκράτους αἰσχρὰν καὶ ἀσύμφορον εἰρήνην γράφοντος
συνεῖπεν αὐτῷ· ὅτι τοὺς χρόνους κατανήλωσε, παρʼ ὃ συνέβη τὰ
ἐν Θρᾴκῃ διαφθαρῆναι· ὅτι ψευδῆ πρὸς Ἀθηναίους ἀπήγγειλε,
παρʼ ὃ συνέβη Φωκέας ἀπολέσθαι· εἶπε γάρ, φησίν, ὅτι Φωκέας
οὐκ ἀναιρήσει Φίλιππος, καὶ ὑμεῖς τούτῳ πιστεύσαντες οὐκ
[334] ἐβοηθήσατε τοῖς ἀνδράσι. φησὶ δὲ ταῦτα πάντʼ ἐπὶ μισθῷ καὶ
4 δώροις τὸν Αἰσχίνην κεκακουργηκέναι. ἡ στάσις περὶ οὐσίας
καὶ στοχαστική. ἡ δὲ κίνησις τῆς ἔχθρας λέγεται διὰ Τίμαρχον
τὸν φίλον Δημοσθένους, ὃν ἠτίμωσεν Αἰσχίνης κατηγορήσας ὡς
κακοῦ βίου, διότι πρὸς Πιττάλακον τὸν ὀρνιθίαν, φησίν, εἰσῄει
εὔμορφος ὤν, ἐπὶ τῷ θεᾶσθαι τὰς μάχας τῶν ὀρνίθων, διαφθειρό-
μενον καὶ διαφθείροντα.

### ΕΤΕΡΑ ΥΠΟΘΕΣΙΣ.

Πόλεμος συνειστήκει Φιλίππῳ καὶ Ἀθηναίοις μακρός, ἐξ οὗπερ παραβὰς τὰς πρὸς αὐτοὺς συνθήκας ἔλαβε παρʼ Ὀλυνθίων

4 διαζῆν vulg. : ζῆν F

Ἀμφίπολιν, οὖσαν κτῆμα τῆς πόλεως· καὶ ἣν ὑπ᾽ Ὀλυνθίοις καθ᾽
ὃν καιρὸν ἀπέστησαν καὶ οἱ σύμμαχοι. συνειστήκει δὲ καὶ
ἕτερος Φωκεῦσι πρὸς Θετταλοὺς καὶ Θηβαίους, τοῦτο μὲν περὶ
τοῦ ἱεροῦ τοῦ Πυθοῖ πρὸς Θετταλούς, τοῦτο δ᾽ ὑπὲρ Ὀρχομενοῦ
καὶ Κορωνείας πρὸς τοὺς Θηβαίους· εὔδηλον γὰρ ἐκ τῆς ἱστορίας
ὅτι τῶν μὲν παρείλοντο τὰς δύο πόλεις γειτνιώσας αὐτοῖς,
Θετταλοὺς δὲ παρωσάμενοι τὴν Ἀμφικτυονίαν, ἅτ᾽ ἐν μέσῃ
Φωκίδι τῶν ἐν Δελφοῖς ἱερῶν ἱδρυμένων. ἐπειδὴ δὲ πολὺν 2
χρόνον ἐπολέμησαν πρὸς ἑαυτοὺς Ἀθηναῖοι καὶ Φίλιππος, τῷ
χρόνῳ τὴν εἰρήνην ἑκάτεροι ποιεῖν ἐβούλοντο, ἀλλ᾽ ὁπότερος
ταῦτα προβάλλοιτο, αἰσχύνην ἔχειν ἐνόμιζον. Ἀριστόδημος δὲ [335]
καὶ Νεοπτόλεμος ὑποκριταὶ τραγῳδίας ἐτύγχανον· οὗτοι διὰ τὴν
οἰκείαν τέχνην ἄδειαν εἶχον ἀπιέναι ὅποι ἂν βούλωνται, ἀλλὰ δὴ
καὶ πρὸς πολεμίους. ἀπελθόντες οὖν οὗτοι εἰς τὴν Μακεδονίαν
ἐπεδείξαντο τὴν οἰκείαν τέχνην, καὶ οὕτω φιλοφρόνως αὐτοὺς
ἐδέξατο Φίλιππος, ὥστε πρὸς τοῖς ἄλλοις χρήμασι καὶ ἄλλα
ἐκ τῶν οἰκείων παρεῖχεν αὐτοῖς. αἰσθόμενος δὲ μελλόντων
πρεσβεύεσθαι πρὸς αὐτὸν Φωκέων καὶ Θετταλῶν καὶ Θηβαίων,
ἐβουλήθη τοὺς Ἀθηναίους ἐξαπατῆσαι. καὶ ταύτης τῆς προφά-
σεως δραξάμενος Φίλιππος, ἀπολύων Ἀριστόδημον καὶ Νεοπτό-
λεμον ἔλεγεν αὐτοῖς ὅτι φίλος εἰμὶ Ἀθηναίοις. συνέβη δὲ πάλιν 3
τι τοιοῦτον γενέσθαι. Φρύνων τις Ἀθηναῖος ἀπιὼν Ὀλυμπίασιν
ἀγωνισόμενος ἢ θεασόμενος, ἐκρατήθη ὑπό τινων στρατιωτῶν τοῦ
Φιλίππου ἐν ἱερομηνίᾳ καὶ ἀφῃρέθη πάντα τὰ αὑτοῦ. καὶ ἐλθὼν
εἰς Ἀθήνας παρεκάλει τοὺς Ἀθηναίους, ἵνα χειροτονήσωσιν αὐτὸν
πρεσβευτήν, ὅπως ἀπελθὼν πρὸς Φίλιππον λάβῃ ἅπερ ἀφῃρέθη·
καὶ πεισθέντες Ἀθηναῖοι ἐχειροτόνησαν αὐτὸν καὶ Κτησιφῶντα.
καὶ ἐλθόντων αὐτῶν εἰς Μακεδονίαν, φιλοφρόνως αὐτοὺς ἐδέξατο
ὁ Φίλιππος, ὥστε καὶ τὰ ἀφαιρεθέντα ὑπὸ τῶν στρατιωτῶν πάντα
ἀποδοῦναι αὐτῷ καὶ ἐκ τῶν οἰκείων ἄλλα ἐπιδοῦναι, καὶ ἀπολο-
γεῖσθαι ὅτι ἠγνόουν οἱ στρατιῶται ὅτι ἱερομηνία ἐστί. καὶ
τούτοις πάλιν ὁμοίως ἔλεγεν ὡς φίλος εἰμὶ Ἀθηναίοις. καὶ
ἐλθόντες εἰς τὴν Ἀττικὴν τὰ αὐτὰ τοῖς ἄλλοις ἀπήγγειλαν.
ταῦτα ἀκούσαντες Ἀθηναῖοι ἐβούλοντο μαθεῖν εἰ μετ᾽ ἀληθείας 4
εἰρήνην ἄγειν βούλεται Φίλιππος. καὶ δὴ χειροτονοῦσι δέκα
πρέσβεις. εἰσὶ δ᾽ οὗτοι Κτησιφῶν, Ἀριστόδημος, Ἰατροκλῆς, [336]
Κίμων, Ναυσικλῆς, Δερκύλος, Φρύνων, Φιλοκράτης, Αἰσχίνης,
Δημοσθένης. πέμπουσι δὲ τούτους εἰς Μακεδονίαν, ἵνα μάθωσιν

8 ἱδρυμένων Vind. 1 : ἱδρυμένην vulg. 37 Δερκύλος Voemel : Δέρκυλλος codd.

εἰ μετ' ἀληθείας βούλεται εἰρήνην ἄγειν ὁ Φίλιππος· καὶ εἰ
ἀληθές ἐστιν, ἐνέγκαι παρ' αὐτοῦ πρέσβεις τοὺς ληψομένους τοὺς
5 ὅρκους. ἀπελθόντων οὖν τῶν δέκα πρέσβεων, ὧν ἦν καὶ Δημο-
σθένης, ἤγαγον ἀπὸ τοῦ Φιλίππου τρεῖς πρέσβεις, Ἀντίπατρον,
Παρμενίωνα καὶ Εὐρύλοχον, ὀφείλοντας λαβεῖν τοὺς ὅρκους.
συναγομένων δὲ τῶν συμμάχων τῶν Ἀθηναίων ἐπὶ τῷ παρασχεῖν
τοὺς ὅρκους χρόνος παρήρχετο. καὶ γινώσκων τὴν φύσιν τοῦ
Φιλίππου ὁ Δημοσθένης, ὡς ἀεὶ καταστρεφομένου καὶ ἐπηρεά-
ζοντος, λέγει τοῖς Ἀθηναίοις ταχέως δοῦναι τοὺς ὅρκους, καὶ μὴ
παρόντος Κερσοβλέπτου· ἔλεγε γὰρ ὅτι εἰς τὴν Θρᾴκην ἀπερχομέ-
6 νων ἡμῶν παρέξει τοὺς ὅρκους ὁ Κερσοβλέπτης. ἰστέον δὲ ὅτι
Δημοσθένης ἀπῆλθεν ἐν τῇ δευτέρᾳ πρεσβείᾳ διὰ τοιαύτην πρό-
φασιν· ἀπελθὼν γὰρ εἰς τὴν πρώτην πρεσβείαν, εὗρεν ἐν Μακε-
δονίᾳ τινὰς τῶν Ἀθηναίων αἰχμαλώτους, καὶ ὑπέσχετο φέρειν ἐκ
τῶν ἰδίων χρημάτων καὶ ῥύσασθαι αὐτούς, οὐκ ἐδύνατο δὲ τοῦτο
7 ποιῆσαι, εἰ μὴ ἐν προσχήματι πρεσβευτοῦ. ἔλεγε δὲ τὴν πρε-
σβείαν ἀπελθεῖν πλῷ διὰ τὸ αὐτοὺς ταχέως ἀπελθεῖν· καὶ ὅπου
ἂν ὄντα πύθωνται Φίλιππον, δεῖν αὐτοὺς ἀπελθεῖν καὶ ἐκεῖσε τοὺς
ὅρκους λαβεῖν. οἱ δὲ μὴ πεισθέντες πεζῇ ἀπῆλθον, καὶ εἰς
[337] Μακεδονίαν ἀπελθόντες ἐκάθισαν ὅλους τρεῖς μῆνας, ἕως οὗ
πολλὰ τῶν Ἀθηναίων χωρία καταστρέψας ὑπέστρεφε Φίλιππος,
ἐν οἷς καὶ Κερσοβλέπτης. καὶ ἐλθὼν οὐκ εὐθὺς παρέσχεν αὐτοῖς
τοὺς ὅρκους, ἀλλ' εἵλκυσεν αὐτούς, ἕως ηὐτρέπισε τὴν ἐπὶ Φωκέας
στρατείαν, καίτοι πρεσβευσαμένων πρὸς αὐτὸν Φωκέων περὶ
διαλύσεως τοῦ πολέμου. καὶ ἐξελθόντος αὐτοῦ ἐπὶ τοὺς Φωκέας,
ἀντὶ τοῦ παρασχεῖν ἐν ἱερῷ τοὺς ὅρκους, ἐν πανδοχείῳ παρέσχε
λέγων οὕτω, 'σπένδομαι Ἀθηναίοις καὶ τοῖς Ἀθηναίων συμμάχοις,
χωρὶς Ἁλέων καὶ Φωκέων.' ἔλεγε γὰρ ὅτι οἱ Ἁλεῖς ἐχθροὶ ἦσαν
τῶν φίλων μου, τῶν Φαρσαλίων· Φωκεῦσι δὲ οὐ σπένδομαι,
8 ἐπειδήπερ ἠσέβησαν εἰς τὸ ἱερόν. ἐλθούσης οὖν τῆς δευτέρας
πρεσβείας εἰς τὴν Ἀττικὴν ὁ Δημοσθένης ἐστασίαζε, λέγων ὅτι
οὐκ ἀρέσκει μοι τὰ ὑπὸ Φιλίππου δεδογμένα. ὁ δὲ Αἰσχίνης
ἔλεγεν ὅτι ταῦτα εἶπε Φίλιππος ἐν τῷ φανερῷ· ἐμοὶ δὲ εἶπεν εἰς
τὸ οὖς, ὅτι 'πλὴν Ἁλέων καὶ Φωκέων εἶπον, ἵνα μὴ μαθόντες
Θηβαῖοι παραφυλάξωνται· αὐτοὺς γὰρ εἰσερχόμενος ἀπολέσω,
9 τούτους δὲ σώσω.' οἱ δὲ Ἀθηναῖοι πεισθέντες Αἰσχίνῃ ἐχειροτό-
νησαν τρίτην πρεσβείαν, βουλόμενοι μαθεῖν εἰ φυλάττει Φίλιππος
τὰ ὑπ' Αἰσχίνου λεχθέντα. καὶ ἐξωμόσατο Δημοσθένης μήτε

12 οὐκ ante ἀπῆλθεν add. codd. : om. Bekker 18 δεῖν Lessingianus : δεῖ vulg. 28 Ἀλέων . . . Ἀλεῖς codd.

πρεσβεῦσαι μήτε κοινωνεῖν, εἴτε καλῶς εἴτε κακῶς πράξει ἡ πρεσβεία. καὶ τότε φοβηθεὶς ὁ Αἰσχίνης, μήποτε μένων ὁ Δημοσθένης πέμψαι πείσει τὸν δῆμον τοῖς Φωκεῦσι βοήθειαν, προσεποιήσατο, ὡς λέγει Δημοσθένης, ἀρρωστεῖν. καὶ τότε ὁ ἀδελφὸς αὐτοῦ Εὔνομος ἦλθεν ἔχων ἰατρὸν καὶ ὀμνύων ὅτι ἀρρωστεῖ Αἰσχίνης. καὶ αὐτὸν τὸν Εὔνομον ἀντὶ τούτου ἐχειροτόνησεν [338] ὁ δῆμος πρεσβευτήν. καὶ ἀπελθόντων τούτων τῶν πρέσβεων, ὡς κατέλαβον Εὔβοιαν, ἤκουσαν ὅτι Φωκέας κατεστρέψατο ὁ Φίλιππος, καὶ μετ' αἰσχύνης ὑπέστρεψαν. ἐλθούσης δὲ τῆς τρίτης πρεσβείας εἰς τὴν Ἀττικήν, Αἰσχίνης αὐτοχειροτόνητος πρεσβευτὴς ἀπῆλθε πρὸς Φίλιππον, ὡς λέγει Δημοσθένης.

Ἰστέον δὲ ὅτι μετὰ τὴν πρεσβείαν ἕκαστος τῶν πρέσβεων 10 εὐθύνας ἐδίδου. καὶ ἡ μὲν πρώτη πρεσβεία παρέσχεν εὐθύνας οὕτω καλῶς ὥστε τὸν Δημοσθένην γράψαι καλέσαι αὐτοὺς ἐπ' ἄριστον· ἔθος γὰρ ἦν τοὺς καλῶς πρεσβευσαμένους εἰς δημόσιον ἄριστον καλεῖσθαι. ἀποροῦσι δέ τινες ὅτι, εἰ ἠπίστατο Δημοσθένης ὅτι προδόται ἦσαν, διὰ τί ἐποίησεν αὐτοὺς κληθῆναι εἰς δημόσιον ἄριστον; καὶ λέγομεν, ὅτι μετὰ τὸ ἄριστον ἔγνω τὸν σκοπὸν αὐτῶν. τῶν δὲ τῆς δευτέρας πρεσβείας μόνος ὁ Δημοσθένης δέδωκεν εὐθύνας. μέλλοντος δὲ τοῦ Αἰσχίνου παρέχειν, ἐπέστη Τίμαρχος καὶ Δημοσθένης κατηγορήσοντες τούτου. καὶ ᾔτησεν Αἰσχίνης ἀνάκρισιν γενέσθαι, καὶ γενομένης ἀνακρίσεως ἔδειξε Τίμαρχον ἡταιρηκότα, καὶ ἐξέβαλον αὐτόν· νόμος γὰρ ἦν τὸν ἡταιρηκότα μὴ πολιτεύεσθαι. εἶτα ἐπέστη κατηγορήσων 11 ὁ Δημοσθένης. καὶ λέγουσί τινες, πῶς ἐνταῦθα μέμνηται τῆς τρίτης πρεσβείας; λέγομεν δ' ὅτι μετὰ τρία ἔτη τῆς γραφῆς εἰσῆλθεν ἔχων τὴν κατηγορίαν. γενομένης γὰρ τῆς δευτέρας πρεσβείας, μαθόντες οἱ Ἀθηναῖοι τὴν τῶν Φωκέων ἀπώλειαν, ἐσκευαγώγουν ἐκ τῶν ἀγρῶν καὶ ἐν πολλῷ θορύβῳ ἦσαν· καὶ μετὰ τρία ἔτη εἰσῆλθεν ὁ Δημοσθένης κατηγορήσων Αἰσχίνου. [339] καὶ κρίνει αὐτὸν διὰ δύο ἐγκλήματα, διὰ τὴν ἀπώλειαν τῶν Φωκέων καὶ διὰ δωροδοκίαν. ἰστέον δὲ ὅτι προηγούμενόν ἐστιν ἔγκλημα, ὅτι Φωκεῖς ἀπολώλασιν. πρὸς σύστασιν τούτου δεύτερον ἀνέκυψε ζήτημα, ὅτι ἐπὶ χρήμασιν Αἰσχίνῃ τοῦτο τετόλμηται, ὡς σύστασιν γίνεσθαι τοῦ προτέρου ἐγκλήματος τοῦ κατὰ Φωκέας. τεκμήριά ἐστι τοῦ πάλαι ταῦτα ἐσκευωρῆσθαι καὶ κατεσκευάσθαι, 12 δι' ὧν ἅμα καὶ προαναιρεῖ τὸ χρῶμα Αἰσχίνου, καταφεύγοντος ἐπὶ ἄγνοιαν καὶ συγγνώμην· καὶ τούτων τὰ μὲν ἐκ τῶν παρειμένων εἴληφε, τὰ δὲ ἐκ τῶν πεπραγμένων. συνεῖπε γὰρ Φιλοκράτει

34 ἀνέκυψε Wolf. : ἐνέκυψε codd.

ἄνευ Φωκέων γράφοντι τὴν εἰρήνην. οὐκ ἔλαβεν ὅρκους παρὰ Θετταλῶν συμμαχούντων Φιλίππῳ, οἳ οὐκ ἂν συνεστράτευσαν ἐπὶ Φωκέας, εἴπερ δεδωκότες ἦσαν τοὺς ὅρκους. ἐνέδωκε Φιλίππῳ χρόνον παρασκευάσασθαι τὴν ἐπὶ Φωκέας στρατείαν· διέτριψε γὰρ ἐκεῖνος τοὺς χρόνους ἐξεπίτηδες ἀναλίσκων, ἵνα μὴ περιπλεύσας ὁ δῆμος κλείσῃ τὰς Πύλας. ἐξηπάτησε τὴν πόλιν ἐπανελθὼν ἐπίτηδες διτταῖς ἐλπίσι, μιᾷ μὲν ὅτι Θηβαῖοι ἀπολοῦνται, ἑτέρᾳ δὲ ὅτι Φωκεῖς σωθήσονται, ὥστε μὴ ἐγγενέσθαι βουλεύσασθαί τι δεξιὸν ὑπὲρ Φωκέων· εἶπε γὰρ δεῖν Φιλίππῳ πιστεύειν· σώσειν
13 γὰρ αὐτοὺς τῇ πόλει ἐπηγγείλατο. καὶ τοῦ μὲν προτέρου ταῦτα τεκμήρια. τοῦ δὲ δευτέρου τοῦ περὶ τῶν δώρων, ἐν ᾧ δείκνυται ὅτι χρήματα εἴληφεν Αἰσχίνης, ταῦτα τεκμήρια· ὧν ὁμοίως τὰ μὲν ἐκ τῶν παρειμένων ἐστί, τὰ δὲ ἐκ τῶν πεπραγμένων. οὐ
[340] μισεῖ Φίλιππον, καίπερ ἐξαπατηθεὶς ὑπ' αὐτοῦ, ὥς φησι. συνεῖπε Φιλίππῳ γενέσθαι Ἀμφικτύονα, πρεσβευσαμένων περὶ αὐτοῦ τῶν Ἀμφικτυόνων. σύνεστιν ἀεὶ Φιλοκράτει χρήματα εἰληφότι. καλούμενος ἐπὶ μαρτυρίαν, ἡνίκα Ὑπερείδης εἰσήγγειλε Φιλοκράτην, παρὼν οὐκ ἐφθέγξατο. χειροτονηθεὶς πρεσβευτὴς ἐπὶ τὴν Φωκίδα πρὸς Φίλιππον ἐπὶ ταῖς ὑποσχέσεσιν ἀρρωστεῖν προσεποιήσατο. ἁλόντων Φωκέων μετὰ τὴν ἐξωμοσίαν ἀχειροτόνητος πορεύεται, ὅτε καὶ φυλάξασθαι αὐτὸν ἐχρῆν. ταῦτα τὰ τεκμήρια τοῦ δευτέρου λόγου. ἔστι δὲ τούτων τὸ ἰσχυρότατον, καὶ οὗ μάλιστα ἀντέχεται, ἡ ἐπαγγελία καὶ ἡ ὑπόσχεσις Αἰσχίνου ἡ περὶ Θηβαίων καὶ Φωκέων.

14 Ἡ μὲν ὑπόθεσις τοῦ λόγου στοχαστική· οὐ γὰρ συντρέχει τοῖς ἐγκαλουμένοις Αἰσχίνης, ἀλλ' ἀρνεῖται παντάπασι. τὸ δὲ εἶδος οἱ μὲν ἁπλοῦν νενομίκασιν, ὕλης πολλῆς ὡς ἐν ἀληθείᾳ συνδραμούσης, οἱ δὲ συγκατασκευαζόμενον, δύο λαβόντες ἐγκλήματα, τὸ κατὰ Φωκέας καὶ Θρᾴκην. Μένανδρος δὲ ἐμπίπτοντά φησιν. εἴληπται δὲ ἐκ διαβολῆς τὸ προοίμιον· δι' ὧν γὰρ αὐτὸν δεδιότα ποιεῖ καὶ δεόμενον, διὰ τούτων δείκνυσιν οὐ πάνυ τοῖς δικαίοις τεθαρρηκότα. καὶ ἅμα συγκρουστικὸν ἂν εἴη τὸ νόημα ἐκ διαβολῆς τοῦ τε ἀντιδίκου καὶ τῶν συνηγόρων αὐτοῦ, οἷον τοῦ Εὐβούλου καὶ τῶν περὶ αὐτόν· ἀεὶ γὰρ ὁ Εὔβουλος ἐπολέμει τῷ Δημοσθένει ἀπὸ τῆς αἰτίας τῆς κατὰ Ἀρίσταρχον, ὡς ἔγνωμεν ἐν τῷ κατὰ Μειδίου.

[341] Ὅση μέν, ὦ ἄνδρες Ἀθηναῖοι, σπουδὴ περὶ τουτονὶ τὸν ἀγῶνα καὶ παραγγελία γέγονε, σχεδὸν οἶμαι πάντας ὑμᾶς

17 Ὑπερίδης codd.

ᾐσθῆσθαι, ἑορακότας ἄρτι τοὺς ὅτ' ἐκληροῦσθ' ἐνοχλοῦντας
καὶ προσιόντας ὑμῖν. δεήσομαι δὲ πάντων ὑμῶν, ἃ καὶ τοῖς
μὴ δεηθεῖσι δίκαιόν ἐστιν ὑπάρχειν, μηδεμίαν μήτε χάριν
μήτ' ἄνδρα ποιεῖσθαι περὶ πλείονος ἢ τὸ δίκαιον καὶ τὸν
ὅρκον ὃν εἰσελήλυθεν ὑμῶν ἕκαστος ὀμωμοκώς, ἐνθυμου-
μένους ὅτι ταῦτα μέν ἐσθ' ὑπὲρ ὑμῶν καὶ ὅλης τῆς πόλεως,
αἱ δὲ τῶν παρακλήτων αὗται δεήσεις καὶ σπουδαὶ τῶν ἰδίων
πλεονεξιῶν εἵνεκα γίγνονται, ἃς ἵνα κωλύηθ' οἱ νόμοι συνή-
γαγον ὑμᾶς, οὐχ ἵνα κυρίας τοῖς ἀδικοῦσι ποιῆτε. τοὺς μὲν 2
οὖν ἄλλους, ὅσοι πρὸς τὰ κοινὰ δικαίως προσέρχονται, κἂν
δεδωκότες ὦσιν εὐθύνας, τὴν ἀειλογίαν ὁρῶ προτεινομένους,
τουτονὶ δ' Αἰσχίνην πολὺ τἀναντία τούτου· πρὶν γὰρ εἰσελθεῖν
εἰς ὑμᾶς καὶ λόγον δοῦναι τῶν πεπραγμένων τὸν μὲν ἀνῄρηκε
τῶν ἐπὶ τὰς εὐθύνας ἐλθόντων, τοῖς δ' ἀπειλεῖ περιιών, δεινό-
τατον πάντων ἔθος εἰς τὴν πολιτείαν εἰσάγων καὶ ἀσυμφορώ-
τατον ὑμῖν· εἰ γὰρ ὁ πράξας τι τῶν κοινῶν καὶ διοικήσας τῷ
καθ' ἑαυτὸν φόβῳ καὶ μὴ τῷ δικαίῳ κατασκευάσει μηδέν'
εἶναι κατήγορον αὑτοῦ, παντάπασιν ἄκυροι πάντων ὑμεῖς [342]
γενήσεσθε.

Τὸ μὲν οὖν ἐξελέγξειν πολλὰ καὶ δεινὰ πεποιηκότα τουτονὶ 3
καὶ τῆς ἐσχάτης ὄντα τιμωρίας ἄξιον θαρρῶ καὶ πάνυ πιστεύω·
ὃ δὲ καίπερ ὑπειληφὼς ταῦτα φοβοῦμαι, φράσω πρὸς ὑμᾶς
καὶ οὐκ ἀποκρύψομαι, ὅτι μοι δοκοῦσιν ἅπαντες οἱ παρ' ὑμῖν
ἀγῶνες οὐχ ἧττον, ὦ ἄνδρες Ἀθηναῖοι, τῶν καιρῶν ἢ τῶν
πραγμάτων εἶναι, καὶ τὸ χρόνον γεγενῆσθαι μετὰ τὴν πρε-
σβείαν πολὺν δέδοικα, μή τινα λήθην ἢ συνήθειαν τῶν
ἀδικημάτων ὑμῖν ἐμπεποιήκῃ. ὡς δή μοι δοκεῖτ' ἂν ὅμως 4
ἐκ τούτων καὶ γνῶναι τὰ δίκαια καὶ δικάσαι νυνί, τοῦθ' ὑμῖν
λέξω· εἰ σκέψαισθε παρ' ὑμῖν αὐτοῖς, ὦ ἄνδρες δικασταί,

5 ὑμῶν ante ἕκαστος S L Y : post ἕκαστος vulg. 7 ἰδίων om. S Y 8 συνῆγον S¹ 20 ἐξελέγξειν S L¹ Q : ἐξελέγχειν vulg. 25 ἐγγενῆσθαι Cobet 27 ἐμπεποιήκῃ A B : πεποιήκῃ S¹ (add. ἐμ ant. m.) : ἐμπεποιήκει L vulg. : ἐμπεποίηκεν Markland δοκεῖτ' S L A F : δοκοῖτ' vulg., cf. xv 2, xxiii 23 29 εἰ σκέψαισθε S corr. vulg., cf. xxi 199, xxiii 11, 23, xlv 48, 86 : εἰ σκέψασθε S¹ L A : σκέψασθε Hermog. Rh. Gr. iii 99

καὶ λογίσαισθε τίνων προσήκει λόγον παρὰ πρεσβευτοῦ λαβεῖν. πρῶτον μὲν τοίνυν ὧν ἀπήγγειλε, δεύτερον δ' ὧν ἔπεισε, τρίτον δ' ὧν προσετάξατ' αὐτῷ, μετὰ ταῦτα τῶν χρόνων, ἐφ' ἅπασι δὲ τούτοις, εἰ ἀδωροδοκήτως ἢ μὴ πάντα
5 ταῦτα πέπρακται. τί δήποτε τούτων; ὅτι ἐκ μὲν τῶν ἀπαγγελιῶν τὸ βουλεύσασθαι περὶ τῶν πραγμάτων ὑμῖν ἐστίν· ἂν μὲν οὖν ὦσιν ἀληθεῖς, τὰ δέοντ' ἔγνωτε, ἂν δὲ μὴ τοιαῦται, τἀναντία. τὰς δὲ συμβουλίας πιστοτέρας ὑπολαμβάνετ' εἶναι τὰς τῶν πρέσβεων· ὡς γὰρ εἰδότων περὶ ὧν ἐπέμφθησαν ἀκούετε· οὐδὲν οὖν ἐξελέγχεσθαι δίκαιός ἐστιν ὁ πρεσβευτὴς φαῦλον οὐδ' ἀσύμφορον ὑμῖν συμβεβουλευκώς.
6 καὶ μὴν περὶ ὧν γε προσετάξατ' εἰπεῖν ἢ πρᾶξαι καὶ διαρρήδην ἐψηφίσασθε ποιῆσαι, προσήκει διῳκηκέναι. εἶεν· τῶν δὲ δὴ
[343] χρόνων διὰ τί; ὅτι πολλάκις, ὦ ἄνδρες Ἀθηναῖοι, συμβαίνει πολλῶν πραγμάτων καὶ μεγάλων καιρὸν ἐν βραχεῖ χρόνῳ γίγνεσθαι, ὃν ἄν τις ἑκὼν καθυφῇ τοῖς ἐναντίοις καὶ προδῷ,
7 οὐδ' ἂν ὁτιοῦν ποιῇ πάλιν οἷός τ' ἔσται σῶσαι. ἀλλὰ μὴν ὑπέρ γε τοῦ προῖκ' ἢ μή, τὸ μὲν ἐκ τούτων λαμβάνειν, ἐξ ὧν ἡ πόλις βλάπτεται, πάντες οἶδ' ὅτι φήσαιτ' ἂν εἶναι δεινὸν καὶ πολλῆς ὀργῆς ἄξιον· ὁ μέντοι τὸν νόμον τιθεὶς οὐ διώρισεν τοῦτο, ἀλλ' ἁπλῶς εἶπε μηδαμῶς δῶρα λαμβάνειν, ἡγούμενος, ὡς ἐμοὶ δοκεῖ, τὸν ἅπαξ λαβόντα καὶ διαφθαρένθ' ὑπὸ χρημάτων οὐδὲ κριτὴν ἔτι τῶν συμφερόντων ἀσφαλῆ
8 μένειν τῇ πόλει. ἂν μὲν τοίνυν ἐξελέγξω καὶ δείξω σαφῶς Αἰσχίνην τουτονὶ καὶ μηδὲν ἀληθὲς ἀπηγγελκότα καὶ κεκωλυκότ' ἐμοῦ τὸν δῆμον ἀκοῦσαι τἀληθῆ, καὶ πάντα τἀναντία τῶν συμφερόντων συμβεβουλευκότα, καὶ μηδὲν ὧν προσ-

1 λογίσαισθε vulg.: λογίσασθε L: λογίσασθαι S: λογίσεσθε A 2 τοίνυν om. L[1] Hermog. Rh. Gr. iii 211: secl. Blass 5 post τούτων add. ἑκάστου A: ἕκαστον L: om. S[1] vulg. 6 ὀρθῶς ante ὑμῖν add. L vulg.: om. S 12 ἐπέμφθησαν post ὧν add. S marg. ant. m. (sumptum ex § 5) γε] γ' ἢ S solus post γε add. ἐπέμφθη ἢ (punctis notata) L 13 ποιῆσαι secl. Weidner 21 εἶπε] ἀπεῖπεν L Y Q S γρ. 24 μενεῖν Dindorf ἐλέγξω B Q 27 post συμφερόντων add. τῇ πόλει S corr.: τῇ πο L[1]: ὑμῖν vulg.: om. S[1] A

ετάξατ' ἐν τῇ πρεσβείᾳ πεποιηκότα, καὶ ἀνηλωκότα τοὺς
χρόνους ἐν οἷς πολλῶν καὶ μεγάλων πραγμάτων καιροὶ
προεῖνται τῇ πόλει, καὶ πάντων τούτων δῶρα καὶ μισθοὺς
εἰληφότα μετὰ Φιλοκράτους, καταψηφίσασθ' αὐτοῦ καὶ δίκην
ἀξίαν τῶν ἀδικημάτων λάβετε· ἂν δὲ μὴ δείξω ταῦτα, ἢ μὴ
πάντα, ἐμὲ μὲν φαῦλον ἡγεῖσθε τοῦτον δ' ἄφετε.

Πολλὰ δὲ καὶ δεινὰ κατηγορεῖν ἔχων ἔτι πρὸς τούτοις 9
ἕτερ', ὦ ἄνδρες Ἀθηναῖοι, ἐξ ὧν οὐκ ἔσθ' ὅστις ἂν οὐκ
εἰκότως μισήσειεν αὐτόν, βούλομαι πρὸ πάντων ὧν μέλλω
λέγειν μνημονεύοντας ὑμῶν οἶδ' ὅτι τοὺς πολλοὺς ὑπομνῆσαι,
τίνα τάξιν ἑαυτὸν ἔταξεν Αἰσχίνης ἐν τῇ πολιτείᾳ τὸ πρῶτον,
καὶ τίνας λόγους κατὰ τοῦ Φιλίππου δημηγορεῖν ᾤετο δεῖν, [344]
ἵν' εἰδῆθ' ὅτι τοῖς ὑφ' ἑαυτοῦ πεπραγμένοις καὶ δεδημηγορη-
μένοις ἐν ἀρχῇ μάλιστ' ἐξελεγχθήσεται δῶρ' ἔχων. ἔστι 10
τοίνυν οὗτος ὁ πρῶτος Ἀθηναίων αἰσθόμενος Φίλιππον,
ὡς τότε δημηγορῶν ἔφη, ἐπιβουλεύοντα τοῖς Ἕλλησι καὶ
διαφθείροντά τινας τῶν ἐν Ἀρκαδίᾳ προεστηκότων, καὶ ἔχων
Ἴσχανδρον τὸν Νεοπτολέμου δευτεραγωνιστήν, προσιὼν μὲν
τῇ βουλῇ, προσιὼν δὲ τῷ δήμῳ περὶ τούτων, καὶ πείσας
ὑμᾶς πανταχοῖ πρέσβεις πέμψαι τοὺς συνάξοντας δεῦρο
τοὺς βουλευσομένους περὶ τοῦ πρὸς Φίλιππον πολέμου, καὶ 11
ἀπαγγέλλων μετὰ ταῦθ' ἥκων ἐξ Ἀρκαδίας τοὺς καλοὺς
ἐκείνους καὶ μακροὺς λόγους, οὓς ἐν τοῖς μυρίοις ἐν Μεγάλῃ
πόλει πρὸς Ἱερώνυμον τὸν ὑπὲρ Φιλίππου λέγοντα ὑπὲρ
ὑμῶν ἔφη δεδημηγορηκέναι, καὶ διεξιὼν ἡλίκα τὴν Ἑλλάδα
πᾶσαν, οὐχὶ τὰς ἰδίας ἀδικοῦσι μόνον πατρίδας οἱ δωροδο-
κοῦντες καὶ χρήματα λαμβάνοντες παρὰ Φιλίππου. ἐπειδὴ 12
τοίνυν ταῦτα πολιτευομένου τούτου τότε καὶ τοῦτο τὸ δεῖγμ'
ἐξενηνοχότος περὶ αὑτοῦ, τοὺς περὶ τῆς εἰρήνης πρέσβεις
πέμπειν ὡς Φίλιππον ἐπείσθητε ὑπ' Ἀριστοδήμου καὶ

1 πεποιηκότα L marg. vulg. : ποιήσαντα S L Y 6 ἀφίετε Cobet 11 εἰς ante τίνα add. L vulg. : om. S 20 πανταχοῖ S L soli: πανταχοῦ F Q Y Frag. Grafianum (Brit. Mus. Add. MS. 34473) : πανταχῇ A O πέμψαι S L A O Fr. Graf. : πέμπειν F Q Y

Νεοπτολέμου καὶ Κτησιφῶντος καὶ τῶν ἄλλων τῶν ἐκεῖθεν
ἀπαγγελλόντων οὐδ' ὁτιοῦν ὑγιές, γίγνεται τῶν πρέσβεων
τούτων εἷς καὶ οὗτος, οὐχ ὡς τῶν ἀποδωσομένων τὰ ὑμέτερα,
οὐδ' ὡς τῶν πεπιστευκότων τῷ Φιλίππῳ, ἀλλ' ὡς τῶν φυλα-
ξόντων τοὺς ἄλλους· διὰ γὰρ τοὺς προειρημένους λόγους καὶ
τὴν πρὸς τὸν Φίλιππον ἀπέχθειαν ταύτην εἰκότως περὶ αὐτοῦ
13 πάντες εἴχετε τὴν δόξαν. προσελθὼν τοίνυν ἐμοὶ μετὰ
[345] ταῦτα συνετάττετο κοινῇ πρεσβεύειν, καὶ ὅπως τὸν μιαρὸν
καὶ ἀναιδῆ φυλάξομεν ἀμφότεροι, τὸν Φιλοκράτην, πολλὰ
παρεκελεύσατο. καὶ μέχρι τοῦ δεῦρ' ἐπανελθεῖν ἀπὸ τῆς
πρώτης πρεσβείας ἐμὲ γοῦν, ὦ ἄνδρες Ἀθηναῖοι, διε-
φθαρμένος καὶ πεπρακὼς ἑαυτὸν ἐλάνθανε. χωρὶς γὰρ τῶν
ἄλλων ὧν, ὅπερ εἶπον, εἰρήκει πρότερον, ἀναστὰς τῇ προτέρᾳ
τῶν ἐκκλησιῶν ἐν αἷς περὶ τῆς εἰρήνης ἐβουλεύεσθε, ἤρξατ'
ἀρχήν, ἣν ἐγὼ καὶ τοῖς ῥήμασιν οἶμαι τοῖς αὐτοῖς οἷσπερ
14 οὗτος εἶπεν ἐν ὑμῖν ἀπομνημονεύσειν. 'εἰ πάνυ πολὺν'
ἔφη 'χρόνον ἐσκόπει Φιλοκράτης, ὦ ἄνδρες Ἀθηναῖοι, πῶς
ἂν ἄριστ' ἐναντιωθείη τῇ εἰρήνῃ, οὐκ ἂν αὐτὸν ἄμεινον
εὑρεῖν οἶμαι ἢ τοιαῦτα γράφοντα. ἐγὼ δὲ ταύτην μὲν τὴν
εἰρήνην, ἕως ἂν εἷς Ἀθηναίων λείπηται, οὐδέποτ' ἂν συμβου-
λεύσαιμι ποιήσασθαι τῇ πόλει, εἰρήνην μέντοι φημὶ δεῖν
ποιεῖσθαι.' καὶ τοιούτους τινὰς εἶπε βραχεῖς καὶ μετρίους
15 λόγους. ὁ δὲ ταῦτ' εἰπὼν τῇ προτεραίᾳ πάντων ἀκουόντων
ὑμῶν, εἰς τὴν ὑστεραίαν, ἐν ᾗ τὴν εἰρήνην ἔδει κυροῦσθαι,
ἐμοῦ τῷ τῶν συμμάχων συνηγοροῦντος δόγματι καὶ τὴν
εἰρήνην ὅπως ἴση καὶ δικαία γενήσεται πράττοντος, καὶ
ὑμῶν βουλομένων ταῦτα καὶ οὐδὲ φωνὴν ἐθελόντων ἀκούειν
τοῦ καταπτύστου Φιλοκράτους, ἀναστὰς ἐδημηγόρει καὶ συνη-
16 γόρει 'κείνῳ πολλῶν ἀξίους, ὦ Ζεῦ καὶ πάντες θεοί, θανάτων
λόγους, ὡς οὔτε τῶν προγόνων ὑμᾶς μεμνῆσθαι δέοι οὔτε

3 τούτων εἷς καὶ om. Vind. 1 schol. p. 348, 21    ὧν ante τὰ add. Richards    9 φυλάξομεν S F Q Fr. Graf.: φυλάξωμεν L vulg.    13 προτέρᾳ L A Fr. Graf.: προτεραίᾳ S Y O Q    17 πῶς S L Q: ὅπως vulg.    18 ἂν om. $S^1$    22 βραχεῖς εἶπεν Fr. Graf.    23 προτεραίᾳ A vulg.: προτέρᾳ S L soli    26 γενήσεται vulg.: γένηται S L A O, cf. ix 75

τῶν τὰ τρόπαια καὶ τὰς ναυμαχίας λεγόντων ἀνέχεσθαι, νόμον τε θήσειν καὶ γράψειν μηδενὶ τῶν Ἑλλήνων ὑμᾶς βοηθεῖν, ὃς ἂν μὴ πρότερος βεβοηθηκὼς ὑμῖν ᾖ. καὶ ταῦθ' [346] ὁ σχέτλιος καὶ ἀναιδὴς οὗτος ἐτόλμα λέγειν ἐφεστηκότων τῶν πρέσβεων καὶ ἀκουόντων, οὓς ἀπὸ τῶν Ἑλλήνων μετεπέμψασθε ὑπὸ τούτου πεισθέντες, ὅτ' οὔπω πεπρακὼς αὑτὸν ἦν.

Ὃν μὲν οὖν τρόπον, ὦ ἄνδρες Ἀθηναῖοι, χειροτονησάν- 17 των ὑμῶν ἐπὶ τοὺς ὅρκους αὐτὸν πάλιν τούς τε χρόνους κατέτριψε καὶ τὰ πράγματα πάντ' ἐλυμήνατο τὰ τῆς πόλεως, καὶ ὅσαι περὶ τούτων ἐμοὶ πρὸς τοῦτον ἀπέχθειαι συνέβησαν βουλομένῳ κωλύειν, αὐτίκ' ἀκούσεσθε. ἀλλ' ἐπειδὴ πάλιν ἥκομεν ἐκ τῆς πρεσβείας ταύτης τῆς ἐπὶ τοὺς ὅρκους, ἧσπερ εἰσὶν αἱ νῦν εὔθυναι, οὔτε μικρὸν οὔτε μέγ' οὐδ' ὁτιοῦν εὑρημένοι τῶν ὅτε τὴν εἰρήνην ἐποιεῖσθε λεχθέντων καὶ προσδοκηθέντων, ἀλλὰ πάντ' ἐξηπατημένοι, καὶ τούτων ἕτερ' αὖθις αὖ πεπραχότων καὶ παρ' αὐτὸ τὸ ψήφισμα πεπρεσβευκότων, προσῇμεν τῇ βουλῇ. καὶ ταυτὶ πολλοὶ συνίσασιν ἃ μέλλω λέγειν· τὸ γὰρ βουλευτήριον μεστὸν ἦν ἰδιωτῶν. παρελθὼν δ' ἐγὼ πάντα τἀληθῆ πρὸς τὴν 18 βουλὴν ἀπήγγειλα, καὶ κατηγόρησα τούτων, καὶ ἀνηριθμησάμην ἀπὸ τῶν πρώτων ἐλπίδων ἐκείνων ὧν ὁ Κτησιφῶν καὶ ὁ Ἀριστόδημος ἀπήγγειλαν πρὸς ὑμᾶς, καὶ μετὰ ταῦτα, ὅτε τὴν εἰρήνην ἐποιεῖσθε, ἃ οὗτος ἐδημηγόρησε καὶ εἰς ἃ προήχασι τὴν πόλιν, καὶ περὶ τῶν ὑπολοίπων (ταῦτα δ' ἦν Φωκεῖς καὶ Πύλαι) μὴ προέσθαι συνεβούλευον, μηδὲ ταὐτὰ παθεῖν, μηδ' ἀναρτωμένους ἐλπίσιν ἐξ ἐλπίδων καὶ ὑποσχέσεσιν εἰς τοὔσχατον ἐλθεῖν τὰ πράγματ' ἐᾶσαι. καὶ [347] ἔπεισα ταῦτα τὴν βουλήν. ἐπειδὴ δ' ἧκεν ἡ ἐκκλησία καὶ 19

1 λεγόντων καὶ τὰς ναυμαχίας A O 5 ἔτι ante τῶν πρέσβεων add. A 6 post τούτου add. τότε L vulg. : om. $S^1$ A Y Fr. Graf. 10 alterum τὰ om. S Y τὰ τῆς πόλεως secl. Weil 16 ἐξηπατημένοι] ἐξαπατηθέντων S $L^1$ 17 πεπραχότων S L vulg. : πεπρακότων A αὐτὸ post παρὰ (παρ') om. F vulg. : add. S L A O 24 καὶ ante εἰς ἃ om. S $L^1$ 27 καὶ ὑποσχέσεσιν secl. Blass

πρὸς ὑμᾶς ἔδει λέγειν, παρελθὼν Αἰσχίνης οὑτοσὶ πρῶτος ἡμῶν ἁπάντων (καὶ πρὸς Διὸς καὶ θεῶν πειρᾶσθε συνδιαμνημονεύειν ἂν ἀληθῆ λέγω· τὰ γὰρ πάντα τὰ πράγματα λυμηνάμεν' ὑμῶν καὶ διαφθείρανθ' ὅλως ταῦτ' ἐστὶν ἤδη) τοῦ μὲν ἀπαγγέλλειν τι τῶν πεπρεσβευμένων ἢ περὶ τῶν ἐν τῇ βουλῇ ῥηθέντων, εἰ ἄρ' ἠμφεσβήτει μὴ ἀληθῆ λέγειν ἐμέ, μνησθῆναι πάμπληθες ἀπέσχεν, εἶπε δὲ τοιούτους λόγους καὶ τηλικαῦτα καὶ τοσαῦτ' ἔχοντας ἀγαθά, ὥσθ'
20 ἅπαντας ὑμᾶς λαβὼν ᾤχετο. ἔφη γὰρ ἥκειν πεπεικὼς Φίλιππον ἅπανθ' ὅσα συμφέρει τῇ πόλει, καὶ περὶ τῶν ἐν Ἀμφικτύοσι καὶ περὶ τῶν ἄλλων ἁπάντων, καὶ διεξῆλθε λόγον μακρὸν ὑμῖν, ὃν κατὰ Θηβαίων εἰπεῖν πρὸς Φίλιππον ἔφη, καὶ τὰ κεφάλαι' ἀπήγγελλε πρὸς ὑμᾶς, καὶ ἀπελογίζετ' ἐκ τῶν αὐτῷ πεπρεσβευμένων δυοῖν ἢ τριῶν ἡμερῶν ὑμᾶς, μένοντας οἴκοι καὶ οὐ στρατευομένους οὐδ' ἐνοχλουμένους, Θήβας μὲν πολιορκουμένας αὐτὰς καθ' αὑτὰς χωρὶς τῆς
21 ἄλλης Βοιωτίας ἀκούσεσθαι, Θεσπιὰς δὲ καὶ Πλαταιὰς οἰκιζομένας, τῷ θεῷ δὲ τὰ χρήματ' εἰσπραττόμεν' οὐ παρὰ Φωκέων, ἀλλὰ παρὰ Θηβαίων τῶν βουλευσάντων τὴν κατάληψιν τοῦ ἱεροῦ· διδάσκειν γὰρ αὐτὸς ἔφη τὸν Φίλιππον ὅτι οὐδὲν ἧττον ἠσεβήκασιν οἱ βεβουλευκότες τῶν ταῖς χερσὶ πραξάντων, καὶ διὰ τοῦτο χρήμαθ' ἑαυτῷ τοὺς Θη-
22 βαίους ἐπικεκηρυχέναι. ἀκούειν δὲ καὶ τῶν Εὐβοέων ἐνίων ἔφη πεφοβημένων καὶ τεταραγμένων τὴν πρὸς τὴν πόλιν οἰκειότητα Φιλίππῳ γεγενημένην, ὅτι 'οὐ λελήθαθ' ἡμᾶς,
[348] ὦ ἄνδρες πρέσβεις, ἐφ' οἷς πεποίησθε τὴν εἰρήνην πρὸς Φίλιππον, οὐδ' ἀγνοοῦμεν ὅτι ὑμεῖς μὲν Ἀμφίπολιν δεδώκατ' ἐκείνῳ, Φίλιππος δ' ὑμῖν Εὔβοιαν ὡμολόγηκεν παραδώσειν.' εἶναι μέντοι τι καὶ ἄλλο διῳκημένον αὐτῷ, οὐ

3 ἀληθῆ] τἀληθῆ Fr. Graf. 6 ἀληθῆ S L Y O Fr. Graf.: τἀληθῆ vulg. 8 τοσαῦτα vulg.: τοιαῦτα S L A Y Fr. Graf., cf. § 24 12 πρὸς Φίλιππον] ὑπὲρ Φωκέων Fr. Graf. 13 ἀπήγγελλε S Y: ἀπήγγειλε vulg. 20 διδάξαι Fr. Graf. 22 τοῦτο Fr. Graf.: ταῦτα cett., cf. § 35 25 ὅτι] καὶ λεγόντων ὅτι A 26 ἐφ' οἷς om. S[1] 29 τι om. S L Y O: add. vulg. αὑτῷ Taylor: αυτῳ S: αὐτῷ vulg., similiter l. 2 infra

μήν πω τοῦτο βούλεσθαι λέγειν· καὶ γὰρ νῦν φθονεῖν τινὰς
αὐτῷ τῶν συμπρέσβεων. ὑπῃνίττετο δ' οὕτω καὶ παρε-
δήλου τὸν Ὠρωπόν. εὐδοκιμῶν δ' ἐπὶ τούτοις εἰκότως, 23
καὶ δοκῶν καὶ ῥήτωρ ἄριστος εἶναι καὶ ἀνὴρ θαυμαστός,
κατέβη μάλα σεμνῶς. ἀναστὰς δ' ἐγὼ ταῦτά τ' οὐκ ἔφην
εἰδέναι καὶ ἅμ' ἐπειρώμην τι λέγειν τούτων ὧν εἰς τὴν
βουλὴν ἀπήγγειλα. καὶ παραστὰς ὁ μὲν ἔνθεν, ὁ δ' ἔνθεν,
οὑτοσὶ καὶ Φιλοκράτης, ἐβόων, ἐξέκρουόν με, τελευτῶντες
ἐχλεύαζον. ὑμεῖς δ' ἐγελᾶτε, καὶ οὔτ' ἀκούειν ἠθέλετ' οὔτε
πιστεύειν ἐβούλεσθ' ἄλλα πλὴν ἃ οὗτος ἀπηγγέλκει. καὶ 24
νὴ τοὺς θεοὺς εἰκός τι παθεῖν ἔμοιγε δοκεῖτε· τίς γὰρ ἂν
ἠνέσχετο, τηλικαῦτα καὶ τοσαῦτ' ἔσεσθαι προσδοκῶν ἀγαθά,
ἢ ταῦθ' ὡς οὐκ ἔσται λέγοντός τινος, ἢ κατηγοροῦντος τῶν
πεπραγμένων τούτοις; πάντα γὰρ τἄλλ', οἶμαι, τότε δεύτερ'
ἦν τῶν ὑποκειμένων προσδοκιῶν καὶ τῶν ἐλπίδων, οἱ δ'
ἀντιλέγοντες ὄχλος ἄλλως καὶ βασκανία κατεφαίνετο, ταῦτα
δὲ θαυμάσι' ἡλίκα καὶ συμφέροντ' ἐδόκει πεπρᾶχθαι τῇ
πόλει.

Τοῦ χάριν δὴ ταῦθ' ὑπέμνησα πρῶτα νῦν ὑμᾶς καὶ διεξ- 25
ῆλθον τούτους τοὺς λόγους; ἑνὸς μέν, ὦ ἄνδρες Ἀθηναῖοι,
μάλιστα καὶ πρώτου, ἵνα μηδεὶς ὑμῶν, ἐπειδάν τι λέγοντος
ἀκούῃ μου τῶν πεπραγμένων, καὶ δοκῇ δεινὸν αὐτῷ καὶ [349]
ὑπερβάλλον εἶναι, 'εἶτα τότ' οὐκ ἔλεγες παραχρῆμα ταῦτ'
οὐδ' ἐδίδασκες ἡμᾶς;' θαυμάζῃ, ἀλλὰ μεμνημένοι τὰς ὑπο- 26
σχέσεις τὰς τούτων, ἃς ἐφ' ἑκάστων ποιούμενοι τῶν καιρῶν
ἐξέκλειον λόγου τυγχάνειν τοὺς ἄλλους, καὶ τὴν ἐπαγ-
γελίαν τὴν τούτου ταύτην τὴν καλήν, εἰδῆθ' ὅτι πρὸς ἅπασι
τοῖς ἄλλοις καὶ τοῦτ' ἠδίκησθ' ὑπ' αὐτοῦ, ὅτι τἀληθῆ παρα-
χρῆμα καὶ ἡνίκ' ἔδει πυνθάνεσθαι διεκωλύθητ' ἐλπίσι καὶ

6 ἅμα om. S[1] vulg.: add. L S corr. 7 παραστάνθ' Cobet 10 ἀπήγγελκε SQ 11 ἔμοιγε δοκεῖτε SLA: ἔμοιγ' ἐδοκεῖτε FQYO Fr. Graf. 12 τοιαῦτα Fr. Graf., cf. § 19 17 καὶ codd. Fr. Graf.: secl. Cobet 22 καὶ κατηγοροῦντος post ἀκούῃ μου add. vulg.: om. SL[1], cf. § 24 25 ἑκάστῳ A 26 ἐξέκλειον] ἐξέκρουον S γρ. L γρ. pr. m. F γρ.: ἐξέβαλλον cod. unus τοῦ ante λόγου add. Cobet

27 φενακισμοῖς καὶ ὑποσχέσεσιν ἐξαπατώμενοι. πρώτου μὲν
τούτου καὶ μάλισθ', ὅπερ εἶπον, εἵνεκα ταῦτα διεξῆλθον,
δευτέρου δὲ τίνος καὶ οὐδὲν ἐλάττονος ἢ τούτου; ἵνα τὴν
ὅτ' ἀδωροδόκητος ὑπῆρχε προαίρεσιν αὐτοῦ τῆς πολιτείας
ἀναμνησθέντες, ὡς προβεβλημένη καὶ ἄπιστος ἦν πρὸς τὸν
Φίλιππον, τὴν μετὰ ταῦτ' ἐξαίφνης γεγονυῖαν πίστιν καὶ
28 φιλίαν σκέψησθε, εἶτ' εἰ μὲν ἐκβέβηκεν ὅσ' ἀπήγγειλε
πρὸς ὑμᾶς οὗτος καὶ καλῶς ἔχει τὰ πεπραγμένα, διὰ τὴν
ἀλήθειαν καὶ τὸ συμφέρον τῇ πόλει γεγενῆσθαι νομίσητε,
εἰ δὲ πάντα τἀναντί' ὧν οὗτος εἶπε πέπρακται, καὶ πολλὴν
αἰσχύνην καὶ μεγάλους κινδύνους ταῦτ' ἔχει τῇ πόλει, διὰ
τὴν αἰσχροκέρδειαν τὴν ἑαυτοῦ καὶ τὸ χρημάτων ἀποδόσθαι
τἀληθῆ μεταβεβλημένον αὐτὸν εἰδῆτε.
29 Βούλομαι δ', ἐπειδήπερ εἰς τούτους προήχθην τοὺς λό-
γους, ὃν τρόπον τὰ περὶ τοὺς Φωκέας πράγμαθ' ὑμῶν παρεί-
λοντο, πρῶτον εἰπεῖν ἁπάντων. δεῖ δὲ μηδέν' ὑμῶν, ὦ
[350] ἄνδρες δικασταί, εἰς τὸ τῶν πραγμάτων μέγεθος βλέψαντα
μείζους τὰς κατηγορίας καὶ τὰς αἰτίας τῆς τούτου δόξης
νομίσαι, ἀλλ' ἐκεῖν' ὁρᾶν, ὅτι ὅντιν' ἂν ὑμεῖς εἰς ταύτην
τὴν τάξιν κατεστήσατε καὶ τῶν συμβάντων καιρῶν ἐποιή-
σατε κύριον, οὗτος, εἴπερ ὥσπερ οὗτος ἐβουλήθη μισθώσας
αὑτὸν ἐξαπατᾶν ὑμᾶς καὶ φενακίζειν, τῶν ἴσων αἴτιος ἦν
30 ἂν κακῶν ὅσωνπερ καὶ οὗτος. οὐ γὰρ εἰ φαύλοις χρῆσθ'
ὑμεῖς εἰς τὰ κοινὰ πολλάκις ἀνθρώποις, καὶ τὰ πράγματ'
ἐστὶ φαῦλα ὧν ἡ πόλις ἀξιοῦται παρὰ τοῖς ἄλλοις, οὐδὲ
πολλοῦ δεῖ. εἶτα καὶ Φωκέας ἀπολώλεκεν μέν, οἶμαι, Φί-
λιππος, συνηγωνίσαντο δ' οὗτοι· τοῦτο δὴ δεῖ σκοπεῖν καὶ
ὁρᾶν, εἰ ὅσα τῆς Φωκέων σωτηρίας ἐπὶ τὴν πρεσβείαν ἧκε,

1 ἐξαπατώμενοι L vulg. : om. S (in γρ. add. ant. m.) : ἐξηπατημένοι Q 2 ὅπερ Dobree Ald. V. γρ. : οὗπερ codd. 3 τούτου;] interpunxit Weil 8 ἔχει S L A : εἶχε vulg. 12 ἑαυτοῦ S L Y : τούτου vulg. 17 βλέψαντα S L[1] Y : ἀποβλέψαντα vulg. 19 ὅντιν' ἂν S L Y : εἰ καὶ ὅντινα οὖν vulg. L γρ. 21 εἶθ' ante prius οὗτος add. L marg. vulg. : om. S L ὥσπερ οὗτος secl. Dindorf 22 αὑτὸν S L A : ἑαυτὸν τοῖς ἐχθροῖς vulg.

ταῦθ' ἅπαντ' ἀπώλεσαν οὗτοι καὶ διέφθειραν ἑκόντες, οὐχ
ὡς ὅδε Φωκέας ἀπώλεσεν καθ' ἑαυτόν. πόθεν;
Δός δέ μοι τὸ προβούλευμα, ὃ πρὸς τὴν ἐμὴν ἀπαγ- 31
γελίαν ἐψηφίσαθ' ἡ βουλή, καὶ τὴν μαρτυρίαν τὴν τοῦ
γράψαντος αὐτὸ τότε, ἵν' εἰδῆθ' ὅτι ἐγὼ μὲν οὐ τότε σιγήσας
νῦν ἀφίσταμαι τῶν πεπραγμένων, ἀλλ' εὐθὺς κατηγόρουν
καὶ προεώρων τὰ μέλλοντα, ἡ βουλὴ δέ, ἡ μὴ κωλυθεῖσ'
ἀκοῦσαι τἀληθῆ παρ' ἐμοῦ, οὔτ' ἐπῄνεσε τούτους οὔτ' εἰς
τὸ πρυτανεῖον ἠξίωσεν καλέσαι. καίτοι τοῦτ', ἀφ' οὗ
γέγονεν ἡ πόλις, οὐδεὶς πώποτέ φησι παθεῖν οὐδένας πρέ-
σβεις, οὐδὲ Τιμαγόραν, οὗ θάνατον κατεχειροτόνησεν ὁ
δῆμος. ἀλλ' οὗτοι πεπόνθασιν. λέγε δ' αὐτοῖς πρῶτον 32
τὴν μαρτυρίαν, εἶτα τὸ προβούλευμα.

ΜΑΡΤΥΡΙΑ. ΠΡΟΒΟΥΛΕΥΜΑ. [351]

Ἐνταῦθ' οὔτ' ἔπαινος οὔτε κλῆσις εἰς τὸ πρυτανεῖόν
ἐστι τῶν πρέσβεων ὑπὸ τῆς βουλῆς. εἰ δέ φησιν οὗτος,
δειξάτω καὶ παρασχέσθω, κἀγὼ καταβαίνω. ἀλλ' οὐκ ἔστιν.
εἰ μὲν τοίνυν ταὐτὰ πάντες ἐπρεσβεύομεν, δικαίως οὐδέν'
ἐπῄνεσεν ἡ βουλή· δεινὰ γὰρ τὰ πεπραγμένα πᾶσιν· εἰ δ'
οἱ μὲν τὰ δίκαι' ἔπραττον ἡμῶν, οἱ δὲ τἀναντία, διὰ τοὺς
πεπονηρευμένους, ὡς ἔοικε, τοῖς ἐπιεικέσι συμβεβηκὸς ἂν
εἴη ταύτης τῆς ἀτιμίας μετεσχηκέναι. πῶς οὖν ῥᾳδίως 33
πάντες εἴσεσθε τίς ποτ' ἔσθ' ὁ πονηρός; ἀναμνήσθητε παρ'
ὑμῖν αὐτοῖς τίς ἐσθ' ὁ κατηγορῶν τῶν πεπραγμένων ἐξ
ἀρχῆς. δῆλον γὰρ ὅτι τῷ μὲν ἠδικηκότι σιγᾶν ἐξήρκει καὶ
διακρουσαμένῳ τὸν παρόντα χρόνον μηκέτ' εἰς λόγον περὶ
τῶν πεπραγμένων αὑτὸν καθιστάναι, τῷ δὲ μηδὲν ἑαυτῷ
συνειδότι δεινὸν εἰσῄει, εἰ [δεινῶν καὶ] πονηρῶν ἔργων

2 ἂν post ἀπώλεσεν add. vulg.: om. SAL (ἂν supra scripsit pr. m.) Fr. Graf. τὸ καθ' ἑαυτόν Fr. Graf. 3 ἀπαγγελίαν SL (ε supra α scripsit pr. m.) A Fr. Graf.: ἐπαγγελίαν FYOQ 6 ἐφίσταμαι SLQ 10 φησι SLFY Fr. Graf., cf. § 93, xxi 16: φήσει A 19 ὡς ἀληθῶς post γὰρ add. vulg.: om. SL[1]A 23 ἂν ἀναμνήσθητε dubitanter Dobree, recte puto 28 δεινὸν εἰσῄει εἰ SL (σιγώη supra scripto) AQ: δεινὸν εἰ σιγῴη vulg. δεινῶν καὶ πονηρῶν SLA: πονηρῶν καὶ δεινῶν vulg.: δεινῶν καὶ secl. Dobree

δόξει κοινωνεῖν τῷ σιωπῆσαι. εἰμὶ τοίνυν ὁ κατηγορῶν
ἐξ ἀρχῆς ἐγὼ τούτων, τούτων δ' οὐδεὶς ἐμοῦ.
34 Ἡ μὲν τοίνυν βουλὴ ταῦτα προὐβεβουλεύκει, τῆς δ'
ἐκκλησίας γιγνομένης καὶ τοῦ Φιλίππου παρόντος ἐν Πύλαις
ἤδη—ἦν γὰρ τοῦτο πρῶτον ἁπάντων τῶν ἀδικημάτων, τὸ
τὸν Φίλιππον ἐπιστῆσαι τοῖς πράγμασι τούτοις καὶ δέον
ὑμᾶς ἀκοῦσαι περὶ τῶν πραγμάτων, εἶτα βουλεύσασθαι,
μετὰ ταῦτα δὲ πράττειν ὅ τι δόξαι, ἅμ' ἀκούειν κἀκεῖνον
35 παρεῖναι καὶ μηδ' ὅ τι χρὴ ποιεῖν ῥᾴδιον εἰπεῖν εἶναι. πρὸς
δὲ τούτοις τοῦτο μὲν οὐδεὶς ἀνέγνω τῷ δήμῳ τὸ προ-
[352] βούλευμα, οὐδ' ἤκουσεν ὁ δῆμος, ἀναστὰς δ' οὗτος ἐδη-
μηγόρει ταῦθ' ἃ διεξῆλθον ἄρτι πρὸς ὑμᾶς ἐγώ, τὰ πολλὰ
καὶ μεγάλ' ἀγαθά, ἃ πεπεικὼς ἔφη τὸν Φίλιππον ἥκειν καὶ
διὰ τοῦτο χρήμαθ' ἑαυτῷ τοὺς Θηβαίους ἐπικεκηρυχέναι.
ὥσθ' ὑμᾶς, ἐκπεπληγμένους τῇ παρουσίᾳ τὸ πρῶτον τῇ τοῦ
Φιλίππου καὶ τούτοις ὀργιζομένους ἐπὶ τῷ μὴ προηγγελ-
κέναι, πραοτέρους γενέσθαι τινός, πάνθ' ὅσ' ἐβούλεσθ' ὑμῖν
ἔσεσθαι προσδοκήσαντας, καὶ μηδὲ φωνὴν ἐθέλειν ἀκούειν
36 ἐμοῦ μηδ' ἄλλου μηδενός. καὶ μετὰ ταῦτ' ἀνεγιγνώσκεθ'
ἡ ἐπιστολὴ ἡ παρὰ τοῦ Φιλίππου, ἣν οὗτος ἔγραψ' ἀπο-
λειφθεὶς ἡμῶν, ἄντικρυς οὕτως καὶ διαρρήδην ἀπολογία
γεγραμμένη τῶν τούτοις ἡμαρτημένων. καὶ γὰρ ὡς αὐτὸς
κατεκώλυσεν αὐτοὺς βουλομένους ἐπὶ τὰς πόλεις ἰέναι καὶ
τοὺς ὅρκους ἀπολαμβάνειν, ἔνεστι, καὶ ὡς, ἵνα συνδιαλλάτ-
τωσιν αὐτῷ τοὺς Ἀλέας πρὸς τοὺς Φαρσαλίους, κατέσχεν
αὐτούς· καὶ πάντ' ἀναδεχόμενος καὶ εἰς αὑτὸν ποιούμενος
37 τὰ τούτων ἁμαρτήματ' ἐστίν. ὑπὲρ δὲ Φωκέων καὶ Θε-
σπιῶν ἢ ὧν οὗτος ἀπήγγελλε πρὸς ὑμᾶς, ἀλλ' οὐδὲ μικρόν.

7 ᾱ (i.e. πρῶτον) ἀκοῦσαι Dobree 9 χρὴ S L A Y : χρῆν vulg. 14 τοῦτο S Y : ταῦτα L vulg. 17 τινὸς S L vulg., iure suspectum: τίνος A : τινὰς O corr. 19 μηδ' ἄλλου] μηδαμοῦ, ut videtur, S[1] 21 οὕτως S[1] : οὑτωσὶ L vulg. 25 Ἀλέας Harpocr.: ἁλεῖς L vulg.: αλεῖς (ἀλεεῖς ant. m.) S[1], cf. § 174 26 alterum καὶ et ποιούμενος secl. Herwerden 27 Θεσπιῶν Dobree: Θεσπιέων codd. 28 ἀπήγγελλε S L Y : ἀπήγγειλε vulg., cf. §§ 38, 39, xxi 36

καὶ τοῦτ᾽ οὐκ ἀπὸ ταὐτομάτου τοῦτον ἐπράχθη τὸν τρόπον, ἀλλ᾽ ὑπὲρ μὲν ὧν παρὰ τούτων ὑμᾶς ἔδει δίκην λαμβάνειν οὐ πεποιηκότων οὐδὲ διῳκηκότων οὐδὲν ὧν ὑμεῖς προσετάξατ᾽ ἐν τῷ ψηφίσματι, ἐκεῖνος ἐκδέχεται τὴν αἰτίαν [καί φησιν αὐτὸς αἴτιος γεγενῆσθαι], ὃν οὐκ ἐμέλλεθ᾽ ὑμεῖς, οἶμαι,
δυνήσεσθαι κολάσαι· ἃ δ᾽ ἐκεῖνος ἐξαπατῆσαι καὶ προλαβεῖν 38
τῆς πόλεως ἐβούλετο, οὗτος ἀπήγγειλεν, ἵνα μηδ᾽ ἐγκαλέσαι μηδὲ μέμψασθαι μηδὲν ὕστερον ὑμεῖς ἔχοιτε Φιλίππῳ, μήτ᾽
ἐν ἐπιστολῇ μήτ᾽ ἄλλοθι μηδαμοῦ τῶν παρ᾽ ἐκείνου τούτων [353]
ἐνόντων. λέγε δ᾽ αὐτοῖς αὐτὴν τὴν ἐπιστολήν, ἣν ἔγραψε μὲν οὗτος, ἔπεμψε δ᾽ ἐκεῖνος· καὶ σκοπεῖθ᾽ ὅτι τοῦτον ἔχει τὸν τρόπον, ὃν διεξελήλυθ᾽ ἐγώ. λέγε.

ΕΠΙΣΤΟΛΗ.

Ἀκούετ᾽, ὦ ἄνδρες Ἀθηναῖοι, τῆς ἐπιστολῆς, ὡς καλὴ καὶ 39
φιλάνθρωπος. περὶ δὲ Φωκέων ἢ Θηβαίων ἢ τῶν ἄλλων ὧν οὗτος ἀπήγγειλεν, οὐδὲ γρῦ. ταύτης τοίνυν οὐδ᾽ ὁτιοῦν ἐσθ᾽ ὑγιές. καὶ τοῦτ᾽ αὐτίκα δὴ μάλ᾽ ὑμεῖς ὄψεσθε. οἱ μὲν γὰρ Ἀλεῖς, οὓς ἵνα συνδιαλλάττωσι κατασχεῖν φησι τούτους, τοιαύτης τετυχήκασι διαλλαγῆς ὥστ᾽ ἐξελήλανται καὶ ἀνάστατος ἡ πόλις αὐτῶν γέγονε· τοὺς δ᾽ αἰχμαλώτους ὁ σκοπῶν τί ἂν ὑμῖν χαρίσαιτο οὐδέν᾽ ἐνθυμηθῆναί φησι
λύσασθαι. μεμαρτύρηται δὲ δήπουθεν ὑμῖν ἐν τῷ δήμῳ 40
πολλάκις, ὡς ἐγὼ τάλαντον ἔχων ἐπ᾽ αὐτοὺς ᾠχόμην, καὶ νῦν δὲ μαρτυρηθήσεται· διὸ καὶ τὴν ἐμὴν φιλοτιμίαν οὗτος ἀφαιρούμενος τοῦτ᾽ ἔπεισεν ἐκεῖνον ἐγγράψαι. ὃ τοίνυν μέγιστον ἁπάντων· ὁ γὰρ εἰς τὴν προτέραν γράψας ἐπι-

4–5 καὶ . . . γεγενῆσθαι secl. Cobet    7 ἀπήγγειλεν S L vulg. : ἀπήγγελλεν A    9 ἄλλοτε S    ante παρ᾽ add. τῶν A : τοῖς L vulg. : ἐν τοῖς S γρ. : om. S Y    10 ἐνόντων S L A : ὄντων vulg.    16 πρὸς ὑμᾶς post ἀπήγγειλε (ἀπήγγελλε L) add. vulg. : om. S    18 ἀλεῖς vulg. : αλεεις S : ἀλεεῖς L, cf. § 36    19 τῆς ante διαλλαγῆς add. L vulg. : om. S A    20 ἀνάσπαστος Y    21 ποιῶν post τί ἂν add. vulg. : om. S L[1] Y    οὐδέν᾽ Blass : οὐδ᾽ codd.    24 post νῦν add. δὲ A : δὴ Aug. 2 : om. S L vulg.

στολήν, ἣν ἠνέγκαμεν ἡμεῖς, ὅτι ‘ἔγραφον δ’ ἂν καὶ διαρ-
ρήδην ἡλίχ’ ὑμᾶς εὖ ποιήσω, εἰ εὖ ᾔδειν καὶ τὴν συμμαχίαν
μοι γενησομένην,’ γεγονυίας τῆς συμμαχίας οὔ φησιν εἰδέναι
τί ἂν ποιῶν χαρίσαιτο, οὐδ’ ὃ αὐτὸς ὑπέσχετο· τοῦτο γὰρ
[354] ᾔδει δηλονότι, εἴπερ μὴ ἐφενάκιζεν. ἀλλὰ μὴν ὅτι ταῦθ’
οὕτω τότ’ ἔγραψε, λέγε μοι λαβὼν ἐκ τῆς προτέρας ἐπιστολῆς
αὐτὸ τοῦτο, ἐνθένδε. λέγε.

ΕΞ ΕΠΙΣΤΟΛΗΣ.

41 Οὐκοῦν πρὶν μὲν εἰρήνης τυχεῖν, εἰ καὶ συμμαχία προσ-
γένοιτ’ αὐτῷ, γράψειν ὡμολόγει ἡλίκα τὴν πόλιν εὖ ποιήσει·
ἐπειδὴ δ’ ἀμφότερ’ αὐτῷ γέγονεν, οὐκ εἰδέναι φησὶ τί ἂν
ποιῶν χαρίσαιτο, ἂν δ’ ὑμεῖς λέγητε, ποιήσειν ὃ μήτ’ αἰ-
σχύνην μήτ’ ἀδοξίαν αὐτῷ φέρει, εἰς ταύτας τὰς προφάσεις
καταφεύγων, κἂν ἄρ’ εἴπητέ τι καὶ προαχθῆθ’ ὑμεῖς ἐπαγ-
γείλασθαι, ἀναχώρησιν ἑαυτῷ καταλείπων.

42 Ταῦτα τοίνυν καὶ πόλλ’ ἕτερ’ ἐνῆν παραχρῆμα τότ’ εὐθὺς
ἐξελέγχειν καὶ διδάσκειν ὑμᾶς καὶ μὴ προέσθαι τὰ πράγματ’
ἐᾶν, εἰ μὴ Θεσπιαὶ καὶ Πλαταιαὶ καὶ τὸ Θηβαίους αὐτίκα
δὴ μάλα δώσειν δίκην ἀφείλετο τὴν ἀλήθειαν. καίτοι ταῦτα,
εἰ μὲν ἀκοῦσαι μὲν ἔδει φενακισθῆναι δὲ τὴν πόλιν, ὀρθῶς
ἐλέγετο, εἰ δὲ πραχθῆναι τῷ ὄντι, σιωπᾶσθαι συνέφερεν.
εἰ μὲν γὰρ ἐνταῦθ’ ἦν ἤδη τὰ πράγμαθ’ ὥστε μηδ’ αἰσθο-
μένοις τοῖς Θηβαίοις πλέον εἶναι μηδέν, τί οὐ γέγονεν; εἰ
δὲ παρὰ τὸ προαισθέσθαι κεκώλυται, τίς ὁ ἐκλαλήσας; οὐχ
43 οὗτος; ἀλλ’ οὔτ’ ἔμελλεν οὔτ’ ἐβουλήθη ταῦτ’ οὐδ’ ἤλπισεν
οὗτος, ὥστε τοῦ γ’ ἐκλελαληκέναι μηδ’ αἰτίαν ἐχέτω· ἀλλὰ

2 ἡλίχ’] ἡνίκα S L corr. pr. m. 5 ὑμᾶς post ἐφενάκιζεν add. L vulg. : om. SY 6 οὕτω (vel -ως) SAO: οὗτος LFQ τότ’ om. FOQ ἐκ τῆς] ἐκείνης S[1] 12 ὃ SLAY: ἃ vulg. 13 φέροι Cobet 14–15 κἂν . . . καταλείπων S solus: κἂν . . . καταλείπει vulg. : ἵνα κἂν . . . καταλείπῃ LAS γρ. 17 προέσθαι S: προΐεσθαι L vulg. 20 ἀκοῦσαι μὲν ἔδει φενακισθῆναι δὲ S solus: ἀκοῦσαι μόνον, φενακισθῆναι δὲ A: ἀκοῦσαι μόνον ἔδει καὶ φενακισθῆναι L vulg. S γρ. (μόνον ex μὲν factum cf. vii 31, xxiv 176) 25 οὐδ’ Bekker: οὔτ’ codd.

φενακισθῆναι τοῖς λόγοις τούτοις ὑμᾶς ἔδει, καὶ ἐμοῦ τἀληθῆ
μὴ 'θελῆσαι ἀκοῦσαι, καὶ αὐτοὺς οἴκοι καταμεῖναι, καὶ ψή-
φισμα νικῆσαι τοιοῦτο δι' οὗ Φωκεῖς ἀπολοῦνται. διὰ ταῦτ' [355]
ἐσπαθᾶτο ταῦτα καὶ διὰ ταῦτ' ἐδημηγορεῖτο.

'Ακούων τοίνυν ἐγὼ τηλικαῦτα καὶ τοιαῦτ' ἐπαγγελλο- 44
μένου τούτου, καὶ ἀκριβῶς εἰδὼς ὅτι ψεύδεται,—καὶ ὅθεν,
φράσω πρὸς ὑμᾶς, πρῶτον μὲν ἐκ τοῦ, ὅτε τοὺς ὅρκους
ἔμελλε Φίλιππος ὀμνύναι τοὺς περὶ τῆς εἰρήνης, ἐκσπόνδους
ἀποφανθῆναι τοὺς Φωκέας ὑπὸ τούτων, ὃ σιωπᾶν καὶ ἐᾶν
εἰκὸς ἦν, εἴπερ ἔμελλον σῴζεσθαι· ἔπειτ' ἐκ τοῦ μὴ τοὺς
παρὰ τοῦ Φιλίππου πρέσβεις ταῦτα λέγειν μηδὲ τὴν ἐπι-
στολὴν τὴν Φιλίππου, ἀλλὰ τοῦτον—ἐκ τούτων οὖν τεκμαι- 45
ρόμενος, ἀναστὰς καὶ παρελθὼν ἐπειρώμην μὲν ἀντιλέγειν,
ὡς δ' ἀκούειν οὐκ ἠθέλετε, ἡσυχίαν ἔσχον, τοσοῦτο μόνον
διαμαρτυράμενος (καὶ πρὸς Διὸς καὶ θεῶν ἀναμιμνῄσκεσθε)
ὅτι ταῦτ' οὔτ' οἶδ' οὔτε κοινωνῶ, προσέθηκα δ' ὡς οὐδὲ
προσδοκῶ. τραχέως δ' ὑμῶν τῷ μηδὲ προσδοκᾶν σχόντων,
'καὶ ὅπως γ', ὦ ἄνδρες 'Αθηναῖοι,' ἔφην, 'ἄν τι τούτων
γίγνηται, τούτους ἐπαινέσεσθε καὶ τιμήσετε καὶ στεφανώ-
σετε, ἐμὲ δὲ μή· καὶ μέντοι κἄν τι τῶν ἐναντίων, ὅπως
τούτοις ὀργιεῖσθε· ἐγὼ δ' ἀφίσταμαι.' 'μὴ νῦν,' ὑπολαβὼν 46
Αἰσχίνης οὑτοσί, 'μὴ νῦν ἀφίστασο,' ἔφη, 'ἀλλ' ὅπως
τότε μὴ προσποιήσει.' 'νὴ Δί', ἢ ἀδικήσω γ',' ἔφην.
ἐπαναστὰς δ' ὁ Φιλοκράτης μάλ' ὑβριστικῶς 'οὐδὲν,' ἔφη,
'θαυμαστόν, ὦ ἄνδρες 'Αθηναῖοι, μὴ ταὔτ' ἐμοὶ καὶ Δη-
μοσθένει δοκεῖν· οὗτος μὲν γὰρ ὕδωρ, ἐγὼ δ' οἶνον πίνω.'
καὶ ὑμεῖς ἐγελᾶτε.

Σκέψασθε δὴ τὸ ψήφισμα, ὃ δίδωσι γράψας μετὰ ταῦθ' 47
ὁ Φιλοκράτης· ἀκοῦσαι μὲν γὰρ οὑτωσὶ παγκάλως ἔχει·

2 prius καὶ om. S L Y O  6 τότε post τούτου add. vulg : om. S L Y  11 τοῦ om. vulg.  12 τοῦ post τὴν add. vulg.: om. S L Y  17 ἐπὶ ante τῷ add. L vulg. : om. S A Y  19 μὲν post τούτους add. L A: om. S vulg.  22 ἔφη post ἀφίστασο A : post ὑπολαβὼν S L vulg.  23 ἢ om. vulg. : add. S L

ἐπειδὰν δὲ τοὺς καιροὺς συλλογίσηταί τις ἐφ' ὧν ἐγράφη,
[356] καὶ τὰς ὑποσχέσεις ἃς οὗτος ὑπισχνεῖτο τότε, οὐδὲν ἄλλο φανήσονται πλὴν παραδόντες Φιλίππῳ καὶ Θηβαίοις Φωκέας, μόνον οὐκ ὀπίσω τὼ χεῖρε δήσαντες. Λέγε τὸ ψήφισμα.

ΨΗΦΙΣΜΑ.

48 Ὁρᾶτ', ὦ ἄνδρες Ἀθηναῖοι, τὸ ψήφισμα, ὅσων ἐπαίνων καὶ ὅσης εὐφημίας μεστόν ἐστι, καὶ 'τὴν εἰρήνην εἶναι τὴν αὐτὴν ἥνπερ Φιλίππῳ καὶ τοῖς ἐγγόνοις, καὶ τὴν συμμαχίαν,' καὶ 'ἐπαινέσαι δὲ Φίλιππον, ὅτι ἐπαγγέλλεται τὰ δίκαια ποιήσειν.' ἀλλ' οὐδὲν ἐκεῖνός γ' ἐπηγγέλλετο, ἀλλὰ τοσούτου γ' ἔδει [ἐπαγγέλλεσθαι] ὥστ' οὐδ' εἰδέναι φησὶ τί ἂν
49 ποιῶν ὑμῖν χαρίσαιτο. ἀλλ' οὗτος ἦν ὁ λέγων ὑπὲρ αὐτοῦ καὶ ὑπισχνούμενος. πρὸς δὲ τοὺς παρὰ τούτου λόγους ὡρμηκότας λαβὼν ὑμᾶς ὁ Φιλοκράτης ἐγγράφει τοῦτ' εἰς τὸ ψήφισμα, 'ἐὰν δὲ μὴ ποιῶσι Φωκεῖς ἃ δεῖ καὶ παραδιδῶσι τοῖς Ἀμφικτύοσιν τὸ ἱερόν, ὅτι βοηθήσει ὁ δῆμος ὁ Ἀθηναίων ἐπὶ τοὺς διακωλύοντας ταῦτα γίγνεσθαι.'
50 οὐκοῦν, ἄνδρες Ἀθηναῖοι, μενόντων μὲν ὑμῶν οἴκοι καὶ οὐκ ἐξεληλυθότων, ἀπεληλυθότων δὲ τῶν Λακεδαιμονίων καὶ προῃσθημένων τὴν ἀπάτην, οὐδενὸς δ' ἄλλου παρόντος τῶν Ἀμφικτυόνων πλὴν Θετταλῶν καὶ Θηβαίων, εὐφημότατ' ἀνθρώπων τούτοις παραδοῦναι γέγραφεν τὸ ἱερὸν γράψας τοῖς Ἀμφικτύοσιν παραδοῦναι (ποίοις; οὐ γὰρ ἦσαν αὐτόθι πλὴν Θηβαῖοι καὶ Θετταλοί), ἀλλ' οὐ 'συγκαλέσαι δὲ τοὺς Ἀμφικτύονας,' οὐδ' 'ἐπισχεῖν ἕως ἂν συλλεγῶσιν,' οὐδὲ 'βοηθεῖν Πρόξενον εἰς Φωκέας,' οὐδ' 'ἐξιέναι Ἀθηναίους,'
[357] οὐδὲ τοιοῦτ' οὐδέν. καίτοι καὶ ἐπιστολὰς ἔπεμψ' ὁ Φίλιπ-
51 πος δύο καλούσας ὑμᾶς, οὐχ ἵν' ἐξέλθητε· πώμαλα· οὐ γὰρ

8 ἐγγόνοις S vulg. : ἐκγόνοις L A Q, cf. § 54 10 τοσούτου γ' vulg. : τοσούτου S L A : τοσοῦτον L, cf. xvii 15 11 ἐπαγγέλλεσθαι secl. Benseler 24 οὐ συγκαλέσαι δὲ S A : οὐδὲ συγκαλέσαι L vulg., lemma schol. p. 364, 14 ἔδει ante τοὺς add. S ant. m. F marg. 28 ἐξέλθητε codd. Suid.: ἐξέλθοιτε Bekker

ἄν ποτε τοὺς χρόνους ἀνελών, ἐν οἷς ἐδυνήθητ' ἂν ἐξελθεῖν, τηνικαῦτ' ἐκάλει· οὐδ' ἂν ἐμέ, ἡνίκα δεῦρ' ἀποπλεῖν ἐβουλόμην, κατεκώλυεν· οὐδὲ τοιαῦτα λέγειν τούτῳ προσέταττεν, ἐξ ὧν ἥκισθ' ὑμεῖς ἐμέλλετ' ἐξιέναι· ἀλλ' ἵνα, ἃ ἐβούλεσθ' οἰόμενοι πράξειν αὐτόν, μηδὲν ἐναντίον ψηφίσησθ' αὐτῷ, μηδ' ἀμύναιντο μηδ' ἀντέχοιεν οἱ Φωκεῖς ἐπὶ ταῖς παρ' ὑμῶν [ὑπέχοντες] ἐλπίσιν, ἀλλ' ἀπογνόντες ἅπανθ' αὑτοὺς ἐγχειρίσαιεν. Λέγε δ' αὐτοῖς αὐτὰς τὰς ἐπιστολὰς τὰς τοῦ Φιλίππου.

### ΕΠΙΣΤΟΛΑΙ.

Αἱ μὲν τοίνυν ἐπιστολαὶ καλοῦσιν αὗται, καὶ νὴ Δί' ἤδη 52
γε· τούτοις δ', εἴπερ ἦν ὑγιές τι τούτων, τί ἄλλο προσῆκεν
ἢ συνειπεῖν ὅπως ἐξέλθηθ' ὑμεῖς, καὶ τὸν Πρόξενον ὃν περὶ
τοὺς τόπους ᾔδεσαν ὄντα γράφειν εὐθέως βοηθεῖν; πάντα
τοίνυν τἀναντία τούτων φαίνονται πεποιηκότες. εἰκότως·
οὐ γὰρ οἷς ἐπέστελλε προσεῖχον τὸν νοῦν, ἀλλ' ἃ φρονῶν
ταῦτ' ἔγραφεν συνῄδεσαν· τούτοις οὖν συνέπραττον καὶ
τούτοις συνηγωνίζοντο. οἱ μὲν τοίνυν Φωκεῖς, ὡς τὰ παρ' 53
ὑμῶν ἐπύθοντ' ἐκ τῆς ἐκκλησίας καὶ τό τε ψήφισμα τοῦτ'
ἔλαβον τὸ τοῦ Φιλοκράτους καὶ τὴν ἀπαγγελίαν ἐπύθοντο
τὴν τούτου καὶ τὰς ὑποσχέσεις, κατὰ πάντας τοὺς τρόπους
ἀπώλοντο. σκοπεῖτε γάρ. ἦσαν ἀπιστοῦντές τινες αὐτόθι
τῷ Φιλίππῳ καὶ νοῦν ἔχοντες· οὗτοι πιστεύειν ὑπήχθησαν.
διὰ τί; ὅτι ἡγοῦντο, οὐδ' εἰ δεκάκις Φίλιππος αὐτοὺς ἐξηπάτα,
οὐδέποτ' ἂν τούς γ' Ἀθηναίων πρέσβεις Ἀθηναίους ἐξαπατᾶν [358]
τολμῆσαι, ἀλλ' εἶναι ταῦτ' ἀληθῆ ἃ οὗτος ἀπήγγελλε πρὸς
ὑμᾶς, καὶ τοῖς Θηβαίοις ἥκειν, οὐχ αὐτοῖς ὄλεθρον. ἦσαν 54

5 ψηφίσησθε LAQ: ψηφίσασθ' S (η supra α scripsit ant. m.): ψηφίσαισθε vulg., cf. § 123 6 ἀμύναιντο SLYO: ἀμύνοιντο vulg. 7 ὑπέχοντες S (cf. § 266): ἐπέχοντες L vulg.: secl. Weil: ἐπανέχοντες A, lemma schol. p. 365, 15 ἅπαντα SA: ἅπαντες vulg. 13 ἐξέλθητε SLAY: ἐξέλθοιτε vulg. 20 ἀπαγγελίαν S corr.: ἐπαγγελίαν S[1]? L corr.? vulg. 21 τοὺς om. Dobree 26 ἀπήγγελλε SL: ἀπήγγειλε vulg. 27 οὐχ αὐτοῖς A: οὐκ αὐτοῖς SL vulg.

ἄλλοι τινὲς οἳ πάσχειν ὁτιοῦν καὶ ἀμύνεσθαι δεῖν ᾤοντο· ἀλλὰ καὶ τούτους μαλακοὺς ἐποίησε τὸ τὸν Φίλιππον ὑπάρχειν αὐτοῖς πεισθῆναι, καὶ τὸ ταῦτ' εἰ μὴ ποιήσουσιν ὑμᾶς ἐπ' αὐτοὺς ἥξειν, οὓς βοηθήσειν αὐτοῖς ἤλπιζον ἐκεῖνοι. ἀλλὰ καὶ μεταμέλειν ὑμῖν ᾤοντό τινες πεποιημένοις τὴν πρὸς Φίλιππον εἰρήνην· τούτοις ὅτι καὶ τοῖς ἐγγόνοις τὴν αὐτὴν ἐψηφίσασθ' ἐπέδειξαν, ὥστε πανταχῇ τὰ παρ' ὑμῶν ἀπογνωσθῆναι. διόπερ ταῦτα πάντ' εἰς ἓν ψήφισμα συνε-
55 σκεύασαν. ὃ καὶ μέγιστον ἔμοιγε δοκοῦσιν ἁπάντων ὑμᾶς ἠδικηκέναι· τὸ γὰρ πρὸς ἄνδρα θνητὸν καὶ διὰ καιρούς τινας ἰσχύοντα γράφοντας εἰρήνην ἀθάνατον συνθέσθαι τὴν κατὰ τῆς πόλεως αἰσχύνην, καὶ ἀποστερῆσαι μὴ μόνον τῶν ἄλλων, ἀλλὰ καὶ τῶν παρὰ τῆς τύχης εὐεργεσιῶν τὴν πόλιν, καὶ τοσαύτῃ περιουσίᾳ χρήσασθαι πονηρίας ὥστε μὴ μόνον τοὺς ὄντας Ἀθηναίους, ἀλλὰ καὶ τοὺς ὕστερόν ποτε μέλλοντας
56 ἔσεσθαι πάντας ἠδικηκέναι, πῶς οὐχὶ πάνδεινόν ἐστι; τοῦτο τοίνυν οὐδέποθ' ὑμεῖς ὑπεμείνατ' ἂν [ὕστερον] προσγράψαι πρὸς τὴν εἰρήνην, τὸ καὶ τοῖς ἐγγόνοις, εἰ μὴ ταῖς παρ' Αἰσχίνου ῥηθείσαις ὑποσχέσεσιν τότ' ἐπιστεύσατε, αἷσπερ οἱ Φωκεῖς πιστεύσαντες ἀπώλοντο. καὶ γάρ τοι παρα-
[359] δόντες αὐτοὺς Φιλίππῳ καὶ ἑκόντες ἐγχειρίσαντες ἐκείνῳ τὰς πόλεις ἁπάντων τῶν ἐναντίων ὧν πρὸς ὑμᾶς οὗτος ἀπήγγειλ' ἔτυχον.

57 Ἵνα δ' εἰδῆτε σαφῶς ὅτι ταῦθ' οὕτω καὶ διὰ τούτους ἀπόλωλε, τοὺς χρόνους ὑμῖν λογιοῦμαι καθ' οὓς ἐγίγνεθ' ἕκαστα. περὶ ὧν δ' ἄν τις ἀντιλέγῃ τούτων, ἀναστὰς ἐν τῷ ἐμῷ ὕδατι εἰπάτω. ἡ μὲν τοίνυν εἰρήνη ἐλαφηβολιῶνος ἐνάτῃ ἐπὶ δέκα ἐγένετο, ἀπεδημήσαμεν δ' ἡμεῖς ἐπὶ τοὺς ὅρκους τρεῖς μῆνας ὅλους· καὶ τοῦτον ἅπαντα τὸν χρόνον
58 ἦσαν οἱ Φωκεῖς σῷοι. ἤκομεν δὲ δεῦρ' ἀπὸ τῆς πρεσβείας

6 ἐγγόνοις S L vulg. : ἐκγόνοις al., sic inf. 18, cf. § 48  8 ταῦτα πάντα vulg. : ἅπαντα ταῦτα S L Y  οὗτοι ante συνεσκεύασαν add. L vulg. : om. $S^1$ A  12 παρὰ τῶν ante ἄλλων add. vulg. : om. S $L^1$ A  17 ὕστερον secl. Weil

τῆς ἐπὶ τοὺς ὅρκους τρίτῃ ἐπὶ δέκα τοῦ σκιροφοριῶνος μηνός,
καὶ παρῆν ὁ Φίλιππος ἐν Πύλαις ἤδη καὶ τοῖς Φωκεῦσιν
ἐπηγγέλλετο ὧν οὐδὲν ἐπίστευον ἐκεῖνοι. σημεῖον δέ· οὐ
γὰρ ἂν δεῦρ' ἧκον ὡς ὑμᾶς. ἡ δ' ἐκκλησία μετὰ ταῦτα,
ἐν ᾗ πάντα τὰ πράγματ' ἀπώλεσαν οὗτοι ψευσάμενοι καὶ
φενακίσαντες ὑμᾶς, τῇ ἕκτῃ ἐπὶ δέκα ἐγίγνετο τοῦ σκιρο-
φοριῶνος. ἀπὸ τοίνυν ταύτης πεμπταῖα λογίζομαι τὰ παρ' 59
ὑμῶν ἐν τοῖς Φωκεῦσι γενέσθαι· παρῆσαν γὰρ οἱ τῶν Φωκέων
πρέσβεις ἐνθάδε, καὶ ἦν αὐτοῖς καὶ τί ἀπαγγελοῦσιν οὗτοι
καὶ τί ψηφιεῖσθ' ὑμεῖς ἐπιμελές. οὐκοῦν εἰκάς, ᾗ τίθεμεν
πυθέσθαι τοὺς Φωκέας τὰ παρ' ὑμῶν· ἀπὸ γὰρ τῆς ἕκτης
εἰς ταύτην πέμπτη γίγνεται. ὑστέρα τοίνυν δεκάτη, ἐνάτη,
ὀγδόη· ταύτῃ ἐγίγνονθ' αἱ σπονδαί, καὶ πάντα τἀκεῖ πράγματ'
ἀπωλώλει καὶ τέλος εἶχεν. τῷ τοῦτο δῆλον; τῇ τετράδι 60
φθίνοντος ἠκκλησιάζετε μὲν τόθ' ὑμεῖς ἐν Πειραιεῖ περὶ
τῶν ἐν τοῖς νεωρίοις, ἧκε δὲ Δερκύλος ἐκ Χαλκίδος καὶ [360]
ἀπήγγελλεν ὑμῖν ὅτι πάντα τὰ πράγματ' ἐγκεχείρικε Θη-
βαίοις ὁ Φίλιππος, καὶ πέμπτην εἶναι ταύτην ἡμέραν
[ἐλογίζετ'] ἀφ' οὗ γεγόνασιν αἱ σπονδαί. ὀγδόη τοίνυν,
ἑβδόμη, ἕκτη, πέμπτη, τετράς· αὐτὸ συμβαίνει εἰς ταύτην
εἶναι πέμπτην. οὐκοῦν τοῖς χρόνοις, οἷς ἀπήγγελλον, οἷς
ἔγραφον, πᾶσιν ἐξελέγχονται συνηγωνισμένοι Φιλίππῳ καὶ
συναίτιοι γεγονότες τοῦ τῶν Φωκέων ὀλέθρου. ἔτι τοίνυν τὸ 61
μηδεμίαν τῶν πόλεων τῶν ἐν Φωκεῦσιν ἁλῶναι πολιορκίᾳ
μηδ' ἐκ προσβολῆς κατὰ κράτος, ἀλλ' ἐκ τοῦ σπείσασθαι
πάντας ἄρδην ἀπολέσθαι, μέγιστόν ἐστι σημεῖον τοῦ διὰ τού-
τους πεισθέντας αὐτοὺς ὡς ὑπὸ τοῦ Φιλίππου σωθήσονται
ταῦτα παθεῖν· οὐ γὰρ ἐκεῖνόν γ' ἠγνόουν. φέρε δή μοι
καὶ τὴν συμμαχίαν τὴν τῶν Φωκέων καὶ τὰ δόγμαθ' ὑφ'

1 δέκα τοῦ] δεκάτῃ S al., cf. xviii 155 9 ἀπαγγέλλουσιν S L A, cf. §§ 152, 209, 324, xviii 267, 323 10 εἰδέναι post ἐπιμελὲς add. L vulg.: om. S solus 15 τόθ' ὑμεῖς S L O: ὑμεῖς τότ' vulg. 17 ἀπήγγελλεν S L F Y: ἀπήγγειλεν vulg. 19 ἐλογίζετ' secl. Cobet 25 κατὰ κράτος secl. Cobet 28 μοι καὶ om. A

ὧν καθεῖλον αὐτῶν τὰ τείχη, ἵν' εἰδῆθ' οἵων ὑπαρχόντων αὐτοῖς παρ' ὑμῶν οἵων ἔτυχον διὰ τούτους τοὺς θεοῖς ἐχθρούς. λέγε.

ΣΥΜΜΑΧΙΑ ΦΩΚΕΩΝ ΚΑΙ ΑΘΗΝΑΙΩΝ.

62 Ἃ μὲν τοίνυν ὑπῆρχε παρ' ὑμῶν αὐτοῖς, ταῦτ' ἐστί, φιλία, συμμαχία, βοήθεια· ὧν δ' ἔτυχον διὰ τοῦτον τὸν βοηθῆσαι κωλύσαντα ὑμᾶς, ἀκούσατε. λέγε.

ΟΜΟΛΟΓΙΑ ΦΙΛΙΠΠΟΥ ΚΑΙ ΦΩΚΕΩΝ.

Ἀκούετ', ὦ ἄνδρες Ἀθηναῖοι. 'ὁμολογία Φιλίππου καὶ Φωκέων,' φησίν, οὐχὶ Θηβαίων καὶ Φωκέων, οὐδὲ Θετταλῶν
[361] καὶ Φωκέων, οὐδὲ Λοκρῶν, οὐδ' ἄλλου τῶν παρόντων οὐδενός· καὶ πάλιν 'παραδοῦναι δὲ τὰς πόλεις Φωκέας,' φησί, 'Φιλίπ-
63 πῳ,' οὐχὶ Θηβαίοις οὐδὲ Θετταλοῖς οὐδ' ἄλλῳ οὐδενί. διὰ τί; ὅτι Φίλιππος ἀπηγγέλλετο πρὸς ὑμᾶς ὑπὸ τούτου ἐπὶ τῇ τῶν Φωκέων σωτηρίᾳ παρεληλυθέναι. τούτῳ δὴ πάντ' ἐπίστευον, καὶ πρὸς τοῦτον πάντ' ἐσκόπουν, πρὸς τοῦτον ἐποιοῦντο τὴν εἰρήνην. λέγε δὴ τἀπίλοιπα. καὶ σκοπεῖτε τί πιστεύσαντες τί ἔπασχον. ἆρά γ' ὅμοι' ἢ παραπλήσι' οἷς οὗτος ἀπήγγελλεν; λέγε.

ΔΟΓΜΑΤΑ ΑΜΦΙΚΤΥΟΝΩΝ.

64 Τούτων, ὦ ἄνδρες Ἀθηναῖοι, δεινότερ' οὐ γέγονεν οὐδὲ μείζω πράγματ' ἐφ' ἡμῶν ἐν τοῖς Ἕλλησιν, οἶμαι δ' οὐδ' ἐν τῷ πρόσθεν χρόνῳ. τηλικούτων μέντοι καὶ τοιούτων πραγμάτων κύριος εἷς ἀνὴρ [Φίλιππος] γέγονεν διὰ τούτους, οὔσης τῆς Ἀθηναίων πόλεως, ᾗ προεστάναι τῶν Ἑλλήνων πάτριον καὶ μηδὲν τοιοῦτον περιορᾶν γιγνόμενον. ὃν μὲν τοίνυν τρόπον οἱ ταλαίπωροι Φωκεῖς ἀπολώλασιν, οὐ μόνον

1 καθεῖλον S L : καθεῖλεν cett. 1–2 οἵων . . . οἵων L vulg. : ὧν . . . οἵων S Y 2 τούτους S[1] vulg. : τουτουσὶ S corr. L 18 τί . . . τί vulg. : τίνα . . . τί S Y : οἷα (τι supra scripto) . . . τί L : οἷα . . . οἷα A S γρ. ἔπασχον S : ἔπαθον cett. 19 ἀπήγγελλεν S L F Y : ἀπήγγειλε vulg. 20 ΔΟΓΜΑΤΑ O al.: ΔΟΓΜΑ S L vulg. 24 Φίλιππος secl. Cobet

ἐκ τῶν δογμάτων τούτων ἔστιν ἰδεῖν, ἀλλὰ καὶ ἐκ τῶν ἔργων 65
ἃ πέπρακται, θέαμα δεινόν, ὦ ἄνδρες Ἀθηναῖοι, καὶ ἐλεινόν·
ὅτε γὰρ νῦν ἐπορευόμεθ' εἰς Δελφούς, ἐξ ἀνάγκης ἦν ὁρᾶν
ἡμῖν πάντα ταῦτα, οἰκίας κατεσκαμμένας, τείχη περιῃρημένα,
χώραν ἔρημον τῶν ἐν ἡλικίᾳ, γύναια δὲ καὶ παιδάρι' ὀλίγα
καὶ πρεσβύτας ἀνθρώπους οἰκτρούς· οὐδ' ἂν εἷς δύναιτ'
ἐφικέσθαι τῷ λόγῳ τῶν ἐκεῖ κακῶν νῦν ὄντων. ἀλλὰ μὴν
ὅτι τὴν ἐναντίαν ποτὲ Θηβαίοις ψῆφον ἔθενθ' οὗτοι περὶ
ἡμῶν ὑπὲρ ἀνδραποδισμοῦ προτεθεῖσαν, ὑμῶν ἔγωγ' ἀκούω
πάντων. τίν' ἂν οὖν οἴεσθ', ὦ ἄνδρες Ἀθηναῖοι, τοὺς προ- 66
γόνους ὑμῶν, εἰ λάβοιεν αἴσθησιν, ψῆφον ἢ γνώμην θέσθαι [362]
περὶ τῶν αἰτίων τοῦ τούτων ὀλέθρου; ἐγὼ μὲν γὰρ οἶμαι κἂν
καταλεύσαντας αὐτοὺς ταῖς ἑαυτῶν χερσὶν καθαροὺς ἔσεσθαι
νομίζειν. πῶς γὰρ οὐκ αἰσχρόν, μᾶλλον δ' εἴ τις ἔστιν
ὑπερβολὴ τούτου, τοὺς σεσωκότας ἡμᾶς τότε καὶ τὴν σῴζουσαν
περὶ ἡμῶν ψῆφον θεμένους, τούτους τῶν ἐναντίων τετυχη-
κέναι διὰ τούτους, καὶ περιῶφθαι τοιαῦτα πεπονθότας οἷ'
οὐδένες ἄλλοι τῶν Ἑλλήνων; τίς οὖν ὁ τούτων αἴτιος; τίς ὁ
ταῦτα φενακίσας; οὐχ οὗτος;

Πολλὰ τοίνυν ἄν τις, ὦ ἄνδρες Ἀθηναῖοι, Φίλιππον 67
εὐδαιμονίσας τῆς τύχης εἰκότως, τοῦτο μάλιστ' ἂν εὐδαιμονί-
σειεν ἁπάντων, ὃ μὰ τοὺς θεοὺς καὶ τὰς θεὰς οὐκ ἔχω λέγειν
ἔγωγ' ἄλλον ὅστις ηὐτύχηκεν ἐφ' ἡμῶν. τὸ μὲν γὰρ πόλεις
μεγάλας εἰληφέναι καὶ χώραν πολλὴν ὑφ' ἑαυτῷ πεποιῆσθαι
καὶ πάντα τὰ τοιαῦτα ζηλωτὰ μέν ἐστιν, οἶμαι, καὶ λαμπρά·
πῶς γὰρ οὔ; ἔχοι δ' ἄν τις εἰπεῖν πεπραγμένα καὶ ἑτέροις
πολλοῖς. ἀλλ' ἐκεῖν' ἴδιον καὶ οὐδενὶ τῶν πάντων ἄλλῳ 68
γεγονὸς εὐτύχημα. τὸ ποῖον; τὸ ἐπειδὴ πονηρῶν ἀνθρώπων
εἰς τὰ πράγματ' αὐτῷ ἐδέησεν, πονηροτέρους εὑρεῖν ἢ ἐβού-

3 νῦν] νῦν δὴ Cobet 6 ὅλως δ' ante οὐδ' add. L vulg. : om. S Y
12 τοῦ τούτων edd. Turicenses : τούτου τῶν S[1] : τοῦ τῶν Φωκέων S corr. L vulg. 22–23 ὃ . . . εὐτύχηκεν vulg. : οὗ (ὀὗ S) . . . εὐτετύχηκεν S L[1] Q γρ. (ex duabus lectionibus conflatum) : οὗ . . . τετύχηκεν Sauppe
29 ἐδέησεν αὐτῷ t

λετο. πῶς γὰρ οὐχ οὗτοι τοιοῦτοι δικαίως ὑποληφθεῖεν ἄν, οἵ γε, ἃ ὑπὲρ αὐτοῦ Φίλιππος τηλικούτων ὄντων αὐτῷ τῶν διαφόρων οὐκ ἐτόλμα ψεύσασθαι, οὐδ' ἔγραψεν οὔτ' εἰς ἐπιστολὴν οὐδεμίαν, οὔτε πρεσβευτὴς οὐδεὶς εἶπε τῶν παρ'
69 ἐκείνου, ἐπὶ ταῦτα μισθώσαντες ἑαυτοὺς ὑμᾶς ἐξηπάτων; καὶ ὁ μὲν Ἀντίπατρος καὶ ὁ Παρμενίων, δεσπότῃ διακονοῦντες καὶ οὐ μέλλοντες ὑμῖν μετὰ ταῦτ' ἐντεύξεσθαι, ὅμως τοῦθ'
[363] εὕροντο, μὴ δι' αὐτῶν ὑμᾶς ἐξαπατηθῆναι· οἱ δέ, Ἀθηναῖοι, τῆς ἐλευθερωτάτης πόλεως, πρέσβεις ταχθέντες ὑμᾶς, οἷς ἀπαντῶντας ἐμβλέπειν, οἷς συζῆν ἀνάγκη τὸν λοιπὸν βίον καὶ ἐν οἷς εὐθύνας ἔμελλον δώσειν τῶν πεπραγμένων, τούτους ἐξαπατᾶν ὑπέστησαν. πῶς ἂν ἄνθρωποι κακίους ἢ μᾶλλον ἀπονενοημένοι τούτων γένοιντο;

70 Ἵνα τοίνυν εἰδῆθ' ὅτι καὶ κατάρατός ἐστιν ὑφ' ὑμῶν, καὶ οὐδ' ὅσιον ὑμῖν οὐδ' εὐσεβές ἐστι τοιαῦτ' ἐψευσμένον αὐτὸν ἀφεῖναι, λέγε τὴν ἀρὰν καὶ ἀνάγνωθι λαβὼν τὴν ἐκ τοῦ νόμου ταυτηνί.

ΑΡΑ.

Ταῦθ' ὑπὲρ ὑμῶν, ὦ ἄνδρες Ἀθηναῖοι, καθ' ἑκάστην τὴν ἐκκλησίαν ὁ κῆρυξ εὔχεται νόμῳ προστεταγμένα, καὶ ὅταν ἡ βουλὴ καθῆται, παρ' ἐκείνῃ πάλιν. καὶ ταῦτ' οὐκ ἔνεστιν εἰπεῖν τούτῳ ὡς οὐκ εὖ ᾔδει· ὑπογραμματεύων γὰρ ὑμῖν καὶ ὑπηρετῶν τῇ βουλῇ αὐτὸς ἐξηγεῖτο τὸν νόμον τοῦτον τῷ
71 κήρυκι. πῶς οὖν οὐκ ἄτοπον καὶ ὑπερφυὲς ἂν πεποιηκότες ὑμεῖς εἴητε, εἰ ἃ προστάττετε, μᾶλλον δ' ἀξιοῦτε ποιεῖν ὑπὲρ ὑμῶν τοὺς θεούς, ταῦτ' αὐτοὶ κύριοι γεγενημένοι τήμερον μὴ ποιήσαιτε, ἀλλ' ὃν ἐκείνοις εὔχεσθ' ἐξώλη ποιεῖν αὐτὸν

2 οἵ S A L : εἴ vulg. S γρ. ἃ ὑπὲρ αὐτοῦ (αὑτοῦ) S A : ἃ ὑπὲρ ὧν αὐτὸς vulg. : ὑπὲρ ὧν S γρ. 3 διαφορῶν S L schol. p. 374, 26 οὐδ' ἔγραψεν οὔτ' εἰς ἐπιστολὴν οὐδεμίαν οὔτε S L[1] : οὔτ' εἰς ἐπιστολὴν γράψαι οὐδεμίαν οὐδὲ vulg. : οὐδὲ γράψαι οὔτ' εἰς ἐπιστολὴν οὐδεμίαν οὔτε A 8 εὕροντο S L : εὗρον τὸ A Y : εὕροντο τὸ vulg. Ἀθηναῖοι S vulg. : Ἀθηναίων L Q 9 ὑμᾶς secl. Weil 15 ὑμῖν οὐδ' εὐσεβὲς om. F B Q : in erasis habet L : secl. Blass 25 ἄρ' post εἰ add. S (punctis notatum) vulg. : om. L A F Q 26 ταῦτ' αὐτοὶ vulg. : ταῦθ' οἱ S L[1] 27 ποιήσαιτε S L F Q : ποιήσετε vulg.

καὶ γένος καὶ οἰκίαν, τοῦτον ἀφείητ' αὐτοί; μηδαμῶς· ὃς
γὰρ ἂν ὑμᾶς λάθῃ, τοῦτον ἀφίετε τοῖς θεοῖς κολάζειν· ὃν δ'
ἂν αὐτοὶ λάβητε, μηκέτ' ἐκείνοις περὶ τούτου προστάττετε.

Εἰς τοίνυν τοῦτ' ἀναιδείας καὶ τόλμης αὐτὸν ἥξειν ἀκούω, 72
ὥστε πάντων τῶν πεπραγμένων ἐκστάντα, ὧν ἀπήγγειλεν,
ὧν ὑπέσχετο, ὧν πεφενάκικε τὴν πόλιν, ὥσπερ ἐν ἄλλοις
τισὶ κρινόμενον καὶ οὐκ ἐν ὑμῖν τοῖς ἅπαντ' εἰδόσι, πρῶτον
μὲν Λακεδαιμονίων, εἶτα Φωκέων, εἶθ' Ἡγησίππου κατη- [364]
γορήσειν. ἔστι δὲ ταῦτα γέλως, μᾶλλον δ' ἀναισχυντία
δεινή. ὅσα γὰρ νῦν ἐρεῖ περὶ τῶν Φωκέων ἢ τῶν Λακε- 73
δαιμονίων ἢ τοῦ Ἡγησίππου, ὡς Πρόξενον οὐχ ὑπεδέξαντο,
ὡς ἀσεβεῖς εἰσίν, ὡς—ὅ τι ἂν δήποτ' αὐτῶν κατηγορῇ,
πάντα δήπου ταῦτα πρὸ τοῦ τοὺς πρέσβεις τούτους δεῦρ'
ἥκειν ἐπέπρακτο, καὶ οὐκ ἦν ἐμποδὼν τῷ τοὺς Φωκέας
σῴζεσθαι, ὡς τίς φησιν; Αἰσχίνης αὐτὸς οὑτοσί. οὐ γὰρ 74
ὡς εἰ μὴ διὰ Λακεδαιμονίους, οὐδ' ὡς εἰ μὴ Πρόξενον οὐχ
ὑπεδέξαντο, οὐδ' ὡς εἰ μὴ δι' Ἡγήσιππον, οὐδ' ὡς εἰ μὴ διὰ
τὸ καὶ τὸ ἐσώθησαν ἂν οἱ Φωκεῖς, οὐχ οὕτω τότ' ἀπήγγειλεν,
ἀλλὰ πάντα ταῦθ' ὑπερβὰς διαρρήδην ἥκειν πεπεικὼς ἔφη
Φίλιππον Φωκέας σῴζειν, τὴν Βοιωτίαν οἰκίζειν, ὑμῖν τὰ
πράγματ' οἰκεῖα ποιεῖν· ταῦτα πεπράξεσθαι δυοῖν ἢ τριῶν
ἡμερῶν· διὰ ταῦτα χρήμαθ' ἑαυτῷ τοὺς Θηβαίους ἐπικεκηρυ-
χέναι. μὴ τοίνυν ἃ πρὸ τοῦ τοῦτον ἀπαγγεῖλαι ταῦτ' ἐπέ- 75
πρακτ' ἢ Λακεδαιμονίοις ἢ Φωκεῦσιν ἀκούετε μηδ' ἀνέχεσθε,
μηδὲ κατηγορεῖν ἐᾶτε Φωκέων ὡς πονηροί. οὐδὲ γὰρ Λακε-
δαιμονίους διὰ τὴν ἀρετὴν αὐτῶν ποτ' ἐσώσατε, οὐδὲ τοὺς
καταράτους Εὐβοέας τουτουσί, οὐδ' ἄλλους πολλούς, ἀλλ' ὅτι
συμφέρον ἦν σῶς εἶναι τῇ πόλει, ὥσπερ Φωκέας νυνί. καὶ τί
τῶν Φωκέων ἢ τῶν Λακεδαιμονίων ἢ ὑμῶν ἢ ἄλλου τινὸς

1 ἀφείητε Bekker : ἀφιητε S L : ἀφίετε vulg. 11 ἢ ante ὡς Πρόξενον add. vulg. : om. S L 12 ἢ ante ὡς ἀσεβεῖς et ὡς ὅ τι ἂν add. L vulg. : om. S 19 πεπεικὼς ante ἔφη S L : post ἔφη vulg. 22 καὶ ante διὰ add. L A : om. S vulg. 25 οὐδὲ vulg. : οὐ $S^1$ (in fine versus) L Y 26 ποτ' αὐτῶν A

ἀνθρώπων μετὰ τοὺς παρὰ τούτου λόγους ἐξαμαρτόντος οὐκ ἀπέβη τὰ πρὸς ὑμᾶς ὑπὸ τούτου τότε ῥηθέντα; τοῦτ'
[365] 76 ἐρωτᾶτε· οὐ γὰρ ἕξει δεῖξαι. πέντε γὰρ ἡμέραι γεγόνασι μόναι, ἐν αἷς οὗτος ἀπήγγειλε τὰ ψευδῆ, ὑμεῖς ἐπιστεύσατε, οἱ Φωκεῖς ἐπύθοντο, ἐνέδωκαν ἑαυτούς, ἀπώλοντο. ὅθεν οἶμαι καὶ δῆλόν ἐστι σαφῶς, ὅτι πᾶσ' ἀπάτη καὶ τέχνη συνεσκευάσθη τοῦ περὶ Φωκέας ὀλέθρου. ὃν μὲν γὰρ χρόνον οὐχ οἷός τ' ἦν ἐλθεῖν ὁ Φίλιππος διὰ τὴν εἰρήνην, ἀλλ' ἦν ἐν παρασκευῇ, τοὺς Λακεδαιμονίους μετεπέμπετο, πάντα τὰ πράγμαθ' ὑποσχόμενος πράξειν ἐκείνοις, ἵνα μὴ δι' ὑμῶν
77 αὐτοὺς οἱ Φωκεῖς ὑποποιήσωνται. ἐπειδὴ δ' ἧκεν εἰς Πύλας, οἱ Λακεδαιμόνιοι δ' αἰσθόμενοι τὴν ἐνέδραν ὑπεχώρησαν, τοῦτον αὖ προκαθῆκεν ἐξαπατᾶν ὑμᾶς, ἵνα μὴ πάλιν, ὑμῶν αἰσθομένων ὅτι Θηβαίοις τὰ πράγματα πράττει, εἰς χρόνους καὶ πόλεμον καὶ τριβὴν ἐμπέσῃ, τῶν μὲν Φωκέων ἀμυνομένων, ὑμῶν δὲ βοηθούντων, ἀλλ' ἀκονιτεὶ πάνθ' ὑφ' ἑαυτῷ ποιήσηται· ὅπερ καὶ γέγονεν. μὴ οὖν ὅτι καὶ Λακεδαιμονίους καὶ Φωκέας ἐξηπάτησε Φίλιππος, διὰ ταῦθ' ὧν ὑμᾶς οὗτος ἐξηπάτησε μὴ δότω δίκην· οὐ γὰρ δίκαιον.

78 Ἂν τοίνυν ἀντὶ Φωκέων καὶ Πυλῶν καὶ τῶν ἄλλων τῶν ἀπολωλότων Χερρόνησος ὡς περίεστι τῇ πόλει λέγῃ, πρὸς Διὸς καὶ θεῶν μὴ ἀποδέξησθ', ὦ ἄνδρες δικασταί, μηδ' ὑπομείνητε, πρὸς οἷς ἐκ τῆς πρεσβείας ἠδίκησθε, καὶ ἐκ τῆς ἀπολογίας ὄνειδος προσκατασκευασθῆναι τῇ πόλει, ὡς ἄρ' ὑμεῖς τῶν ἰδίων τι κτημάτων ὑπεξαιρούμενοι τὴν τῶν συμμάχων σωτηρίαν προήκασθε. οὐ γὰρ ἐποιήσατε τοῦτο,
[366] ἀλλ' ἤδη τῆς εἰρήνης γεγονυίας καὶ τῆς Χερρονήσου σῴας οὔσης τέτταρας μῆνας ὅλους ἐσῴζονθ' οἱ Φωκεῖς τοὺς ὕστερον, ἡ δὲ τούτου ψευδολογία μετὰ ταῦθ' ὕστερον αὐτοὺς ἀπώ-

3 ἡμέραι ante γεγόνασι S L Y : post γεγόνασιν vulg. 6 πᾶσα codd. : ἡ πᾶσα Sauppe : πᾶσα ἡ Markland 7 ἕνεκεν ante ὀλέθρου add. S γρ. : post ὀλέθρου Q γρ. 8 διὰ S L vulg. : μετὰ A 11 αὐτοὺς Blass ποιήσωνται S solus (ita Blass, coll. Aristid. i 312, 580, &c.) 19 οὗτος om. S¹ in fine versus διδότω L Q

λεσεν, ἐξαπατήσασʼ ὑμᾶς. εἶτα καὶ νῦν ἐν μείζονι κινδύνῳ 79
τὴν Χερρόνησον οὖσαν εὑρήσετʼ ἢ τότε. πότερον γὰρ
εὐπορώτερον ἂν δίκην ἔδωκε Φίλιππος ἐξαμαρτὼν εἰς αὐτὴν
πρὶν τούτων τι τῆς πόλεως προλαβεῖν, ἢ νυνί; ἐγὼ μὲν
οἶμαι, τότε πολλῷ. τίς οὖν ἡ ταύτης περιουσία, τῶν φόβων
ἀφῃρημένων καὶ τῶν κινδύνων τῶν τοῦ βουληθέντος ἂν αὐτὴν
ἀδικῆσαι;

Ἔτι τοίνυν τοιοῦτό τι μέλλειν αὐτὸν ἀκούω λέγειν, ὅτι 80
θαυμάζει τί δήποτε Δημοσθένης αὐτοῦ κατηγορεῖ, Φωκέων δʼ
οὐδείς. ὡς δὴ τοῦτʼ ἔχει, βέλτιον προακοῦσαι παρʼ ἐμοῦ.
Φωκέων τῶν ἐκπεπτωκότων οἱ μὲν οἶμαι βέλτιστοι καὶ
μετριώτατοι φυγάδες γεγενημένοι καὶ τοιαῦτα πεπονθότες
ἡσυχίαν ἄγουσι, καὶ οὐδεὶς ἂν αὐτῶν ἐθελήσειεν ὑπὲρ τῶν
κοινῶν συμφορῶν ἰδίαν ἔχθραν ἀνελέσθαι· οἱ δʼ ὁτιοῦν ἂν
ἀργυρίου ποιήσαντες τὸν δώσοντʼ οὐκ ἔχουσιν αὐτοῖς. οὐ γὰρ 81
ἔγωγʼ ἂν ἔδωκʼ οὐδενὶ οὐδὲν ὥστε μοι παραστάντας ἐνταυθὶ
βοᾶν οἷα πεπόνθασιν· ἡ γὰρ ἀλήθεια καὶ τὰ πεπραγμένʼ
αὐτὰ βοᾷ. ἀλλὰ μὴν ὅ γε δῆμος ὁ τῶν Φωκέων οὕτω κακῶς
καὶ ἐλεινῶς διάκειται ὥστε μὴ περὶ τοῦ κατηγορεῖν ἑκάστῳ
τὰς Ἀθήνησιν εὐθύνας εἶναι τὸν λόγον, ἀλλὰ δουλεύειν καὶ
τεθνάναι τῷ φόβῳ Θηβαίους καὶ τοὺς Φιλίππου ξένους, οὓς
ἀναγκάζονται τρέφειν, διῳκισμένοι κατὰ κώμας καὶ παρῃρη-
μένοι τὰ ὅπλα. μὴ δὴ ταῦτα λέγειν αὐτὸν ἐᾶτε, ἀλλʼ ὡς οὐκ 82
ἀπολώλασι Φωκεῖς δεικνύναι, ἢ ὡς οὐχ ὑπέσχετο σώσειν [367]
αὐτοὺς Φίλιππον. τοῦτο γάρ εἰσι πρεσβείας εὔθυναι, τί
πέπρακται; τί ἀπήγγειλας; εἰ μὲν ἀληθῆ, σῴζου· εἰ δὲ
ψευδῆ, δίκην δός. εἰ δὲ μὴ πάρεισι Φωκεῖς, τί τοῦτο; οὕτω
γὰρ διέθηκας αὐτούς, οἶμαι, τὸ μέρος σύ, ὥστε μήτε τοῖς
φίλοις βοηθεῖν μήτε τοὺς ἐχθροὺς ἀμύνεσθαι δύνασθαι.

4 τούτων τι] τι τῶν S γρ. Q γρ. 8 καὶ ante τοιοῦτο add. L vulg.: om. S solus 9 μὲν post Δημοσθένης add. L A: om. S vulg. 14 ἀνελέσθαι] ἑλέσθαι A ὁτιοῦν ἂν] μηδʼ ὁτιοῦν ἄνευ L O corr. F corr. Y 16 ἐνταυθὶ S: ἐνταῦθα A: ἐνταυθοῖ L O 20 ἀλλὰ L A: ἀλλʼ οὐ S vulg.: ἀλλὰ τοῦ Index Lambini, Dobree 22 περιῃρημένοι L Q S γρ. 29 ἀμύνεσθαι F[1] vulg.: ἀμύνασθαι S L A Q O

83 Καὶ μὴν ὅτι χωρὶς τῆς ἄλλης αἰσχύνης καὶ ἀδοξίας, ἣν τὰ
πεπραγμέν' ἔχει, καὶ μεγάλοι κίνδυνοι περιεστᾶσιν ἐκ τούτων
τὴν πόλιν, ῥᾴδιον δεῖξαι. τίς γὰρ οὐκ οἶδεν ὑμῶν ὅτι τῷ
Φωκέων πολέμῳ καὶ τῷ κυρίους εἶναι Πυλῶν Φωκέας ἥ τ'
ἀπὸ Θηβαίων ἄδει' ὑπῆρχεν ἡμῖν, καὶ τὸ μηδέποτ' ἐλθεῖν ἂν
εἰς Πελοπόννησον μηδ' εἰς Εὔβοιαν μηδ' εἰς τὴν Ἀττικὴν
84 Φίλιππον [μηδὲ Θηβαίους]; ταύτην μέντοι τὴν ἀπὸ τοῦ
τόπου καὶ τῶν πραγμάτων αὐτῶν ἀσφάλειαν ὑπάρχουσαν
τῇ πόλει ταῖς τούτων ἀπάταις καὶ ψευδολογίαις πεισθέντες
προήκασθ' ὑμεῖς, καὶ τετειχισμένην ὅπλοις καὶ πολέμῳ
συνεχεῖ καὶ πόλεσιν μεγάλαις συμμάχων ἀνδρῶν καὶ χώρᾳ
πολλῇ περιείδετ' ἀνασταθεῖσαν. καὶ ματαία μὲν ἡ πρό-
τερον βοήθει' εἰς Πύλας ὑμῖν γέγονεν, ἣν μετὰ πλειόνων ἢ
διακοσίων ταλάντων ἐποιήσασθε, ἂν λογίσησθε τὰς ἰδίας
δαπάνας τὰς τῶν στρατευσαμένων, μάταιαι δὲ καὶ αἱ κατὰ
85 Θηβαίων ἐλπίδες. ὃ δέ, πολλῶν ὄντων καὶ δεινῶν ὧν οὗτος
ὑπηρέτηκε Φιλίππῳ, πλείστην ὕβριν ὡς ἀληθῶς ἔχει κατὰ
τῆς πόλεως καὶ ἁπάντων ὑμῶν, τοῦτ' ἀκούσατέ μου, ὅτι τοῖς
Θηβαίοις ἐγνωκότος ἐξ ἀρχῆς τοῦ Φιλίππου πάνθ' ἃ πεποίηκε
[368] ποιεῖν, οὗτος ἀπαγγείλας τἀναντία καὶ φανεροὺς ἐπιδείξας
ὑμᾶς οὐχὶ βουλομένους, ὑμῖν μὲν τὴν ἔχθραν τὴν πρὸς Θη-
βαίους μείζω, Φιλίππῳ δὲ τὴν χάριν πεποίηκεν. πῶς ἂν οὖν
ὑβριστικώτερον ἄνθρωπος ὑμῖν ἐχρήσατο;
86 Λέγε δὴ τὸ ψήφισμα λαβὼν τὸ τοῦ Διοφάντου καὶ τὸ
τοῦ Καλλισθένους, ἵν' εἰδῆθ' ὅτι, ὅτε μὲν τὰ δέοντ' ἐποιεῖτε,
θυσιῶν καὶ ἐπαίνων ἠξιοῦσθε παρ' ὑμῖν αὐτοῖς καὶ παρὰ τοῖς
ἄλλοις, ἐπειδὴ δ' ὑπὸ τούτων παρεκρούσθητε, παῖδας καὶ
γυναῖκας ἐκ τῶν ἀγρῶν κατεκομίζεσθε καὶ τὰ Ἡράκλει' ἐντὸς
τείχους θύειν ἐψηφίζεσθε, εἰρήνης οὔσης. ὃ καὶ θαυμάζω,

7 μηδὲ Θηβαίους secl. Weidner, cf. schol. p. 382, 6 10 προήκασθ' SL vulg.: προήκαθ' O 12 πρότερον SL soli: προτέρα vulg. 13 εἰς] ἢ εἰς A 14 προσλογίσησθε Cobet 19 ἃ πεποίηκε SA: ἅπερ προῄρητο L vulg. 20 φανερῶς Cobet 22 οὖν om. AFQ 28 κατεκομίζεσθε SLY: κατεκομίζετε A, cf. § 125

εἰ τὸν μηδὲ τοὺς θεούς, καθ' ὃ πάτριον ἦν, τιμᾶσθαι ποιήσαντα, τοῦτον ἀτιμώρητον ἀφήσετε. λέγε τὸ ψήφισμα.

ΨΗΦΙΣΜΑ.

Ταῦτα μὲν τότ' ἄξι', ὦ ἄνδρες Ἀθηναῖοι, τῶν πεπραγμένων ἐψηφίσασθε. Λέγε δὴ τὰ μετὰ ταῦτα.

ΨΗΦΙΣΜΑ.

87 Ταῦτα τότ' ἐψηφίζεσθ' ὑμεῖς διὰ τούτους, οὐκ ἐπὶ ταύταις ταῖς ἐλπίσιν οὔτε κατ' ἀρχὰς ποιησάμενοι τὴν εἰρήνην καὶ τὴν συμμαχίαν, οὔθ' ὕστερον ἐγγράψαι πεισθέντες ⟨εἰς⟩ αὐτὴν 'καὶ τοῖς ἐγγόνοις,' ἀλλ' ὡς θαυμάσι' ἠλίκα πεισόμενοι διὰ τούτους ἀγαθά. καὶ μὴν καὶ μετὰ ταῦθ' ὁσάκις πρὸς Πορθμῷ ἢ πρὸς Μεγάροις ἀκούοντες δύναμιν Φιλίππου καὶ ξένους ἐθορυβεῖσθε, πάντες ἐπίστασθε. οὐ τοίνυν εἰ μήπω τῆς Ἀττικῆς ἐπιβαίνει, δεῖ σκοπεῖν οὐδὲ ῥᾳθυμεῖν, ἀλλ' εἰ διὰ τούτους ἐξουσία γέγονεν αὐτῷ τοῦθ' ὅταν βούληται ποιῆσαι, τοῦθ' ὁρᾶν, καὶ πρὸς ἐκεῖνο τὸ δεινὸν βλέπειν, καὶ τὸν αἴτιον καὶ παοασκευάσαντα τὴν ἐξουσίαν [369] ταύτην ἐκείνῳ μισεῖν καὶ τιμωρεῖσθαι.

88 Οἶδα τοίνυν ὅτι τοὺς μὲν ὑπὲρ τῶν κατηγορημένων αὐτῶν λόγους Αἰσχίνης φεύξεται, βουλόμενος δ' ὑμᾶς ὡς πορρωτάτω τῶν πεπραγμένων ἀπάγειν διέξεισιν ἡλίκα πᾶσιν ἀνθρώποις ἀγάθ' ἐκ τῆς εἰρήνης γίγνεται καὶ τοὐναντίον ἐκ τοῦ πολέμου κακά, καὶ ὅλως ἐγκώμι' εἰρήνης ἐρεῖ, καὶ τοιαῦτ' ἀπολογήσεται. ἔστι δὲ καὶ ταῦτα κατηγορήματα τούτου. εἰ γὰρ ἡ τοῖς ἄλλοις ἀγαθῶν αἰτία τοσούτων πραγμάτων καὶ ταραχῆς ἡμῖν αἰτία γέγονε, τί τις εἶναι τοῦτο φῇ πλὴν ὅτι δῶρα λαβόντες οὗτοι καλὸν πρᾶγμα

1–2 εἰ . . . ἀφήσετε om. S L $Y^1$ 5 ἐψηφίσασθε om. A 9 εἰς ante αὐτὴν add. Markland, cf. §§ 49, 310 10 ἐγγόνοις O B : ἐκγόνοις S L vulg., cf. §§ 48, 54 19 αὐτῶν $S^1$ (supra scripto οῦ ab ant. m.): αὐτοῦ L vulg.: αὑτοῦ Bekker 25 ἀγαθοῖς S Q 26 τηλικαύτης ante ταραχῆς add. L vulg. : om. S A 27 φῇ S A : φαίη vulg.

89 φύσει κακῶς διέθηκαν; 'τί δ'; οὐ τριήρεις τριακόσιαι καὶ σκεύη ταύταις καὶ χρήμαθ' ὑμῖν περίεστι καὶ περιέσται διὰ τὴν εἰρήνην;' ἴσως ἂν εἴποι. πρὸς δὴ ταῦτ' ἐκεῖν' ὑμᾶς ὑπολαμβάνειν δεῖ, ὅτι καὶ τὰ Φιλίππου πράγματ' ἐκ τῆς εἰρήνης γέγονεν εὐπορώτερα πολλῷ, καὶ κατασκευαῖς ὅπλων καὶ χώρας καὶ προσόδων αἳ γεγόνασιν ἐκείνῳ μεγάλαι.
90 γεγόνασι δὲ καὶ ἡμῖν τινές. ἡ δέ γε τῶν πραγμάτων κατασκευὴ καὶ τῶν συμμάχων, δι' ἣν ἢ αὐτοῖς ἢ τοῖς κρείττοσι τἀγαθὰ πάντες κέκτηνται, ἡ μὲν ἡμετέρα πραθεῖσ' ὑπὸ τούτων ἀπόλωλε καὶ γέγονεν ἀσθενής, ἡ δ' ἐκείνου φοβερὰ καὶ μείζων πολλῷ. οὐ δὴ δίκαιον ἐκείνῳ μὲν ἀμφότερ' ηὐξῆσθαι διὰ τούτους καὶ τὰ τῶν συμμάχων καὶ τὰ τῶν προσόδων, ἃ δ' ἡμῖν καὶ ὣς ἂν ὑπῆρχεν ἐκ τῆς εἰρήνης,
[370] ταῦτ' ἀνθ' ὧν ἀπέδοντ' αὐτοὶ λογίζεσθαι. οὐ γὰρ ταῦτ' ἀντ' ἐκείνων γέγονεν, οὐδὲ πολλοῦ δεῖ, ἀλλὰ ταῦτα μὲν ἦν ἂν ὁμοίως ἡμῖν, ἐκεῖνα δὲ τούτοις ἂν προσῆν εἰ μὴ διὰ τούτους.

91 Ὅλως δ', ὦ ἄνδρες Ἀθηναῖοι, δίκαιον δήπου φήσαιτ' ἂν εἶναι, μήτ' εἰ πολλὰ καὶ δεινὰ τὰ συμβεβηκότ' ἐστὶ τῇ πόλει, μηδενὸς δ' Αἰσχίνης αἴτιος τούτων, εἰς τοῦτον ἐλθεῖν τὴν ὀργήν, μήτ' εἴ τι τῶν δεόντων πέπρακται δι' ἄλλον τινά, τοῦτο σῶσαι τουτονί· ἀλλ' ὅσων οὗτος αἴτιος σκεψάμενοι καὶ χάριν, ἂν ταύτης ἄξιος ᾖ, καὶ τοὐναντίον ὀργήν,
92 ἂν τοιαῦτα φαίνηται, ποιεῖσθε. πῶς οὖν εὑρήσετε ταῦτα δικαίως; ἐὰν μὴ πάνθ' ἅμ' ἐᾶτε ταράττειν αὐτόν, τὰ τῶν στρατηγῶν ἀδικήματα, τὸν πόλεμον τὸν πρὸς Φίλιππον, τἀπὸ τῆς εἰρήνης ἀγαθά, ἀλλ' ἕκαστον ἐφ' αὑτοῦ σκοπῆτε. οἷον, ἦν ἡμῖν πόλεμος πρὸς Φίλιππον; ἦν. ἐνταῦθ' ἐγκαλεῖ τις Αἰσχίνῃ; βούλεταί τις τούτου κατηγορεῖν περὶ τῶν ἐν τῷ πολέμῳ πραχθέντων; οὐδὲ εἷς. οὐκοῦν περὶ

6 χώραις O προσόδοις A 13 ἃ δ' ἡμῖν F γρ: ἃ δ' ὑμῖν S L Y: ἡμῖν δὲ ἃ vulg.: ὑμῖν δ' ἃ A καὶ ὣς Blass auctore Weilio: δικαίως codd. 14 αὐτοὶ S Y: οὗτοι L vulg. 24 πεποιηκὼς post φαίνηται add. L vulg.: om. S A 25 ταράττειν] πράττειν S Q

τούτων γ' ἀφεῖται καὶ οὐδὲν αὐτὸν δεῖ λέγειν· περὶ γὰρ
τῶν ἀμφισβητουμένων καὶ τοὺς μάρτυρας παρέχεσθαι καὶ
τὰ τεκμήρια δεῖ λέγειν τὸν φεύγοντα, οὐ τὰ ὁμολογούμεν'
ἀπολογούμενον ἐξαπατᾶν. ὅπως τοίνυν περὶ τοῦ πολέμου
μηδὲν ἐρεῖς· οὐδεὶς γὰρ οὐδὲν αἰτιᾶται περὶ αὐτοῦ σε. μετὰ 93
ταῦτ' εἰρήνην τινὲς ἡμᾶς ἔπειθον ποιήσασθαι· ἐπείσθημεν·
πρέσβεις ἐπέμψαμεν· ἤγαγον οὗτοι δεῦρο τοὺς ποιησομένους
τὴν εἰρήνην. πάλιν ἐνταῦθα περὶ τούτου μέμφεταί τις
Αἰσχίνην; φησί τις εἰσηγήσασθαι τοῦτον εἰρήνην, ἢ ἀδικεῖν
ὅτι δεῦρ' ἤγαγε τοὺς ποιησομένους; οὐδὲ εἷς. οὔκουν οὐδ'
ὑπὲρ αὐτοῦ τοῦ ποιήσασθαι τὴν πόλιν εἰρήνην οὐδὲν αὐτῷ [371]
λεκτέον· οὐ γὰρ οὗτος αἴτιος. 'τί οὖν, ἄνθρωπε, λέγεις,' 94
εἴ τις ἔροιτό με, 'καὶ πόθεν ἄρχει κατηγορεῖν;' ὅθεν, ὦ ἄν-
δρες Ἀθηναῖοι, βουλευομένων ὑμῶν, οὐ περὶ τοῦ εἰ ποιητέον
εἰρήνην ἢ μή (ἐδέδοκτο γὰρ ἤδη τοῦτό γε) ἀλλ' ὑπὲρ τοῦ
ποίαν τινά, τοῖς τὰ δίκαια λέγουσιν ἀντειπὼν τῷ μισθοῦ
γράφοντι συνεῖπε δῶρα λαβών, καὶ μετὰ ταῦτ' ἐπὶ τοὺς
ὅρκους αἱρεθείς, ὧν μὲν ὑμεῖς προσετάξατε, οὐδ' ὁτιοῦν
ἐποίησε, τοὺς δ' ἐπὶ τοῦ πολέμου διασωθέντας ἀπώλεσε τῶν
συμμάχων, καὶ τηλικαῦτα καὶ τοιαῦτ' ἐψεύσαθ' ἡλίκ' οὐδεὶς
πώποτ' ἄλλος ἀνθρώπων οὔτε πρότερον οὔθ' ὕστερον. τὸ
μὲν γὰρ ἐξ ἀρχῆς ἄχρι τοῦ λόγου τυχεῖν Φίλιππον ὑπὲρ
τῆς εἰρήνης, Κτησιφῶν καὶ Ἀριστόδημος τὴν πρώτην ἔφερον
τοῦ φενακισμοῦ, ἐπειδὴ δ' εἰς τὸ πράττειν ἤδη τὰ πράγμαθ'
ἧκεν, Φιλοκράτει καὶ τούτῳ παρέδωκαν, δεξάμενοι δ' οὗτοι
πάντ' ἀπώλεσαν. εἶτ' ἐπειδὴ δεῖ λόγον καὶ δίκην ὑπέχειν 95
τῶν πεπραγμένων, ὧν, οἶμαι, πανοῦργος οὗτος καὶ θεοῖς

7 ποιησομένους] σπεισομένους omisso τὴν εἰρήνην Herwerden 9 φησί S O Y corr. : φήσει L vulg., cf. § 31 10 ποιησομένους] σπεισομένους Herwerden 13 εἴ τις ἔροιτό με secl. Cobet 14 εἰ vulg. : ἢ S L Q 16 γὰρ post τοῖς add. L vulg. : om. S λέγουσιν S $L^1$ Y : γράφουσιν vulg. 20 καὶ τοιαῦτ' om. F O Q : add. S L vulg. 21 ἄλλος om. A 23 τὴν ἀρχὴν ante τὴν πρώτην add. S L vulg. : om. S γρ. Q γρ. A Harpocr. s. v. Κτησιφῶν, cf. schol. p. 115, 19 ad. or. iii 2 τὴν πρώτην ἔφερον] τὰ πρῶτ' ἐφέροντο Cobet 25 δεξάμενοι S vulg. : ἐκδεξάμενοι L A : ἀναδεξάμενοι S γρ.

ἐχθρὸς καὶ γραμματεύς, ὡς ὑπὲρ εἰρήνης κρινόμενος ἀπολογήσεται, οὐχ ἵνα πλειόνων ἢ κατηγορεῖ τις αὐτοῦ δῷ λόγον· μανία γὰρ τοῦτό γε· ἀλλ' ὁρᾷ τοῦθ' ὅτι ἐν μὲν τοῖς ὑφ' αὐτοῦ πεπραγμένοις ἀγαθὸν μὲν οὐδέν ἐστιν, ἅπαντα δὲ τἀδικήματα, ἡ δ' ὑπὲρ τῆς εἰρήνης ἀπολογία, καὶ εἰ
96 μηδὲν ἄλλο, τοὔνομα γοῦν ἔχει φιλάνθρωπον. ἣν δέδοικα
[372] μέν, ὦ ἄνδρες Ἀθηναῖοι, δέδοικα, μὴ λελήθαμεν ὥσπερ οἱ δανειζόμενοι ἐπὶ πολλῷ ἄγοντες· τὸ γὰρ ἀσφαλὲς αὐτῆς καὶ τὸ βέβαιον οὗτοι προὔδοσαν, Φωκέας καὶ Πύλας· οὐ μὴν διὰ τοῦτόν γ' ἐξ ἀρχῆς ἐποιησάμεθα, ἀλλ' ἄτοπον μέν ἐστιν ὃ μέλλω λέγειν, ἀληθὲς δὲ πάνυ· εἰ γάρ τις ὡς ἀληθῶς χαίρει τῇ εἰρήνῃ, τοῖς στρατηγοῖς, ὧν κατηγοροῦσιν ἅπαντες, χάριν αὐτῆς ἐχέτω· εἰ γὰρ ἐκεῖνοι ὡς ὑμεῖς ἐβούλεσθ' ἐπολέμουν, οὐδ' ὄνομ' εἰρήνης ἂν ὑμεῖς
97 ἠνέσχεσθε. εἰρήνη μὲν οὖν δι' ἐκείνους, ἐπικίνδυνος δὲ καὶ σφαλερὰ καὶ ἄπιστος διὰ τούτους γέγονεν δωροδοκήσαντας. εἴργετ' οὖν, εἴργετ' αὐτὸν τῶν ὑπὲρ τῆς εἰρήνης λόγων, εἰς δὲ τοὺς ὑπὲρ τῶν πεπραγμένων ἐμβιβάζετε. οὐ γὰρ Αἰσχίνης ὑπὲρ τῆς εἰρήνης κρίνεται, οὔ, ἀλλ' ἡ εἰρήνη δι' Αἰσχίνην διαβέβληται. σημεῖον δέ· εἰ γὰρ ἡ μὲν εἰρήνη ἐγεγόνει, μηδὲν δ' ὕστερον ἐξηπάτησθ' ὑμεῖς μηδ' ἀπωλώλει τῶν συμμάχων μηδείς, τίν' ἀνθρώπων ἐλύπησεν ἂν ἡ εἰρήνη, ἔξω τοῦ ἄδοξος γεγενῆσθαι; καίτοι καὶ τούτου συναίτιος οὗτος συνειπὼν Φιλοκράτει. ἀλλ' ἀνήκεστόν γ' οὐδὲν ἂν ἦν γεγονός. νῦν δ', οἶμαι, πόλλ', ὧν αἴτιος οὗτος.

98 Ὅτι μὲν τοίνυν αἰσχρῶς καὶ κακῶς πάντα ταῦθ' ὑπὸ τούτων ἀπόλωλε καὶ διέφθαρται, οἶμαι πάντας ὑμᾶς εἰδέναι. ἐγὼ δ', ὦ ἄνδρες δικασταί, τοσοῦτ' ἀπέχω τοῦ συκοφαντίαν τινὰ τοῖς πράγμασι τούτοις προσάγειν ἢ ὑμᾶς ἀξιοῦν, ὥστ'

1 τῆς ante εἰρήνης add. vulg. : om. S solus 7 ὥσπερ οἱ δανειζόμενοι secl. Dobree ut illata ex or. i 15 13 αὐτῆς S F[1] : αὐτοῖς L vulg. : om. A 18 ἐμβιβάζετε F[1] : συμβιβάζετε S L Q Y 22 τῶν συμμάχων om. S solus 23 ἡ εἰρήνη om. F Q 25 πόλλ', ὧν Weil : πολλῶν codd. αἴτιος οὗτος S Q : οὗτος αἴτιός ἐστιν A : ἄλλων ἐστὶ κακῶν αἴτιος οὗτος L vulg.

εἰ ταῦθ' ὑπ' ἀβελτερίας ἢ δι' εὐήθειαν ἢ δι' ἄλλην ἄγνοιαν
ἡντινοῦν οὕτω πέπρακται, αὐτός τ' ἀφίημ' Αἰσχίνην καὶ [373]
ὑμῖν συμβουλεύω. καίτοι τῶν σκήψεων τούτων οὐδεμί' 99
ἐστὶ πολιτικὴ οὐδὲ δικαία. οὐδένα γὰρ τὰ κοινὰ πράττειν
ὑμεῖς κελεύετε οὐδ' ἀναγκάζετε· ἀλλ' ἐπειδάν τις ἑαυτὸν
πείσας δύνασθαι προσέλθῃ, πρᾶγμα ποιοῦντες ἀνθρώπων
χρηστῶν καὶ φιλανθρώπων, εὐνοϊκῶς δέχεσθε καὶ οὐ φθο-
νερῶς, ἀλλὰ καὶ χειροτονεῖτε καὶ τὰ ὑμέτερ' αὐτῶν ἐγχειρί-
ζετε. ἐὰν μὲν οὖν κατορθοῖ τις, τιμήσεται καὶ πλέον ἕξει 100
τῶν πολλῶν κατὰ τοῦτο· ἂν δ' ἀποτυγχάνῃ, σκήψεις καὶ
προφάσεις ἐρεῖ; ἀλλ' οὐ δίκαιον. οὐ γὰρ ἂν ἐξαρκέσειε
τοῖς ἀπολωλόσι συμμάχοις οὐδὲ τοῖς παισὶν αὐτῶν οὐδὲ ταῖς
γυναιξὶν οὐδὲ τοῖς ἄλλοις διὰ τὴν ἀβελτερίαν τὴν ἐμήν,
ἵνα μὴ τὴν τούτου λέγω, τοιαῦτα πεπονθέναι· πολλοῦ γε
καὶ δεῖ. ἀλλ' ὅμως ὑμεῖς ἄφετ' Αἰσχίνῃ τὰ δεινὰ ταῦτα 101
καὶ ὑπερβάλλοντα, ἂν δι' εὐήθειαν ἢ δι' ἄλλην ἄγνοιαν
ἡντινοῦν λελυμασμένος φανῇ. ἂν μέντοι διὰ πονηρίαν
ἀργύριον λαβὼν καὶ δῶρα, καὶ τοῦτ' ἐξελεγχθῇ σαφῶς ὑπ'
αὐτῶν τῶν πεπραγμένων, μάλιστα μέν, εἰ οἷόν τ', ἀποκτεί-
νατε, εἰ δὲ μή, ζῶντα τοῖς λοιποῖς παράδειγμα ποιήσατε.
σκοπεῖτε δὴ τὸν ὑπὲρ τούτων ἔλεγχον, ὡς δίκαιος ἔσται,
μεθ' ὑμῶν.

Ἀνάγκη δή που τοὺς λόγους τούτους Αἰσχίνην πρὸς 102
ὑμᾶς εἰπεῖν τουτονί, τοὺς περὶ τῶν Φωκέων καὶ τῶν Θεσπιῶν
καὶ τῆς Εὐβοίας, εἴπερ μὴ πεπρακὼς αὑτὸν ἑκὼν ἐξηπάτα,
δυοῖν θάτερον, ἢ διαρρήδην ἀκούσανθ' ὑποσχομένου Φιλίπ-
που ὅτι πράξει ταῦτα καὶ ποιήσει, ἢ εἰ μὴ τοῦτο, γοητευ-
θέντα καὶ φενακισθέντα τῇ περὶ τἆλλα φιλανθρωπίᾳ καὶ
ταῦτ' ἐλπίσαντα παρ' αὐτοῦ. οὐκ ἔνεστι τούτων οὐδὲ ἓν [374]
χωρίς. ἐκ τοίνυν τούτων ἀμφοτέρων μάλιστα πάντων 103

3 ἀφεῖναι ante συμβουλεύω add. vulg. : om. S L¹ soli 5 ἐκελεύετε S L Y 18 ἐλεγχθῇ A 19 εἰ οἷόν τε secl. Cobet 20 λοιποῖς S L A : πολλοῖς F Q O, cf. xxi 112 23 Αἰσχίνην secl. Weidner 24 τουτονί post εἰπεῖν S L Y : post Αἰσχίνην vulg.

ἀνθρώπων μισεῖν αὐτῷ προσήκει Φίλιππον. διὰ τί; ὅτι
τὸ μὲν ἐκείνου μέρος πάντ' αὐτῷ γέγονεν τὰ δεινότατα καὶ
τὰ αἴσχιστα. ὑμᾶς ἐξηπάτηκεν, ἀδοξεῖ, [δικαίως ἀπόλωλε,]
κρίνεται· καὶ εἴ γέ τι τῶν προσηκόντων ἐγίγνετο, ἐν εἰσαγ-
γελίᾳ πάλαι ἂν ἦν· νῦν δὲ διὰ τὴν ὑμετέραν εὐήθειαν καὶ
104 ad 109 πραότητ' εὐθύνας δίδωσι, καὶ ταύτας ὁπηνίκα βούλεται.
ἔστιν οὖν ὅστις ὑμῶν φωνὴν ἀκήκοεν Αἰσχίνου κατηγο-
ροῦντος Φιλίππου; τί δ'; ἐξελέγχοντ' ἢ λέγοντά τι τοῦτον
ἑόρακεν; οὐδὲ εἷς· ἀλλὰ πάντες Ἀθηναῖοι πρότερον κατη-
γοροῦσι Φιλίππου, καὶ ὁ τυχὼν ἀεί, ὧν οὐδὲν οὐδεὶς ἠδίκηται,
ἰδίᾳ δήπου. ἐγὼ δ' ἐκείνους τοὺς λόγους ἐζήτουν παρὰ
τούτου, εἴπερ μὴ πεπρακὼς αὑτὸν ἦν, 'ἄνδρες Ἀθηναῖοι,
ἐμοὶ μὲν χρήσασθ' ὅ τι βούλεσθε· ἐπίστευσ', ἐξηπατήθην,
ἥμαρτον, ὁμολογῶ. τὸν δ' ἄνθρωπον, ἄνδρες Ἀθηναῖοι,
φυλάττεσθε· ἄπιστος, γόης, πονηρός. οὐχ ὁρᾶθ' οἷα πε-
ποίηκεν ἐμέ; οἷ' ἐξηπάτηκεν;' τούτων οὐδέν' ἀκούω τῶν
110 λόγων, οὐδ' ὑμεῖς. διὰ τί; ὅτι οὐ παρακρουσθεὶς οὐδ' ἐξα-
πατηθείς, ἀλλὰ μισθώσας αὑτὸν καὶ λαβὼν ἀργύριον ταῦτ'
εἶπε καὶ προὔδωκεν ἐκείνῳ, καὶ γέγονεν καλὸς κἀγαθὸς καὶ
δίκαιος μισθωτὸς ἐκείνῳ, πρεσβευτὴς μέντοι καὶ πολίτης
ὑμῖν προδότης καὶ τρίς, οὐχ ἅπαξ, ἀπολωλέναι δίκαιος.
111 Οὐ τοίνυν ἐκ τούτων μόνον δῆλός ἐσθ' ὅτι χρημάτων
ἅπαντ' εἶπεν ἐκεῖνα· ἀλλ' ἧκον ὡς ὑμᾶς ἔναγχος Θετταλοὶ
[375] καὶ Φιλίππου πρέσβεις μετ' αὐτῶν, ἀξιοῦντες ὑμᾶς Φίλιππον
Ἀμφικτύον' εἶναι ψηφίσασθαι. τῷ προσῆκεν οὖν ἀντειπεῖν
τούτοις μάλιστα πάντων ἀνθρώπων; Αἰσχίνῃ τουτῳί. διὰ
τί; ὅτι οἷς οὗτος ἀπήγγειλε πρὸς ὑμᾶς, τούτοις τἀναντί'

1 *προσῆκεν* Reiske 3 *δικαίως ἀπόλωλε* S Q *γρ.* : secl. Weil ut ex § 110 illata, coll. §§ 115 et 118 : *δικαίως ἀπολωλέναι* cett. : *δίκαιος ἀπολωλέναι* Lambinus 4 *καὶ* om. S solus 8 *τί δ';*] *τίς δ'* Felicianus Dindorf *τοῦτον*] *τούτων* A O corr. 9 *πρότεροι* A 11 *ἰδίᾳ* post *ἠδίκηται* S L A : ante *ἠδίκηται* vulg. : secl. Blass *ἐζήτουν* L vulg. : *ἐξήτουν* S : *ἐξῄτουν* Y F *γρ.* 20 *ἐκείνῳ*] *Φιλίππῳ* A 22 *μόνον ἐκ τούτων* A 23 *ἔναγχος* om. A 26 *τουτῳί* Dindorf : *τούτῳ* codd., cf. §§ 113, 121

ἐποίησεν ἐκεῖνος. οὗτος μὲν γὰρ ἔφη Θεσπιὰς καὶ Πλα- 112
ταιὰς αὐτὸν τειχιεῖν, καὶ τοὺς μὲν Φωκέας οὐκ ἀπολεῖν, τὴν
δὲ Θηβαίων ὕβριν καταλύσειν· ὁ δὲ τοὺς μὲν Θηβαίους
μείζους ἢ προσῆκε πεποίηκε, τοὺς δὲ Φωκέας ἄρδην ἀπολώ-
λεκε, καὶ τὰς μὲν Θεσπιὰς καὶ Πλαταιὰς οὐ τετείχικε, τὸν
δ' Ὀρχομενὸν καὶ τὴν Κορώνειαν προσεξηνδραπόδισται.
πῶς ἂν ἐναντιώτερα πράγμαθ' ἑαυτοῖς τούτων γένοιτο; οὐ
τοίνυν ἀντεῖπεν, οὐδὲ διῆρε τὸ στόμα, οὐδ' ἐφθέγξατ' ἐναν-
τίον οὐδέν. καὶ οὐχὶ τοῦτό πω δεινόν, τηλικοῦτον ὄν. ἀλλὰ 113
καὶ συνεῖπε μόνος τῶν ἐν τῇ πόλει πάντων ἀνθρώπων.
καίτοι τοῦτό γ' οὐδὲ Φιλοκράτης ἐτόλμησε ποιῆσαι ὁ μιαρός,
ἀλλ' Αἰσχίνης οὑτοσί. καὶ θορυβούντων ὑμῶν καὶ οὐκ
ἐθελόντων ἀκούειν αὐτοῦ, καταβαίνων ἀπὸ τοῦ βήματος,
ἐνδεικνύμενος τοῖς πρέσβεσι τοῖς παρὰ τοῦ Φιλίππου παρ-
οῦσι, πολλοὺς ἔφη τοὺς θορυβοῦντας εἶναι, ὀλίγους δὲ τοὺς
στρατευομένους ὅταν δέῃ, (μέμνησθε γὰρ δήπου,) αὐτὸς ὤν,
οἶμαι, θαυμάσιος στρατιώτης, ὦ Ζεῦ.

Ἔτι τοίνυν, εἰ μὲν μηδένα μηδὲν ἔχοντ' εἴχομεν δεῖξαι 114
τῶν πρέσβεων, μηδ' ἦν ὥστ' ἰδεῖν ἅπαντας, βασάνους καὶ
τὰ τοιαῦθ' ὑπόλοιπον ἂν ἦν σκοπεῖν. εἰ δὲ Φιλοκράτης
μὴ μόνον ὡμολόγει παρ' ὑμῖν ἐν τῷ δήμῳ πολλάκις, ἀλλὰ
καὶ ἐδείκνυεν ὑμῖν, πυροπωλῶν, οἰκοδομῶν, βαδιεῖσθαι [376]
φάσκων κἂν μὴ χειροτονῆθ' ὑμεῖς, ξυληγῶν, τὸ χρυσίον
καταλλαττόμενος φανερῶς ἐπὶ ταῖς τραπέζαις, οὐκ ἔνι δή-
που τοῦτον εἰπεῖν ὡς οὐκ εἴληφε, τὸν αὐτὸν ὁμολογοῦντα
καὶ δεικνύντα. ἔστιν οὖν οὕτω τις ἀνθρώπων ἀνόητος ἢ 115
κακοδαίμων, ὥσθ' ἵνα λαμβάνῃ μὲν Φιλοκράτης, ἀδοξῇ δ'
αὐτὸς καὶ κινδυνεύῃ, ἐξὸν αὐτῷ μετὰ τῶν μηδὲν ἠδικηκότων

1 ἔφη om. S[1] solus 3 ὑμῖν post ὕβριν add. L vulg. : om. S 4 ἢ προσῆκε secl. Dobree 9 δεινόν om. S Y[1] τηλικοῦτον ὄν L vulg. : τηλικοῦτον S : καίπερ ὂν δεινόν A, cf. viii 30, ix 55 14 τοῦ om. vulg. : add. S L A Y 16 στρατευσομένους Markland, cf. § 116 γὰρ δήπου L vulg. : δήπου S solus : δή που Bekker 16 ὤν om. S solus 18 μὲν om. S solus 27 ὥσθ'] ὅστις Index Feliciani, cod. Harleianus, Dindorf

ἐξετάζεσθαι, τούτοις μὲν πολεμεῖν, πρὸς δ' ἐκεῖνον ἐλθὼν
κρίνεσθαι βούλεται; ἐγὼ μὲν οὐδέν' οἶμαι. ἀλλὰ πάντα
ταῦτ', ἐὰν ὀρθῶς σκοπῆτε, εὑρήσετε μεγάλ', ὦ ἄνδρες Ἀθη-
ναῖοι, καὶ ἐναργῆ σημεῖα τοῦ χρήματα τοῦτον ἔχειν.
116 Ὃ τοίνυν ὕστατον μὲν γέγονεν, οὐδενὸς δ' ἐστὶν ἔλαττον
σημεῖον τοῦ πεπρακέναι τοῦτον ἑαυτὸν Φιλίππῳ, θεάσασθε.
ἴστε δήπου πρώην, ὅτ' εἰσήγγελλεν Ὑπερείδης Φιλοκράτην,
ὅτι παρελθὼν ἐγὼ δυσχεραίνειν ἔφην ἕν τι τῆς εἰσαγγελίας,
εἰ μόνος Φιλοκράτης τοσούτων καὶ τοιούτων ἀδικημάτων
αἴτιος γέγονεν, οἱ δ' ἐννέα τῶν πρέσβεων μηδενός. καὶ
οὐκ ἔφην τοῦθ' οὕτως ἔχειν· οὐδαμοῦ γὰρ ἂν φανῆναι καθ'
αὑτὸν ἐκεῖνον, εἰ μὴ τοὺς συναγωνιζομένους τούτων τινὰς
117 εἶχεν. ἵν' οὖν μήτ' ἀφῶ μήτ' αἰτιάσωμαι μηδέν', ἔφην,
ἐγώ, ἀλλὰ τὸ πρᾶγμ' αὐτὸ τοὺς μὲν αἰτίους εὕρῃ, τοὺς δὲ
μὴ μετεσχηκότας ἀφῇ, ἀναστὰς ὁ βουλόμενος καὶ παρελθὼν
εἰς ὑμᾶς ἀποφηνάσθω μὴ μετέχειν μηδ' ἀρέσκειν αὐτῷ τὰ
[377] ὑπὸ Φιλοκράτους πεπραγμένα. καὶ τὸν τοῦτο ποιήσαντ'
ἀφίημ' ἔγωγ', ἔφην. ταῦτα μνημονεύεθ', ὡς ἐγῷμαι. οὐ
118 τοίνυν παρῆλθεν οὐδεὶς οὐδ' ἔδειξεν ἑαυτόν. καὶ τῶν μὲν
ἄλλων ἔσθ' ἑκάστῳ τις πρόφασις· ὁ μὲν οὐχ ὑπεύθυνος ἦν,
ὁ δ' οὐχὶ παρῆν ἴσως, τῷ δὲ κηδεστής ἐστιν ἐκεῖνος· τούτῳ
δ' οὐδὲν τούτων. ἀλλ' οὕτω καθάπαξ πέπρακεν ἑαυτὸν
καὶ οὐκ ἐπὶ τοῖς παρεληλυθόσιν μεμισθάρνηκεν μόνον, ἀλλὰ
καὶ μετὰ ταῦτα δῆλός ἐστιν, ἄν περ ἐκφύγῃ νῦν, καθ' ὑμῶν
ὑπάρξων ἐκείνῳ, ὥσθ' ἵνα μηδὲν ἐναντίον μηδὲ ῥῆμα πρόηται
Φιλίππῳ οὐδ' ἀφιέντων ἀφίεται, ἀλλ' ἀδοξεῖν, κρίνεσθαι,
πάσχειν ὁτιοῦν αἱρεῖται παρ' ὑμῖν μᾶλλον ἢ Φιλίππῳ τι
119 ποιῆσαι μὴ πρὸς ἡδονήν. καίτοι τίς ἡ κοινωνία, τίς ἡ

2 *βούλεται* codd., fort. cf. § 173 : *βούλεσθαι* marg. Morelii, Bekker : seclusum malim 7 *εἰσήγγελλεν* S L soli : *εἰσήγγειλεν* vulg., cf. § 121 9 *τοιούτων* S A : *τηλικούτων* L vulg. 12 *συναγωνιουμένους* Dobree, cf. § 113 17 *ποιήσοντα* A O 20 *ἦν* S L vulg. : secl. Blass : *ἐστιν* A 21 *ἐστιν* S L : secl. Blass : *ἦν* vulg. schol. *ἐκεῖνος* S L : *ἐκεῖ* vulg. 25 *μηδὲν . . . μηδὲ* vulg. : *μηδὲ . . . μηδὲν* S L Y 26 *ἀφίεται* S A : *ἀφίησιν* L vulg., cf. xxi 205

πολλὴ πρόνοι' ὑπὲρ Φιλοκράτους αὕτη; ὃς εἰ τὰ κάλλιστα καὶ πάντα τὰ συμφέροντ' ἐπεπρεσβεύκει, χρήματα δ' ὡμολόγει λαβεῖν ἐκ τῆς πρεσβείας, ὥσπερ ὡμολόγει, τοῦτό γ' αὐτὸ φυγεῖν καὶ διευλαβηθῆναι τῷ προῖκα πρεσβεύοντι προσῆκε, καὶ διαμαρτύρεσθαι τὸ καθ' αὑτόν. οὐ τοίνυν πεποίηκε τοῦτ' Αἰσχίνης. ταῦτ' οὐ φανέρ', ἄνδρες Ἀθηναῖοι; ταῦτ' οὐχὶ βοᾷ καὶ λέγει ὅτι χρήματ' εἴληφεν Αἰσχίνης καὶ πονηρός ἐστιν ἀργυρίου συνεχῶς, οὐ δι' ἀβελτερίαν οὐδὲ δι' ἄγνοιαν, οὐδ' ἀποτυγχάνων;

120 Καὶ τίς μου καταμαρτυρεῖ, φήσει, δῶρα λαβεῖν; [τοῦτο γάρ ἐστι τὸ λαμπρόν]. τὰ πράγματ', Αἰσχίνη, ἅπερ πιστότατ' ἐστὶν ἁπάντων, καὶ οὐκ ἔνεστ' εἰπεῖν οὐδ' αἰτιάσασθαι ὡς ἢ πεπεισμέν' ἢ χαριζόμενά τῳ ἐστι τοιαῦτα, ἀλλ' οἷάπερ αὐτὰ προδοὺς καὶ διαφθείρας σὺ πεποίηκας, τοιαῦτ' ἐξεταζόμενα [378] φαίνεται. πρὸς δὲ τοῖς πράγμασιν αὐτὸς αὐτίκα δὴ σὺ σαυτοῦ. ἀπόκριναι γὰρ δεῦρ' ἀναστάς μοι. οὐ γὰρ δὴ δι' ἀπειρίαν γ' οὐ φήσεις ἔχειν ὅ τι εἴπῃς· ὃς γὰρ ἀγῶνας καινοὺς ὥσπερ δράματα, καὶ τούτους ἀμαρτύρους, πρὸς διαμεμετρημένην τὴν ἡμέραν αἱρεῖς διώκων, δῆλον ὅτι πάνδεινος εἶ τις.

121 Πολλῶν τοίνυν καὶ δεινῶν ὄντων τῶν πεπραγμένων Αἰσχίνῃ τουτῳί, καὶ πολλὴν κακίαν ἐχόντων, ὡς καὶ ὑμῖν οἴομαι δοκεῖν, οὐδέν ἐστιν οὗ μέλλω λέγειν, ὡς ἐγὼ κρίνω, δεινότερον, οὐδ' ὅ τι μᾶλλον ἐπ' αὐτοφώρῳ δεδωροδοκηκότ' αὐτὸν καὶ πεπρακότα πάντ' ἐξελέγξει. ἐπειδὴ γὰρ ἀπεστέλλετ' αὖθις αὖ τὸ τρίτον τοὺς πρέσβεις ὡς τὸν Φίλιπ-

3 ὡμολόγει S L vulg. : ὁμολογεῖ al. 5 διαμαρτύρεσθαι S Y Q : διαμαρτύρασθαι L vulg. 10 φήσει S B marg. : φησί L vulg., cf. §§ 31, 93 δῶρα λαβεῖν om. F Q : punctis notavit L : del. Blass 10-11 τοῦτο . . . λαμπρόν secl. Dobree ut interpolata ex § 279 13 χαριζόμενα ἢ πεπεισμένα A 16 post σαυτοῦ add. καταμαρτυρήσεις L vulg. S γρ. : om. S solus ἀναστάς codd. : secl. Blass : παρελθών Harpocr. s. v. Ἀπόκρισις 19 μεμετρημένην A 22 τουτῳί Dindorf : τούτῳ codd., cf. § 111 25 καὶ πεπρακότα πάντα om. B : καὶ πεπρακότα om. A, πάντα ante αὐτὸν posito ἀποστέλλετ' S L A : ἀπεστείλατ' vulg.

που, ἐπὶ ταῖς καλαῖς καὶ μεγάλαις ἐλπίσι ταύταις αἷς οὗτος
ὑπέσχητο, ἐχειροτονήσατε καὶ τοῦτον κἀμὲ καὶ τῶν ἄλλων
122 τοὺς πλείστους τοὺς αὐτούς. ἐγὼ μὲν δὴ παρελθὼν ἐξω-
μοσάμην εὐθέως, καὶ θορυβούντων τινῶν καὶ κελευόντων
βαδίζειν οὐκ ἂν ἔφην ἐλθεῖν· οὗτος δ' ἐκεχειροτόνητο.
ἐπειδὴ δ' ἀνέστη μετὰ ταῦθ' ἡ ἐκκλησία, συνελθόντες ἐβου-
λεύονθ' οὗτοι τίν' αὐτοῦ καταλείψουσιν. ἔτι γὰρ τῶν
πραγμάτων ὄντων μετεώρων καὶ τοῦ μέλλοντος ἀδήλου,
σύλλογοι καὶ λόγοι παντοδαποὶ κατὰ τὴν ἀγορὰν ἐγίγνοντο
123 τότε· ἐφοβοῦντο δὴ μὴ σύγκλητος ἐκκλησία γένοιτ' ἐξαί-
φνης, εἶτ' ἀκούσαντες ὑμεῖς ἐμοῦ τἀληθῆ ψηφίσαισθέ τι
τῶν δεόντων ὑπὲρ τῶν Φωκέων, καὶ τὰ πράγματ' ἐκφύγοι
[379] τὸν Φίλιππον. εἰ γὰρ ἐψηφίσασθε μόνον καὶ μικρὰν ὑπε-
φήνατ' ἐλπίδ' ἡντινοῦν αὐτοῖς, ἐσώθησαν ἄν. οὐ γὰρ ἐνῆν,
οὐκ ἐνῆν μὴ παρακρουσθέντων ὑμῶν μεῖναι Φιλίππῳ. οὔτε
γὰρ σῖτος ἦν ἐν τῇ χώρᾳ, ἀσπόρῳ διὰ τὸν πόλεμον γε-
γονυίᾳ, οὔθ' ἡ σιτοπομπία δυνατὴ τριήρων οὐσῶν ὑμετέρων
ἐκεῖ καὶ τῆς θαλάττης κρατουσῶν, αἵ τε πόλεις πολλαὶ καὶ
χαλεπαὶ λαβεῖν αἱ τῶν Φωκέων, μὴ οὐ χρόνῳ καὶ πολι-
ορκίᾳ· εἰ γὰρ ἐν ἡμέρᾳ πόλιν ᾕρει, δύο καὶ εἴκοσίν εἰσιν
124 ἀριθμῷ. διὰ δὴ ταῦτα πάντα, ἵνα μηδὲν μετάθησθ' ὧν
ἐξηπάτησθε, τοῦτον αὐτοῦ κατέλιπον. ἐξομόσασθαι μὲν
δὴ μὴ μετ' αἰτίας τινὸς δεινὸν ἦν καὶ ὑποψία μεγάλη· 'τί
λέγεις; ἐπὶ τηλικαῦτα καὶ τοιαῦτ' ἀγαθὰ οὐχὶ βαδίζεις
ἀπαγγείλας οὐδὲ πρεσβεύεις;' ἔδει δὲ μένειν. πῶς οὖν;
ἀρρωστεῖν προφασίζεται, καὶ λαβὼν Ἐξήκεστον τὸν ἰατρὸν
ἁδελφὸς αὐτοῦ καὶ προσελθὼν τῇ βουλῇ ἐξώμοσεν ἀρρωστεῖν

2 ὑπέσχητο S L Y : ὑπέσχετο A : ὑπισχνεῖτο vulg. 3 ἐξωμολο-γησάμην S L[1] soli, cf. xviii 32, xli 15, xliii 11, 12 5 ἐλθεῖν S (add. ἀπ ant. m.) : ἀπελθεῖν L vulg. : ἐπελθεῖν vel παρελθεῖν al. 10 γένηται A 11 ψηφίσαισθέ S[1] L F : ψηφίσησθέ Y Q : ψηφίσεσθέ A, cf. § 51 12 ἐκφύγοι L vulg. : ἐκφεύγῃ ? S[1] (corr. οι in erasis) 15 οὐκ ἐνῆν om. S text. μεῖναι S A : μεῖναί τι vulg. : ἔτι μεῖναι Felicianus 17 δύναται S solus 19 οὐ om. S[1] (add. ant. m.) 21 μετάθησθε L vulg. : μεταθοῖσθε Schaefer : μεταθήσεσθε S 27 ἁδελφὸς L Q : ἀδελφὸς vulg. : αδελφος S ἐξώμοσεν S : ἐξωμόσατο cett.

τουτονὶ καὶ αὐτὸς ἐχειροτονήθη. ἐπειδὴ δ' ἀπωλώλεσαν οἱ 125
Φωκεῖς ὕστερον ἡμέραις πέντ' ἢ ἕξ, καὶ τέλος εἶχε τὸ
μίσθωμ' ὥσπερ ἂν ἄλλο τι τούτῳ, καὶ ὁ Δερκύλος ἐκ τῆς
Χαλκίδος ἧκεν ἀναστρέψας καὶ ἀπήγγειλεν ὑμῖν ἐκκλησιά-
ζουσιν ἐν Πειραιεῖ ὅτι Φωκεῖς ἀπολώλασι, καὶ ὑμεῖς, ὦ
ἄνδρες Ἀθηναῖοι, ταῦτ' ἀκούσαντες εἰκότως κἀκείνοις συν-
ήχθεσθε καὶ αὐτοὶ ἐξεπέπληχθε, καὶ παῖδας καὶ γυναῖκας ἐκ
τῶν ἀγρῶν κατακομίζειν ἐψηφίζεσθε καὶ τὰ φρούρι' ἐπι-
σκευάζειν καὶ τὸν Πειραιᾶ τειχίζειν καὶ τὰ Ἡράκλει' ἐν
ἄστει θύειν,—ἐπειδὴ ταῦτ' ἦν καὶ τοιαύτη ταραχὴ καὶ τοιοῦ- 126
τος θόρυβος περιειστήκει τὴν πόλιν, τηνικαῦθ' ὁ σοφὸς καὶ [380]
δεινὸς οὗτος καὶ εὔφωνος, οὔτε βουλῆς οὔτε δήμου χειρο-
τονήσαντος αὐτόν, ᾤχετο πρεσβεύων ὡς τὸν ταῦτα πεποιη-
κότα, οὔτε τὴν ἀρρωστίαν ἐφ' ᾗ τότ' ἐξωμόσαθ' ὑπολογισά-
μενος, οὔθ' ὅτι πρεσβευτὴς ἄλλος ᾕρητ' ἀνθ' αὐτοῦ, οὔθ'
ὅτι τῶν τοιούτων ὁ νόμος θάνατον τὴν ζημίαν εἶναι κελεύει,
οὔθ' ὅτι πάνδεινόν ἐστιν ἀπηγγελκόθ' ὡς ἐπικεκήρυκται 127
χρήματ' αὐτῷ ἐν Θήβαις, ἐπειδὴ Θηβαῖοι πρὸς τῷ τὴν
Βοιωτίαν ἅπασαν ἔχειν καὶ τῆς Φωκέων χώρας ἐγκρατεῖς
γεγόνασι, τηνικαῦτ' εἰς μέσας τὰς Θήβας καὶ τὸ τῶν Θη-
βαίων στρατόπεδον βαδίζειν· ἀλλ' οὕτως ἔκφρων ἦν καὶ
ὅλος πρὸς τῷ λήμματι καὶ τῷ δωροδοκήματι ὥστε πάντα
ταῦτ' ἀνελὼν καὶ παριδὼν ᾤχετο.

Καὶ τοιούτου τοῦ πράγματος ὄντος, ἔτι πολλῷ δεινότερ' 128
ἐστὶν ἃ ἐκεῖσ' ἐλθὼν διεπράξατο. ἁπάντων γὰρ ὑμῶν του-
τωνὶ καὶ τῶν ἄλλων Ἀθηναίων οὕτω δεινὰ καὶ σχέτλι'
ἡγουμένων τοὺς ταλαιπώρους πάσχειν Φωκέας ὥστε μήτε
τοὺς ἐκ τῆς βουλῆς θεωροὺς μήτε τοὺς θεσμοθέτας εἰς τὰ
Πύθια πέμψαι, ἀλλ' ἀποστῆναι τῆς πατρίου θεωρίας, οὗτος
εἰς τἀπινίκια τῶν πραγμάτων καὶ τοῦ πολέμου, ἃ Θηβαῖοι

7 αὐτοὶ vulg. : αὐτοὶ ἑαυτοῖς L solus : ἑαυτοῖς S Y F γρ. 15 ἀνθ' αὐτοῦ S L : ἀντὶ τούτου vulg. 22 ὅλος S L A : ὅλως vulg. καὶ τῷ δωροδοκήματι om. A : del. Cobet

καὶ Φίλιππος ἔθυον, εἱστιᾶτ' ἐλθὼν καὶ σπονδῶν μετεῖχε καὶ εὐχῶν, ἃς ἐπὶ τοῖς τῶν συμμάχων τῶν ὑμετέρων τείχεσι καὶ χώρᾳ καὶ ὅπλοις ἀπολωλόσιν ηὔχετ' ἐκεῖνος, καὶ συνεστεφανοῦτο καὶ συνεπαιώνιζεν Φιλίππῳ καὶ φιλοτησίας προὔπινεν.

129 Καὶ ταῦτ' οὐκ ἔνεστιν ἐμοὶ μὲν οὕτω, τούτῳ δ' ἄλλως
[381] πως εἰπεῖν· ἀλλ' ὑπὲρ μὲν τῆς ἐξωμοσίας ἐν τοῖς κοινοῖς
τοῖς ὑμετέροις γράμμασιν ἐν τῷ μητρῴῳ ταῦτ' ἐστίν, ἐφ' οἷς
ὁ δημόσιος τέτακται, καὶ ψήφισμ' ἄντικρυς περὶ τούτου τοῦ
ὀνόματος γέγραπται· ὑπὲρ δ' ὧν ἐκεῖ διεπράξατο, οἱ συμ-
πρεσβεύοντες καὶ παρόντες καταμαρτυρήσουσιν, οἵπερ ἐμοὶ
ταῦτα διηγοῦντο· οὐ γὰρ ἔγωγ' αὐτοῖς συνεπρέσβευσα, ἀλλ'
130 ἐξωμοσάμην. Καί μοι λέγε τὸ ψήφισμα [καὶ τὰ γράμματα],
καὶ τοὺς μάρτυρας κάλει.

ΨΗΦΙΣΜΑ. ΜΑΡΤΥΡΕΣ.

Τίνας οὖν εὐχὰς ὑπολαμβάνετ' εὔχεσθαι τοῖς θεοῖς τὸν Φίλιππον, ὅτ' ἔσπενδεν, ἢ τοὺς Θηβαίους; ἆρ' οὐ κράτος πολέμου καὶ νίκην αὑτοῖς καὶ τοῖς συμμάχοις διδόναι, καὶ τἀναντία τοῖς τῶν Φωκέων; οὐκοῦν ταῦτα συνηύχεθ' οὗτος καὶ κατηρᾶτο τῇ πατρίδι, ἃ νῦν εἰς κεφαλὴν ὑμᾶς αὐτῷ δεῖ τρέψαι.

131 Οὐκοῦν ᾤχετο μὲν παρὰ τὸν νόμον, ὃς θάνατον κελεύει
τούτων τὴν ζημίαν εἶναι· ἐλθὼν δ' ἐκεῖσε ἑτέρων θανάτων
ἄξια ποιῶν πέφανται· τὰ δὲ πρόσθεν πεπραγμένα καὶ
πεπρεσβευμέν' ὑπὲρ τούτων ἀποκτείνειεν ἂν αὐτὸν δικαίως.
σκοπεῖτε τοίνυν τί ἔσται τίμημα, ὃ ταύτην ἕξει τὴν ἀξίαν
132 ὥστε τοσούτων [πραγμάτων] ἀξιόχρεων φαίνεσθαι. πῶς γὰρ

4 συνεπαιάνιζε A, cf. xviii 287 5 προὔτεινεν L γρ. Y[1] F γρ., cf. § 139 9 fort. τοῦ τούτου, cf. xx 95, 99 13 καὶ τὰ γράμματα secl. Weil 15 titulos om. S spatio vacuo relicto ΓΡΑΜΜΑΤΑ post ΨΗΦΙΣΜΑ add. vulg.: om. B Q Y L corr. 17 κράτος καὶ νίκην πολέμου S, corr. pr. m. lineolis appositis 25 ὑπὲρ τούτων iure suspecta 27 πραγμάτων S Y L γρ.: secl. Weil: ἀδικημάτων L vulg.

οὐκ αἰσχρόν, ὦ ἄνδρες Ἀθηναῖοι, δημοσίᾳ μὲν ἅπαντας ὑμᾶς
καὶ ὅλον τὸν δῆμον πᾶσι τοῖς πεπραγμένοις ἐκ τῆς εἰρήνης
ἐπιτιμᾶν, καὶ μήτε τῶν ἐν Ἀμφικτύοσι κοινωνεῖν ἐθέλειν,
δυσκόλως τ' ἔχειν καὶ ὑπόπτως πρὸς τὸν Φίλιππον, ὡς
ἀσεβῶν καὶ δεινῶν ὄντων τῶν πεπραγμένων καὶ οὔτε δικαίων [382]
οὔθ' ὑμῖν συμφερόντων, εἰς δὲ τὸ δικαστήριον εἰσελθόντας
τὰς ὑπὲρ τούτων εὐθύνας δικάσοντας, ὅρκον ὑπὲρ τῆς πόλεως
ὀμωμοκότας, τὸν ἁπάντων τῶν κακῶν αἴτιον καὶ ὃν εἰλήφατ'
ἐπ' αὐτοφώρῳ τοιαῦτα πεποιηκότα, τοῦτον ἀφεῖναι; καὶ τίς 133
οὐ δικαίως ἂν ὑμῖν ἐγκαλέσειε τῶν ἄλλων πολιτῶν, μᾶλλον
δ' ἁπάντων τῶν Ἑλλήνων, ὁρῶν Φιλίππῳ μὲν ὑμᾶς ὀργι-
ζομένους, ὃς ἐκ πολέμου ποιούμενος εἰρήνην παρὰ τῶν
πωλούντων τὰς πράξεις ἐωνεῖτο, πρᾶγμα πολλὴν συγγνώμην
ἔχον διαπραττόμενος, τουτονὶ δ' ἀφιέντας, ὃς τὰ ὑμέτερ'
οὕτως αἰσχρῶς ἀπέδοτο, τῶν νόμων τὰ ἔσχατα ταττόντων
ἐπιτίμια, ἐάν τις ταῦτα ποιῇ;

Τάχα τοίνυν ἴσως καὶ τοιοῦτος ἥξει τις λόγος παρὰ τού- 134
των, ὡς ἀρχὴ γενήσεται πρὸς Φίλιππον ἔχθρας, εἰ τῶν
πρεσβευσάντων τὴν εἰρήνην καταψηφιεῖσθε. ἐγὼ δ', εἰ
τοῦτ' ἔστιν ἀληθές, οὐκ ἔχω σκοπούμενος εὑρεῖν ὅ τι μεῖζον
τούτου κατηγορήσω. εἰ γὰρ ὁ τῆς εἰρήνης χρήματ' ἀνα-
λώσας ὥστε τυχεῖν, οὗτος οὕτω γέγονεν φοβερὸς καὶ μέγας
ὥστε τῶν ὅρκων καὶ τῶν δικαίων ἀμελήσαντας ὑμᾶς ἤδη τί
Φιλίππῳ χαριεῖσθε σκοπεῖν, τί παθόντες ἂν οἱ τούτων αἴτιοι
τὴν προσήκουσαν δίκην δεδωκότες εἶεν; οὐ μὴν ἀλλ' ὅτι καὶ 135
φιλίας ἀρχὴ συμφερούσης ὑμῖν μᾶλλον ἐκ τῶν εἰκότων γενή-
σεται, καὶ τοῦτ' οἴομαι δείξειν. εὖ γὰρ εἰδέναι χρὴ τοῦθ'
ὅτι οὐ καταφρονεῖ Φίλιππος, ὦ ἄνδρες Ἀθηναῖοι, τῆς πόλεως
τῆς ὑμετέρας, οὐδ' ἀχρηστοτέρους ὑμᾶς νομίσας Θηβαίων [383]
ἐκείνους εἵλετ' ἀνθ' ὑμῶν ἀλλ' ὑπὸ τούτων ἐδιδάχθη καὶ ταῦτ'

10 ἂν ὑμῖν ἐγκαλέσειε A : ὑμῖν ἐγκαλέσει S L vulg. : ὑμῖν ἐγκαλεῖ Cobet 21 ὑπὲρ ante τῆς add. L solus 22 νῦν ante γέγονεν add. L vulg. : om. S Y 29 ὑμᾶς ante νομίσας L : post νομίσας vulg. : om. S A Y

ἤκουσεν, ἃ καὶ πρότερόν ποτ' εἶπον ἐγὼ πρὸς ὑμᾶς ἐν τῷ
136 δήμῳ καὶ τούτων οὐδεὶς ἀντεῖπεν, ὡς ὁ μὲν δῆμός ἐστιν
ἀσταθμητότατον πρᾶγμα τῶν πάντων καὶ ἀσυνθετώτατον,
ὥσπερ ἐν θαλάττῃ κῦμ' ἀκατάστατον, ὡς ἂν τύχῃ κινούμενον.
ὁ μὲν ἦλθεν, ὁ δ' ἀπῆλθεν· μέλει δ' οὐδενὶ τῶν κοινῶν, οὐδὲ
μέμνηται. δεῖ δέ τινας φίλους ὑπάρχειν τοὺς ἕκαστα πρά-
ξοντας ἐν ὑμῖν αὐτῷ καὶ διοικήσοντας, οἷον αὐτὸς δή·
κἄνπερ αὐτῷ τοῦτο κατασκευασθῇ, πᾶν ὅ τι ἂν βούληται
137 παρ' ὑμῖν ῥᾳδίως διαπράξεται. εἰ μὲν οὖν ἤκουσεν, οἶμαι,
τοὺς τότε ταῦτα πρὸς αὐτὸν εἰπόντας παραχρῆμα, ὡς δεῦρ'
ἐπανῆλθον, ἀποτετυμπανισμένους, ἐποίησεν ἂν ταὐτὸ τῷ
βασιλεῖ. τί δ' ἦν ὃ ἐκεῖνος ἐποίησεν; ἐξαπατηθεὶς ὑπὸ
Τιμαγόρου καὶ τετταράκοντα τάλαντα, ὡς λέγεται, δεδωκὼς
αὐτῷ, ἐπειδὴ παρ' ὑμῖν ἐπύθετ' αὐτὸν τεθνεῶτα καὶ οὐδὲ τοῦ
ζῆν ὄντα κύριον αὐτῷ βεβαιῶσαι, μή τί γ' ἃ ἐκείνῳ τόθ'
ὑπέσχετο πρᾶξαι, ἔγνω τὴν τιμὴν οὐχὶ τῷ κυρίῳ τῶν πρα-
γμάτων δεδωκώς. καὶ γάρ τοι πρῶτον μὲν Ἀμφίπολιν πάλιν
ὑμετέραν [δούλην] κατέπεμψεν, ἣν τότε σύμμαχον αὑτοῦ καὶ
φίλην ἔγραψεν· εἶτ' οὐδενὶ πώποτ' ἔδωκε χρήματα τοῦ
138 λοιποῦ. ταὐτὸ τοίνυν τοῦτ' ἂν ἐποίησε Φίλιππος, εἴ τινα
τούτων εἶδε δίκην δόντα, καὶ νῦν, ἂν ἴδῃ, ποιήσει. ἐπειδὰν
δ' ἀκούῃ λέγοντας, εὐδοκιμοῦντας ἐν ὑμῖν, ἑτέρους κρίνοντας,
[384] τί καὶ ποιήσῃ; ζητῇ πόλλ' ἀναλίσκειν, ἐξὸν ἐλάττω, καὶ
πάντας θεραπεύειν βούληται, δύ' ἢ τρεῖς ἐξόν; μαίνοιτο

2 ὄχλος post ἐστιν add. L vulg.: om. S solus 3 ἀσυνθετώτατον L A Bekk. Anecd. Harpocr.: ἀσυνετώτατον S F Q Y O corr. 4 κῦμα Felicianus, cf. Appian. B. C. iii 20: πνεῦμ' codd., cf. Aristid. Rh. Gr. ix 352: πνεύματι κῦμα Shilleto praeeunte Schaefero ἀκαταστάτῳ (post πνεύματι κῦμ') Herwerden κινούμενον L vulg., Appian. l. c.: κινούμενος S L corr. (pr. m. ut videtur) Q Y F corr. 5 ὁ μὲν om. S[1]: add. ant. m. ἀλλ' ante οὐδὲ add. L corr. (pr. m. ut videtur) vulg.: om. S L A 7 οἷον αὐτὸς δή S L B: ὅ τι ἂν αὐτῷ δοκῇ A: οἷ' ἂν αὐτὸς δή C. R. Kennedy 15 γ' ἃ L corr. vulg.: γ αν S solus 17 πάλιν L A[1] vulg.: πόλιν S A corr. Tiberius p. 47, Eustathius ad Il. B 756 18 δούλην secl. Funkhänel κατέπεμψεν S: κατέστησεν cett. 21 δόντα S L Y: διδόντα vulg. ἴδῃ vulg.: εἴδῃ A F Q: ειδη S 22 ἀκούῃ S L A: ἀκούσῃ vulg. 23–4 ποιησηι· ζητηι . . . βούληται S: ποιῆσαι ζητεῖ (vel ζητοίη) . . . βούληται (vel βουλήσεται vel βούλοιτο) L vulg.

μέντἄν. οὐδὲ γὰρ τὴν τῶν Θηβαίων πόλιν εἵλετο δημοσίᾳ
ποιεῖν ὁ Φίλιππος εὖ, πολλοῦ γε καὶ δεῖ, ἀλλ' ὑπὸ τῶν
πρέσβεων ἐπείσθη. ὃν δὲ τρόπον, φράσω πρὸς ὑμᾶς ἐγώ. 139
ἦλθον ὡς αὐτὸν πρέσβεις ἐκ Θηβῶν ὅτε περ καὶ παρ' ὑμῶν
ἡμεῖς ἦμεν ἐκεῖ. τούτοις χρήματ' ἐκεῖνος ἐβούλετο δοῦναι,
καὶ πάνυ γ', ὡς ἔφασαν, πολλά. οὐκ ἐδέξαντ' οὐδ' ἔλαβον
ταῦθ' οἱ τῶν Θηβαίων πρέσβεις. μετὰ ταῦτ' ἐν θυσίᾳ τινὶ
καὶ δείπνῳ πίνων καὶ φιλανθρωπευόμενος πρὸς αὐτοὺς ὁ
Φίλιππος ἄλλα τε δὴ πολλά, οἷον αἰχμάλωτα καὶ τοιαῦτα,
καὶ τελευτῶν ἐκπώματ' ἀργυρᾶ καὶ χρυσᾶ προὔπινεν αὐτοῖς.
πάντα ταῦτ' ἐκεῖνοι διεωθοῦντο καὶ οὐδαμῇ προΐενθ' αὐτούς.
τελευτῶν δὲ Φίλων, εἷς τῶν πρέσβεων, εἶπεν, ὦ ἄνδρες 140
Ἀθηναῖοι, λόγον οὐχ ὑπὲρ Θηβαίων ἀλλ' ὑπὲρ ὑμῶν ἄξιον
εἰρῆσθαι. ἔφη γὰρ τὸν Φίλιππον ὁρῶν καὶ μεγαλοψύχως
καὶ φιλανθρώπως ἔχοντα πρὸς αὐτοὺς ἥδεσθαι καὶ χαίρειν·
αὐτοὶ μὲν οὖν ὑπάρχειν αὐτῷ φίλοι καὶ ξένοι καὶ ἄνευ τῶν
δώρων τούτων, εἰς δὲ τὰ τῆς πόλεως πράγματ', ἐν οἷς ἦν
τότε, τὴν φιλανθρωπίαν αὐτὸν ἠξίουν ταύτην προσθέντ'
ἄξιόν τι καὶ αὐτοῦ καὶ τῶν Θηβαίων πρᾶξαι, καὶ ὅλην τε
τὴν πόλιν οὕτω καὶ σφεῖς ὡμολόγουν ὑπάρξειν αὐτῷ. καὶ 141
γάρ τοι σκέψασθε τί τοῖς Θηβαίοις γέγονεν ἐκ τούτων καὶ
τί συμβέβηκε, καὶ θεάσασθ' ἐπ' αὐτῆς τῆς ἀληθείας ἡλίκον
ἐστὶ τὸ μὴ πωλεῖν τὰ τῆς πόλεως. πρῶτον μὲν τοίνυν
εἰρήνη γέγονεν αὐτοῖς πονοῦσι καὶ ταλαιπωρουμένοις ἤδη τῷ
πολέμῳ καὶ ἡττωμένοις, εἶτα τῶν ἐχθρῶν Φωκέων ἄρδην [385]
ὄλεθρος καὶ ὅλων τῶν τειχῶν καὶ τῶν πόλεων ἀναίρεσις.
ἆρα καὶ μόνα ταῦτα; οὐ μὰ Δί', ἀλλ' ἔτι πρὸς τούτοις
Ὀρχομενός, Κορώνεια, Κορσιά, τὸ Τιλφωσαῖον, τῆς τῶν
Φωκέων χώρας ὁπόσην βούλονται. τοῖς μὲν δὴ Θηβαίοις 142

4 ἦλθον] ἧκον A  8 καὶ δείπνῳ om. A  10 προὔτεινεν O, cf. § 128  13 ὃν post λόγον add. L[1] F Q : om. S vulg.  20 σφεῖς S[1] L : σφᾶς cett.  23 πράγματα post πόλεως add. L vulg. : om. S A  25 Φωκέων secl. Cobet, recte puto, cf. § 325  26 ἀναιρέσεις S L corr. soli  29 βούλονται S Y : ἐβούλοντο L vulg.

ταῦτ' ἐκ τῆς εἰρήνης γέγονεν, ὧν οὐδ' ἂν εὔξαιντο δήπου
μείζονα· τοῖς δὲ πρέσβεσι τοῖς τῶν Θηβαίων τί; οὐδὲν πλὴν
τὸ τούτων αἰτίοις γεγενῆσθαι τῇ πατρίδι· τοῦτο δὲ καλόν,
ὦ ἄνδρες Ἀθηναῖοι, καὶ σεμνὸν εἰς ἀρετῆς λόγον καὶ δόξης,
ἣν οὗτοι χρημάτων ἀπέδοντο. ἀντιθῶμεν δὴ τί τῇ τῶν
Ἀθηναίων πόλει γέγονεν ἐκ τῆς εἰρήνης, καὶ τί τοῖς πρέ-
σβεσι τοῖς τῶν Ἀθηναίων, καὶ θεωρεῖτ' εἰ παραπλήσια τῇ
143 πόλει καὶ τούτοις αὐτοῖς. τῇ πόλει μὲν τοίνυν ἀφεστηκέναι
μὲν ἁπάντων καὶ τῶν κτημάτων καὶ τῶν συμμάχων, ὀμωμο-
κέναι δὲ Φιλίππῳ, κἂν ἄλλος τις ἴῃ ποτ' ἐπ' αὐτὰ βουλό-
μενος σῴζειν, ὑμᾶς κωλύσειν καὶ τὸν μὲν ὑμῖν βουλόμενον
παραδοῦναι ἐχθρὸν ἡγήσεσθαι καὶ πολέμιον, τὸν δ' ἀπεστερη-
144 κότα σύμμαχον καὶ φίλον. ταῦτα γάρ ἐσθ' ἃ συνεῖπε μὲν
Αἰσχίνης οὑτοσί, ἔγραψε δ' ὁ τούτου συνεργὸς Φιλοκράτης·
καὶ κρατοῦντος ἐμοῦ τὴν προτέραν ἡμέραν, καὶ πεπεικότος
ὑμᾶς τὸ τῶν συμμάχων δόγμα κυρῶσαι καὶ καλέσαι τοὺς
πρέσβεις τοὺς τοῦ Φιλίππου, ἐκκρούσας οὗτος εἰς τὴν ὑστε-
ραίαν τὴν Φιλοκράτους γνώμην ἔπεισεν ἑλέσθαι, ἐν ᾗ καὶ
ταῦτα καὶ πόλλ' ἄλλ' ἔτι τούτων δεινότερ' ἐστὶ γεγραμμένα.
145 τῇ μὲν δὴ πόλει ταῦτ' ἐκ τῆς εἰρήνης γέγονεν, ὧν οὐδ' εὑρεῖν
[386] αἴσχίω ῥᾴδιον· τοῖς δὲ πρέσβεσιν τί τοῖς ταῦτα πράξασιν;
τὰ μὲν ἄλλα σιωπῶ πάνθ', ὅσ' ἑοράκαθ' ὑμεῖς, οἰκίας, ξύλα,
πυρούς, ἀλλ' ἐν τῇ τῶν ἀπολωλότων συμμάχων χώρᾳ κτή-
ματα καὶ γεωργίαι παμπληθεῖς, Φιλοκράτει μὲν τάλαντον
ἔχουσαι πρόσοδον, τούτῳ δὲ [Αἰσχίνῃ] τριάκοντα μνᾶς.
146 καίτοι πῶς οὐ δεινόν, ὦ ἄνδρες Ἀθηναῖοι, καὶ σχέτλιον τὰς
τῶν ὑμετέρων συμμάχων συμφορὰς προσόδους τοῖς πρέσβεσι
τοῖς ὑμετέροις γεγενῆσθαι, καὶ τὴν αὐτὴν εἰρήνην τῇ μὲν
ἐκπεμψάσῃ πόλει τῶν μὲν συμμάχων ὄλεθρον, τῶν δὲ κτη-
μάτων ἀπόστασιν, ἀντὶ δὲ δόξης αἰσχύνην γεγενῆσθαι,

1 εὔξαιντο vulg., cf. § 328, xx 55: ευξαντο S  11 ὑμῖν vulg.: ἡμῖν SLAY  12 ἡγήσεσθαι SLF[1]: ἡγήσασθαι vulg.  25 Αἰσχίνῃ secl. Weil  29 μὲν ante συμμάχων om. S: add. L vulg.

τῶν δὲ πρέσβεων τοῖς κατὰ τῆς πόλεως ταῦτα πράξασι προσόδους, εὐπορίας, κτήματα, πλοῦτον ἀντὶ τῶν ἐσχάτων ἀποριῶν εἰργάσθαι; ἀλλὰ μὴν ὅτι ταῦτ᾽ ἀληθῆ λέγω, κάλει μοι τοὺς Ὀλυνθίους μάρτυρας.

ΜΑΡΤΥΡΕΣ.

Οὐ τοίνυν θαυμάσαιμ᾽ ἂν εἰ καὶ τοιοῦτό τι τολμήσει 147
λέγειν, ὡς οὐκ ἦν καλὴν οὐδ᾽ οἵαν ἠξίουν ἐγὼ τὴν εἰρήνην ποιήσασθαι, κακῶς τῷ πολέμῳ τῶν στρατηγῶν κεχρημένων. ἂν δὴ ταῦτα λέγῃ, πρὸς θεῶν ἐρωτήσατ᾽ αὐτὸν μεμνημένοι, πότερ᾽ ἐξ ἑτέρας ᾤχετο πρεσβεύων πόλεως ἢ ταύτης αὐτῆς. εἰ μὲν γὰρ ἐξ ἑτέρας, ἣν κεκρατηκέναι τε τῷ πολέμῳ φήσει καὶ χρηστοὺς ἔχειν στρατηγούς, εἰκότως χρήματ᾽ εἴληφεν· εἰ δ᾽ ἐκ ταύτης αὐτῆς, τίνος εἵνεκ᾽ ἐφ᾽ οἷς ἡ πέμψασα πόλις τῶν αὑτῆς ἀπέστη, ἐπὶ τούτοις οὗτος δωρειὰς προσλαβὼν φαίνεται; τῶν γὰρ αὐτῶν ἔδει τήν τε πέμψασαν πόλιν [387]
τυγχάνειν καὶ τοὺς ἐκ ταύτης πρέσβεις, εἴπερ τι τῶν δικαίων ἐγίγνετο. ἔτι τοίνυν κἀκεῖνο σκέψασθ᾽, ὦ ἄνδρες δικασταί. 148
πότερ᾽ οἴεσθε πλέον Φωκέας Θηβαίων ἢ Φίλιππον ὑμῶν κρατεῖν τῷ πολέμῳ; ἐγὼ μὲν γὰρ εὖ οἶδ᾽ ὅτι Φωκεῖς Θηβαίων. εἶχόν γ᾽ Ὀρχομενὸν καὶ Κορώνειαν καὶ τὸ Τιλφωσαῖον, καὶ τοὺς ἐν Νέωσιν ἀπειλήφεσαν αὑτῶν, καὶ ἑβδομήκοντα καὶ διακοσίους ἀπεκτόνεσαν ἐπὶ τῷ Ἡδυλείῳ, καὶ τρόπαιον εἱστήκει, καὶ ἱπποκράτουν, καὶ κακῶν Ἰλιὰς περιειστήκει Θηβαίους. ὑμῖν δὲ τοιοῦτο μὲν οὐδὲν οὔτ᾽ ἦν 149
μήτε γένοιτο τοῦ λοιποῦ, τοῦτο δ᾽ ἦν τὸ δεινότατον τοῦ πρὸς Φίλιππον πολέμου· οὐκ ἐδύνασθε κακῶς ἡλίκ᾽ ἐβούλεσθε ποιεῖν ἐκεῖνον· τοῦ δὲ μὴ πάσχειν αὐτοὶ πᾶσαν ἄδειαν ἤγετε. τί ποτ᾽ οὖν ἐκ τῆς αὐτῆς εἰρήνης τοῖς μὲν Θηβαίοις, τοῖς

1 τῶν δὲ πρέσβεων S L[1] soli : τοῖς δὲ πρέσβεσι vulg. 4 Ὀλυνθίων A 7 καλὴν L A : καλὴ S vulg. 10 αὐτῆς L F : om. Dobree cum A B, cf. schol. p. 405, 18 : τῆς αὐτῆς S vulg. 13 ταύτης L : τῆς S Y F γρ. αὐτῆς om. Dobree 14 δωρεας S L A : δῶρα vulg. 17 post ἐγίγνετο in A legitur νῦν δὲ ἡ μὲν πόλις τῶν αὑτῆς ἀφέστηκεν, οὗτος δὲ χρήματα εἴληφεν. 20 γ᾽ S : γὰρ L vulg. : μὲν γὰρ F O : μέν γε A 26 ἡλίκα S L (corr. pr. m.) : ἡνίκα cett.

τοσοῦτο κρατουμένοις τῷ πολέμῳ, καὶ τὰ ἑαυτῶν κομίσασθαι
καὶ τὰ τῶν ἐχθρῶν προσλαβεῖν γέγονε, τοῖς δ' Ἀθηναίοις
ὑμῖν, καὶ ἃ τῷ πολέμῳ διεσῴζετο, ταῦτ' ἐπὶ τῆς εἰρήνης
ἀπολωλεκέναι; ὅτι τἀκείνων μὲν οὐκ ἀπέδονθ' οἱ πρέσβεις,
τὰ δ' ὑμέτερ' οὗτοι πεπράκασιν. ἀλλὰ νὴ Δία τοὺς συμμά-
χους ἀπειρηκέναι φήσει τῷ πολέμῳ. . . . . ὅτι γὰρ ταῦθ' οὕτω
πέπρακται, καὶ ἐκ τῶν ἐπιλοίπων ἔτι μᾶλλον εἴσεσθε.
150 Ἐπειδὴ γὰρ ἡ μὲν εἰρήνη τέλος εἶχεν αὕτη, ἡ τοῦ
Φιλοκράτους, ᾗ συνεῖπεν οὗτος, οἱ δὲ πρέσβεις ἀπήρκεσαν
[388] οἱ τοῦ Φιλίππου λαβόντες τοὺς ὅρκους (καὶ μέχρι τούτου γ'
οὐδὲν ἀνήκεστον ἦν τῶν πεπραγμένων, ἀλλ' αἰσχρὰ μὲν ἡ
εἰρήνη καὶ ἀναξία τῆς πόλεως, ἀντὶ δὲ τούτων δὴ τὰ θαυ-
μάσι' ἀγάθ' ἡμῖν ἔμελλεν ἔσεσθαι), ἠξίουν [ὑμᾶς] ἐγὼ καὶ
τούτοις ἔλεγον πλεῖν τὴν ταχίστην ἐφ' Ἑλλησπόντου, καὶ
μὴ προέσθαι μηδ' ἐᾶσαι κατασχεῖν Φίλιππον μηδὲν ἐν τῷ
151 μεταξὺ χρόνῳ τῶν ἐκεῖ χωρίων. ᾔδειν γὰρ ἀκριβῶς ὅτι
πάνθ' ὅσ' ἂν ἐκ πολέμου γιγνομένης εἰρήνης προεθῇ, ταῦτα
τοῖς ἀμελήσασιν ἀπόλλυται· οὐδεὶς γὰρ πώποθ' ὑπὲρ τῶν
ὅλων πεισθεὶς εἰρήνην ἄγειν ὑπὲρ τῶν ἐγκαταλειφθέντων ἐξ
ἀρχῆς ἠθέλησεν πολεμεῖν, ἀλλὰ ταῦθ' οἱ προλαβόντες ἔχου-
σιν. χωρὶς δὲ τούτων δυοῖν χρησίμοιν οὐ διαμαρτήσεσθαι
τὴν πόλιν ἡγούμην πλευσάντων ἡμῶν· ἢ γὰρ παρόντων καὶ
κατὰ τὸ ψήφισμ' αὐτὸν ἐξορκωσάντων, ἃ μὲν εἰλήφει τῆς
152 πόλεως, ἀποδώσειν, τῶν δὲ λοιπῶν ἀφέξεσθαι, ἢ μὴ ποιοῦν-
τος ταῦτα ἀπαγγελεῖν ἡμᾶς εὐθέως δεῦρο, ὥστ' ἐν ἐκείνοις
τοῖς πόρρω καὶ ἐλάττοσι τὴν πλεονεξίαν καὶ τὴν ἀπιστίαν
ἰδόντας ὑμᾶς περὶ τῶνδε τῶν ἐγγὺς καὶ μειζόνων, λέγω δὲ

5–6 ἀλλὰ νὴ Δία . . . πολέμῳ codd. omnes et Vlpianus: del. Markland: minoribus litteris exprimenda curavit Blass, 'cum alius recensionis reliquiae esse possint': lacunam indicavit Voemel 13 ἀγάθ' . . . ἔμελλεν] ἤμελλεν ἡμῖν ἀγαθὰ A ὑμᾶς secl. Weil: ἡμᾶς Q καὶ τούτοις ἔλεγον del. Weidner recepto ἡμᾶς, coll. § 154 16 τι post ἐκεῖ add. L vulg.: om. S A 18 ἀμελήσασιν] μελλήσασιν A 23 ὁρκωσάντων A, cf. §§ 161, 278 25 ἀπαγγελεῖν marg. Morelii: ἀπαγγέλλειν codd., cf. §§ 59, 209, 324, xviii 323 27 ἰδόντας S L A: εἰδότας vulg.

Φωκέων καὶ Πυλῶν, οὐ προήσεσθαι· μὴ προλαβόντος δ'
ἐκείνου ταῦτα μηδ' ὑμῶν ἐξαπατηθέντων ἅπαντ' ἐν ἀσφαλεῖ
τὰ πράγμαθ' ὑμῖν ἔσεσθαι, καὶ παρ' ἑκόντος ὑπάρξειν αὐτοῦ
τὰ δίκαια. καὶ ταῦτ' εἰκότως οὕτως ὑπελάμβανον ἕξειν. 153
εἰ γὰρ ἦσαν, ὡς ἦσαν τότε, Φωκεῖς σῷοι καὶ Πύλας εἶχον,
ἐκεῖνος μὲν οὐδὲν ἂν ὑμῖν εἶχ' ἀνατείνασθαι φοβερόν, δι' ὃ [389]
τῶν δικαίων ἄν τι παρείδετε· οὔτε γὰρ κατὰ γῆν παρελθὼν
οὔτε ναυσὶ κρατήσας εἰς τὴν Ἀττικὴν ἥξειν ἔμελλεν· ὑμεῖς
δ' ἐκείνου παραχρῆμα, εἰ μὴ τὰ δίκαια ποιοίη, κλείσειν τὰ
ἐμπόρια, καὶ χρημάτων τ' ἐν σπάνει καὶ τῶν ἄλλων ἐν
πολιορκίᾳ πάλιν αὐτὸν καταστήσειν, ὥστ' ἐκεῖνος ὁ δουλεύ-
σων ἔμελλεν ἔσεσθαι τοῖς ἀπὸ τῆς εἰρήνης λυσιτελοῦσιν,
οὐχ ὑμεῖς. καὶ ταῦθ' ὅτι οὐκ ἐπὶ τοῖς συμβεβηκόσι νῦν 154
πλάττομαι καὶ προσποιοῦμαι, ἀλλὰ τότ' εὐθὺς ἐγνώκειν καὶ
προεωρώμην ὑπὲρ ὑμῶν καὶ τούτοις ἔλεγον, ἐκεῖθεν εἴσεσθε.
ἐπειδὴ γὰρ ἐκκλησία μὲν οὐκέτ' ἦν ὑπόλοιπος οὐδεμία διὰ
τὸ προκατακεχρῆσθαι, οὗτοι δ' οὐκ ἀπῇσαν, ἀλλ' αὐτοῦ διέ-
τριβον, γράφω ψήφισμα βουλεύων, τὴν βουλὴν ποιήσαντος
τοῦ δήμου κυρίαν, ἀπιέναι τοὺς πρέσβεις τὴν ταχίστην, τὸν
δὲ στρατηγὸν Πρόξενον κομίζειν αὐτοὺς ἐπὶ τοὺς τόπους ἐν
οἷς ἂν ὄντα Φίλιππον πυνθάνηται, γράψας ὥσπερ νῦν λέγω,
τοῖς ῥήμασιν οὕτως ἄντικρυς. Καί μοι λέγε τοῦτο τὸ
ψήφισμα λαβών.

ΨΗΦΙΣΜΑ.

Ἐνθένδε μὲν τοίνυν αὐτοὺς ἐξήγαγον οὕτως ἄκοντας, ὡς 155
καθαρῶς οἷς μετὰ ταῦτ' ἐποίουν εἴσεσθε. ἐπειδὴ δ' ἀφικό-
μεθ' εἰς Ὠρεὸν καὶ συνεμείξαμεν τῷ Προξένῳ, ἀμελήσαντες
οὗτοι τοῦ πλεῖν καὶ τὰ προστεταγμένα πράττειν ἐπορεύοντο
κύκλῳ, καὶ πρὶν εἰς Μακεδονίαν ἐλθεῖν, τρεῖς καὶ εἴκοσιν
ἡμέρας ἀνηλώσαμεν· τὰς δ' ἄλλας πάσας καθήμεθ' ἐν Πέλλῃ, [390]

5 οἱ ante Φωκεῖς add. L vulg. : om. S A   6 ὑμῖν οὐδὲν ἂν A   ἐπανατείνασθαι S γρ. F γρ. Q γρ.   11 δουλεύσων S vulg. : δουλεύων A   12 ἔμελλεν ante ἔσεσθαι S ant. m. L vulg. : post ἔσεσθαι Q O : om. S[1]

πρὶν Φίλιππον ἐλθεῖν, σὺν αἷς ἐπορεύθημεν ὁμοῦ πεντήκονθ'
156 ὅλας. ἐν δὲ τούτῳ Δορίσκον, Θρᾴκην, τἀπὶ τειχῶν, Ἱερὸν
ὄρος, πάντα τὰ πράγματα, ἐν εἰρήνῃ καὶ σπονδαῖς ᾕρει καὶ
διῴκεῖθ' ὁ Φίλιππος, πολλὰ λέγοντος ἐμοῦ καὶ θρυλοῦντος
ἀεί, τὸ μὲν πρῶτον ὡς ἂν εἰς κοινὸν γνώμην ἀποφαινομένου,
μετὰ ταῦτα δ' ὡς ἀγνοοῦντας διδάσκοντος, τελευτῶντος δ'
ὡς ἂν πρὸς πεπρακότας αὑτοὺς καὶ ἀνοσιωτάτους ἀνθρώπους
157 οὐδὲν ὑποστελλομένου. ὁ δὲ τούτοις ἀντιλέγων φανερῶς
καὶ ἅπασιν ἐναντιούμενος οἷς ἔλεγον μὲν ἐγώ, ἐψήφιστο δ'
ὑφ' ὑμῶν, οὗτος ἦν. εἰ δὲ καὶ πᾶσιν ἤρεσκε ταῦτα τοῖς
ἄλλοις πρέσβεσιν, αὐτίκ' εἴσεσθε. ἐγὼ μὲν γὰρ οὐδέν πω
λέγω περὶ οὐδενὸς οὐδ' αἰτιῶμαι, οὐδ' ἀναγκασθέντ' αὐτῶν
οὐδένα δεῖ δοκεῖν χρηστὸν εἶναι τήμερον, ἀλλὰ δι' αὑτὸν καὶ
τὸ μὴ κεκοινωνηκέναι τῶν ἀδικημάτων. ὅτι μὲν γὰρ αἰσχρὰ
καὶ δεινὰ καὶ οὐ προῖκα τὰ πεπραγμένα, πάντες ὑμεῖς
ἑοράκατε· οἵτινες δ' οἱ τούτων μετεσχηκότες, αὐτὸ δηλώσει.
158 Ἀλλὰ νὴ Δί' ἐν τούτῳ τῷ χρόνῳ τοὺς ὅρκους ἔλαβον
παρὰ τῶν συμμάχων, ἢ τἆλλ' ἃ προσῆκεν ἐποίησαν. πολ-
λοῦ γε καὶ δεῖ, ἀλλὰ τρεῖς μῆνας ὅλους ἀποδημήσαντες καὶ
χιλίας λαβόντες δραχμὰς ἐφόδιον παρ' ὑμῶν, παρ' οὐδεμιᾶς
πόλεως, οὔθ' ὅτ' ἐκεῖσ' ἐπορεύοντο οὔθ' ὅτ' ἐκεῖθεν δεῦρο,
τοὺς ὅρκους ἔλαβον, ἀλλ' ἐν τῷ πανδοκείῳ τῷ πρὸ τοῦ
Διοσκορείου (εἴ τις ὑμῶν εἰς Φερὰς ἀφῖκται, οἶδ' ὃ λέγω),
ἐνταῦθ' ἐγίγνονθ' οἱ ὅρκοι, ὅτε δεῦρ' ἤδη τὸ στράτευμ' ἄγων
[391] ἐβάδιζε Φίλιππος, αἰσχρῶς, ἄνδρες Ἀθηναῖοι, καὶ ἀναξίως
159 ὑμῶν. καίτοι τοῦτο Φίλιππος ἁπάντων ἂν ἐτιμήσατο πλεί-
στου τοῦτον τὸν τρόπον πραχθῆναι. τήν τε γὰρ εἰρήνην
οὐχὶ δυνηθέντων ὡς ἐπεχείρησαν οὗτοι, ' πλὴν Ἁλέων καὶ
Φωκέων,' γράψαι, ἀλλ' ἀναγκασθέντος ὑφ' ὑμῶν τοῦ Φιλο-

7 ἂν om. A 16 αὐτὸ S L : αὐτὰ cett. 20 δραχμὰς post λαβόντες S L A Y : ante λαβόντες vulg.: del. Blass ante alterum παρ' add. ὅσα F Q O : ὅσον A : om. S L Y 22 πρὸς τῷ Διοσκορίῳ Blass cum Theodoret. iv 907, coll. § 249, xviii 129 23 Διοσκορείου] διοσκουρείου S vulg. : διοσκορίου A 25 ὦ ante ἄνδρες add. vulg. : om. S L 28 τὸ πρῶτον (τὸ om. A) post οὗτοι add. vulg.: om. S solus

κράτους ταῦτ' ἀπαλεῖψαι, γράψαι δ' ἄντικρυς, ''Ἀθηναίους
καὶ τοὺς Ἀθηναίων συμμάχους,' οὐκ ἐβούλετο τοῦτον ὀμω-
μοκέναι τὸν ὅρκον οὐδένα τῶν αὐτοῦ συμμάχων (οὐ γὰρ αὐτῷ
συστρατεύσειν ἐφ' ἃ νῦν ἔχει τῶν ὑμετέρων ἔμελλον, ἀλλ'
ἕξειν πρόφασιν τοὺς ὅρκους), οὔτε μάρτυρας γενέσθαι τῶν 160
ὑποσχέσεων, ἐφ' αἷς εὑρίσκετο τὴν εἰρήνην, οὐδὲ τοῦτο
δειχθῆναι πᾶσιν, ὅτι οὐκ ἄρ' ἡ πόλις ἡ τῶν Ἀθηναίων ἥττητο
τῷ πολέμῳ, ἀλλὰ Φίλιππός ἐστιν ὁ τῆς εἰρήνης ἐπιθυμῶν
καὶ ὁ πόλλ' ὑπισχνούμενος τοῖς Ἀθηναίοις ἂν τύχῃ τῆς
εἰρήνης. ἵνα δὴ μὴ γένοιτο ταῦθ' ἃ λέγω φανερά, διὰ ταῦτ'
οὐδαμόσ' ᾤετο δεῖν τούτους βαδίζειν. οὗτοι δ' ἐχαρίζοντο
πάντα, ἐνδεικνύμενοι καὶ ὑπερκολακεύοντες ἐκεῖνον. καίτοι 161
ταῦθ' ὅταν ἐξελέγχωνται πάντα, τοὺς χρόνους ἀνηλωκότες,
τὰν Θρᾴκῃ προειμένοι, μηδὲν ὧν ἐψηφίσασθε πεποιηκότες
μηδ' ὧν συμφέρον ἦν, τὰ ψευδῆ δεῦρ' ἀπηγγελκότες, πῶς
ἔνεστι παρ' εὖ φρονοῦσι δικασταῖς καὶ βουλομένοις εὐορκεῖν
τούτῳ σῴζεσθαι; ἀλλὰ μὴν ὅτι ταῦτ' ἀληθῆ λέγω, λέγε
πρῶτον μὲν τὸ ψήφισμα, ὡς ὁρκοῦν προσῆκεν ἡμῖν, εἶτα
τὴν ἐπιστολὴν τὴν τοῦ Φιλίππου, εἶτα τὸ Φιλοκράτους
ψήφισμα καὶ τὸ τοῦ δήμου.

ΨΗΦΙΣΜΑ. ΕΠΙΣΤΟΛΗ. ΨΗΦΙΣΜΑΤΑ. [392]

Καὶ μὴν ὅτι τὸν Φίλιππον ἐν Ἑλλησπόντῳ κατελάβομεν 162
ἄν, εἴ τις ἐπείθετό μοι καὶ τὰ προστεταγμέν' ὑφ' ὑμῶν ἐποίει
κατὰ τὰ ψηφίσματα, κάλει τοὺς ἐκεῖ παρόντας μάρτυρας.

ΜΑΡΤΥΡΕΣ.

Λέγε δὴ καὶ τὴν ἑτέραν μαρτυρίαν, ἃ πρὸς Εὐκλείδην
ὕστερον ἐλθόντα τουτονὶ ἀπεκρίνατο Φίλιππος.

1–2 Ἀθηναίοις . . . τοῖς . . . συμμάχοις A, cf. § 278 5 οὔτε codd. : οὐδὲ Bekker 9 ἂν τύχῃ S A Y : ὥστε τυχεῖν vulg. 10 γένοιτο S L A : γένηται vulg. 11 οὐδαμόσε ᾤετο δεῖν τούτους S L A : ᾤετο δεῖν αὐτοὺς μηδαμόσε vulg. 14 προειμένοι Bekker : προειρημένοι S solus (ρ et η puncto notata) : προέμενοι L vulg. : προιέμενοι A 17 τούτῳ S Y : τοῦτον A : τούτοις vulg. 21 titulos hic et 25 om. S spatio vacuo relicto

**ΜΑΡΤΥΡΙΑ.**

163 Ὅτι τοίνυν οὐδ' ἄρνησίς ἐστιν αὐτοῖς τὸ μὴ ταῦθ' ὑπὲρ
Φιλίππου πράττειν, ἀκούσατέ μου. ὅτε γὰρ τὴν προτέραν
ἀπῄρομεν πρεσβείαν τὴν περὶ τῆς εἰρήνης, κήρυχ' ὑμεῖς
προαπεστείλαθ' ὅστις ἡμῖν σπείσεται. τότε μὲν τοίνυν, ὡς
τάχιστ' εἰς Ὠρεὸν ἦλθον, οὐκ ἀνέμειναν τὸν κήρυκα οὐδ'
ἐνεποίησαν χρόνον οὐδένα, Ἅλου δὲ πολιορκουμένου διέ-
πλευσαν εἰς τοῦτον, καὶ πάλιν ἐντεῦθεν πρὸς Παρμενίωνα
τὸν πολιορκοῦντ' ἐξελθόντες ἀπῆραν διὰ τοῦ πολεμίου στρα-
τεύματος εἰς Παγασάς, καὶ προϊόντες ἀπήντων ἐν Λαρίσῃ τῷ
164 κήρυκι· τοσαύτῃ σπουδῇ καὶ προθυμίᾳ τότ' ἐχώρουν. ἐπειδὴ
δ' εἰρήνη μὲν ἦν, ἅπασα δ' ἀσφάλει' ἰέναι καὶ πρόσταγμα
παρ' ὑμῶν σπεύδειν, τηνικαῦτ' οὔτ' ἐπείγεσθαι βαδίζουσιν
οὔτε πλεῖν αὐτοῖς ἐπῄει. τί δήποτε; ὅτι τότε μὲν τὸ τὴν
εἰρήνην ὡς τάχιστα γενέσθαι, τοῦτ' ἦν ὑπὲρ Φιλίππου, νῦν
δὲ τὸ ὡς πλεῖστον τὸν μεταξὺ χρόνον διατριφθῆναι τοῦ τοὺς
[393] 165 ὅρκους ἀπολαβεῖν. ἀλλὰ μὴν ὅτι καὶ ταῦτ' ἀληθῆ λέγω, λαβέ
μοι καὶ ταύτην τὴν μαρτυρίαν.

**ΜΑΡΤΥΡΙΑ.**

Ἔστιν οὖν ὅπως ἂν μᾶλλον ἄνθρωποι πάνθ' ὑπὲρ Φιλίππου πράττοντες ἐξελεγχθεῖεν, ἢ τὴν αὐτὴν ὁδὸν ἡνίκα μὲν σπεύδειν ὑπὲρ ὑμῶν ἔδει καθήμενοι, ὅτε δ' οὐδὲ βαδίζειν προσῆκε πρὶν ἐλθεῖν τὸν κήρυκα ἐπειγόμενοι;

166 Ὃν τοίνυν χρόνον ἦμεν ἐκεῖ καὶ καθήμεθ' ἐν Πέλλῃ, σκέψασθε τί πράττειν ἕκαστος ἡμῶν προείλετο. ἐγὼ μὲν τοίνυν τοὺς αἰχμαλώτους ἀνασῴζειν καὶ ζητεῖν, καὶ παρ' ἐμαυτοῦ τε χρήματ' ἀναλίσκειν καὶ Φίλιππον ἀξιοῦν, ὧν ἡμῖν ἐδίδου ξενίων, τούτους λύσασθαι· οὗτος δὲ αὐτίκ'

4 ἀπῄρομεν $F^1$ O : απηρομην $S^1$ $Y^1$ : ἀπῄραμεν vulg. 7 ἐνεποίησαν Dobree : ἐποίησαν codd., cf. § 3 οὐδένα om. $S^1$ in fine versus : add. ant. m. ἅλου δὲ corrector Lessingianus et Weimaranus : ἀλλ' οὐδὲ S L vulg. : οὐδὲ Q 16 πρὸ ante τοῦ add. L vulg. : om. S A 19 titulum om. S in lacuna 26 ἀναζητεῖν καὶ σῴζειν Cobet : ἀνασῴζειν καὶ ἀναζητεῖν Aristides

ἀκούσεσθε τί ποιῶν διετέλεσεν. τί οὖν ἦν τοῦτο τὸ κοινῇ χρήμαθ' ἡμῖν τὸν Φίλιππον διδόναι; ἵνα μηδὲ τοῦτ' ἀγνοῆτε, 167 ἐκεῖνος ἡμᾶς διεκωδώνιζεν ἅπαντας· τίνα τρόπον; ἑκάστῳ προσπέμπων ἰδίᾳ καὶ πολύ γ', ὦ ἄνδρες Ἀθηναῖοι, διδοὺς χρυσίον. ὡς δ' ἀπετύγχαν' ὁτουδήποτε (οὐ γὰρ ἐμέ γ' εἰπεῖν ἐμαυτὸν δεῖ, ἀλλὰ τἄργα καὶ τὰ πεπραγμέν' αὐτὰ δηλώσει), τὰ κοινῇ δοθέντα πάντας ἡγεῖτ' εὐήθως λήψεσθαι· ἀσφάλειαν οὖν ἔσεσθαι τοῖς ἰδίᾳ πεπρακόσιν αὐτούς, εἰ καὶ κατὰ μικρὸν τοῦ λαβεῖν κοινῇ πάντες μετάσχοιμεν. διὰ ταῦτ' ἐδίδοτο, ξένια δὴ πρόφασιν. ἐπειδὴ δ' ἐκώλυσ' ἐγώ, πάλιν προσδιε- 168 νείμαντο τοῦθ' οὗτοι. τῷ Φιλίππῳ δ', ἐπειδὴ ταῦτ' εἰς τοὺς αἰχμαλώτους ἠξίουν αὐτὸν ἀναλίσκειν ἐγώ, οὔτε κατειπεῖν τούτων εἶχε καλῶς οὐδ' εἰπεῖν ὅτι 'ἀλλ' ἔχουσιν ὁ δεῖνα καὶ ὁ δεῖνα,' οὔτε φυγεῖν τἀνάλωμα· ὡμολόγησε μὲν δή, [394] διεκρούσατο δ' εἰς τὰ Παναθήναια φήσας ἀποπέμψειν. λέγε τὴν μαρτυρίαν τὴν Ἀπολλοφάνους, εἶτα τὴν τῶν ἄλλων τῶν παρόντων.

ΜΑΡΤΥΡΙΑ.

Φέρε δὴ καὶ ὅσους αὐτὸς ἐλυσάμην τῶν αἰχμαλώτων 169 εἴπω πρὸς ὑμᾶς. ἐν ὅσῳ γὰρ οὐχὶ παρόντος πω Φιλίππου διετρίβομεν ἐν Πέλλῃ, ἔνιοι τῶν ἑαλωκότων, ὅσοιπερ ἦσαν ἐξηγγυημένοι, ἀπιστοῦντες, ὡς ἐμοὶ δοκεῖ, μὴ δυνήσεσθαί με ταῦτα πεῖσαι τὸν Φίλιππον, ἑαυτοὺς ἔφασαν βούλεσθαι λύσεσθαι καὶ μηδεμίαν τούτου χάριν ἔχειν τῷ Φιλίππῳ, καὶ ἐδανείζοντο ὁ μὲν τρεῖς μνᾶς, ὁ δὲ πέντε, ὁ δ' ὅπως συνέβαινεν ἑκάστῳ τὰ λύτρα. ἐπειδὴ τοίνυν ὡμολόγησ' ὁ Φίλιππος τοὺς 170 λοιποὺς λύσεσθαι, συγκαλέσας ἐγὼ τούτους οἷς αὐτὸς ἔχρησα

1–2 τί οὖν . . . διδόναι; cum Weilio interpunxi 3 διεκωδώνιζεν S L Y : διεκωδώνισεν vulg. Harpocr. s. v. τίνα S L A Q Y : τινὰ vulg. ἑκάστῳ ante τίνα Q : ante τινὰ O : post προσπέμπων A : om. F 9 κοινῇ post λαβεῖν S L A Y : ante λαβεῖν vulg. 10 δὴ πρόφασιν S[1] solus : δ' ἦν πρόφασις A : δ' ἦν ἡ πρόφασις L vulg. 11 τοῦθ' ante οὗτοι om. vulg. : add. S L 13 οὐδ' F B Q O : οὔτε S L vulg. 20 τοῦ ante Φιλίππου add. vulg. : om. S L[1] 23 με F γρ. B γρ. : μετὰ S L vulg. 26 alterum ὁ δ'] οἱ δ' A[1] 27 λύσεσθαι S L Y : λύσασθαι vulg.

τἀργύριον, καὶ τὰ πεπραγμέν' ὑπομνήσας, ἵνα μὴ δοκοῖεν ἔλαττον ἔχειν ἐπειχθέντες μηδ' ἐκ τῶν ἰδίων λελυτρῶσθαι πένητες ἄνθρωποι, τῶν ἄλλων ὑπὸ τοῦ Φιλίππου προσδοκωμένων ἀφεθήσεσθαι, ἔδωκα δωρειὰν τὰ λύτρα. Καὶ ὅτι ταῦτ' ἀληθῆ λέγω, λέγε ταύτας τὰς μαρτυρίας.

### ΜΑΡΤΥΡΙΑΙ.

171 Ὅσα μὲν τοίνυν ἀφῆκα χρήματα καὶ δωρειὰν ἔδωκα τοῖς
ἀτυχήσασι τῶν πολιτῶν, ταῦτ' ἔστιν. ὅταν δ' οὗτος αὐτίκα
δὴ λέγῃ πρὸς ὑμᾶς 'τί δήποθ', ὡς φῄς, ὦ Δημόσθενες,
ἀπὸ τοῦ συνειπεῖν ἐμὲ Φιλοκράτει γνοὺς οὐδὲν ἡμᾶς ὑγιὲς
πράττοντας, τὴν μετὰ ταῦτα πρεσβείαν τὴν ἐπὶ τοὺς ὅρκους
[395] συνεπρέσβευσας πάλιν καὶ οὐκ ἐξωμόσω;' ταῦτα μέμνησθε,
ὅτι τούτοις ὡμολογήκειν οὓς ἐλυσάμην καὶ κομιεῖν λύτρα καὶ
172 σώσειν εἰς δύναμιν. δεινὸν οὖν ψεύσασθαι καὶ προέσθαι
δυστυχοῦντας ἀνθρώπους πολίτας· ἰδίᾳ δ', ἐξομοσάμενον, οὐ
πάνυ καλὸν οὐδ' ἀσφαλὲς ἦν ἐκεῖσε πλανᾶσθαι· ἐπεὶ εἰ μὴ
διὰ τὸ τούτους βούλεσθαι σῶσαι, ἐξώλης ἀπολοίμην καὶ
προώλης, εἰ προσλαβών γ' ἂν ἀργύριον πάνυ πολὺ μετὰ
τούτων ἐπρέσβευσα. σημεῖον δέ· ἐπὶ γὰρ τὴν τρίτην πρεσβείαν δίς με χειροτονησάντων ὑμῶν δὶς ἐξωμοσάμην. καὶ
173 παρὰ ταύτην τὴν ἀποδημίαν πάντα τἀναντί' ἔπραττον. ὧν
μὲν τοίνυν αὐτοκράτωρ ἦν ἐγὼ κατὰ τὴν πρεσβείαν, τοῦτον ἔσχε τὸν τρόπον ὑμῖν· ἃ δ' οὗτοι πλείους ὄντες ἐνίκων, ἅπαντ' ἀπόλωλεν. καίτοι καὶ τἄλλ' ἂν ἅπαντ' ἀκολούθως τούτοις ἐπέπρακτο, εἴ τις ἐπείθετό μοι. οὐ γὰρ ἔγωγ' οὕτως ἄθλιος οὐδ' ἄφρων ὥστε χρήματα μὲν διδόναι, λαμβάνοντας ὁρῶν ἑτέρους, ὑπὲρ τῆς πρὸς ὑμᾶς φιλοτιμίας, ἃ δ' ἄνευ μὲν δαπάνης οἷά τ' ἦν πραχθῆναι, πολλῷ δὲ μείζονας εἶχεν

6 titulum om. S in lacuna 13 ἥξειν post ὡμολογήκειν add. L vulg. : om. S solus 15 οὐ πάνυ καλὸν οὐδ'] οὔτ' αὖ καλὸν οὔτ' A 21 παρὰ ταύτην] παρ' αὐτὴν A τούτοις post ἔπραττον add. L vulg. : om. S A 24 ἅπαντ' prius om. Q ἀπόλωλεν S L vulg. : ἀπολώλεκεν F γρ. B γρ. 25 ἦν post οὕτως add. A : post ἄφρων L vulg.: om. S Y

ὠφελείας πάσῃ τῇ πόλει, ταῦτ' οὐκ ἐβουλόμην γίγνεσθαι.
καὶ σφόδρα γ', ὦ ἄνδρες Ἀθηναῖοι· ἀλλ' οἶμαι περιῆσαν
οὗτοί μου.

Φέρε δή, τί τούτῳ πέπρακται παρὰ ταῦτα καὶ τί τῷ 174
Φιλοκράτει θεάσασθε· παρ' ἄλληλα γὰρ ἔσται φανερώτερα.
πρῶτον μὲν τοίνυν Φωκέας ἐκσπόνδους καὶ Ἁλέας ἀπέφηναν
καὶ Κερσοβλέπτην παρὰ τὸ ψήφισμα καὶ τὰ πρὸς ὑμᾶς
εἰρημένα· εἶτα τὸ ψήφισμ' ἐπεχείρησαν κινεῖν καὶ μεταίρειν,
ἐφ' ᾧ πρεσβεύοντες ἥκομεν· εἶτα Καρδιανοὺς Φιλίππῳ συμ- [396]
μάχους ἐνέγραψαν καὶ τὴν μὲν γραφεῖσαν ἐπιστολὴν ὑπ'
ἐμοῦ πρὸς ὑμᾶς ἀπεψηφίσαντο μὴ πέμπειν, αὐτοὶ δ' οὐδ'
ὁτιοῦν ὑγιὲς γράψαντες ἔπεμψαν. εἶθ' ὁ γενναῖος οὑτοσὶ 175
ἐμὲ μὲν τὸν δῆμον ἔφη τὸν ὑμέτερον καταλύσειν ἐπηγγέλθαι
Φιλίππῳ, ὅτι ταῦτ' ἐπέπληττον, οὐ μόνον αἰσχρὰ νομίζων
ἀλλὰ καὶ δεδιὼς μὴ συμπαραπόλωμαι διὰ τούτους, αὐτὸς δ'
ἰδίᾳ πάντα τὸν χρόνον ἐντυγχάνων οὐδ' ὁτιοῦν ἐπαύσατο
Φιλίππῳ. καὶ τὰ μὲν ἄλλα σιωπῶ, Δερκύλος δ' αὐτὸν ἐν
Φεραῖς τὴν νύκτ' ἐφύλαττεν, οὐκ ἐγώ, τὸν παῖδ' ἔχων τὸν
ἐμὸν τουτονί, καὶ λαβὼν ἐξιόντ' ἐκ τῆς Φιλίππου σκηνῆς ἐμοὶ
τὸν παῖδ' ἐκέλευσεν ἀπαγγέλλειν καὶ αὐτὸν μεμνῆσθαι, καὶ τὸ
τελευταῖον ὁ βδελυρὸς καὶ ἀναιδὴς οὑτοσὶ νύκτα καὶ ἡμέραν
ἀπιόντων ἡμῶν ἀπελείφθη παρὰ Φιλίππῳ. καὶ ταῦθ' ὅτι 176
ἀληθῆ λέγω, πρῶτον μὲν αὐτὸς ἐγὼ συγγραψάμενος καὶ
καταστήσας ἐμαυτὸν ὑπεύθυνον μαρτυρήσω, εἶτα τῶν ἄλλων
πρέσβεων ἕκαστον καλῶ, καὶ δυοῖν θάτερον, ἢ μαρτυρεῖν
ἢ ἐξόμνυσθαι ἀναγκάσω. ἂν δ' ἐξομνύωσιν, ἐπιορκοῦντας
ἐξελέγξω παρ' ὑμῖν φανερῶς.

### ΜΑΡΤΥΡΙΑ.

Οἵοις μὲν τοίνυν κακοῖς καὶ πράγμασι τὴν ἀποδημίαν 177
πᾶσαν συνειχόμην ἑοράκατε. τί γὰρ αὐτοὺς οἴεσθ' ἐκεῖ

6 Φωκέας . . . Ἁλέας Voemel: Φωκεῖς . . . Ἁλεῖς codd., cf. § 36
21 οὑτοσὶ S L A: οὗτος vulg. (post βδελυρὸς) 26 ἐξομνύειν Blass
sequente ἐξομνύωσιν, sed cf. xlv 58, 61 29 κατὰ ante τὴν add.
vulg.: om. S L A 30 συνειχόμην L vulg.: συνεσχόμην S Y O corr.

ποιεῖν ἐγγὺς ὄντας τοῦ διδόντος, ὅθ' ὑμῶν ὁρώντων, τῶν
καὶ τιμῆσαι κυρίων ὄντων καὶ τοὐναντίον κολάσαι, τοιαῦτα
ποιοῦσιν;

Συλλογίσασθαι δὴ βούλομαι τὰ κατηγορημέν' ἀπ' ἀρχῆς,
ἵν' ὅσ' ὑμῖν ὑπεσχόμην ἀρχόμενος τοῦ λόγου δείξω πεποιηκώς.
ἐπέδειξ' οὐδὲν ἀληθὲς ἀπηγγελκότα, ἀλλὰ φενακίσανθ' ὑμᾶς,
[397] μάρτυσι τοῖς γεγενημένοις αὐτοῖς, οὐ λόγοις χρώμενος.
178 ἐπέδειξ' αἴτιον γεγενημένον τοῦ μὴ 'θέλειν ὑμᾶς ἀκούειν
ἐμοῦ τἀληθῆ ταῖς ὑποσχέσεσιν καὶ τοῖς ἐπαγγέλμασι τοῖς
τούτου καταληφθέντας τότε, πάντα τἀναντία συμβουλεύσαντ'
ἢ ἔδει, καὶ τῇ μὲν τῶν συμμάχων ἀντειπόντ' εἰρήνῃ, τῇ δὲ
Φιλοκράτους συνηγορήσαντα, τοὺς χρόνους κατατρίψαντα,
ἵνα μηδ' εἰ βούλοισθε δύναισθ' ἐξελθεῖν εἰς Φωκέας, καὶ
ἄλλ' ἐπὶ τῆς ἀποδημίας πολλὰ καὶ δείν' εἰργασμένον, προ-
δεδωκότα πάντα, πεπρακότα, δῶρ' ἔχοντα, οὐδὲν ἐλλελοιπότα
μοχθηρίας. οὐκοῦν ταῦθ' ὑπεσχόμην ἐν ἀρχῇ, ταῦτ' ἐπέδειξα.
179 ὁρᾶτε τοίνυν τὰ μετὰ ταῦτα· ἁπλοῦς γάρ ἐσθ' ὁ μέλλων
λόγος οὑτοσὶ πρὸς ὑμᾶς ἤδη. ὀμωμόκατε ψηφιεῖσθαι κατὰ
τοὺς νόμους καὶ τὰ ψηφίσματα τὰ τοῦ δήμου καὶ τῆς βουλῆς
τῶν πεντακοσίων· φαίνεται δ' οὗτος πάντα τἀναντία τοῖς
νόμοις, τοῖς ψηφίσμασι, τοῖς δικαίοις πεπρεσβευκώς· οὐκοῦν
ἑαλωκέναι προσήκει παρά γε νοῦν ἔχουσι δικασταῖς. εἰ γὰρ
ἄλλο μηδὲν ἠδίκει, δύο τῶν πεπραγμένων ἔσθ' ἱκάν' αὐτὸν
ἀποκτεῖναι· οὐ γὰρ μόνον Φωκέας, ἀλλὰ καὶ Θρᾴκην προ-
180 δέδωκε Φιλίππῳ. καίτοι δύο χρησιμωτέρους τόπους τῆς
οἰκουμένης οὐδ' ἂν εἷς ἐπιδεῖξαι τῇ πόλει, κατὰ μὲν γῆν
Πυλῶν, ἐκ θαλάττης δὲ τοῦ Ἑλλησπόντου· ἃ συναμφότερ'
οὗτοι πεπράκασιν αἰσχρῶς καὶ καθ' ὑμῶν ἐγκεχειρίκασι
Φιλίππῳ. τοῦτο τοίνυν αὐτὸ ἄνευ τῶν ἄλλων ἡλίκον ἔστ'
ἀδίκημα, τὸ Θρᾴκην καὶ τὰ τείχη προέσθαι, μυρί' ἂν εἴη
λέγειν, καὶ ὅσοι διὰ ταῦτ' ἀπολώλασι παρ' ὑμῖν, οἱ δὲ

8 *αἴτιον* om. S[1], cf. xviii 270, xxv 57 12 *συνηγορήσαντα* Blass coll. § 15: *συνηγορεύσαντα* L: *συναγορεύσαντα* S vulg.: *συνειπόντα* Cobet 16 *ταῦθ'*] *ἅτθ'* Cobet 18 *οὑτοσὶ* om. A

χρήματα πάμπολλ' ὠφλήκασιν, οὐ χαλεπὸν δεῖξαι, Ἐργό- [398]
φιλος, Κηφισόδοτος, Τιμόμαχος, τὸ παλαιόν ποτ' Ἐργοκλῆς,
Διονύσιος, ἄλλοι, οὓς ὀλίγου δέω σύμπαντας εἰπεῖν ἐλάττω
τὴν πόλιν βεβλαφέναι τούτου. ἀλλ' ἔτι γὰρ τότ', ὦ ἄνδρες 181
Ἀθηναῖοι, ἐκ λογισμοῦ τὰ δείν' ἐφυλάττεσθ' ὑμεῖς καὶ
προεωρᾶσθε· νῦν δ' ὅ τι ἂν μὴ καθ' ἡμέραν ὑμᾶς ἐνοχλῇ
καὶ παρὸν λυπῇ, παροράτε, εἶτα τὴν ἄλλως ἐνταῦθα ψηφί-
ζεσθε, 'ἀποδοῦναι δὲ καὶ Κερσοβλέπτῃ Φίλιππον τοὺς
ὅρκους,' 'μὴ μετέχειν δὲ τῶν ἐν Ἀμφικτύοσιν,' 'ἐπανορθώ-
σασθαι δὲ τὴν εἰρήνην.' καίτοι τούτων οὐδενὸς ἂν τῶν
ψηφισμάτων ἔδει, εἰ πλεῖν οὗτος ἤθελεν καὶ τὰ προσήκοντα
ποιεῖν· νῦν δ' ἃ μὲν ἦν πλεύσασι σῶσαι, βαδίζειν κελεύων
ἀπολώλεκεν, ἃ δ' εἰποῦσι τἀληθῆ, ψευδόμενος.

Ἀγανακτήσει τοίνυν αὐτίκα δὴ μάλα, ὡς ἐγὼ πυνθάνομαι, 182
εἰ μόνος τῶν ἐν τῷ δήμῳ λεγόντων λόγων εὐθύνας ὑφέξει.
ἐγὼ δ' ὅτι μὲν πάντες ἂν εἰκότως ὧν λέγουσι δίκην ὑπέχοιεν,
εἴπερ ἐπ' ἀργυρίῳ τι λέγοιεν, παραλείψω, ἀλλ' ἐκεῖνο λέγω·
εἰ μὲν Αἰσχίνης ἰδιώτης ὢν ἀπελήρησέ τι καὶ διήμαρτε, μὴ
σφόδρ' ἀκριβολογήσησθε, ἐάσατε, συγγνώμην ἔχετε· εἰ δὲ
πρεσβευτὴς ὢν ἐπὶ χρήμασιν ἐπίτηδες ἐξηπάτηκεν ὑμᾶς, μὴ
ἀφῆτε, μηδ' ἀνάσχησθ' ὡς οὐ δεῖ δίκην ὧν εἶπεν ὑποσχεῖν.
τίνος γὰρ ἄλλου δεῖ δίκην παρὰ πρέσβεων ἢ λόγων λαμ- 183
βάνειν; εἰσὶ γὰρ οἱ πρέσβεις οὐ τριήρων οὐδὲ τόπων οὐδ'
ὁπλιτῶν οὐδ' ἀκροπόλεων κύριοι (οὐδεὶς γὰρ πρέσβεσι ταῦτ'
ἐγχειρίζει), ἀλλὰ λόγων καὶ χρόνων. τοὺς μὲν τοίνυν χρόνους
εἰ μὲν μὴ προανεῖλε τῆς πόλεως, οὐκ ἀδικεῖ, εἰ δ' ἀνεῖλεν, [399]
ἠδίκηκε· τοὺς δὲ λόγους εἰ μὲν ἀληθεῖς ἀπήγγελκεν ἢ
συμφέροντας, ἀποφευγέτω, εἰ δὲ καὶ ψευδεῖς καὶ μισθοῦ καὶ
ἀσυμφόρους, ἁλισκέσθω. οὐδὲν γὰρ ἔσθ' ὅ τι μεῖζον ἂν ὑμᾶς 184
ἀδικήσειέ τις ἢ ψευδῆ λέγων. οἷς γὰρ ἔστ' ἐν λόγοις ἡ
πολιτεία, πῶς, ἂν οὗτοι μὴ ἀληθεῖς ὦσιν, ἀσφαλῶς ἔστι

19 ἀκριβολογήσησθε vulg. : ἀκριβως λογισησθε SLAY 20 ἐπίτηδες SA : ἐξεπίτηδες L vulg. 29 ἂν ὑμᾶς om. SY

πολιτεύεσθαι; ἂν δὲ δὴ καὶ πρὸς ἃ τοῖς ἐχθροῖς συμφέρει δῶρά τις λαμβάνων λέγῃ, πῶς οὐχὶ καὶ κινδυνεύσετε; οὐδέ γε τοὺς χρόνους ἴσον ἔστ' ἀδίκημ' ὀλιγαρχίας ἢ τυράννου
185 παρελέσθαι καὶ ὑμῶν· οὐδ' ὀλίγου δεῖ. ἐν ἐκείναις μὲν γάρ, οἶμαι, ταῖς πολιτείαις πάντ' ἐξ ἐπιτάγματος ὀξέως γίγνεται· ὑμῖν δὲ πρῶτον μὲν τὴν βουλὴν ἀκοῦσαι περὶ πάντων καὶ προβουλεῦσαι δεῖ, καὶ τοῦθ' ὅταν ᾖ κήρυξι καὶ πρεσβείαις προγεγραμμένον, οὐκ ἀεί· εἶτ' ἐκκλησίαν ποιῆσαι, καὶ ταύτην ὅταν ἐκ τῶν νόμων καθήκῃ. εἶτα κρατῆσαι καὶ περιγενέσθαι δεῖ τοὺς τὰ βέλτιστα λέγοντας τῶν ἢ δι' ἄγνοιαν ἢ διὰ
186 μοχθηρίαν ἀντιλεγόντων. ἐφ' ἅπασι δὲ τούτοις, ἐπειδὰν καὶ δεδογμένον ᾖ καὶ συμφέρον ἤδη φαίνηται, χρόνον δεῖ δοθῆναι τῇ τῶν πολλῶν ἀδυναμίᾳ, ἐν ᾧ καὶποριοῦνται ταῦθ' ὧν ἂν δέωνται, ὅπως τὰ δόξαντα καὶ δυνηθῶσι ποιῆσαι. ὁ δὴ τοὺς χρόνους τούτους ἀναιρῶν τῆς οἷα παρ' ἡμῖν ἐστι πολιτείας, οὐ χρόνους ἀνῄρηκεν οὗτος, οὔ, ἀλλὰ τὰ πράγμαθ' ἁπλῶς ἀφῄρηται.

187 Ἔστι τοίνυν τις πρόχειρος λόγος πᾶσι τοῖς ἐξαπατᾶν ὑμᾶς βουλομένοις, 'οἱ ταράττοντες τὴν πόλιν, οἱ διακωλύοντες Φίλιππον εὖ ποιῆσαι τὴν πόλιν.' πρὸς οὓς ἐγὼ λόγον μὲν οὐδέν' ἐρῶ, τὰς δ' ἐπιστολὰς ὑμῖν ἀναγνώσομαι
[400] τὰς τοῦ Φιλίππου, καὶ τοὺς καιροὺς ἐφ' ὧν ἕκαστ' ἐξηπάτησθ' ὑπομνήσω, ἵν' εἰδῆθ' ὅτι τὸ ψυχρὸν τοῦτ' ὄνομα, τὸ 'ἄχρι κόρου,' παρελήλυθ' ἐκεῖνος φενακίζων ὑμᾶς.

ΕΠΙΣΤΟΛΑΙ ΦΙΛΙΠΠΟΥ.

188 Οὕτω τοίνυν αἰσχρὰ καὶ πολλὰ καὶ πάντα καθ' ὑμῶν πεπρεσβευκὼς περιιὼν λέγει, 'τί δ' ἂν εἴποις περὶ Δημοσθένους, ὃς τῶν συμπρέσβεων κατηγορεῖ;' νὴ Δί', εἴτε

2 κινδυνεύσετε S L : κινδυνεύσεται vulg. 4 γε ante δεῖ add. S L vulg. : om. A, cf. xvi 16, xxiv 195 15 τούτους om. Dobree οἷα S A P : οἵας L vulg. Cobet, cf. § 254. xxii 64, xxiv 185 ἐστι del. Cobet 23 alterum τὸ om. Bekk. Anecd. 24 ἐκεῖνος om. Bekk. Anecd. ἡμᾶς φενακίζων Bekk. Anecd. 25 ἐπιστολαὶ L : ἐπιστολὴ S vulg. 27 εἴποις S A Y : εἴπῃς L : εἴποι τις vulg.

βούλομαί γ' εἴτε μή, παρ' ὅλην μὲν τὴν ἀποδημίαν ὑπὸ σοῦ
τοιαῦτ' ἐπιβεβουλευμένος, δυοῖν δ' αἱρέσεως οὔσης μοι νυνί,
ἢ τοιούτων ὄντων τῶν πεπραγμένων δοκεῖν κοινωνεῖν ὑμῖν,
ἢ κατηγορεῖν. ἐγὼ δ' οὐδὲ συμπεπρεσβευκέναι φημί σοι, 189
πρεσβεύειν μέντοι σὲ μὲν πολλὰ καὶ δεινά, ἐμαυτὸν δ' ὑπὲρ
τουτωνὶ τὰ βέλτιστα. ἀλλὰ Φιλοκράτης σοι συμπεπρέ-
σβευκε, κἀκείνῳ σύ, καὶ Φρύνων· ὑμεῖς γὰρ ταὔτ' ἐπράττετε,
καὶ ταὐτὰ πᾶσιν ὑμῖν ἤρεσκεν. ' ποῦ δ' ἅλες; ποῦ τράπεζα;
ποῦ σπονδαί;' ταῦτα γὰρ τραγῳδεῖ περιιών, ὥσπερ οὐχὶ
τοὺς ἀδικοῦντας τούτων ὄντας προδότας, ἀλλὰ τοὺς τὰ δίκαια
ποιοῦντας. ἐγὼ δ' οἶδ' ὅτι πάντες οἱ πρυτάνεις θύουσιν 190
ἑκάστοτε κοινῇ καὶ συνδειπνοῦσιν ἀλλήλοις καὶ συσπένδουσιν·
καὶ οὐ διὰ ταῦθ' οἱ χρηστοὶ τοὺς πονηροὺς μιμοῦνται, ἀλλ'
ἐὰν ἀδικοῦντα λάβωσί τιν' αὐτῶν, τῇ βουλῇ καὶ τῷ δήμῳ
δηλοῦσιν. ἡ βουλὴ ταὐτὰ ταῦτα, εἰσιτητήρι' ἔθυσε, συνει-
στιάθη, σπονδῶν, ἱερῶν ἐκοινώνησεν· οἱ στρατηγοί, σχεδὸν ὡς
εἰπεῖν αἱ ἀρχαὶ πᾶσαι. ἆρ' οὖν διὰ ταῦτα τοῖς ἀδικοῦσιν ἑαυτῶν
ἔδωκαν ἄδειαν; πολλοῦ γε καὶ δεῖ. Λέων Τιμαγόρου κατη- 191
γόρει συμπεπρεσβευκὼς τέτταρ' ἔτη, Εὔβουλος Θάρρηκος καὶ [401]
Σμικύθου συσσεσιτηκώς, Κόνων ὁ παλαιὸς ἐκεῖνος Ἀδει-
μάντου συστρατηγήσας. πότερ' οὖν τοὺς ἅλας παρέβαινον
καὶ τὰς σπονδάς, Αἰσχίνη, οἱ προδιδόντες καὶ οἱ παρα-
πρεσβεύοντες καὶ οἱ δωροδοκοῦντες, ἢ οἱ κατηγοροῦντες; οἱ
ἀδικοῦντες δηλονότι τὰς ὅλης γε τῆς πατρίδος σπονδάς, ὥσπερ
σύ, οὐ μόνον τὰς ἰδίας.

Ἵνα τοίνυν εἰδῆθ' ὅτι οὐ μόνον τῶν δημοσίᾳ πώποτ' 192
ἐληλυθότων ὡς Φίλιππον ἀνθρώπων, ἀλλὰ καὶ τῶν ἰδίᾳ καὶ
πάντων οὗτοι φαυλότατοι καὶ πονηρότατοι γεγόνασι, μικρὸν

2 αἱρέσεως οὔσης S: αἱρέσεων οὐσῶν L[1] S marg. vulg. 6 τουτωνὶ F vulg.: τούτων S L A Y 7 et 8 τὰ αὐτὰ (bis) B corr. P Q: ταῦτα (bis) S L vulg. 8 τράπεζα S Y: τράπεζαι cett. 15 εἰσιτητήρια Aug. 2 Herwerden: εἰσιτήρια S L vulg. 16 ἐκοινώνησεν A: ἐκοινώνησαν S L vulg. 21 πότερ' Blass (praeeunte Benselero) coll. xxi 133: πότερον A: πότεροι S L vulg. 24 σπονδάς om. S solus 26 πώποτε A: ποτ' S L vulg. 27 alterum καὶ om. O

ἀκούσατέ μου ἔξω τι τῆς πρεσβείας ταύτης. ἐπειδὴ γὰρ
εἷλεν Ὄλυνθον Φίλιππος, Ὀλύμπι' ἐποίει, εἰς δὲ τὴν θυσίαν
ταύτην καὶ τὴν πανήγυριν πάντας τοὺς τεχνίτας συνήγαγεν.
193 ἑστιῶν δ' αὐτοὺς καὶ στεφανῶν τοὺς νενικηκότας ἤρετο
Σάτυρον τουτονὶ τὸν κωμικὸν ὑποκριτήν, τί δὴ μόνος οὐδὲν
ἐπαγγέλλεται; ἤ τιν' ἐν αὐτῷ μικροψυχίαν ἢ πρὸς αὐτὸν
ἀηδίαν ἐνεορακώς; εἰπεῖν δή φασι τὸν Σάτυρον ὅτι, ὧν μὲν
οἱ ἄλλοι δέονται, οὐδενὸς ὧν ἐν χρείᾳ τυγχάνει, ἃ δ' ἂν
αὐτὸς ἐπαγγείλαιθ' ἡδέως, ῥᾷστα μέν ἐστιν Φιλίππῳ δοῦναι
194 καὶ χαρίσασθαι πάντων, δέδοικε δὲ μὴ διαμάρτῃ. κελεύ-
σαντος δ' ἐκείνου λέγειν καί τι καὶ νεανιευσαμένου τοιοῦτον,
ὡς οὐδὲν ὅ τι οὐ ποιήσει, εἰπεῖν φασιν αὐτὸν ὅτι ἦν αὐτῷ
Ἀπολλοφάνης ὁ Πυδναῖος ξένος καὶ φίλος, ἐπειδὴ δὲ
δολοφονηθεὶς ἐτελεύτησεν ἐκεῖνος, φοβηθέντες οἱ συγγενεῖς
αὐτοῦ ὑπεξέθεντο τὰς θυγατέρας παιδί' ὄντ' εἰς Ὄλυνθον.
[402] 'αὗται τοίνυν τῆς πόλεως ἁλούσης αἰχμάλωτοι γεγόνασι
195 καὶ εἰσὶν παρὰ σοί, ἡλικίαν ἔχουσαι γάμου. ταύτας, αἰτῶ
σε καὶ δέομαι, δός μοι. βούλομαι δέ σ' ἀκοῦσαι καὶ μαθεῖν
οἵαν μοι δώσεις δωρειάν, ἂν ἄρα δῷς· ἀφ' ἧς ἐγὼ κερδανῶ
μὲν οὐδέν, ἂν λάβω, προῖκα δὲ προσθεὶς ἐκδώσω, καὶ οὐ
περιόψομαι παθούσας οὐδὲν ἀνάξιον οὔθ' ἡμῶν οὔτε τοῦ
πατρός.' ὡς δ' ἀκοῦσαι τοὺς παρόντας ἐν τῷ συμποσίῳ,
τοσοῦτον κρότον καὶ θόρυβον καὶ ἔπαινον παρὰ πάντων
γενέσθαι ὥστε τὸν Φίλιππον παθεῖν τι καὶ δοῦναι. καίτοι
τῶν ἀποκτεινάντων ἦν τὸν Ἀλέξανδρον τὸν ἀδελφὸν τὸν
196 Φιλίππου οὗτος ὁ Ἀπολλοφάνης. ἐξετάσωμεν δὴ πρὸς τὸ
τοῦ Σατύρου τοῦτο συμπόσιον τὸ τούτων ἐν Μακεδονίᾳ γενό-

1 τι om. F B Q ταύτης S : ταυτησί cett. 6 ἤ τιν' Voemel : ἢ τίν' edd. plerique : καὶ τίνα Richards αὐτῷ vulg. : ἑαυτῷ S L Y αὐτὸν Bekker : αὑτὸν vulg. 7 εἴη post ἐνεορακώς (vel ἐνεωρακώς) add. vulg. : om. S solus 10 δέδοικε S L Y : δεδοικέναι vulg. 15 ὄντα S L : οὔσας cett. 16 τοίνυν S L : νῦν ἔφη vulg. 27 τοῦτο S vulg. : τούτου L F O : τοσοῦτο Y ἕτερον συμπόσιον post συμπόσιον add. vulg. S marg. m. ant. : om. S[1] L τὸ om. S A Y : add. vulg. τὸ τούτων om. L

μενον, καὶ θεάσασθ' ὡς παραπλήσιον τούτῳ καὶ ὅμοιον.
κληθέντες γὰρ οὗτοι πρὸς Ξενόφρονα τὸν υἱὸν τὸν Φαι-
δίμου, τοῦ τῶν τριάκοντα, ᾤχοντο· ἐγὼ δ' οὐκ ἐπορεύθην.
ἐπειδὴ δ' ἧκον εἰς τὸ πίνειν, εἰσάγει τιν' Ὀλυνθίαν γυναῖκα,
εὐπρεπῆ μέν, ἐλευθέραν δὲ καὶ σώφρονα, ὡς τὸ ἔργον ἐδή-
λωσεν. ταύτην τὸ μὲν πρῶτον οὑτωσὶ πίνειν ἡσυχῇ καὶ 197
τρώγειν ἠνάγκαζον οὗτοί μοι δοκεῖ, ὡς διηγεῖτ' Ἰατροκλῆς
ἐμοὶ τῇ ὑστεραίᾳ· ὡς δὲ προῄει τὸ πρᾶγμα καὶ διεθερμαίνοντο,
κατακλίνεσθαι καί τι καὶ ᾄδειν ἐκέλευον. ἀδημονούσης δὲ
τῆς ἀνθρώπου καὶ οὔτ' ἐθελούσης οὔτ' ἐπισταμένης, ὕβριν τὸ
πρᾶγμ' ἔφασαν οὑτοσὶ καὶ ὁ Φρύνων καὶ οὐκ ἀνεκτὸν εἶναι,
τῶν θεοῖς ἐχθρῶν, τῶν ἀλειτηρίων Ὀλυνθίων αἰχμάλωτον
οὖσαν τρυφᾶν· καὶ 'κάλει παῖδα,' καὶ 'ἱμάντά τις φερέτω.'
ἧκεν οἰκέτης ἔχων ῥυτῆρα, καὶ πεπωκότων, οἶμαι, καὶ μικρῶν [403]
ὄντων τῶν παροξυνόντων, εἰπούσης τι καὶ δακρυσάσης ἐκείνης
περιρρήξας τὸν χιτωνίσκον ὁ οἰκέτης ξαίνει κατὰ τοῦ νώτου
πολλάς. ἔξω δ' αὑτῆς οὖσ' ὑπὸ τοῦ κακοῦ καὶ τοῦ πρά- 198
γματος ἡ γυνή, ἀναπηδήσασα προσπίπτει πρὸς τὰ γόνατα τῷ
Ἰατροκλεῖ, καὶ τὴν τράπεζαν ἀνατρέπει. καὶ εἰ μὴ 'κεῖνος
ἀφείλετο, ἀπώλετ' ἂν παροινουμένη· καὶ γὰρ ἡ παροινία τοῦ
καθάρματος τουτουὶ δεινή. καὶ περὶ ταύτης τῆς ἀνθρώπου
καὶ ἐν Ἀρκαδίᾳ λόγος ἦν ἐν τοῖς μυρίοις, καὶ Διόφαντος ἐν
ὑμῖν ἀπήγγελλεν ἃ νῦν μαρτυρεῖν αὐτὸν ἀναγκάσω, καὶ κατὰ
Θετταλίαν πολὺς λόγος καὶ πανταχοῦ.

Καὶ τοιαῦτα συνειδὼς αὑτῷ πεπραγμένα ὁ ἀκάθαρτος 199
οὗτος τολμήσει βλέπειν εἰς ὑμᾶς, καὶ τὸν βεβιωμένον αὑτῷ
βίον αὐτίκα δὴ μάλ' ἐρεῖ λαμπρᾷ τῇ φωνῇ· ἐφ' οἷς ἔγωγ'
ἀποπνίγομαι. οὐκ ἴσασιν οὗτοι τὸ μὲν ἐξ ἀρχῆς τὰς βί-
βλους ἀναγιγνώσκοντά σε τῇ μητρὶ τελούσῃ, καὶ παῖδ' ὄντ'

1 ὡς S[1] L[1] : εἰ cett. 7 δοκεῖ S : δοκεῖν cett. 12 alterum τῶν S A : τε καὶ L vulg. ἀλειτηρίων Blass : ἀλητηρίων S L O : ἀλιτηρίων vulg., cf. § 226 15 δακρυσάσης] διακρουσάσης A 16 τοῦ om. Suidas, Blass 23 ἀπήγγελλεν S L Y : ἀπήγγειλεν vulg. 26 οὗτος S Y : οὑτοσὶ L vulg.

200 ἐν θιάσοις καὶ μεθύουσιν ἀνθρώποις καλινδούμενον; μετὰ
ταῦτα δὲ ταῖς ἀρχαῖς ὑπογραμματεύοντα καὶ δυοῖν ἢ τριῶν
δραχμῶν πονηρὸν ὄντα; τὰ τελευταῖα δ' ἔναγχος ἐν χορη-
γίοις ἀλλοτρίοις ἐπὶ τῷ τριταγωνιστεῖν ἀγαπητῶς παρα-
τρεφόμενον; ποῖον οὖν ἐρεῖς βίον; ὃν ποῦ βεβίωκας; ἐπεὶ
ὅ γε βεβιωμένος σοι τοιοῦτος φαίνεται. ἀλλὰ δὴ τὰ τῆς
ἐξουσίας· οὗτος ἄλλον ἔκρινε παρ' ὑμῖν ἐπὶ πορνείᾳ. ἀλλὰ
μήπω ταῦτα, ἀλλὰ τὰς μαρτυρίας μοι λέγε πρῶτον ταυτασί.

[404] ΜΑΡΤΥΡΙΑΙ.

201 Τοσούτων τοίνυν καὶ τοιούτων ὄντων, ὦ ἄνδρες δικασταί,
ὧν ἀδικῶν ὑμᾶς ἐξελήλεγκται, ἐν οἷς τί κακὸν οὐκ ἔνι;
δωροδόκος, κόλαξ, ταῖς ἀραῖς ἔνοχος, ψεύστης, τῶν φίλων
προδότης, πάντ' ἔνεστι τὰ δεινότατα· πρὸς ἓν οὐδ' ὁτιοῦν
τούτων ἀπολογήσεται, οὐδ' ἕξει δικαίαν οὐδ' ἁπλῆν εἰπεῖν
ἀπολογίαν οὐδεμίαν. ἃ δ' ἐγὼ πέπυσμαι μέλλειν αὐτὸν
λέγειν, ἔστι μὲν ἐγγυτάτω μανίας, οὐ μὴν ἀλλ' ἴσως τῷ
μηδὲν ἔχοντι δίκαιον ἄλλ' εἰπεῖν ἀνάγκη πάντα μηχανᾶσθαι.
202 ἀκούω γὰρ αὐτὸν ἐρεῖν ὡς ἄρ' ἐγὼ πάντων ὧν κατηγορῶ
κοινωνὸς γέγονα, καὶ συνήρεσκε ταῦτά μοι καὶ συνέπραττον
αὐτῷ, ἔπειτ' ἐξαίφνης μεταβέβλημαι καὶ κατηγορῶ. ἔστι
δ' ὑπὲρ μὲν τῶν πεπραγμένων οὔτε δικαία οὔτε προσήκουσ'
ἡ τοιαύτη ἀπολογία, ἐμοῦ μέντοι τις κατηγορία· ἐγὼ μὲν
γάρ, εἰ ταῦτα πεποίηκα, φαῦλός εἰμ' ἄνθρωπος, τὰ δὲ
203 πράγματ' οὐδὲν βελτίω διὰ τοῦτο, οὐδὲ πολλοῦ δεῖ. οὐ
μὴν ἀλλ' ἔγωγ' οἶμαί μοι προσήκειν ἀμφότερ' ὑμῖν ἐπι-
δεῖξαι, καὶ ὅτι ψεύσεται, ταῦτ' ἐὰν λέγῃ, καὶ τὴν δικαίαν
ἥτις ἐστὶν ἀπολογία. ἡ μὲν τοίνυν δικαία καὶ ἁπλῆ, ἢ ὡς
οὐ πέπρακται τὰ κατηγορημένα δεῖξαι, ἢ ὡς πεπραγμένα

2 ἢ L vulg.: καὶ S A 5 βίον;] interrogandi signum posuit Cobet ποῦ Blass coll. xxv 77: οὐ codd. 11 κακὸν] κακων S (ο a pr. m. supra scripto): κακῶν A 13 ἔνεστι om. F P Q 22 ἡ τοιαύτη ἀπολογία] ἡ ἀπολογία αὕτη S γρ. L: αὕτη ἀπολογία P corr. Q: fortasse τοιαύτη secludendum (Weil) 27 ἀπολογία S A: ἀπολογίαν Dobree: ἀπολογία φεύξεται L vulg.

συμφέρει τῇ πόλει. τούτων δ' οὐδέτερον δύναιτ' ἂν οὗτος
ποιῆσαι. οὔτε γὰρ ὡς συμφέρει δήπου Φωκέας ἀπολωλέναι 204
καὶ Πύλας Φίλιππον ἔχειν καὶ Θηβαίους ἰσχύειν καὶ ἐν
Εὐβοίᾳ στρατιώτας εἶναι καὶ Μεγάροις ἐπιβουλεύειν καὶ
ἀνώμοτον εἶναι τὴν εἰρήνην, ἔνεστι λέγειν αὐτῷ, οἷς τότ'
ἐναντί' ἀπήγγειλε πρὸς ὑμᾶς ὡς συμφέροντα καὶ γενησό-
μενα· οὔθ' ὡς οὐ πέπρακται ταῦτα, δυνήσεται πεῖσαί τοὺς [405]
αὐτοὺς ἑορακότας ὑμᾶς καὶ εὖ εἰδότας. οὐκοῦν ὡς οὐ κεκοι- 205
νώνηκα τούτοις οὐδενός, λοιπόν μοι δεῖξαι. βούλεσθ' οὖν
ὑμῖν, πάντα τἄλλ' ἀφείς, ἃ παρ' ὑμῖν ἀντεῖπον, ἃ ἐν τῇ
ἀποδημίᾳ προσέκρουον, ὡς ἅπαντα τὸν χρόνον ἠναντίωμαι,
αὐτοὺς παράσχωμαι μάρτυρας τούτους ὅτι πάντα τἀναντί'
ἐμοὶ καὶ τούτοις πέπρακται, καὶ χρήμαθ' οὗτοι μὲν ἔχουσιν
ἐφ' ὑμῖν, ἐγὼ δ' οὐκ ἠθέλησα λαβεῖν; θεάσασθε δή.
Τίνα τῶν ἐν τῇ πόλει φήσαιτ' ἂν βδελυρώτατον εἶναι 206
καὶ πλείστης ἀναιδείας καὶ ὀλιγωρίας μεστόν; οὐδεὶς οὐδ'
ἂν ἁμαρτὼν ὑμῶν ἄλλον εὖ οἶδ' ὅτι φήσειεν ἢ Φιλοκράτην.
τίνα δὲ φθέγγεσθαι μέγιστον ἁπάντων καὶ σαφέστατ' ἂν
εἰπεῖν ὅ τι βούλοιτο τῇ φωνῇ; Αἰσχίνην οἶδ' ὅτι τουτονί.
τίνα δ' οὗτοι μὲν ἄτολμον καὶ δειλὸν πρὸς τοὺς ὄχλους
φασὶν εἶναι, ἐγὼ δ' εὐλαβῆ; ἐμέ· οὐδὲν γὰρ πώποτ' οὔτ'
ἠνώχλησα οὔτε μὴ βουλομένους ὑμᾶς βεβίασμαι. οὐκοῦν 207
ἐν πάσαις ταῖς ἐκκλησίαις, ὁσάκις λόγος γέγονεν περὶ τού-
των, καὶ κατηγοροῦντος ἀκούετέ μου καὶ ἐλέγχοντος ἀεὶ
τούτους καὶ λέγοντος ἄντικρυς ὅτι χρήματ' εἰλήφασι καὶ
πάντα πεπράκασι τὰ πράγματα τῆς πόλεως. καὶ τούτων
οὐδεὶς πώποτ' ἀκούων ταῦτ' ἀντεῖπεν οὐδὲ διῆρε τὸ στόμα,
οὐδ' ἔδειξεν ἑαυτόν. τί ποτ' οὖν ἐστι τὸ αἴτιον ὅτι οἱ 208
βδελυρώτατοι τῶν ἐν τῇ πόλει καὶ μέγιστον φθεγγόμενοι

1–2 δύναιτ' . . . ποιῆσαι] δύναται εἰπεῖν A 2 δήπου om. A 5 ἀνώμοτον εἶναι codd. : ἀνόνητον (vel ἀνήνυτον) εἶναι Dobree : ὄνομα γεγονέναι Weil οἷς codd. : ὃς Dobree τότ' ἐναντία S Y : τότε τἀναντία L vulg. 10 alterum ἃ om. S[1] Y 12 τούτους S A : τουτουσὶ L vulg. ὅτι S L A Y : ὡς vulg. 19 λαμπρᾷ ante τῇ φωνῇ add. A, cf. § 199 22 ἐβιασάμην A

τοῦ καὶ ἀτολμοτάτου πάντων ἐμοῦ καὶ οὐδενὸς μεῖζον φθεγ-
[406] γομένου τοσοῦτον ἡττῶνται; ὅτι τἀληθὲς ἰσχυρόν, καὶ τοὐναντίον ἀσθενὲς τὸ συνειδέναι πεπρακόσιν αὐτοῖς τὰ πράγματα. τοῦτο παραιρεῖται τὴν θρασύτητα τὴν τούτων, τοῦτ' ἀποστρέφει τὴν γλῶτταν, ἐμφράττει τὸ στόμα, ἄγχει,
209 σιωπᾶν ποιεῖ. τὸ τοίνυν τελευταῖον ἴστε δήπου πρώην ἐν Πειραιεῖ, ὅτ' αὐτὸν οὐκ εἰᾶτε πρεσβεύειν, βοῶνθ' ὡς εἰσαγγελεῖ με καὶ γράψεται καὶ ἰοὺ ἰού. καίτοι ταῦτα μέν ἐστι μακρῶν καὶ πολλῶν ἀγώνων καὶ λόγων ἀρχή, ἐκεῖνα δ' ἁπλᾶ καὶ δύ' ἢ τρί' ἴσως ῥήματα, ἃ κἂν ἐχθὲς ἐωνημένος ἄνθρωπος εἰπεῖν ἠδυνήθη, 'ἄνδρες Ἀθηναῖοι, τουτὶ τὸ πρᾶγμα πάνδεινόν ἐστιν· οὑτοσὶ κατηγορεῖ ταῦτ' ἐμοῦ ὧν αὐτὸς κοινωνὸς γέγονε, καὶ χρήματ' εἰληφέναι φησὶν ἐμέ, αὐτὸς
210 εἰληφὼς ἢ μετειληφώς.' τούτων μὲν τοίνυν οὐδὲν εἶπεν οὐδ' ἐφθέγξατο, οὐδ' ἤκουσεν ὑμῶν οὐδείς, ἄλλα δ' ἠπείλει. διὰ τί; ὅτι ταῦτα μὲν αὑτῷ συνῄδει πεπραγμένα, καὶ δοῦλος ἦν τῶν ῥημάτων τούτων. οὔκουν προσῄει πρὸς ταῦθ' ἡ διάνοια, ἀλλ' ἀνεδύετο· ἐπελαμβάνετο γὰρ αὐτῆς τὸ συνειδέναι. λοιδορεῖσθαι δ' ἄλλ' ἄττ' οὐδὲν ἐκώλυεν αὐτὸν οὐδὲ
211 βλασφημεῖν. ὃ τοίνυν μέγιστον ἁπάντων, καὶ οὐ λόγος ἀλλ' ἔργον· βουλομένου γὰρ ἐμοῦ τὰ δίκαια, ὥσπερ ἐπρέσβευσα δίς, οὕτω καὶ λόγον ὑμῖν δοῦναι δίς, προσελθὼν Αἰσχίνης οὑτοσὶ τοῖς λογισταῖς ἔχων μάρτυρας πολλοὺς ἀπηγόρευε μὴ καλεῖν ἔμ' εἰς τὸ δικαστήριον ὡς δεδωκότ' εὐθύνας καὶ οὐκ ὄνθ' ὑπεύθυνον· καὶ τὸ πρᾶγμ' ἦν ὑπερ-
[407] γέλοιον. τί οὖν ἦν τοῦτο; τῆς προτέρας ἐκείνης πρεσβείας, ἧς οὐδεὶς κατηγόρει, δοὺς λόγον οὐκέτ' ἐβούλετ' αὖθις εἰσιέναι περὶ ταύτης ἧς νῦν εἰσέρχεται, ἐν ᾗ πάντα τἀδικήματ'

5 ἀποστρέφει vulg. : ἀποστρέφεται S L Y 7 οὐκ εἴων Weil εἰσαγγελεῖ] εἰσαγγέλλει S L Y, cf. § 59 8 ἐστι secl. Weil 11 ἠδυνήθη S L A Y : δυνηθείη vulg. 14 εἰληφὼς ἢ secl. G. H. Schaefer ἢ μετειληφώς om. B : secl. Reiske εἶπεν secl. Weidner 18 γὰρ vulg. : del. Blass : παρ' S L (γὰρ supra scripto a pr. m.) 19 οὐδὲν marg. Morelii, Weil : οὐδεὶς codd. 21 ἤδη post ἔργον add. A P, cf. xxi 79

ἐνῆν· ἐκ δὲ τοῦ δὶς ἔμ' εἰσελθεῖν ἀνάγκη περιίστατο καὶ 212
τούτῳ πάλιν εἰσιέναι· διὰ ταῦτ' οὐκ εἴα καλεῖν. καίτοι
τοῦτο τὸ ἔργον, ὦ ἄνδρες Ἀθηναῖοι, ἀμφότερ' ὑμῖν ἐπι-
δείκνυσι σαφῶς, καὶ κατεγνωκόθ' ἑαυτοῦ τοῦτον ὥστε μηδενὶ
νῦν ὑμῶν εὐσεβῶς ἔχειν ἀποψηφίσασθαι αὐτοῦ, καὶ μηδὲν
ἀληθὲς ἐροῦντα περὶ ἐμοῦ· εἰ γὰρ εἶχε, τότ' ἂν καὶ λέγων
καὶ κατηγορῶν ἐξητάζετο, οὐ μὰ Δί' οὐκ ἀπηγόρευε καλεῖν.

Ὡς τοίνυν ταῦτ' ἀληθῆ λέγω, κάλει μοι τούτων τοὺς 213
μάρτυρας.

Ἀλλὰ μὴν ἄν γέ τι ἔξω τῆς πρεσβείας βλασφημῇ περὶ
ἐμοῦ, κατὰ πόλλ' οὐκ ἂν εἰκότως ἀκούοιτ' αὐτοῦ. οὐ γὰρ
ἐγὼ κρίνομαι τήμερον, οὐδ' ἐγχεῖ μετὰ ταῦθ' ὕδωρ οὐδεὶς
ἐμοί. τί οὖν ἐστι ταῦτα πλὴν δικαίων λόγων ἀπορία; τίς
γὰρ ἂν κατηγορεῖν ἕλοιτο κρινόμενος, ἔχων ὅ τι ἀπολογή-
σεται; ἔτι τοίνυν κἀκεῖνο σκοπεῖτ', ἄνδρες δικασταί. εἰ 214
ἐκρινόμην μὲν ἐγώ, κατηγόρει δ' Αἰσχίνης οὑτοσί, Φίλιππος
δ' ἦν ὁ κρίνων, εἶτ' ἐγὼ μηδὲν ἔχων εἰπεῖν ὡς οὐκ ἀδικῶ
κακῶς ἔλεγον τουτονὶ καὶ προπηλακίζειν ἐπεχείρουν, οὐκ ἂν
οἴεσθε καὶ κατ' αὐτὸ τοῦτ' ἀγανακτῆσαι τὸν Φίλιππον, εἰ
παρ' ἐκείνῳ τοὺς ἐκείνου τις εὐεργέτας κακῶς λέγει; μὴ
τοίνυν ὑμεῖς χείρους γένησθε Φιλίππου, ἀλλ' ὑπὲρ ὧν ἀγω-
νίζεται, περὶ τούτων ἀναγκάζετ' ἀπολογεῖσθαι. Λέγε τὴν
μαρτυρίαν.

ΜΑΡΤΥΡΙΑ. [408]

Οὐκοῦν ἐγὼ μέν, ἐκ τοῦ μηδὲν ἐμαυτῷ συνειδέναι, καὶ 215
λόγον διδόναι καὶ πάντα τἀκ τῶν νόμων ὑπέχειν ᾤμην δεῖν,
οὗτος δὲ τἀναντία. πῶς οὖν ταὔτ' ἐμοὶ καὶ τούτῳ πέπρα-
κται; ἢ πῶς ἔνεστι τούτῳ ταῦτα πρὸς ὑμᾶς λέγειν, ἃ μηδ'

7 *μὴ* ante *καλεῖν* add. Cobet 9 titulum ΜΑΡΤΥΡΕΣ post *μάρτυ-ρας* add. S (cum asterisco) L vulg. : del. Felicianus 10 *ἄν γ' ἔξω τι* Weil 15 *ὦ* ante *ἄνδρες* add. vulg.: om. S L soli 19 *κατ' αὐτὸ τοῦτ'* vulg.: *κατὰ ταὐτὸ τοῦτο* S L Y 20 *λέγει* S L vulg.: *λέγοι* A P 24 ΜΑΡΤΥΡΙΑΙ S solus 25 *δεινὸν* post *συνειδέναι* add. L vulg. : om. S A 27 *οὗτος* S L A Y : *οὑτοσὶ* vulg. *ταυτά μοι* S

ᾐτίαται πρότερον πώποτε; οὐδαμῶς δήπου. ἀλλ' ὅμως
ἐρεῖ, καὶ νὴ Δί' εἰκότως γε. ἴστε γὰρ δήπου τοῦθ', ὅτι
ἀφ' οὗ γεγόνασιν ἄνθρωποι καὶ κρίσεις γίγνονται, οὐδεὶς
πώποθ' ὁμολογῶν ἀδικεῖν ἑάλω, ἀλλ' ἀναισχυντοῦσιν, ἀρ-
νοῦνται, ψεύδονται, προφάσεις πλάττονται, πάντα ποιοῦσιν
216 ὑπὲρ τοῦ μὴ δοῦναι δίκην. ὧν οὐδενὶ δεῖ παρακρουσθῆναι
τήμερον ὑμᾶς, ἀλλ' ἀφ' ὧν ἴστ' αὐτοὶ τὰ πράγματα κρῖναι,
μὴ τοῖς ἐμοῖς λόγοις μηδὲ τοῖς τούτου προσέχειν, μηδέ γε
τοῖς μάρτυσιν, οὓς οὗτος ἑτοίμους ἕξει μαρτυρεῖν ὁτιοῦν,
Φιλίππῳ χορηγῷ χρώμενος· ὄψεσθε δ' ὡς ἑτοίμως αὐτῷ
μαρτυρήσουσιν· μηδέ γ' εἰ καλὸν καὶ μέγ' οὗτος φθέγξεται,
217 μηδ' εἰ φαῦλον ἐγώ. οὐδὲ γὰρ ῥητόρων οὐδὲ λόγων κρίσιν
ὑμᾶς τήμερον, εἴπερ εὖ φρονεῖτε, προσήκει ποιεῖν, ἀλλ'
ὑπὲρ πραγμάτων αἰσχρῶς καὶ δεινῶς ἀπολωλότων τὴν ὑπάρ-
χουσαν αἰσχύνην εἰς τοὺς αἰτίους ἀπώσασθε, τὰ πεπραγμένα,
ἃ πάντες ἐπίστασθε, ἐξετάσαντες. τί οὖν ἐστι ταῦθ' ἃ
218 ὑμεῖς ἴστε καὶ οὐ παρ' ἡμῶν ὑμᾶς ἀκοῦσαι δεῖ; εἰ μὲν
ἅπανθ' ὅσ' ὑπέσχονθ' ὑμῖν ἐκ τῆς εἰρήνης γέγονε, καὶ
τοσαύτης ἀνανδρίας καὶ κακίας ὑμεῖς ὁμολογεῖτ' εἶναι μεστοί,
ὥστε μήτ' ἐν τῇ χώρᾳ τῶν πολεμίων ὄντων μήτ' ἐκ θαλάττης
πολιορκούμενοι μήτ' ἐν ἄλλῳ μηδενὶ δεινῷ τῆς πόλεως
[409] οὔσης, ἀλλὰ καὶ σῖτον εὔωνον ὠνούμενοι καὶ τἄλλ' οὐδὲν
219 χεῖρον πράττοντες ἢ νῦν, προειδότες καὶ προακηκοότες παρὰ
τούτων καὶ τοὺς συμμάχους ἀπολουμένους καὶ Θηβαίους
ἰσχυροὺς γενησομένους καὶ τἀπὶ Θρᾴκης Φίλιππον ληψό-
μενον καὶ ἐν Εὐβοίᾳ κατασκευασθησόμεν' ὁρμητήρι' ἐφ'
ὑμᾶς καὶ πάνθ' ἃ πέπρακται γενησόμενα, εἶτα τὴν εἰρήνην
ἐποιήσασθ' ἀγαπητῶς, ἀποψηφίσασθ' Αἰσχίνου, καὶ μὴ πρὸς
τοσούτοις αἰσχροῖς καὶ ἐπιορκίαν προσκτήσησθε· οὐδὲν γὰρ

1 ᾐτίαται S A : ᾐτιᾶτο L vulg. 11 φθέγξεται S L A Y : φθέγγεται vulg. 12 prius οὐδὲ S L : οὐ cett. 15 ἀπώσασθε B corr. O corr. P corr. Q : ἀπώσασθαι S L vulg. 16 ἐξετάσαντες S L vulg. : ἐξετάσαντας al. τί S Y : τίνα vulg. 17 δεῖ;] interrogandi signum posuit Herwerden 18 ὑπέσχονθ' S L Y : ὑπέσχεθ' vulg. 28 ἐποιήσατε A

ὑμᾶς ἀδικεῖ, ἀλλ' ἐγὼ μαίνομαι καὶ τετύφωμαι νῦν κατη-
γορῶν αὐτοῦ. εἰ δὲ πάντα τἀναντία τούτων καὶ πολλὰ καὶ 220
φιλάνθρωπ' εἰπόντες, Φίλιππον φιλεῖν τὴν πόλιν, Φωκέας
σώσειν, Θηβαίους παύσειν τῆς ὕβρεως, ἔτι πρὸς τούτοις
μείζον' ἢ κατ' Ἀμφίπολιν εὖ ποιήσειν ὑμᾶς, ἐὰν τύχῃ τῆς
εἰρήνης, Εὔβοιαν, Ὠρωπὸν ἀποδώσειν· εἰ ταῦτ' εἰπόντες
καὶ ὑποσχόμενοι πάντ' ἐξηπατήκασι καὶ πεφενακίκασι καὶ
μόνον οὐ τὴν Ἀττικὴν ὑμῶν περιῄρηνται, καταψηφίσασθε,
καὶ μὴ πρὸς τοῖς ἄλλοις οἷς ὕβρισθε (οὐ γὰρ ἔγωγ' οἶδ' ὅ
τι χρὴ λέγειν ἄλλο) καὶ ὑπὲρ ὧν οὗτοι δεδωροδοκήκασιν
ὑμεῖς τὴν ἀρὰν καὶ τὴν ἐπιορκίαν οἴκαδ' εἰσενέγκησθε.

Ἔτι τοίνυν κἀκεῖνο σκοπεῖτ', ὦ ἄνδρες δικασταί, τίνος 221
εἵνεκ' ἐγὼ μηδὲν ἠδικηκότων τούτων κατηγορεῖν ἂν προει-
λόμην. οὐ γὰρ εὑρήσετε. ἡδὺ πολλοὺς ἐχθροὺς ἔχειν;
οὐδέ γ' ἀσφαλές. ἀλλ' ὑπῆρχέ μοι πρὸς τοῦτον ἀπέχθειά
τις; οὐδεμία. τί οὖν; 'ἐφοβοῦ περὶ σαυτοῦ, καὶ διὰ δειλίαν
ταύτην ἡγήσω σωτηρίαν·' καὶ γὰρ ταῦτ' ἀκήκο' αὐτὸν λέγειν.
καίτοι μηδενός γ' ὄντος, Αἰσχίνη, δεινοῦ μηδ' ἀδικήματος,
ὡς σὺ φῄς, εἰ γὰρ αὖ ταῦτ' ἐρεῖ, σκοπεῖτ', ἄνδρες δι- [410]
κασταί, εἰ ἐφ' οἷς ὁ μηδ' ὁτιοῦν ἀδικῶν ἐφοβούμην ἐγὼ μὴ
διὰ τούτους ἀπόλωμαι, τί τούτους προσήκει παθεῖν τοὺς
αὐτοὺς ἠδικηκότας; ἀλλ' οὐ διὰ ταῦτα. ἀλλὰ διὰ τί σου 222
κατηγορῶ; συκοφαντῶ νὴ Δία, ἵν' ἀργύριον λάβω παρὰ
σοῦ. καὶ πότερον κρεῖττον ἦν μοι παρὰ Φιλίππου λαβεῖν,
τοῦ διδόντος πολὺ καὶ μηδενὸς τούτων ἔλαττον, καὶ φίλον
κἀκεῖνον ἔχειν καὶ τούτους (ἦσαν γὰρ ἄν, ἦσαν φίλοι τῶν
αὐτῶν κεκοινωνηκότι· οὐδὲ γὰρ νῦν ἔχθραν πατρικὴν ἔχουσι
πρός με, ἀλλ' ὅτι τῶν πεπραγμένων οὐ μετέσχηκα), ἢ παρὰ
τούτων ἀφ' ὧν εἰλήφασι μεταιτεῖν, κἀκείνῳ τ' ἐχθρὸν εἶναι

11 εἰσενέγκησθε SA : ἀπενέγκησθε L vulg. 15 οὐδέ γ' SLA : οὐδ' αὖ vulg. 18 καίτοι] καιτι S[1] : καί τι A : καὶ τί P 19 ὦ ante ἄνδρες add. vulg. : om. SL 20 εἰ del. Seager, Dobree : nil mutandum, cf. i 24 26 μοι ante φίλοι add. SL : post φίλοι PQO : om. A 28 με SY : ἐμὲ L vulg.

καὶ τούτοις; καὶ τοὺς μὲν αἰχμαλώτους ἐκ τῶν ἰδίων το-
σούτων χρημάτων λύεσθαι, μικρὰ δ' ἀξιοῦν παρὰ τούτων
223 αἰσχρῶς μετ' ἔχθρας λαμβάνειν; οὐκ ἔστι ταῦτα, ἀλλ'
ἀπήγγειλα μὲν τἀληθῆ καὶ ἀπεσχόμην τοῦ λαβεῖν τοῦ
δικαίου καὶ τῆς ἀληθείας εἵνεκα καὶ τοῦ λοιποῦ βίου, νομί-
ζων, ὥσπερ ἄλλοι τινὲς παρ' ὑμῖν, καὶ αὐτὸς ὢν ἐπιεικὴς
τιμηθήσεσθαι, καὶ οὐκ ἀνταλλακτέον εἶναί μοι τὴν πρὸς
ὑμᾶς φιλοτιμίαν οὐδενὸς κέρδους· μισῶ δὲ τούτους, ὅτι
μοχθηροὺς καὶ θεοῖς ἐχθροὺς εἶδον ἐν τῇ πρεσβείᾳ, καὶ
ἀπεστέρημαι καὶ τῶν ἰδίων φιλοτιμιῶν διὰ τὴν τούτων δω-
ροδοκίαν πρὸς ὅλην δυσχερῶς ὑμῶν τὴν πρεσβείαν ἐσχη-
κότων· κατηγορῶ δὲ νυνὶ καὶ ἐπὶ τὰς εὐθύνας ἥκω τὸ
μέλλον προορώμενος, καὶ βουλόμενος ἀγῶνι καὶ δικαστηρίῳ
μοι διωρίσθαι παρ' ὑμῖν ὅτι τἀναντί' ἐμοὶ καὶ τούτοις πέ-
[411] 224 πρακται. καὶ δέδοικα, δέδοικα (εἰρήσεται γὰρ πάνθ' ἃ φρονῶ
πρὸς ὑμᾶς) μὴ τότε μὲν συνεπισπάσησθ' ἐμὲ τὸν μηδ' ὁτιοῦν
ἀδικοῦντα, νῦν δ' ἀναπεπτωκότες ἦτε. παντάπασι γάρ,
ἄνδρες Ἀθηναῖοι, ἐκλελύσθαι μοι δοκεῖτε καὶ παθεῖν ἀνα-
μένειν τὰ δεινά, ἑτέρους δὲ πάσχοντας ὁρῶντες οὐ φυλάτ-
τεσθαι, οὐδὲ φροντίζειν τῆς πόλεως πάλαι κατὰ πολλοὺς
225 καὶ δεινοὺς τρόπους διαφθειρομένης. οὐκ οἴεσθε δεινὸν εἶναι
καὶ ὑπερφυές; (καὶ γὰρ εἴ τι σιωπᾶν ἐγνώκειν, λέγειν ἐξάγο-
μαι.) ἴστε δήπου Πυθοκλέα τουτονὶ τὸν Πυθοδώρου. τούτῳ
πάνυ φιλανθρώπως ἐκεχρήμην ἐγώ, καὶ ἀηδὲς ἐμοὶ καὶ τούτῳ
γέγονεν εἰς τὴν ἡμέραν ταύτην οὐδέν. οὗτος ἐκτρέπεταί
με νῦν ἀπαντῶν, ἀφ' οὗ πρὸς Φίλιππον ἀφῖκται, κἂν ἀνα-
γκασθῇ που συντυχεῖν, ἀπεπήδησεν εὐθέως, μή τις αὐτὸν ἴδῃ
λαλοῦντ' ἐμοί· μετὰ δ' Αἰσχίνου περιέρχεται τὴν ἀγορὰν

2 λύεσθαι S A Y : λύσασθαι vulg. 6 ὑμῖν,] cum Weilio interpunxi 7 τιμηθήσεσθαι codd. : τιμήσεσθαι Weil : τιμηθήσεσθαι καὶ πλέον ἕξειν τῶν πολλῶν κατὰ τοῦτο A, cf. § 100 16 τούτοις post μὲν add. L vulg. : om. S A συνεπισπάσησθ' ἐμὲ S : συνεπισπάσησθέ με cett. 18 ὦ ante ἄνδρες add. vulg. : om. S L 19 φυλάττεσθαι S L A[1] : φυλάττεσθε vulg. 20 φροντίζειν S L corr. pr. m. vulg. : φροντίζετε L F[1] Q O 21 διαφθειρομένης S L Y : διεφθαρμένης A : ἀδικουμένης vulg. 28 κατὰ ante τὴν ἀγορὰν add. Cobet

κύκλῳ καὶ βουλεύεται. οὐκοῦν δεινόν, ὦ ἄνδρες Ἀθηναῖοι, 226 καὶ σχέτλιον τοῖς μὲν τὰ Φιλίππου πράγμαθ' ᾑρημένοις θεραπεύειν οὕτως ἀκριβῆ τὴν παρ' ἐκείνου πρὸς ἑκάτερ' αἴσθησιν ὑπάρχειν, ὥσθ' ἕκαστον, ὥσπερ ἂν παρεστηκότος αὐτοῦ, μηδ' ὧν ἂν ἐνθαδὶ πράξῃ μηδὲν ἡγεῖσθαι λήσειν, ἀλλὰ φίλους τε νομίζειν οὓς ἂν ἐκείνῳ δοκῇ καὶ μὴ φίλους ὡσαύτως, τοῖς δὲ πρὸς ὑμᾶς ζῶσι καὶ τῆς παρ' ὑμῶν τιμῆς γλιχομένοις καὶ μὴ προδεδωκόσι ταύτην τοσαύτην κωφότητα καὶ τοσοῦτο σκότος παρ' ὑμῶν ἀπαντᾶν, ὥστε τοῖς ἀλειτηρίοις τούτοις ἐξ ἴσου νῦν ἔμ' ἀγωνίζεσθαι, καὶ ταῦτα παρ' ὑμῖν τοῖς ἅπαντ' εἰδόσιν. βούλεσθ' οὖν εἰδέναι καὶ ἀκοῦσαι 227 τὸ τούτων αἴτιον; ἐγὼ δὴ φράσω, ἀξιῶ δὲ μηδέν' ἄχθεσθαί [412] μοι λέγοντι τἀληθῆ. ὅτι ἐκεῖνος μὲν ἕν, οἶμαι, σῶμ' ἔχων καὶ ψυχὴν μίαν παντὶ θυμῷ καὶ φιλεῖ τοὺς ἑαυτὸν εὖ ποιοῦντας καὶ μισεῖ τοὺς τἀναντία, ὑμῶν δ' ἕκαστος πρῶτον μὲν οὔτε τὸν εὖ ποιοῦντα τὴν πόλιν αὑτὸν εὖ ποιεῖν ἡγεῖται, οὔτε τὸν κακῶς ⟨κακῶς⟩, ἀλλ' ἕτερ' ἐστὶν ἑκάστῳ προυργ- 228 γιαίτερα, ὑφ' ὧν παράγεσθε πολλάκις, ἔλεος, φθόνος, ὀργή, χαρίσασθαι τῷ δεηθέντι, ἄλλα μυρία· ἂν δ' ἄρ' ἅπαντά τις ἐκφύγῃ, ἀλλὰ τούς γ' οὐδένα βουλομένους εἶναι τοιοῦτον οὐ διαφεύξεται. ἡ δ' ἐφ' ἑκάστου τούτων ἁμαρτία κατὰ μικρὸν ὑπορρέουσα ἁθρόος τῇ πόλει βλάβη γίγνεται.

Ὧν μηδέν, ὦ ἄνδρες Ἀθηναῖοι, πάθητε τήμερον, μηδ' 229 ἀφῆτε τοῦτον ὃς ὑμᾶς τηλικαῦτ' ἠδίκηκεν. καὶ γὰρ ὡς ἀληθῶς τίς ἔσται λόγος περὶ ὑμῶν, εἰ τοῦτον ἀφήσετε; Ἀθήνηθεν ἐπρέσβευσάν τινες ὡς Φίλιππον τουτονί, Φιλο-

1 *καὶ σκοπεῖ* add. post *κύκλῳ* S corr. L: post *βουλεύεται* vulg.: om. S[1] solus 4 *εἰ* post *ἂν* add. vulg.: om. S L 5 *ἐνθαδὶ* S L: *ἐνθάδε* cett. 9 *ἀλειτηρίοις* Blass: *ἀλητηρίοις* S L O[1]: *ἀλιτηρίοις* vulg., cf. § 197 12 *μηδέν'* A: *μηδεν* sine accentu S: *μηδὲν* L vulg. *ἄχθεσθαί*] *ἀχθεσθῆναί* A, cf. x 54 14 *ἑαυτὸν* om. A 15 *πρῶτον μὲν* om. F B P Q 17 *κακῶς* add. Morelius 19 *δ' ἄρ'* G. H. Schaefer, Dobree: *γὰρ* codd. 20 *ἐκφύγῃ, ἀλλὰ* Cobet: *ἐκφύγῃ τἄλλα,* codd. 22 *ἁθρόος* Y: *αθρόος* S: *ἀθρόος* L Q: *αθρόως* A: *ἀθρόως* vulg. 24 *ἀφῆτε* L A F corr.: *ἀνῆτε* S L corr. pr. m. Y O 26 *Φίλιππον τουτόνί,*] *Φίλιππον· τούτων ἦν* Weil

κράτης, Αἰσχίνης, Φρύνων, Δημοσθένης. τί οὖν; ὁ μὲν
πρὸς τῷ μηδὲν ἐκ τῆς πρεσβείας λαβεῖν τοὺς αἰχμαλώτους
ἐκ τῶν ἰδίων ἐλύσατο· ὁ δ' ὧν τὰ τῆς πόλεως πράγματα
χρημάτων ἀπέδοτο, τούτων πόρνας ἠγόραζε καὶ ἰχθῦς
230 περιιών. καὶ ὁ μὲν τὸν υἱὸν ἔπεμψε Φιλίππῳ, πρὶν εἰς
ἄνδρας ἐγγράψαι, ὁ μιαρὸς Φρύνων· ὁ δ' οὐδὲν ἀνάξιον
οὔτε τῆς πόλεως οὔθ' αὑτοῦ διεπράξατο. καὶ ὁ μὲν χορη-
γῶν καὶ τριηραρχῶν ἔτι καὶ ταῦτ' ᾤετο δεῖν ἐθελοντὴς
[413] ἀναλίσκειν, [λύεσθαι,] μηδέν' ἐν συμφορᾷ τῶν πολιτῶν δι'
ἔνδειαν περιορᾶν· ὁ δὲ τοσούτου δεῖ τῶν ὑπαρχόντων τιν'
αἰχμάλωτον σῶσαι, ὥσθ' ὅλον τόπον καὶ πλεῖν ἢ μυρίους
μὲν ὁπλίτας, ὁμοῦ δὲ χιλίους ἱππέας τῶν ὑπαρχόντων συμ-
μάχων ὅπως αἰχμάλωτοι γένωνται Φιλίππῳ, συμπαρε-
231 σκεύασεν. τί οὖν μετὰ ταῦτα; Ἀθηναῖοι λαβόντες, ᾔδεσαν
μὲν γὰρ πάλαι· τί δέ; τοὺς μὲν χρήματ' εἰληφότας καὶ
δῶρα καὶ καταισχύναντας ἑαυτούς, τὴν πόλιν, τοὺς ἑαυτῶν
παῖδας, ἀφεῖσαν καὶ νοῦν ἔχειν ἡγοῦντο καὶ τὴν πόλιν
†εὐθενεῖσθαι†· τὸν δὲ κατηγοροῦντα τί; ἐμβεβροντῆσθαι,
232 τὴν πόλιν ἀγνοεῖν, οὐκ ἔχειν ὅποι τὰ ἑαυτοῦ ῥίπτῃ. καὶ
τίς, ὦ ἄνδρες Ἀθηναῖοι, τοῦτ' ἰδὼν τὸ παράδειγμα, δίκαιον
αὑτὸν παρασχεῖν ἐθελήσει; τίς προῖκα πρεσβεύειν, εἰ μήτε
λαβεῖν μήτε τῶν εἰληφότων ἀξιοπιστότερον παρ' ὑμῖν εἶναι
δοκεῖν ὑπάρξει; οὐ μόνον κρίνετε τούτους τήμερον, οὔ, ἀλλὰ
καὶ νόμον τίθεσθ' εἰς ἅπαντα τὸν μετὰ ταῦτα χρόνον, πότερον
χρημάτων αἰσχρῶς ὑπὲρ τῶν ἐχθρῶν πρεσβεύειν ἅπαντας
προσήκει ἢ προῖχ' ὑπὲρ ὑμῶν τὰ βέλτιστ' ἀδωροδοκήτως.
233 ἀλλὰ μὴν περὶ μὲν τῶν ἄλλων οὐδενὸς προσδεῖσθε μάρτυρος·

9 *λύεσθαι* S F Q: secl. Cobet: *λύεσθαι τοὺς αἰχμαλώτους* L vulg. 11 *αἰχμάλωτον* S Q Y O: *αἰχμαλώτων* A *πλεῖν* S solus: *πλέον* A: *πλείους* L vulg., cf. xviii 312 12 *ὑπαρχόντων* secl. Dobree 17 *ἀφεῖσαν* S A P Q: *ἀφίεσαν* L vulg. 18 *εὐθενεῖσθαι* S L[1] A F Y: *εὐθηνεῖσθαι* L corr. P corr.: *εὐθυνεῖσθαι* al.: *εὐσθενεῖσθαι* al. Weilio assentior aliam vocem requirenti quae in antithesi stet cum *ἀγνοεῖν* 23 *ὥστε* ante *οὐ* add. vulg. L (supra scripsit pr. m.): om. S A Y[1] *οὔ* post *τήμερον* om. Y P 24 *τούτοις* post *νόμον* add. vulg.: om. S A B Y[1] 25 *ἅπαντα* L solus

ὡς δὲ τὸν υἱὸν ἔπεμψεν ὁ Φρύνων, κάλει μοι τούτων τοὺς μάρτυρας.

Τοῦτον μὲν τοίνυν οὐκ ἔκρινεν Αἰσχίνης, ὅτι τὸν αὑτοῦ παῖδ' ἐπ' αἰσχύνῃ πρὸς Φίλιππον ἔπεμψεν. εἰ δέ τις ὢν ἐφ' ἡλικίας ἑτέρου βελτίων τὴν ἰδέαν, μὴ προϊδόμενος τὴν ἐξ ἐκείνης τῆς ὄψεως ὑποψίαν, ἰταμώτερον τῷ μετὰ ταῦτ' ἐχρή-
σατο βίῳ, τοῦτον ὡς πεπορνευμένον κέκρικεν. [414]

Φέρε δὴ περὶ τῆς ἑστιάσεως καὶ τοῦ ψηφίσματος εἴπω· 234
μικροῦ γ', ἃ μάλιστά μ' ἔδει πρὸς ὑμᾶς εἰπεῖν, παρῆλθεν. τῆς πρώτης ἐκείνης πρεσβείας γράφων τὸ προβούλευμ' ἐγὼ καὶ πάλιν ἐν τῷ δήμῳ ταῖς ἐκκλησίαις, ἐν αἷς ἐμέλλετε βουλεύεσθαι περὶ τῆς εἰρήνης, οὐδενὸς οὔτε λόγου πω παρὰ τούτων οὔτ' ἀδικήματος ὄντος φανεροῦ, τὸ νόμιμον [ἔθος] ποιῶν, καὶ ἐπῄνεσα τούτους καὶ εἰς πρυτανεῖον ἐκάλεσα.
καὶ νὴ Δί' ἔγωγε καὶ τοὺς παρὰ τοῦ Φιλίππου πρέσβεις 235
ἐξένισα, καὶ πάνυ γ', ὦ ἄνδρες Ἀθηναῖοι, λαμπρῶς· ἐπειδὴ γὰρ ἑώρων αὐτοὺς καὶ ἐπὶ τοῖς τοιούτοις ἐκεῖ σεμνυνομένους ὡς εὐδαίμονας καὶ λαμπρούς, εὐθὺς ἡγούμην ἐν τούτοις πρῶτον περιεῖναι δεῖν αὐτῶν καὶ μεγαλοψυχότερος φαίνεσθαι. ταῦτα δὴ παρέξεται νῦν οὗτος λέγων ὡς 'αὐτὸς ἐπῄνεσεν ἡμᾶς, αὐτὸς εἱστία τοὺς πρέσβεις,' τὸ πότ' οὐ διορίζων. ἔστι δὲ ταῦτα 236
πρὸ τοῦ τὴν πόλιν ἠδικῆσθαί τι καὶ φανεροὺς τούτους πεπρακότας αὑτοὺς γενέσθαι, ὅτ' ἄρτι μὲν ἧκον οἱ πρέσβεις τὸ πρῶτον, ἔδει δ' ἀκοῦσαι τὸν δῆμον τί λέγουσιν, οὐδέπω δ' οὔθ' οὗτος συνερῶν δῆλος ἦν τῷ Φιλοκράτει οὔτ' ἐκεῖνος τοιαῦτα γράψων. ἂν δὴ ταῦτα λέγῃ, μέμνησθε τοὺς χρόνους ὅτι τῶν ἀδικημάτων εἰσὶ πρότεροι. μετὰ ταῦτα δ' οὐδὲν ἐμοὶ πρὸς τούτους οἰκεῖον οὐδὲ κοινὸν γέγονεν. Λέγε τὴν μαρτυρίαν.

2 titulum **ΜΑΡΤΥΡΕΣ** post *μάρτυρας* add. codd. : del. Sauppe, cf. § 213 9 *παρῆλθεν* Y P, cf. xxi 110 : *παρῆλθον* S L vulg. 13 *τὸ νόμιμον* S F Q O corr. : *τὸ κοινὸν* S *γρ.* A F *γρ.* Q *γρ.* : *τὸ κοινὸν νόμιμον* L Y : *τὸν νόμον* O[1] vulg. *ἔθος* secl. Weil 14 *τὸ* ante *πρυτανεῖον* add. vulg. : om. S L soli, cf. § 330 19 ante *περιεῖναι* add. *αὐτὸς* S vulg. : *αὐτοὺς* L[1] : *αὐτὸν* Y : om. A P 20 *καὶ* ante alterum *αὐτὸς* add. vulg. : om. S (me teste) L[1] A

ΜΑΡΤΥΡΙΑ.

237 Ἴσως τοίνυν ἀδελφὸς αὐτῷ συνερεῖ Φιλοχάρης καὶ Ἀφό-
[415] βητος· πρὸς οὓς ἀμφοτέρους ὑμῖν πολλὰ καὶ δίκαι' ἔστιν
εἰπεῖν. ἀνάγκη δ', ὦ ἄνδρες Ἀθηναῖοι, μετὰ παρρησίας
διαλεχθῆναι, μηδὲν ὑποστελλόμενον. ἡμεῖς, Ἀφόβητε καὶ
σὺ Φιλόχαρες, σὲ μὲν τὰς ἀλαβαστοθήκας γράφοντα καὶ τὰ
τύμπανα, τούτους δ' ὑπογραμματέας καὶ τοὺς τυχόντας
ἀνθρώπους (καὶ οὐδεμιᾶς κακίας ταῦτα, ἀλλ' οὐδὲ στρατηγίας
γ' ἄξια) πρεσβειῶν, στρατηγιῶν, τῶν μεγίστων τιμῶν ἠξιώ-
238 σαμεν. εἰ τοίνυν μηδὲν ὑμῶν ἠδίκει μηδείς, οὐχ ἡμεῖς χάριν
ὑμῖν οὐδενός, ἀλλ' ὑμεῖς ἡμῖν δικαίως ἂν ἔχοιτε τούτων·
πολλοὺς γὰρ ὑμῶν μᾶλλον ἀξίους τιμᾶσθαι παρέντες ἡμεῖς
ὑμᾶς ἐσεμνύνομεν. εἰ δὲ δὴ καὶ ἐν αὐτοῖς οἷς ἐτιμᾶσθ'
ἠδίκηκέ τις ὑμῶν, καὶ ταῦτα τοιαῦτα, πόσῳ μᾶλλον ἂν
μισοῖσθε δικαίως ἢ σῴζοισθε; ἐγὼ μὲν οἶμαι πολλῷ. βιά-
σονται τοίνυν ἴσως, μεγαλόφωνοι καὶ ἀναιδεῖς ὄντες, καὶ τὸ
239 'συγγνώμη ἀδελφῷ βοηθεῖν' προσειληφότες. ὑμεῖς δὲ μὴ
ἡττᾶσθε, ἐκεῖν' ἐνθυμούμενοι, ὅτι τούτοις μὲν τούτου προσήκει
φροντίζειν, ὑμῖν δὲ τῶν νόμων καὶ ὅλης τῆς πόλεως καὶ παρὰ
πάντα τῶν ὅρκων, οὓς αὐτοὶ κάθησθ' ὀμωμοκότες. καὶ γὰρ
εἰ τινῶν δεδέηνται τουτονὶ σῴζειν, πότερ' ἂν μηδὲν ἀδικῶν
φαίνηται τὴν πόλιν ἢ κἂν ἀδικῶν, σκοπεῖτε. εἰ μὲν γὰρ
ἂν μή, κἀγώ φημι δεῖν, εἰ δ' ὅλως κἂν ὁτιοῦν, ἐπιορκεῖν
δεδέηνται. οὐ γὰρ εἰ κρύβδην ἐστὶν ἡ ψῆφος, λήσει τοὺς
θεούς, ἀλλὰ τοῦτο καὶ πάντων ἄρισθ' ὁ τιθεὶς τὸν νόμον εἶδε
[τὸ κρύβδην ψηφίζεσθαι], ὅτι τούτων μὲν οὐδεὶς εἴσεται τὸν
[416] ἑαυτῷ κεχαρισμένον ὑμῶν, οἱ θεοὶ δ' εἴσονται καὶ τὸ δαιμόνιον

5 ὑποστελλόμενον SQY: ὑποστειλάμενον A: ὑποκρινόμενον vulg. 6 ἴσμεν ante σὲ μὲν add. L vulg.: om. SA ἀλαβαστοθήκας Harpocration Bekk. Anecd.: ἀλαβαστροθήκας codd. 8 οὐδὲ L vulg.: οὐ S solus 11 εἴχετε AP 15 ἢ σώζοισθε SL vulg., confirmat Hermogenes (bis): ἢ σώζεσθε A: secl. Cobet 17 συγγνώμη FB: συγγνώμην SL vulg. 18 ἐνθυμηθέντες A 23 ἂν μὴ SL text.: μὴ ἀδικῶν L marg. pr. m. vulg. 26 τὸ (τοῦ AF) κρύβδην ψηφίζεσθαι secl. Herwerden διὰ τί; ante ὅτι add. L vulg.: om. SO

τὸν μὴ τὰ δίκαια ψηφισάμενον. παρ' ὧν κρεῖττόν ἐστιν 240
ἑκάστῳ τὰς ἀγαθὰς ἐλπίδας τοῖς παισὶ καὶ ἑαυτῷ, τὰ δίκαια
γνόντα καὶ τὰ προσήκοντα, περιποιήσασθαι ἢ τὴν ἀφανῆ
καὶ ἄδηλον τούτοις χάριν καταθέσθαι, καὶ ἀφεῖναι τοῦτον ὃς
αὐτὸς ἑαυτοῦ καταμεμαρτύρηκεν. τίνα γάρ, Αἰσχίνη, μάρτυρα
μείζω παράσχωμαι τοῦ πολλὰ καὶ δεινὰ πεπρεσβεῦσθαί σοι
ἢ σὲ κατὰ σαυτοῦ; ὃς γὰρ ᾠήθης χρῆναι τὸν φανερόν τι
ποιῆσαι βουληθέντα τῶν σοὶ πεπρεσβευμένων τηλικαύτῃ καὶ
τοιαύτῃ συμφορᾷ περιβαλεῖν, δῆλον ὅτι δεινὸν ἄν τι παθεῖν
σαυτὸν ἤλπιζες, εἰ πύθοινθ' οὗτοι τὰ πεπραγμένα σοι.

Τοῦτο τοίνυν, ἄνπερ ὑμεῖς εὖ φρονῆτε, καθ' αὐτοῦ συμβή- 241
σεται τούτῳ πεπρᾶχθαι, οὐ μόνον κατὰ τοῦθ' ὅτι παμμέγεθες
σημεῖόν ἐστι τῶν πεπρεσβευμένων, ἀλλ' ὅτι καὶ κατηγορῶν
ἐκείνους τοὺς λόγους εἶπεν οἳ κατ' αὐτοῦ νῦν ὑπάρχουσιν· ἃ
γὰρ ὡρίσω σὺ δίκαια, ὅτε Τίμαρχον ἔκρινες, ταὐτὰ δήπου
ταῦτα καὶ κατὰ σοῦ προσήκει τοῖς ἄλλοις ἰσχύειν. ἔλεγεν 242
τοίνυν τότε πρὸς τοὺς δικαστὰς ὅτι 'ἀπολογήσεται δὲ Δημο-
σθένης ὑπὲρ αὐτοῦ, καὶ κατηγορήσει τῶν ἐμοὶ πεπρεσβευμένων·
εἶτ', ἐὰν ὑμᾶς ἀπαγάγῃ τῷ λόγῳ, νεανιεύσεται καὶ περιιὼν ἐρεῖ·
πῶς τι τοὺς δικαστὰς ἀπαγαγὼν ἀπὸ τῆς ὑποθέσεως ᾠχόμην
τὸ πρᾶγμ' αὐτῶν ὑφελόμενος;' μὴ σύ γε, ἀλλ' ὑπὲρ ὧν ἀγω-
νίζει, περὶ τούτων ἀπολογοῦ· τότε δ', ἡνίκ' ἐκεῖνον ἔκρινες,
ἐξῆν σοι κατηγορεῖν καὶ λέγειν ὅ τι ἐβούλου.

Ἀλλὰ μὴν καὶ ἔπη τοῖς δικασταῖς ἔλεγες, οὐδένα μάρτυρ' 243
ἔχων ἐφ' οἷς ἔκρινες τὸν ἄνθρωπον παρασχέσθαι· [417]

φήμη δ' οὔ τις πάμπαν ἀπόλλυται, ἥντινα λαοὶ
πολλοὶ φημίξωσι· θεός νύ τίς ἐστι καὶ αὐτή.

οὐκοῦν, Αἰσχίνη, καὶ σὲ πάντες οὗτοι χρήματ' ἐκ τῆς πρε-
σβείας φασὶν εἰληφέναι, ὥστε καὶ κατὰ σοῦ δήπουθεν 'φήμη
δ' οὔ τις πάμπαν ἀπόλλυται, ἥντινα λαοὶ πολλοὶ φημίξωσιν.'

14 ὑπάρχουσιν S L Y: ὑπάρξουσιν vulg. 20 πῶς τι Cobet: πῶς; τί; vulg. schol.: πῶς τι; Voemel 24 ἔπη Weil cum P corr., cf. schol. p. 435. 19: ἐπὶ codd. cett.

244 ὅσῳ γὰρ αὖ σὲ πλείους ἢ 'κεῖνον αἰτιῶνται, θεώρησον ὡς εἴσει. τὸν μὲν Τίμαρχον οὐδ' οἱ πρόσχωροι πάντες ἐγίγνωσκον, ὑμᾶς δὲ τοὺς πρέσβεις οὐδεὶς Ἑλλήνων οὐδὲ βαρβάρων ἔσθ' ὅστις οὔ φησι χρήματ' ἐκ τῆς πρεσβείας εἰληφέναι. ὥστ', εἴπερ ἐστ' ἀληθὴς ἡ φήμη, καθ' ὑμῶν ἐστιν ἡ παρὰ τῶν πολλῶν, ἣν ὅτι πιστὴν εἶναι δεῖ καὶ 'θεός νύ τίς ἐστι καὶ αὐτή,' καὶ ὅτι σοφὸς ἦν ὁ ποιητὴς ὁ ταῦτα ποιήσας, σὺ διώρισας αὐτός.

245 Ἔτι τοίνυν ἰαμβεῖα δήπου συλλέξας ἐπέραινεν, οἷον

> ὅστις δ' ὁμιλῶν ἥδεται κακοῖς ἀνήρ,
> οὐ πώποτ' ἠρώτησα, γιγνώσκων ὅτι
> τοιοῦτός ἐσθ' οἷοισπερ ἥδεται ξυνών.

εἶτα 'τὸν εἰς τοὺς ὄρνεις εἰσιόντα καὶ μετὰ Πιτταλάκου περιιόντα,' καὶ τοιαῦτ' εἰπών, 'ἀγνοεῖτ',' ἔφη, 'ποῖόν τιν' ἡγεῖσθαι δεῖ;' οὐκοῦν, Αἰσχίνη, καὶ κατὰ σοῦ τὰ ἰαμβεῖα ταῦθ' ἁρμόσει νῦν ἐμοί, κἂν ἐγὼ λέγω πρὸς τούτους, ὀρθῶς καὶ προσηκόντως ἐρῶ· 'ὅστις δ' ὁμιλῶν ἥδεται,' καὶ ταῦτα πρεσβεύων, Φιλοκράτει, 'οὐ πώποτ' ἠρώτησα, γιγνώσκων ὅτι' ἀργύριον εἴληφ' οὗτος, ὥσπερ Φιλοκράτης ὁ ὁμολογῶν.

246 Λογογράφους τοίνυν καὶ σοφιστὰς καλῶν τοὺς ἄλλους
[418] καὶ ὑβρίζειν πειρώμενος, αὐτὸς ἐξελεγχθήσεται τούτοις ὧν ἔνοχος. ταῦτα μὲν γὰρ τὰ ἰαμβεῖ' ἐκ Φοίνικός ἐστιν Εὐριπίδου· τοῦτο δὲ τὸ δρᾶμ' οὐδεπώποτ' οὔτε Θεόδωρος οὔτ' Ἀριστόδημος ὑπεκρίναντο, οἷς οὗτος τὰ τρίτα λέγων διετέλεσεν, ἀλλὰ Μόλων ἠγωνίζετο καὶ εἰ δή τις ἄλλος τῶν παλαιῶν ὑποκριτῶν. Ἀντιγόνην δὲ Σοφοκλέους πολλάκις μὲν Θεόδωρος, πολλάκις δ' Ἀριστόδημος ὑποκέκριται, ἐν ᾗ πεποιημέν' ἰαμβεῖα καλῶς καὶ συμφερόντως ὑμῖν πολλάκις

1 ὡς εἴσει scripsi, cf. xxiv 146 ὡς δὲ σαφῶς γνώσεσθε . . . ἐγὼ ὑμῖν ἐρῶ : ὡς εισηι S (σ in rasura) : ὡς εἴσῃ Blass commate post θεώρησον posito : ὧδ' εἴσει Cobet secluso θεώρησον : ὡς ἔχει vulg. 5 ἐστ' ante ἀληθὴς om. vulg. : add. S L A 9 δήπου om. A 12 ἐσθ' οἷοισπερ H. Wolf : ἐστιν οἷσπερ codd. 19 ὁ om. A F P Q : ὁ ὁμολογῶν om. Rh. Gr. vii 1322 : secl. Herwerden 20 καλων S : ἀποκαλῶν cett. 24 ὑπεκρίναντο S L F Q Y : ὑπεκρίνατο vulg.

247 αὐτὸς εἰρηκὼς καὶ ἀκριβῶς ἐξεπιστάμενος παρέλιπεν. ἴστε γὰρ δήπου τοῦθ᾽ ὅτι ἐν ἅπασι τοῖς δράμασι τοῖς τραγικοῖς ἐξαίρετόν ἐστιν ὥσπερ γέρας τοῖς τριταγωνισταῖς τὸ τοὺς τυράννους καὶ τοὺς τὰ σκῆπτρ᾽ ἔχοντας εἰσιέναι. ταῦτα τοίνυν ἐν τῷ δράματι τούτῳ σκέψασθ᾽ ὁ Κρέων Αἰσχίνης οἷα λέγων πεποίηται τῷ ποιητῇ, ἃ οὔτε πρὸς αὑτὸν οὗτος ὑπὲρ τῆς πρεσβείας διελέχθη οὔτε πρὸς τοὺς δικαστὰς εἶπεν. Λέγε.

## ΙΑΜΒΕΙΑ ΣΟΦΟΚΛΕΟΥΣ

### ΕΞ ΑΝΤΙΓΟΝΗΣ.

ἀμήχανον δὲ παντὸς ἀνδρὸς ἐκμαθεῖν
ψυχήν τε καὶ φρόνημα καὶ γνώμην, πρὶν ἂν
ἀρχαῖς τε καὶ νόμοισιν ἐντριβὴς φανῇ.
ἐμοὶ γὰρ ὅστις πᾶσαν εὐθύνων πόλιν
μὴ τῶν ἀρίστων ἅπτεται βουλευμάτων,
ἀλλ᾽ ἐκ φόβου του γλῶσσαν ἐγκλείσας ἔχει,
κάκιστος εἶναι νῦν τε καὶ πάλαι δοκεῖ·
καὶ μείζον᾽ ὅστις ἀντὶ τῆς αὑτοῦ πάτρας
φίλον νομίζει, τοῦτον οὐδαμοῦ λέγω. [419]
ἐγὼ γάρ, ἴστω Ζεὺς ὁ πάνθ᾽ ὁρῶν ἀεί,
οὔτ᾽ ἂν σιωπήσαιμι τὴν ἄτην ὁρῶν
στείχουσαν ἀστοῖς ἀντὶ τῆς σωτηρίας,
οὔτ᾽ ἂν φίλον ποτ᾽ ἄνδρα δυσμενῆ χθονὸς
θείμην ἐμαυτῷ, τοῦτο γιγνώσκων ὅτι
ἥδ᾽ ἐστὶν ἡ σῴζουσα, καὶ ταύτης ἔπι
πλέοντες ὀρθῆς τοὺς φίλους ποιούμεθα.

248 Τούτων οὐδὲν Αἰσχίνης εἶπε πρὸς αὑτὸν ἐν τῇ πρεσβείᾳ, ἀλλ᾽ ἀντὶ μὲν τῆς πόλεως τὴν Φιλίππου ξενίαν καὶ φιλίαν πολλῷ μείζον᾽ ἡγήσαθ᾽ αὑτῷ καὶ λυσιτελεστέραν, ἐρρῶσθαι πολλὰ φράσας τῷ σοφῷ Σοφοκλεῖ, τὴν δ᾽ ἄτην ὁρῶν

1 αὐτὸς S L Y : οὗτος vulg. : οὕτως O : secl. Blass cum Rh. Gr. vii 1241 4 ταῦτα τοίνυν ἐν S vulg. : ἐν τοίνυν $\mathrm{L}^1$ A S γρ. F γρ. Q γρ.

στείχουσαν ὁμοῦ, τὴν ἐπὶ Φωκέας στρατείαν, οὐ προεῖπεν
οὐδὲ προεξήγγειλεν, ἀλλὰ τοὐναντίον συνέκρυψε καὶ συνέ-
249 πραξε καὶ τοὺς βουλομένους εἰπεῖν διεκώλυσεν, οὐκ ἀναμνη-
σθεὶς ὅτι ‘ἥδ’ ἐστὶν ἡ σῴζουσα καὶ ταύτης ἔπι’ τελοῦσα μὲν
ἡ μήτηρ αὐτοῦ καὶ καθαίρουσα καὶ καρπουμένη τὰς τῶν χρω-
μένων οὐσίας ἐξέθρεψε τοσούτους τουτουσί, διδάσκων δ’ ὁ
πατὴρ γράμματα, ὡς ἐγὼ τῶν πρεσβυτέρων ἀκούω, πρὸς τῷ
τοῦ ἥρω τοῦ ἰατροῦ, ὅπως ἠδύνατο, ἀλλ’ οὖν ἐν ταύτῃ γ’ ἔζη,
ὑπογραμματεύοντες δ’ αὐτοὶ καὶ ὑπηρετοῦντες ἁπάσαις ταῖς
ἀρχαῖς ἀργύριον εἰλήφεσαν, καὶ τὸ τελευταῖον ὑφ’ ὑμῶν
γραμματεῖς χειροτονηθέντες δύ’ ἔτη διετράφησαν ἐν τῇ θόλῳ,
250 πρεσβεύων δ’ ἀπέσταλτο νῦν οὗτος ἐκ ταύτης. τούτων οὐδὲν
ἐσκέψατο, οὐδ’ ὅπως ὀρθὴ πλεύσεται προείδετο, ἀλλ’ ἀνέ-
[420] τρεψε καὶ κατέδυσε καὶ τὸ καθ’ αὑτὸν ὅπως ἐπὶ τοῖς ἐχθροῖς
ἔσται παρεσκεύασεν. εἶτ’ οὐ σὺ σοφιστής; καὶ πονηρός γε.
οὐ σὺ λογογράφος; καὶ θεοῖς ἐχθρός γε· ὃς ἃ μὲν πολλάκις
ἠγωνίσω καὶ ἀκριβῶς ἐξηπίστασο, ὑπερέβης, ἃ δ’ οὐδεπώποτ’
ἐν τῷ βίῳ ὑπεκρίνω, ταῦτα ζητήσας ἐπὶ τῷ τῶν πολιτῶν
βλάψαι τιν’ εἰς μέσον ἤνεγκας.

251 Φέρε δὴ καὶ περὶ τοῦ Σόλωνος ὃν εἶπε λόγον σκέψασθε.
ἔφη τὸν Σόλων’ ἀνακεῖσθαι τῆς τῶν τότε δημηγορούντων
σωφροσύνης παράδειγμα, εἴσω τὴν χεῖρ’ ἔχοντ’ ἀναβεβλη-
μένον, ἐπιπλήττων τι καὶ λοιδορούμενος τῇ τοῦ Τιμάρχου
προπετείᾳ. καίτοι τὸν μὲν ἀνδριάντα τοῦτον οὔπω πεντή-
κοντ’ ἔτη φάσ’ ἀνακεῖσθαι Σαλαμίνιοι, ἀπὸ Σόλωνος δ’ ὁμοῦ
διακόσι’ ἐστὶν ἔτη καὶ τετταράκοντ’ εἰς τὸν νυνὶ παρόντα
χρόνον, ὥσθ’ ὁ δημιουργὸς ὁ τοῦτο πλάσας τὸ σχῆμα οὐ
μόνον οὐκ αὐτὸς ἦν κατ’ ἐκεῖνον, ἀλλ’ οὐδ’ ὁ πάππος αὐτοῦ.
252 τοῦτο μὲν τοίνυν εἶπε τοῖς δικασταῖς καὶ ἐμιμήσατο· ὃ δὲ

1 στρατείαν F Q O : στρατιαν S : στρατιὰν L P 2 ἐξήγγειλεν A 6 οὐσίας Markland : οἰκίας codd., cf. Isocrates xxi 2 8 Ἥρω Bekker, cf. xviii 129 9 αὐτοὶ S L[1] : οὗτοι cett. 12 οὗτος vulg. : αὐτὸς S L[1] A Y 13 προείλετο S L soli 26 παρόντα om. A 28 τὸν χρόνον post ἐκεῖνον add. L marg. pr. m. : om. S L text.

τοῦ σχήματος ἦν τούτου πολλῷ τῇ πόλει λυσιτελέστερον,
τὸ τὴν ψυχὴν τὴν Σόλωνος ἰδεῖν καὶ τὴν διάνοιαν, ταύτην
οὐκ ἐμιμήσατο, ἀλλὰ πᾶν τοὐναντίον. ἐκεῖνος μέν γ' ἀφε-
στηκυίας Σαλαμῖνος Ἀθηναίων καὶ θάνατον ζημίαν ψηφισα-
μένων, ἄν τις εἴπῃ κομίζεσθαι, τὸν ἴδιον κίνδυνον ὑποθεὶς
ἐλεγεῖα ποιήσας ᾖδε, καὶ τὴν μὲν χώραν ⟨ἀν⟩έσωσε τῇ πόλει,
τὴν δ' ὑπάρχουσαν αἰσχύνην ἀπήλλαξεν· οὗτος δ', ἣν βασι- 253
λεὺς καὶ πάντες οἱ Ἕλληνες ὑμετέραν ἔγνωσαν, Ἀμφίπολιν,
ταύτην ἐξέδωκε καὶ ἀπέδοτο καὶ τῷ ταῦτα γράφοντι συνεῖπε [421]
Φιλοκράτει. ἄξιόν γ', οὐ γάρ; ἦν Σόλωνος αὐτῷ μεμνῆσθαι.
καὶ οὐ μόνον ἐνταῦθα ταῦτ' ἐποίησεν, ἀλλ' ἐκεῖσ' ἐλθὼν οὐδὲ
τοὔνομ' ἐφθέγξατο τῆς χώρας ὑπὲρ ἧς ἐπρέσβευεν. καὶ
ταῦτ' αὐτὸς ἀπήγγειλε πρὸς ὑμᾶς· μέμνησθε γὰρ δήπου
λέγοντ' αὐτὸν ὅτι 'περὶ δ' Ἀμφιπόλεως εἶχον μὲν κἀγὼ
λέγειν· ἵνα δ' ἐγγένηται Δημοσθένει περὶ αὐτῆς εἰπεῖν,
παρέλιπον.' ἐγὼ δὲ παρελθὼν οὐδὲν ἔφην τοῦτον ὧν ἐβούλετ' 254
εἰπεῖν πρὸς Φίλιππον ἐμοὶ παραλιπεῖν· θᾶττον γὰρ ἂν τοῦ
αἵματος ἢ λόγου μεταδοῦναί τινι. ἀλλ', οἶμαι, χρήματ'
εἰληφότ' οὐκ ἦν ἀντιλέγειν πρὸς Φίλιππον τὸν ὑπὲρ τούτου
δεδωκότα, ὅπως ἐκείνην μὴ ἀποδῷ. Λέγε δή μοι λαβὼν καὶ
τὰ τοῦ Σόλωνος ἐλεγεῖα ταυτί, ἵν' ἴδηθ' ὅτι καὶ Σόλων ἐμίσει
τοὺς οἵους οὗτος ἀνθρώπους.

Οὐ λέγειν εἴσω τὴν χεῖρ' ἔχοντ', Αἰσχίνη, δεῖ, οὔ, ἀλλὰ 255
πρεσβεύειν εἴσω τὴν χεῖρ' ἔχοντα. σὺ δ' ἐκεῖ προτείνας
καὶ ὑποσχὼν καὶ καταισχύνας τούτους ἐνθάδε σεμνολογεῖ,
καὶ λογάρια δύστηνα μελετήσας καὶ φωνασκήσας οὐκ οἴει
δίκην δώσειν τηλικούτων καὶ τοσούτων ἀδικημάτων, κἂν
πιλίδιον λαβὼν περὶ τὴν κεφαλὴν περινοστῇς καὶ ἐμοὶ
λοιδορῇ; λέγε σύ.

6 ἀνέσωσε Herwerden : ἔσωσε codd. 10 οὐ γάρ om. S $L^1$ Y F γρ., cf. xxiii 161 μνησθῆναι $L^1$ A P 13 δήπου] δὴ A 14 δὲ post περὶ add. A : om. S L vulg. 16 τοῦτον A : τούτων cett. 17 παραλειπειν S solus 21 ἴδηθ' S : εἰδῆτε vulg. 22 οἵους Cobet, cf. xxii 64, xxiv 185 : οἷος codd. 27 κἂν L vulg., schol. p. 438. 25 : ἂν S A P 28 περὶ A P : ἐπὶ cett.

**ΕΛΕΓΕΙΑ.**

Ἡμετέρη δὲ πόλις κατὰ μὲν Διὸς οὔποτ' ὀλεῖται
  αἶσαν καὶ μακάρων θεῶν φρένας ἀθανάτων·
τοίη γὰρ μεγάθυμος ἐπίσκοπος ὀβριμοπάτρη
  Παλλὰς Ἀθηναίη χεῖρας ὕπερθεν ἔχει.
αὐτοὶ δὲ φθείρειν μεγάλην πόλιν ἀφραδίῃσιν
[422] ἀστοὶ βούλονται, χρήμασι πειθόμενοι,
δήμου θ' ἡγεμόνων ἄδικος νόος, οἷσιν ἑτοῖμον
  ὕβριος ἐκ μεγάλης ἄλγεα πολλὰ παθεῖν.
οὐ γὰρ ἐπίστανται κατέχειν κόρον, οὐδὲ παρούσας
  εὐφροσύνας κοσμεῖν δαιτὸς ἐν ἡσυχίῃ.

. . . . . . . . . . .

  πλουτοῦσιν δ' ἀδίκοις ἔργμασι πειθόμενοι.

. . . . . . . . . . .

  οὔθ' ἱερῶν κτεάνων οὔτε τι δημοσίων
φειδόμενοι †κλέπτουσιν ἐφ' ἁρπαγῇ† ἄλλοθεν ἄλλος,
  οὐδὲ φυλάσσονται σεμνὰ θέμεθλα Δίκης,
ἣ σιγῶσα σύνοιδε τὰ γιγνόμενα πρό τ' ἐόντα,
  τῷ δὲ χρόνῳ πάντως ἦλθ' ἀποτεισομένη.
τοῦτ' ἤδη πάσῃ πόλει ἔρχεται ἕλκος ἄφυκτον,
  εἰς δὲ κακὴν ταχέως †ἤλυθε† δουλοσύνην,
ἣ στάσιν ἔμφυλον πόλεμόν θ' εὕδοντ' ἐπεγείρει,
  ὃς πολλῶν ἐρατὴν ὤλεσεν ἡλικίην.
ἐκ γὰρ δυσμενέων ταχέως πολυήρατον ἄστυ
  τρύχεται ἐν συνόδοις τοῖς ἀδικοῦσι φίλαις.
ταῦτα μὲν ἐν δήμῳ στρέφεται κακά· τῶν δὲ πενιχρῶν
  ἱκνοῦνται πολλοὶ γαῖαν ἐς ἀλλοδαπήν,

1 ΣΟΛΩΝΟΣ post ΕΛΕΓΕΙΑ add. vulg.: om. S A B Y P 2 seqq. Carmen om. S L et (praeter paucos versus) A 14 *κλέπτουσιν . . . ἁρπαγῇ* iure suspecta *ἐφ' ἁρπαγῇ*] *ἀφαρπαγῇ* F B Q Y P 15 *θέμεθλα* ante *Δίκης* Bergk: post *Δίκης* codd. 17 *ἀποτισομένη* B corr. (coni. Sylburg): *ἀποτισαμένη* cett. 19 *ἤλυθε*] fort. *ἤγαγε* (*ἤλυθε* ex 17 repetitum) 20 *ἐπεγείρει* vulg.: *ἐπεγείρειν* B Q: *ἐπαγείρειν* F Q: *ἐπέγειρεν* Schneidewin 23 *φίλαις* Bergk: *φίλοις* Q Y: *φίλους* vulg.

πραθέντες δεσμοῖσί τ' ἀεικελίοισι δεθέντες.

. . . . . . . . .

οὕτω δημόσιον κακὸν ἔρχεται οἴκαδ' ἑκάστῳ,
αὔλειοι δ' ἔτ' ἔχειν οὐκ ἐθέλουσι θύραι,
ὑψηλὸν δ' ὑπὲρ ἕρκος ὑπέρθορεν, εὗρε δὲ πάντως,
εἰ καί τις φεύγων ἐν μυχῷ ᾖ θαλάμου.
ταῦτα διδάξαι θυμὸς Ἀθηναίους με κελεύει,
ὡς κακὰ πλεῖστα πόλει δυσνομίη παρέχει,
εὐνομίη δ' εὔκοσμα καὶ ἄρτια πάντ' ἀποφαίνει,
καὶ θαμὰ τοῖς ἀδίκοις ἀμφιτίθησι πέδας,
τραχέα λειαίνει, παύει κόρον, ὕβριν ἀμαυροῖ, [423]
αὐαίνει δ' ἄτης ἄνθεα φυόμενα,
εὐθύνει δὲ δίκας σκολιάς, ὑπερήφανά τ' ἔργα
πραΰνει, παύει δ' ἔργα διχοστασίης,
παύει δ' ἀργαλέης ἔριδος χόλον· ἔστι δ' ὑπ' αὐτῆς
πάντα κατ' ἀνθρώπους ἄρτια καὶ πινυτά.

Ἀκούετ', ὦ ἄνδρες Ἀθηναῖοι, περὶ τῶν τοιούτων ἀνθρώπων 256
οἷα Σόλων λέγει, καὶ περὶ τῶν θεῶν, οὕς φησι τὴν πόλιν
σῴζειν. ἐγὼ δ' ἀεὶ μὲν ἀληθῆ τὸν λόγον τοῦτον ἡγοῦμαι
καὶ βούλομαι, ὡς ἄρ' οἱ θεοὶ σῴζουσιν ἡμῶν τὴν πόλιν·
τρόπον δέ τιν' ἡγοῦμαι καὶ τὰ νῦν συμβεβηκότα πάντ' ἐπὶ
ταῖς εὐθύναις ταυταισὶ δαιμονίας τινὸς εὐνοίας ἔνδειγμα τῇ
πόλει γεγενῆσθαι. σκοπεῖτε γάρ. ἄνθρωπος πολλὰ καὶ 257
δεινὰ πρεσβεύσας, καὶ χώρας ἐκδεδωκὼς ἐν αἷς τοὺς θεοὺς
ὑφ' ὑμῶν καὶ τῶν συμμάχων τιμᾶσθαι προσῆκεν, ἠτίμωσ'
ὑπακούσαντά τιν' αὐτοῦ κατήγορον. ἵνα τί; ἵνα μήτ' ἐλέου
μήτε συγγνώμης ἐφ' οἷς αὐτὸς ἠδίκηκεν τύχῃ. ἀλλὰ καὶ
κατηγορῶν ἐκείνου κακῶς λέγειν προείλετ' ἐμέ, καὶ πάλιν ἐν

4 πάντως correctum ex cod. Bodleiano (πάντας ἢ πάντως): πάντας vulg. 5 καί anonymus in margine libri Lessingiani: γε codd. ᾖ θαλάμου Schneidewin: ἢ θαλάμῳ vulg. 18 ἀεὶ μὲν L vulg.: εἰ μὲν S[1] (add. α ant. m.): εἶναι μὲν A: ἀεὶ μὲν εἶναι al. ἡγοῦμαι καὶ secl. Herwerden 20 ἡγοῦμαι] ἡγοῦμαι καὶ βούλομαι O[1]: οἶμαι A 25 ἵνα τί; G. H. Schaefer (cf. inf. 1): διὰ τί codd. 26 ἠδίκηκεν S L F Y: ἠδίκησε vulg. 27 προειλετο (non προείλετε) S (me teste)

τῷ δήμῳ γραφὰς ἀποίσειν καὶ τοιαῦτ' ἠπείλει. ἵνα τί;
ἵν' ὡς μετὰ πλείστης συγγνώμης παρ' ὑμῶν ὁ τὰ τούτου
πονηρεύματ' ἀκριβέστατ' εἰδὼς ἐγὼ καὶ παρηκολουθηκὼς
258 ἅπασι κατηγορῶ. ἀλλὰ καὶ διακρουόμενος πάντα τὸν ἔμ-
προσθεν χρόνον εἰσελθεῖν εἰς τοιοῦτον ὑπῆκται καιρὸν ἐν
ᾧ τῶν ἐπιόντων ἕνεκα, εἰ μηδενὸς ἄλλου, οὐχ οἷόν τ' οὐδ'
ἀσφαλὲς ὑμῖν δεδωροδοκηκότα τοῦτον ἀθῷον ἐᾶσαι· ἀεὶ μὲν
[424] γάρ, ὦ ἄνδρες Ἀθηναῖοι, προσήκει μισεῖν καὶ κολάζειν τοὺς
προδότας καὶ δωροδόκους, μάλιστα δὲ νῦν ἐπὶ καιροῦ τοῦτο
259 γένοιτ' ἂν καὶ πάντας ὠφελήσειεν ἀνθρώπους κοινῇ. νόσημα
γάρ, ὦ ἄνδρες Ἀθηναῖοι, δεινὸν ἐμπέπτωκεν εἰς τὴν Ἑλλάδα,
καὶ χαλεπὸν καὶ πολλῆς τινὸς εὐτυχίας καὶ παρ' ὑμῶν ἐπι-
μελείας δεόμενον. οἱ γὰρ ἐν ταῖς πόλεσι γνωριμώτατοι καὶ
προεστάναι τῶν κοινῶν ἀξιούμενοι, τὴν αὑτῶν προδιδόντες
ἐλευθερίαν οἱ δυστυχεῖς, αὐθαίρετον αὑτοῖς ἐπάγονται δου-
λείαν, Φιλίππῳ ξενίαν καὶ ἑταιρίαν [καὶ φιλίαν] καὶ τοιαῦθ'
ὑποκοριζόμενοι· οἱ δὲ λοιποὶ καὶ τὰ κύρι' ἅττα ποτ' ἔστ' ἐν
ἑκάστῃ τῶν πόλεων, οὓς ἔδει τούτους κολάζειν καὶ παραχρῆμ'
ἀποκτιννύναι, τοσοῦτ' ἀπέχουσι τοῦ τοιοῦτόν τι ποιεῖν ὥστε
θαυμάζουσι καὶ ζηλοῦσι καὶ βούλοιντ' ἂν αὐτὸς ἕκαστος
260 τοιοῦτος εἶναι. καίτοι τοῦτο τὸ πρᾶγμα καὶ τὰ τοιαῦτα
ζηλώματα Θετταλῶν μέν, ὦ ἄνδρες Ἀθηναῖοι, μέχρι μὲν
χθὲς ἢ πρώην τὴν ἡγεμονίαν καὶ τὸ κοινὸν ἀξίωμ' ἀπωλω-
λέκει, νῦν δ' ἤδη καὶ τὴν ἐλευθερίαν παραιρεῖται· τὰς γὰρ
ἀκροπόλεις αὐτῶν ἐνίων Μακεδόνες φρουροῦσιν· εἰς Πελο-
πόννησον δ' εἰσελθὸν τὰς ἐν Ἤλιδι σφαγὰς πεποίηκε, καὶ
τοσαύτης παρανοίας καὶ μανίας ἐνέπλησε τοὺς ταλαιπώρους

1 ἠπείλει L vulg. : ἀπειλεῖν S[1] : ἀπειλεῖ S corr. ἵνα τί; S Y : διὰ τί; L vulg. 3 ἀκριβῶς A P 9 προδότας καὶ om. A 10 ἀνθρώπους om. A 11 δεινὸν] νόσημα δεινὸν S γρ. L γρ. 16 Φιλίππῳ S L vulg. : Φιλίππου A, Photius et Suidas s. v. ὑποκοριζόμενοι καὶ φιλίαν Weilio suspecta : om. Photius et Suidas : in aliis codd. aliter collocata τὰ ante τοιαῦθ' om. S L vulg. : add. A, schol. Photius Suidas 18 τούτους secl. Herwerden 20 βούλοιντ' S L Y O : βούλοιτ' vulg. 23 ἢ S L corr. Y P : καὶ vulg. 27 παρανοίας καὶ μανίας S L vulg.: μανίας καὶ παρανοίας A : παρανομίας καὶ μανίας F O : παροινίας καὶ μανίας Bekk. Anecd.

ἐκείνους ὥσθ', ἵν' ἀλλήλων ἄρχωσι καὶ Φιλίππῳ χαρίζωνται,
συγγενεῖς αὑτῶν καὶ πολίτας μιαιφονεῖν. καὶ οὐδ' ἐνταῦθ' 261
ἕστηκεν, ἀλλ' εἰς Ἀρκαδίαν εἰσελθὸν πάντ' ἄνω καὶ κάτω
τἀκεῖ πεποίηκε, καὶ νῦν Ἀρκάδων πολλοί, προσῆκον αὐτοῖς
ἐπ' ἐλευθερίᾳ μέγιστον φρονεῖν ὁμοίως ὑμῖν (μόνοι γὰρ
πάντων αὐτόχθονες ὑμεῖς ἐστε κἀκεῖνοι) Φίλιππον θαυμά- [425]
ζουσι καὶ χαλκοῦν ἱστᾶσι καὶ στεφανοῦσι, καὶ τὸ τελευταῖον,
ἂν εἰς Πελοπόννησον ἴῃ, δέχεσθαι ταῖς πόλεσιν εἰσὶν ἐψη-
φισμένοι. ταὐτὰ δὲ ταῦτ' Ἀργεῖοι. ταῦτα νὴ τὴν Δήμητρα, 262
εἰ δεῖ μὴ ληρεῖν, εὐλαβείας οὐ μικρᾶς δεῖται, ὡς βαδίζον γε
κύκλῳ καὶ δεῦρ' ἐλήλυθεν, ὦ ἄνδοες Ἀθηναῖοι, τὸ νόσημα
τοῦτο. ἕως οὖν ἔτ' ἐν ἀσφαλεῖ, φυλάξασθε καὶ τοὺς πρώ-
τους εἰσαγαγόντας ἀτιμώσατε· εἰ δὲ μή, σκοπεῖθ' ὅπως μὴ
τηνικαῦτ' εὖ λέγεσθαι δόξει τὰ νῦν εἰρημένα, ὅτ' οὐδ' ὅ τι
χρὴ ποιεῖν ἕξετε. οὐχ ὁρᾶθ' ὡς ἐναργές, ὦ ἄνδρες Ἀθη- 263
ναῖοι, καὶ σαφὲς παράδειγμ' οἱ ταλαίπωροι γεγόνασιν
Ὀλύνθιοι; οἳ παρ' οὐδὲν οὕτως ὡς τὸ τοιαῦτα ποιεῖν ἀπο-
λώλασιν οἱ δείλαιοι. ἔχοιτε δ' ἂν ἐξετάσαι καθαρῶς ἐκ τῶν
συμβεβηκότων αὐτοῖς. ἐκεῖνοι γάρ, ἡνίκα μὲν τετρακοσίους
ἱππέας ἐκέκτηντο μόνον καὶ σύμπαντες οὐδὲν ἦσαν πλείους
πεντακισχιλίων τὸν ἀριθμόν, οὔπω Χαλκιδέων πάντων εἰς ἓν
συνῳκισμένων, Λακεδαιμονίων ἐπ' αὐτοὺς ἐλθόντων πολλῇ 264
καὶ πεζῇ καὶ ναυτικῇ δυνάμει (ἴστε γὰρ δήπου τοῦθ' ὅτι γῆς
καὶ θαλάττης ἦρχον ὡς ἔπος εἰπεῖν Λακεδαιμόνιοι κατ'
ἐκείνους τοὺς χρόνους), ἀλλ' ὅμως τηλικαύτης ἐπ' αὐτοὺς
ἐλθούσης δυνάμεως οὔτε τὴν πόλιν οὔτε φρούριον οὐδὲν
ἀπώλεσαν, ἀλλὰ καὶ μάχας πολλὰς ἐκράτησαν καὶ τρεῖς τῶν
πολεμάρχων ἀπέκτειναν καὶ τὸ τελευταῖον, ὅπως ἐβούλοντο,
οὕτω τὸν πόλεμον κατέθεντο. ἐπειδὴ δὲ δωροδοκεῖν ἤρξαντό 265
τινες, καὶ δι' ἀβελτερίαν οἱ πολλοί, μᾶλλον δὲ διὰ δυστυχίαν,
τούτους πιστοτέρους ἡγήσαντο τῶν ὑπὲρ αὐτῶν λεγόντων, [426]

9 εἰσὶν ante Ἀργεῖοι add. S L Y : om. vulg. 11 ἐλήλυθεν S L corr. : εἰσελήλυθεν L$^1$ vulg. 12 ἔτ' S : ἐστὲ vel ἔστ' cett.
30 διὰ secl. Blass

καὶ Λασθένης μὲν ἤρεψε τὴν οἰκίαν τοῖς ἐκ Μακεδονίας ξύλοις, Εὐθυκράτης δὲ βοῦς ἔτρεφεν πολλὰς τιμὴν οὐδενὶ δούς, ἕτερος δέ τις ἧκεν ἔχων πρόβατα, ἄλλος δέ τις ἵππους, οἱ δὲ πολλοί, [καὶ] καθ' ὧν ταῦτ' ἐγίγνετο, οὐχ ὅπως ὠργίζοντο ἢ κολάζειν ἠξίουν τοὺς ταῦτα ποιοῦντας, ἀλλ' ἀπέ-
266 βλεπον, ἐζήλουν, ἐτίμων, ἄνδρας ἡγοῦντο· ἐπειδὴ ταῦθ' οὕτω προήγετο καὶ τὸ δωροδοκεῖν ἐκράτησε, χιλίους μὲν ἱππέας κεκτημένοι, πλείους δ' ὄντες ἢ μύριοι, πάντας δὲ τοὺς περιχώρους ἔχοντες συμμάχους, μυρίοις δὲ ξένοις καὶ τριήρεσι πεντήκονθ' ὑμῶν βοηθησάντων αὐτοῖς, καὶ ἔτι τῶν πολιτῶν τετρακισχιλίοις, οὐδὲν αὐτοὺς τούτων ἐδυνήθη σῶσαι, ἀλλὰ πρὶν μὲν ἐξελθεῖν ἐνιαυτὸν τοῦ πολέμου τὰς πόλεις ἁπάσας ἀπωλωλέκεσαν τὰς ἐν τῇ Χαλκιδικῇ [προδιδόντες], καὶ Φίλιππος οὐκέτ' εἶχεν ὑπακούειν τοῖς προδιδοῦσιν, οὐδ' [εἶχεν] ὅ
267 τι πρῶτον λάβῃ. πεντακοσίους δ' ἱππέας προδοθέντας ὑπ' αὐτῶν τῶν ἡγουμένων ἔλαβεν αὐτοῖς ὅπλοις ὁ Φίλιππος, ὅσους οὐδεὶς πώποτ' ἄλλος ἀνθρώπων. καὶ οὔτε τὸν ἥλιον ᾐσχύνονθ' οἱ ταῦτα ποιοῦντες οὔτε τὴν γῆν πατρίδ' οὖσαν, ἐφ' ἧς ἕστασαν, οὐθ' ἱερὰ οὔτε τάφους οὔτε τὴν μετὰ ταῦτα γενησομένην αἰσχύνην ἐπὶ τοιούτοις ἔργοις· οὕτως ἔκφρονας, ὦ ἄνδρες Ἀθηναῖοι, καὶ παραπλῆγας τὸ δωροδοκεῖν ποιεῖ. ὑμᾶς οὖν, ὑμᾶς εὖ φρονεῖν δεῖ τοὺς πολλούς, καὶ μὴ ἐπιτρέπειν τὰ τοιαῦτα, ἀλλὰ κολάζειν δημοσίᾳ. καὶ γὰρ ἂν καὶ ὑπερφυὲς εἴη, εἰ κατὰ μὲν τῶν Ὀλυνθίους προδόντων πολλὰ καὶ δείν' ἐψηφίσασθε, τοὺς δὲ παρ' ὑμῖν αὐτοῖς ἀδικοῦντας μὴ κολάζοντες φαίνοισθε. λέγε τὸ ψήφισμα τὸ περὶ τῶν Ὀλυνθίων.

4 *καὶ* secl. Dobree 13 *προδιδόντες* S A : secl. Markland : *οἱ προδιδόντες* L vulg. 14 *οὐκέτ' εἶχεν ὑπακούειν* vulg. : *οὐκέτ' εἶχεν ἀκούων* Y: *οὐχ ὑπεῖχεν ὑπακούων* S $L^1$ A, cf. § 51 (in S sic scriptum, *οὐχ ὑπεἶχεν* . . ., aberrante nimirum librarii oculo ad pr. syllabam vocabuli sequentis, cf. § 324 *ἐκδοῦναι* pro *ἐνδοῦναι* praecedente *ἑκόντας*) : *οὐκ ἐπεῖχεν ὑπακούων* Weil : *οὐκ ἐπήρκει ὑπακούων* Madvig *εἶχεν* seclusi : *εἶχον* cod. unus 16 *ἡγουμένων* S L Y : *ἡγεμόνων* vulg.

**ΨΗΦΙΣΜΑ.** [427]

Ταῦθ' ὑμεῖς, ὦ ἄνδρες δικασταί, ὀρθῶς καὶ καλῶς πᾶσιν 268
Ἕλλησι καὶ βαρβάροις δοκεῖτ' ἐψηφίσθαι κατ' ἀνδρῶν
προδοτῶν καὶ θεοῖς ἐχθρῶν. ἐπειδὴ τοίνυν τὸ δωροδοκεῖν
πρότερον τοῦ τὰ τοιαῦτα ποιεῖν ἐστι καὶ δι' ἐκεῖνο καὶ τάδε
πράττουσί τινες, ὃν ἄν, ὦ ἄνδρες Ἀθηναῖοι, δωροδοκοῦντ'
ἴδητε, τοῦτον καὶ προδότην εἶναι νομίζετε. εἰ δ' ὁ μὲν
καιρούς, ὁ δὲ πράγματα, ὁ δὲ στρατιώτας προδίδωσιν, ὧν
ἂν ἕκαστος, οἶμαι, κύριος γένηται, ταῦτα διαφθείρει· μισεῖν
δ' ὁμοίως τοὺς τοιούτους πάντας προσήκει. ἔστι δ' ὑμῖν, 269
ὦ ἄνδρες Ἀθηναῖοι, περὶ τούτων μόνοις τῶν πάντων ἀνθρώ-
πων οἰκείοις χρῆσθαι παραδείγμασι, καὶ τοὺς προγόνους,
οὓς ἐπαινεῖτε δικαίως, ἔργῳ μιμεῖσθαι. καὶ γὰρ εἰ μὴ τὰς
μάχας μηδὲ τὰς στρατείας μηδὲ τοὺς κινδύνους, ἐν οἷς ἦσαν
ἐκεῖνοι λαμπροί, συμβαίνει καιρός, ἀλλ' ἄγεθ' ἡσυχίαν
ὑμεῖς ἐν τῷ παρόντι, ἀλλὰ τό γ' εὖ φρονεῖν αὐτῶν μιμεῖσθε.
τούτου γὰρ πανταχοῦ χρεία, καὶ οὐδέν ἐστι πραγματωδέ- 270
στερον οὐδ' ὀχληρότερον τὸ καλῶς φρονεῖν τοῦ κακῶς, ἀλλ'
ἐν τῷ ἴσῳ χρόνῳ νυνὶ καθήμενος ὑμῶν ἕκαστος, ἂν μὲν ἃ
χρὴ γιγνώσκῃ περὶ τῶν πραγμάτων καὶ ψηφίζηται, βελτίω
τὰ κοινὰ ποιήσει τῇ πόλει καὶ ἄξια τῶν προγόνων πράξει,
ἂν δ' ἃ μὴ δεῖ, φαυλότερα, καὶ ἀνάξια τῶν προγόνων ποιή-
σει. τί οὖν ἐκεῖνοι περὶ τούτων ἐφρόνουν; ταυτὶ λαβὼν
ἀνάγνωθι, γραμματεῦ· δεῖ γὰρ ὑμᾶς ἰδεῖν ὅτι ἐπὶ τοῖς τοιού-
τοις ἔργοις ῥᾳθυμεῖτε, ὧν θάνατον κατεγνώκασιν οἱ πρό-
γονοι. λέγε.

**ΣΤΗΛΗ.** [428]

Ἀκούετ', ὦ ἄνδρες Ἀθηναῖοι, τῶν γραμμάτων λεγόντων 271
Ἄρθμιον τὸν Πυθώνακτος τὸν Ζελείτην ἐχθρὸν εἶναι καὶ

9 *ὑμῶν* post *ἕκαστος* add. S L vulg.: om. A O P: *ὑμῖν* Rauchenstein 13 *καὶ γὰρ* ante *εἰ* add. L O S *γρ.* : om. S F Q Y P[1] 15 *συμβαίνει καιρός* S F Q Y P[1]: *ἐν τοῖς νῦν συμβαίνει καιρός* L[1]: *ἐν τοῖς νῦν συμβαίνει καιροῖς* S marg. L corr. : *ἐν τοῖς νῦν συμβαίνει μιμεῖσθαι καιροῖς* vulg. 22 *ποιήσει* secl. Dobree : vel fortasse *πράξει* (supra 21) secludendum (Weil) 27 tit. ΣΤΗΛΗ A : ΓΡΑΜΜΑΤΑ ΕΚΛΟΓΗΣ S L Y O

πολέμιον τοῦ δήμου τοῦ Ἀθηναίων καὶ τῶν συμμάχων αὐτὸν
καὶ γένος πᾶν. διὰ τί; ὅτι τὸν χρυσὸν τὸν ἐκ τῶν βαρ-
βάρων εἰς τοὺς Ἕλληνας ἤγαγεν. οὐκοῦν ἔστιν, ὡς ἔοικεν,
ἐκ τούτων ἰδεῖν ὅτι οἱ πρόγονοι μὲν ὑμῶν, ὅπως μηδ' ἄλλος
ἀνθρώπων μηδεὶς ἐπὶ χρήμασι μηδὲν ἐργάσεται κακὸν τὴν
Ἑλλάδα, ἐφρόντιζον, ὑμεῖς δ' οὐδὲ τὴν πόλιν αὐτὴν ὅπως
272 μηδεὶς τῶν πολιτῶν ἀδικήσει προορᾶσθε. νὴ Δί', ἀλλ'
ὅπως ἔτυχεν ταῦτα τὰ γράμμαθ' ἕστηκεν. ἀλλ' ὅλης οὔσης
ἱερᾶς τῆς ἀκροπόλεως ταυτησὶ καὶ πολλὴν εὐρυχωρίαν ἐχού-
σης, παρὰ τὴν χαλκῆν τὴν μεγάλην Ἀθηνᾶν ἐκ δεξιᾶς
ἕστηκεν, ἣν ἀριστεῖον ἡ πόλις τοῦ πρὸς τοὺς βαρβάρους
πολέμου, δόντων τῶν Ἑλλήνων τὰ χρήματα ταῦτα, ἀνέ-
θηκεν. τότε μὲν τοίνυν οὕτω σεμνὸν ἦν τὸ δίκαιον καὶ τὸ
κολάζειν τοὺς τὰ τοιαῦτα ποιοῦντας ἔντιμον, ὥστε τῆς αὐτῆς
ἠξιοῦτο στάσεως τό τ' ἀριστεῖον τῆς θεοῦ καὶ αἱ κατὰ τῶν
τὰ τοιαῦτ' ἀδικούντων τιμωρίαι· νῦν δὲ γέλως, ἄδεια, εἰ
273 μὴ τὴν ἄγαν ταύτην ἐξουσίαν σχήσετε νῦν ὑμεῖς. νομίζω
τοίνυν ὑμᾶς, ὦ ἄνδρες Ἀθηναῖοι, οὐ καθ' ἕν τι μόνον τοὺς
προγόνους μιμουμένους ὀρθῶς ἂν ποιεῖν, ἀλλὰ καὶ κατὰ
πάνθ' ὅσ' ἔπραττον ἐφεξῆς. ἐκεῖνοι τοίνυν, ὡς ἅπαντες
εὖ οἶδ' ὅτι τὸν λόγον τοῦτον ἀκηκόατε, Καλλίαν τὸν Ἱπ-
πονίκου ταύτην τὴν ὑπὸ πάντων θρυλουμένην εἰρήνην πρε-
σβεύσαντα, ἵππου μὲν δρόμον ἡμέρας πεζῇ μὴ καταβαίνειν ἐπὶ
[429] τὴν θάλατταν βασιλέα, ἐντὸς δὲ Χελιδονίων καὶ Κυανέων
πλοίῳ μακρῷ μὴ πλεῖν, ὅτι δῶρα λαβεῖν ἔδοξε πρεσβεύσας,
μικροῦ μὲν ἀπέκτειναν, ἐν δὲ ταῖς εὐθύναις πεντήκοντ' ἐπρά-
274 ξαντο τάλαντα. καίτοι καλλίω ταύτης εἰρήνην οὔτε πρό-
τερον οὔθ' ὕστερον οὐδεὶς ἂν εἰπεῖν ἔχοι πεποιημένην τὴν
πόλιν. ἀλλ' οὐ τοῦτ' ἐσκόπουν. τούτου μὲν γὰρ ἡγοῦντο
τὴν αὑτῶν ἀρετὴν καὶ τὴν τῆς πόλεως δόξαν αἰτίαν εἶναι,

2 τὸν post χρυσὸν om. S L vulg.: add. A P corr., cf. ix 42 5 ἐργάσεται S[1] A Y: ἐργάσηται L vulg. 7 ἀδικήσει S L A F Y P: ἀδικήσῃ vulg. 12 ταῦτα secl. Dobree 16 τὰ τοιαῦτ' secl. Blass αἰσχύνη post ἄδεια add. cett.: om. S

τοῦ δὲ προῖκ' ἢ μὴ τὸν τρόπον τοῦ πρεσβευτοῦ· τοῦτον οὖν δίκαιον ἠξίουν παρέχεσθαι καὶ ἀδωροδόκητον τὸν προσιόντα τοῖς κοινοῖς. ἐκεῖνοι μὲν τοίνυν οὕτως ἐχθρὸν 275 ἡγοῦντο τὸ δωροδοκεῖν καὶ ἀλυσιτελὲς τῇ πόλει, ὥστε μήτ' ἐπὶ πράξεως μηδεμιᾶς μήτ' ἐπ' ἀνδρὸς ἐᾶν γίγνεσθαι· ὑμεῖς δ', ὦ ἄνδρες Ἀθηναῖοι, τὴν αὐτὴν εἰρήνην ἑορακότες τὰ μὲν τῶν συμμάχων τῶν ὑμετέρων τείχη καθῃρηκυῖαν, τὰς δὲ τῶν πρέσβεων οἰκίας οἰκοδομοῦσαν, καὶ τὰ μὲν τῆς πόλεως κτήματ' ἀφῃρημένην, τούτοις δ' ἃ μηδ' ὄναρ ἤλπισαν πώποτε κτησαμένην, οὐκ αὐτοὶ τούτους ἀπεκτείνατε, ἀλλὰ κατηγόρου προσδεῖσθε, καὶ λόγῳ κρίνεθ' ὧν ἔργῳ τἀδικήματα πάντες ὁρῶσιν.

Οὐ τοίνυν τὰ παλαί' ἄν τις ἔχοι μόνον εἰπεῖν καὶ διὰ 276 τούτων τῶν παραδειγμάτων ὑμᾶς ἐπὶ τιμωρίαν παρακαλέσαι· ἀλλ' ἐφ' ὑμῶν τουτωνὶ τῶν ἔτι ζώντων [ἀνθρώπων] πολλοὶ δίκην δεδώκασιν, ὧν ἐγὼ τοὺς μὲν ἄλλους παραλείψω, τῶν δ' ἐκ πρεσβείας, ἣ πολὺ ταύτης ἐλάττω κακὰ τὴν πόλιν εἴργασται, θανάτῳ ζημιωθέντων ἑνὸς ἢ δυοῖν ἐπιμνησθήσομαι. καί μοι λέγε τουτὶ τὸ ψήφισμα λαβών.

ΨΗΦΙΣΜΑ.

[430]

Κατὰ τουτὶ τὸ ψήφισμ', ὦ ἄνδρες Ἀθηναῖοι, τῶν πρέ- 277 σβεων ἐκείνων ὑμεῖς θάνατον κατέγνωτε, ὧν εἷς ἦν Ἐπικράτης, ἀνήρ, ὡς ἐγὼ τῶν πρεσβυτέρων ἀκούω, σπουδαῖος καὶ πολλὰ χρήσιμος τῇ πόλει, καὶ τῶν ἐκ Πειραιῶς καταγαγόντων τὸν δῆμον καὶ ἄλλως δημοτικός. ἀλλ' ὅμως οὐδὲν αὐτὸν ὠφέλησε τούτων, δικαίως· οὐ γὰρ ἐφ' ἡμισείᾳ χρηστὸν εἶναι δεῖ τὸν τὰ τηλικαῦτα διοικεῖν ἀξιοῦντα, οὐδὲ τὸ πιστευθῆναι προλαβόντα παρ' ὑμῶν εἰς τὸ μείζω δύνασθαι κακουργεῖν καταχρῆσθαι, ἀλλ' ἁπλῶς μηδὲν ὑμᾶς ἀδικεῖν

9 πώποτε] ποτε A, cf. xi 30  13 παλαιὰ vulg. : πάλαι S (cum accentu) L[1] Y  15 τινων post τουτωνὶ add. Weil, seclusis cum Cobeto sequentibus τῶν ἔτι ζώντων ἀνθρώπων  ἀνθρώπων secl. Blass  17 κακὰ] κατὰ S L O  26 ἐφ' ἡμισείᾳ codd. : ἐξ ἡμισείας Blass sec. Aristid. ii 617, 653 et al.

278 ἑκόντα. εἰ τοίνυν τι τούτοις ἄπρακτόν ἐστι τούτων ἐφ'
οἷς ἐκείνων θάνατος κατέγνωσται, ἔμ' ἀποκτείνατ' ἤδη.
σκοπεῖτε γάρ. 'ἐπειδὴ παρὰ τὰ γράμματα' φησὶν 'ἐπρέ-
σβευσαν ἐκεῖνοι.' καὶ τοῦτ' ἔστι τῶν ἐγκλημάτων πρῶτον.
οὗτοι δ' οὐ παρὰ τὰ γράμματα; οὐ τὸ μὲν ψήφισμα ''Αθη-
ναίοις καὶ τοῖς 'Αθηναίων συμμάχοις,' οὗτοι δὲ Φωκέας
ἐκσπόνδους ἀπέφηναν; οὐ τὸ μὲν ψήφισμα 'τοὺς ἄρχοντας
ὁρκοῦν τοὺς ἐν ταῖς πόλεσιν,' οὗτοι δ', οὓς Φίλιππος αὐτοῖς
προσέπεμψε, τούτους ὥρκισαν; οὐ τὸ μὲν ψήφισμα 'οὐδαμοῦ
μόνους ἐντυγχάνειν Φιλίππῳ,' οὗτοι δ' οὐδὲν ἐπαύσαντ' ἰδίᾳ
279 χρηματίζοντες; 'καὶ ἠλέγχθησάν τινες αὐτῶν ἐν τῇ βουλῇ
οὐ τἀληθῆ ἀπαγγέλλοντες.' οὗτοι δέ γε κἂν τῷ δήμῳ.
καὶ ὑπὸ τοῦ; τοῦτο γάρ ἐστι τὸ λαμπρόν· ὑπ' αὐτῶν τῶν
πραγμάτων· οἷς γὰρ ἀπήγγειλαν οὗτοι, πάντα δήπου γέγονεν
τἀναντία. 'οὐδ' ἐπιστέλλοντες' φησὶ 'τἀληθῆ.' οὐκοῦν
[431] οὐδ' οὗτοι. 'καὶ καταψευδόμενοι τῶν συμμάχων καὶ δῶρα
λαμβάνοντες.' ἀντὶ μὲν τοίνυν τοῦ καταψευδόμενοι παν-
τελῶς ἀπολωλεκότες· πολλῷ δὲ δήπου τοῦτο δεινότερον τοῦ
καταψεύσασθαι. ἀλλὰ μὴν ὑπέρ γε τοῦ δῶρ' εἰληφέναι,
εἰ μὲν ἠρνοῦντο, ἐλέγχειν λοιπὸν ἂν ἦν, ἐπειδὴ δ' ὡμολό-
280 γουν, ἀπάγειν δήπου προσῆκεν. τί οὖν, ὦ ἄνδρες 'Αθη-
ναῖοι; τούτων οὕτως ἐχόντων, ὑμεῖς ⟨ἐξ⟩ ἐκείνων τῶν ἀνδρῶν
ὄντες, οἱ δὲ καὶ τινὲς αὐτῶν ἔτι ζῶντες, ὑπομενεῖτε τὸν
μὲν εὐεργέτην τοῦ δήμου καὶ τὸν ἐκ Πειραιῶς, 'Επικράτην,
ἐκπεσεῖν καὶ κολασθῆναι; καὶ πάλιν πρώην Θρασύβουλον
ἐκεῖνον τὸν Θρασυβούλου τοῦ δημοτικοῦ καὶ τοῦ ἀπὸ Φυλῆς

4 ἐκεῖνοι secl. Blass cum Rh. Gr. iv 427 post ἐκεῖνοι add. καὶ τὸ ψήφισμα L vulg.: τὸ ψήφισμα S: om. A 6 εἶναι κελεύει τὴν εἰρήνην post συμμάχοις add. L vulg.: om. S A, cf. § 159 10 post μόνους add. μόνῳ Cobet 17 καταψευδόμενοι S L¹ A: καταψεύδεσθαι vulg. 18 δεινότερον τοῦ καταψεύσασθαι S L Q Y: δεινότερον τοῦ καταψεύδεσθαι A: τοῦ καταψεύδεσθαι δεινότερον O: δεινότερον Herwerden 20 ἐλέγχειν S (me teste): ἐξελέγχειν codd. cett. et edd. omnes τὸ ante λοιπὸν add. vulg.: om. S Y O ὡμολόγουν S Q: ὁμολογοῦσιν L vulg. 22 ἐξ add. Dobree, cf. § 313, xviii 126 24 τὸν] τῶν A 26 καὶ om. Dobree

καταγαγόντος τὸν δῆμον, τάλαντα δέκ' ὠφληκέναι, καὶ τὸν
ἀφ' Ἁρμοδίου καὶ τῶν τὰ μέγιστ' ἀγάθ' ὑμᾶς εἰργασμένων,
οὓς νόμῳ διὰ τὰς εὐεργεσίας ἃς ὑπῆρξαν εἰς ὑμᾶς ἐν ἅπασι
τοῖς ἱεροῖς ἐπὶ ταῖς θυσίαις σπονδῶν καὶ κρατήρων κοινωνοὺς
πεποίησθε, καὶ ᾄδετε καὶ τιμᾶτ' ἐξ ἴσου τοῖς ἥρωσι καὶ τοῖς
θεοῖς, τούτους μὲν πάντας τὴν ἐκ τῶν νόμων δίκην ὑπεσχη- 281
κέναι, καὶ μήτε συγγνώμην μήτ' ἔλεον μήτε παιδία κλάονθ'
ὁμώνυμα τῶν εὐεργετῶν μήτ' ἄλλο μηδὲν αὐτοὺς ὠφελη-
κέναι· τὸν δ' Ἀτρομήτου τοῦ γραμματιστοῦ καὶ Γλαυκοθέας
τῆς τοὺς θιάσους συναγούσης, ἐφ' οἷς ἑτέρα τέθνηκεν ἱέρεια,
τοῦτον ὑμεῖς λαβόντες, τὸν τῶν τοιούτων, τὸν οὐδὲ καθ' ἓν
χρήσιμον τῇ πόλει, οὐκ αὐτόν, οὐ πατέρα, οὐκ ἄλλον οὐδένα
τῶν τούτου, ἀφήσετε; ποῖος γὰρ ἵππος, ποία τριήρης, ποία 282
στρατεία, τίς χορός, τίς λῃτουργία, τίς εἰσφορά, τίς εὔνοια, [432]
ποῖος κίνδυνος, τί τούτων ἐν παντὶ τῷ χρόνῳ γέγονεν παρὰ
τούτων τῇ πόλει; καίτοι κἂν εἰ ταῦτα πάνθ' ὑπῆρχεν, ἐκεῖνα
δὲ μὴ προσῆν, δικαίως καὶ προῖκα πεπρεσβευκέναι, ἀπολω-
λέναι δήπου προσῆκεν αὐτῷ. εἰ δὲ μήτε ταῦτα μήτ' ἐκεῖνα,
οὐ τιμωρήσεσθε; οὐκ ἀναμνησθήσεσθ' ὧν κατηγορῶν ἔλεγεν 283
Τιμάρχου, ὡς οὐδέν ἐστ' ὄφελος πόλεως ἥτις μὴ νεῦρ' ἐπὶ
τοὺς ἀδικοῦντας ἔχει, οὐδὲ πολιτείας ἐν ᾗ συγγνώμη καὶ
παραγγελία τῶν νόμων μεῖζον ἰσχύουσιν· οὐδ' ἐλεεῖν ὑμᾶς
οὔτε τὴν μητέρα δεῖν τὴν Τιμάρχου, γραῦν γυναῖκα, οὔτε
τὰ παιδί' οὔτ' ἄλλον οὐδένα, ἀλλ' ἐκεῖν' ὁρᾶν, ὅτι, εἰ προή-
σεσθε τὰ τῶν νόμων καὶ τῆς πολιτείας, οὐχ εὑρήσετε τοὺς
ὑμᾶς αὐτοὺς ἐλεήσοντας. ἀλλ' ὁ μὲν ταλαίπωρος ἄνθρωπος 284
ἠτιμώσεται, ὅτι τοῦτον εἶδεν ἀδικοῦντα, τούτῳ δ' ἀθῴῳ δώσετ'

2 καὶ Ἀριστογείτονος post Ἁρμοδίου add. vulg.: om. S[1] L text. A, cf. xx 18 11 ἀφήσετε post λαβόντες add. A, cf. xxi 97, omisso ἀφήσετε inf. 13 post τοιούτων add. αἴτιον Herwerden 14 post στρατεία add. ποία χορηγία vulg.: om. S L text Y χορός] χορηγός F Q O 15 ποῖος] τίς A 16 ἐκεῖνα S L[1]: ἐκεῖνο cett. 17 τὸ ante δικαίως add. L vulg.: om. S solus, cf. iii 12 22 μεῖζον ἰσχύουσιν] πλέον ἰσχύει A 24 τὰ ante παιδία om. A 27 ἠτιμώσεται S (σε punctis notata) L: ἠτίμωται cett., cf. xiv 2

εἶναι; διὰ τί; εἰ γὰρ παρὰ τῶν εἰς ἑαυτοὺς ἐξαμαρτόντων
τηλικαύτην ἠξίωσε δίκην Αἰσχίνης λαβεῖν, παρὰ τῶν εἰς
τὰ τῆς πόλεως τηλικαῦθ' ἡμαρτηκότων, ὧν εἷς οὗτος ὢν
ἐξελέγχεται, πηλίκην ὑμᾶς προσήκει λαβεῖν τοὺς ὀμωμο-
285 κότας καὶ δικάζοντας; νὴ Δί', οἱ νέοι γὰρ ἡμῖν δι' ἐκεῖνον
ἔσονται τὸν ἀγῶνα βελτίους. οὐκοῦν καὶ διὰ τόνδ' οἱ
πολιτευόμενοι, δι' ὧν τὰ μέγιστα κινδυνεύεται τῇ πόλει·
προσήκει δὲ καὶ τούτων φροντίζειν. ἵνα τοίνυν εἰδῆθ' ὅτι
καὶ τοῦτον ἀπώλεσεν, [τὸν Τίμαρχον,] οὐ μὰ Δί' οὐχὶ τῶν
[433] ὑμετέρων παίδων, ὅπως ἔσονται σώφρονες, προορῶν (εἰσὶ
γάρ, ὦ ἄνδρες Ἀθηναῖοι, καὶ νῦν σώφρονες· μὴ γὰρ οὕτω
γένοιτο κακῶς τῇ πόλει ὥστ' Ἀφοβήτου καὶ Αἰσχίνου σω-
286 φρονιστῶν δεηθῆναι τοὺς νεωτέρους), ἀλλ' ὅτι βουλεύων
ἔγραψεν, ἄν τις ὡς Φίλιππον ὅπλ' ἄγων ἁλῷ ἢ σκεύη
τριηρικά, θάνατον εἶναι τὴν ζημίαν· σημεῖον δέ· πόσον
γὰρ ἐδημηγόρει χρόνον Τίμαρχος; πολύν. οὐκοῦν τοῦτον
ἦν Αἰσχίνης ἅπαντ' ἐν τῇ πόλει, καὶ οὐδεπώποτ' ἠγανά-
κτησεν οὐδὲ δεινὸν ἡγήσατ' εἶναι τὸ πρᾶγμα, εἰ ὁ τοιοῦτος
λέγει, ἕως εἰς Μακεδονίαν ἐλθὼν ἑαυτὸν ἐμίσθωσεν· λέγε
δή μοι τὸ ψήφισμα λαβὼν αὐτὸ τὸ τοῦ Τιμάρχου.

### ΨΗΦΙΣΜΑ.

287 Ὁ μὲν τοίνυν ὑπὲρ ὑμῶν γράψας μὴ ἄγειν ἐν τῷ πολέμῳ
πρὸς Φίλιππον ὅπλα, εἰ δὲ μή, θανάτῳ ζημιοῦσθαι, ἀπόλωλε
καὶ ὕβρισται· ὁ δὲ καὶ τὰ τῶν ὑμετέρων συμμάχων ὅπλ'
ἐκείνῳ παραδοὺς οὑτοσὶ κατηγόρει, καὶ περὶ πορνείας ἔλεγεν,
ὦ γῆ καὶ θεοί, δυοῖν μὲν κηδεσταῖν παρεστηκότοιν, οὓς
ἰδόντες ἂν ὑμεῖς ἀνακράγοιτε, Νικίου τε τοῦ βδελυροῦ, ὃς
ἑαυτὸν ἐμίσθωσεν εἰς Αἴγυπτον Χαβρίᾳ, καὶ τοῦ καταράτου
Κυρηβίωνος, ὃς ἐν ταῖς πομπαῖς ἄνευ τοῦ προσώπου κωμάζει.
καὶ τί ταῦτα; ἀλλὰ τὸν ἀδελφὸν ὁρῶν Ἀφόβητον. ἀλλὰ

1 ἐξαμαρτόντων S L: ἐξαμαρτανόντων vulg. 9 τὸν Τίμαρχον secl. Cobet 26 παρεστηκότοιν L vulg.: παρεστηκότων S[1] F[1] 29 προσώπου S L A: προσωπείου F Q Y O

δῆτ' ἄνω ποταμῶν ἐκείνῃ τῇ ἡμέρᾳ πάντες οἱ περὶ πορνείας
ἐρρύησαν λόγοι.

Καὶ μὴν εἰς ὅσην ἀτιμίαν τὴν πόλιν ἡμῶν ἡ τούτου 288
πονηρία καὶ ψευδολογία καταστήσασ' ἔχει, πάντα τἄλλ'
ἀφείς, ὃ πάντες ὑμεῖς ἴστ' ἐρῶ. πρότερον μὲν γάρ, ὦ
ἄνδρες Ἀθηναῖοι, τί παρ' ὑμῖν ἐψήφισται, τοῦτ' ἐπετήρουν [434]
οἱ ἄλλοι πάντες Ἕλληνες· νῦν δ' ἤδη περιερχόμεθ' ἡμεῖς
τί δέδοκται τοῖς ἄλλοις σκοποῦντες, καὶ ὠτακουστοῦντες τί
τὰ τῶν Ἀρκάδων, τί τὰ τῶν Ἀμφικτυόνων, ποῖ πάρεισι
Φίλιππος, ζῇ ἢ τέθνηκεν. οὐ τοιαῦτα ποιοῦμεν; ἐγὼ δ' 289
οὐ δέδοικ' εἰ Φίλιππος ζῇ, ἀλλ' εἰ τῆς πόλεως τέθνηκε τὸ
τοὺς ἀδικοῦντας μισεῖν καὶ τιμωρεῖσθαι. οὐδὲ φοβεῖ με
Φίλιππος, ἂν τὰ παρ' ὑμῶν ὑγιαίνῃ, ἀλλ' εἰ παρ' ὑμῖν ἄδεια
γενήσεται τοῖς παρ' ἐκείνου μισθαρνεῖν βουλομένοις, καὶ
συνεροῦσί τινες τούτοις τῶν ὑφ' ὑμῶν πεπιστευμένων, καὶ
πάντα τὸν ἔμπροσθεν χρόνον ἀρνούμενοι μὴ πράττειν ὑπὲρ
Φιλίππου νῦν ἀναβήσονται, ταῦτα φοβεῖ με. τί γὰρ δή 290
ποτ', Εὔβουλε, Ἡγησίλεῳ μὲν κρινομένῳ, ὃς ἀνεψιός ἐστί
σοι, καὶ Θρασυβούλῳ πρώην, τῷ Νικηράτου θείῳ, ἐπὶ μὲν
τῆς πρώτης ψήφου οὐδ' ὑπακοῦσαι καλούμενος ἤθελες, εἰς
δὲ τὸ τίμημ' ἀναβὰς ὑπὲρ μὲν ἐκείνων οὐδ' ὁτιοῦν ἔλεγες,
ἐδέου δὲ τῶν δικαστῶν συγγνώμην ἔχειν σοί; εἶθ' ὑπὲρ
μὲν συγγενῶν καὶ ἀναγκαίων ἀνθρώπων οὐκ ἀναβαίνεις,
ὑπὲρ Αἰσχίνου δ' ἀναβήσει, ὅς, ἡνίκ' ἔκρινεν Ἀριστοφῶν 291
Φιλόνικον καὶ δι' ἐκείνου τῶν σοὶ πεπραγμένων κατηγόρει,
συγκατηγόρει μετ' ἐκείνου σοῦ καὶ τῶν ἐχθρῶν τῶν σῶν εἷς
ἐξητάζετο; ἐπειδὴ δὲ σὺ μὲν τουτουσὶ δεδιξάμενος καὶ φήσας
καταβαίνειν εἰς Πειραιᾶ δεῖν ἤδη καὶ χρήματ' εἰσφέρειν καὶ
τὰ θεωρικὰ στρατιωτικὰ ποιεῖν, ἢ χειροτονεῖν ἃ συνεῖπε μὲν
οὗτος, ἔγραψε δ' ὁ βδελυρὸς Φιλοκράτης, ἐξ ὧν αἰσχρὰν

1 οἱ SLAY: ὅσοι FQ: ὅσοι οἱ vulg. 7 δ' ἤδη SL¹AQP: δὲ δὴ vulg. 10 τοιαῦτα] ταῦτα A 13 ὑμῶν SL vulg.: ὑμῖν A ὑμῖν] ἡμῖν SLY 20 ἤθελες SLYPF γρ.: ἠθέλησας vulg. 22 σοί Gebauer: σοι codd. 30 ἐξ ὧν om. S¹ (add. ant. m.)

292 ἀντ' ἴσης συνέβη γενέσθαι τὴν εἰρήνην, οὗτοι δὲ τοῖς μετὰ
ταῦτ' ἀδικήμασι πάντ' ἀπολωλέκασι, τηνικαῦτα διήλλαξαι;
[435] καὶ ἐν μὲν τῷ δήμῳ κατηρῶ [Φιλίππῳ] καὶ κατὰ τῶν παίδων
ὤμνυες ἦ μὴν ἀπολωλέναι Φίλιππον ἂν βούλεσθαι· νῦν δὲ
βοηθήσεις τούτῳ; πῶς οὖν ἀπολεῖται, ὅταν τοὺς παρ' ἐκείνου
293 δωροδοκοῦντας σὺ σῴζῃς; τί γὰρ δήποτε Μοιροκλέα μὲν
ἔκρινες, εἰ παρὰ τῶν τὰ μέταλλ' ἐωνημένων εἴκοσιν ἐξέλεξεν
δραχμὰς παρ' ἑκάστου, καὶ Κηφισοφῶντα γραφὴν ἱερῶν
χρημάτων ἐδίωκες, εἰ τρισὶν ὕστερον ἡμέραις ἐπὶ τὴν τρά-
πεζαν ἔθηκεν ἑπτὰ μνᾶς· τοὺς δ' ἔχοντας, ὁμολογοῦντας,
ἐξελεγχομένους ἐπ' αὐτοφώρῳ ἐπὶ τῷ τῶν συμμάχων ὀλέθρῳ
ταῦτα πεποιηκότας, τούτους οὐ κρίνεις, ἀλλὰ καὶ σῴζειν
294 κελεύεις; καὶ μὴν ὅτι ταῦτα μέν ἐστιν φοβερὰ καὶ προνοίας
καὶ φυλακῆς πολλῆς δεόμενα, ἐφ' οἷς δ' ἐκείνους σὺ ἔκρινες,
γέλως, ἐκείνως ὄψεσθε. ἦσαν ἐν Ἤλιδι κλέπτοντες τὰ
κοινά τινες; καὶ μάλ' εἰκός γε. ἔστιν οὖν ὅστις μετέσχεν
αὐτόθι νῦν τούτων τοῦ καταλῦσαι τὸν δῆμον; οὐδὲ εἷς.
τί δ'; ἦσαν, ὅτ' ἦν Ὄλυνθος, τοιοῦτοί τινες ἄλλοι; ἐγὼ
μὲν οἴομαι. ἆρ' οὖν διὰ τούτους ἀπώλετ' Ὄλυνθος; οὔ.
τί δ'; ἐν Μεγάροις οὐκ οἴεσθ' εἶναί τινα καὶ κλέπτην καὶ
παρεκλέγοντα τὰ κοινά; ἀνάγκη. καὶ πέφηνέ τις αἴτιος
αὐτόθι νῦν τούτων τῶν συμβεβηκότων πραγμάτων; οὐδὲ
295 εἷς. ἀλλὰ ποῖοί τινες οἱ τὰ τηλικαῦτα καὶ τοιαῦτ' ἀδι-
κοῦντες; οἱ νομίζοντες [αὐτοὺς] ἀξιόχρεως εἶναι τοῦ Φιλίππου
ξένοι καὶ φίλοι προσαγορεύεσθαι, οἱ στρατηγιῶντες καὶ

1 ἀντ' ἴσης A et fort. S[1] : ἀντὶ καλῆς S corr. L vulg. συνέβη codd. (S corr. in erasis) : ἐποίησας Bekker ἐπειδὴ post οὗτοι δὲ add. F Q O : om. S L[1] A 3 κατηρῶ vulg. : κατηγορῶι S[1] : κατηγορῶν L Y P F γρ. Φιλίππῳ S vulg. : Φιλίππου L F Q Y : secl. Dobree coll. xviii 283 7 ἔκρινες A L corr. : ἔκρινας S L[1] vulg. 12 οὐ] οὐ μόνον οὐ S γρ. 13 καὶ προνοίας om. A 14 σὺ om. A 15 ἐκείνως S L Y F γρ. : ἐκεῖθεν vulg. 19 οἴομαι S L : οἶμαι cett. 20 καὶ ante κλέπτην add. S L[1] : om. cett. 21 καὶ πέφηνέ τις A : και πεφηνε τίς S : καὶ πέφηνε. τίς οὖν L corr. vulg. (οὖν om. L[1] P al.) : καὶ secl. Madvig 24 αὐτοὺς secl. Richards 25 στρατηγιῶντες S L A Q : στρατηγιῶν τε vulg.

προστασίας ἀξιούμενοι, οἱ μείζους τῶν πολλῶν οἰόμενοι
δεῖν εἶναι. οὐ Πέριλλος ἐκρίνετ' ἔναγχος ἐν Μεγάροις ἐν
τοῖς τριακοσίοις, ὅτι πρὸς Φίλιππον ἀφίκετο, καὶ παρελθὼν [436]
Πτοιόδωρος αὐτὸν ἐξῃτήσατο, καὶ πλούτῳ καὶ γένει καὶ
δόξῃ πρῶτος Μεγαρέων, καὶ πάλιν ὡς Φίλιππον ἐξέπεμψε,
καὶ μετὰ ταῦθ' ὁ μὲν ἧκεν ἄγων τοὺς ξένους, ὁ δ' ἔνδον
ἐτύρευε; τοιαῦτα. οὐ γὰρ ἔστιν, οὐκ ἔσθ' ὅ τι τῶν πάντων 296
μᾶλλον εὐλαβεῖσθαι δεῖ ἢ τὸ μείζω τινὰ τῶν πολλῶν ἐᾶν
γίγνεσθαι. μή μοι σῳζέσθω μηδ' ἀπολλύσθω μηδείς, ἂν
ὁ δεῖνα βούληται, ἀλλ' ὃν ἂν τὰ πεπραγμένα σῴζῃ καὶ
τοὐναντίον, τούτῳ τῆς προσηκούσης ψήφου παρ' ὑμῶν ὑπ-
αρχέτω τυγχάνειν· τοῦτο γάρ ἐστι δημοτικόν. ἔτι τοίνυν 297
πολλοὶ παρ' ὑμῖν ἐπὶ καιρῶν γεγόνασιν ἰσχυροί, Καλλί-
στρατος, αὖθις Ἀριστοφῶν, Διόφαντος, τούτων ἕτεροι
πρότερον. ἀλλὰ ποῦ τούτων ἕκαστος ἐπρώτευεν; ἐν τῷ
δήμῳ· ἐν δὲ τοῖς δικαστηρίοις οὐδείς πω μέχρι τῆς τήμερον
ἡμέρας ὑμῶν οὐδὲ τῶν νόμων οὐδὲ τῶν ὅρκων κρείττων
γέγονεν. μὴ τοίνυν μηδὲ νῦν τοῦτον ἐάσητε. ὅτι γὰρ
ταῦτα φυλάττοισθ' ἂν εἰκότως μᾶλλον ἢ πιστεύοιτε, τῶν
θεῶν ὑμῖν μαντείαν ἀναγνώσομαι, οἵπερ ἀεὶ σῴζουσι τὴν
πόλιν πολλῷ τῶν προεστηκότων μᾶλλον. λέγε τὰς μαντείας.

ΜΑΝΤΕΙΑΙ.

Ἀκούετ', ὦ ἄνδρες Ἀθηναῖοι, τῶν θεῶν οἷ' ὑμῖν προλέ- 298
γουσιν. εἰ μὲν τοίνυν πολεμούντων ὑμῶν ταῦτ' ἀνῃρήκασι,
τοὺς στρατηγοὺς λέγουσι φυλάττεσθαι· πολέμου γάρ εἰσιν
ἡγεμόνες οἱ στρατηγοί· εἰ δὲ πεποιημένων εἰρήνην, τοὺς ἐπὶ
τῆς πολιτείας ἐφεστηκότας· οὗτοι γὰρ ἡγοῦνται, τούτοις

1 *προστασίας* SAFYO: *προστασιῶν* LP 2 *Πέριλλος* Harpocr., Photius, Suidas, cf. xviii 48, 295: *Περίλαος* codd. 10 *ἢ* (*καὶ* L) *ὁ δεῖνα* post *ὁ δεῖνα* add. vulg.: om. S solus 13 *ἐκεῖνος* post *Καλλίστρατος* add. L vulg. (cf. xviii 219): om. S¹AY 19 *ἢ* SA: *ὑμεῖς ἢ τούτοις* L vulg. 20 *μαντείαν*] *μαρτυρίαν* S solus 23 *οἷα* vulg.: *ἃ* SLFQO 24 *ἀνῃρήκασι* vulg.: *ἀνειρήκασιν* SL: *ἂν εἰρήκασιν* YQO 26 *οἱ* om. S¹: add. ant. m.

[437] πείθεσθ' ὑμεῖς, ὑπὸ τούτων δέος ἐστὶ μὴ παρακρουσθῆτε. 'καὶ τὴν πόλιν συνέχειν [φησὶν ἐν τῇ μαντείᾳ], ὅπως ἂν μίαν γνώμην ἔχωσιν ἅπαντες καὶ μὴ τοῖς ἐχθροῖς ἡδονὴν
299 ποιῶσι.' πότερ' οὖν οἴεσθ' ἄν, ὦ ἄνδρες Ἀθηναῖοι, τὸν τοσαῦτα κάκ' εἰργασμένον σωθέντα, ἢ δίκην δόντα, ἡδονὴν Φιλίππῳ ποιῆσαι; ἐγὼ μὲν οἴομαι σωθέντα. φησὶ δέ γ' ἡ μαντεία δεῖν ὅπως ἂν μὴ χαίρωσιν οἱ ἐχθροὶ ποιεῖν. ἅπασι τοίνυν μιᾷ γνώμῃ παρακελεύεται κολάζειν τοὺς ὑπηρετηκότας τι τοῖς ἐχθροῖς ὁ Ζεύς, ἡ Διώνη, πάντες οἱ θεοί. ἔξωθεν οἱ ἐπιβουλεύοντες, ἔνδοθεν οἱ συμπράττοντες. οὐκοῦν τῶν ἐπιβουλευόντων μὲν ἔργον διδόναι, τῶν συμπραττόντων δὲ λαμβάνειν καὶ τοὺς εἰληφότας ἐκσῴζειν.

300 Ἔτι τοίνυν κἂν ἀπ' ἀνθρωπίνου λογισμοῦ τοῦτ' ἴδοι τις, ὅτι πάντων ἐχθρότατον καὶ φοβερώτατον τὸ τὸν προεστηκότ' ἐᾶν οἰκεῖον γίγνεσθαι τοῖς μὴ τῶν αὐτῶν ἐπιθυμοῦσι τῷ δήμῳ. τίσι γὰρ τῶν πραγμάτων ἐγκρατὴς γέγονεν Φίλιππος ἁπάντων, καὶ τίσιν τὰ μέγιστα κατείργασται τῶν πεπραγμένων, σκέψασθε. τῷ παρὰ τῶν πωλούντων τὰς πράξεις ὠνεῖσθαι, τῷ τοὺς προεστηκότας ἐν ταῖς πόλεσιν διαφθείρειν
301 καὶ ἐπαίρειν, τούτοις. ταῦτα τοίνυν ἐφ' ὑμῖν ἐστιν ἀμφότερα, ἐὰν βούλησθε, ἀχρεῖα ποιῆσαι τήμερον, ἂν τῶν μὲν μὴ 'θέλητ' ἀκούειν τοῖς τοιούτοις συνηγορούντων, ἀλλ' ἐπιδείξητ' ἀκύρους ὄντας ὑμῶν (νῦν γάρ φασιν εἶναι κύριοι), τὸν δὲ πεπρακόθ'
302 ἑαυτὸν κολάσητε, καὶ τοῦθ' ἅπαντες ἴδωσιν. παντὶ μὲν
[438] γὰρ εἰκότως ἂν ὀργισθείητ', ὦ ἄνδρες Ἀθηναῖοι, τοιαῦτα πεποιηκότι καὶ προδεδωκότι συμμάχους καὶ φίλους καὶ καιρούς, μεθ' ὧν ἢ καλῶς ἢ κακῶς ἑκάστοις ἔχει τὰ πάντα, οὐ μὴν οὐδενὶ μᾶλλον οὐδὲ δικαιότερον ἢ τούτῳ. ὃς γὰρ ἑαυτὸν τάξας τῶν ἀπιστούντων εἶναι Φιλίππῳ, καὶ μόνος καὶ

2 δεῖν (vel δεῖ) post πόλιν add. L vulg.: om. SA φησὶν ἐν τῇ μαντείᾳ SQ: secl. Blass (ἐν τῇ μαντείᾳ secl. Sauppe): φησὶν ἡ μαντεία L vulg. ὅπως ἂν] ὅπου ἂν Dobree: ὁπότ' ἂν Weil 6 οἴομαι SL: οἶμαι cett. 7 ἀεὶ ante δεῖν add. FYO: om. SLABP 20 τούτοις L (coni. Reiske): τούτους cett. 22 τῶν ante τοῖς add. L[1] F: om. S[1] vulg.

πρῶτος ἰδὼν ὅτι κοινὸς ἐχθρὸς ἐκεῖνός ἐστιν ἁπάντων τῶν
Ἑλλήνων, ηὐτομόλησε καὶ προὔδωκε καὶ γέγονεν ἐξαίφνης
ὑπὲρ Φιλίππου, πῶς οὐ πολλάκις οὗτος ἄξιός ἐστ' ἀπολω-
λέναι; ἀλλὰ μὴν ὅτι ταῦθ' οὕτως ἔχει, αὐτὸς οὐχ οἷός τ' 303
ἀντειπεῖν ἔσται. τίς γάρ ἐσθ' ὁ τὸν Ἴσχανδρον προσάγων
ὑμῖν τὸ κατ' ἀρχάς, ὃν παρὰ τῶν ἐν Ἀρκαδίᾳ φίλων τῇ
πόλει δεῦρ' ἥκειν ἔφη; τίς ὁ συσκευάζεσθαι τὴν Ἑλλάδα
καὶ Πελοπόννησον Φίλιππον βοῶν, ὑμᾶς δὲ καθεύδειν; τίς
ὁ τοὺς μακροὺς καὶ καλοὺς λόγους ἐκείνους δημηγορῶν, καὶ τὸ
Μιλτιάδου καὶ ⟨τὸ⟩ Θεμιστοκλέους ψήφισμ' ἀναγιγνώσκων
καὶ τὸν ἐν τῷ τῆς Ἀγλαύρου τῶν ἐφήβων ὅρκον; οὐχ οὗτος; 304
τίς ὁ πείσας ὑμᾶς μόνον οὐκ ἐπὶ τὴν ἐρυθρὰν θάλατταν
πρεσβείας πέμπειν, ὡς ἐπιβουλευομένης μὲν ὑπὸ Φιλίππου
τῆς Ἑλλάδος, ὑμῖν δὲ προσῆκον προορᾶν ταῦτα καὶ μὴ
προΐεσθαι τὰ τῶν Ἑλλήνων; οὐχ ὁ μὲν γράφων τὸ ψήφισμ'
Εὔβουλος ἦν, ὁ δὲ πρεσβεύων εἰς Πελοπόννησον Αἰσχίνης
οὑτοσί; ἐλθὼν δ' ἐκεῖσε ἅττα μέν ποτε διελέχθη καὶ ἐδημη-
γόρησεν, αὐτὸς ἂν εἰδείη, ἃ δ' ἀπήγγειλε πρὸς ὑμᾶς, ὑμεῖς
οἶδ' ὅτι μέμνησθε πάντες. βάρβαρόν τε γὰρ πολλάκις καὶ 305
ἀλάστορα τὸν Φίλιππον ἀποκαλῶν ἐδημηγόρει, καὶ τοὺς
Ἀρκάδας ὑμῖν ἀπήγγελλεν ὡς ἔχαιρον, εἰ προσέχει τοῖς [439]
πράγμασιν ἤδη καὶ ἐγείρεται ἡ τῶν Ἀθηναίων πόλις.
ὃ δὲ πάντων μάλιστ' ἀγανακτῆσαι ἔφη· συντυχεῖν γὰρ
ἀπιὼν Ἀτρεστίδᾳ παρὰ Φιλίππου πορευομένῳ, καὶ μετ' αὐτοῦ
γύναια καὶ παιδάρι' ὡς τριάκοντα βαδίζειν, αὐτὸς δὲ θαυμάσας
ἐρέσθαι τινὰ τῶν ὁδοιπόρων τίς ἄνθρωπός ἐστι καὶ τίς ὄχλος ὁ
μετ' αὐτοῦ, ἐπειδὴ δ' ἀκοῦσαι ὅτι Ἀτρεστίδας παρὰ Φιλίππου 306
τῶν Ὀλυνθίων αἰχμάλωτα δωρειὰν ταῦτ' ἔχων ἀπέρχεται,
δεινὸν αὐτῷ τι δόξαι καὶ δακρῦσαι καὶ ὀδύρασθαι τὴν Ἑλ-
λάδα, ὡς κακῶς διάκειται, ἣ τοιαῦτα πάθη περιορᾷ γιγνό-

10 τὸ add. Weil ex schol. p. 446, 17 11 Ἀγραύλου A 14 προσῆκον vulg.: προσῆκεν S: προσῆκε L 26 ὁ ante ὄχλος add. P: om. S L vulg. 27 ἀκοῦσαι L F Y O Q: ακουσαι S A: ἀκούσαι vulg. 28 ταῦτ' ἔχων ἀπέρχεται] ἔχων ταῦτα ἄγει P Q γρ. 30 ἣ S L vulg.: εἰ A, cf. § 309

μενα. καὶ συνεβούλευεν ὑμῖν πέμπειν τινὰς εἰς Ἀρκαδίαν,
οἵτινες κατηγορήσουσι τῶν τὰ Φιλίππου πραττόντων· ἀκούειν
γὰρ ἔφη τῶν φίλων, ὡς ἐὰν ἐπιστροφὴν ἡ πόλις ποιήσηται
307 καὶ πρέσβεις πέμψῃ, δίκην ἐκεῖνοι δώσουσιν. ταῦτα μὲν
τοίνυν τότε καὶ μάλ', ὦ ἄνδρες Ἀθηναῖοι, καλὰ καὶ τῆς
πόλεως ἄξι' ἐδημηγόρει. ἐπειδὴ δ' ἀφίκετ' εἰς Μακεδονίαν
καὶ τὸν ἐχθρὸν εἶδε τὸν αὑτοῦ καὶ τῶν Ἑλλήνων, [τὸν
Φίλιππον,] ἆρά γ' ὅμοι' ἢ παραπλήσια τούτοις; πολλοῦ γε
καὶ δεῖ, ἀλλὰ μήτε τῶν προγόνων μεμνῆσθαι μήτε τρόπαια
λέγειν μήτε βοηθεῖν μηδενί, τῶν τε κελευόντων μετὰ τῶν
Ἑλλήνων περὶ τῆς πρὸς Φίλιππον εἰρήνης βουλεύεσθαι
θαυμάζειν, εἰ περὶ τῶν ὑμετέρων ἰδίων ἄλλον τινὰ δεῖ
308 πεισθῆναι· εἶναί τε τὸν Φίλιππον αὐτόν, Ἡράκλεις, Ἑλ-
ληνικώτατον ἀνθρώπων, δεινότατον λέγειν, φιλαθηναιότατον·
οὕτω δ' ἀτόπους τινὰς ἐν τῇ πόλει καὶ δυσχερεῖς ἀνθρώ-
πους εἶναι ὥστ' οὐκ αἰσχύνεσθαι λοιδορουμένους αὐτῷ καὶ
[440] βάρβαρον αὐτὸν ἀποκαλοῦντας. ἔστιν οὖν ὅπως ταῦτ' ἄν,
ἐκεῖνα προειρηκώς, ὁ αὐτὸς ἀνὴρ μὴ διαφθαρεὶς ἐτόλμησεν
309 εἰπεῖν; τί δ'; ἔσθ' ὅστις ἂν τὸν Ἀτρεστίδαν τότε μισήσας
διὰ τοὺς τῶν Ὀλυνθίων παῖδας καὶ γύναια, ταὐτὰ Φιλο-
κράτει νῦν πράττειν ὑπέμεινεν, ὃς γυναῖκας ἐλευθέρας τῶν
Ὀλυνθίων ἤγαγε δεῦρ' ἐφ' ὕβρει, καὶ οὕτως ἐπὶ τῷ
βδελυρῶς βεβιωκέναι γιγνώσκεται ὥστε μηδὲν ἔμ' αἰσχρὸν
εἰπεῖν νυνὶ περὶ αὐτοῦ δεῖν μηδὲ δυσχερές, ἀλλὰ τοσοῦτον
εἰπόντος μόνον, ὅτι Φιλοκράτης γυναῖκας ἤγαγε, πάντας
ὑμᾶς εἰδέναι καὶ τοὺς περιεστηκότας τὰ μετὰ ταῦτα, καὶ
ἐλεεῖν εὖ οἶδ' ὅτι τὰς ἀτυχεῖς καὶ ταλαιπώρους ἀνθρώπους,
ἃς οὐκ ἠλέησεν Αἰσχίνης, οὐδ' ἐδάκρυσεν ἐπὶ ταύταις τὴν
Ἑλλάδα, εἰ παρὰ τοῖς συμμάχοις ὑπὸ τῶν πρέσβεων ὑβρί-
310 ζονται. ἀλλ' ὑπὲρ αὐτοῦ κλαήσει τοῦ τὰ τοιαῦτα πεπρε-
σβευκότος, καὶ τὰ παιδί' ἴσως παράξει κἀναβιβᾶται. ὑμεῖς

7 τὸν Φίλιππον secl. Cobet 22 ἐφ' ὕβρει secl. Weil 26 τὰ] om. SLFYQO

δ᾽ ἐνθυμεῖσθ᾽, ὦ ἄνδρες δικασταί, πρὸς μὲν τὰ τούτου παιδία, ὅτι πολλῶν συμμάχων ὑμετέρων καὶ φίλων παῖδες ἀλῶνται καὶ πτωχοὶ περιέρχονται δεινὰ πεπονθότες διὰ τοῦτον, οὓς ἐλεεῖν πολλῷ μᾶλλον ὑμῖν ἄξιον ἢ τοὺς τοῦ ἠδικηκότος καὶ προδότου πατρός, καὶ ὅτι τοὺς ὑμετέρους παῖδας οὗτοι, ‘καὶ τοῖς ἐκγόνοις’ προσγράψαντες ⟨εἰς⟩ τὴν εἰρήνην, καὶ τῶν ἐλπίδων ἀπεστερήκασι· πρὸς δὲ τὰ αὐτοῦ τούτου δάκρυα, ὅτι νῦν ἔχετ᾽ ἄνθρωπον, ὃς εἰς Ἀρκαδίαν ἐκέλευεν ἐπὶ τοὺς ὑπὲρ Φιλίππου πράττοντας πέμπειν τοὺς κατηγορήσοντας. νῦν τοίνυν ὑμᾶς οὐκ εἰς Πελοπόννησον δεῖ πρεσβείαν [441] 311
πέμπειν, οὐδ᾽ ὁδὸν μακρὰν βαδίσαι, οὐδ᾽ ἐφόδι᾽ ἀναλίσκειν, ἀλλ᾽ ἄχρι τοῦ βήματος ἐνταυθὶ προσελθόνθ᾽ ἕκαστον ὑμῶν τὴν ὁσίαν καὶ δικαίαν ψῆφον ὑπὲρ τῆς πατρίδος θέσθαι κατ᾽ ἀνδρός, ὅς, ὦ γῆ καὶ θεοί, ἐκεῖν᾽ ἃ διεξῆλθον ἐν ἀρχῇ δεδημηγορηκώς, τὸν Μαραθῶνα, τὴν Σαλαμῖνα, τὰς μάχας, τὰ τρόπαια, ἐξαίφνης ὡς ἐπέβη Μακεδονίας, πάντα τἀναντία τούτοις, μὴ προγόνων μεμνῆσθαι, μὴ τρόπαια λέγειν, μὴ βοηθεῖν μηδενί, μὴ κοινῇ μετὰ τῶν Ἑλλήνων βουλεύεσθαι, μόνον οὐ καθελεῖν τὰ τείχη. καίτοι τούτων αἰσχίους λόγοι 312
οὐδένες πώποτ᾽ ἐν τῷ παντὶ χρόνῳ γεγόνασι παρ᾽ ὑμῖν. τίς γάρ ἐστιν Ἑλλήνων ἢ βαρβάρων οὕτω σκαιὸς ἢ ἀνήκοος ἢ σφόδρα μισῶν τὴν πόλιν τὴν ἡμετέραν, ὅστις, εἴ τις ἔροιτο, ‘εἰπέ μοι, τῆς νῦν οὔσης Ἑλλάδος ταυτησὶ καὶ οἰκουμένης ἔσθ᾽ ὅ τι ταύτην ἂν τὴν προσηγορίαν εἶχεν ἢ ᾠκεῖθ᾽ ὑπὸ τῶν νῦν ἐχόντων Ἑλλήνων, εἰ μὴ τὰς ἀρετὰς ὑπὲρ αὐτῶν ἐκείνας οἱ Μαραθῶνι κἀν Σαλαμῖνι παρέσχοντο, οἱ ἡμέτεροι πρόγονοι;’ οὐδ᾽ ἂν εἷς εὖ οἶδ᾽ ὅτι φήσειεν, ἀλλὰ πάντα ταῦθ᾽ ὑπὸ τῶν βαρβάρων ἂν ἑαλωκέναι. εἶθ᾽ οὓς μηδὲ τῶν ἐχθρῶν 313

4 post τοὺς add. τοῦ S: τοῦ τοῦ L[1]: τοῦ τοιοῦτα A: τοσαῦτα vulg. 6 εἰς add. Reiske, cf. § 87 7 αὐτοῦ ante τούτου om. A P: add. S L vulg. 8 ἐκέλευεν S L F Q: ἐκέλευσεν A 12 ἐνταυθὶ S L: ἐνταυθοῖ cett. 13 τὴν ante δικαίαν add. S L Y O: om. vulg. (τὴν δικαίαν καὶ ὁσίαν A), cf. xxi 226 17 ἔλεγε post τούτοις add. L vulg.: om. S 26 κἀν Herwerden: καὶ codd. ἡμέτεροι L[1] A P: ὑμέτεροι S vulg.

μηδεὶς ἂν τούτων τῶν ἐγκωμίων καὶ τῶν ἐπαίνων ἀποστερήσειε, τούτων Αἰσχίνης ὑμᾶς οὐκ ἐᾷ μεμνῆσθαι, τοὺς ἐξ ἐκείνων, ἵν' αὐτὸς ἀργύριον λάβῃ; καὶ μὴν τῶν μὲν ἄλλων ἀγαθῶν οὐ μέτεστι τοῖς τεθνεῶσιν, οἱ δ' ἐπὶ τοῖς καλῶς πραχθεῖσιν ἔπαινοι τῶν οὕτω τετελευτηκότων ἴδιον κτῆμ' εἰσίν· οὐδὲ γὰρ ὁ φθόνος αὐτοῖς ἔτι τηνικαῦτ' ἐναν-
[442] τιοῦται. ὧν ἀποστερῶν ἐκείνους οὗτος, αὐτὸς ἂν τῆς ἐπιτιμίας δικαίως νῦν στερηθείη, καὶ ταύτην ὑπὲρ τῶν προγόνων ὑμεῖς δίκην λάβοιτε παρ' αὐτοῦ. τοιούτοις μέντοι λόγοις, ὦ κακὴ κεφαλή, σὺ τὰ τῶν προγόνων ἔργα συλήσας
314 καὶ διασύρας, τῷ λόγῳ πάντα τὰ πράγματ' ἀπώλεσας. εἶτα γεωργεῖς ἐκ τούτων καὶ σεμνὸς γέγονας. καὶ γὰρ τοῦτο. πρὸ μὲν τοῦ πάντα κάκ' εἰργάσθαι τὴν πόλιν ὡμολόγει γεγραμματευκέναι καὶ χάριν ὑμῖν ἔχειν τοῦ χειροτονηθῆναι, καὶ μέτριον παρεῖχεν ἑαυτόν· ἐπειδὴ δὲ μυρί' εἴργασται κακά, τὰς ὀφρῦς ἀνέσπακε, κἂν 'ὁ γεγραμματευκὼς Αἰσχίνης' εἴπῃ τις, ἐχθρὸς εὐθέως καὶ κακῶς φησιν ἀκηκοέναι, καὶ διὰ τῆς ἀγορᾶς πορεύεται θοἰμάτιον καθεὶς ἄχρι τῶν σφυρῶν, ἴσα βαίνων Πυθοκλεῖ, τὰς γνάθους φυσῶν, τῶν Φιλίππου ξένων καὶ φίλων εἷς οὗτος ὑμῖν ἤδη, τῶν ἀπαλλαγῆναι τοῦ δήμου βουλομένων καὶ κλύδωνα καὶ μανίαν τὰ καθεστηκότα πράγμαθ' ἡγουμένων, ὁ τέως προσκυνῶν τὴν θόλον.

315 Βούλομαι τοίνυν ὑμῖν ἐπανελθεῖν ἐπὶ κεφαλαίων ὃν τρόπον ὑμᾶς κατεπολιτεύσατο Φίλιππος προσλαβὼν τούτους τοὺς θεοῖς ἐχθρούς. πάνυ δ' ἄξιον ἐξετάσαι καὶ θεάσασθαι τὴν ἀπάτην ὅλην. τὸ μὲν γὰρ ἀπ' ἀρχῆς τῆς εἰρήνης ἐπιθυμῶν, διαφορουμένης αὐτοῦ τῆς χώρας ὑπὸ τῶν λῃστῶν καὶ κεκλειμένων τῶν ἐμπορίων, ὥστ' ἀνόνητον ἐκεῖνον ἁπάντων εἶναι τῶν ἀγαθῶν, τοὺς τὰ φιλάνθρωπα λέγοντας ἐκείνους ἀπέ-

11 τῷ λόγῳ om. Taylor 12 αὖ ante τοῦτο add. vulg., cf. xxi 167: om. S L[1] A Y 13 τὰ ante κάκ' add. vulg.: om. S L Y 22 πρώην post τέως add. S L vulg.: om. A 23 ὑμῖν (fluctuante sede) codd.: om. Ald. Voemelii γρ. ἐπανελθεῖν A F B Q P Ald. Voemelii γρ.: ἐπελθεῖν S L[1] Y O Q γρ. ἐπὶ κεφαλαίων ante vel post ἐπανελθεῖν (ἐπελθεῖν) codd.: om. Ald. Voemelii γρ.

στειλεν ὑπὲρ αὑτοῦ, τὸν Νεοπτόλεμον, τὸν Ἀριστόδημον,
τὸν Κτησιφῶντα· ἐπειδὴ δ' ἤλθομεν ὡς αὐτὸν ἡμεῖς οἱ [443] 316
πρέσβεις, ἐμισθώσατο μὲν τοῦτον εὐθέως, ὅπως συνερεῖ καὶ
συναγωνιεῖται τῷ μιαρῷ Φιλοκράτει καὶ τῶν τὰ δίκαια
βουλομένων [ἡμῶν] πράττειν περιέσται, συνέγραψε δ' ἐπι-
στολὴν ὡς ὑμᾶς, ᾗ μάλιστ' ἂν ᾤετο τῆς εἰρήνης τυχεῖν. ἦν 317
δ' οὐδὲν μᾶλλον μέγ' αὐτῷ καθ' ὑμῶν οὐδ' οὕτω πρᾶξαι, εἰ
μὴ Φωκέας ἀπολεῖ. τοῦτο δ' οὐκ ἦν εὔπορον· συνῆκτο γὰρ
αὐτῷ τὰ πράγματα, ὥσπερ ἐκ τύχης, εἰς καιρὸν τοιοῦτον,
ὥστ' ἢ μηδὲν ὧν ἐβούλετ' εἶναι διαπράξασθαι, ἢ ἀνάγκην
εἶναι ψεύσασθαι κἀπιορκῆσαι καὶ μάρτυρας τῆς αὑτοῦ
κακίας πάντας Ἕλληνας καὶ βαρβάρους ποιήσασθαι. εἰ μὲν 318
γὰρ προσδέξαιτο Φωκέας συμμάχους καὶ μεθ' ὑμῶν τοὺς
ὅρκους αὐτοῖς ἀποδοίη, τοὺς πρὸς Θετταλοὺς καὶ Θηβαίους
ὅρκους παραβαίνειν εὐθὺς ἀναγκαῖον ἦν, ὧν τοῖς μὲν τὴν
Βοιωτίαν συνεξαιρήσειν ὠμωμόκει, τοῖς δὲ τὴν πυλαίαν
συγκαταστήσειν· εἰ δὲ μὴ προσδέχοιτο, ὥσπερ οὐ προσίετο,
οὐκ ἐάσειν ὑμᾶς παρελθεῖν αὐτὸν ἡγεῖτο, ἀλλὰ βοηθήσειν εἰς
Πύλας, ὅπερ, εἰ μὴ παρεκρούσθητε, ἐποιήσατ' ἄν· εἰ δὲ τοῦτο
γένοιτο, οὐκ ἐνεῖναι παρελθεῖν ἐλογίζετο. καὶ τοῦτ' οὐ παρ' 319
ἄλλων αὐτὸν ἔδει πυθέσθαι, ἀλλ' αὐτὸς ὑπῆρχε μάρτυς ἑαυτῷ
τοῦ πράγματος· ὅτε γὰρ Φωκέας ἐκράτησε τὸ πρῶτον καὶ
διέφθειρε τοὺς ξένους αὐτῶν καὶ τὸν ἡγούμενον καὶ στρατη-
γοῦντ' Ὀνόμαρχον, τότε τῶν ὄντων ἀνθρώπων ἁπάντων
οὐδενός, οὔθ' Ἕλληνος οὔτε βαρβάρου, Φωκεῦσι βοηθή-
σαντος πλὴν ὑμῶν, οὐχ ὅπως παρῆλθεν ἢ διεπράξαθ' ὧν [444]
ἐβουλήθη τι παρελθών, ἀλλ' οὐδὲ προσελθεῖν ἐγγὺς ἐδυνήθη.
ᾔδει δὴ σαφῶς, οἶμαι, τοῦθ' ὅτι νῦν, ἡνίκ' ἐστασίαζε μὲν 320
αὐτῷ τὰ Θετταλῶν, καὶ Φεραῖοι πρῶτον οὐ συνηκολούθουν,
ἐκρατοῦντο δὲ Θηβαῖοι καὶ μάχην ἥττηντο καὶ τρόπαιον ἀπ'

5 ἡμῶν S L vulg.: ὑμῶν A: secl. Cobet 7 οὐδὲν ante οὐδ' add. Dobree 22 ἐκράτησε τὸ πρῶτον A: τὸ πρῶτον ἐκράτησε vulg.: ἐκτήσατο πρῶτον S L¹ Y O 24 ἁπάντων post ἀνθρώπων S vulg.: ante ἀνθρώπων A: om. L¹ (add. ead. m. ut videtur) 30 μάχην S L¹ Y O: μάχῃ vulg.: μάχῃ τε P

αὐτῶν εἱστήκει, οὐκ ἔνεστι παρελθεῖν, εἰ βοηθήσεθ' ὑμεῖς,
οὐδ', ἂν ἐπιχειρῇ, χαιρήσει, εἰ μή τις τέχνη προσγενήσεται.
πῶς οὖν μήτε ψεύσωμαι φανερῶς, μήτ' ἐπιορκεῖν δόξας πάνθ'
ἃ βούλομαι διαπράξωμαι; πῶς; οὕτως, ἂν Ἀθηναίων τινὰς
εὕρω τοὺς Ἀθηναίους ἐξαπατήσοντας· ταύτης γὰρ οὐκέτ' ἐγὼ
321 τῆς αἰσχύνης κληρονομῶ. ἐντεῦθεν οἱ μὲν παρ' ἐκείνου
πρέσβεις προὔλεγον ὑμῖν ὅτι Φωκέας οὐ προσδέχεται Φί-
λιππος συμμάχους, οὗτοι δ' ἐκδεχόμενοι τοιαῦτ' ἐδημηγόρουν,
ὡς φανερῶς μὲν οὐχὶ καλῶς ἔχει τῷ Φιλίππῳ προσδέξασθαι
τοὺς Φωκέας συμμάχους διὰ τοὺς Θηβαίους καὶ τοὺς Θετ-
ταλούς, ἂν δὲ γένηται τῶν πραγμάτων κύριος καὶ τῆς εἰρήνης
τύχῃ, ἅπερ ἂν συνθέσθαι νῦν ἀξιώσαιμεν αὐτόν, ταῦτα ποιήσει
322 τότε. τὴν μὲν τοίνυν εἰρήνην ταύταις ταῖς ἐλπίσι καὶ ταῖς
ἐπαγωγαῖς εὕροντο παρ' ὑμῶν ἄνευ Φωκέων· τὴν δὲ βοήθειαν
ἔδει κωλῦσαι τὴν εἰς τὰς Πύλας, ἐφ' ἣν αἱ πεντήκοντα
τριήρεις ὅμως ἐφώρμουν, ἵν', εἰ πορεύοιτο Φίλιππος, κωλύοιθ'
323 ὑμεῖς. πῶς οὖν; τίς τέχνη πάλιν αὖ γενήσεται περὶ ταύτης;
τοὺς χρόνους ὑμῶν ἀφελέσθαι καὶ ἐπιστῆσαι τὰ πράγματ'
ἀγαγόντας ἄφνω, ἵνα μηδ' ἂν βούλησθε δύνησθ' ἐξελθεῖν.
[445] οὐκοῦν τοῦθ' οὗτοι πράττοντες φαίνονται, ἐγὼ δ', ὥσπερ
ἀκηκόατ' ἤδη πολλάκις, οὐχὶ δυνηθεὶς προαπελθεῖν, ἀλλὰ
324 καὶ μισθωσάμενος πλοῖον κατακωλυθεὶς ἐκπλεῦσαι. ἀλλὰ
καὶ πιστεῦσαι Φωκέας ἔδει Φιλίππῳ καὶ ἑκόντας ἑαυτοὺς
ἐνδοῦναι, ἵνα μηδεὶς χρόνος ἐγγένηται τοῖς πράγμασι μηδ'
ἐναντίον ἔλθῃ ψήφισμα παρ' ὑμῶν μηδέν. οὐκοῦν ὡς μὲν
οἱ Φωκεῖς σωθήσονται, παρὰ τῶν Ἀθηναίων πρέσβεων

1 ἐνεῖναι S γρ. F γρ. Q γρ. 2 χαιρήσει Dobree : χαιρήσειν L¹ A S γρ. : χαίρειν S solus : χαιρήσειν τοῖς ὅπλοις δυνήσεται vulg. 3 ψεύσωμαι Y O P : ψεύσομαι S L vulg. 4 διαπράξωμαι O P : διαπράξομαι S L vulg. 14 ἐπαγωγαῖς S L vulg. : ὑπαγωγαῖς A P εὕροντο S L vulg. : εὕρετο A 16 ὅμως] ὁμόσε A P corr. 17 πάλιν om. S¹ 19 ἀγαγόντας codd. : ἄγοντ' Dobree δύνησθε A P : δυνήσεσθε S L Q Y O (cf. vi 6) : δυνήσησθε al. 20 πράξαντες A P 22 κατακωλυθεὶς S vulg. : κατεκωλύθην F Q : ἐκωλύθην L¹ P 23 ἑαυτοὺς om. S¹ (add. ant. m. in fine lineae) Y O P¹ 24 ἐνδοῦναι L A B P : ἐκδοῦναι S vulg.

ἀπαγγελθήσεται, ὥστε καὶ εἴ τις ἐμοὶ διαπιστεῖ, τούτοις
πιστεύσας αὐτὸν ἐγχειριεῖ· τοὺς δ' Ἀθηναίους αὐτοὺς μετα-
πεμψόμεθ' ἡμεῖς, ἵνα πάνθ', ὅσ' ἂν βούλωνται, νομίσαντες
ὑπάρχειν σφίσι μηδὲν ἐναντίον ψηφίσωνται· οὗτοι δὲ τοιαῦτ'
ἀπαγγελοῦσι παρ' ἡμῶν καὶ ὑποσχήσονται ἐξ ὧν μηδ' ἂν
ὁτιοῦν ᾖ κινηθήσονται. τοῦτον τὸν τρόπον καὶ τοιαύταις 325
τέχναις ὑπὸ τῶν κάκιστ' ἀπολουμένων ἀνθρώπων πάντα τὰ
πράγματ' ἀπώλετο. καὶ γάρ τοι παραχρῆμα, ἀντὶ μὲν τοῦ
Θεσπιὰς καὶ Πλαταιὰς ἰδεῖν οἰκιζομένας, Ὀρχομενὸν καὶ
Κορώνειαν ἠκούσατ' ἠνδραποδισμένας, ἀντὶ δὲ τοῦ τὰς Θήβας
ταπεινὰς γενέσθαι καὶ περιαιρεθῆναι τὴν ὕβριν καὶ τὸ φρό-
νημα [αὐτῶν], τὰ τῶν συμμάχων τῶν ὑμετέρων [Φωκέων]
τείχη κατεσκάπτετο· Θηβαῖοι δ' ἦσαν οἱ κατασκάπτοντες,
οἱ διοικισθέντες ὑπ' Αἰσχίνου τῷ λόγῳ. ἀντὶ δὲ τοῦ τὴν 326
Εὔβοιαν ἀντ' Ἀμφιπόλεως ὑμῖν παραδοθῆναι, ὁρμητήρι' ἐφ'
ὑμᾶς ἐν Εὐβοίᾳ Φίλιππος προσκατασκευάζεται καὶ Γεραιστῷ
καὶ Μεγάροις ἐπιβουλεύων διατελεῖ. ἀντὶ δὲ τοῦ τὸν [446]
Ὠρωπὸν ὑμῖν ἀποδοθῆναι, περὶ Δρυμοῦ καὶ τῆς πρὸς
Πανάκτῳ χώρας μεθ' ὅπλων ἐξερχόμεθα, ὅ, τέως ἦσαν
Φωκεῖς σῷοι, οὐδεπώποτ' ἐποιήσαμεν. ἀντὶ δὲ τοῦ τὰ πάτρι' 327
ἐν τῷ ἱερῷ κατασταθῆναι καὶ τὰ χρήματ' εἰσπραχθῆναι τῷ
θεῷ, οἱ μὲν ὄντες Ἀμφικτύονες φεύγουσι καὶ ἐξελήλανται,
καὶ ἀνάστατος αὐτῶν ἡ χώρα γέγονεν, οἱ δ' οὐπώποτ' ἐν τῷ
πρόσθεν χρόνῳ γενόμενοι Μακεδόνες καὶ βάρβαροι, νῦν
Ἀμφικτύονες εἶναι βιάζονται· ἐὰν δέ τις περὶ τῶν ἱερῶν
χρημάτων μνησθῇ, κατακρημνίζεται, ἡ πόλις δὲ τὴν προ-
μαντείαν ἀφῄρηται. καὶ γέγονεν τὰ πράγματα πάνθ' ὥσπερ 328
αἴνιγμα τῇ πόλει. ὁ μὲν οὐδὲν ἔψευσται καὶ πάνθ' ὅσ'
ἐβουλήθη διαπέπρακται, ὑμεῖς δ' ἅπερ εὔξαισθ' ἂν ἐλπί-

1 ἀπαγγελθήσεται L vulg. S γρ.: ἀπαγγέλλονται S 5 ἀπαγγέλ-λουσι S F Q Y O, cf. § 152 12 αὐτῶν secl. Herwerden, cf. xxi 138, xxvi 4 Φωκέων secl. Cobet, cf. § 141 19 τέως S[1] vulg. Suidas schol. Platonis, cf. xx 91, xxi 16: ἕως S corr. 27 πάνθ' om. A

σαντες, τἀναντία τούτων ἑοράκατε γιγνόμενα, καὶ δοκεῖτε
μὲν εἰρήνην ἄγειν, πεπόνθατε δὲ δεινότερ' ἢ πολεμοῦντες·
οὗτοι δὲ χρήματ' ἔχουσιν ἐπὶ τούτοις καὶ μέχρι τῆς τήμερον
329 ἡμέρας δίκην οὐ δεδώκασιν. ὅτι γὰρ ταῦθ' ἁπλῶς δεδωροδό-
κηται καὶ τιμὴν ἔχουσιν ἁπάντων τούτων οὗτοι, πολλαχόθεν
μὲν ἔγωγ' οἶμαι δῆλον ὑμῖν εἶναι πάλαι, καὶ δέδοικα μὴ
τοὐναντίον οὗ βούλομαι ποιῶ, σφόδρ' ἀκριβῶς δεικνύναι
πειρώμενος διοχλῶ πάλαι τοῦτ' αὐτοὺς ὑμᾶς εἰδότας· ὅμως
330 δ' ἔτι καὶ τόδ' ἀκούσατε. ἔσθ' ὅντιν' ὑμεῖς, ὦ ἄνδρες
δικασταί, τῶν πρέσβεων ὧν ἔπεμψε Φίλιππος χαλκοῦν
στήσαιτ' ἂν ἐν ἀγορᾷ; τί δέ; δοίητ' ἂν ἐν πρυτανείῳ
σίτησιν ἢ ἄλλην τινὰ δωρειάν, αἷς τιμᾶτε τοὺς εὐεργέτας;
[447] ἐγὼ μὲν οὐκ οἶμαι. διὰ τί; (οὔτε γὰρ ὑμεῖς γ' ἀχάριστοί ἐστ'
οὔτ' ἄδικοι ἄνθρωποι οὔτε κακοί.) ὅτι πάνθ' ὑπὲρ Φιλίππου
καὶ οὐδ' ὁτιοῦν ὑπὲρ ὑμῶν ἔπραξαν, εἴποιτ' ἄν, καὶ ἀληθῆ καὶ
331 δίκαια. εἶτ' οἴεσθ' ὑμεῖς μὲν οὕτω γιγνώσκειν, τὸν δὲ Φί-
λιππον οὐχ οὕτω, ἀλλὰ τούτοις διδόναι τηλικαύτας καὶ
τοσαύτας δωρειὰς διότι ὑπὲρ ὑμῶν καλῶς καὶ δικαίως ἐπρέ-
σβευσαν; οὐκ ἔστι ταῦτα. τὸν γὰρ Ἡγήσιππον ὁρᾶτε καὶ
τοὺς μετ' αὐτοῦ πρέσβεις πῶς ἐδέξατο. τὰ μὲν ἄλλα σιωπῶ,
ἀλλὰ Ξενοκλείδην τουτονὶ τὸν ποιητὴν ἐξεκήρυξεν, ὅτι αὐτοὺς
ὑπεδέξατο πολίτας ὄντας. τοῖς μὲν γὰρ ὑπὲρ ὑμῶν λέγουσι
δικαίως ὅσ' ἂν φρονῶσι τοῦτον τὸν τρόπον προσφέρεται,
τοῖς δὲ πεπρακόσιν αὐτοὺς ὡς τούτοις. ταῦτ' οὖν μαρτύρων,
ταῦτ' ἐλέγχων τινῶν ἔτι δεῖται μειζόνων; ταῦτ' ἀφαιρήσεταί
τις ὑμῶν;

332 Εἶπε τοίνυν μοί τις ἄρτι προσελθὼν πρὸ τοῦ δικαστηρίου
πρᾶγμα καινότατον πάντων, Χάρητος κατηγορεῖν αὐτὸν παρε-
σκευάσθαι, καὶ διὰ τούτου τοῦ τρόπου καὶ τούτων τῶν λόγων

4 ἁπλῶς] οὕτως ἔχει καὶ $L^1$ S γρ. Q γρ. δεδωροδόκηται A P : δεδωροδόκηνται S L vulg. 7 ποιῶ S L vulg. : ποιήσω A : secl. Dobree, nescio an recte 8 διοχλῶ S L vulg. : ἐνοχλῶ A τοῦτ'] τοὺς S γρ. fort. recte 14 ἄνθρωποι suspectum habet Voemel ($\overline{\text{ανοι}}$ repetitum ex ἄδικοι) ἀλλ' ante ὅτι add. L vulg. : om. S A 16 ἂν εἴποιτε post δίκαια add. A 25 τινῶν om. F

ἐξαπατήσειν ὑμᾶς ἐλπίζειν. ἐγὼ δ' ὅτι μὲν πάντα τρόπον
κρινόμενος Χάρης εὕρηται πιστῶς καὶ εὐνοϊκῶς, ὅσον ἦν ἐπ'
ἐκείνῳ, πράττων ὑπὲρ ὑμῶν, διὰ τοὺς δ' ἐπὶ χρήμασι λυμαι-
νομένους τοῖς πράγμασι πολλῶν ὑστερῶν, οὐ σφόδρ' ἰσχυρί-
ζομαι, ἀλλ' ὑπερβολὴν ποιήσομαι· ἔστω γὰρ πάντ' ἀληθῆ
λέξειν περὶ αὑτοῦ τουτονί. καὶ οὕτω τοίνυν κομιδῇ γέλως
ἐστὶ κατηγορεῖν ἐκείνου τουτονί. ἐγὼ γὰρ Αἰσχίνην οὐδενὸς 333
αἰτιῶμαι τῶν ἐν τῷ πολέμῳ πραχθέντων (τούτων γάρ εἰσιν [448]
οἱ στρατηγοὶ ὑπεύθυνοι), οὐδὲ τοῦ ποιήσασθαι τὴν πόλιν
εἰρήνην, ἀλλ' ἄχρι τούτου πάντ' ἀφίημι. τί οὖν λέγω καὶ
πόθεν ἄρχομαι κατηγορεῖν; τοῦ ποιουμένης τῆς πόλεως
εἰρήνην Φιλοκράτει συνειπεῖν, ἀλλὰ μὴ τοῖς τὰ βέλτιστα
γράφουσι, [καὶ] τοῦ δῶρ' εἰληφέναι, τοῦ μετὰ ταῦτ' ἐπὶ τῆς
ὑστέρας πρεσβείας τοὺς χρόνους κατατρῖψαι καὶ μηδὲν ὧν
προσετάξαθ' ὑμεῖς ποιῆσαι, τοῦ φενακίσαι τὴν πόλιν καὶ
παραστήσαντ' ἐλπίδας, ὡς ὅσα βουλόμεθ' ἡμεῖς Φίλιππος
πράξει, πάντ' ἀπολωλεκέναι, τοῦ μετὰ ταῦθ', ἑτέρων προλε-
γόντων φυλάττεσθαι τὸν τοσαῦτ' ἠδικηκότα, τοῦτον ἐκείνῳ
συνηγορεῖν. ταῦτα κατηγορῶ, ταῦτα μέμνησθε, ἐπεὶ δικαίαν 334
εἰρήνην καὶ ἴσην καὶ μηδὲν πεπρακότας ἀνθρώπους μηδὲ
ψευσαμένους ὕστερον κἂν ἐπῄνουν καὶ στεφανοῦν ἐκέλευον.
στρατηγὸς δ' εἴ τις ἠδίκηκεν ὑμᾶς, οὐχὶ κοινωνεῖ ταῖς νῦν
εὐθύναις. ποῖος γὰρ στρατηγὸς Ἅλον, τίς δὲ Φωκέας ἀπο-
λώλεκε; τίς δὲ Δορίσκον; τίς δὲ Κερσοβλέπτην; τίς δ'
Ἱερὸν ὄρος; τίς δὲ Πύλας; τίς δὲ πεποίηκεν ἄχρι τῆς
Ἀττικῆς ὁδὸν διὰ συμμάχων καὶ φίλων εἶναι Φιλίππῳ; τίς
δὲ Κορώνειαν, τίς δ' Ὀρχομενόν, τίς Εὔβοιαν ἀλλοτρίαν;
τίς Μέγαρα πρώην ὀλίγου; τίς Θηβαίους ἰσχυρούς; τούτων 335

2 εὕρηται S F[1] Q : εὑρήσεται Y O : εὑρεθήσεται L A καὶ om. S Y O
5 πάντ' ἀληθῆ P al.: πάντα τἀληθῆ S L vulg. 6 λέξειν S L vulg.: λέγειν A 7 τουτονί] τοῦτον Maximus 13 καὶ om. Maximus: del. Markland 16 παραστήσαντα L Y O : παραστήσαντας S[1] τὰς ante ἐλπίδας add. L Y O : om. S vulg. 20 πεποιημένους post ἴσην add. L S γρ. 24 δὲ ante Δορίσκον om. L A
25 δὲ ante Πύλας om. P[1] Augustanus 2 27 δὲ ante Ὀρχομενόν om. P

γὰρ οὐδὲν τοσούτων καὶ τηλικούτων ὄντων διὰ τοὺς στρατηγοὺς ἀπώλετο, οὐδ᾿ ἐν τῇ εἰρήνῃ συγχωρηθὲν πεισθέντων ὑμῶν ἔχει Φίλιππος, ἀλλὰ διὰ τούτους ἀπόλωλε καὶ τὴν τούτων δωροδοκίαν. ἂν τοίνυν ταῦτα μὲν φεύγῃ, πλανᾷ δὲ
[449] καὶ πάντα μᾶλλον λέγῃ, ἐκείνως αὐτὸν δέχεσθε. 'οὐ στρατηγῷ δικάζομεν, οὐ περὶ τούτων κρίνει. μὴ λέγ᾿ εἴ τις αἴτιός ἐστι καὶ ἄλλος τοῦ Φωκέων ὀλέθρου, ἀλλ᾿ ὡς οὐ σὺ αἴτιος δεῖξον. τί οὖν, εἴ τι Δημοσθένης ἠδίκει, νῦν λέγεις, ἀλλ᾿ οὐχ ὅτε τὰς εὐθύνας ἐδίδου κατηγόρεις; δι᾿ αὐτὸ γὰρ εἶ
336 τοῦτ᾿ ἀπολωλέναι δίκαιος. μὴ λέγ᾿ ὡς καλὸν εἰρήνη, μηδ᾿ ὡς συμφέρον· οὐδεὶς γὰρ αἰτιᾶταί σε τοῦ ποιήσασθαι τὴν πόλιν εἰρήνην· ἀλλ᾿ ὡς οὐκ αἰσχρὰ καὶ ἐπονείδιστος, καὶ πόλλ᾿ ὕστερον ἐξηπατήμεθα, καὶ πάντ᾿ ἀπώλετο, ταῦτα λέγε. τούτων γὰρ ἁπάντων ἡμῖν αἴτιος σὺ δέδειξαι. καὶ τί δὴ μέχρι νυνὶ τὸν τὰ τοιαῦτα πεποιηκότ᾿ ἐπαινεῖς;' ἂν οὕτω φυλάττητ᾿ αὐτόν, οὐχ ἕξει τί λέγῃ, ἀλλὰ τὴν ἄλλως ἐνταῦθ᾿ ἐπαρεῖ τὴν φωνὴν καὶ πεφωνασκηκὼς ἔσται.

337 Καίτοι καὶ περὶ τῆς φωνῆς ἴσως εἰπεῖν ἀνάγκη· πάνυ γὰρ μέγα καὶ ἐπὶ ταύτῃ φρονεῖν αὐτὸν ἀκούω, ὡς καθυποκρινούμενον ὑμᾶς. ἐμοὶ δὲ δοκεῖτ᾿ ἀτοπώτατον ἁπάντων ἂν ποιῆσαι, εἰ, ὅτε μὲν τὰ Θυέστου καὶ τῶν ἐπὶ Τροίᾳ κάκ᾿ ἠγωνίζετο, ἐξεβάλλετ᾿ αὐτὸν καὶ ἐξεσυρίττετ᾿ ἐκ τῶν θεάτρων καὶ μόνον οὐ κατελεύεθ᾿ οὕτως ὥστε τελευτῶντα τοῦ τριταγωνιστεῖν ἀποστῆναι, ἐπειδὴ δ᾿ οὐκ ἐπὶ τῆς σκηνῆς, ἀλλ᾿ ἐν τοῖς κοινοῖς καὶ μεγίστοις τῆς πόλεως πράγμασι μυρί᾿ εἴργασται κακά,
338 τηνικαῦθ᾿ ὡς καλὸν φθεγγομένῳ προσέχοιτε. μηδαμῶς· μηδὲν ὑμεῖς ἀβέλτερον πάθητε, ἀλλὰ λογίζεσθ᾿ ὅτι δεῖ κήρυκα μὲν ἂν δοκιμάζητε, εὔφωνον σκοπεῖν, πρεσβευτὴν δὲ καὶ τῶν κοινῶν ἀξιοῦντά τι πράττειν δίκαιον καὶ φρόνημ᾿

2 οὐδ᾿ ἐν SLABO : οὐδὲν FQ    οὐδὲ ante πεισθέντων add. A    7 σὺ αἴτιος SA : συναίτιος L : σὺ συναίτιος vulg.    8 εἶ post αἴτιος (vel συναίτιος) add. LFQYO : om. SA    10 ἡ εἰρήνη LA    11 ποιῆσαι A    19 καθυποκρινόμενον A    28 εὔφωνον SL vulg. : εἰ εὔφωνος P al.

ἔχονθ' ὑπὲρ μὲν ὑμῶν μέγα, πρὸς δ' ὑμᾶς ἴσον, ὥσπερ ἐγὼ [450]
Φίλιππον μὲν οὐκ ἐθαύμασα, τοὺς δ' αἰχμαλώτους ἐθαύμασα,
ἔσωσα, οὐδὲν ὑπεστειλάμην. οὗτος δ' ἐκείνου μὲν προὐ-
καλινδεῖτο, τοὺς παιᾶνας ᾖδεν, ὑμῶν δ' ὑπερορᾷ. ἔτι τοίνυν 339
ὅταν μὲν ἴδητε δεινότητ' ἢ εὐφωνίαν ἤ τι τῶν ἄλλων τῶν
τοιούτων ἀγαθῶν ἐπὶ χρηστοῦ καὶ φιλοτίμου γεγενημένον
ἀνθρώπου, συγχαίρειν καὶ συνασκεῖν πάντας δεῖ· κοινὸν γὰρ
ὑμῖν πᾶσι τοῖς ἄλλοις τοῦτ' ἀγαθὸν γίγνεται· ὅταν δ' ἐπὶ
δωροδόκου καὶ πονηροῦ καὶ παντὸς ἥττονος λήμματος, ἀπο-
κλείειν καὶ πικρῶς καὶ ἐναντίως ἀκούειν, ὡς πονηρία δυνά-
μεως δόξαν εὑρομένη παρ' ὑμῶν ἐπὶ τὴν πόλιν ἐστίν. ὁρᾶτε 340
δ', ἀφ' ὧν οὗτος εὐδοκιμεῖ πηλίκα τῇ πόλει περιέστηκε
πράγματα. αἱ μὲν τοίνυν ἄλλαι δυνάμεις ἐπιεικῶς εἰσιν
αὐτάρκεις, ἡ δὲ τοῦ λέγειν, ἂν τὰ παρ' ὑμῶν τῶν ἀκουόντων
ἀντιστῇ, διακόπτεται. οὕτως οὖν ἀκούετε τούτου ὡς πονηροῦ
καὶ δωροδόκου καὶ οὐδ' ὁτιοῦν ἐροῦντος ἀληθές.

Ὅτι δ' οὐ μόνον κατὰ τἄλλα, ἀλλὰ καὶ τὰ πρὸς αὐτὸν 341
τὸν Φίλιππον πράγματα πανταχῶς συμφέρει τοῦτον ἑαλω-
κέναι, θεάσασθε. εἴτε γὰρ ἥξει ποτ' εἰς ἀνάγκην τῶν
δικαίων τι ποιεῖν τῇ πόλει, τὸν τρόπον μεταθήσεται· νῦν
μὲν γὰρ ᾕρηται τοὺς πολλοὺς ἐξαπατῶν ὀλίγους θεραπεύειν,
ἂν δὲ τούτους ἀπολωλότας πύθηται, ὑμῖν τοῖς πολλοῖς καὶ
πάντων κυρίοις τὰ λοιπὰ ποιεῖν βουλήσεται. εἴτ' ἐπὶ τῆς 342
αὐτῆς ἧσπερ νῦν ἐξουσίας καὶ ἀσελγείας μενεῖ, τοὺς ὁτιοῦν
ἂν ἐκείνῳ ποιήσαντας ἀνῃρηκότες ἐκ τῆς πόλεως ἔσεσθε, ἂν
τούτους ἀνέλητε· οἳ γὰρ οἰόμενοι δίκην ὑφέξειν τοιαῦτ'
ἔπραξαν, τούτους, ἂν τὰ παρ' ὑμῶν αὐτοῖς ἐφεθῇ, τί οἴεσθε [451]

1 *μὲν* ante *ὑμῶν* om. S L Y O : add. vulg. 2 *ἐθαύμασα* S Y O : *θαυμάσας* L vulg. : om. A : secl. Cobet 3 *προὐκαλινδεῖτο* Cobet : *προὐκυλινδεῖτο* codd. 4 *καὶ* ante *τοὺς* om. S[1] solus *ὑπερορᾳ* S : *ὑπερεώρα* L vulg. S *γρ.* : *ὑπερώραι* Y O 5 *τῶν ἄλλων* om. P al. 7 *συνασκεῖν*] *συναύξειν* Richards 12 *πηλίκα*] *ἡλίκα* A 18 *πανταχῶς* S Y O : *πανταχοῦ* L vulg. S *γρ.* 21 *ᾕρηται* S A : *προῄρηται* L vulg. 25 *ποιήσαντας* A al. : *ποιήσοντας* S L vulg. 26 *οἳ* S L Y O : *εἰ* vulg. 27 *ἐφεθῇ* S L Y O : *ἀφεθῇ* vulg.

ποιήσειν; ποῖον Εὐθυκράτη, ποῖον Λασθένη, τίν' οὐχ ὑπερ-
343 βαλεῖσθαι προδότην; τίνα δ' οὐ πάντων τῶν ἄλλων χείρω πολίτην ὑπάρξειν, ὁρῶντα τοῖς μὲν ἅπαντα πεπρακόσι χρήματα, δόξαν, ἀφορμὴν τὴν Φιλίππου ξενίαν περιοῦσαν, τοῖς δὲ δικαίους τε παρέχουσιν ἑαυτοὺς καὶ προσανηλωκόσι χρήματα πράγματα, ἀπεχθείας, φθόνον περιόντα παρ' ἐνίων; μηδαμῶς· οὔτε γὰρ πρὸς δόξαν οὔτε πρὸς εὐσέβειαν οὔτε πρὸς ἀσφάλειαν οὔτε πρὸς ἄλλ' οὐδὲν ὑμῖν συμφέρει τοῦτον ἀφεῖναι, ἀλλὰ τιμωρησαμένους παράδειγμα ποιῆσαι πᾶσι, καὶ τοῖς πολίταις καὶ τοῖς ἄλλοις Ἕλλησιν.

**In S subscriptum**

ΠΕΡΙ ΤΗΣ ΠΑΡΑΠΡΕΣΒΕΙΑΣ
ΧΧΧΗΗ[Δ]ΔΔΔ
ΑΝΤΕΒΛ(Θ)Η (i. e. ἀντεβλήθη)